杜威选集
主编 刘放桐 陈亚军

批评之批评
杜威价值论与伦理学

冯平 编

华东师范大学出版社

目 录

主编序 / 1
编者序 / 1

价值论 / 1
价值问题 / 3
关于价值的一些问题 / 5
价值的含义 / 12
"价值"领域 / 19
存在、价值和批评 / 32
价值、客观指称和批评 / 59
价值、喜好与思想 / 75
永恒价值 / 82
终极价值或终极目的取决于前件或先验推断还是实际或经验探究 / 87
"内在的善"的模糊性 / 99
善的构成 / 102
价值、评价与社会事实 / 122
实践判断的逻辑 / 128
实践的判断：评价 / 155
评价的对象 / 170

评价理论 / 176

评价与实验知识 / 226

价值判断与直接的质 / 248

关于价值判断的进一步论述 / 256

伦理学 / 265

伦理学 / 267

伦理学中的形而上学方法 / 281

伦理学中的心理学方法 / 288

伦理学中的历史方法 / 290

伦理学和物理学 / 298

人类学和伦理学 / 313

进化和伦理学 / 322

应用于道德的进化论方法 / 336

对道德进行科学研究的逻辑条件 / 361

社会制度与道德研究 / 386

动物实验的伦理学 / 405

伦理主题与语言 / 410

道德观念中的改造 / 420

传统、形而上学与道德 / 431

道德的三个独立要素 / 436

自由社会的宗教与道德 / 444

二元论与原子裂变——原子时代的科学与道德 / 454

道德的意义和发展 / 458

评最近对道德和逻辑理论中一些观点的批评 / 465

目的、善和智慧 / 469

认可、标准和美德 / 481

主编序

在实用主义家族中,杜威是一位祭酒式的人物。他不仅最系统、全面地阐发了实用主义哲学的基本主张,而且从实用主义出发,在政治学、伦理学、心理学、教育学、美学、宗教学、逻辑学、历史学、法学、社会学等一系列领域,提出了许多极具影响力的观点。是杜威而不是皮尔士、詹姆斯,使实用主义不再只是扶手椅中的哲学而成为穿越学院高墙、塑造美国社会的文化思潮。今天,这股原本产自美国的思潮,早已成为西方思想学术舞台上的重要角色。杜威的思想不仅受到他的本国后裔,而且也受到欧洲乃至世界思想学术界的高度关注。

对于国人来说,杜威这个名字毫无疑问处于西方哲学家名册的显赫位置。这当然首先是由于他个人与中国的特殊因缘,但更值得一提的恐怕还是他的实用主义哲学与中国传统哲学、马克思主义哲学之间的诸多交叉重叠。杜威哲学与中国儒家哲学、马克思主义哲学之间的同异,早已为很多学者所关注。研究杜威哲学,有助于促进中国哲学、马克思主义哲学的当代发展。

本选集是在《杜威全集》(38卷)中文版的基础上完成的。《杜威全集》中文版的问世,在海内外学术界引起很好的反响,但对大多数读者来说,一是体量太大,从购买到收藏,都极为不便;二是内容太杂,从浩如烟海的著述中把握杜威的思想,也殊为不易。正是为了帮助读者解决这些困难,我们编纂了这部《杜威选集》(6卷),分别涵盖了哲学、教育学/心理学、价值论/伦理学、政治哲学/法哲学、宗教学/美学。鉴于杜威与中国的特殊关系,我们专门增加了《中国心灵的转化——杜威论中国》卷。

基于篇幅的考虑,有些文献虽然重要但难以收录,我们只选取了其中的相关部分,单行本和教材的内容则尽量不选或少选。另外,杜威的探究逻辑是他思想的重要组成部分,但这一部分放在"逻辑学"名下,恐会导致一些误解或争议,鉴于杜威的探究逻辑在很大程度上可以归于他的哲学方法论范畴,因此,我们将这部分内容统一纳入"哲学卷"。

  我们力求在体例上保持一致,但并不强求一律。由于"哲学卷"的涵盖面更广,内容更加博杂,用主题分类的方式加以编纂具有难度,因此分卷主编用现在的年代划分方式对其加以整理。另外,"杜威论中国卷"也不适宜主题分类的方式,我们同样尊重分卷主编的意见,采用了目前的编纂方式。各卷主编都是相关领域的专家学者,为选集的选编付出了很多心血。我们对此深表感谢。

  华东师大出版社历来重视杜威著作的翻译出版工作,为《杜威选集》(6卷)的问世提供了大力支持,责任编辑朱华华女士做了大量的繁琐工作。我们对此也深表感谢。

刘放桐 陈亚军

2017年7月31日

编者序

在《存在、价值和批评》一文中,杜威写道:哲学实质上就是批评。在各种不同的批评方式中,它具有显著的地位,似乎可以说,哲学就是批评之批评。杜威所说的"批评"指的是具有鉴别作用的判断、审慎的评价。"只要在鉴别的题材是有关于好或价值的地方,判断就可以恰当地被称为批评。"杜威的价值论和伦理学恰是一种基于实验经验主义立场的"批评之批评"。

杜威的价值论

杜威的价值论是现代西方经验主义价值论中最重要的一种。它是颠覆性的。它尝试颠覆逻辑实证主义的反价值理论;颠覆以追求"永恒价值"、"终极价值"为旨趣的超验主义价值论;颠覆以兴趣界定价值的描述性的经验主义价值论;颠覆事实与价值的二元划分;颠覆手段与目的的二元划分;颠覆内在价值与外在价值、目的价值与手段价值的二元划分;颠覆绝对、超验的"价值等级"的合法性;颠覆绝对、超验的价值标准。同时它又是建构性的。它将实验方法引入价值研究,建构了实验经验主义研究理念,建构了以评价判断为核心的实验经验主义价值论。它以"行动"为核心展开了一场价值论的哥白尼式的革命。

这场革命是从哲学的根基处开始的。杜威在批判古典哲学观的同时,阐释了一种以价值论理念为核心的实验经验主义哲学观:哲学研究的根本目的是为人类行动提供智慧;人类行动的根本难题是价值选择;价值选择的根本难题是价值判断;因此哲学研究的核心问题是价值判断;在这个意义上,哲学是关于如何形成能有效指导行动的价值判断的理论。

杜威价值论的重大变革之一:转换了价值论的核心概念和核心问题,将"价值判断"而不是将"价值"作为价值论研究的核心概念和核心问题;转换了讨论"价值"

的方式,从因果关系上和从操作上界说价值,而不是描述关于价值的直接经验。

杜威价值论的重大变革之二:创立了实验经验主义的价值判断理论。杜威明确区分了"关于价值的判断"和"评价判断"。前者是一种事后判断,只是对那些给定的价值和给定的效用的陈述或记录;而后者是一种事前判断,是对一种价值可能性的判断。前者是流行的价值论研究的主题,而后者是杜威价值论的主题。杜威认为,严格说来前者并不是判断,而是穿着判断外衣的陈述。"评价判断"的对象不是给定的已然存在着的价值,而是一种通过某种行动才有可能成为存在的价值。因此,评价判断是对一种尚未存在的、有可能通过活动而被创造出来的价值承载者的判断。评价判断的首要功能和首要特点就是:创造价值。从内容上说,评价判断是关于经验对象的条件与结果的判断;从功能上说,评价判断是对于我们的想望、情感和享受的形成应该起着调节作用的判断;就形成而言,评价判断是由对经验对象的条件与结果的探究而获得的结论。评价不是陈述,而是分析,是权衡,是预测,是判断,是一种认识性活动。评价判断是以现实为基础而形成的对一种行动结果的事前预测性判断。因而,它是一种指导行动的判断,是一种可以得到经验验证和在经验中得到修正的判断。它是预期性的,而不是回顾性的;是实验性的,而不是报道性的;是假设性的,而不是陈述性的;是复合的,而不是单一的。

杜威价值论的重大变革之三:颠覆了价值论的两个教条,即颠覆了事实与价值的二元划分,颠覆了手段与目的的二元划分。在杜威看来"价值与事实的关系"问题,完全是人为的,因为它依赖于和来自一些毫无事实根据的假设。如果不走出"价值领域"而进入物理学、生理学、人类学、历史学和社会心理学等领域的题材之中,就不可能得出能被证明具有充分根据的评价判断。

"价值判断是主观的"是诸多对立的价值论理论的共同信念。这一信念的要害在于:它所主张的是关于价值的真正的命题和/或关于价值的真正的判断是不可能的;因为价值所具有的性质,使我们完全不能用认识的方式处理价值问题。杜威认为,价值判断是在人类文化背景中的选择与拒绝行动的当然的组成部分。价值判断的作出是与具体的社会文化情境、与具体的行动情境血肉相连的;价值判断中的所有被当作导致主观性的要素,如欲望、情感、兴趣、目的等都是有经验根据的,都是可以进行经验观察和探究的,同时也都是可以通过这种探究而加以改善的;价值判断的形成是一个经验探究和预测因果关系与发展可能性的过程,理性是这一过程成其为这一过程的本质特征;作为结论的价值判断是对未来可能性的一种预测,这种预测可以通过这一预测所指导的行动而进行验证,并且可以在行动中进行改善,尽管对价值判断的检验只是相对可靠的。因此,杜威明确将证明指导人类事务的真正的命题是可能的,定为自己哲学的主题。

杜威所进行的价值论哥白尼式的革命,彻底否定了追求绝对确定性的合理性;彻底否定了存在一个超验世界的假设;彻底否定了事实与价值、手段与目的的二元划分;彻底否定了追求绝对价值、追求永恒价值、追求绝对价值标准、追求绝对价值秩序的合理性。这场革命坚决主张将为人类的价值选择提供智慧作为哲学的使命;坚决主张将评价判断作为哲学研究的主题;坚决主张根据具体情境确定和改善价值判断标准;坚决主张根据行动的后果判断价值。这场革命完成了价值论研究立场和研究方法的两次转换:由超验主义立场、方法向经验主义立场、方法的转换;由描述性经验主义立场、方法向实验经验主义立场、方法的转换;完成了以个体心灵状态研究为中心向以社会交互作用研究为中心的转换;完成了将人们由对权威的崇拜引向尊重理性的转换;完成了将判断标准从依据前件到依据后果的转换;完成了从无生气地依赖于过去到有意识地创造未来的转换;完成了主体由一个外部旁观式的认知者到前进不息的世界活剧中的积极参与者的认识论立场的转换;完成了从寻求与固定物相联系的确定性到寻求相对安全和在变化中前行的转换。

杜威的伦理学

杜威将哲学分成三大分支,即美学、逻辑学和伦理学,并认为这三大分支所从事的都是价值研究(EW4:[①] P118)。伦理学是《杜威全集》的重要内容。它主要体现在下述作为教材而写作的著作和本卷所选取的论文之中。

EW3 收入了杜威第一本伦理学著作(1891):《批判的伦理学理论纲要》。在此杜威提出:伦理学是关于行为(conduct)的科学,它要做的就是通过行为去理解人类活动。伦理学所关注的是人的行为举止中的道义要素,考察行为以发现行为的价值是由何而赋予的。它要参照使行动得以发生的目的和真实意义,去探究整体性的行为,并认为伦理学的任务在于进行批评。(EW3:P199)该书第一部分是对自由或道德能力及其实现这三个抽象问题的讨论;第二部分讨论了善赖以实现的诸形式和制度、家庭、国家等问题;第三部分讨论了个体的道德经验。(EW3:P201)。

---

① 文中 EW 指早期著作,MW 指中期著作,LW 指晚期著作。EW4 指早期著作第 4 卷,以此类推。

EW4(1893—1894)收入了杜威的第二本伦理学著作:《伦理学研究(教学大纲)》。在此,杜威再次强调:伦理学的主题即根据行为的价值作出批评性的、系统的判断。(EW4:P192)韦恩·A·R·雷斯在 EW4 的导读中写道:以《伦理学研究》为检测标准,我们不仅能够看清杜威向着 10 年后即将倡导的"工具逻辑"迈进了多少,而且能够看清他向着 15 年后将要那样具有说服力地予以论证的"反映伦理学"迈进了多少。此时杜威对所作出的伦理学公设的阐述已不再是用形而上学的术语,而是改用心理学的术语了。(EW4:P4)

MW3(1903—1906)所收入的伦理学文章,是把握杜威伦理学发展的重要文本。此卷导言的作者达内尔·拉克认为:此卷处于从整体上审视杜威哲学的合适位置。杜威哲学的标志性特征已经十分清楚,并且被很好地确立起来,可以与一个更见多识广的群体交流并获益。探究(inquiry)的方法作为杜威哲学的特征,已经被概括出来且极具成效,尽管他还将在之后的 30 年里继续改进他的理论。(MW3:P1)与这种哲学视野密不可分的是:随着摆脱早期的绝对主义,杜威逐渐意识到,关于人类情境(situation)的任何总体观念都在强求着某种一致性,而不是对理解经验呈现为何物而起到引导作用,这是一种危险的做法。几乎此卷的每一篇论文都表明杜威不辞劳苦地想要在思想上弥合那些在生活中持续不断地困扰着现代人的裂缝。(MW3:P2)杜威意识到,20 世纪人类的困境体现为两个方面:一是人们在过去视作救赎的那些习俗的崩溃;一是个体急剧增长的自我意识和自我中心论,个体不再有意义地与世界保持联系,而同时个体的存在和价值却仍然依靠这个世界。孤立个体的出现,使杜威认识到有必要为迷失的但本质上仍然是社会性的人这个问题找到一个社会性的解决办法。对他来说,这也是民主问题的关键。(MW3:P3)

伦理学的科学化是此卷的主题。《对道德进行科学研究的逻辑条件》一文展现了杜威对此所作出的最细致的论证,这个论证作为思想基础支撑着杜威以下的主张:如果人们要在一定程度上控制他们的世界,取代偶然性和盲目的制度体制,例如统治力量,那么伦理学就必须科学化。如果科学和价值是没有联系的,如果这个世界的价值脱离它的存在,那么人类在 20 世纪的困境就几乎是令人绝望的。绝望或者对某一不可知的神的祈祷,便成为唯一可能的反应。正是出于这个原因,杜威坚持认为,哲学的问题就是科学和价值的关系问题。(MW3:P5)

在《伦理学》词条中,杜威写道:作为科学的伦理学,涉及收集、描述、解释和划分经验事实;而关于正确和错误的判断,正是现实地体现于或应用于这些经验事实的。它可以被划分为社会的或者社会学的伦理学,以及个人的或者心理学的伦理学。前者处理习惯、实践、观念、信仰、期望、制度等,这些东西能现实地在历史或者当代生活中被发现,并且存在于不同的人种、民族和文化等级等之中,它们是关于行动之道德价值的判断所产生的结果或者是产生这些判断的原因。……心理伦理学与探索个体的道德意识之起源和发展相关,即与探索关于正确和错误的判断、义务的感受、怜悯和羞耻的情感、对赞扬之渴求之起源和发展相关,与探索(对应于关于正确或者美德之判断的)活动的不同习惯之起源和发展相关。心理伦理学从个体的心理结构出发来讨论自由和自主的行动之可能性和性质。……它把行为处理为某些心理要素、分类或者联系的表现,即进行心理学的分析。作为技艺(art)的伦理学,涉及发现和阐明人们借以实现目标的行动准则。这些准则可以被看作具有指令或命令的性质,能够进行规定和指导;或者被看作能指导个体最有效地朝着所求结果前进的技术准则,因此这些准则与绘画或者木工的准则在种类上并无不同。(MW3:P30)

在《伦理学中的心理学方法》一文中,杜威希望能够一方面接受把心理学作为纯粹自然科学的一般区分,而另一方面又能赞同心理学为伦理学的方法提供了一个必不可少的组成部分。(MW3:P43)他说:虽然使用心理学并不会告诉我们具体的伦理理念是什么,但心理学可以告诉我们:如果任何经验能够成为理念,那么这样的经验必定是什么。心理学指出了起源和使用的条件,任何有特定性质的经验如果要正确地被界定为目标、目的或意图,那么它必定要遵照这些条件。(MW3:P44)

MW5收入了杜威和塔夫茨的1908年版《伦理学》。查尔斯·L·史蒂文森为此卷写了导言。史蒂文森说:它是这样的一部著作,其作者充满了思想但很难清晰地表达它们;尽管如此,它还是成功地揭示了他经常受其指导的实际的见解。(MW5:P2)对方法的兴趣渗透在他的大量论述中,包括在《伦理学》和其他著作中。(MW5:P4)此卷精彩地展现了杜威伦理学方法中颇具特色的"戏剧排练"法。史蒂文森说:杜威不仅提出了这种方法的可能性,还用它举例说明这种在伦理学中唯一有重要地位的推理方法。(MW5:P5)杜威认为,戏剧排练是伦理学深思熟虑的重要方法。我们通过它预测会发生,或者权衡如果采取某种行动会有什么结果,

从而估计现在的任何欲望或冲动的意义或重要性。①（MW5：P231—232）

LW7收入了1932年版杜威和塔夫茨《伦理学》的修订版。这一版几乎是1908年版的全部重写。由亚伯拉罕·埃德尔和伊丽莎白·弗劳尔写的导言详细地考察了1908年版与1932年版的差别。他们认为，造成这一差别的最重要的原因是时代的变化。第一版出版于这样的时期：工业主义正高歌猛进，挑战还不能适应其要求的社会制度；人们仍然把未来看成一个不断进步和民主增长的时代；数学和物理学的革命尚未渗透到哲学思想中；伦理学和社会哲学还在作反思调和达尔文主义和传统宗教的努力；帝国主义在大国间瓜分世界的斗争开始改变政治关系的特征，引入新的暴力的秩序。人们尚未意识到世界的变化多么巨大。而1932年版出版的时代就不同了。此时工业主义正进入超速发展时期，城市社会明显地形成，但它还处于世界性大萧条时期。和平发展的期望被第一次世界大战粉碎，缓慢的民主增长的远景被意大利的法西斯主义以及德国的纳粹主义等迫在眉睫的威胁所打断。新的物理学替代了牛顿观点，新的逻辑正在动摇哲学。哲学得到了独立，成为一门专业。社会科学动摇了许多人关于人类生活研究的主张，在方法和研究上给该领域带来了不同的视野。伦理学处于特别不稳定的地位：以前，它停靠在舒适的假设上，即人们赞同道德，只是在如何为它辩护上发生争论；现在，它惊愕地感到，在道德问题上有根本的冲突。杜威第一版《伦理学》到第二版《伦理学》的变化，正是对这四分之一世纪之间社会科学成长和历史经验教训的回应。（LW7：P2—3）

亚伯拉罕·埃德尔和伊丽莎白·弗劳尔认为1932年版对1908年版作了两个重大的修正：一个是研究伦理学理论的社会文化维度，另一个是研究伦理学概念之间的联系。（LW7：P4)1908年版是用心理的伦理学来阐述其伦理学概念的，以善为其核心概念。（LW7：P5)1932年版增加了社会文化假设。这一假设的确立涉及什么是个体的含义；涉及评估作为社会的和道德的思想中的范畴的个人和社会的对立。此外，还必须确立反思观念，它将对形形色色关于理性、合理性和增进知识的方法进行哲学思考。（LW7：P6)1932年版对于社会的和个人的给出了决定

---

① 斯蒂文·费什米尔在《杜威与道德想象力：伦理学中的实用主义》一书中深入地讨论了戏剧排练的意义，认为在杜威看来，道德想象对于道德判断至关重要，因而道德想象力是人类伦理生活的重要因素。

价值问题*①

哲学协会的所有成员都要感谢执行委员会对下次会议讨论的问题作出的简要陈述。我认为，要表达自己的谢意，再没有比马上回应委员会的要求，对这个问题提交一份补充性的论述更好的方式了。

我首先要对委员会四个成员作出的阐述进行评价。② 我以为，问题——价值是某种终极性的东西，是附着在独立于意识，或者独立于充满欲望和厌恶的有机生命的"事物"之上的吗？——这个"或者"（or）应当被理解为是一种标志，它标明了一种在"意识"和"一个充满欲望和厌恶的有机生命"之间的真正选择，而不应当把后一个从句看作是意识的并列或者解释。这种选择是真实的和重要的：因为某些人可能倾向于把价值的存在与有机体的行为联系起来，而不愿把欲望和厌恶等同于"意识"——事实上，他们走得如此之远，以至于认为"意识"（不管这里使用的这个术语具有何种意义）本身依赖于与有机体的欲望和厌恶相联系的物质。然而，因为无意识的欲望和厌恶可能对某些人来说似乎包含着语言使用的矛盾，所以把这两个词替换成更客观的术语也许更好，比如选择和拒绝；或者更好的做法是将物质普遍化，把我们所讨论的选择看成是与有机生命行为相联系的选择。

当这样来理解上面的问题时，人们就会对第一个选择中的"终极"（ultimate）这

---

* 选自《杜威全集·中期著作》第 7 卷。
① 这篇论文是为了回应委员会的要求而提交的，它要求对这一问题作进一步阐述后提交发表。首次发表于《哲学、心理学与科学方法杂志》（*Journal of Philosophy, Psychology and Scientific Methods*），第 10 卷（1913 年），第 268—269 页。
② 伊·布·麦吉尔夫雷及其他，《哲学、心理学与科学方法杂志》，第 10 卷，第 168 页。

个用词的确切意义产生疑问。是不是把价值视作有机体行为的变量,不如把它视作与有机体行为无关的事物更具有终极意义呢? 如果答案是肯定的,那么,这种答案赖以建立的根据何在?

我相信,如果在这个基础上进行讨论就可以达成共识。然而,这种阐述在某些方面似乎没有必要与唯心论和实在论的争论联系在一起。我承认,这种复杂化有利于讨论不断地进行下去;然而,现在从侧面迂回地进行讨论,可能最终是更有效处理问题的方式。无论怎样,我冒险提出下面的问题:

1. 在哲学讨论中,价值的重要性问题能够与品质的重要性问题相分离吗?

2. 价值能够与有机体的行为特征分开来吗? 如果有机体行为有它自己独一无二的特点,那么,肯定价值是有机体行为的特征是否意味着它们的"主观性"呢? 如果确实如此,这种主观性是在何种意义上的? 与有机体行为的联系,意味着它们对意识的依赖吗?

3. 价值是先于还是依赖于评价——评价(valuation)是不是一个反思性估测或者判断的过程?

4. 如果价值先于评价,那么,评价只是把它们复述出来吗? 或者是对先前的价值进行修正吗? 它创造新价值吗? 如果创造了,那么,修正和创造仅仅是偶然的还是由本质决定的呢?

5. 对于日常行为(特别是道德行为)中的理智地位的理解,是不是不需要考虑对先在的自然价值进行重新判定?

6. 鉴定(appreciation)的意思是什么呢? 它是对价值的一种特殊理解(认知)方式吗? 它是对经验价值的直接称呼吗? 它是怎样与评价和批判联系起来的?

7. 一般经验价值的存在(特别是宗教价值的存在)还需要有一个证据来证明它的重要吗? 也就是说,比如宗教价值的存在是不是证明了任何超越于价值本身的对象的存在呢? 或者就这个词最广泛的意义而言,任何价值的经验存在是为了使我们的心灵可以认识到周围环境中的某个东西吗(这个问题与有关品质的第一个问题联系起来考虑,是有益的)?

8. 如果对这些问题的回答是否定的,那么,这些价值对于经验和哲学的意义就会因此被确定为是无效的或虚假的吗? 如果假设所有的经验本身都是对客体的意识,那么,对这个问题的肯定回答还能被我们坚持下去吗?

(刘娟　译　欧阳谦　校)

关于价值的一些问题[*][①]

当分析我最近经历的关于价值讨论中的挫折时,我发现,它来自这样一种感觉,即在判定所涉及的基本问题方面几乎没有什么进展;而不是来自这样一个事实,即我个人所坚持的观点没有得到普遍的承认。盖格博士最近的文章[②]的清晰性促使我通过澄清基本问题来试着做些什么,只有如此关注回答与解决,或许才能凸显问题的性质。我并不认为,我对问题作出的说明会丝毫不受我对问题的回答的影响。但如果其他人要陈述在他们[③]看来基本的问题,或许对问题解决方案的讨论,对于获取一致意见而言,会比以往更富有成效。[④]

我从初步的粗略列表开始。

Ⅰ. 被称作珍视或珍爱的态度,与渴望、喜欢、感兴趣、享受等之间,如果有关系,那么有什么样的关系?

Ⅱ. 不管上面所说的哪种态度被当作首要的,它自身就是价值存在的充分条件吗? 或者,因为它是价值评价(*valuation*)或估价(*appraisal*)的必要条件,所以也是价值评价或估价所要求的深一层的条件吗?

Ⅲ. 无论对第二个问题如何回答,在估价、评价的性质方面,有什么判断或/和

---

[*] 选自《杜威全集·晚期著作》第15卷。
[①] 首次发表于《哲学杂志》(*Journal of Philosophy*),第41期(1944年8月17日),第449—455页。这是对乔治·R·盖格(Geoge Raymond Geiger)的文章的答复。
[②] 《我们能进行价值选择吗?》,《哲学杂志》,第41期,第292—298页。
[③] 杜威在英文版书中用叙体表示强调,中文版改为楷体。——译者
[④] 我要补充说,我并不试图列举所有导致结论不一致的问题。赋予价值标准先验性的观点已经被忽略,因此我所说的对于持这种观点的人并无吸引力。

命题,是在逻辑或科学的地位方面区别于其他命题或判断的吗? 或者,这些命题或判断具有的这种不同特性完全只事关其主题——正如我们谈论天文学命题和地质学命题,而无须指明作为命题它们之间有什么不同吗?

Ⅳ. 科学的探索方法就其广义而言①,能够运用于决定评价或估价方面的判断和/或命题吗? 或者,在价值的本质中,有什么主题是固有地阻碍运用这种方法的东西吗?

I

并不能认为,"珍视"(prizing)和"渴望"(desiring)这些词(或第一个问题中的任何一个词)的含义像它们表面上那么明显。试图界定它们的全部含义是不可能的,也是不必要的。"珍视"一词在这里用来表示行为的交流。如果它的力量强度从明确的行动降低为一种态度,那么这种态度或意向也一定会被理解为是对事物或人的,即便这种态度与它所对待的对象相隔离,也不会有模糊的含义。差不多的意思可以用养育、关怀、照料、扶植、悉心照顾、效忠或忠实、坚守等词来表示,只要这些词是在一种能动的行为意义上使用的。如果"珍视"具有这层含义,那么第一个问题关注的关系(或关系的缺失),是在特定的行为方式与诸如"渴望"、"喜欢"、"感兴趣"、"享受"等状态、行动或过程之间具备的,而不论后者如何界定。

这就是说,如果后面的词被赋予行为描述,既然一切都是行为,问题就依旧是关乎由同类的各种态度或意向彼此之间相互保持的关系。例如,或许可以认为,既然被称作珍视、珍爱的,是一种倾向于维护某物实际(时空)存在的行为方式,兴趣就代表这种天性的一种持久的或长时期的倾向,它将具有不同倾向的各种行为统合起来。渴望或许是行为态度,当珍视暂时受阻或挫败时,就产生了渴望,而享受则应当是珍视得以完成的阶段的名称。② 然而,如果渴望、兴趣等都被赋予一种非行为的意义,那么似乎它们就必须代表某些"内在的"、"精神作用的"东西。这

---

① "就其广义"这一短语的插入,使得这一点清楚了,即"科学的"并不是被预先假设还原为物理学或生物学的词汇,而是像一般意义上的对具体事物的科学研究那样,将这一主题领域留给了探究过程来决定。

② 文中使用"或许"一词表明,使用特殊的描述是为了作为同类行动解释的例证,而不是作为最后的定论。

价 值 论

威伦理学的论文,而未选杜威伦理学教材。期望以上对未选内容的介绍,能弥补这一遗憾。另外需要说明的一点是:由于本卷所选内容涉及全集诸多卷、诸多译者的翻译,所以为了尽可能减少读者的阅读困难,保持本卷内容的融贯,编者统一了本卷极为重要的关键词,并且对某些译文作了微小修改,就此敬请原译者原谅。

冯 平

2016 年 9 月 2 日

性的断言:我们将用对发生在具体时间、地点的确定的冲突的考虑,来取代个人和社会之间的普遍对立。"社会的"和"个人的"都没有固定的含义。(LW7:P9)

1932年版的另一个变化是:抛弃了道德演化的线性观点。替代线性观点的是在具体的社会历史语境中,对社会现象作更为真实的社会历史分析。从简单展示更高层次的意识和个人道德的出现,转向解释性探索社会条件的影响。在LW3的《人类学和伦理学》一文中,杜威详细地考察了道德演化的不同解释,他得出结论,反对把道德概念、道德实践和制度的、智慧的变化隔离开来;他没有发现毫不含糊地由事实证明的确定的演化模式,无论是远离还是趋近更大的个体性;他强调影响的多元化,认为需要专门进行研究。这篇文章标志着1908年版历史基础的终结。(LW7:P7)

同时,1932年版完成的概念结构的变化,加强了杜威对伦理学的中心看法,即伦理学的具体任务:用最广泛的经验教训和创新资源来解决具体问题,而不是应用具有道德普遍性的一成不变的、预先设定的模式。(LW7:P18)

亚伯拉罕·埃德尔和伊丽莎白·弗劳尔认为:1932年版与1908年版相比最大的变化是关于善的观念。善的概念是功能化的。善的基本作用是评价冲突中的各种选择,在决定中形成目的。这种把善的判断聚焦于评价特性的做法,在20世纪20年代导致了杜威对价值观念旷日持久的关注。这表现在他一系列的论文和论辩中,这些论辩(1932年版之后)在其《评价理论》(1939)达到顶峰之前,历时二十多年,甚至断断续续到以后。在杜威的著述中,特别是20世纪20年代的著述中,当他把善作为一个伦理学概念来讨论时,评价的功能占了主导地位。善在道德情景中作为一个决定的评价作用,在1932年版中是明确的。(LW7:P20—21)

亚伯拉罕·埃德尔和伊丽莎白·弗劳尔还认为:杜威伦理学理论中有三个主题特别值得注意。1.基因方法;2.理论和实践的关系;3.伦理学理论中的科学预设。(LW7:P21)1932年版假定了把科学知识输入伦理学理论。把伦理学和知识增长联系起来,随着知识的增长而修正、改进,是杜威伦理学的基本观点。他们认为,对杜威伦理学理论从1908年版到1932年版的发展的研究表明,这种科学和伦理学相互作用的理论在杜威伦理学中是一以贯之的。(LW7:P23)

以上介绍绝大多数是关乎未选入本卷《杜威全集》的伦理学内容的,但也隐含着本卷所选内容的主线。因篇幅所限和众所周知的教材的特殊性,本卷仅选了杜样的话，利害攸关的问题就会是在下述两种观点之间作出选择，一种观点认为评价从根本上说是保持独立存在的具有价值的事物继续存在的一种行为方式，另一种观点则认为某种精神性的状态或过程就足以产生作为唯一完满产物的价值。

根据第一种观点，"珍视"（照这里的理解）具有确定的生物学根基，例如，这种根基在母鸟养育小鸟或母熊攻击威胁幼仔的动物的行为中就很明显。"珍视"的强度因此可以用投入养育或保护行为的总的精力来衡量。根据这一观点，总会有一件事情或东西是独立于其被珍视（或评价）而存在的，在特殊的时空条件下，"价值"这一特性或属性被加于其上。从渴望、喜欢、兴趣或其他产生价值的东西仅仅是"内在的"或"精神性的"这一观点出发，似乎可以推出，如果这种价值被加诸一件事情或客体（在时空中的某物），那也是出于外在因素的或多或少非本质的联系。因为如果渴望或喜欢完全是自身的"内在的"状态，那么忽然想到例如一块钻石、一位年轻女子或得到一个官位，这种事情确实完全是外在的，因此是一种相对偶然的事情。

II

在当前文献中，另一个看来基本的问题关注的是在进行评价活动（evaluating）的意义上作出赋值（valuing）与评价（valuation）之间的关系或关系的缺失的问题。价值（values）得以存在（不论如何理解它们和解释它们）与进行评价活动的条件无关，并且先于评价活动的条件存在吗？如果真是这样，后来的价值评价与先在的价值之间的关系是什么？评价是如何继之产生的？为什么它是继之产生的——或者说，如果评价有其功能，它的功能是什么？

前面一节的论述基于这样一个信念，即考察当前的讨论将表明：一些人认为，除了引入某种估量和比较的评价（appraisal）因素，一切都不具有价值属性；而另一些人认为，价值可以而且确实独立于评价的实施而存在，因此价值评价对于价值存在而言总是完全的事后的。

我想，可以肯定地认为珍爱和赋值通常是可以互换的。就用法而言，这一事实在表面上看似乎表明赋值完全与进行评价无关。但价值评价与作出评价也常常被用作同义词，这一事实足以为这一结论画上句号。例如，据说征税领域的估价师会对不动产进行估价，几乎所有的领域都有专门的估价师参与买卖财产。的确，他们根据对财产的评估确定价值。这里根本的问题是:"价值"是一个名词,代表着一个自足的实体,还是说"价值"是个形容词,在可列举的条件下,代表属于具有独立存在的被评价的东西或个人的一种属性或性质。如果采纳第一种观点,那么说一颗钻石、一位心爱的人、得到一个官位具有或者就是一种价值,就是肯定在两个分离的并且不同的实体之间以某种方式建立的联系。如果持第二种观点,那么就是认为一样东西由于可以确认并且描述的事件,获得了先前不属于它的性质或属性。正如一个先前很硬的东西因受热而变软。根据这个观点,先前中性的东西,当我们为保护或帮助其继续存在而去积极关怀它时,它就具有了价值性。根据这个观点,价值性失去了经常被归于它的半神秘的特征,它能够根据因果条件来确认和描述,就如其他自然事件一样。①

当假设估价(进行评价)通常可以与赋值互换时,目的并不是宣布在珍爱这一直接动作与对于不动产和其他商品的价值评价活动之间毫无区别。这里有着明显的区别。提请关注通常用法这一事实具有双重意义。它明确地提出了评价与价值相互之间的关系问题。在珍爱(渴望、喜欢、享受)的意义上,价值评价影响或改变事物以前被评估的价值吗?或者价值评价命题仅仅传达一个事实,即一样东西或一个人事实上被珍爱(被喜欢、被欣赏、被尊敬)? 如果是后者,深思熟虑的功能是什么?有时这样的问题就出现了,即是不是先前被高度看重(渴望、喜欢等)的东西真的应当被这样看待或对待?在后一种情况下,为了确定这件东西或这个人的价值,看来需要反思的探究(深思熟虑)。

提请关注赋值和评价的用法可偶然加以互换的另一目的,是提出这样一个问题,即在直接作出评价和间接价值评价之间毋庸置疑的区别,是否是分离或侧重的结果。如果在直接作出评价时,在对被评价事物或人的认识中,有一种要素可以作为珍视、尊敬、渴望、喜欢等的根据,那么它与明确的评价之间的不同,就是侧重和程度上的,而不是固定的。估价因此或多或少相当于对已经在珍视中表达的东西的系统发展。如果进行评价完全是非理性的,如果没有什么"客观的"东西作为其根据,那么直接赋值与评价之间就有着完全的分离。在这种情况下,问题是决定评价(1)只是对已经完全在那里的东西的"现实主义的"理解,或者(2)只是对已经确立的

---

① 如果这一解释被接受,就表明价值性的出现在起源和功能上的延续,不仅与保护和延续生命过程的生理学活动有关,而且与在某些化合物部分的变化中维持稳定性的物理化学相互作用有关。

事实的口头传达,但它在任何意义上都不是一个命题,或者(3)如果它确实参与了后续评价的形成,它又如何能这样做。

III

第三个问题直接源于刚才讨论的一个问题。它可以表述如下:评价命题作为命题有独特之处吗?(如果这些命题仅仅阐明已经存在的事实,这一问题便不会出现,因为这种信息本身不是命题。)明确表明价值判断命题作为命题,并且不只是由于其主题是一种独特的命题,这在讨论价值主题的文献中并不多见。但人们常会接受这些立场,并且除非这些立场虽未明确陈述但已被当作假设,否则引出的话题似乎不具有任何意义。我举一个典型例子。

经常有文章讨论事实与价值的关系问题。如果在这种题目下讨论的主题是价值事实与其他事实的关系,就不会有刚才提到的独特性假设。但是,任何读了致力于讨论这一问题的文章的人,都会注意到,只是由于认为关于价值的命题是某种独特的命题,与生俱来就被从关于事实的命题中划分出来,这才成为一个问题。可以清楚地陈述这样一些理由,根据这些理由,可以假设关于价值的命题不是关于时空事实的命题,而且可以清楚地讨论这个观点的推论,比起这种做法来,我想不出如何更能澄清这一主题当下的混乱。如果提出一个关于地质学命题对天文学命题的关系,或关于流星的命题对彗星的命题的关系的问题,谁也不会想到这个"问题"不是两个事实系列之间的关系问题。我深信,必须清楚明白地说明为什么在涉及价值问题时,要假定情况是不同的,否则,就不能更好地澄清目前关于价值问题讨论中的令人不满的状况。

IV

最近出现了一些理论家,他们坚持认为,真正的价值命题(和/或判断)是不可能的,因为它们具有完全不遵从认识方式的性质。简言之,这一学派认为,关于价值的口头表达具有感叹的性质,只是表达一个人脱口而出的话具有强烈的情感色彩。脱口而出的话可以在言辞上扩充成为表达渴望或喜欢或兴趣的句子。但是据说,能够提出的唯一与认识或理解相关的问题,就是口头表达(不论是简短的、脱口而出的感叹,还是扩展为一句话)是确实表达了说话的人的情感,还是隐藏或歪曲了他的实际状况而误导了其他人。

这一观点的实际重要性可以从下述事实中推断出来,即根据这一观点,关于价值的分歧不能被判定或议定。它们就是终极事实。坦率地说,采纳这一观点的人最终的严重分歧即便能够从根本上解决,也只能依靠"打破脑袋"。我这里并不想问这一观点离其下述逻辑结论有多远,即认为某种"内在的"或精神性的状态或过程足以使价值得以存在。我只限于指出,人们实际上把当代在评价方面的严重分歧看作只能借助暴力来解决,并且这一观点具有经验的支持。国家之间的战争是这种情况,比较不明显和不彻底的例子是国内集团之间的争论和阶级之间的冲突。在国际关系方面,除了战争外,承认"可由法律裁决的"争论与"不可由法律裁决的"争论之间的最终分歧,实际上就接受了上述观点。

不可否认,这一特殊问题在实践上极其重要。不带成见地使用"偏好"一词,我认为问题可以表述为:是否价值事实(value-facts)就是强烈排他的偏好事实(bias-facts),这种强烈排他使它不能为任何可能的对根据和结果的思考而改变?这一问题并非某些价值如今是否确实被当作仿佛它们就是的这种样子。问题是:它们被这样看的原因在于它们自身作为价值事实,还是在于它们是一种文化与社会现象?如果情况是后者,它们就能够为社会与文化变化而改变。如果情况是前者,那么极其重要的社会评价中存在的分歧,就不可能产生于调查范围内,因此也不能够以合理的方法解决。它们或许不会总是导致公开的冲突。但是即便没有导致冲突,也是因为相信冲突不能获得成功,或者代价太大,或者时机不成熟,或者某种更迂回的方法能够更有效地实现向往的胜利。

这第四个问题显然与前面讨论的问题有关。如果评价全部并且排他地由内在的抵触探究和裁决的东西构成,那么必须承认,它不可能高于野兽的水平——除了在手段方面更能保证其克服冲突的评价和价值之外。但是如果在回答第三个问题时,下述这一点是确定的,即在每一种珍视、渴望等等情况下,价值评价的某种要素或方面都有着"客观的"根据,那么这一要素或方面自身可能被珍爱、渴望和欣赏,以至于它会放弃非理性的因素来增强其力量。

在这种关系中,值得注意的是:那些坚持评价具有完全非理性特征的作者,开始接受"内在的"精神性的价值理论,因此赋予这一类似空虚的东西超过三重的厚钢板的抵抗力。在我看来,这四个问题或多或少在当前的讨论中都被公开表达了,我所陈述的事实又使我自己提出了另外一个问题,这个问题在论述价值问题的文献中并不经常出现,然而它比经常出现的问题更带有根本性。价值与评价能够被看作是基于所谓"个人的"心理学的东西吗？或者,是否非常确定它们完全是社会文化的东西,因此只能在社会文化背景下有效地对待它们?①

（余灵灵　译）

---

① 上面的正文已经写就,我发现这个问题在艾尔斯的著作《经济进步理论》(*The Theory of Economic Progress*)中,明确地被当作经济理论的基础,特别参见第73—85页,第90和97页。

价值的含义*①

我希望继续普劳尔先生和我先前参与其中的关于价值性质的讨论，为时还不算太晚。我会把自己限制在两点上，第一点主要是逻辑性质问题，第二点无疑是更重要的，是事实问题。然而，不但因为之前的讨论，而且因为关于它的某些陈述，看起来对扫清事实问题考虑的基地是必不可少的，因此第一个问题就牵涉进来了。第一点关涉"价值"术语中的模糊性，它既作为一个具体的名词，又作为一个抽象的名词，在前例中指称（尽管在比喻的意义上）具有价值-属性的事物，在后例中指称一个本质、一个被经院哲学家称为理智构想的实体的一类实体。第二点关涉思想和价值出现的案例的事实上的关系。

I

我在文章中曾提出"价值"这一术语的使用问题，尽管不是刚刚提及的那个。我质疑了是否在某些段落中，普劳尔博士有时用这个术语指称具有价值的某物，而有时又用它指称一种属性。把注意力引向可能的模糊性，一点也不新鲜；这几乎是价值讨论中的老生常谈了，不管避免陷入模棱两可有多么困难。我不能抱怨普劳尔所作的回应中缺少任何的明确性。结果证明，"价值"和"复数的价值"对他而言，不是指这两种含义中的任意一个，而是指把自身当作实体或本质的那种属性。"价

---

* 选自《杜威全集·晚期著作》第2卷。
① 首次发表于《哲学杂志》，第22卷（1925年2月26日），第126—133页。关于这篇文章所针对的普劳尔的文章，见《杜威全集·晚期著作》第2卷边码第393—402页（本卷中提到的《杜威全集》页码，均为边码，即英文原版书页码——编者）

值只有抽象的含义——也就是一个抽象名词的含义;而且当我使用复数形式的各种价值时,是指这同一个抽象名词的复数形式。一个人会说颜色和颜色的复数、红色和红色的复数、美丽和美丽的复数,这些术语当然频繁地被用来指称'具有'这些属性的事物。但是,复数形式同样准确和非常重要地被用来表明(a)这一属性的许多情况,或者如果这个术语包含一般的共同属性的许多属性的话,用来指(b)不同种类(不是数量)的表现中的属性。"(《杜威全集·晚期著作》第2卷,第395页)又一次在前一页上,"就我所知,我在使用价值时总是非常小心,作为我所理解的恰当的抽象名词"。并且在同一页上,他就公然声称,这么理解的价值是一个像对话可能定义的那样的逻辑本质。"在最严格的对话术语中,存在各种价值;它们没有实存,但有存在和实在。这就是说,它们是性质或特性或属性——如果我们要用像柏拉图、莱布尼茨、斯宾诺莎或桑塔亚那先生这样形而上学意义上的逻辑学家的术语来说,就是本质。"他认可桑塔亚那先生的立场,"被给予的任何东西都不实存"①,以至于按照我的理解,一个具有价值的实存物表征了否则就是永恒之物或一种可能性的具体化或现实化。

我无意吹毛求疵地提出责难。但是,尽管我高度地评价普劳尔先生对于我的问题的明确回应,我还是不得不说,这一回应使问题变得复杂化而非简单化了。我希望,我能理解普劳尔先生提到的形而上学家所持有的关于本质和普遍概念的理论,不管本人关于本质的性质的观点如何,我还是一贯地援引那一学说。我不理解的是,普劳尔先生在表达他关于喜好和价值的绝对相关性观点时援引那一学说。按照我的理解,"喜好"被用来指称就一个实存之物而言的一个实存事件。如果是这样,那么,把喜好和价值的产生与永恒的价值-本质的具体体现联系起来,就是合乎逻辑的。但这么说,仅仅是坚持了我在先前文章(《杜威全集·中期著作》,第15卷,第20—26页)中指明的立场。普劳尔先生在目前的文章中,公开拒斥了这一立场,即在表达一个属性如何作为拥有或获得一个事物而产生的意义上的定义。我以前总是认为,这就是桑塔亚那先生把价值定义为与喜好相关的那个意义,而且是唯一的意义,因为他公开地区分了拥有价值的事物的因果出现和作为本质的价值的性质。我也没有看到,任何持有柏拉图-莱布尼茨意义上的本质理论的人,能够

---

① 他接受了这一宣言,和他把价值定义为由喜好构成不相融。看起来,这一点对于普劳尔先生而言,并没有出现。下面要考虑这一点的对立面。

为作为本质的价值是由喜好构成的这个命题增加任何含义。我以前总是认为,这类陈述正好是那种给这个学派的成员带来恐怖的陈述。摩尔(Moore)和罗素(Russell)的观点确定无疑,是当一个人宣称他正在研究作为本质的价值时从中得出的观点。通过澄清在喜好和价值相关时他在研究的是实存而非本质,也就是因果的或物理的考虑,桑塔亚那先生坚持了他那独特的观点。

我会说,从字面上来理解普劳尔先生,会最离奇地逆转立场。虽然他指责我把价值过度理性化了,但现在使价值成为完全由理性设想的事物的正是他。通过把抽象价值视为唯一重要的讨论素材,通过把具有价值的实存之物的因果关系的问题作为毫不相干的或者至少是从属的而排除在外,普劳尔先生这样做了。如下的事实证实了我的结论,即当桑塔亚那研究作为本质的价值时,他坚称主题和方法完全是辩证的——把一个意图带入与其他意图系统的、连贯的关系中,对意图的阐明或澄清。不是通过喜好把价值定义为一种感受,他公开地承认感受纯粹是实存的。他说:"为什么一个人珍视一种事物,或者尤其珍视一种事物,这是一个物理学的问题……伦理学问的不是为什么一个事物被称为善的,而是它是不是善的,这么珍视它是不是正当的。在这个理想的意义上,善不是意见的问题,而是本质的问题。"而且,他指责功利主义学派,因为他们"用苏格拉底的辩证法代替了可疑的心理学"而忽视了这一区分。①

II

现在我转到事实问题。我已经指出,关于如此这般的价值,唯一能被清晰讨论的就是存在的问题——各种价值是如何形成的,例如事物如何逐渐拥有价值属性的问题。我已经声明,把价值和喜好、偏见、兴趣联系起来的理论,实际上是关于有价值的事例在存在的意义上是如何发生的理论。我已经向这一陈述附加了另外一个,即只有包含思考的喜好、偏见和兴趣,才是拥有价值的事物出现的充分的因果条件。并且为了避免错误的理解,我已经明确地声称,这一观点没有暗示桑塔亚那先生描述的诸善或诸价值的辩证法,是不可能的,或者是不合逻辑的。相反,正是由于作为拥有价值的事物包含了思想,所以在思想中有一种能够获得发展、能够比

---

① 《理性生活》(*Life of Reason*),第5卷,第172页;《科学中的理性》(*Reason in Science*),第214—215、256页。

较和综合的特征或一般性质。正如桑塔亚那先生指出的,如果喜好完全是感受上的事物,而不是有关嵌入感受之中的意图或意义的事物,那么就没有什么可说的了。

前一节就作为本质的价值的讨论,证实了我的观点。下面这一点意义重大。普劳尔先生在重申他的立场时说,他指的是一种情感-激发者的态度构成了在如此这般而不是在发生的意义上的价值;并且补充道:"因为我坚持受感情驱动的关系构成了价值,而且因为我认真地解释了——杜威先生引用了这句话——'在这种关系的发生中,价值……发生了',我觉得,我可以自由地说,这种关系构成了价值……这一关系是指情境,与出现的两个术语构成关系。更进一步地说,这种关系不能在主体态度缺失的情况下出现。"(第120页,原文没有斜体)在就思想的出现或缺席来界定我们之间的争议时,他说:"对价值的发生或者产生,以及价值在发生本身中产生,都必须有态度。"再一次,他说,问题是"价值-属性的出现存在于什么之中?如果价值出现在发生之中,那么,发生的事情的性质是什么?"(均引自第121页,斜体均是我加的①)。而且,他说,这里是以经验形式指出来定义的。正如人们指出一种颜色,因此为了定义价值,人们指向在主体的态度和对象之间存在这类关系的情境。"价值是在取向中形成的。"(第122页)

这里,我不会强调他转移了战场这一点。他此前曾声称,他在定义一个本质,定义某种抽象之物。而现在,他主张,"定义"价值的唯一途径就是指出在其中具体地发现这一属性的存在情境——作为一名经验主义者,这是我完全认同的立场。我在这里,也不会极力地主张他现在已经表明的、关于我在他回应的那篇文章中指出的富有野心的概念中的第三个立场——也就是说,并非喜好构成价值,而是喜好拥有价值属性的任何情境的组成或构成部分;或者说,在喜好的存在和价值-情境的存在之间,有一种恒常的相互关系。那时,我承认了这一观点;现在,我重申这个观点。我引用他文章中的段落来界定事实的问题。就我看到的而言,这是我们之间重要的差别。因为它们清晰地表明了,问题可以这样的方式来陈述:在拥有价值-属性的情境中,从主体方面看,喜好是唯一的和排他的组成部分吗?或者其中也包含思想?不管价值如何在抽象意义上被定义,或者它是不是不可定义的,这一问题引发了明确的事实问题。

---

① 中译本中用楷体表示,下同。——译者

由于普劳尔先生说,他从我的话中接受了一种不可抵挡的暗示,"即价值不是非理性偏好的产物,而在根本上是理性的"(第124页),我尽可能明确地表明,我把喜好视为那些拥有价值属性的情境中一个不可或缺的组成部分或构成部分,但却不是充分的组成部分或构成部分。我希望这个观点是明晰的,即使它最终看起来并没有表达实际的事实。它对拥有价值的情境中根本上是非理性的因素作了规定,但却没有努力地把那一因素敷衍掉,或者把它还原为某种理性之物(我会插入一个评论,在作为基于我所谓的"非理性主义"的理由的如此多的批评的主题之后,而且更具体地说,在因赋予"兴趣"在教育中如此大的空间而被轻蔑地对待之后,我发现,被指责有着过度的理性主义,至少是一个有趣的变化)。

在事实问题上的差异,不会通过辩论得以解决;它们通过充分的观察得以解决,而且我没有理由假定我的观察比普劳尔先生的观察更充分。但是,可以给出一些对需要作的那种观察有影响的考虑。首先,当说"思想"包含在处于作为属性的价值出现的情境中的主体的态度中时,"思想"一词需要定义——我在前面的文章中没有给出这个定义。我用思想指的至少是对含义的承认;在含义当中,隐含了对超越当前或直接状态的指称、一个指向进一步的或终极之物的指称:指向在直接状态之外,但却隐含其中的,至少在逻辑的意义上可以被称为"客观的"的某物。①

深思熟虑的喜好和盲目的、仅仅一时冲动的"喜好"之间的区别,当然为人熟知且显而易见;它不是我为了辨别价值情境特地发明的。我确信普劳尔先生对桑塔亚那先生的话保有敬畏,但对我的话却没有。因此,我会引用一段话。"除非触及了他的意志并实现或挫败了他的意图,否则,没有什么存在对人来说是重要的,甚至他自己的存在也不重要。除非他关切那个存在*应该*具有某种具体类型,除非他对*形式*感兴趣,否则,他几乎不能对任何存在物感兴趣。"(第5、167页,斜体是我加的)由于我们不是就语词发生争议,我应该乐意使事情依赖这一点:普劳尔先生在对作为价值情境之决定性组成部分的喜好的理解中,包含了或者不包含对喜爱对

---

① 普劳尔先生在缺少就我而言的任何明确陈述的情况下,有权引用我的一个关于包含成问题的因素、怀疑和调查的反思性思考的定义。虽然我认为这些元素对评价性判断至关重要,但它在某种意义上,是拥有价值-属性的情境出现的因果条件。刻画价值情境自身可以被直接认出或预见的,却是因此而出现的决定性的含义。在谈到态度作为"反思性的理解"之一时,我使用了形容词"反思性的",这是很不幸的;在我自己的理解中,至关重要的是"理解"。形容词传达了下一句话表达的思想:"体现了许多深思熟虑的兴趣的结果。"

象的关切这个元素吗？如果答案是肯定的，那么，我乐意放弃使用"思想"一词，虽然我很得意自己提出某些词来表明对如此这般的含义的承认。无论如何，我在纯粹动物的渴望和同化中发现，没有包含的正是对对象的关切，对一个具体类型的对象的关切这一元素。

其次，显然，普劳尔先生用"喜好"指的不仅仅是一种情感状态，而且是一种积极的态度、一个原动力和选择性的行动。它不单单是意识中的一个差别，而且对外部事物有影响。它具有取向的性质。现在，一个盲目的偏见或渴望和具有含义和意图的渴望发挥同样的作用。但在重要的或深思熟虑的喜好中，含义表现出了对作为促动力，或对选择性偏见在改变以别的方式存在的事物时的力量的意识。它与存在是某一种而非另一种关切有关。因此，它值得被称为兴趣，因为一个盲目的喜好在比喻的意义上没有幸存下来。

正因为如此，善是可以评判的，是可以在思想中被发展、比较、联系和系统化的。因为虽然在许多情况下，除了那个有限的和临近的差别以外，根本没有思想；但在这个案例的性质中，没有什么东西限制兴趣对象所固有的含义的范围，即限制对之有重大影响的差别的范围。相应地，这是第三个考虑，仅仅喜好对构成一个价值情境就足够了。这个观念没有对教育和兴趣的培育作出任何规定；而且，它使得不管是审美的还是道德的和逻辑上的批评，成为任意的和荒唐的。另一方面，对深思熟虑的喜好的理解，使精细化和批评成了包含在价值情境中的因素的内在生长。

当我发现，与普劳尔先生观点相同的一位作者说"有关经验的重要意义的一个主题，是敏锐的欣赏力方面的教育，是成为一个革新的鉴赏家方面的教育"①时，我不禁感到，作者实际上在对偏见、喜好或兴趣的理解中包含了我想要指出的那个思想阶段，但他没有明确这一点。这仅仅因为，他的主要兴趣是支持关于兴趣的一般理论而反对否认它的诸善理论。我感到遗憾的是：普劳尔先生在他的回应中没有深入这一点，没有解释他用公正和不公正的、令人满意和不令人满意的评价指什么，以及一般来说，他用与这种排除了任何思想和意义元素的喜好相关的批评、教育和教养指什么〔参见我最初的批评，第621页（《杜威全集·中期著作》，第15卷，

---

① 布什（Bush）：《价值和因果关系》（*Value and Causality*），《哲学、心理学与科学方法杂志》，第15卷，第91页（《杜威全集·中期著作》，乔·安·博伊兹顿编，卡本代尔：南伊利诺伊大学出版社，1982年，第11卷，第382页）。

第25页)]。我指出了他承认"不令人满意的"价值(这和仅仅直接的喜好构成一个价值这一点公然对立)。他唯一提及我这一点的是:说有消极的价值、不喜欢的价值。当然有消极的价值,但这不是问题所在。问题是他承认在喜好的例子中有不令人满意的价值,"取决于主体的能力是不是可爱的,以及他在具体领域中的训练是否全面"。我提出这一点,不是为了指责一个个人的对立;任何人都可能陷入暂时的失去思想或失语之中。我提出这一点是因为:它看起来如此明显是正确的,而且相当重要。除了思想-喜好理论,我看不到它的真理和重要性如何与价值理论相一致。纯粹的喜好可以在强度上有差别,可以在属性上有差别;但按照定义,它们就价值的构成而言,不能有差别。基于这一学说,一种更加"精致的"的喜好可以确定一个更加强烈的价值,而且更加全面的训练可以构成一个不同的价值。但按照喜好理论,这不可以指就价值的价值性而言的差别;它不能在这些术语赞美的意义上暗示提高或教养或精致化或教育;它不可以暗示就变化的可欲性而言的任何东西;或者一种价值比另一种价值更"令人满意"。它仅仅意味着一种喜好取代了另一种喜好,因此一种价值被另一种价值所取代——就好像一个人放弃了茶而转向咖啡,或者放弃了咖啡而转向其他饮料而完全没有任何理由那样,这仅仅是直接喜好的一个纯粹的改变而已。

恰恰是因为我认为,正如我认为普劳尔先生也认为的那样,培养兴趣或品味在根本上是最重要的,在道德中(在此,它被称为良知),在理智事物中(在此,它被称为洞见),以及在审美中(在此,它更经常被称为品味),为着品味的案例不应该被非经验的和非人道主义的理论给削弱,或者易受它们的攻击。正是忽视和否认了构成善的"喜好"之中的含义和意图,才引发了关于价值的古老的先验主义的理论——不管是鲍桑奎(Bosanquet)和明斯特伯格(Münsterberg)等人的理想主义类型的理论,还是摩尔和罗素的现实主义类型的理论。排除和否认含义中的可理解的和客观的因素的经验主义理论,是"先验主义的"理性主义的主要堡垒。正是由于我对普劳尔先生的深层精神和目标如此彻底地认同,才欣然地看到提供给它们一个充分的基础。

(王巧贞　译)

"价值"领域*①

就目前价值问题的现状而言,争论的焦点主要是在方法论方面:究竟该从什么样的立场来研究赋值行为和评价本身等方面的问题?哪些先决条件在决定着这类问题的选择和讨论?前面提到的"这一问题的现状"很重要。并不是说方法论问题可以和相关问题研究的方法分开,也不是说前者就一定该比其他问题都重要。恰恰相反,假如这个问题能得到澄清的话,那么我们就可以着手使用它,并在使用的过程中检视它,发展它,并不需要对其加以特殊的讨论。然而,看一下目前争论不休的情况,我们就可发现,佩珀先生所提的问题比任何其他问题都更加紧要、更加尖锐,即:"如何保证不同的论者在研究'价值'时讨论的是相同的问题?"②我还发现佩珀先生(在前面一句话中)用的"价值问题或曰领域"这一短语也同样重要。因为,对相关问题争论不休的混乱局面之所以出现,正是由于对这一领域大家莫衷一是,而具有价值限定性的事件恰恰就发生在这一领域。不对这一领域加以适当澄清,那么,所谓讨论就好比在黑暗中连"方位"都没搞清楚,就用打鸟用的小号铅弹向某处某子虚乌有的东西射击。在这种情况下,只能先着手解决方法上的问题,只能先提出某种假设,否则,不是妄自尊大就是好高骛远。

---

* 选自《杜威全集·晚期著作》,第 16 卷。
① 本文最初发表在《价值:一种合作的探究》(Value: A Cooperative Inquiry),雷·勒普雷(Ray Lepley)编,纽约:哥伦比亚大学出版社,1949 年,第 64—77 页。
② 这是本讨论之前预选的相关问题和评论中的问题之一。

I

先声明一下,下文的写作基于这样一种假设:价值-事实所属的领域是行为性的,因此,这类事实必须以适用于行为性议题的方法来加以探讨。然而,"行为"以及"行为性的"这两个词并非是不释自明的,因而有必要先谈谈这两个词。此处用的这两个词所专指的事件,其性质属于一般意义上的生命过程和特殊意义上的动物的生命过程。有人以为这两个词仅仅适用于能以身体术语——严格的身体知识术语——加以说明的东西,并据此提出反对和批评的意见,但我们认为这些意见完全是风马牛不相及的。不错,生命过程有其肉体方面的特征,不利用已有的关于肉体方面的知识,确实不能充分说明生命过程。但是,这与将一切还原为肉体术语的做法完全是两码事。况且,人类行为虽然毫无疑问既有肉体方面的特征又有动物方面的特征,但不能因此就全用生理学上的术语来说明人类行为。这里,仅以人类语言行为为例就可说明相关问题。我们知道,人如果没有相关的肉体条件和相应的生理过程,就不会有语言行为,但在讨论人类语言行为的典型特征时,若将其完全归结为肉体条件和生理过程,那一定是极其荒谬的。

探讨价值事件的领域时,参考生命过程帮不了什么大忙。必须增加一些限定性条件,如:(1)需仅限于那些选择-拒斥的生命过程;(2)需具体说明一项事实,即这些选定的生命过程,有助于维持一切生命形式的发展——从阿米巴到最高形式的灵长目动物。也就是说,一切生命形式都有一个 end,这 end 不是形而上学或准形而上学(常被称为"精神的")意义上的目的,而是结果之谓——简言之,它是个描述性术语。

这些限定性条件与上述关于生命过程的基本观点有关,表明价值事实置身其中的领域是行为性的,这使这些事实能在一般意义上接受观察和检验。因为选择和拒斥的生命过程倾向于维持一般的(而不仅限于那些当时当地所涉及的)生命过程,用得上"赋值"及"价值"这两个术语的地方,"领域"一词都特别适用。因为,将价值行为看作独立、自足和短暂"行为"的任何观点,上述假设均已加以排除。任何将其归因于某种中介或代理人的观点,上述假设也已加以排除。选定的东西不仅时空跨度较大,而且就其结果而言,涵盖了整个生命过程,包括通过生殖繁衍而得以延续的人类的生命过程。① 拒斥过程涵盖周期较长的功能,如排除、保护性防御、敌意等,针对的大都是具有毁灭性的人或事。

以上提及的事实仅能探明价值事件所在的领域,若不加以进一步限定,它们并不能涵盖这些事件。但是,即使不加以进一步的限定,仍可直接得出如下一些带有方法论意义的结论。

(1) 由于这一领域是一项可观察得到的涉及空间和时间的事实,因此,假如内省一词根据定义指的是完全私人化的对事件的观察,那么,诉诸这种内省的做法就可排除。这么做根据的虽然是上述假设,但并非武断。根据任何一种理论,仅仅诉诸内省的做法在讨论时是不可取的。完全私人化的东西必须任其留在原地,留在它该待的私密空间里。针对别人的意见发表议论时诉诸这种私人化的东西,这在哲学中是自相矛盾的做法。以为另一个人的内省也许能指明同样一项事实,这种想法同样是荒诞可笑的,概莫能外。

(2) 因此,作为生命过程的选择-拒斥总能接纳某样东西——某种事物——或选择它,或拒斥它。李(Lee)博士曾提出一个初步问题:"所谓价值,难道不是某一具体事物、事件或状态的价值吗?除此之外,难道还有任何可称作价值的东西吗?"我们对这一问题的回答毫无疑问是否定的。②

(3) 基于这一假设,或可得出另一项具有方法论意义的结论,即并不存在某一特殊种类的事物(更不用说所谓"实体"),好让人们将价值资格归于其名下。这一点表明,"价值"是一个形容性质的词,指出某事物的特征、性质、属性——这里所谓的事物是就其广义而言的。这就好比出色、完美、优秀等词。但需要补充说明的是,当价值一词用来指任一特殊种类的事物时,它实际上是作为一个抽象名词而被使用的。要是语言能给人们提供一种特殊的抽象名词[如与好(good)有关的善(goodness)],比如说 *valuity* 或 valueness,③那么,导致不相干结论的许多模棱两可的议论本来是可以避免的;太阳底下的任何事物因此也就能拥有以"价值"作为其

---

① 并不是说涵盖较窄领域的观察行为没有合法权利去作某些探究,而是说取决于当前题材的、被选定观察的生命过程必须考虑其全程情况。
② 这里的"东西、事物"(thing)一词,应在惯用语的意义上加以理解,其意义与任何东西、事物(anything,如上述问题里用到的"任何……东西"和某样东西、事物相类,指的不是物理或精神的实体,可涵盖事件、状态、人、群体、原因、运动、职业及各色各样的娱乐和爱好。
③ 英语中并无这两个杜威杜撰的所谓抽象的词。——译者

形容词来命名的东西。而文化人类学似乎也会表明,在某时某地几乎任何一种事物实际上都被赋予那种属性。①

(4) 差不多等于以另一种方法重述上述观点:用来形容"价值"一词的"固有、内在"一词太过自相矛盾,比循环论证还严重。它将真正的问题完全掩盖了起来,因而事先就将讨论的大门关了起来。从某种意义上来说,该词本身是无辜的;它仅仅表明讨论涉及的所谓特征实际上属于此时此地特指的某物——比如,假如雪是白的而且确实是白的,那么,白就成了雪的"固有属性"。但是,作为一个窃取论题的称呼,"白"字又被用来将物及其属性从其时空的种种关联中分离出来,使它们成了绝对的东西。在这种用法中,它就是"本质"的残存物,所有分支"科学"都曾用这样的"本质"来说明事物属性,这属性使事物成其为"实际"所是的东西。在所有进步的知识分支中,"本质"早就让位于对时空关联的考量。价值领域研究的进展也需要类似的方法论变革。

II

现在我们来看看哪些具体的先决条件会构成具备价值属性的选择-拒斥的生命过程。为此,引入"看护、照料"这一术语来称谓特定种类的选择-拒斥也许能表明我们要阐述的观点。看护、照料的行为在某些类似人类的动物中也会发生,这种行为本身虽并不等于估价,但确实点出了后者的方向。照料配偶及幼崽是某些动物行为的典型特征。比如旅鸫孵卵,在孵化的全过程中表现得十分小心;此外还悉心哺育小旅鸫,给它们御寒,保护它们使其免受敌人侵害,教它们学习飞翔,等等。

假如可以增加一个附加条件的话,我想我们应该将这些看护、照料行为看作是赋值。不过,就我们所知,这些看护、照料行为虽然很周到,也跨越具体的时空,但行为主体并未将行为结果看作其行为的根据和理由。假如我们这里谈论的动物对自己的行为结果有所预见,假如这种预见能影响、指导它们去看护、照料,那么,根据前面所作的假设,它们就应当属于价值领域的范畴。詹姆斯曾举例说明,他说,一只抱窝的母鸡总是"不厌其烦"。假如母鸡事先预料到抱窝的结果并以此为理由去抱窝的话,那么我想我们就该说母鸡很珍视自己的抱窝行为,很珍视蛋,很珍视

---

① 正是这一事实使杰塞普(Jessup)先生所提的初步问题显得特别令人深思:他所提问题涉及偶发价值和标准价值之间的关系。

小鸡,并将这一系列的赋值看作是抱窝行为本身所固有的、不可或缺的。

以上仅是假设的说法。而我们知道,在人类当中,预见并以预见到的东西为其行动的理由和根据,这是起码的前提条件。由于给看护、照料等行为提供理由和根据的东西种类很多,所以,人们发现照料、赋值的表现形式也很多,这并不奇怪。结果,一个词竟能分延出一系列词,表达的行为包括"珍视、珍爱、爱护、敬重、钦佩、崇敬、称许、敬畏、拥护、保卫、支持;效忠于、献身于;关心、专注于"。此外,还得在特定的行为意义上用"对……感兴趣"一语,比如用其来表达某合伙人对某生意"有兴趣",在某项"权益"要诉诸法律裁决的情况下,也可用此语。我想,人们通常在惯用语中使用该词时用的也是这一意义;不过,主观主义心理学将该词着上了主观色彩,其结果在有名无实的各种哲学探讨中也随处可见,致使运用该词时难免会引起争议。

在上述词语中无论是用哪一个,有一点是很清楚的,即所涉及的事实横跨不同的时空、"对象"以及施动者-受动者。在各类特殊的行为和"事物"之间存有系统化的相互关联,就像消化和循环中所说的功能一样。在谈论珍视、敬重、爱护等行为时不管是否用到该词,所能观察到的事实都会强调前述观点——"赋值"不是某个特异且无与伦比的施动者在极为特殊的情况下作出的一种特殊的孤立行为,因此,理解赋值和价值时,不能将其从本身不属于价值的那类事实中孤立出来。

正因为如此,这里非常有必要提醒人们,将"关系理论"这一短语用来探讨事关赋值的种种理论时,要特别注意该短语的模糊性。与有些人对"内在"理论所作的"绝对"性质的表述正好相反,我们这里所提出的假设是"相对"性的,注重关系。不过,由于说得过于笼统,因此对所谓"关系"的性质可作各色各样的解释。认为所谓价值只是一种关系,这种关系存在于"思想"、"意识",即"主体"与"客体"之间;或存在于某一生物体与"客体"之间;或存在于有着种种名称的特定行为之间,如喜欢、欣赏、欲求、感兴趣(皆被视为"思想过程")。这些是目前常见的几种"关系"理论,它们与我们在这里所提出的假设大相径庭。说实话,我认为,(在绝对化的估价行为遭到驳斥之时)继续将赋值看作是两种截然不同的事物之间存在的某种独特的直接的关系,这种做法比别的更能说明人们对赋值的认识仍处于混乱状态。只有在人们将所谓"关系"看成是多元的(因为牵涉到不同事物间各种各样的时空关联)而不是单一的时候,只有在人们确切地认识到所谓关联是跨越空间、时间、事物及人的时候,"关系"理论才能得出广为接受的结论。① 也只有这样,人们才会把各种关系看作是构成某种交互作用的纽带,"交互作用的"一词才能取代"关系的"一词。

III

所谓关系理论常常在使用"内在的"一词时露出绝对理论的马脚。当人们把"内在的"一词与"外在的"一词对立起来,并将后者与仅仅作为手段(手段本身)的事物之价值属性等同起来,而将前者与作为目的(目的本身)的事物之价值属性等同起来,绝对理论就露馅儿了。事实上,人们不得不使用"……本身"这一短语,本身就表明绝对主义远没有衰息。"……本身"一直是个确定的符号,它拒不承认存在种种关联,这就证明它只承认存在某个绝对的东西。只要这种情况继续下去,有关估价行为和价值的讨论就仍将处于目前这种落后的状态,这与其他一些领域适成对照。在其他一些领域中,"科学的"进展之所以会发生,是因为研究工作已经不再探索什么"事物自身",而致力于寻找可以观察得到的各种关联。

观察不是概念的(所谓概念其实就是语言的)抽象。在讨论类似"工具性的"、"最终目的的"的价值问题时,假如能诉诸观察,那么人们就将发现,作为手段(无论是物质手段还是程序上的手段)来使用的事物,其实是受到使用人的珍视、爱护的,这些事物已经成了他们悉心呵护、挚爱的对象。艺术和娱乐业中所取得的令人欣喜的进展,其情形即如此。由于"工具-手段"受到珍视就说价值是"工具性的",这种思想的可敬程度还不如一则双关语。人们珍爱狗或珠宝时,是否存在某种特殊类型的价值?这种价值是否应有自己的名称?假如事物被作为手段而得到珍视,因而其价值就是工具性的,那么,为什么就不能有某种狗-价值、珠宝-价值之类的东西?

有人以为作为目的而得到珍视、爱护、珍爱的事物,可以和作为手段的事物区别对待。但我们知道,针对作为手段的事物而发生的赋值同样是严肃的,因此,以为两者可以区别对待的想法不仅从理论上说不通,②其所导致的错误还要更为严

---

① 说得更加具体一些,只要你用所谓"喜欢"、"欲求"、"欣赏"来说明现成的、自身完整的个别思想或有机体的行为,那么,你就必须依据某种兼容并包的行为间的相互作用来对"喜欢"、"欲求"、"欣赏"等加以界定,否则没什么意义。一旦将所谓"喜欢"、"欲求"、"欣赏"等界定为行为间相互作用的不同方面,其情形将大为不同。

② 重复"作为手段-目的的事物"这一短语会让人觉得过分挑剔。但是,在目前的讨论中,我认为还是谨慎为好,不要轻易以为有什么本身是目的或手段的东西,因为这样的想法其性质无异于认为价值本身就是个"具体的"名词。

重。倘若某人说他十分看重"目的",对"目的"赖以实现自身的任何事物不感兴趣,那么此人不是故意骗人,就是受人蒙蔽而不能自拔。基于所谓"内在的"价值而试图区分手段之物和目的之物的学说虽很流行,但严肃而有能力的人不为所动,他们的行为比他们宣称的信仰要好得多。他们对"手段"予以耐心和始终如一的关注,以此表达他们对"目的"的专心和热爱。

根据各自拥有的价值来区分手段和目的,这样做会带来两个方面的实际后果。首先,它让所谓"目的"成为终极的"理想中的"东西,但这所谓"理想"又最具乌托邦色彩,它感伤、空洞而无能。这样的所谓"终极的""目的"不仅无法达到,而且缺乏指导意义。这让笔者甚至很想知道如何回答人们所提的如下这么个简单问题:"假如所谓'终极'价值不同时具有'工具价值',那么要它有什么用?"其次,有人认为作为手段的事物没有自身价值,也就是说,没有其"内在的"价值,此说是就"内在的"一词较为易懂的意义而言。让我们举一个极端的例子,此说的言下之意就可一目了然。就各自价值而言,将手段和目的截然分开实际上将导致狂热主义,这是必然结果。当人们想当然地以为有些"目的"是自在自为的(因而是根本的、终极的),人们对其无法加以探究,其价值也无法衡量,因此(根据这种没有根据的臆断),人们只能将注意力全部集中在达到这些目的的手段上。"只要能达到目的,可以不择手段。"由于人们接受这么一种理论而导致的恶行,就是其后果。不管什么东西,一旦设为目的,那它就是不可更易、不容置疑的,成了自在自为的东西;于是用某些事物作为手段所实际导致的后果都成了不用计较的。施虐狂的残忍行为、野蛮的迫害行为,只是貌似如此而已。事实上,根据这一观点推演出的理论和实践上的必然结果,施虐狂的残忍行为、野蛮的迫害行为都是获取至高价值的手段,那些使用这些非人道手段的人"实际上"只是实现至善的卑微奴仆。逃避那些无法实现的乌托邦"理想",狂热地献身于一切武断地自命为手段的东西。后一观点是前一观点的补充。以为在终极价值和工具价值之间存在固有的"类型"上的差异,并以此差异为名设立价值本身,无视这些价值在导致后果或达到"目的"上实际起过什么作用——这种观点往往会导致一个必然的结果,那就是宣扬狂热主义。

IV

在本文展开讨论前预选的相关问题和评论中,可以发现部分材料足可证明人们的相关误解。这种误解曲解了关爱(赋值)行为的意义,它维护着被人珍视、珍爱的事物,声称这些事物在赋值发生以前就已存在;而借助赋值,这些事物获得的唯一好处就是进一步得到价值肯定。举例来说,一颗珍珠与光及光学仪器等发生实际接触时,就会带上一定的色彩属性,这一点我想大概不会有人怀疑。议论至此,同样可以假设的是,在这里起作用的是类似这样的接触、关联,而并非任何与思想、意识的关系。这一点很重要。这里所提出的假设是:珍珠获得价值属性所需的条件是同一类型的——尽管具体情形会有些差异。因此,下面的一段文字颇值得引用一下,因为它能矫正相关误解,并能进一步凸显所持观点。

>在人们通常以为很有价值的经验中,我们关注的似乎是如何保存倍加珍视的某个独立存在物之实存,而在别的情况下,似乎没这么用心。在审美领域,前者往往是博物馆策展人所持的态度,后者则是来博物馆参观的人所持的态度。来博物馆参观的人仅想观摩画作,而把维护画作留给博物馆工作人员去做。珍视的形式各种各样,都有其自身的道理,也都很重要。因此,一种完整全面的价值理论必须容忍两种不同的态度,对每种态度都应赋予其特定的价值。①

阅读我的文章的人该如何理解上述这段相关文字才能发现其批评恰好切中要害,对这个问题我一时答不上来,但我本人确实觉得这段话说得好,因为它给我们提供了一个机会,使我们对相关问题可以进行更加详细的描述。

1. 在上述这段文字中曾发生两次转换,即从因有价值而受到珍视的东西转移到珍视具有价值之物的"经验"本身,也就是说"经验"本身受得了重视。发生这种转变,可能是由于后一表达方式恰好体现了这段文字作者的观点。这观点不是我的观点,跟我的观点也没什么关系。"经验"一词(常被赋予"心灵主义的"意味,但又可在广义上用作行为的同义词)虽然显得有些含混,但确有这样的意思,即珍视行为就是受到珍视的对象,因而本身就有"价值"。各种珍视的行为发生后,人们常常对其加以评判,想看看这些被珍视之物是否该受到珍视,是否该在未来行为中继续如此。但是,这种思前想后的行为以及作出的评判性结论,肯定不是原来珍视行为"经验"的一部分。我之所以强调以上引用的那段文字的这一方面,是因为我觉

---

① 赖斯先生语,见本讨论开始之前预选的相关问题和评论。

得它能较好地说明价值领域这一话题目前所处的模糊状态。

2. 上面提到的策展人一例中所用"实存"两字,有着特定的有形实物的意味。或许有的策展人所关注的不超出这一点。人们对"审美领域"究竟会关注多少,我说不上来。假如所涉关心或珍视的行为确实属于审美范畴(希望策展人属于该列),那么,关心一幅画作为有形实物的保存当然只是涉及面更广的珍视行为的一部分。

3. 根据我所提出的假设,参观人的"观摩"是一个行为性的举动。假如我们所说的行为属于审美领域,那它就不可能"仅仅"是观摩画作的欲望之表现。不会仅仅由于画作是观摩的对象,因而观摩这一行为性举动就变成审美的。"观摩"可以是随便看一眼;观摩的人也许只想知道画作是哪位画家画的,或只想知道画能值多少钱,或只想看看画中所表现的场景。不一而足。

4. 假如观摩的行为确属审美范畴,那么,(1)非审美的观摩行为出现在前,并且有着优先、独立的"实存";(2)在观看行为本身被当作值得延续和发展下去的东西而受到珍爱、珍视时,观摩行为就受到了限定,因而变成是审美的。短暂的一瞥谈不上是审美的;这里所说的保持、延续具有探索性质,对画作的空间幅面及各个局部作审慎考察,要使这种考察具有审美性质是需要花时间的。是"看"不了一会就没什么好看的了,还是每看一次都能发现可供欣赏的新东西,这是衡量审美价值的一个标准。参观的人刚瞥见画作就显得欣喜若狂,那是装腔作势、感情过于外露的表现,不能说明他有什么过人的审美想象。与任何其他种类的人类观察相比,审美知觉间的交互作用恐怕要复杂得多。

现在似乎该谈谈所谓性质不同的种种价值了。关于估价行为-价值和判断(亦即评价)力之一般理论的基础奠定后,我想有必要讨论一些真正重要的问题,以区分价值限定的方方面面。能够加以具体说明的不同方面和不同阶段,有的专属于美学理论,有的专属于伦理理论,有的专属于经济理论,有的则作为方法论专属于逻辑理论。但是,我认为:一、将其固化为相互区别的种类,正是导致目前相关问题讨论中意见不一的一个主要因素;二、在为有关赋值-价值奠定一个大致的理论基础之前,仓促地去讨论有关问题是无济于事的,只能加重目前的混乱状态,无法帮助我们获得一种可靠的"价值"理论。

V

下面谈谈关于赋值-价值之判断问题,即与评价相关的话题。首先,对所持观点与我不同的人应给予应有的尊敬。因此,应该说各种评价性质的研究确实能带来判断;和所有其他领域的判断一样,后者的基础在某些特定的时候显得更为扎实。简言之,关于价值所发表的论点可以是真论点,不一定仅仅是对受评价之物的意见或传闻。就所谓工具价值而言,人们似乎普遍认为,真正的探究由于能带来真正意义上的判断,因此不仅是可能的,而且是令人神往的。但一谈到所谓最后的、终极的价值,人们则常常认为,人所能做的不过是传达特定的一则消息而已,即所谓终极价值只不过是受到人们高度评价的东西而已。奇怪的是,人们常声称这些东西应该普遍受到人们的高度评价;但除了断言这些东西是所谓"目的本身"之外,就给不出什么理由了。这样一种观点注定要在"逻辑上"和实践上让外围的"专家们"占便宜。针对这一观点,必须构拟一种全面的综合性理论,以把握评价判断与作为事实的赋值之间的联系。

讨论就从下列一项事实开始:作为实际赋值的关爱、珍视有着心理学上所谓的原发动力的一面。观察显示,动物在作出选择-拒斥的决定时,常常伴随有愤怒、恐惧以及对异性的依恋等现象,这说明它们也有情感的一面。它们是否也具有一定的"智力"? 这一问题决定着我们对下列问题的回答,即毫不掩饰的珍视等赋值与评价性质的判断之间(以及后者相对于前者),是否存在真正的或曰"内在的"关联? 换言之,两者是否是两码事? 前面所提出的假设在前一个意义上回答了这个问题。对关爱结果的预见、期盼作为特定关爱行为之基础,可以把内在的因、果连接起来。

当基础本身得到追问的时候,它与理由就成了同一的东西。特定的珍爱例子可能有其局限性,人们常常觉得这些例子比较"偶然、随意"。对特定结果的预期是某一具体赋值的根据和基础,因此,假如人们对这些例子加以分析,看看它们是否足以确保产生特定的结果,那么,珍视行为就明确地成了具有判断性质的那一类东西。正常的人有时都会问自己这样一个问题:自己习惯上或多或少有点儿恣意妄为地对某样东西倍加珍视的行为是否值得延续下去? 假如他能经常问问自己这样一个问题,那么他就能够意识到:有些重视行为其实是受到"偶然、随意"性限制的,因而是没有意义的,甚至会妨碍自己十分看重的结果发生。大家知道,阶级身份、缺乏理性的偏见、权威意见公报,所有这些对享有特权以及上层权力的人来说,都发挥着作用,从而决定着他们特定的赋值(这种行为是交互性的,因而包括了被估价的东西)。上述探讨及其所得结论(判断)会导致珍视行为及被珍视的东西都发生改变。简言之,对价值所作的判断是人类从其较为率直的珍视、珍爱行为中着意衍生出来的。作为生物,人类必须而且确实一刻不停地珍视、珍爱着什么,但他们起初这样做的时候,相对说来并"没有考虑那么多"。①

只要实际发生的特定重视行为取决于流行的道德观念,只要操控经济、政治乃至教会等机构大权的那些人还能掌控着一切,那么,这些人就会滥用权力,他们就会基于理性的评价是不可能的这样一种观点,去给一切东西任意涂上貌似合理的色彩。在较长一段时间内,这种情况恐怕很难从目下正在构拟的最为合理的评价性判断中彻底消除。尽管如此,我们没有理由不事先尝试一下,没有理由任由引人注目的恶行继续下去。而且,人们必须清醒地认识到,几个世纪前,由于受到类似上述情况的显著影响,天文学和物理学领域所得出的结论就已经遭到人们的怀疑;不到一个世纪前,生物学研究也同样受到类似影响的严重歪曲。其他类似相关研究领域所发生的解放运动,让我们有了足够的理由去尝试一下,以免评价、赋值受到类似的不良影响。以为有排除一切的所谓"终极"价值,这种思想是目前阻碍我们进行尝试的最大障碍。我们发现,有些人一方面鼓吹"自由主义"的信条,另一方面又积极援助甚至怂恿那些信奉教条主义的绝对主义者,这无疑是道德的不幸。

在其他领域被证明或有效或无效的理论观察、构拟和检验的研究方法假设被用到价值领域,那么,在"价值"领域将逐渐取得正确、合理判断的种种研究,其细节目前暂且无需加以细说。不过,应该指出的是,这种研究将系统地针对(1)特定时间内,所发生的评价行为之决定条件,以及(2)受这种条件影响的评价行为所带来的实际后果。在这类研究中,种种"评价行为"可暂时忽略不计,而将注意力放到后果上,这些后果是由决定评价行为的习俗、偏见、阶级利益以及特权操作(包括对决定奖惩的权力之暂时或"永久"的诉求)所导致的。有人认为事关评价行为和价值的判断,本身就必须用价值术语来作出。依照这种观点,好像对色彩所下的判断,也必须出之以有关颜料的术语,而不能依据由震动过程或微粒震动所限定的条件。正是这种方法论观点,使所有"科学研究"乃至整个人类知识长期处于落后状态。

---

① 在起初列出的那些"问题"中,我曾问过这样一个问题:率直的估价行为与作为判断的评价,其间的区别究竟是由于种类不同,还是由于侧重点不同所导致? 现在看来,答案应该是后者,即是由于侧重点不同。由于我在更早的著作中曾过分强调两者在种类上的差别,因此,现在觉得更有必要申明这一点。不过,我仍坚持认为,当初导致我过于强调两者在这类上的区别的理由还是正当的。在目前的讨论中,有人将特属于赋值的一些特征不加区别地转用于评价的一般性理论研究。不过,这样做所导致的混淆也是可以避免的,只要注意到其间的区别只是衍生过程的一个阶段而已。[参见《杜威全集·晚期著作》,第15卷,第101—108页。]

目前的问题是：是否所有价值判断都具有可以也应该名之为"劝导"的功能，言下之意即意图？这一事实会否赋予价值判断一种极为怪异的特性，从而使其有别于所有其他类型的判断？根据这里所作的假设，对这一复杂问题的前半部分的回答是肯定的（但有一个限定条件，这在后面还将谈到），而对问题的后半部分的回答则是否定的。道德评价的职能就是影响他人的行为，其途径就是通过在他人身上养成一种思想品质，以使其赞同某种行为。这一观点似乎无人质疑，虽说它无法轻易地运用于审美判断，但我认为，经过适当的论述，这一观点还是能够令人信服的。就目前而言，①我仅想说，凡是所谓标准的价值露脸的地方，应该、本该等词就一定会大显身手，因而希图影响、指导随后行为的职能和意图就显而易见。上面所提到的一个限定性条件是，"劝导"应局限在评价性判断的意图和职能范围之内，不应将其看成是判断议题中的一个证据确凿的成分。

这里所谈的用途或"功能"不会使评价性判断在种类上显得有什么特别之处，只需考察一下大家所谓"科学的"判断之情形，就可明白这一点。根据所谓"科学"的定义，天文学、物理学、生物学领域里作出的有效判断（结论），是严谨认真、全面系统地选择真正有事实依据的材料而带来的结果。在选择过程中，所有其他材料，一经发现可能导致偏见，有先入为主地信奉某一特定理论、依仗专业特权和在大众心目中的所谓声誉之嫌疑，均在摒弃之列。行之有效的评价，其规范和相应技巧目前在"科学"各门类中所取得的进展，远远大于传统上归入"价值"领域的那些学科。劝导及使人信服的目的绝非传统认为属于价值领域的判断所特有，恰恰相反，这种目的更好地体现在"科学的"研究中，体现在由科学研究而来的相关命题中。

从上述所论不难发现，能从方法论上（以判断的身份）将"价值判断"与天文学、化学或生物学研究中所得出的结论区别开来的东西压根就不存在。因此，具体说来，"价值与事实的关系"问题是个彻头彻尾的假问题，因为它依据的是毫无事实根据的臆断，并以臆断为出发点。价值事实与其他事实间的关系才构成一个真正的问题，而且是无法回避的问题。局限在"价值领域"之内，无视物理学、生物学、人类学、历史及社会心理等领域的相关问题，这样作出的评价性的判断，其正当性是很

---

① 若想了解有关这一问题的更为详细的讨论，请参看我的文章《伦理主题与语言》（"Ethical Subject-Matter and Language"），载《哲学杂志》，第42卷（1945年），第701—712页（《杜威全集·晚期著作》，第15卷，第127—140页）。"劝导"能否有效，主要看如何选择、排列实际议题，但它本身不是议题的一部分。

可疑的。只有将在上述相关领域内已弄清楚的事实纳入考虑,我们才能确定已有评价行为产生的条件和后果。没有这样一个确定过程,所谓"判断",纯属无稽之谈。我对评价判断及评价行为所持的理论观点,大致已如上述。文章结束之际,我想起史蒂文森(Stevenson)博士曾说过的一句话。他说,道德评价应当"从一个人所拥有的全部知识中产生"。我完全赞同史蒂文森博士的这句话,认为这句话适用于任何领域、一切领域的评价。[①]

(汪洪章 译)

[①] 欲了解与本文特别有关的评论,请参看《价值:一种合作的探究》,第312—318页。

存在、价值和批评*

最近的哲学见证了一种价值论的兴起。在这个讨论中,举足轻重的"价值"标志了一种绝望的努力,它想把对象具有好坏性质这个明显的经验事实和通过把人类跟自然隔绝、把具有性质的个体跟这个世界隔绝的办法使这个事实成为反常的哲学陈述结合起来。哲学家建立了一个"价值界"(realm of values),把一切由于人为的隔绝而被排斥于自然存在之外的宝贵事物都安置在这个"价值界"内。痛苦、幽默、热忱、悲惨、美丽、兴旺和挫折等虽已从一个和机械结构等同的自然界中被排斥出来,但是它们仍然具有经验上的真实性,而且还要求我们予以承认。所以,它们都集中在一起而被纳入"价值界"内,与这个存在的世界区别开来。于是,哲学家又要纠缠于一个新的问题了:这两个世界有什么关系呢?价值界乃是最后的和超验的"实有"世界,而这个存在世界是从它里面派生出来的或坠落下来的一个世界吗?或者说,它是人类主观性的一个表现,是在某种神秘的方式下凌驾在具有完备物理结构的秩序之上的一个因素吗?或者说,有许多独立的存在物,和物理的事情是同样"真实的",它们在客观的存在中凌乱地分布着,它们没有时间日期和空间地点,然而却又在某些时间内和某些地点上神秘地跟存在物联合在一起吗?

关于价值的这些概念乃是随意拣选的,因为这个问题本身就是武断的。当我们再回到希腊思想所曾经运用过的这些概念,如可能和现实、偶然和规律性、在质上有区别的个体等时,我们发觉,没有根据把价值论和自然论截然分开。不过,如果我们再回到这些希腊概念,这种回头必然与原来有某种区别。它必须废弃把自

---

* 选自《杜威全集·晚期著作》第1卷。此文首次发表于1929年,为《经验与自然》一书第10章。

然的目的跟善和完善等同起来的观点。它只承认一个与有所选择的努力无关的自然目的,只是为一个运动着的能量体系所写下的一章历史的"结束",而并不具有任何高贵的性质。由于耗损净尽而归于失败和由于胜利而结束战争同样是一个终结(end),死亡、无知和生命一样,也是一些最终的定局(finalities)。

再者,如果我们回到希腊的这些概念,就必须废弃这种把目的视为预定只有有限数目的,而且按照它们不断增加的广泛性和最后性内在地构成一个秩序的概念。我们将不得不承认:自然的终点(termini)和它们所限制的个别活动系统一样,是无穷无尽和多式多样的,而且既然结构的不可渗透性和固定性只是相对而不是绝对的,那么具有新目的的新个体便在不规则的过程中突创出来。我们必须承认:一切的界限、范围、目的,好像政治的个体或国家的界线一样,并没有属于它们自己所有的什么东西,而是在实验性中或动力中不断地被决定着,表现出各种能量系统在它们合作和矛盾的交相作用中连续不断地进行适应。因此,我们还要废弃那种在自然中截然划分开来的偶然性和规律性以及动荡的和确定的东西,还要避免如古典传统所特有的那样把它们归入不同的"实有"的秩序中去。我们要留意,它们随处都是互相交织着的,正是不安定和不确定的状态产生了对秩序和安全的需要和感知。任何一个在存在和享有方面最完备和最自由的东西,也就因为这个原因而最易于发生变化,也最需要看顾和保全它们的技艺。

"价值"在晚近思想中的含义,也暗示出经验曾迫使对古典思想中自然目的的概念作了一些改变。因为至少从含义中要承认价值是漂泊的和动荡的、是负的和正的,而且具有无穷的不同的性质。即使主张价值是不朽的、是游移不定的暂时事情的永恒基础和根源的那个超唯心主义的形而上学,也把它的论点建筑在价值在现实经验中这种不可否认的不安定、这种无止境的动荡不安、这种起伏不定的状态的基石之上。因为这种通常称为终结(目的)而现在称为价值的东西具有这样的意义,所以重要的不是讨论和关心一种价值论,而应是一种批评论、一种根据好的东西(goods)所由之出现的条件及其产生的后果在这些好的东西之中进行鉴别的方法。

价值就是价值,是直接具有一定内在性质的东西。仅就它们本身作为价值来说,那是没有什么话可讲的,它们就是它们自己。关于它们可以说的话,都是有关它们的发生条件和它们所产生的后果的。这种把直接的价值认为是可以思考和谈论的概念,乃是由于把因果范畴跟直接性质混淆不清而产生的结果。例如,对象可以区别为他具有某种贡献的或是具有满足作用的,但这是在因果关系方面的区别,而不是关于价值方面的区别。我们可以由于某一种理由而对某一个东西有兴趣,关心它或者喜欢它。我们之所以欣赏它或享有它,时常就是因为有关的这个对象是达到某些东西的一个手段,或者说,就是因为它代表了先前的过程的圆满终结处。但是,如果考虑为什么喜爱和享受,这与价值存在的原因有关,而跟这个"价值性质"(value-quality)的本性或本质无关——"价值性质"只是存在或者不存在而已。作为手段的东西和作为满足状态的东西具有不同的性质,在交响乐、歌剧和圣乐中也具有不同的性质。这种差别跟"价值性质"的直接性或内在性也丝毫没有关系,它乃是某一件事情和性质跟另一件事情和性质之间的差别。

如果有人假定说,当一个满足的状态具有直接价值时,获得它的手段却是没有价值的,这样的假定是自相矛盾的。如果对某一个人来说,他的牙痛停止了,这是有价值的;这个人就根据这个事实发觉了,去看牙医或任何其他足以满足这一点的手段也是有价值的。因为满足是与手段相关的,正如手段是和目的的实现有关的。"手段-后果"构成了一个单一的不可分割的情境。结果,当思维和讨论参与其间时,当其中夹入了理论化的问题时,当在赤裸裸的直接享受和遭受以外还有了一些超出其外的东西时,这时候考虑的便是这种"手段-后果"的关系。思维超过了直接存在而涉及它的关系,涉及表达它的媒介条件,以及它又回过来做它们媒介的那些事物。而这样一个过程便是批评。在一些价值论中把在因果或顺序关系中决定了的东西跟价值本身混淆不清的这个普遍情况,也就间接证明了这个事实,即每一次理智的欣赏也就是对于这个具有直接价值的事物所作的批评、判断。任何关于价值的理论势必进入批评的领域之内。价值本身,乃至具有价值的事物,在其直接存在的状况之下,是不能为我们所反省的。它们只是存在或者不存在,被享受或不被享受。超过了直接发生的事情,即使这种超越仅限于试图去界说价值,也就开始了一个辨别分析的过程,而辨别分析就意味着有一个反省的准则。价值本身是可以仅仅为我们所指出的,然而企图通过完备的指点给予价值一个定义的这种尝试是徒劳无益的。关于正的或负的价值,如果我们要对它有所指明,那迟早将不得不把一切东西包括在内。

这些说明是为了准备提出我们对于哲学的一个概念,这就是说:哲学实质上就是批评。一般来讲,它在各种不同的批评方式中是具有其显著的地位的,似乎可以说,它是批评之批评。批评乃是具有鉴别作用的判断、审慎的评价,而只要在鉴别的题材是有关于好或价值的地方，判断就可以恰当地称为批评。对于好的占有和享受不知不觉和不可避免地会变成评价。原先的和不成熟的经验只是满足于简单的享受。但是在经验中，只要有一点简单的进展就势必进而从事反省，不久就得到了这样的教训：某些在当前享有的情况中是甜蜜的东西，在以后的回味中及其所导致的后果中乃是辛酸的。原始的无知是不会持久的。享受不再是一种直接所与而变成一个问题了。作为一个问题，它就意味着对于一个"价值-对象"的条件和后果要进行理智的探索，那就是批评。如果价值像越橘那样丰富多产，而且又总是随手可得的，那么从欣赏转入批评就会是一个毫无意义的程序。如果我们对于某一件事情感到厌倦了，只要转向另外一件事情就行了。但是，价值是和云彩的形状一样飘浮不定的。具有价值的事物是拥有存在物所有的一切偶然情况，而它们对于我们的喜爱和嗜好是漠然无情的。

好的东西不仅随着四周环境的变化而变化和消逝，而且随着我们自己的变化而变化和消逝。连续不断的知觉，除了它曾经通过以前的批评而被培养以外，会变得迟钝，不久就达到饱和、疲惫、厌倦。自然的人是非常轻率浮躁的，这已成为研究人性的敏锐观察家们经常谈论的主题。只有培养出来的嗜好，才能持久地欣赏同一对象。而它之所以能够这样，是因为它曾被训练成一种辨别分析的程序，经常在对象中揭露出知觉的和享受的新意义。除了知觉和享受的器官疲惫以外，还有一切使所享受的对象不稳定的其他机体上的原因，加上它们所从属的外在环境中的变化，于是直接的好幻灭无常，这就没有什么可奇怪的了。对于这种愉快和美德上的悖论，即主张愉快和美德并非直接以它们为目标而获得，而是要在注意到其他事物时才会获得，这也不足为奇了——在这个世界中，如果我们不注意到一个事物的原因条件，我们就绝不能通过任何其他的方法得到这个事物。在这个世界中，上述论点就不是自相矛盾的，而是一个事实了。

当批评和批评的态度跟欣赏和嗜好适当地区别开来时，我们就可以看到一种经常"上下起落"的节奏情况（借用詹姆斯的用语），即我们在一切有意识的经验中，在直接和间接之间，在圆满终结和工具作用之间，轮换交替地予以强调的这种情况。如果我们错误地忽视了这种节奏状态在一切观察和观念中普遍存在的情况，这大部分是由于我们在形式理论的影响之下给予"欣赏"和"批评"一种过于精密和遥远的意义。这一种或那一种的价值并不是稀有的和喜庆的节日所具有的特性，只要存在任何对象被我们所欢迎和留恋的时候，只要存在任何对象引起我们厌恶和反对的时候,即使这种留恋只是暂时的,而这种厌恶只表现为向另一事物偶然地一瞥,在这样的时候还是出现了价值现象。

同样,批评并不是一种有关于正式论著、发表的文章的事情,或者是对于某些重大事件严肃进行的讨论。只要存在那样的时刻,我们在那一刻考查了当前有哪一类价值,我们在那一刻不是专心一致地接受一个价值对象,对它全神贯注,而是对它的价值略有所怀疑,或者由于我们对它的可能的未来只作一种草率的估计而改变了对它的感觉,就产生了批评。我们带有一种推崇的意味,使用"欣赏"和"批评"等词来说明一些明显的事例,这大体讲来是可以的。但是,我们要留意到,在形式上被强调出来的事例,跟构成我们清醒经验全部进程的一些略表同意的接受、一些厌烦的拒绝以及一些临时的怀疑和各种估计之间——无论在幻想中,在控制下的探究中,或者在对事件的审慎安排的估计中——的有节奏的轮换交替,完全具有相同的性质。如果我们没有留意到这一点,那么就几乎无法理解它们。

这两种感知方式有节奏的连续,暗示这种差别只是强调重点或程度上的不同。有批评性的欣赏和带有欣赏性的、具有热烈情绪的批评,在每一个成熟的、正常的经验中都会发生。在第一次觉得一个东西是好的这种模糊的、无形的知觉之后,我们对于好的东西的知觉至少包含有批评的反省的一个萌芽。为了这个理由,而且只是为了这个理由,精密复杂的和正式陈述出来的批评到后来才是可能的。这种批评,如果是公正的和适当的,也只能发展那种在欣赏本身内部发现的反省含义。如果对于"善的"对象的享有并不含有记忆和先见在内,如果这种享有缺乏任何周密的考虑和判断,那么批评就会是最任意的工作。批评是不是合理的,而且合理到什么程度,这要由它把这些在直接的嗜好和享受中所发现的理智因素扩大和加深到什么程度来决定了。

道德中的良心、美术中的欣赏和信仰中的信念在无意之中转变成批评的判断,而后者又转变成一种愈来愈概括的批评形式,即所谓哲学。有人宣称欣赏是不能加以讨论的,而有人说欣赏和批评是有"规范"的,这两种说法怎样能并行而不悖呢?在表面的好和真实的好之间的区别有什么意义呢?现象和实有之间的区别怎样用来说明什么是好的呢?如果没有一个衡量价值的标准尺度,具有批评性的评价可能吗?这种价值的标准本身也是一种价值吗?它是从它所度量的价值对象中派生出来的吗?如果是这样的话,它又具有什么超越于特殊情况所具有的权威呢?它对它自己的根源和创造者有什么权利来下判断呢?一个标准乃是独立于所判断的具体事例之外超越经验而存在的吗？如果是这样的话，它的根源是什么？它可以应用到它以外的材料上的根据和保证是什么？嗜好、直接的欣赏、感知和道德感是最后的，在每种情况之下，当它发生时，它就是它自己最后的裁判吗？在那样的事情中，我们怎样得以免于混乱的无政府状态呢？在各人之间有一个共同的价值标准吗？如果有的话，它的根据是在人类之外而具有一种独立实有的客观形式吗？

像这一类的问题，如果高兴的话，可以继续增加下去。它们指明，如果我们下功夫从价值问题及其与批评判断的关系中把一切哲学中所积累的争论都推演出来，这不会有多大的困难。无论是关于信念和意见中的好坏问题，或者是关于行为方面的好坏问题，或者是关于所欣赏的自然和技艺景物的好坏问题，在每一种情况中都发生了一种在直接价值对象和后来的价值对象之间的矛盾：在现有的好和通过反省而达到和辨明的好之间的矛盾，在现在呈现出来的好和最终的好之间的矛盾。例如，在知识中，有事实上的信仰和权利上的信仰。在道德中，有直接的善、所向往的东西和合理的善、可向往的东西。在美学中，有一种未曾发展或粗陋的嗜好所欣赏的好和有修养的嗜好所欣赏的好。在这些区别的任何一个区别中，真正的、实在的、最后的或客观的好，作为一种直接的存在，跟相反的那种好，即所谓虚假的、外表的、空幻的、显眼的、庸俗的、不正当的好(le faux bon)比较起来，并不更好一些。形容词上的差别系指在批评判断中所作的一种差别，所以在业已认可的好和(直接)觉得是好而被判断为坏的那种好之间的差别是否确实，这一般地来讲，要以反省的价值如何而定；而从特殊上说，则要以一个个别的反省活动的价值如何而定。即使反省对象的好不同于非反省对象的好，这并不是说，它就是一种比较好的好；更不是说，由于在好之中有这样一种差别，这种差别就使非反省的好变成坏的了——除非有一个限制性条件，即反省所具有的价值或好中具有其独一无二的东西。

于是真正的、确实的好和一个赝品的、虚假的好之间的差别，或者是不真实的，或者是反省或批评后所产生的一个差别，而重要之点在于：这种差别跟由于关系的发现，即由于条件和后果的发现而产生的差别完全是一样的。和这个结论相关联的，还有两个命题：关于直接价值本身，即关于实际所发生的、为我们所具有和所享受的价值，是没有理论可言的，它们只是发生着、被享受着、被占有着，仅此而已。当我们一开始谈论到这些价值，对它们加以界说和概括、分门别类的时候，便立即超越了价值对象本身的范围。我们便进入了(即使仅是盲目地进入)一种对于前因后果的探究而想要对有关的这个事物所具有的"真实的"好,即最终所产生的好,予以赞美的评价。我们不是为了批评而批评,而是为了建立和保持更为持久和更为广泛的价值而进行批评。

另一个命题是说,哲学乃是而且只能是这种批评的活动和功能,而这种活动能察觉到它本身和它的含义,是审慎周详且系统地进行的。它的出发点乃是具有直接的好坏性质的信仰、行为和欣赏性知觉的现实情境,以及在任何一定时间内在一切价值的领域中所流行的各种批评判断的方式,这些都是哲学的原始资料和题材。它把这些价值、批评和批评的方法再作进一步的批评而尽可能地使它们更为广泛而一致,从而可以调节人们对于好坏的进一步欣赏,赋予人们更大的自由和安全去从事直接的选择、占有、指认或排斥、缩减、破坏,从而建立或排除信仰、行为和静观的对象。

这样一个结论带有一种奇异的气氛。它似乎在企图通过一种思辨上的技巧,使好坏这个范畴在它的权限方面高于理智生活,高于一切的对象。我认为,如果我们考虑一下以上所说的实际意义,这个印象很快就会消逝的。凡我们相信的和拒不相信的对象都是价值对象,因为我们对于每一个对象总是有所默认、有所接受、有所采纳、有所占有的。这就等于说,在相信或不相信中得到了满足或发现了好。事实上,凡所接受的东西就是如此存在的,因而它本身就是好。在这样的陈述中并没有什么神秘的含义,我们并不是以此为根据来提出一个论点,以图抹杀对象所具有的独立于它们之成为信念对象或价值之外的特性。它并没有取消信念之中的差别,一个为我们所相信的东西势必就是我们觉得好的,这是事实;但是,它并没有把这个事实当作我们相信它的理由。反之,这句话只是一个开始。最重要的事情乃是藏在我们背后并促成接受和拒绝的东西,要看我们有没有一个鉴别和评定的方法来区别什么是我们所同意的和什么是我们所否认的东西。使得一个对象在信念中被发觉是好的那些特性和关系,乃是在这个对象所具有的直接的好的性质以外的。这些特性和关系乃是在因果关系方面的,所以我们只有通过对前因和后果的探索才能发觉它们。认为有某些对象或对象的某些特性乃是一见即知的这个观念,乃是关于知识问题的整个历史传统的蛊惑和幻梦,它们同样地散布在感觉论和理性论各学派,以及客观的实在论和内省的观念论之中。

关于信念及其对象,就其直接状况而言,跟欣赏及其对象一样,乃是"不争之事"(non-disputandum)。如果一个人相信鬼怪、神迹、算命,相信现有经济制度的稳定不变以及他的政党和他的领袖的无上优越,他就是这样相信着。这一切在他看来,显然跟某些颜色和声音的配合是可爱的,或者他心上的女人是妩媚的一样,都是一些直接的好。当我们怀疑到这个对象在信念上的"真实的"价值时,我们便诉诸批评、理智了。而这个申诉的法庭便根据前因后果的法律来进行判决。适当进行的探究,会使我们得到一个为我们所直接接受的对象、一个在我们信念中觉得是好的对象;不过,现在这种对象的特征乃是依赖于反省活动的,它是反省活动的结论。这种对象跟武断的和非批判的信仰对象一样,标志着一个"目的"、一个静止的停顿;但又跟它不一样,这个"目的"乃是一个结论,所以它是有所依据的。

如果信念的对象不是直接的好,假的信念就不会像现在这样危险。因为信念、承认和维护这些对象是有好处的,所以人们才这样坚定不移和坚持不懈地培植它们。关于上帝、"自然"、社会和人的信念,显然都是人们所最为恋恋不舍、最为热心捍卫的东西。我们比较易于使一个守财奴不贪财宝,但不容易使一个人弃绝他所深信的见解。而不幸的是在许多情况之下使有关的这个东西成为一个价值的原因,却并不是它之所以成为一个好的理由。它是一个直接的好,这个事实却妨碍人们去寻求根源,进行冷静的判断——而这是使事实上的好转变成权利上的好的先决条件。在这里,又一次而且显著地表明,既然反省是获得更自由的和更持久的好的工具,反省本身就是一种独特的、内在的好。它的工具效能决定了它作为一个直接的好可以处在一个显著的地位,因为它超越于其他好,还具有再度补充和丰产果实的能力。在反省中,表现出来的好和真实的好在很大的程度上是吻合一致的。

信念的内容就是一个好,因为信念意味着同化和维护,这个事实在传统的讨论中被忽视了。信念所具有的直接的好,既是进行反省的检验的障碍,也是使反省的检验成为必要的根源,这一点也被忽视了。的确,"真"跟善和美都被安置在一起而被视为超验的好,但经验的好的作用,即价值的作用,却在通常的信念的范围内被忽略了。这个错误是把理智的题材从价值和评价的范围中隔绝开来,跟这个错误相适应的一个错误,便是把美感静观和直接享受的题材跟判断完全隔绝开来。在一个领域内是没有价值的理智对象,而在另一个领域内则是没有理智的价值对象,在这两个领域之间还有一个双关的中间领域;在这个领域中放有道德的对象,该对象具有两种冲突的倾向,或者它们要被并入纯直接的好的领域(在这种情况之下就被称为快乐),或者就要被并入纯理性的对象的领域。所以,哲学当前的基本功能就是要明确并没有像科学、道德和美感欣赏中所假定的那种差别。所有这一切,都同样只显示出偶然发生的直接的好和通过批评探究在反省中所决定的直接的好之间的差别。如果赤裸裸的爱好在一种情况中是决定价值的适当因素，那么，它在另外两种情况中也是决定价值的适当因素。如果在一种情况中需要有理智、批评，那么在其他两种情况中也有这样的需要。如果在任何一种情况中，所得到的目的乃是一个被扩大和被精炼的直接欣赏的经验对象，那么在其他情况中也是如此。所有这三种情况都表现出有同样的两面性而且有同样的问题，就是要在行动中体现出智慧的问题，而那种行动将把其原因和后果都是未知的偶然的自然的好，变成这样的好：就思维而言，它是正确的；就行为而言，它是正义；就欣赏而言，它是高雅的。

哲学语言兼有科学语言和文学语言的特点。好像文学一样，它是对于自然和生活所下的一种注解，以求对现有经验中的意义拥有一种较为深厚的和正确的欣赏。它也负有报告和记录的任务，其意义正像戏剧和诗歌所负有的那种任务一样。哲学的基本使命，就是把自然产生的经验功能所具有的好加以明确、发挥和推广。它并没有从头创造一个"实在"世界的职责，也没有发掘常识和科学所看不见的"实有"的秘密使命。它并没有它本身所特有的资料或知识的库藏，如果哲学与科学相对立而并不显得荒谬，那仅仅是因为作为一个人的某个哲学家，恰好也是一个科学家。它的任务就是为了某一个目的去接受和利用在它当时当地所可能得到的最好的知识。而这个目的，就是对信仰、制度、习俗、政策就其对于好所发生的影响来予以批评。这并不意味着说，它们将对于如哲学中所达到和陈述出来的一种独立自在的东西一样的所谓唯一的好，产生什么影响。因为正如哲学并没有它自己私有的知识内容，或获得真理的特殊的方法一样，它也没有一种私有的取得好的捷径。正如它从那些在研究和发现方面有资格的人们那里接受事实知识和原理一样，它也接受散布在人类经验中的好。它没有人们所信赖的那种摩西式或保罗式的启示权威。但是，它却具有智慧的权威，具有批评这些普通的和自然的好的权威。

在这一点上，它和文学语言的技艺分手了。这些文学语言的技艺有一种更为自由的使命要执行——即在想象中使这些自然的好持续、扩大和生动活泼；对成功的人来说，所有的事情都是可原谅的。但是，哲学的批评却有一种更严格的工作任务，它对于它自身产物以外的东西还负有较大程度的责任。它必须通过认识价值的原因和后果去鉴定这些价值，它只有通过这条直而狭的途径才可以对价值的扩张和解放有所贡献。由于这个理由，科学关于自然所具有的实际效率的结论就成为它不可缺少的工具了。如果它最后所关心的是如何使好在欣赏中更为融贯、更为可靠和更为有意义,它的途径就在科学所发现和描绘出来的自然存在的题材中。

在哲学的概念中,除了字面上之外,并没有新颖的东西。老话说,哲学就是对智慧的爱好,智慧并不就是知识,然而它不能没有知识。而上述的哲学概念,乃是这句老话的注解。需要一个批评工具,从而利用事物间的关系的知识去评价人类所获得的偶然的、直接的好,这并不是哲学中的事实,而是属于自然和生活方面的事实。我们可以想象一个比在我们目前生活的这个繁华世界更为幸福的自然和经验,在那儿,批评反省的职能如此不断细致地被执行着,以致无须再有一个特殊的批评工具。但是,现实的经验是这样的混乱,以至于一定程度的距离和分开已经成为正确地进行观察的先在条件。思想家们往往退缩得太远了。但是退缩是必要的,否则,直接的大声喧嚷将使他们的耳朵震聋,眼前景物的灿烂美丽将使他们目瞪口呆。尤其使一种概括的批评工具成为必要的,乃是由于对象有一种倾向,要寻找一些与外界互不沟通的严格隔离的小天地。具有五花八门性质的自然界,当它获取本身的经验时,会表现出各种不同的倾向,因而也有不同重点的分布,而以科学的、工业的、政治的、宗教的、艺术的、教育的、道德的等等形容词去称谓它,这是很自然的事情了。

但是从因果关系方面来讲,无论这些倾向的制度化是怎样的自然,它们的分隔所带来的孤立却是不自然的。由于缺乏只有通过丰富的、广阔的交相作用才能供给的滋养,而产生了狭隘、肤浅和迟钝。由于职业化和制度化把直接的好隔绝了开来,好就僵化了,而在一个变动着的世界中凝固不化总是很危险的。由于沉淀产生了抵抗力,但是没有任何一个东西有十分强大的力量足以抵抗任何事物。兴趣、职业和各种好的过于专门化和区别便产生了一种需要,要有一处相互沟通的概括媒介,要有一种互相批评的普遍性的媒介,通过这个媒介把某一个分隔的经验领域全部翻译成另一个经验领域。因此,作为一个批评工具的哲学,其实就变成了一个通讯员、一个联络官,它使各种地方的方言成为可以互相理解的,并且因而把这些方言所具有的意义加以扩大和修正了。

困难在于:虽然哲学自称具有普遍性,但它时常被偏见引诱。它不是一个自由的沟通使者,而是代表某种特别的和片面的利益的一个外交官。它是不诚实的,因为它在和平的名义之下制造分裂,引起争端,以及在效忠的名义之下,结集匪徒从事间谍活动。有人也许会说,由于哲学过分地想要证明自己是高度忠实于真理的,这反而引起了人们的怀疑。因为它一直准备自称是接近最高的和最后的真理的一种特别的工具。其实，它并不是这样的。如果我们不把哲学这个自认为具有普遍性的说法予以否决，哲学的神秘和不诚实的气氛就不会消逝。真理乃是许多真理的一个集合，而这些组成部分的真理包括在对探究和测验事实方面所可能得到的最好的方法的保持中。这些方法，如果用一个单一的名称把它们集合起来，就是科学。于是，哲学对于真理就并不占有优越的地位了，它是一个受惠者而不是一个赠与者。但是，意义的范围却要比真和假的意义范围宽广得多，意义的范围更加迫切和更加丰富。当意义宣称已经达到了真理的境界时，真理的确是卓越的。但是，这个事实时常和那种把真理视为无所不在的观念，那种认为真理占有垄断统治权的观念混淆不清。诗歌的意义、道德的意义、生活中大部分的好都是有关于意义之丰满和自由的事情，而不是有关于真理的事情。我们生活的一大部分都是在一种和真假无关的意义领域中进行的。哲学的正当工作就是解放和澄清意义，包括在科学上已经证实的意义。而哲学宣称它是真理的提供者而跟科学相对抗或者是取而代之，这似乎是由于它没有成功地从事它自己的正当工作而作的一种近乎补偿性质的姿态。因为确实如此，一位学者之所以珍视历史系统，这与其说是由于它们所阐明的意义和各种意义的帘幕，毋宁说是由于它们是所确定的一堆最后的真理。如果我们把前者的职能当作哲学公开承认的任务，而不是一个偶然的副产品，那么，哲学的地位就会更加清楚、更加理智、更加被人所尊重了。

然而，有时有人提出这样一个意见，认为我们对于哲学的这样一个观点损害了哲学的庄严，把它贬抑成为一种社会改革的工具；而且认为，只有那些对文化的积极成就不敏感而对其罪恶过于敏感的人们才会同意这个观点。这样一种看法忽视了一些突出的事实。如果我们不是把"社会改革"也当作显然是经验所可能做到的意义的解放和扩张，那么，这是从一种市侩的眼光去理解"社会改革"。有许多关于社会改革的计划，无疑地正是犯了这种狭隘的毛病。但是也就由于那个理由，它们是没有什么结果的；即使在它们所指望的那个特殊的改革方面，它们也没有成功，除非不惜加深一些其他的缺陷和创造一些新的弊端。只有可能得到最好的、最丰富的和最充实的经验，才是对人最好的。达到这样的一种经验，不应被理解为专属于"改革家们"的问题，而是人们的共同目的。哲学对这个共同目的所能作出的贡献，就是批评。批评一定包含了对任何时期得到的价值的计划和分配中总是有缺陷和错误的高度意识。

然而,要在这个消极的方面作出公正而适当的批评,那就必须以我们对人类经验已经达成和提供的积极的好的东西提高了的欣赏为基础。科学、技艺和社会交谊等方面的积极的、具体的好,乃是哲学即批评的基本题材。而且,只因为这样的积极的好业已存在,这些好的解放和可靠的扩张才是智慧的明确目标。愈是觉察到经验所具有的意义的丰富,一个胸襟开阔和宽宏大量的思想家就愈会意识到那种阻止他去分享那些意义的限制,愈会觉察到它们的那种偶然的和随意的分布情况。如果工具的效能需要强调的话,那不是出于工具本身的缘故,而是为了使价值的分配丰满且更为可靠;要达到这一点,如果没有具有工具作用的东西,就是不可能的。

如果哲学就是批评,那么,关于哲学和形而上学的关系又将怎样看呢?因为形而上学乃是对各种存在——且不论它们分化成物理的和心理的——所表现的一般特性的陈述,似乎跟批评和选择,跟一种追求效率的爱智是没有关系的。它从分析和界说开始,而且也以分析和界说为结束。当它把那些一定会在每一种语言领域中表现出来的特性和特征揭示出来时,它的工作便完成了。因此,论证是不可避免的。既然在每一个争论的主题中所发现的特性乃是自然存在不可避免的特性,那么,这种特性的性质本身就不容许有这样一个结论。具有特性的个体和经常的关系、偶然性和需要、运动和静止都是一切存在的共同特性。这个事实乃是价值和价值之不稳定性这两者的根源,乃是偶然的直接占有与对保证获得和占有的先在条件的反省这两者的根源。所以任何探索和界说这些特性的理论就只是批评领域的一个平面图,上面设置着一些基本的框架路线,以备用来进行比较精细的测绘。

如果自然的一般特性乃是绝对地与外界隔绝的,那么只要在它们之中把经验的对象和兴趣挑选出来就够了。但是,它们实际上是紧密地混杂在一起的,因而一切重要的争论都跟它们彼此之间互相交杂的程度和比例有关。如果单纯地留意到偶然性乃是自然事件的一个特性而把它记录下来,那么这和智慧丝毫没有关系。然而,如果留意到偶然性和一个具体的生活情境的联系,那么这至少成为智慧的开始。对自然之目的的探求和界说,本身是没有意义的。但是,如果我们去经历这个发现所揭示的实际过程,就使一个人接近于一些最高的问题:生与死。

一个人愈是明确地知道,围绕在人类生活四周的这个世界具有如此这般的特征(无论他是怎样界说的),他就愈会试图根据世界所具有的这个特征去指导生活行为,去指导别人的和他自己的生活行为。而且,如果他发觉他不能成功,他发觉这种尝试使他自己陷于混乱、矛盾和黑暗,也使别人陷入混乱,使他们跟外界隔绝开来,那么粗浅的教训就使他认识到他所确定的东西乃是一种错觉,从而需要修正对于自然本质的见解,使这些见解更为适合于表现自然的具体事实。人需要地面以供他行走,人需要海洋以供他游泳或航行,人需要天空以供他飞行。人类必然要在这个世界之内活动,而且为了本身的生存,他必须在某种程度上把他自己作为自然界的一部分去适应其他的部分。

在心灵、思维中,这种情境、这种景象已经开始觉察到它自身了。在这里不再是一部分被迫地适应另一部分并以强制的失败和成功作为其后果,代之而起的乃是寻求事物的意义,借助这些意义来考虑所要从事的动作和所要形成的计划和政策,或是寻求作为目标的动作的意义,以考虑它们所导致和排除的对象。在组成自然的能量和动作之间,有一种不可分裂的轴心。知识改进这个联系。认为知识分裂了这联系,认为知识在事物的交相作用之间夹入了一些不透明的东西的这个观点,乃是十分幼稚的。知识,即科学,对于在它所可能达到的范围以内的这些特殊的交相作用是有所改变的,而由于它要估计到这些交相作用的过去和未来,因此它本身就是一种对交相作用的改变。对于存在的一般洞察——这是我们对形而上学唯一可以在经验中可理解的意义上给予的界说——它本身就是一个附加的交相作用的事实,因此也跟任何其他的自然事件一样,服从于同样的理智的要求:即对它所发现的东西所发生的影响、倾向和后果要进行探究。即使仅仅因为在这个宇宙内加上了一个表现它的东西而使它变成了一个不同的宇宙,这个宇宙也绝不是一个无限的自我表现的序列。

通过一个间接的途径,我们就达到了有关一切批评的最广泛的问题,即存在和价值的关系,或者按照对这个问题通常的提法,实在的和理想的东西之间的关系。

许多哲学派别通常坚持一种非此即彼的笼统的关系。或者说,我们所最赞扬的因而被我们称为理想的那些善,乃是完全和彻底地跟实有等同的;或者说,存在的领域和理想的领域相互之间是完全隔绝的。在正统的欧洲传统中,前一种思想流传着。"有"(ens)和"真"(verum)、"善"(bonum)是一回事情。"有"按其全义而言,乃是力量所趋向的完善的状态,衡量完善程度的尺度和实在程度的尺度就是力量的范围。罪恶和错误就是没有力量,就是反对全能——反对实有的一些无用的姿态。斯宾诺莎曾经根据新的科学观点,用这个意思重述过中古神学。现代公开的唯心主义曾经提出过同样的主张。在他们夸大了思想和思想的对象的作用之后,在他们夸大了人类希望的理想的作用之后,他们便设法去证明,归根结底,这些东西都不是理想的而是实在的——不是跟意义和理想一样的实在,而是跟存在物一样的实在。因此,在肯定对这个理想的信仰当中,同时又把它本身给否定了。这些"唯心主义者"在把理想转变成为存在以前,不能加以信任——那就是说,转变成物理的或精神的东西,而且既然它缺乏那种在经验中的物理的和精神物理的东西所具有的特性,它就变成一种特别的存在,所谓形而上学的东西了。

也有一些哲学派别(比较少),它们断定,理想是十分神圣的,因而与存在没有任何接触之点。它们以为,接触就会引起污染,而污染就是蔓延。初视之下,这样一个观点似乎表现出一定程度的信仰的高贵性和否定的精美性。但是,一个在存在中没有根基的理想领域既无效能,也与我们无关。它是一束黑暗的光,当它照耀在虚空之中时并没有照见任何东西,甚至也不能把自己揭示出来。它对我们无所教益,因为它不能被翻译成实际发生的事情所具有的意义和重要性,所以它是没有结果的。它既不能减少存在物的荒凉景象,也不能改变它的粗陋状况。因此,由于它立誓不在自然事情之中有其立足点,于是它否认了它本身。它不再是理想,而变成了虚空的幻想或文字上的巧辩。

我们说这些话并不是出于敌意的责难,而是想指出:关于存在和价值关系的这些笼统的想法,是没有用处的。通过这些想法的反面含义,可以显示出唯一的一种主张,只有它能够发挥有效的批评作用,在具有解放、扩张和澄清作用的鉴别活动中发挥作用。这样一个理论会指明,所谓理想的意义和感性的意义同样都是存在物所产生的,只要它们继续存在,就总是为事情所支持的。它们是存在之可能性的指针,所以既是为我们所享受的,也是为我们所利用的。我们利用理想来激励行动,以获取和支持它们的原因条件。这种主张利用由特殊事情产生的特别意义去批评这些特殊事情,它也批评特殊的意义和善,说产生这些特殊意义和善的条件是稀少的、意外的、不能保留的或者是常有的、柔顺的、调和的、持久的,而且说它们的后果在行为中提供启示和方向,或者使我们的建议暗淡无光,使我们的目光狭隘、判断模糊,以致歪曲我们的见地。善无论如何总是善,但是当这些善(无论被称为美或真或正义)在创造新的善和保持旧的善,对于判断起着坚定、激发和扩张的作用时,它们对于反省来说就证明了自己。从常识方面来看,这句话乃是众所周知之事。如果从哲学方面来看,它是一个障碍物,这是因为哲学传统认为辨别分析就意味着多元论,因而顽强地反对在存在的领域中从事区别。它坚持不全宁无的态度,由于它先在地接受了一种武断的主张,认为有一个完善的统一体,因而它不能偏向于某些存在物而反对其他的存在物,而在其间有所选择。所以按照它的做法,这样的区分总是具有等级性的,在一个性质相同的秩序中,在程度上多一些和少一些、高一些和低一些。

我愿意借用我们伟大的美国哲学家之一所说的一些光辉语句,这些语句带有诗意,因而它们可以成功地表达枯燥无味的散文所不能表达的东西。霍姆斯(Justice Holmes)曾经写道:"不可避免的事情的发生,其模式中包含着努力。我们都有意或无意地致力于创造一个我们所喜欢的世界,而且虽然我们可以跟斯宾诺莎一样,把对过去的批评视为无益的,但是我们却有十足的理由尽我们之所能按照我们所向往的来创造未来。"然后,他继续说:"我们也有十足的理由试图使我们的欲望成为理智的。困难在于我们大部分的理想都是不明确的,而且即使我们曾把它们提得很明确,至于怎样实现它们的途径,我们却很少有实验的知识。而当我们致力于使我们的欲望、我们的努力和我们的理想(这些东西对我们说来,是跟我们的疼痛和衣服一样自然的)明确,根据对条件和后果的探究去说明它们(而不是就它们本身去说明它们,因为这是不可能的)时,这种努力就是我所谓的批评;而且当我们把这个工作推广到更广泛的范围时,那就是哲学。"在另一篇文章里,霍姆斯也触及哲学(按我们所理解的)跟我们对我们所生活于其中的这种世界所作的一种科学的和形而上学的洞察之间的关系。

"当我们谈到我们对于宇宙的态度时,我们看不到有任何理性的根据去要求有这样一个至高无上的东西,这个要求是不会得到满足的,除非我们有把握说,我们的真理乃是宇宙的真理。如果有这么一个东西的话……如果一个人觉得没有理由相信意义、意识和理想是人类的标志,那也不足以证明法国怀疑论者所熟悉的那一套是正确的:攀登在柱脚上而宣称以一种傲慢轻视的眼光瞧着一个在毁灭中的世界。真正的结论是说,部分不能吞灭整体……如果我们相信,我们来自宇宙,而非宇宙来自我们,我们就必然要承认,当我们论及纯物质时,我们简直不知所云。我们的确知道,某一个能量的复杂体能够摇摆它的尾巴而另一个能够推演三段论式。这些都是未知的力量,如果可能的话,它还有更大的我们不能理解的力量。……我们为什么还不满足呢?为什么我们还要运用宇宙所供给我们的能量去公然反抗它,而且还对苍天摩拳擦掌以示抗议呢?这在我看来,似乎是愚笨而可笑的。"

"宇宙所有的东西远超过我们所知道的东西,小兵不知道出征的计划,甚或还有一个……对于我们的行为是没有影响的。我们仍然要进行战斗——我们全都要这样,因为我们要活下去,至少有些人要这样,因为我们要实现我们自发的本性和证明我们的力量,以此为乐事。至于这些在任何事情中对我们有价值的东西到底最后的评价如何,那就留给未知者去决定吧。宇宙已经产生我们而且在这里面具有了一切我们所信仰的所喜爱的东西,虽然宇宙所有还不止于此,这对于我们来说已经是足够的了。如果我们不想把我们的生存视为一个外在的小神灵的存在,而是在这个宇宙以内的一个神经中枢,那么在我们的背后还有无限。它给予了我们唯一的但恰当的重要意义。如果我们的想象力十分强大,而把我们自己视为跟其余的东西不可分离的一些部分,并且把我们最终的兴趣扩充到我们身体以外去,那么,我们为了在我们自己以外的目的而牺牲我们的生命也是应该的了。要求确定性的动机是我们在人类中所发现的共同愿望和理想。哲学并没有给我们动机,但是它告诉人们:他们做他们所想要去做的事情,这并不是愚笨的。它产生了尽管孤独凄凉但却让我们舍身追求的希望,使我们展望着人类思想所能达到的最远的境界,使我们遥听到那个未知者所奏出的一种和谐的弦音。"

人们在各个极端之间游移着。他们把自己理解为神灵,或是杜撰出一个有威力而狡猾的神灵做他们的同盟,以驱使这个世界服从于他们的吩咐和满足他们的愿望。在幻灭之中,他们否认跟这个使他们失望的世界所具有的关系,紧紧抱住理想的东西而当作他们自己的占有物,以一种高傲的居高临下的姿态,超然于坚实的事物进程之外,而这种事情的进展与我们的希望和欲念很少有关系。但是一个已经在经验面前揭露自己,而且经过训练达到成熟的心灵,知道它自己的渺小和无能。它知道,它的愿望和认可,无论在知识或行为方面,都不是衡量这个宇宙的最后尺度,因而它们终究还是变化无常的。但是它也知道,它对于力量和成就的这种不成熟的假定,也并不是一个将被完全遗忘的梦境。它意味着,有一个跟宇宙融会一体的境界要被保持下来。这个信仰以及它所激起的在思想上的努力和奋斗,也是这个宇宙的一部分行动;而它们,无论是多么微小,在某种方式之下,也推动着宇宙前进。关于我们的重要性,我们已经有一种经过了修正的感知,即理解到,它并不是衡量整体的尺度,这跟我们相信我们以及我们的努力不仅对我们本身而且对于整体是有重要意义的信仰是一致的。

忠实于我们所属的自然界,作为它的一部分,无论我们是多么微弱,也要求我们培植我们的愿望和理想,以至于我们把它们转变成智慧,而按照自然所可能允许的途径和手段去修正它们。当我们尽量运用我们的思想而把我们微薄的力量投入这种动荡不平的事物均衡状态中时,我们知道,虽然宇宙在残害我们,我们仍然可以信任它,因为我们的命运总是和存在其中的一切好的东西联系在一起的。我们知道,这样的思想和努力乃是产生更好的东西的一个条件。若就我们而论,它是唯一的条件,因为它是唯一在我们力量范围以内的东西。如果除此以外,要求更多的东西是幼稚的;但是如果要求得比这还更少一些,又是懦怯。期望宇宙符合和满足我们一切的愿望,这是一种自我中心的表现,把我们自己跟宇宙分割开来了;但是要求过低,同样也是这样的。诚意地提出要求,如要求我们自己的一样,就会激起我们一切的想象力,而且从行动中发挥一切技能和勇气。

所以,哲学并非起源于任何一个特别的冲动或经验中的一个分隔的部门,而是起源于整个人类的情境,而同时这个人类的情境又完全出于自然之中。它反映自然的特性,它无可争辩地证明了:在自然界本身中,性质和关系、个别性和一致性、最后性和效能性、偶然性和必然性都是不可分割地联结在一起的。在这个互相渗透的状况中,激烈的冲动和愉快的吻合使得经验成为我们所意识到的情况。它们外表的现象引起了我们的怀疑,迫使我们从事探究,要求我们有所选择,而且要求我们对于我们所作的选择负责。假使在自然界中是完全和谐的,那么生活就会是自发的展开。假使不是在人和自然两者之中都有不协调的状况,假使这种不协调的状况只是在人与自然之间才有,那么人类就会成为自然的残酷的统治者,或者成为受自然压迫的一种牢骚满腹的降服者。正是人类既为自然所支持而又为它所挫败的这种特别的互相混杂的情况,组成了经验。哲学思想中的这些主要的对立面,即目的和机械、主观和客观、必然和自由、心灵和身体、个别和一般等,全是企图陈述这样一个事实:自然导致而且部分地支持意义和善,而同时在一些紧要的关头上却又撤去了它的帮助,反而愚弄它自己的创造物。

人类追求想象的对象,这是连续的自然过程的一部分。它是人类从他所由之发生的这个世界中学习得来的,而不是他所任意加到那个世界中去的。当他在这些努力以外再加上知觉和观念时,这究竟也不是他所附加上去的,这种附加又是自然界的行为而且是自身领域进一步的复杂化。采取行动,享受和遭受行动的后果,从事反省,按照探究所揭示的前因和后果对已有的但粗糙而性质相同的善和恶进行鉴别和区分,根据曾经习得的东西来采取行动,因而投身于新的和未经考虑的境地中去,检查和修正曾经学会的东西,从事新的善和恶,这些都是人的行动,而所表现的进程乃是自然界的进展过程。它们是在自然中的偶然状况、满足状态、质上的个体化和类上的一致性等所显现出来的结果。于是,对于自然的组成结构加以留意、进行记录、予以界说,这与批评的职能不是中立无关的。它是批评领域的一个基本轮廓,其主要意义在于帮助我们了解理智活动的必要性和本质。

如果我没有弄错的话,在现代哲学中,主观性的实际的可憎之处并不在它的反对者所曾指出的地方。它的实际的害处和它的可憎的负担,是在它自身批评性的主张中表现出来的。因为他们认为,只有知识才正确地涉及存在,而欲望、信念、"实际的"活动、价值全是人类主体的属性,这种区分把主观性变成了一个陷阱和危险。在这里,信念的问题是关键性的。因为信念中包括默许和肯定的一方面,它所呈现出来的性质包括个人的成分,而且包括价值(无论运用任何关于价值的定义),这是大家所承认的。所以在信念和知识之间必须划上一道严格的分界线,因为后者已被按照纯客观性来加以界说。对于信念需要进行控制,这是大家所承认的。知识,按照这些学说讲来,即使仅仅是偶然的,乃是作为从事这种控制工作的工具而出现的。于是在实践中,知识、科学、真理其实就是批评信念的方法。它是决定个人因素如何正确地参与在信念之中的方法。那么在知识和信念之间,除了在方法的运用、有效的工具性和由于产生它们的方法而具有一定特征的、作为结论而为我们所接受的而不是盲目的、偶然产生的信念的对象之间的区别以外,为什么还要保持有别的区别呢?科学本身乃是以决定取舍的方式批判地决定好坏的一种工具,对于这样熟知之事,为什么感觉到焦虑不安呢?

我只能看出有一个答案。欲望、信仰、追求、选择都被认为是"主观的";而所谓"主观的"意思就是说,它跟自然的存在物是孤立分隔的,它是自外闯入的一个不可解释的东西。这就是严格分隔信念和知识的理由。如果所谓个人性的事情是在自然以外的,那么,我们不愿意把科学当作实现个人因素的正当活动的一种手段,正如一个画家的技术和物质设备是他的创作的手段一样,这是有根据的。如果我们在这样的理解之下,把达到某种事物的手段变成个人性的事情,那么,科学便丧失了它的客观性而染上了一些仅仅是私人的和任意的事情的特征。

不过,这个结论还包括一个未曾验证和未曾批评过的假设。把怀疑、努力、目的、各式各样色彩的好和坏、取和舍等孤立隔绝的理由,说成是由于它们不属于这个整体的宇宙范围以内,因为只有这个整体的宇宙——无论把它理解为在结构方面是机械的或是理性的——才是概括的知识的对象。因此,这个论点便在一种恶性循环中转移着,这个问题自始就犯了"丐辞"的毛病。如果个体化的性质、静止的状况、具有限制作用的"终结",以及偶然的变化,都是自然界所具有的特征,那么,它们就把它们自己在使用、享受和遭受、追求和努力之中体现出来;而这种使用、享受和遭受、追求和努力等,便形成了意识经验。它们既是认知经验对象的组成部分,而且同样也是实在的,"在客观上"是属于自然范围以内的。于是,我们就没有根据去否认或规避这个事实的全部意义;这些认知经验对象的组成部分乃是我们调节评价、修订和改正价值、有控制地产生和保卫价值的手段,甚至是唯一的手段。

  知识是信念的一个事例。在认识论中,通常用避而不谈这一事实的办法来忘却由于把信念视为在存在上是主观的、个人的和私有的这种思想而产生的恶果。在处理美感方面的善和道德方面的善时,还没有找到这样一个办法。在这里,那种讨厌的片面性的见解便充分地发挥着它的力量。平常流行的办法就是把价值和爱好联系起来,把它当作单纯是个人之事,而忽视了这样一个麻烦的事实,即这个理论在逻辑上必然因而也把所有一切的信念都变成任意的、不可讨论的偏爱之事了。所以在美学和道德学说中众说纷纭,莫衷一是,也就毫不足怪了。既然它们的题材完全是跟科学的题材分隔的,既然它们被指为属于独立的、不能与其他事物共同参与的存在领域之内的,那么达成一致的唯一可能的方法便已预先被排斥了。

  实际上,这个后果是不能容忍的,因而它很少被面对。价值的"标准"突然出现,以作为嗜好和良心的准绳。在爱好和值得爱好的东西之间、在所向往的和可以向往的东西之间、在现有的和应有的东西之间的区别,都烟消云散了。似乎有直接的价值,但也有标准价值,而标准价值则可以用来判断和衡量直接的好和坏。因此,在真伪之间、在实虚之间便出现了在反省上的区别。然而,按严格的逻辑而论,它的出现也就是它的消逝。因为如果这个标准本身是一个价值,那么,按照定义讲来,这只是某一特殊主观人物所具有的一种特殊爱好的对象的另一名称而已。如果对它的爱好跟某些其他的爱好发生冲突时,最强烈的一面就取得了胜利。在这里就没有所谓真假、实虚的问题,而只有强弱的问题了。至于到底哪一方面应该强些这样的问题,跟在斗鸡中考虑这个问题,是一样毫无意义的。

  这样一个结论便中止了一切追求一致和追求组织的企图,反而唤起了一个相反的学说。这个"标准"绝不是好的,至少,在我们看来,它不是好的。可以说,它是在理性上所领会的一个原则。与其说它是好的,毋宁说它是"对的";而且既然它是对的,它就是判断一切好坏的标准。如果对的也就是好的,这种等同性便是潜存在某种超经验的领域之内,在某种不朽的、非经验的实有领域,而它也是一个价值的领域。把好坏的标准这样理解为理性的一个原则和最高实有的一种形式,这样的好的标准便处在实际的欲望、争取、满足和挫折以外,和它们对立起来了。在决定这些欲望、争取、满足和挫折时,它应该参与其间;但是绝大部分,它却并未参与。现有和应有之间的区别乃是一种在类别上的区别,乃是一种隔绝。一个完整的循环便完成了,最后只是反驳说,所谓标准,本身只是某个人武断的爱好的一个庄严的伪装而已——只是某一个偶然披上了权威外衣的人的独断(ipse dixit)而已。

把美和道德的善的经验归结成没有根据的冲动,这和把真的经验归结成没有根据的冲动一样,都是使人气愤的。常识有一个坚定不移的信念,认为在享受和行为中,有直接的好,并且认为还有可以估计和修改这些好的原则。常识保持着这个坚定的信念,因为它不知道在知识跟信念、行为、美感欣赏之间有什么严格的划分。关于在客观的实在和主观事情之间进行区分,常识对此也完全是无辜的。它把争取、目的、探究、欲望、"实际"的生活当作跟科学讨论的主题一样,都是自然的事实。从常识方面看来,前者的确是一种更为直接和迫切的实在。所以理解对直接的好进行理性的或客观的批评和纠正的这个观念,在常识看来是没有什么困难的。如果常识会说话,它就会说:产生善恶的同样一些自然过程也产生了争取这个而避免那个的这种努力的行动,而且产生了控制这种努力行动的判断。它的弱点在于,它没有认识到审慎周密和系统化的科学乃是适当判断的先在条件,因而也是正确的努力和正确的选择的先在条件。它的批评工具大部分乃是一些片面的判断,乃是习俗、偶然的机遇和既得利益的未经批评的产物。所以当常识开始对它自己的信念进行反省时,它就很容易沦为传统学说的俘虏,而这个恶性循环又开始旋转起来。对于价值,有进行客观批评的必要性和可能性;在这一点上,常识是正确的,而它的弱点则在于如何达到这一点的方法上面。

然而,这时候在关于信念的事例中却有一个解决这个问题的例子。过去曾经有过一个时期,对于外在事物的信念大部分决定于直接取舍的好处,至于在信念中的直接的好的和实在的或真正的东西之间的区别,主要是指这个事实,即所谓实在的或真正的东西乃是为教会和国家权威所批准的对象。然而,现在谁都知道,每一个信念的价值都必须受到批评。在科学研究中,批评并不一定要涉及一种超经验的标准的真理,这已是众所周知之事了。一个直接的信念或价值只是向探究所提出的挑战,而一个最终的作为批判性探究的结论具有满足所发现的因果关系的价值的信念对象,这两者之间的区别乃是在理智经验的进程中所产生的。结果便有了在外表的好和真实的好之间的区别。一个难以对付的世界逐渐地相信了:这样决定的意义说明了为我们所接受和肯定的那种好的东西。这时候,为情欲、阶级利益、习俗和权威所决定的信念仍然普遍地流行着,支持着这样一个看法,即信念的对象是如何形成和如何达到的,这对于一个信念的价值是最关紧要的事情。因此,我们就更加明白了:如果对于直接的好要进行批评性的评价,我们就要以具有好的性质的对象是怎样产生的和将有怎样的后果为依据。

在外表形式上,实验科学有无穷的变化。在原则上,它是简单的。当我们知道一个对象是怎样制造出来的时候,我们就认识了这个对象,而我们愈亲自去制造这种对象,就愈知道它是怎样制造的。旧的传统强迫我们把思维称为"心理的",但是"心理的"思维只局限于有机体以内,是实验工作的一部分,它产生了初步的适应的状态。只要思维仍然保持在这个阶段,我们还不至于把这个内在的、没有后果的情况当作证明有一个优越于身体而独立于身体之外的非物质的理性的根据。只要思维是这样封闭在机体以内的时候,在"外边的"自然情景中的外在行动便不可避免地被剥夺了它所具有的丰富的意义。当"外边的"和"内部的"活动在一个单一的实验操作中结合起来,用来作为发现和证明的唯一恰当的方法时,有效的批评、一贯和有条理的价值便产生了。有一些技艺是通过赋予事物意义的方式来形成对象的,而思维是和这样的技艺站在同一个行列里的。

有人以为,产生知识的过程起源于无意义的感觉材料,或起源于纯逻辑的原理,或起源于这两者的结合,把它们作为原始的出发点和材料。反映心物分隔的旧二元论的心理学,使这个见解更为流行。从心灵的自然史讲来,这个见解完全是神话式的。一切认识活动和从事认知的努力都是从某种信念、某种业已接受和肯定的意义出发的,而这种信念或意义乃是过去的经验、个人的和社会的经验的一个积累。在每一个事例中,从偶尔的怀疑到复杂的科学工作,认知的技艺总是对于当作真实货币而在当时流通的信念进行批评,以期对它有所修正。当更为自由、更为丰富和更为可靠的信念对象被建立起来而被视为直接接受的善时,认识活动便终止了。这种活动,从实际的意义上讲来,就是行动和制造。这个操作的过程是从一个被视为明显而可疑的善出发的,而以另一个被检验和被证实的善为终结的,而认识的最后动作就是对具有重大意义的结论性的东西的接受和理智地鉴赏。

有没有任何理由来假定在其他的价值和评价的情况中,情况会有所不同呢?

在科学研究对信念价值的关系、美学批评对美感价值的关系和道德判断对道德的善的关系之间,有什么内在的差别吗?在逻辑的方法方面,有什么差别吗?如果我们采纳一个流行的学说而主张在任何有爱好、兴趣、偏向的地方就有直接的价值,那么这就很清楚,这种爱好就是一种动作;如果不是一种外显的动作,至少也是一种性情上的倾向和方向。但是,大多数的爱好,一切刚刚出现的爱好,都是盲目的和粗俗的。它们不知道它们是怎么一回事,而且也不知道为什么把它们自己附着在这个对象或那个对象身上。再者,每一个这样的动作总是冒有危险而担负着一定的责任的,而它们之所以如此,这也是盲目的。因为在存在中,对于爱好总是有着与之竞争的要求。偏爱于这个就要排斥那个,任何爱好都是无意中进行的选择。没有拒绝,就没有选择;兴趣和偏见是有选择性的,是有所偏爱的。把这个东西当作是好的,这就是在动作中宣称了(虽然最初并不是在思想中)它要比某个别的东西好一些。这个决定是武断的、临时的、未加思索的,因为作这个决定时并未曾思及其他的对象,也并未曾进行比较。我们说,一个对象是好的,这似乎是一个绝对的和内在的陈述,当我们在直接行动中而不是在思想中作这样的肯定时特别是如此。但是当我们认识到,这个陈述其实是说,一个东西比另一个东西好的时候,论点就转移到某种比较的、相关联的、因果性的、理智的和客观的东西上面来了。在直接的状态中,没有一个东西比任何另一个东西好一些或坏一些,它就是它现有的那样而已。比较乃是在事物之间、在事物的效能之间、在事物所带来的增长和阻碍之间的比较。比较好些的东西较之其他所爱好的东西和价值,乃是更加可靠、更加自由和更加充实的。

于是,作出一个评价,进行估计判断,这就是要有意识地知觉生产性和抵抗性的关系,因而使价值成为有意义、有理智和可理解的。当我们有区别地觉察到所爱好和偏爱的对象所由产生的原因条件时,也就觉察到了它后来的活动情况。在美感的好和道德的好的情况中,由反省揭示出来的成为好的对象的决定因素的原因条件,较之在信念对象的情况中,在更大的程度上,是处在有机的组织之内的,这个发现对于进行批评性判定的技术来说,具有巨大的意义。但是,这并不改变我们在关于价值和评价彼此之关系的知识中所获得的逻辑。它指出了在有意识地再塑善的技艺中所要控制和利用的特殊材料。知识的探究是从原先存在的信念出发的,同样,美感和道德方面的批评也是从原先存在的、在静观享受和社会交际中自然的好出发的。它的目的是使得更有意识、更有意义地去爱好和选择成为可能,而不是盲目地去爱好和选择。凡值得称为"批评"这个名称的东西,它就是用来指称那些对条件和后果的揭示,这些揭示可以使爱好、偏袒和兴趣在一种负责任的和有知识指导的方式之下而不是无知和宿命式地去表达自身。

这里所提出的这个关于善和批评之关系的学说,我们可以用伦理学说来举例说明它的意义。我想,很少有人会否认,虽然有不少旨趣和理智修养很高的先生们曾经专心注意到这个问题,但是它的结果,如果从科学上取得的一致性方面来判断,可以说是使人失望的。这个结果的出现,一部分是由于这个题目的重要性、它跟人类最深切关心的东西所具有的密切联系、它跟人类根深蒂固的传统,以及它跟人类当代社会生活中最尖锐复杂的问题所具有的密切联系。在这样的条件之下,适当的理智工具的客观独立和发展必然是困难的。但是我想,在一切的分歧之中,我们发觉了有一个共同的在理智上的先入之见,它不可避免地推迟了我们获得科学方法的可能性。这个或暗示或明显的假定,就是说,道德学说乃是研究目的、价值的,而不是涉及关于目的和价值的批评的。关于目的和价值的批评,这在事实上不仅独立于道德学说之外,而且它们本身甚至并不具有道德的性质。一次性的发现和说明"善"和"最高的善"以求在理性上支持一切的美德和义务,并且希望毕其功于一役,这乃是传统道德学的任务。否认道德学说具有这样的职能,这在许多人看来,似乎等于否认了道德哲学的可能性。然而,在别的事情方面,如果我们不断地遭遇失败,那么,这就要被视为我们在这一方面犯了错误的证据。而在一个愿意放弃传统偏见的人看来,道德学在方法上没有达到一致,乃至在道德学是否属于哲学的一个部门这些一般的结论上没有达到一致,也可以作出同样的解释(即道德哲学是失败的——译者)。

当然,这并不是说,传统思想假定:善和最高的善乃是道德学说所创造出来的。那个假定还并不这样坏,它只是说,道德的善是在道德学说的领域中所揭示出来的,并且使人们意识到它们并加强了对它们的特征的知觉。然而,在经验的事实上,使人们知觉到善的乃是技艺、那些互相沟通的技艺和作为扩大了的对社会交往的延续的文学艺术。总的来讲,道德学者的著作在这一方面是发生过效用的;但是,这种效用不在于道德学者公开承认的意向,不在于他们的理论主张方面,而在于他们曾经天才式地对诗歌、小说、寓言和戏剧的技艺的参与。伟大的道德技艺家们曾经遗留给人类许多想象的生活关系,但它们变成了主义说教之后,这就成了使它们僵化成为呆板教条的原因了,原有对于人生关系和善的那种有启发作用的洞察消逝了,代之而来的只是一种武断的条款法规。直接诉诸一个技艺家的洞察所集中、突出和加强的经验,以及体现在和任何技艺家揭示意义的工作属于同一个类型的文学中的经验,这曾被视为就是去发现和说明对科学或哲学理性来说所谓真正的事物。

这时候,理论上的批评(即对于那些因为在经验中是好的而不是在理论上是好的之事物,我们要去发现它们的条件和后果、它们的存在关系)可以做的工作却未曾做。毫无疑问,原因多半是手头上还没有必备的在物理学、生理学和经济学方面的工具。但是,现在当这些具有潜能的工具业已有了比较适当的准备时,如果人们还不认识到,道德学说的任务绝不是论及圆满终结和善的本身而是去发现它们之所以出现的前因后果,乃是从事一种事实的和分析的工作,而不是从事一种思辨的、告诫式或规范式的工作,他们不会运用那些工具。这个论点也没有忘记曾经有过一种假冒的自然主义和经验主义的伦理学,它主张,善既是在道德理论之前存在的,也是在道德行为之前存在的,而只有当它们被当作反省所选择和追求的对象而在行为中被运用时,它们才成为有道德的。但是,明显的例外倒反而证明了那个规律。因为这些形式的道德学说,虽然使得它摆脱了告诉人们什么是好的这个责任,而把这个任务留给生活本身;但同时它却未曾留意到,道德学说的职能乃是批评,它通过发现存在的前因和后果来执行这个职能时,也在性质上转变、改造了以后的行动,而这种行动的转变和改造又试验性地检验这些理论的结论。

所以,这些道德学说,如同亚里士多德的伦理学一样,是思辨的。把先在的善加以界说并排列成一个有等级的秩序而加以归类,而最后有一个唯一的善、最高的善的概念。或者,像快乐论伦理学一样,把具体的善所具有的一个特点,即它们的快乐状态,在思辨上加以抽绎。它们未曾提供一个分析具体情境的方法而只是树立了一些计算的规则并制定一些需要遵循的政策,而且这些政策只是计算的固定结果而不是在理智上试验的结果。当这些伦理学者,如边沁(Jeremy Bentham)一样,对于人们由于可以改变的制度而遭受到的痛苦具有人道的敏感性时;或者如密尔一样,能够天才地洞察到一种自由的和高尚的快乐所具有的组成因素时,他们也曾激起过他们同时代人的慈悲的行动。但是,他们的学说跟这种实际的后果之间的联系乃是偶然的,当他们的一切言行被当作文学上的而不是科学上的工具时,正如狄更斯(Charles Dickens)在社会改革方面所作出的贡献一样,他们的观念才起着作用。

这里提出的主张，其内涵在哲学中曾输入了一种作为有效用的可以证实的"实践"的因素，这是传统的观点感到讨厌的东西。然而，如果人是在自然以内而不是在自然之外的一个小神灵，而且他是在自然以内作为能量的一种式样，跟其他的式样不可分离地联系着的，那么，交相作用乃是每一种人类的关系所不可避免的一个特性。思维，甚至哲学的思维，也不例外。这种交相作用具有片面性，因为人类的因素是有所偏颇和具有偏向的。但是，片面性之所以讨厌，这不只因为它是片面的。以质性的历史为特征的世界自有它们自己的开端、趋向和终结，在这样一个世界里面，任何交相发生的作用都必然是一个强烈的变化——这是一个具有片面性、特殊性的世界。片面性中所具有的讨厌的东西乃是这样一个幻想，即以为有些状态和动作并不是交相作用的。有些思想不成熟而没有经过训练的人相信，动作是寓居在一个特殊的和孤立的存在物里面的，而且是起源于这样一个特殊的和孤立的存在物的。这个信念会破坏理智的批评的进展。理智的批评把孤立片面的动作这个概念转变成共同认可的交相作用。把知识、静观、爱好、兴趣、价值或者其他等等跟动作孤立起来的这个观点，就是恢复这样一个观点，即认为事物能够脱离与其他事物的积极联系而存在和被认知。

当人类发觉在他的主动力量和成就中，他并不是一个小神灵时，他还要保持他从前的那种狂妄自大，从而紧紧地抱住这样一个概念，即在某种领域中，无论是知识的领域或美感静观的领域，他仍然是在那个交相作用和变化着的事情向前发展的过程以外而和它们相隔绝的，而且他孤独地在那里，除了对他自己以外，对谁也不负责任。他就好像是一个神一样。当他清晰和充分地知觉到：他是在自然以内的，是自然界交相作用的一部分时，他就看出来所要划分的这一界线并不是在行动和思想之间，或在行动和欣赏之间，而是在盲目的、仆从的、无意义的行动和自由的、有意义的、有定向的和负责任的行动之间。知识，如同一棵树的生长和地球的运行一样，乃是交相作用的一种样式；但是，这种样式的交相作用使其他的样式或是明显的或重要的或是有价值的或具有指导性的，它使实有转变成手段，效用转变成后果。

一切的理性本身就是被论证出来的，因此是方法而不是实体；是活动的过程，而不是"目的本身"(end in itself)。把理性想象成实体就是把它送到自然界以外去了，把它变成一个神，无论是一个大的、原始的神，或是一个小的、派生出来的神，它处在存在的偶然状况以外而不受存在的变化的影响。这种"理性"的意义，就被认为可以洞察永存不朽的实在。一切的关系、一切的共相和规律本身是没有时间性的,这的确是真的。即使时间上的秩序,作为一个秩序而论,也是没有时间性的,因为这种秩序是一种关系。但是,如果我们把一切跟时间无关的东西都带有颂扬意义地称为永存不朽的东西,这只是等于宣称,凡是与任何存在无干的东西形成了一种高级的存在。秩序、关系、共相作为知识的对象而言,乃是重要的和无价的。它们之所以如此,是因为它们能够应用于集中性的、广阔的、个体化的存在物,它们可以应用到具有空间性和时间性的事物身上。应用并不是因为某种外在的东西,不是因为某种被指出具有一种功用的东西。应用就是由于这些规律、原理和理想的缘故。如果它们不是为了便于应用的目的而超脱于具体的事物,它们就会没有意义,在事情进程中应用的意图和可能性,使这些规律、原理和理想具有了重要意义。如果没有应用的现实性,没有实现它们的意图的努力,它们的意义既不是真的,也不是假的。因为没有应用,也就没有效果和检验。因此,它们就不再是知识,乃至不是反省的对象,而变成一个超然的静观对象了。于是,它们便可以具有梦境对象所具有的美感价值。但是,我们毕竟并没有把有时间性的经验、人类的欲望、爱好和情欲置之脑后而不顾。我们只是用一种局部的和暂时的逃避生活痛苦的方法来涂抹自然。这些从事情进程中抽绎出来的永恒对象,虽然和"现象"相对立而被称为"实在",其实它们只是产生于个人的欲望而形成于私有的幻想的一种最为闲散无用而瞬息即逝的现象而已。

理智是应用于信念、欣赏和行为的善的根本方法,以便建立更自由和更可靠的善,把赞同和肯定的东西转变成共同意义的自由交流,把感触转变成有秩序的和自由的感知,把被动的反应转变成主动的活动。因此,理智乃是我们最深层的信念和忠诚的合理的对象,乃是一切合理的希望的基石和支柱。说这样一句话,并不是要纵情于浪漫的理想。这并不是说,理智将永远统治着事情的进程,甚至这也并不意味着它是永远不会被毁灭和被破坏的。分歧之点在于选择,而选择总是在几种可以选择的可能之中从事抉择。至于理智,即有思考的评价的方法将有什么成就,只要一经试验,就由尝试的结果去决定了。既然理智的方法乃是跟存在中杂乱和规则、偶然和秩序之间相互交织的状态有关的,那么相信有一个全面的和最后的胜利,这简直等于梦想了。但是,我们必须对某种程序进行试验,因为生活本身就是一系列的尝试。粗心和习惯、架子十足的超然态度、孤僻的冥想本身也是一些选择。如果我们说,理智和其他的方法如权威、模仿、任性和无知、偏见和情欲等比较起来,乃是一种较好的方法,这不能算是一个过分的要求。这些办法也都曾经尝试过而且实现了其意志,其结果并未指明:理智的方法,利用科学去批评和改造在自然中的偶然的善而把它们变成有益的和有结果的技艺的善,在创作中把知识和价值结合起来,是不值得尝试的。也许还有这样一些人,在他们看来,把哲学当作发展多种批评方法的批判的方法,是大逆不道的事情。但是,对哲学的这个见解也有待于尝试,而这种尝试将证明它或驳斥它,这有待于以后的结果。已为我们所获得的这种知识,以及已为思想所推动的这种经验,就是要唤起这样的尝试,而且要证明从事这种尝试是合理的。

(傅统先 译 马荣 校)

价值、客观指称和批评*①

在我论述被视为关于评价的那些关于价值判断的文章中,就价值自身的性质而言,我并没有试图达成或表达任何结论。② 我采纳的观点实际上是这样的:不管价值是什么,或者被认为是什么,作为判断的评价性判断的某些特征都可以被提出。人们确实不用深究雨的物理的和气象上的构成,就可以考虑诸如"下雨了"这样不带感情色彩的判断的性质。因此,看起来有可能不用考虑价值就可以考虑价值-判断(作为评价,而非只是关于拥有各种价值的陈述)的性质,恰如人们不用对被慎思之物作分析就可以讨论慎思那样。

结果很快表现出了错误。有一个和讨论的现状相关的策略性的错误。人们对价值有广泛的兴趣,而对判断理论几乎没有兴趣。我理顺两者的文章,只会给人们留下我努力地用一种迂回的方式暗自涉足一种关于价值自身的独特理论,抑或因为我没有讨论价值,就认为和工具相比,它几乎没有什么重要性。但错误不只是像在考虑评价判断和慎思之间的类比时,实际上可能会犯的表现方式的错误。因为如果慎思构成了一种独特类型的判断,这是因为那里有独特类型的素材,而不是因为有必要深究关于被慎思的特殊事务的细节,需要记录某些一般的特征;因为正如亚里士多德很久以前评论的那样,我们不是慎思必然之物或已经发生的事情,我们慎思

---

* 选自《杜威全集·晚期著作》第 2 卷。
① 首次发表于《哲学评论》(*Philosophical Review*),第 34 期(1925 年 7 月),第 313—332 页。
② 《实验逻辑论文集》(*Essays in Experimental Logic*),《实践判断的逻辑》(Judgments of Practice),第 335—442 页(《杜威全集·中期著作》,第 8 卷,第 14—82 页);《哲学评论》,第 31 期,《评价与实验知识》(Valuation and Experimental Knowlege),第 325—351 页(《杜威全集·中期著作,第 13 卷,第 3—28 页)。

的仅仅是仍然不确定的事物。因此,为了证明慎思是一种独特的逻辑类型的代表,就有必要表明存在着真正不确定的素材。而且,我关于评价判断的理论,包含了把价值视为它的素材的相似的含义。相应地,现在这篇文章通过表明价值的性质是这样的,以至于不但允许而且要求先前的著作中勾勒出一般类型的判断,试图弥补这一缺陷。

I

在着手这项任务时,跳过价值的可定义性或不可定义性的问题是可能的。显然,在拥有价值的事物可以被辨识和标记,用作划分它们的基础的特性可以被标示出来的意义上,价值是可以定义的。通过指出或指示来定义实际上是所有经验事务中的最后一招,并且作为为了我们目的的准备工作,那是需要的唯一的一种定义。因此,奥登(Ogden)和理查兹(Richards)在他们论述"定义理论"的那一章说,"符号化"是最简单、最基本类型的定义,并且接着阐明了它的性质:"如果我们被问'橘子'指称什么,我们会拿来是橘子的一些对象,然后说,'橘子'是象征这个的一个符号……但有人会说,这仅仅告诉我们'橘子'适用于一个案例中;我们希望知道的是它如何普遍适用的。通过运用相似性关系……可以作这样的归纳。我们可以说'橘子'适用于这个,并且适用于颜色相似的所有事物。"①

由于从头开始着手这种经验指示的任务不过是矫情而已,通过从广泛持有的信念出发可以简化讨论,即不管在哪里发现价值,都会在那里发现被称为偏见、喜好和兴趣的东西;反过来,不管在哪里发现这些行为、态度或感受,同样而且只有在那里才会发现价值。② 这样的一一对应留给我们许多悬而未决的问题,正如很快

---

① 《意义的含义》,第 217—218 页。
② 佩里(Perry):《论"价值的定义"》(The Definition of Value),《哲学、心理学与科学方法杂志》,第 11 卷,第 141—162 页;普劳尔:《价值理论研究》(Study in the Theory of Value),《加利福尼亚大学哲学出版物》(University of California Publications in Philosophy),第 3 卷,编号 2(带有参考文献),第 179—290 页;《价值理论的现状》(The Present Status of the Theory of Value),同上书,第 4 卷,第 77—103 页;《捍卫一种微不足道的价值理论》(In Defense of a Worthless Theory of Value),《哲学杂志》,第 20 卷,第 128—137 页;桑塔亚那:《教义之风》(Winds of Doctrine),第 138—154 页;皮卡德(Picard):《直接的和促发的价值》(Values, Immediate and Contributory),纽约,1920 年及《价值的心理基础》(The Psychological Basis of Value),载于《哲学、心理学与科学方法杂志》,第 17 卷,第 11—20 页;布什:《价值和因果性》(Value and Causality),载于《哲学、心理学与科学方法杂志》,第 15 卷,第 85—96 页(《杜威全集·中期著作》,第 11 卷,第 375—387 页);卡伦(Kallen):《价值与生存》(Value and Existence),载于《哲学、心理学与科学方法杂志》,第 11 卷,第 264—276 页,以及《创造性智慧》(Creative Intelligence),第 409—467 页的一篇同名文章。

会出现的那样。但是对于初步的鉴别来说,这已经足够了。

悬而未决的问题围绕着"喜好"、"偏见"、"兴趣"等术语的意义。这些术语是模糊的和模棱两可的,如果不是因为这个学派如此多的著作家好像在假定它们的含义是确定的、始终如一的,是达成一致的,以至于除了佩里和桑塔亚那以外,他们仅仅是提到这些术语而已,我本来会假定那是一个臭名昭著的事实。为了争论的目的,反对那种否认价值和任何人类或主观态度相联系的诸种价值理论,这样一种程序毫无疑问足够了。但为了理解价值,在承认某些相互联系的情况下,这绝对是有缺陷的。

因为这些概念如此宽泛和多样地被使用,以至于在具体的意义上毫无意义了。态势不是指向任何一组可辨别的对象,而是全面地指向视野的广大部分的。因此,皮卡德把"喜好、要求、崇拜、同意、希望、需要"这些词作为同义词,并且似乎认为,通过说这些都是情感的表达,可以满足具体化的要求。但"情感"是所有心理学文献中最模糊不清的术语之一,有时被用来表达任何类型的情绪或感情,有时包含了"意动的"(conative)倾向、冲动和欲望,有时又局限于一次愉快和痛苦的体验。这是一个臭名昭著的事实。显而易见,愿望、需要和要求通常被称为"意动的",而崇拜和同意是感情上的态度,暗含了一个意向内容。更重要的是这一事实,即需要、欲望、要求,所有这些都暗示了缺少或缺席一个对象,渴求或渴望某种没有被给予之物;而崇拜和同意尽管可以与出现或缺席之物相联系,却不包含渴求把某种缺席之物或缺少的对象带入实现了的存在之中。而且,如果我们附加上另外一个经常被包含其中的术语,即"享受",那么,很显然,用它的术语定义的价值蕴涵了被享用的对象的实际出现或给予;而且在这个范围内,与需要、愿望和要求是相反的。

当然,很大一部分视域已经被囊括进来了。但是,我们不能停留于此。需要和欲望模棱两可这一点,人所共知。有时,它们被用来指示暗含一个理念、一个需要的对象的理念出现的态度;有时,它们被用来表达一个完全盲目的事务,盲目的意思是关注一个对象模糊不清和晦暗不明的概念或表现。在使用偏见和兴趣这些词语时,同样的情况表现得更加明晰。我不是说这些术语是多音字,但偏见很容易提示一种先于思考和完全独立于理念的态度;而对于大多数人来说,兴趣暗示了对某种心理上得到认可的事物的兴趣。如果不是实际上把情感态度等同于某物,也是对它的关切,而不是像偏见那样,是朝向某物的一种盲目的倾向。无论如何,直到我们弄清理念的元素是不是被排除在外,在定义上就所获不多。

刚刚作出的区分,指向另一个必须加以限定的阶段。偏见不管是不是盲目的,和兴趣一样,都指向一个积极的因素,一个关切和关心的因素,一个关照、推动和增进某人的自我以外的事物的福祉的倾向。它们当然是主体的态度,但它们包含了(不管是不是有意识地)一个作为对象的对象的态度,例如就像享受不需要这样做,而且就像在其许多含义中某些意义上的"情感"不这样做一样。同样的模棱两可也可以加之于"爱"和"感情",这是臭名昭著的事实。有时,它们被用来指称主体一个简单的状态;有时,却指称超出并且改善和要求它的对象之安康的一种态度。

同样的区分可以另外的方式表达。被描述为喜爱、偏好、兴趣、偏见的主体的态度,可以在行为主义的意义上理解吗?或者,它可以在状态或意识过程的意义上理解吗?因为后者是通过内省心理学得以定义的。引自桑塔亚那的一段话,也许可以使这个区分更加清楚:"欲望和意志在这些词的恰当的心理学的意义上,是伴随着意识的各阶段……与此同时,在一种神秘的和先验的意义上,语词欲望和意志经常被用于那些物质的性情和直觉,生命的和道德的单位正由此构成。"①现在,我还没有发现大部分著作家提出了就这个意义而言的问题,他们在这个意义上使用像"偏好"这样的语词;不管用来指称与某种不满的情感相对的纯粹满意的"情感"或状态,还是用来指称常识通常用它指的意义——向外追求、坚持或抓住一个对象,并且主动地消除、排除或清除另外一个对象的积极的倾向。即使除了包含或排除意向因素以外,暗示哪种含义也会大不相同;也就是说,对价值的辨别而言,大不相同。因为第一个在价值的"定义"中排除了"客观指称"的元素,而另一个却包含了它。

或许我本应该在那些至少试图规定喜好的理念的人中,包含普劳尔的名字。他公然表达了它是"情感驱动的",并且否认它包含任何思想或判断要素。在他最后的著作中,他说:"如果你喜欢的话,价值是在取向中构成的。"这句话看起来明确地承认了朝向对象的行为,明确地把对象思考为包含在行为中。但在紧接下来的文本中(《杜威全集·晚期著作》第2卷,第398页),他说:"如此这般的各种价值被感受到,而且拥有任何情感的动物的情感是给定一个具有价值的情境需要的全部。"因此,他的意思仅仅是:一个取向是情感的原因,尽管价值与如此这般的情感

---

① 桑塔亚那:《教义之风》,第145页以下。我不知道"恰当的"和"神秘的"这些术语各自是如何与后面讨论的桑塔亚那的观点调和起来的,但这个区分是清楚的,与这些称号相互独立。

有关。同样的印象出自第 401 页,在那里,他提到,伍德沃斯(Woodworth)暗示了情感是"或者要被接受或者要被消除的身体的瞬间冲动"。现在,如果它是一个辨别喜好、因此辨别价值的接受或消除的行为,那么,客观指称(包含在任何一种行为主义的解释中)就是不容置疑的。但他似乎指的不如说是基于这样的反应,情感本身可以在发生的意义上得以解释,尽管情感不管是如何引起的,是构成价值的东西。无论如何,这里有个困境。如果术语"情感驱动的"和取向被认真地对待,那么,喜好就不是一种情感,而只是一个行为;像任何行为一样,有客观的结果和关系。如果"情感"是关键词,那么,语词"情感驱动的"和取向所获得的明确的规定就完全是虚幻的,留给我们的是模糊的和模棱两可的心理学陷阱,即作为我们价值的决定因素的"情感"。

  人们越反思用于命名区别价值案例的态度的众多术语,指出这些术语如何指称不相融的各种态度,指出避免这些不一致的方法就是借助某些仅仅因为它们是模糊的和模棱两可的而被视作中立的语词,我想,就越易于承认,指出的姿态在讨论的例子中如此不明确,以至于它所指向的全部东西就是经验地平线上的某些区域,其中包含一种个人的或至少是动物的态度、一种在性质上并非主要是认知的态度。然而,否认"喜好"是认知的,不需要排除关于对象的知觉,也不需要排除与喜好如此紧密相关,以至于在某种意义上为它辩护,或者激发它的那个对象。例如,普劳尔先生在他最近的著作中似乎感到,必须完全消除任何理智的要素。他早先曾写道:"不单单是关于特征自身的知觉重要,而且对诸如为这些对象已经唤起的喜好负责的对象的知觉也很重要。这是欣赏和批评性评价的基础。"①

  因此,在这一领域的读物让我相信,奥登和理查兹的评论是公正的。② 在区分了被象征性地用于代表和指称一个对象的语词和在情感的意义上被使用的语词时,而且在说了情感意义上的使用比通常允许的更加普遍之后,他继续说,"可以拿'好'这个词举个例子。看起来,这个词很可能在本质上是一组同音异义词,以至于粗略地讲,那些我们在过去曾听说过的与它有关的一系列事物(一张好的床、一个好招数、一个好孩子、一个好的上帝)没有任何共同的特征。但经常有人声称出现了这个词的另一种用法……在此,'好'据称代表了一个独特的不可分析的概

---

① 《加利福尼亚大学哲学出版物》(*Univ. of Calif. Publications*),第 4 卷,第 100 页。
② 《意义的含义》,第 227—228 页。与关于定义理论的讨论有关。

念……我们提议,对'好'这种独特的伦理使用是纯粹的情感上的使用。当被如此使用时,这个词什么东西也不代表,而且没有象征的功能。因此,当我们在使用'这是好的'这个句子时,仅仅指称'这',附加上'是好的',而对我们的指称什么也没有增加。另一方面,当我们说'这是红色的'时,向'这'附加上'是红色的',确实象征着对我们指称的扩展,也即扩展到了其他的某种红色的事物。但'是好的',没有可以比较的象征功能;它只作为表达我们对此的态度的情感符号起作用,或许在其他人那里引起相似的态度,或者激发他们这样或那样的行动"(在一个脚注中有解释,这样断言纯粹的情感作用仅仅指称所谓不可定义的"好",而不指称"这是好的"的这种使用。在这里,"好"以一种同样指称,在一个指定的方面和"这"相似的其他事物的方式指称"这")。

如果我自己来解释这些语词,我会说,当一个孩童在某种事态出现时自发地拍手,也许会喊着"太好啦"。这很好地例示了一种情感状况。用著作家的话说,"太好啦""仅仅指称这",它没有在情感态度上附加什么或造成什么差别。它和拍手一样,是有感而发的。它仅仅对旁观者具有含义(著作家们的"象征性指称"),这些旁观者熟悉"好"的智识的、非纯粹的情感(not-purely-emotive)的用法,这一用法暗示了对于超出态度本身的某物的指称。在这样的例子中寻求含义,然后用这个含义去"定义"好,就好像在"噢,噢"中寻求内在的含义一样。某个旁观者通过把一声叹息指称不同于叹息的对象,而赋予一声叹息表达一种悲伤状态的含义。但作为纯粹是直接存在的叹息,没有这样的含义;它仅仅是情感性的。

这些考虑指向两个结论。第一个是有对于事物直接的情感类型的态度。它们不只是情感;它们在作为情感性的时候是动机或发动机。它们无疑伴随或导致了"情感"——也就是说,它们有自己性质上的色彩。这些态度中最基本的,毫无疑问——把生物学的考虑以及更加直接的观察纳入考虑中——一方面是占用、同化,另一方面是排除、删除。某些向外去满足或离开的行为,可以被恰当地视为较低程度的行为,或被视为部分的同化和排斥。因为在生物学上,很清楚,后面的这些行为是暂时的操作而非即可完成的,以至于它们有较少的或较充分的阶段。这样来设想,"喜好"一般可以被定义为欢迎、迎接的行为;"厌恶"可以被定义为涌出或摆脱的行为。而且,在承认一个有机体倾向于对它作出反应的每一件事情采取这些态度中的一种或另一种时,我们实际上包含了把承认、接受、忍受这样的行为视作迎接的较微弱的例子,而把省略、很快经过或逝去等行为视作驱逐的较微弱的例子。

第二个是,虽然这些行为、态度和倾向在它们直接的发生中,不定义或不向"好"传达任何含义(由于直接地看它们,不过是它们所是的行为,以至于"喜好"不指示好或好的事物,而仅仅指示喜好的行为),但它们是"好"的含义中不可或缺的组成部分。也就是说,有可能如果没有被直接同化或喷出的事物,就不会有"好"这个词清晰地指称的事物的存在。在这个例子中,这些行为尽管不是价值的充分条件,但是价值的必要条件。换言之,我们回到了进一步规定、进一步有区别地限定包含在价值经验中的态度的需要。

奥登和理查兹"附带地"提出了"我们关于赞成而赞成的"作为好的定义。如果我们把作为赞成的对象的"赞成"等同于文本中所称的"迎接",那么,对它的"赞成"显然不可能是同样的再次赞成(因为这同样会是情感上的),而是指定一个有限定的赞成——可能是在反思的某种意义上的反思的赞成。再一次,普劳尔先生在咀嚼反刍的食物的牛身上,发现了他认为构成价值的那种态度的例子。关于这个行为,他说:"在每次咀嚼中,牛都享受着基本的审美愉悦,或者更加严格地说,在每次继续咀嚼、反刍、沉思的冲动中;就如一个婴儿在咀嚼磨牙的橡皮圈时就有这样的享受,或如亚里士多德的上帝在沉思宇宙时有这样的享受一样。"①在对动物经验的准确性质的教条化上,他和我相去甚远。但重要的是,普劳尔先生提出了"反刍"独特的属人的和比喻的含义——即视作沉思的、深思的——并且把它赋予了牛和婴儿。很可能,他是有理由的。我对此不知情。但是,如果行为是这种类型的,那么被限定的是同化的行为,而非在其纯粹的发生中。而且,由于限定是借助被沉思的某物,或借助一个客观的指称,不管是指称反刍之物,或是指称冲动及其后果,或是指称亚里士多德的理性的宇宙,初步的或完善了的审美享受正是附着于此。这种享受不会是纯粹的情感;它和情感一样,被它们指向的或附着的对象所限定。因此具有可指明的性质的客观指称②,就存在于它们之中。

这已经超出了就迎接和摆脱的纯粹出于一时兴致的态度所能说的了。就我看到的而言,在茫茫宇宙中,没有什么东西是不能在某个时间、由某个主体、在某种情况下接受或拒绝的。另一种得出如下结论的方式,即这些行为不能定义好与坏。只有当这些行为由某种尚未提及的差别条件限定时,它们才具有鉴别一个"这"(而

---

① 《哲学杂志》,第 21 卷,第 122 页,斜体是我加的。
② 原文是 objective differences,疑是 objective references 的误拼。——译者

不是全然地再一次作为"这")的力量,才具有附加的、把选出的"这"和"在某个指定的方面"与此相似的其他事物组织起来的力量。

II

在佩里先生的文章中,介绍了一个明确的和重要的规定。他把价值定义为兴趣的满足、实现和完成,并且用这个区别性的复合体来区别与此不同的简单术语"喜好"。① 关于客观指称的含义,他也很明确。"必须有一个兴趣或偏见指向的术语。除非有被喜欢的或厌恶的某物,否则就不会有喜好和厌恶。"我们甚至可以再补充一点,即除非由于有在其中喜好被满足或受挫的某个对象,否则就没有价值。② 而且,他明确地承认享受的态度和渴求、试图摆脱的态度之间的区别,前者包含占有和在场,后者包含缺席和运动。他问道:"说到底,价值在于拥有你喜欢或厌恶的东西,或者在于得到你喜欢或厌恶的东西吗?"他回答说,由于单单静态的享受和单单渐进的努力看起来都不是令人满意的概念,这两种倾向可以统一起来。"如果我们承认情感中的激发因素,以及渴望中的预期的占有,那么看起来是可能的。喜欢一个当下的对象,就是寻求延长它;因此,终究不是一个纯粹静止的现象。要完成渴望,就是通过付出努力来实现对象,因此也不仅仅是不占有的事。"③

如此引入的限定在我看来,方向完全是对的。我不打算批评它们,而是指出:在我看来,就价值中理想的或意向的因素而言,需要如此引入这种客观指称的含义。在进一步的讨论中,我会超出佩里先生所说的或提出的任何东西。当然,他不会被认为认可他的概念的运用。

在兴趣的实现中,由于包含了积极的运动(即使只有保留或永恒化的运动)和占有的愉悦(只要在当前的期望中),显而易见,确实发现了变化和运动,发现了这样一种变化和运动,以至于它被主体和对象的一种关系转移到它们之间的另一种关系的倾向上。这种关系的差别,当然包含在实现、完成的理念中;它暗示了就主体的态度而言,从对象相对没有实现的状态到一个相对实现的状态的转变。因此,在定义价值或好的喜好中,包含了一个中介性的因素。它排除了根据任何纯粹是

---

① 《哲学杂志》,第 21 卷,第 149、150 页。
② 顺便说一下,可以指明的是:这个概念包容了另一种理论不包容的事实,即厌恶可以和一个积极的价值或好联系起来——即当它充分实现时。
③ 《哲学杂志》,第 21 卷,第 150 页。

瞬间的态度的任何价值定义。

可能有人会质疑,这个实现的理念是不是普遍和必然的是一个暗示了时间过程的理念,这个过程被一个特定种类的变化,即在开端和终点之间引入性质差异的方向上的倾向所刻画。可以合理地论证,除了指向一个先前的状态和一个发展或成长过程,由此出发指向另外的某物,否则什么都不会实现。但在这个例子中,没有必要诉诸这些一般的考虑。借助于描述,这里所说的是把运动和占有统一起来的那种实现。

因此,规定所发生的这种变化的性质就是恰当的,而且在逻辑上是必需的。首先——这一点是同义反复,但要澄清也是可取的——它不仅仅是主体中的或主体的一个变化,而是主体和对象关系中的一个变化,以至于发生在主体中的任何变化(诸如从不安到自负,或从静态的舒适到主动的享受)都以它和对象关系中的变化为条件。如此这般的主体状态中的变化——像它在情感上的纯粹的变化——并不确定任何价值案例。其次,更加明确的是,主体和对象关系中的变化,可以被描述为从相对远距离或缺席到占有和在场的一个变化;从不安全到安全,从不敏捷到敏捷,从事实上的占用或同化到被承认是主体活动的成果或最终界限的同化——主体的选择和偏好。

这一概念把客观指称引入了价值的构成中,因此引入了意向性的和向探究敞开的因素。这就等于说,一个不是直接的价值也不是最终的——这是在它如此决定性的,以至于不再向批评和修正敞开的意义上而言的。正如一个物可以被认为是红色的、然而却不是红色的那样,一个物可以被认为是好的,但却不是好的。我相信,关于"直接的"价值的许多谈论,混淆了很多不同的事物。属性的直接性在其抽象意义上,除了意味着价值是价值以外,什么也不指;它就是其所是。另一方面,断言有个已经被认为是价值的特定之物是一个价值,是一个附加的和发人深省的陈述,这是康德意义上的"综合"的陈述。它表明,经过合适的考察和检验,已经发现某物拥有归之于它的属性。这样,属性当然是"直接的";任何属性当它存在时,都是直接的。但这远远不是指正在被谈论的物,这仅仅因为,一个给定的"情感"是即刻在场的,就以一种直接的,即一种无条件的、自明的和不可置疑的方式占有它。

可以合理地假定,就任何事物而言,作为一种食物的特性是相对于有机体的营养功能而言的。因为一个动物饿了,所以它寻找食物。要是没有像养分的吸收和饥饿这样的事情,就不会有食物这样的东西;现在用作食物的植物和动物可能同样存在，但它们不会是食物。然而，如果仅仅是饥饿，那么不会把一个物变成食物，尽管它导致一个物被认为或被视作一种食物。作为一种食物，这件事最终是要发生的；它取决于在食物被视为食物后发生的事情，不管它是否提供养分。这是一件客观的事情，可以基于客观的基础被调查和查明。我想，如果价值被定义为兴趣的实现，一方面在"喜好"和饥饿之间、另一方面在食物和价值之间的类比，就是清楚的和有启发意义的。正如一个特定的实体可以被纳入食物体系中考虑一样，价值也可以被归因或赋予。而且两种情况中的归因或赋予都在于一种行为或处理方式，而不在于任何推断过程。但由于价值的存在依赖于结果——实现或确立一个确定的关系的变化——一个物终究不会是一个价值。作为一项直接的事务，找出和寻找是随意的；它是假定的；它设定了后继的过程，但作为事实，它或许不会发生。而且我认为，最热切的欲望和追寻经常以失望和幻想结束，这是非常普遍的；在追寻的过程中，甜美的事物实际上在实现时品尝起来是苦涩的。得不到的，才是美好的，这几乎已经成了谚语。这一事实，正是把价值和有具体的和客观的条件的"喜好"模式联系起来的理论应该预见到的；很难看出来，它如何与作为纯粹直接的情感的喜好对于确定一个价值就足够了这一理论调和起来。

在让佩里先生为我的解释负责时，我有些犹豫。因为在他的文章中，不时表明了他不是用实现来指在一个时间性的、有客观条件的过程中来完成兴趣。他可能是指作为对象或"兴趣"的接受者的一个事物，瞬间地出现是后者的实现。这个问题的重要性，证明了关于这个观点的假设的讨论的合理性。他谈的是"所谓价值的高级属性"，它们看起来，"或者是态度或冲动的方式，因此是发动者；或者是感官上的可感受性质，它们可以定位在身体中……相似地，我得出结论说，兴趣不是对对象中的价值属性的直接承认，而是规定的、感觉到的或可能感受到的有机体的方式，因此通过作为对对象的反应而限定它"。[①] 这一段话明显的意思是：兴趣可以被视为瞬间的意义上的有机体的直接状况，而且它对一个对象直接影响，或者它直接指向一个对象，把那个对象构成为一个价值。我早上起床时很累很烦躁，就那一态度表达了对事物和人的态度而言，它们被赋予消极的价值。然而，这样的观点与如下段落——即有关伴随当下愉悦的"渐进的努力"的含义的那段——的明显的含义是相对的。除了前后一致的问题以外，我们看到，把"渐进的努力"包含进来，导

---

① 《哲学杂志》，第21卷，第153页。

向了在我看来和常识的经验发现相一致的结论。当我听任易怒时,我感到事物好像都有负面价值。我那样来看待它们,但把这样的情况和其中有渐进运动的例子对比,揭示出我以如此解释的这种敌对的方式感受它们的事物和人,这是可以满足兴趣的,因此实际上是有价值的。这当然等于说,纯粹的情感和瞬时地看待不足以确定价值,或者情感不是价值充分的标志和证明。①

如果在其自然的意义上理解兴趣的满足这个理念,那么,价值在其中出现的每一个经验,都是在其中有着关于某些对象与兴趣的推进或挫败之关系的理念或思考的经验。厌倦的状态伴随着一个对象现在是陈旧的、单调的和无利可图的这个事实的经验——也就是说,伴随着它被如此对待的事实。相当乐观的状态伴随着一个被视为实际上确定能实现的未来的渴望的对象。虎视眈眈的状态伴随着某个对象被视为若有可能必须被占有的事实。经验表明,作为事实,客观指称先于主观指称。指称一个主体而非一个对象,这是外在的和反思的。它实际上是另外一种方式的客观指称;也就是说,根据主体不寻常的状态来解释对象的某种单调乏味。换言之,说"我厌倦了"和说"它很乏味"不过是表达完全相同的事实的两个短语而已。

作为兴趣的满足的欣赏或珍视、珍爱、喜欢、喜好,包含了思想的元素,包含了至少是一个暗含的判断的理念。这一学说因此意味着,有关于对象和对象与自我的联系(或自我与对象的联系)的理念,以至于为了证明把价值归因于对象的合理性,或者为了使其成为可疑的或错误的,可以诉诸这样的理念。显然,这绝不是在断言或暗示。正在讨论的判断,是关于价值的判断,是关于对象的判断。但这个关于对象的理念,是非认知欣赏中的一个组成部分或构成部分。我认为,不能区别关于对象的判断和关于价值的判断,正是批评者指责我认为价值的体验本身是理性的、关于判断的,而非主要是一个情感驱动的之原因所在。

III

现在我们来明确地讨论意向的或理想的要素。提及所谓预设的或基于理由的

---

① 如从句"兴趣不是对对象中的价值属性的直接承认"所表明的,佩里先生在这里讨论的是另一个问题,即欣赏、喜好、兴趣等是否在构成价值时,还是它的知识或判断。因此,这一段话不能基于文本中提出的那一点被视为是决定性的。在对价值的体验并非关于价值的判断或知识这事实上,我当然同意佩里先生的话。

(grounded)价值,将用于作这个过渡。有下面各种价值:一个人珍视一幅画,认为它出自列奥纳多(Leonardo)①之手;但是,如果他找到它是一幅仿制品的理由,他的喜好就会改变。或者一个人崇拜一座建筑,认为它是用石头建成的;但是,如果他发现这是由上了油漆的板条建成的,那么,他的情感态度就会即刻发生改变。现在,前面章节所论证的假设可以这样表述:每一个价值的案例都是一个预设的价值的例子,它们一般的预设是:任何事物被"喜欢"或珍视,是由于(基于如下理由)它被视为推进或延迟对一个对象而非另一个对象变动着的偏好。

这个观点对于当前主题的意义很明显。一个预设既可以和事实一致,也可以和它相反。因此,"喜好"可以基于很好的理由,也可以基于错误的理由;在可以理解的意义上,价值将是正确的或错误的;或者更准确地说,仅仅是表面的,否则就是真正的和"真实的"。表面的好和真正的好之间的区分,不管在经济的、伦理的还是在审美的和逻辑的事务中都有基础,而且具有有效的意义。佩里先生在谈到预设的价值时说,这些价值"可以通过确定居于它们中间的假定的真或假得到检验……一个评价(欣赏)没被增强的光线所干扰或强化,在特定的意义上就是真实的评价或一个真正的价值"②。现在,如果各种价值出现的所有例子都是有理由的价值,那么它们全部或者是基于错误的理由,或者是基于很好的理由,并且都受制于检验,受制于基于包含在它们中的要素的反思性探究。

对桑塔亚那的研究,可以用作讨论关于各种价值的判断之性质的基础。物理学是关于存在的科学,只是科学的一半,而且作为存在的情感是物理学的素材。科学的另一半更加有趣,是基本的一半,涉及辩证法。这不是奠基于存在,而是奠基于意图。"除非触及他的意志,并且实现或者挫败了他的意图,否则没有任何存在,哪怕是他自己的存在,对一个人具有任何的重要性……如果他的经过不想持续是一个僵硬的事实,那么,转瞬即逝的时刻必须负载谩骂或者卓越。"③伦理学和数学是辩证法的两种应用。"目的和本质同样多地需要辩证的表述,而且如果没有一个明晰的和确定的目的,没有一个理想,行为就会堕入单纯的运动或有意识的变化中。"④"因此,一个因事物中的好而追求它的人,必定承认和(如果理性存在的话)

---

① 这里指的应该是列奥纳多·达芬奇。——译者
② 《哲学杂志》,第 21 卷,第 160 页。
③ 桑塔亚那:《理性生活》,第 5 卷,第 167 页。
④ 同上书,第 200 页。

追求它们全部之中的好。不同寻常的习俗和闻所未闻的思想就可能发现它们恰当的正当性。"①他说,有关好的事物的问题,习惯性地或多或少包含在混乱中,因为物理学和辩证法的问题没有作出区分。"为什么任何人珍视任何一种价值,或者尤其珍视任何东西,这是物理学的问题;它在询问兴趣、判断和欲望的原因。认为某个事物是好的,就是表达那个事物和说话者之间的某种密切关系;而且如果这样做伴随着对自我的认识以及对事物的认识,以至于感受到的密切关系是真实的,那么,这个判断就是无懈可击的,并且不能要求它自我废除。"②他继续说,伦理学这门科学和原因毫无关系,"伦理学追问的不是一个事物为何被称为好的,而是这个事物是不是好的,这样珍视它是不是正当的。在这个理想的意义上,好不是意见上的事,而是性质上的事。因为意图在发挥作用,而且问题是这个事物或情境是不是和那个意图相符……要判断事物是不是真的是好的,必须让意图发话;而且如果稍后这个意图本身可能被评判,那么,这是根据把第一个意图和它们自己的方向作比较的其他意图来达成的"。

在构成一个价值的任何事件中必须有意图,就相当于承认一直被坚持的客观的中介。然而,这里引用的目的与其说是为了通过援引权威来证明给出的解释,不如说是为了表明关于好的知识的性质。这些段落表明了"理性的道德"那一章使其更加明确的几点:(i)这种知识本质上是对意图的澄清,通过(ii)阐明它所暗示的东西,以至于一个人在意欲这个特定的对象时,逐渐意识到他意欲的其他事物,以便(iii)这样一种阐明不可避免地导向比较不同的意图,把各种各样的意图统一、组织成为一个综合的、和谐的、前后一贯的和有远见的生活计划,与此同时(iv)在这个过程的进程中,新的美好事物,也即新的意图自身会呈现出来。而在最初的意图中是好的事物被发现不是好的,因为它们的实现暗示了阻碍其他更加包容性的意图。

对于如此阐释苏格拉底的道德,我没有什么要补充的。它假定了意图,并且把意图假定为表现、传达重要的偏见,而非仅仅因为重要的偏见而产生。对于为什么某个特定的意图出现的解释,是生存论上的、心理学的,是对一个人的气质和教养及其脑细胞和脑纤维中所发生的事情的发现。但是他说,伦理学开始于这种因果

---

① 桑塔亚那:《理性生活》,第 5 卷,第 201 页。
② 同上书,第 214 页。

探究退场的地方。① 我要提出的问题是：在因果探究和辩证探究之间，是不是没有比桑塔亚那先生允许的更密切的联系？

提出这个问题并非要质疑：当和这两种探究相关的命题被混淆时会造成混乱和危害。相反，它表明了：(i)只有借助因果的、生存论上的探究的帮助，才能实现辩证的探究；而且(ii)只有借助生存论上的探究的帮助，辩证探究的结果才能在生活中行之有效。在这个案例中，物理学——如桑塔亚那先生所定义的——是道德理论和实践不可或缺的组成部分，而不仅仅是一个不可避免的准备工作。在说这些话的时候，我认为，我没有违背桑塔亚那先生著作中的精神和意图，尽管与他的某些陈述有直接的表达上的冲突。因为他把第二点和较为简单的论点放在首位，当然是第一个赞成研究作为"科学中的观点的原则而不亚于生活中的正当"的各种价值，②除非它体现在直接意图的某些变化中，否则，辩证探究的结果就是无关紧要的。由于价值的辩证法是为了意图和价值而存在的，所以具体化在存在中，是它自己的目标的完成，而非一种外在的"应用"。显然，行之有效的具体化如何发生的问题，是一个生存论上的问题。我们拥有基于对人类学的、历史学的和生理学的事实问题的知识的一种技巧，在这个程度上，对这一问题的处理将是巧妙的，抑或是不甚成功的。

在我看来，这一原则同样适用提到的第一点。辩证探究的道德重要性越大，执行所要求的辩证探究的重要性也就越大。而且，辩证探究不是自我执行的，它的实施是一个发生的事务，也就是存在的事务；只有借助因果考虑，才能获得。要开启一种发展和澄清，就要求一个在被澄清的意图之上的意图。按照描述，这个附加的意图取决于一个相关的和投缘的喜好。桑塔亚那先生论述道德的那几章，力邀向我们已经拥有的喜好之上，附加一种新的喜好或一种更加迫切的喜好，即对理性的喜好。而且，他完全知道，任何这种努力的成功，把它和徒劳无功的说教区别开来的特性，就是要求一种有效的因果技巧。③ 按照我的理解，所有这些都是对桑塔亚那先生的原则的扩充，即物理学和辩证法既在根基处又在顶端相遇，在开端和结束

---

① 桑塔亚那：《理性生活》，第5卷，第125页。
② 同上书，第217页。
③ 参见《理性生活》，第5卷，第234—238页。这几页在我看来，是涉及斯宾诺莎的自然主义的标志，而且承认苏格拉底的辩证法必须被建构一个公正的社会的因果艺术加以补充，以便使辩证法或者可以发生，或者将行之有效。

的地方相遇;而且两者一起承认这些开端和终结是持续地循环发生的,彼此间隔不远——也就是说,辩证发展的任何阶段都表现了对于发生的诉诸,而不是自我的永恒化。

从这样一种观点引出的结论是普遍的,既适用审美的和逻辑的批评,也适用道德的批评。首先,构成有时被称为"内在的"批评的意图有所发展。这至少包含了对含义的揭示。例如,在文学批评的案例中,澄清作者的意图将包含比文本提供的更加清晰的表现——或者至少包含使之更容易接近和理解的表现。这是一个基本要求,如果没有它,一本书可以被评论、赞美或指责,但不会被批评。接下来会有对它各种不同含义的考察,一种旨在从他们自己的观点出发来确定其中包含和隐含各种价值的一致性和范围,即连贯性的考察。这个操作可以修正展现出来的含义,可以揭示各种新的和出乎意料的价值,只要它自身是"创造性的"。

从生存论的视角看,批评将承担起探究在作者观点中表达出来的"喜好"的来源,探究他的意图的属性和方向的工作。这种方法或攻击(在字面意义上)当然将取决于,并且在其诚实的程度上,揭示出批评者自己的偏见和兴趣。然而,谚语"趣味无可争论"(*De gustibus*, *non disputandum*)或者是礼貌的准则,或者是愚蠢的格言——如果被理解为警示那种存在于彼此相对立的喜好之间的纯粹挑刺,那种"你是"和"你不是"的孩子气的争吵中的争议的话;如果它是指喜好不能被探究,或者就产生其原因及后果而言不能对它们进行探究,那就是愚蠢的。在大多数情况下,这句格言展现了我们自己的无知,展现了我们没有能力去探究各种价值的内在特征。因为必须承认,对喜好的有效的因果讨论得以可能的心理学的、传记性的、社会的和历史的知识,是因为它的缺席而引人瞩目的。但是,如此对待这种实践上的局限,就好像它是某种寄居于品味和它们的对象的性质之中的某种东西,这会十分愚蠢。即使如此,一个明智的和诚实的法官,还是能够向人们揭示有关喜好的来源和活动方式的有启发意义的东西;这些东西表现在他的意图和各种价值中,他自己并不了解它们——如果这种揭示被当作批评的目标。

IV

现在,我们回到最初的论题和问题。作为判断的批评,与关于慎思的判断相似,因为它们暗示了题材、各种价值或好的东西,总是包含对超出直接给予的东西的指称。不管哪里有欣赏、珍视、赞美、珍爱,那里就有超出瞬间的愉悦并且在瞬间的愉悦之上的东西,而这个超出瞬间愉悦的部分就是对被享用之物的客观关系——它在实现先前的倾向和促成进一步运动中的作用——的领悟。① 因此,一个评价性的判断不是仅仅陈述某物被人喜爱;它是对关于正在谈论的要被欣赏、珍视、赞美和珍爱的事物的主张的探究。这包含了表面上的好和真正的好之间的古老的和为人熟知的区分,以致受制基于我们先前的讨论所赋予这些术语的含义。所有批评的目标都是为了确定一个表面上好的事物、一个被视为好的事物,在多少隐蔽的和未公开宣称的条件下,实际上是否满足这些条件。这篇文章太长了,以至于不允许任何试图表明这样的批评性的判断具有实践判断的性质,或者应该要做的,而如果它已经成功地完成了计划要做的事情,它就为进一步的辨别扫清了道路。

(王巧贞 译)

---

① 这么看,刚刚已经考察的那类定义,和看起来似乎更客观的布朗(Brown)的定义(潜能的充分性)以及谢尔顿(Sheldon)的定义(有助于完成和推进已有的某些倾向)之间的鸿沟没有最初看起来那么大;它们和任何根据完全直接的喜好的定义之间的差别,是绝对的。参见布朗:《价值和潜能》(Value and Potentiality),载于《哲学、心理学与科学方法杂志》,第11卷,第29—37页;谢尔顿:《一种经验的价值定义》(An Empirical Definition of Value),同上书,第113—124页。

价值、喜好与思想*①

从字面上说,并不存在标题中的第一个词,即价值这类东西。存在一些事物,存在各种各样的事物,它们具有独特的、可以被经验的但无法定义的价值属性。无论是复数形式的价值(values),或者是单数形式的价值(a value),都仅仅是对拥有属性的对象、事件、情境、事物(res)的方便简称。称一个事物是一种价值,就像称打棒球时的击球是一击(a hit)或者犯规(foul)。从字面上看,这种用法可以省掉一长串的解释。但是,在我们讨论棒球的时候,具体情境的意义使人无需知道得分或者犯规的独立含义。而讨论道德或者美学上的价值和善的理论,却显示出忘记价值属性所依附的具体事物的倾向。因此,人们说,喜好构成了价值。由于喜好并不构成任何事物(things)、诗歌、声音、图画、人、鲜花或者无论什么东西,很明显,实际意思要么是:(a)喜好是一个事物获得价值属性(valuity)或者价值性(valueness,如果我生造的这个词可以帮助避免模棱两可的话)的条件;或者(b)喜好是一种成分,是拥有属性的整体情境的构成部分。就我所知,除此之外,再无其他可能。下面的文章事实上就是对这个评论的扩充。

I

普劳尔(Prall)先生在最新一期《哲学杂志》上发表了《为一种无价值的价值论辩护》(In Defense of a Worthless Theory of Value)。这篇文章部分批判了我以前

---

* 选自《杜威全集·中期著作》第 15 卷。
① 首次发表于《哲学杂志》,第 20 卷(1923 年),第 617—622 页。这篇文章回应普劳尔的文章。

所发表的一些观点,说明我的思想在这个问题上是含混不清的。标题中的"价值"一词是什么意思呢?它的意思是价值的属性(valuity),还是东西具有价值(value)呢?我们之间争论的焦点,是一种被称之为评价性(valuative)判断和价值之间的关系。正如我对这篇文章所了解的那样,它的真正意思是:判断并不构成属性。这一点,我承认。但是没有任何东西构成属性,或者——构成它,即在成为它(being it)的意义上。属性就是它自身,而不是别的任何东西。唯一明智的讨论主题是:判断是否有助于构成价值,即它是不是事物获得价值属性(valuity)的条件,或者它是不是具有价值的全部复合情境的一个构成部分。这篇文章的主题就是:在这两种意义上,判断或反思和有价值的事物的关系与它们和喜好的关系是同样直接并同样完整的。

由于讨论的主体部分将由对普劳尔先生文章节选的连续评论构成,①如果我们一开始就归纳了主要的观点,那么,这将有助于我们的理解。

1. 由于已经指出的那种含混性,普劳尔先生的论断——价值是由情感驱动的(motor-affective)行为构成的——具有双重的含义。如果他是在谈论严格意义上的属性即价值的话,那么,他的表述就意味着情感驱动性的态度就是属性。但是,这个表述明显是错误的,或者是无意义的。如果他是在谈论有属性的事物或者情境,那么,自然的解释就应该是:这种态度是任何事物获得或拥有属性的条件。这是一个可理解的命题,并且要在一种严格的意义上来理解,它意味着喜好是有价值属性(value-quality)的事物出现的必要条件,但不是充分条件。这一点对我来说,是对的。然而,这是一个与事物或属性的产生相关的命题,因此是一个表示原因的命题。因为普劳尔先生承认,判断也可能是具有价值的事物存在的一个因果性条件,因此,它并不构成在喜好与对价值的判断之间进行严格和快速区分的基础。

2. 承认这一点,对普劳尔先生的部分理论是致命的打击。这部分理论认为,在喜好、价值与判断的关系上存在种类的差异。但是,我将不满足于认为判断有时候是拥有价值的事物产生的条件。我认为,思想和喜好,一种有情感的思想或者有思想的感情,一直都是拥有价值的事物产生的条件。我们并没有理由假定思想和受情感驱动的行为在事实上是不相容的;相反,一个没有判断因素在其中的、受情

---

① 《哲学杂志》,第20卷,第128—137页。

感驱动的行为是一个纯粹的动物性行为。由于排除了与思想的结合,这种行为成了伴随着令人愉悦的性质(我们可以想象这一点)的消化食物的事件,这类行为也是像吞咽食物和性交等活动一样的事件。但是,只有当这些行为包含有区别的意义(meaning)时,它们才构成了一个能被称为品味和欣赏的行为,或者说,这才是那种能够决定一个价值存在的、受情感驱动的行动。在情感驱动性行为的本性中,并不存在任何东西妨碍将反思的意义整合进其中;只有当这两者结合在一起的时候,只有当由于在先的评价为情感驱动性行为带来意义的时候,评价(appreciation)和价值才能存在。这个概念并不意味着所有关于价值的判断决定了它们的产生。关于审美对象的判断——关于一个基本上和通常来说是美的对象的判断——并不必然是审美判断;它们可能不是评价。例如,对于帕特农神庙(Parthenon),人们可能会形成关于历史起源的判断、关于技术建筑的判断,以及关于面积大小的判断等等。这些判断和关于一个机车的判断或关于一个土豆的判断,并没有任何区别。但即使是这样的判断,也可能变成评价;它们可能是产生一个具有丰富审美意义的对象的要素。因此,在一个更充分的评价中,它们是整体的构成要素。

II

现在,我们进入普劳尔论证的细节。通过使用我在前文中提到的那些类型的例子,即"为提高一个人的音乐品位而学习音乐是值得的"这种判断,普劳尔承认,这种判断可能会导致这样一种价值的存在,这种价值可能对另一个人来说并不存在,因为他可能喜欢不同风格的乐曲。但普劳尔继续写道:"作出判断将会是(a)在漫长的因果序列中的一个环节,而在它结束时将会出现一种价值情境,这种情境既是由判断造成的,也是由眼睛、耳朵和其他器官的各种活动造成的,由小提琴和琴弓、也许还有钢琴和琴键的各种活动造成的……在所有这些结束时,将出现(b)一种情境,在这种情境中,我作为主体,通过耳朵并凭借发展起来的各种联系快乐而满足地沉思着……这些东西与以前不活跃的或不协调的大脑皮层,与以前不合意地印在大脑皮层的音乐的声音,建立了那样的联系。音乐的价值就出现在这种关系的形成过程中……(c)所以,这个过程的最后阶段并不是判断,而是沉思和欣赏。这个阶段构成了另一种意义上的价值,它完全不同于下述意义上的价值,在那里,价值情境是由'近似的'评价判断构成,由实践判断构成:……我最好听听音乐或者学习音乐……"

我可以顺便指出,我那些受到普劳尔先生批评的文章并不涉及价值的本质(不管是属性,还是具有属性的事物),而是涉及一种作为判断的评价的本质。我的观点是:这种判断是"实践的"(practical),即它们关注一些事例。在那里,事物的价值或行为的价值是未确定的、不明确的;并且,它与某种行为相关联,而这种行为乃是具有特定价值的某物的存在条件。恰巧普劳尔先生在论著中对价值问题也有兴趣,虽然我的兴趣是在逻辑方面,即对某种特定判断有兴趣。我认为,这种兴趣上的差异可以说明双方在某种文字上的相互误解,并且我不确定普劳尔先生在多大程度上承认我的观点是一种价值判断。因此,我将跳过判断的内容而接受普劳尔先生涉及的内容,即价值的本性。

在段落(a)中,普劳尔先生处理的是具有价值的情境出现的条件,即价值的原因。在某些情况下,判断至少被看作是这样一个因果条件。① 在段落(b)中,价值(具有价值的事物)被等同于复合的情境,即带着快乐和喜爱的心情来沉思的声音。在段落(c)中,他告诉我们,带着喜爱的心情而进行的沉思在一种与"判断构成价值"完全不同的意义上"构成了价值"。

如果不是因为混淆了作为某物属性的价值与作为隐喻性称呼(对具有属性的某物的称呼)的价值,我相信他甚至不会得出这个结论。可以从以下三点来说明。(1)普劳尔先生的意思可能是,不是在任何因果关系的意义上,而是在"成为它"(being it)的意义上,喜好把属性构成为属性。我认为,这个意义才是他的论证所要求的。但是我不明白,喜好如何才能是属性,除非普劳尔先生明确断言这是他的意图,否则,我不相信这就是他的意思。(2)"构成"是一个模棱两可的术语。它可能要么表示"成为一个事物的构成要素",要么表示"导致这个事物成为——"。我并不否认喜好是造成事物获得价值的一个因素,是价值情境得以产生的原因。我关于价值判断的文章的部分观点(《杜威全集·中期著作》,第13卷,第3—28页)是:通过确定某种并不以其他方式存在的某种喜好的存在,判断决定了价值的存在。但在喜好和判断方面不存在"非常不同的"构成方式。这里

---

① 普劳尔先生的申明几乎不符合我的观点。他声称,判断与眼睛、耳朵和小提琴等一样,不是一种因果条件。依据我的想法,眼睛、耳朵和小提琴等的具体使用是评价判断的内容;因此,作为判断的材料,它们几乎不能和判断的内容相比。

恰恰存在相同的构成方式,因为喜好是更近的因果条件,而判断是更远的因果条件。(3)普劳尔先生可能想断言,带着喜好的沉思是具有价值的情境的一个构成部分,而情境是复合的;乐曲是一个构成部分,沉思性的喜好则是另一个构成部分。按照这种观念,价值、属性是不可定义和简单的,就像任何终极的、经验的属性一样;但拥有这种不可定义属性的事物是两个紧密相关的东西:一个是对象,一个是人的态度。

我对第三个概念的反驳,不超过对第二个概念的反驳。只有当普劳尔先生将第一个概念与第二个和第三个概念中的一个混淆或者将第一个概念与后两个概念混淆了,他的结论才得以确立。在具有价值的复合情境中,沉思的喜好是一个成分或构成要素。这一事实绝不排除思想的行为也是一个成分或构成要素,它也可以包括在受情感驱动的行为之中。普劳尔先生自己的解释也暗示了它被包括在内。他所依靠的并不仅仅是喜好,就像猪对残羹剩饭的喜好那样;按照描述,受情感驱动的态度也包括沉思。我不明白,没有思想怎么可能会有沉思。在复合物中,另一个因素是可以辨识出的对象,是某种被沉思和喜好的东西,例如声音。一个可以辨识出的、被确认和被鉴别的对象,毫无疑问涉及思想的行为。

普劳尔先生在引文中使用的一句话使他更有可能将"成为一个复合物整体的构成部分"(价值属性并不是另一个构成部分,这一点必须牢记;另一个构成部分是对象,例如声音)与"构成性质"混淆了。他写道:"音乐的价值就出现在这种关系的形成过程中。"当然,这可能只意味着我们刚刚思考过的那个观点:具有价值的情境是复合的,由相互联系的事物构成。但是,除非基于这个完全未证实的观点(并且,人们在事实上也无法想象),沉思的喜好排斥思想,这并不意味着在关系中不存在思想。这个段落以某种方式提醒我们:当关系发生的时候,属性才出现,因此,属性是与喜好的关系。但将属性等同于关系,似乎是无意义的;价值不是一个与复合情境相关联的术语;如果价值被意指,它要么是情境自身,要么是由相互关联之物构成的情境的属性。

我们来看另一个引文。关于"我的理论的价值",他继续写道,就"所有价值观念具有确保将它们纳入价值一词之下的共同因素或特点,我们可以表明它们是在受情感驱动的关系中构成的,而这种关系构成了直接价值"。此处,毫无疑问,普劳尔先生混淆了不同的东西。我们可以追问以下特殊问题:(1)在第一个从句中,复数的"它们"(they)一词和接下来单数的"价值"(value)一词指的是同样的事物吗?

单数的"价值"是指后者,而"它们"指的是那些严格来说完全不是价值的东西,而仅仅指那些具有价值属性的特定对象(例如声音)吗?(2)最后一个术语"直接价值"(immediate value)指的是一般价值还是一种价值(value or a value)呢?(3)当他说情感驱动的关系构成了这个直接价值的时候,他是在什么意义上使用"构成"(constitutes)这个词的:在(a)拥有它的意义上;(b)一个获得价值之物的因果条件的意义上,或者是(c)在复合物中作为一个构成物的意义上?如果普劳尔能够很好地回答这些问题,那么,我确信这将有助于消除争议。

另一个段落写道:"就像做一千件其他的事情和活动一样,评价判断有助于我们确定价值,将我们带到这样的程度,即让我们能够进行实际的估价(valuing)。"这里含混不清的不是名词,而是动词。作为与评价不同的"估价"实在是一个不幸的词。它意味着我们对价值观念进行估价,因此暗示了评价是与判断截然不同的东西。"实际的估价"可以被珍视、评估或沉思的喜好等词所替换,争论的问题是悬而未决的,甚至还没有被触及,这一点是很清楚的。因为这个问题是:是否评估、愉悦的沉思或者不管使用什么术语,都包括或不包括反思性的领悟的因素。真正的对比并不是在评价和思想之间,而是在那种排除了思想的单纯的食欲喜好和包括了思考因素的喜好之间,是在那种几乎不体现思想的评估和深思熟虑的兴趣之结果的评估之间。

这个事实让我们明白了普劳尔先生在一段话中的评论。他在其中说,他无法理解,对有助于确立价值情境的判断的探究"对理解价值特别重要,或者对学习正确地估价特别重要"。事实上,对评价判断的探究,对将价值理解为属性毫无重要性可言,但两者都不是别的东西的探究。作为一种属性,它是一种最终的、单纯的和不可定义的属性。但是,复数的"价值"是指有属性的事物:声音、颜色、朋友、飞鸟和鲜花等等。既然关于这些事物的判断的培养是使喜好得以从某些事物转移到另一些事物的手段,认识这一事实乃是批判理论(伦理学和美学)的第一要务。

普劳尔先生坚持培养品味的重要性。他说,学会"正确地估价",在那里,估价明显不是评价,而是喜好和欣赏。当然,这是承认我们可能有不当的喜好,并且有些喜好并不能恰当地决定有价值事物的存在。他说,价值是"依照一个主体的官能是否敏锐,他在专业领域是否受过训练而产生的满足或者不满足"。依照他的理论,一个价值不可能是不满足——否则,就不是一个价值——我不清楚这一点。但是,所有这些说法都表明,普劳尔先生的潜意识比他的理论更能真实地发挥作用。

因为所有这些表述都证明,我们应该承认在决定什么事物具有不同于单纯的(bare)、由情感驱动的态度的价值。在培养品味时,在使我们的官能变得敏锐和敏感时,在使喜好变得正当、使培训变得全面时,除了思想之外,能发挥作用的其他有效因素是什么呢?

(王巧贞　译)

永恒价值*①

胡戈·明斯特伯格（Hugo Münsterberg）著

波士顿，纽约：霍顿·米夫林出版公司，1909年

虽然这部书并不是作者德文版的《价值哲学》（Philosophie der Werte）的一个翻版，但是它充分再现了作者德文版的《价值哲学》，以致没有必要在1909年3月的《哲学评论》（Philosophical Review）发表那篇详尽透彻而又令人佩服的评论之后再写一篇新的详尽的评论。因此，我将仅涉及与绝对主义哲学的逻辑的一些普遍问题有关的一些观点，而这些观点中的大多数在泰勒教授的评论中有所涉及，尽管他是从不同的立场、不同的着重点来看待这些问题的。

首先，绝对主义的唯意志论和每一种彻底的一元论所面临的困难是相同的。当被经验到的世界的任何一个阶段或因素都被概括到当作终极事物②（Ultimate）的时候（就像用以解释其他一切事物的"实在"），这种终极事物也就失去了一切区别或差异的特点，因而对解释任何事都毫无用处了。从逻辑上来看，所有终极事物都是相似的；冯·哈特曼（Von Hartman）的无意识、斯宾塞的不可知物、叔本华的意志，以及一些新黑格尔主义者的自我意识或思想之间的差别，并不是理智上可定义的差别。终极事物被置于与具体经验相对比的状况中，如果不是与终极事物相联系的那些具体经验所延续下来的联系，以及著作者与读者的情感态度把我们带

---

* 选自《杜威全集·中期著作》第6卷。
① 首次发表于《哲学评论》，第19卷（1910年），第188—192页。
② 杜威经常大写那些他希望人们当作概念对待的词汇，如此使它们在意义上区分于相同词汇的非大写形式。——译者

到某个独立于这个前提、独立于这个逻辑过程的结果,那么这些差别就仅仅是言词上的。即使是明斯特伯格(Münsterberg)最漫不经心的读者,都会为他将意志(及其同义词)作为描述和解释的术语来大量使用而感到惊讶。如果认真的读者愿意取若干典型实例,并且问:为什么作者使用意志这个术语,而不使用无意识,或理念(Idee),或不可知的绝对这些术语呢? 同时问:如果用这些术语中的任何一个来代替意志的话,那么与结果的特有风格相区别的程序会因此而受到损害吗? 如果有读者提出这样的问题,那么他会更好地欣赏我的批评的意义了。这种声音可能使我们想起了费希特,而躯体和手似乎使我们想起了谢林。

  这就提出了我批评的第二个观点。明斯特伯格坚持认为,意志的自我同一性是他绝对主义逻辑的一个自然结果——不过,诸多差异仍然存在,并且必须对这些差异作出解释。它们是否被解释了,抑或仅仅是假定,并且是以一种与终极原则相矛盾的方式来假定的呢? 将经验多样性引入争论中,将使人们从明斯特伯格的立场来回避问题实质;但是,我们至少可以考虑那些对他的立场来说是本质的差异。他断言,永恒价值本身存在诸多差异,这也包含了展现过程中的"意志"与我们承认的态度之间的差异。例如,考虑一下美的价值(Beauty-Value)与人的价值(Person-Value)之间的不同。意志在美的表达中所具有的"孤立的"或自足的特点,所有明斯特伯格的读者都会非常熟悉。那么,构成(或承认)人的价值的意志如何不同呢? 因为,在后一种情况下,意志"作为同一的意志,对新目标采取了新态度"。① 新颖事物的引进是必不可少的,任何读过此争论的人都会看到这一点。既然意志是自我同一的,那么为将人的价值与美的价值区分而必需的差异(新颖事物的差异)就将在新对象与新目标之间去寻找,而这些新对象与新目标在意志的新态度中显示自身——即真正的差异被带回到意志本身中。

  在这种程序中,我所发现的只是假定,而且是自相矛盾的假定。在需要时就断定同一性;同样需要时又断定差异,然后又在需要时断定它们的同一性。例如,"它[即'同一的意志']是主体的自我连续性,这种连续性同样是非时间性的,它永恒地约束着个人的所有具体行动"②。我提出的问题并不仅仅是关于"非时间东西"与"新颖事物"这种结合的可能意义的问题,虽然我没有弄懂任何可以将"非时间东

---

① 明斯特伯格:《永恒价值》,第112页。
② 同上。

西"与"新颖事物"结合在同一个概念中的方法。尤其是,我引用意志的这种结合是要把它看作"永恒地约束"具体行动,不过它自身仍然必然体现在那些真正多样化(因为新颖事物)的具体行动中。我把它作为回避而非解决同一性与差异性协调问题的例证。只有在需要时承认差异性(新颖事物),才能拯救整个宇宙(人与其他一切),避免它陷入无所不包的美之中。

在我看来,这个困难不是被这样一个事实消除了,反而是被它增强了,即如果假设永恒价值形成一个永恒存在的世界,而我们仅仅发现或复制它,那么明斯特伯格把这种假设看作对他的立场的一个讽刺。与此相反,它们"是我们正在构建的世界的任务"(例如,《永恒价值》第166页。在他的《科学与唯心论》第28页,他宣称,如果假设"数学家发现的有关数学事实的世界……在某处是现成的、预先完成了的,那么这种假设是对他立场的一个讽刺")。至少在某些情况下,意志本质上是一种"他性"的意志,以致发展、进步、成就都是实在的真正特性。然而,设想可以通过科学或历史来确立起进步或发展,这是徒劳无益的,因为科学只懂得自足的机械论,历史也只懂得一成不变的目的论。这是因为,成为"人类作为的素材是绝对必要的目的,没有它,我们就不能思考在现实生活中所发现的自然"①,证明我们赋予进步观念有效性是合理的。——但是,这样的陈述不可避免地提出这个"绝对必要的目的"在个体与主观之外的意义上是否必要的疑问,于是人们就可以断言:发展的"绝对有效价值只存在于这样一个事实中,即自然在其发展过程中实现自身、忠于自己的目的,实现自己的意图",以致"成为人类工具、成为人类作为之素材的意志必须因此被理解为自然的客观特征"②。在这种处理方法中,我只能发现一种循环推理,这种推理根据论证的需要来强调自相矛盾情境的这个或那个方面。当然,我的批评的要点不是说明斯特伯格作为明斯特伯格特别喜欢自相矛盾,而是说我所引证的那些自相矛盾之处。这些自相矛盾之处例示了每一种宣扬终极事物、绝对事物、永恒事物的哲学的固有蕴涵结论。

然而,有一点是明斯特伯格版本的绝对主义本身具有的特殊困难。就像泰勒博士提到的,明斯特伯格喜欢分类,喜欢作尖锐、严格和彻底的区分。黑格尔那行云流水般的辩证法及其否定性原理为"调和"终极事物与多样性和变化提供了一项

---

① 明斯特伯格:《永恒价值》,第274页。
② 同上书,第276页。

技艺,这种技艺比明斯特伯格的严格划分方法要高明多了。科学与现实生活的严格分离,物理科学与心理学的分离,这两者与历史的分离,以及知识、历史、心理学与艺术的分离,对"内在生活"的确认与在美和人的领域内确认的分离,历史与进步的分离,所有这些分离都充满了问题。我想特别考虑的困难是:按照这种划分的方案,哲学是如何以及在什么地方发挥作用?我将一般地考虑任何哲学,尤其是现在我们正在考虑的这种哲学。从表面上看,哲学是知识或艺术的一个分支,或者是两者某种结合的一个分支。但是在这种哲学中,知识和艺术被如此定义,以致这些哲学观都被排除了。如果哲学代表的是趋向价值的意志(will-to-value)的一种特殊形式,或对价值意志(will-values)承认的一种特殊形式,那么在一种给定哲学的情况下,对于个人那些如此令人不快的主观嗜好的产物与那种永恒有效的超越个人意志的产物,我们如何能够作出辨别呢?一种哲学可以用永恒价值的术语来表达,不过却仍然不是其论述主题的个案或例证。最终,我发现,除了这类哲学的作者需要这类哲学,并希望我们也能接受这类哲学之外,没有任何理由促使人们接受眼前这类哲学。而且当我发现这类哲学与我的逻辑感以及我的嗜好都背道而驰时,我完全没有标准来决定是我的嗜好还是作者的嗜好具有必不可少的超越个人的性质。除非对这种超越个人意志的某种权威性进行直接揭示,否则我看不到有什么方法来获得我们所需要的这种标准。

  这种表述问题的方式看起来可能轻率了一些。如果情况果真是这样,那么谈论的问题同样可以很好地用明斯特伯格自己体系的术语来表达,并且确实可以用他自己的语言来表达。在他的书的最后一页(第430页),我们读到:"外在世界、人的世界(fellow-world)和内在世界这种永恒统一……将永远不可能,如果它们不都来自于超自我的同一个永恒绝对作为的话。这种超自我是实在的……没有知识可以教给我们这些。这种确定性是建立在确信基础上的……不过,这种确信本身最终还是我们自己的作为。"如果这种确信是我们自己的作为,并且确信的问题是永恒绝对实在的特征,那么我们有正确的作为就显得相当重要了。在论证中,为了不陷入糊涂的循环,这种确信在哪里才有保证呢?我们可以继续作者的话:"我们不能不这样做,除非我们要牺牲我们自己,因为只有通过这种作为,我们所意愿的整个世界才能形成一个统一体。"但是,困难又来了。如果我的意志是主观的,它就几乎很难有效地保证一个绝对而永恒的超自我,这只是因为,这对于其统一性是必要的。我如何才能确保在意欲有这种确信时,我的意志不处在其主观性的转变期呢?

许多人发现，只有在最具有主观主义、相对主义色彩的时刻，他们才会倾向于这种确信；并且当他们以具体的客观性面对客观价值时，他们的意志持一种更收敛、更谦卑的态度。我并不是说这种意志态度就是这两种态度中客观有效的一种，但是我要问（用明斯特伯格哲学的术语来说）：我们如何才能获得用以判断这些相对立类型的意志行为的客观性与有效性的标准呢？

（周小华　译）

终极价值或终极目的^①取决于前件或先验推断还是实际或经验探究^{*②}

I. 哲学观念的另一种选择

哲学,常常被表述为获取所谓终极和永恒实在知识所作的系统化的努力。很多思想家之所以捍卫这一任务和目的,因为他们认为,人类生活只有通过植根于终极实在的理念和标准,才能获得永恒的指引。另一方面,质疑哲学价值的人,通常把反对意见建立在获得终极实在的理念和标准这种知识的可能性上。当以这种方式理解哲学的使命时,就会确信,不同哲学的对立和论战是因为它们在关于终极和完美实在本质的观念上存在着分歧。一派认为完美实在的本质是精神性的,而另一派认为它是物质性的;一派认为使宇宙的各部分联系在一起的是外在的机械纽带,而另一派认为宇宙的各部分的联系是有机的,因为它们都服从于一个宇宙的各部分都要达到的最终支配性的目的和意图。只要哲学被界定为关于超越经验之外的终极实在的知识,这种区分就是不可避免的。

不过,关于哲学的观念还有另外一种选择。最深层的哲学分歧不在于关于终

---

* 选自《杜威全集·晚期著作》第 13 卷。
① 此处杜威用的是 ultimate values。——译者
② 首次发表于《国家教育研究学会第 37 周年年刊》(*Thirty-Seventh Yearbook of the National Society for the Study of Education*),第 2 部分——《教育中的科学运动》(*The Scientific Movement in Education*),第 38 章,盖伊·蒙特罗斯·惠普尔(Guy Montrose Whipple)主编,伊利诺伊州,布卢明顿市:公立学校出版公司,1938 年,第 471—485 页。

极实在的不同观念,而在于对哲学本身的含义、目的和任务的两种截然相反的观念。根据这种哲学观念,哲学的工作就仅限于实际经验的东西。哲学的任务是对经验进行批判;哲学存在于一定的时间内,是对价值的一种建设性规划(constructive projection);当以哲学为依据而行动时,经验会更统一、更沉稳,不断地得到改善。经验中存在着缺陷和矛盾,需要对它的内容和过程进行彻底的批判。然而,这个阶段的探究不是最终的;批判也不会随着纯粹的理智辨别而结束。批判,为那些尚未实现的、有待于转化为目的,以激励人们去行动的价值规划提供基础。因此,这里所理解的哲学并非超越经验的坦途和避难所。哲学所关心的是如何充分利用个人经验和社会经验,以发挥其最大的可能性。日常生活充满了这种可能性,在深思熟虑和系统的理智指引下,这些可能性将会使生活更加充实丰富和更加统一。

在任何时候,经验中存在着大量的缺陷和矛盾。但需要根据经验,而不是通过远离经验来处理这些缺陷和矛盾。这些缺陷和矛盾,是对规划、对经过系统地反思而得到一种更有序、更具综合性的经验的一种挑战。而以系统的努力来面对这项挑战,就构成了真正哲学的实体(reality)。上面所提到的关于哲学任务的第一种观念,其根基就在于质疑经验形成根本价值的能力,质疑经验指导深思熟虑的努力而实现根本价值的能力。这种质疑是实践理智(practical intelligence)信心的缺失,并以依赖一种所谓的先验直觉(a priori intuitions),依赖一种所谓能够领会绝对的、非经验的真理的纯粹理性,取代了实践理智的位置。

因此,在这两种关于哲学任务的观念之间,存在着深层次的根本分歧。根据第一种观点,知识——倘若这是关于终极实在的知识——是最终的目标,因此哲学任务的完成不依赖于实践活动。根据另一种观点,思想和知识本身不能解决存在和生活的冲突。即使在经验世界的东西之上和背后存在一个实体(Reality),即使关于这个实体的知识是可能的,关于这一实体的知识对我们生活在其中的这个世界所具有的缺陷和矛盾也无济于事。只有行动,才能使事物朝着统一和稳定的方向改变。要实现这一结果,就必须以在先的原则(leading principles)来指引行动;而这种行动,作为实际经验基础上的反思成果,揭示了各种新的、尚未实现的可能性。哲学在规划价值和目的的建设性阶段所进行的这种系统的批判性工作,要求通过价值和目的的建立而在行动中运用这些目的和价值,并指导这些价值和目的所投射(project)的实际操作。

各种绝对哲学都具有一种实践效果。作为确立经验秩序和经验统一性的唯一力量,它们会激化冲突并强化对外在权威的诉诸。每一种绝对哲学都必定声称掌握了唯一的终极真理,否则就违背了它们自身的主张。绝对哲学不可能容忍竞争者,也不可能向对立的哲学学习。历史表明,只有在政治权力机构和精英权力机构的支持下,这种绝对哲学才能得到普遍承认。绝对哲学的实践逻辑,需要外在的权威迫使人们降服和惩罚异端的背离。绝对真理需要绝对服从。相反,通过经验而形成的对哲学的各种观念与各种条件关系的认识,会进一步深化相互沟通、相互交流和交互作用。通过这些步骤,使各种信念的分歧朝着达成共识的方向趋于缓和。各种不同的信念是可以磋商的。

II. 两种观念在哲学与科学关系上的举止

从关于哲学(特别是教育哲学)目标两种对立的观念的分歧衍生出的最重要的实践差异,是关于哲学和科学关系的不同举止。因为自然科学和人文科学是以经验为基础的,而且根据第一种哲学观点,因为经验的主题内在地从属于终极实在,所以除非科学像仆人服从主人一样心甘情愿地接受形而上学的支配,否则,哲学和科学必然是对立的。这种哲学的追随者,会傲慢地蔑称科学为"纯粹经验的"。

但从第二种哲学观点来看,在科学和哲学之间并不存在竞争。也就是说,哲学与科学尽管相互联系,但它们存在于不同的维度。作为知识而言,科学的至高无上性(primacy)和终极性(ultimacy)是被认可的。因为"科学"单纯意味着关于自然、人以及社会的最可靠的知识,而这些知识在特定的时间、通过特定的方法和技术是可以获得的。哲学工作作为批判和构建,并不是要提供任何科学可及范围之外的额外知识。不如说,哲学所关注的是已知的事实和原则应该有益于价值和目的。这种关注表现在哲学所声称的这一观点中,即成为有效实现目的和价值之行动的权威,而非成为呈现任何高高在上的"实在"和知识的权威。

在这种意义上,而且仅在这种意义上,哲学才可以声称比科学更加全面。之所以存在这种更全面性,是因为理智系统的每一次尝试确定价值和确定哪些已经获得的知识应该被付诸使用时,就这些尝试本身而言就是哲学的,而不是因为在孤立存在的贴有"哲学"标签的要求中有任何与生俱来的特权。人不仅是知识的存在,人首先是为了生存而必须行动和创造的存在。人的活动首先是关于爱憎、希望和恐惧这些情感的表达；好奇促使其探究，而危险让其退缩。人的活动是冲动、欲望和习惯的表现。人的行为有的愚蠢和麻木不仁，有的纯粹是例行公事，而有的是已规划的有序行为之外的暂时性反常之举。存在于前后行为模式之间的这种差异，源于已知事实和原则所形成的理智。除非是建立在了解现有的各种条件的基础上，否则，意图就是空头支票和乌托邦；而这些现有条件既是要克服的障碍，也是实现目的所需要的手段。科学就是在特定时间内所达到的、对这些现有条件最准确最全面的认识的一个名称。但知识本身，无论多么全面、多么精确，都不能告诉我们：对于已知的东西，我们应该做什么。"纯粹的知识"，若这样称呼是对的，那么可以将它称之为"与行动相脱离的知识"。从生理学立场来看，"与行动相脱离的知识"是不可能的，就像大脑皮层的细胞与肌肉和自主神经系统的分离是不可能的一样。哲学是一种对所存在的关联原则（linkage）深思熟虑的批判性审视，审视集体生活与个体生活的关联原则，审视知识与决定着人的根本意图和欲望的那些价值的关联原则。

人们通常会说，每个人都奉行一种哲学。这种说法在如下意义上没有错，对于那些不是漂浮在生活川流表面的人来说，他们对那些加入其信仰与行动的价值有总的筹划（scheme）。工匠和建筑师，物理学家和工程师，艺术家和政治家，只要他们为实现自己的实际或潜在需要而努力，就例证了观念与行动之间的操作关系（working connection）。一定程度和一定性质的哲学，对于表达和谋划构成生活众多的细节和环境而言是必要的。这种哲学作为规则是片面的，因为它们的形成是非批判的。"哲学"，在其更专业的意义上，是通过将这些具有更多局限性的哲学置于一个更宽广的背景、一种更具深度的价值和目的视野中而形成的。即使被意识到的目的足以统一某个特殊个体的各种行动，也无法满足相互关联的有序和循序渐进的行动的需要。

因此，哲学主要的竞争者不是科学，而是惯例；是各种不为人知地发展为成熟而具有强大的情感和推动力量的信念；是直接环境的压力；是未经批判的范例和训诫的影响；是对既存习俗和传统要求的顺从性适应。就与这些影响的对立而言，哲学是一种系统性批判；这种批判运用自由的力量，力图通过开启新的可能性将人类活动从习俗中解放出来。正是通过彼此冲突的风俗和习惯之间的比较，理智才能筹划新的价值，才能在新价值的基础上行动，从而创造新的习俗。

Ⅲ. 教育哲学

1. 教育哲学是一般哲学的一种形态

对于教育哲学是不是一般哲学最重要的形态,可能有人会提出严重的质疑。对于教育而言,如若它是真正教育的,那么就不仅提供知识和技能,而且形成心态和性格,而心态和性格决定了运用习得知识和技能的倾向。在个体性格与社会需要及价值的能动关系方面,尽管教育哲学不是形成个体性格已有手段中最有效的,但它是专门处理个体与社会这一基本关系的实际解决方式的媒介。此外,教育哲学传承文化中的积极价值,通过把这些价值纳入个体的性格之中,而使文化中的积极价值得以相传;教育哲学还创造着产生更好未来文化的心态、理解和需要。在学习的过程中,教育哲学完成着自己的使命。因此,关于知识的起源、性质以及作用的所有哲学问题,都是教育中尚在争论的问题,而不仅仅是锻炼理性思辨能力的练习题。的确,一般哲学中的任何一个重要问题,都会把最吸引人的焦点集中在决定合适的研究主题、教育方法的选择,以及学校的社会组织和管理上面。

2. 一个典型问题:科学知识与实践活动的关系

所以,这章涉及的问题太过广泛而无法充分地论述。我们有必要选取一些典型的问题以便探讨。不同哲学之间的根本分歧是由两种对立的哲学目标和任务而产生的,这一事实表明了知识问题,尤其是科学知识和实践活动之间的关系问题,应该予以专门考虑。具有实践意义的问题之一,是何种类型的哲学应该支配教育哲学。就教育的组织和管理而言,这一问题实际上是:究竟是前科学时代建立起来的传统(其历史悠久,通过习俗对生活产生了深远的影响,并有凝聚强烈情感的纽带)应该行使基本的支配权,还是与经验相联系的科学和科学方法应该行使基本的支配权?

作为一种引导人类事务的力量,科学方法是非常新的;作为教育中的一种力量,科学方法更是新生事物。教育中的科学,就像一般生活中的科学一样,不过是古老的习俗、社会制度和习惯性观念深厚积淀外的一件薄薄的外衣。科学,只要它将自己仅限于提供更有效的手段以达成与继承的文化价值体系一致的成果,就能持久地存在并得到支持。假如科学具有一种威胁,假如它会影响或改变原有目的系统而非为原有目的系统的实现提供更好的手段,那么,它就会受到人们的质疑,引起人们的担忧。比如说,在工业生活中,只要科学被应用于生产与商品流通的新发明和新技术，它就会受到欢迎。但是，只要科学被用于改变现有经济和政治制度框架内的人类关系，或者改变由现有系统所产生的价值，那么，这些努力和尝试无论积极还是消极，都会遭到质疑和强烈的敌意。有时人们甚至会认为，科学破坏了社会秩序的根基。

类似的事情在教育领域同样存在。科学研究成果若被应用于改变那些受到墨守成规的传统所支持的教学科目的方法，就会遭遇惯性的抵抗。不过，总的说来，只要科学研究成果有效地提高了阅读、写作、算术、地理等的教学效率，它们就会被欣然采纳。而运用人和社会关系的新知识，赋予学校教育的所有科目改变了的社会方向的尝试，就可能被视为对现有人类关系制度的颠覆。

到目前为止，关于科学和哲学一般关系的论述，同样适用于教育的专门领域。科学能够检验这些特定科目的教学程序与学生的学习成果之间的因果关系。有关这一因果关系的知识，能够促进技术的发展，使之事半功倍，就像物理和化学领域中的因果知识能被转化为改进生产实用品的技术一样。但是对结果的价值，即便是对最先进的技术促成的结果的价值进行批判性考察，也会把所要考察的对象置入它们与当前社会的需要、与各种后果的关系这一更广阔的背景之中。原有程序的改进，是一种收获。但是即便教学更有效率，也不能对教育理应致力于目的之性质作出判断，从而对研究权利作出判断。只有通过考虑关于社会和文化生活的科学的内在可能性，才能解决这个问题；而这种内在可能性，在我们已经接受的、未经彻底批判的传统教育体系内，从未得到充分的展现。

不过，先前所述并非暗示，在教育中，科学和哲学之间有着严格而不容改变的区分。现有的条件及其影响能够被科学地检验，在这种意义上，尚未实现的可能性则不能被科学地检验。不过，在现有条件与可能而非现实的价值、目的之间，存在着必然联系。比如说，科学能够决定生产炸药的最有效的方式，然而却不能在有限的物理和化学领域内决定炸药应当被用于何种目的，究竟将它用于战争以形成对生命的毁灭和对财产的毁坏，还是为更好的交流清除障碍，为人类提供更好的居住环境。但是，在秉承客观的科学精神下，检验追求战争与和平的结果还是可能的。战争很容易受到批判性的全面考察，而这种全面考察只有在采用追踪因果关系之方法的情况下，才是深思熟虑的。追踪因果关系的这一方法，在获得关于物理事件的知识中是有效的。当其所考虑的结果确认战争有利于人类福祉时，相对而言，这一探究就进入了哲学领域，因为它是与价值相关的。

探究领域越狭小,其科学性就越严密,因为各种条件能够受到更严格的控制。而探究背景越宽泛,对因果条件的精确控制就越困难。当探究的领域宽泛到包含人类的福祸时,当提出这样的问题,即"怎样改变现有的社会条件,才能更有效地为根本价值作贡献"时,这一探究就显然是哲学的。但可以这么说,在科学目标与哲学初衷之间并没有一个固定不变的边界。两者的区分与两种因素相关,这两种因素是随着历史社会条件的变化而变化的。它们不是绝对的。变量之一,是探究中涉及的假说的范围。没有必要坚持观念的作用就如科学探究中的假说的作用一样,是不可或缺的。但在科学的发展中会出现两种假说。在任何情况下,每一种假说都是对确定无疑的已知的超越,是对未知的探险。在某些情况下,一种科学假说会陷入更具涵盖性的、已经被检验和已被经验证实的理论范围;而在另一些情况下,假说需要采取一种新的视角,这种视角之"新",体现在它可能包含某种所谓的推测因素,其正当性是根据当时已确定的科学立场而得以判断的。诸如此类的假说有物质不灭、能量守恒、进化论和相对论,它们在开始时都是哲学假说。只有经过长期艰难细致的观察和反思之后,它们才具备了严格意义上的科学特征。科学从一个层次到另一个层次的进步,需要自愿考虑那些最初超越科学证实之可能性的假说。因此,假说的功能就是搭建科学和哲学之间的桥梁,同时以最初的假说为依据而区分科学和哲学的基础。

另一种变量涉及尚未实现的可能性。在物理领域,假说所表现的可能性关乎可能性起源的时间知识。当通过其后的探究而确立这些可能性时,我们相信,这些可能性作为自然秩序的一部分一直存在。哲学所研究的人类价值的可能性则情况不同。人类价值的可能性的存在,有些晦暗不清,或者形式片面,或者我们对它们的思考缺乏得到确证的基础。它们必然至少是由所存在的东西间接表明的。但作为指导行动的原则,人类价值的可能性所呈现的价值是应该(should)被实现的东西,而不是有待于我们发现的、一直存在的东西。这种建设性的哲学观念所蕴含的是:人类价值的可能性具有高于促使可能价值实现之行动的威望;但却不像在科学中那样,科学假说所表现的可能性之所以有权获得认可,这是因为,这些可能性已经是自然秩序的一部分。

因此,当今绝对主义和超验主义(super-empirical)哲学的拥护者,把他们对现有教育的批判与改革的提议建立在对希腊传统和中世纪传统的诉求上,就绝非偶然。因为正是在古希腊,形成了关于超验实体的哲学,以及任何条件下的经验都是与这一实体相一致的真理。而在中世纪时期,由于得到了一个强有力社会机构的赞同和支持,哲学实际上在社会组织机构中得以繁荣。因而,两种教育哲学的冲突,就是前科学时代的理性、道德态度与当今时代可能性之间的冲突。坚持通识教育和职业教育的严格区分,在人文经典与科学科目(数学被看作真理的系统,而非从自由选择的前提中推演出来的有序系统)重要性方面的区分,以及学校缺少对任何有关一手经验的东西的信念,都是从建立在回归传统哲学的逻辑上推论出来的。与此相反,建立在经验基础上的教育哲学的方向,就是通过科学方法构建探索经验的可能性。

摆脱现有教育困惑和冲突的唯一方法,就是对现有经验可能性进行批判和建设性探索,只要那种经验是在科学方法所代表的理智的充分掌握之中。现有的学校系统,就像现在的生活和文化一样,展现了一种从新的或旧的事物中推演出来的价值标准的无序混合。学校既无存在于若干世纪之前的文化价值的优势(benefit),也无现在可以通过对科学方法更彻底的使用而实现的那些经验可能性的隐含价值的优势。一方面,由于深受传统和未经批判之习俗的影响,学校还包含着过去的科目和目的;而另一方面,现有条件下的需求压力,尤其是那些从当代工业和经济制度中产生出来的需求压力,又促使学校引入新科目和新的学习课程。然而,后一种情况中的教育回应,和那些展现在传统认可下所采纳的价值和目的中的回应,几乎一样都未经批判。第一次机械时代和当今电力时代的科学及其应用,都是在纯粹社会压力的条件下,才投入科学科目的教育系统以及职业训练中的;但在很大程度上,这些新的科目覆盖了旧有的科目,就像近代的地质层会带着"缺陷"和歪曲覆盖旧的沉积物一样。

3. 科学和科学方法在学校中的地位

首先要考虑的是现今在教育方案中给予科学的位置。就形式而言,两三代人为争取自然科学在学校中的位置而进行的战争已经大获全胜。但就科学的实质而言,却并非如此。因为科学的关键不在于所得出的结论,而在于得出这些结论的观察实验方法,以及数学推理方法。在很大程度上,学校中教授的恰恰是科学的结论,而很少关注这些结论所依据的控制观察方法和检验方法。所以,所谓教授的"科学",(1)成为关于事实和原则的现成真理;(2)与科学的起点和终点——日常经验相脱离。换言之,考虑到科学的教育现状,在很大程度上,科学是受控于使科学方法受到侵害的那些旧标准和旧目标的。科学成了那些先前存在科目的附加物,而非在一个新的统一价值系统中重建这些科目所需的方法。此外,如果科学被看作专门的、纯粹孤立的事实和原则,那么,它就只适用于相对成熟的理智能力,因为它包含着专业的科技术语和专业的技术程序执行技能。于是,年轻人的理性态度和习惯的形成,就由那些缺乏科学方法控制影响的力量任意摆布了。

其结果就是:新的科学科目,与表达了前科学时代的理智习惯的科目,在包含的价值、目标、标准上同化。相反,作为方法的科学会渗透到所有的学校科目中去。作为方法,科学以充满生机的精神促进了所有科目信念的形成及检验。作为方法,科学坚定不移地尊重来自一手经验证据的权威性,坚持不懈地关注建立具有论证力量观察的实验活动,高度地评价作为解释和组织可控观察鉴别的那些事实之手段的观念。科学只有成为应用于所有科目的精神,并植根于所有的学习过程之中,才能创造内在于它的作为方法的价值。在事实和原则之间存在着根本的不同,不管这些事实和原则是通过他人的探究而建立的,是被给定的,还是接受现成的,它们都随着科学方法引导的现实经验的发展而发展。第一种,构成了很多的信息。第二种,在根本形式的意义上,成为所有科目的理智的回应。

4. 知识和经验的关系

关于知识与经验关系的争论,是由两种对立的教育哲学而特别提出的。根据这两种对立的教育哲学其中之一,知识本身就是最终的目的,除非知识是通过推理能力和独立于经验的理性直觉而获得的,否则无权冠以"知识"(在其最充分的意义上)之名。把知识自身当成目的本身,就等于隔绝知识与行动。因而,这些人的哲学信念就是:仅当知识是通过脱离与实践经验的联系而获得时,教育才是"理智的"。而另一种哲学则坚持,教育是用来培育和发展理智的。同时,坚持认为,理智不应被视为一种孤立的能力,即不应被视为传统古典哲学所谓的"理智";这种理智是一种经训练而获得的判断力,它能够在生活呈现的所有境况中选择手段而达成目的。否则,替代通过科学的运用而形成生活经验的态度和习惯,形成赋予生活有序连接的价值和目的根本态度的,就是惯例、偏见、习俗和相信那些愿意相信的渴望,或者相信那些因与个人所属特殊团体的期望和要求相一致的诉求。

认为当经验贯穿科学方法时,知识是内在地与经验联系在一起的这种哲学,要求学校为一手经验提供条件。就像所谓的"进步"学校有时所假设的那样:任何经验,只要是一手的就可以。像一些常规传统影响下的学校所假设的那样,经验的功能是产生自动技能的形式,这样的假设是不够的。一手经验必须能够激发反思性观察，并且要求在合适的行动形式中检验观念。而且，经验还必须有连续性，而不是今天做这个，明天做那个。在利用各种熟悉的日常经验的条件下，在校园外所获得的经验，为在校园外无法实现的价值和目的引入校园内的各种活动提供了很多机会，这些价值是诸如与科学方法的要求相一致的理智习惯，以及理解社会环境和社会关系的能力。

科学通过其应用，对日常经验和人们彼此合乎习俗的关系产生了深远的影响。生产商品的现代工业就是科学的直接产物。产生现代工业方法的机器和电力已经改变了家庭、教会、国家，也改变了工业。当前，每个社会争端和政治争端与作为工业、金融产物的各种条件之间的紧密联系，就是新科学的应用影响人类关系的充分证明。由于化学过程的应用而使很多产业发生了变革，如内燃机、蒸汽火车、发电机、电报、电话、汽车、收音机和飞机，等等，这些让人们关注因化学过程的应用所带来的社会结果，已是老生常谈。这些结果渗透在生活的各个角落；人类关系中所有的领域都不再保持其原样；但是，所有这些变化的意义都需要学校随之也发生变化，以促进人们对科学方法的理解，促进人们对科学力量及问题和社会生活需要的理解，然而人们对此却鲜为关注。而恰在此处，存在着与经验哲学特别相关的良机。

曾经有一度，前工业、工业、职业和专业教育显著增多。但从整体上说，这些科目都服务于相对狭隘的实践目的。它们被当作工业和金融所需的信息和技能的手段，被当作在现有社会条件下找到工作和赚钱的手段。相对而言，人们却忽视了这些科目所具有的更广泛的实践价值，即忽视了它们作为理解科学方法的本质和应用科学社会效用之手段的价值，以及作为洞察创造更人性化和更公平的社会秩序的各种力量之手段的价值。

那些仍然坚持亚里士多德和圣托马斯哲学的人，在逻辑上要求职业教育比现在的"通识教育和文化教育"有更大的分离。这一要求的提出，是由于通常在习惯上将职业教育视为单凭经验方法的步骤和关于职业的信息，并认为这二者都不包含反思性思考。因此，与坚持亚里士多德和圣托马斯哲学的人的批判和设想根本妥协的唯一方式，就是避开这种通常的实践，而运用包含在所谓"实践"研究和活动中的丰富的科学价值和社会价值。其实，并不是实际的经验结构和经验过程，甚至不是经验的实践因素，导致了这种反对意见。导致这种结果的，是关于经验和教育的某些偏见。先验哲学确信这些偏见，因为在先验哲学看来，经验无法产生具有重要意义的观念。与此同时,旧经验哲学通过把观念还原为先验的摹本,而与先验哲学殊途同归。

再者,旧经验哲学是极其个人主义(individualistic)的。除了那些被假设为在严格的个人意识和物理环境之间发生的过程之外,其他任何过程在这种哲学中都无容身之地。旧经验哲学没有认识到,在经验构成中,与他人的关系是何等密切。所以,旧经验主义倾向于把社会分解为一系列原子构成,而这些原子彼此之间只有外在的关系。旧经验主义缺乏对现有社会制度的解释力,也不能提供改善社会关系的观念。只要制度压抑和限制个体,那么,旧经验主义就有用武之地;旧经验主义宣称,个体对否定他们的自由具有与生俱来的权利。但是在说明替代它所批评的社会组织的新的社会体系方面,旧经验主义却捉襟见肘。在教育应用中,旧经验主义强调引入有助于个体成功的信息和技能的各种形式;但就其影响而言,它在培养合作态度和统一努力方面是软弱无能的。旧经验主义的缺陷和所留下的空白,引发了赞成绝对哲学的反应,似乎只有以绝对哲学为基础,才能维持社会统一的各种利益。

先验(*a priori*)哲学、非经验(non-empirical)哲学和反科学(antiscientific)哲学的拥护者们,仍然把他们对经验哲学本身及其教育意义的批评,建立在早期经验哲学所形成的经验概念的基础之上。这一事实增添了一种哲学的重要意义。这种哲学认识到实践的建设性理智在经验中的内在位置和功能,认识到知识与行动的统一,认识到经验与社会价值的渗透性。这表明了一个事实,即能够与诉诸外在权威的反应倾向相抗衡的唯一有效的方式,就是以承认理智的解放和导向作用为基础的经验哲学的深思熟虑的发展。这种经验哲学充分利用科学与社会制度变革和人类关系变革之间的紧密联系。假设经验不能发展出那种最珍贵的价值,是一种毫无道理的恐惧;假设理智不可能理解最珍贵的价值,也不能赋予价值引导组织有序的集体努力的形式,是对理智的不忠;假设人性不能积极主动地回应这些价值的要求,理智不能促进这些价值的实现,是对人性的一种失败主义者的诋毁。

教育的问题不在于继续引入科学科目和职业活动,而在于这些科目中内在包含的相互矛盾的价值混合物;在这些混合物中,一些价值来自教育系统中依然存在的前科学和前民主时代的传统和习俗。解决教育问题的出路在于:在科学地形成的理智控制下,系统地发展个人和社会经验中各种潜在的价值。教育哲学的直接任务就是从一开始通过大学来澄清这种发展的意义、主旨,澄清学校活动和学校学习的方法。只要批判的对象是前科学时代的传统习俗流传下来的教材、方法和目的,那么,这一任务就是消极的。只有当它揭示经验中通过由实践和集体理智所激励的努力而改造的那些价值时,这一任务才是积极的。在这一方面,教育的期望和社会生活的期许是一致的。忠于经验和科学方法可能性的教育哲学,本身不可能带来所需要的改变,但它可以通过理清要走的路和要达至的目标而为所需的改变提供帮助。

(刘冰　译)

"内在的善"的模糊性*①※

我想提出的观点是,当"内在的"一词用于善及其他哲学讨论的主题时,具有某种模糊性。有时它被用来指在亚里士多德的"形式因"意义上的本质的东西。因此它与"存在的"相对立,存在的是指暂时的、占有空间的,但不是必然的和普遍的东西。我的讨论首先提到的是语言表达的用法,但我不打算赋予这种用法任何拥有立法权的能力。我所谓的这种特殊的用法是指词"内在的"和"与生俱来的"用法。查阅《牛津词典》(Oxford Dictionary)的人会发现,这些词有时被用作同义词,这种用法赋予内在的一词一种力量来表示属于事物本性或本质的东西。例如,"内在的"一词的第三个界定是:"属于事物自身的,或依据其本性的;与生俱来的,本质的;固有的;'属于其自身的'。"显然,这一界定意味着接受了这样一种逻辑的形而上的学说,即认为某些性质必然地、永恒不变地、普遍地属于某些实体,而区别于仅仅暂时地、偶然地"被拥有的"性质。在同一词典中,对"与生俱来的"一词的界定使得这一层意思非常清楚:"在事物中作为永久属性或性质而存在的;……属于谈及的事物的内在本性。"

至此尚没有模糊性的问题。但在这里引述的"内在的"一个重要界定,以下面引自约翰·洛克(John Lock)著作中的一段文字作为例证:"银子作为货币,其内在

---

* 选自《杜威全集·晚期著作》第 15 卷。
① 首次发表于《哲学杂志》,第 39 期(1942 年 6 月 4 日),第 328—330 页。
※ 没有巴尼特·萨弗利(Barnett Savery)论"内在的善"的文章的刺激,这篇文章就不会面世。那篇文章发表于《哲学杂志》,第 39 期(1942 年),第 234—244 页。事实上,如果不是似乎要使他对他没有说过的结论负责,我会将这篇文章看作他的文章的某些观点的发展。——杜威原注

的价值,是赖以作出普遍同意的评估。"这种"评估"显然是易变的和偶然的东西,随着时间和地点而变化。它和由于本身的、与生俱来的、永久的性质或本质而属于银子的价值无关。用亚里士多德的话来说,它是"从属的"性质,当空间和时间条件变化时就会变化。

萨弗利先生的文章引述了G·E·摩尔关于内在的善的两个界定或描述。[①]其中一个界定认为,将善称作内在的,是肯定"即便它完全孤立"地存在,也是作为善的事物存在,这一界定并未超越存在的或非本质的意义。这一事实证明,萨弗利先生关于这一界定是"显然无害的"论断完全正确。但是摩尔也认为,善的事物能否被说成是内在的善的,"只能依赖于这一事物的内在的本性"。

假设我们不说"善"的性质而说"白"那样的性质,如果我说"白"的性质内在地属于我书写用的纸,因为即便纸完全孤立地存在于世界上,"白"这一性质依旧属于它,那么我认为,我只是说出了事实上确实属于纸的性质,而不管这一性质如何属于纸。在这个意义上,"内在的"并没有超出断言时空存在的事实。在这个意义上,我会认为,所有"内在"于事物的性质,它们符合事物发生的时空条件——假设只有这些事物真正地"拥有"这些性质。然而,如果我认为"白"的性质属于纸,是因为纸的"内在的本性",我就是在完全不同的意义上使用"内在的"一词。

如果说"善"的适用性依赖于事物的"内在本性",便无疑涉及这一模糊的词的两种含义。有一点很不明显,即这一词的模糊性的影响竟至改变了问题,这很不幸。问题不再是某种事件或存在是否确实具有"善"的性质,与该事件或存在如何具有这种性质无关,而是转变为内在性质或本质的一般的形而上的问题。"善"的内在本性的全部问题于是被看作依赖于另一个问题,即直接与内在的不变的性质或本质的学说相联系的问题。

我不打算讨论后一学说的正确性。显然,任何论述这一主题的人都有权在讨论伦理学问题界定"善"时利用这一学说。但是我认为,每遇这种情况,应当让读者清楚,这一道德界定是根据宽泛的逻辑-形而上学说作出的,其正确性依赖于后一学说的正确性,因此,为了证明提出的"善"的道德学说的正确性,后一学说需要独立的证明。

不再深入的话,我想,我们会假定,一些论述道德问题的作者会对我所说的内

[①]《哲学杂志》,第39期,第235页。

在的"善"的存在的含义和本质的含义作出区分,认为就其非道德的用法而言,"善"等同于满意或享受;这种满意或享受确实作为特定时间和地点的某个事件的性质而存在,它仅仅是在下述意义上是"内在的",即这一事物在那一时刻、那一地点确实具有或"拥有"这一性质。另一方面,道德的善或许可以被认为是道德的,恰恰是因为被标志为"善"的东西的性质或本质是永恒的。

我不怀疑,这是一个可以坚持的观点。但如果要接受它,当然需要论证的支持,因为有可供选择的不同观点。为了清楚地陈述并清楚地辩护,我提出一种可选择的观点。可以认为,关于作为满意或享受的善的事物的道德问题,只是在下述条件下提出的,即这种享受成为有疑问的,并导致了反思的探究。在这种情况下,对照物被认为并非下述两种事物的对照,即某种仅仅在"外在的"或偶然的意义上为善的事物与由于其永恒的普遍的本性为善的事物之间的对照,而是直接为善的事物与适用于大多数情况的依赖反思被确定为善的事物之间的对照。我这里并不坚持这是对的。我指出一种可供选择的界定,是为了表明"内在的善"的观点需要清楚地阐释和证明,以确保它最终不会停留在与尚未阐明的形而上观点相联系的"内在的"一词的模糊性上。

(余灵灵 译)

善的构成[*]

我们在讨论开始时就知道了，确定性的寻求是由于不安全而引起的。每一经验都产生有后果，而这些后果是使我们对于当前事物发生兴趣的根源。由于人类缺乏调节的艺术，于是安全的寻求流为一些不相干的实践方式；思维被用来发现预兆，而不是用来预示将来会发生什么事情的记号。逐渐便分化成为两个境界，一个较高的境界是由一些具有在一切重要事务上决定人类命运的力量所构成的。宗教所关心的就是这个境界。另一个境界是由一些平常的事物所构成的；在这个境界中，人类依赖着他自己的技术和实事求是的洞察。哲学继承了这个分裂的见解。在这时候，希腊的许多艺术已经发展到了一种超乎刻板工作的状态；暗示出在所处理的材料之中具有量度、条理和齐整性，而这又暗示出有一种根本的合理性。由于数学的兴起，乃产生了一种追求纯理性知识的理想，认为这种知识本身是确实可靠而有价值的，而且产生了一种能用来在科学范围内领悟变化现象中的合理性的手段。在知识界看来，过去宗教所给予的那种支持力和安慰，那种确定性的保证，今后只有在理智方面证明了理想境界中的对象是真实的这种情况之下才能找到。

随着基督教的扩张，伦理宗教的特点逐渐支配着纯理性的特点。调节人类意志的性向和意向的权威标准竟和为满足追求必然而普遍真理的要求而规定的标准混为一谈了。而且，最后实在的权威在地面上有了教会做它的代表；原来从本性上讲来是超理智的东西现在却可以通过启示来加以认识，而教会则是启示的解释者

---

[*] 选自《杜威全集·晚期著作》第 4 卷。此文为《确定性的寻求：关于知行关系的研究》一书的第 10 章。首次发表于 1929 年。

和保卫者。这个体系延续了几百年之久。当这个体系延续着的时候，它在西方世界保持了信仰和行为的统一。在一切管理生活的细节中都表现出思想与实践的统一性；这样执行的效力并不是依靠思想。它是用一切社会制度中最强有力和最有权威的社会制度来加以保证的。

然而，宗教体系这个貌似坚实的基础却为近代科学的结论所破坏了。在这些近代科学结论本身中，尤其在这些科学结论所引起的新兴趣和新活动中，这些科学结论使人在此时此地所关心的事情和他对于最后实在的信仰之间发生了裂痕，而这种对于最后实在的信仰决定着他的最后的和永久的命运，这种信仰在以前也控制着他的现世生活。在人类对目前生活世界的信仰和对支配着他的行为的价值与目的的信仰之间如何恢复统一和合作的问题，是近代生活中最深刻的一个问题。凡不是和人生隔绝开来的哲学，都要研究这个问题。

我们之所以注意到科学在其实验程序中已经废弃了知行分隔的做法这一事实，原来从理论方面来说，是在一个狭隘、专门和技术的部门以内的事情，现在则已经使我们有这种可能和预见，在较为广大的人类集体经验的领域中寻求所需要的统一性。人们要求哲学成为关于实践的理论，它所运用的观念十分明确，能够在实验活动中发生作用，从而可以使实际经验统一起来。哲学的中心问题是：由自然科学所产生的关于事物本性的信仰和我们关于价值的信仰之间存在着什么关系（在这里，所谓"价值"一词是指一切被认为在指导行为中具有正当权威的东西）。应该研究这个问题的哲学首先就注意到：关于价值的信仰今天所处的地位和关于自然的信仰在科学革命以前所处的地位十分相似。人们或者是不相信经验能够发展它自己的具有调节作用的标准而诉诸哲学家们的所谓永恒的价值以保证人们的信仰和行动得到调节；或者只是欣赏实际经验到的东西而不管产生这些东西时所利用的方法或所从事的操作。理性主义的方法和经验主义的方法截然分开对人类具有最后和最深远的意义，因为人类对于善恶的思想和行动都是与此联系着的。

从专门哲学反映这种情境的情况看来，关于价值的理论也分为两类。在一切生活领域内，凡具体被经验的善恶都被认为是一种低级实有的特征——在本质上就是低下的。正因为善恶乃人类经验之事，所以我们就一定要参照由最后实在所产生的标准和理想来衡量它们的价值。这些人类经验之事之所以有缺点和偏差，也是由这个标准与理想的衡量得来的；我们必须采取由于忠实于最高实在而产生的行为方法来纠正和控制它们。这种哲学上的陈述之所以具有现实性和力量，是因为它表达了宗教制度影响下所产生的一般人类所具有的信仰。理性的概念曾经一度强行从外面附加于所观察到的和暂时性的现象之上,同样,永恒的价值也被强加于所经验到的诸善之上。在这两种情况之下都是一样的,认为不如此就会产生混乱而没有条理。哲学家们认为,这些永恒的价值是通过理性而被认知的;一般大众则认为,它们是神明启示的。

虽然如此,随着世俗兴趣的不断扩张,暂时性的价值大量增加了;它们愈来愈多地引人注意和耗费人们的精力。对于超验价值的感觉逐渐衰退了;这种感觉已不再渗透在人生一切事物之中了,而愈来愈局限于特殊的时间和特殊的动作之内了。教会所宣称的它代表神圣意旨和感召人类的权威已经缩小了。不管人们在口头上公开说些什么,当他们遇到实际的罪恶时,他们总是倾向于利用自然的和经验的方法去补救它们。但就形式上的信仰而言,他们仍然坚持着旧的学说,认为日常经验的诸善和标准本来就是错乱而无价值可言的。人们在口头公开承认的和他们的行动却是两回事情,这一点和近代思想的混乱冲突状态是密切联系着的。

这并不是说,人们就从来未曾企图用比较符合日常生活实践的概念去代替具有永久而超验价值的权威的旧说。反之,譬如,功利主义的理论就曾经有过很大的力量。在当代哲学派别中,除了新实在论这一派以外,就只有唯心主义学派重视"实在"这一概念,而把它当作最后的道德价值和宗教价值。但是,这个学派也是最关心保存"精神生活"的一个学派。经验主义派的理论仍然认为,思想和判断所涉及的价值乃是独立于思想和判断之外而为我们所经验到的。在这种理论看来,情绪上的满足占有感觉在传统的经验主义中所占有的地位。价值是为喜爱和享受所构成的;被人享用,就等于说是具有价值。既然科学不把价值当作它研究的对象,这种经验主义的理论便竭尽一切可能地强调价值是具有纯主观特征的。一个关于欲望与爱好的心理学的理论就被认为包括了全部价值论的基础了;在这个心理学的理论中,直接的情感和直接的感觉是两相对应的。

当这个经验主义的理论把价值论和欲望与满足的具体经验联系起来时,我并不反对这个理论。据我所知,只有主张有这种联系的见解,才是使我们能够避免理性主义遥远无际和教会超验价值论炫目的情况的唯一的途径。我们所反对的是:这个理论把价值降为事先享受的对象,而不顾及这些对象之所由产生的方法;有些享受因为没有受到智慧操作的调节而是偶然的,而经验主义的理论则把这种偶然的享受当作就是价值本身。操作性的思维需要被用来说明价值判断,正像最后用它来理解物理对象一样。要适应当前情境的状况,就要求在善恶观念的领域内有一种实验的经验主义。

当人们把直接未加控制的经验材料当作有问题的东西时,便产生了科学革命;它提供了材料以备用反省操作,把它转变成为被认知的对象。被经验的对象和被认知的对象之间的差别,乃是时间上的差别:即前者是在采取实验变异与重新安排的动作以前所占有或所给予的经验材料,而后者则是继续这种动作之后,由这种动作所产生的经验题材。过去认为感觉的动作或思想的动作在直接知识中为思想提供了有效标准的说法,现在已经没有人相信了。操作所产生的后果成为重要的东西了。这几乎是不可避免地提示我们:我们不能把任何享受的东西都当作价值,以避免超验绝对主义的缺点,而必须用作为智慧行动后果的享受来界说价值。如果没有思想夹入其间,享受就不是价值而只是有问题的善;只有当这种享受以一种改变了的形式从智慧行为中重新产生的时候,它们才变成了价值。当代经验主义价值论的根本缺点在于:它只是把社会上所流行的、实际所经验到的享受当作就是价值本身的这种习惯加以陈述和合理化而已。它完全规避了如何调节这种享受的问题。这个结果也同样涉及如何有指导地去改造经济、政治和宗教制度的问题。

我们说,如果我们不顾及我们所直接感知的事物性质,就能形成关于对象的有效概念,而这些概念又能用来产生关于这些对象的更可靠和更重要的经验,这句话似乎有点自相矛盾。但是,这种方法的结果却揭示了当作事变看待的知觉对象所依赖的联系和其间的交互作用。形式上的类比告诉我们:我们对于所爱好和所享受的事物的直接和原来的经验,只是所要达到的价值的可能性;当我们发现了这种享受的出现所依赖的关系时,这种享受就变成一种价值。这种从因果关系和从操作上所下的定义,只是给人们一个关于价值的概念而不是给人们以一种价值本身。但是,如果我们在行动中利用这种概念的话,就能得到具有可靠而重要价值的对象。

我们可以指出:在所享受的东西和可享受的东西、所想望的东西和可想望的东西、使人满意的东西和可以令人满意的东西之间,是有差别的;指出这一点,可以为上面从形式上所进行的陈述充实具体的内容。当我们说某些东西为人们所享受时,这是在陈述一件事实,陈述某种已经存在着的东西;这不是在判断那件事实的价值。这样一个命题和陈述某种东西是甜的或酸的,与是红的或黑的这样一个命题,是没有什么差别的。它是对的或是不对的,事情就到此为止了。但是,当我们把一个对象称为一种价值,那就是说,它满足或实现了一定的条件。在满足一定条件时所具有的功能和地位,是不同于单纯的存在物的。某一东西是为人们所想望的,这一事实只产生了这个东西使人们可以去想望它的这个问题;这一事实却不去解决这个问题。只有儿童在他还没有成熟的时候,才以为他可以用"我要哇,我要哇,我要哇"这样重复的叫嚷来解决可想望到的问题。

在当前经验主义价值论中,我们所反对的并不是它把价值与想望、享受联系起来了,而是它没有把完全不同种类的享受区别开来。有许多常用的词句清楚地承认有两类享受的差别。例如"满足的"(satisfying)和"可满足的"(satisfactory)是不同的。当我们说某种东西满足了某种要求时,是把它作为一件最后孤立的事实报道的。当我们说某种东西可以满足某种要求时,是在它和其他事物的联系和交互作用中说明它的。一件东西讨人喜欢或使人适意,这个事实对判断提出了一个问题。我们将怎样衡量满足的程度?满足是一种价值或者不是一种价值?它是我们所赞赏、所珍视和所享受的东西吗?不仅严厉的道德家,而且日常的经验也告诉我们:在某种事物中去求得满足可以算是一种警告,招呼我们去注意它的后果。当我们宣称某一事物是可以满足要求的时候,就是说它符合了某些特别的条件。事实上,这就是一个判断,说这个事物"将起作用"(will do)。其中包含有一种预测:它设想到一个未来,在这个未来中,这个事物将继续有用;它将起作用。它也断言这个事物将主动地产生某种后果,它将起作用。说它已满足了要求,这是一个关于事实的命题的内容;说它可以满足要求,这是一个判断、一种估价、一种鉴定。它指明所采取的一种态度,力争持续下来,保持安全的态度。

除了上述例子之外,在日常言语中还有许多其他承认这种差别的例子,这是值得我们注意的。有的字尾有表示"可以的"(able),有表示"值得的"(worthy),有表示"充足的"(ful),这些都是与此有关的事例。所注意的与可注意的、值得注意的,所留意的与可留意的,考虑过的与可考虑的,所惊奇的与足以惊奇的,讨人喜欢的与可喜的,所爱的与可爱的,受责备的与可责备的、应该责备的,所反对的与可反对的,受尊重的与可尊重的,受羞辱的与可耻的,受尊敬的与可尊敬的,受赞许的与可赞许的、值得嘉奖的等等,多举一些这一类的字眼并不足以加强这种差别的力量。但是,这帮助我们表达了这种差别的根本特点的意义;帮助我们说明了对既存事实的报道和下一个判断,指明产生一个事实的重要性和需要,这两者之间的差别;或者,如果这个差别是既存事实,那么就帮助我们保持着这一差别。指明产生一个事实的重要性和必要性的判断,乃是一种真正的实践判断;只有这一种判断,才是与指导行动有关的。我们是否只把这一类判断称之为"价值"(这在我看来,是正当的),这是一件小事;但是我们必须承认这种差别,因为这是理解在价值与指导行动之间有何关系的关键,这是一件重要的事情。

以价值观念为指导的因素既适用于一切其他的地方,也适用于科学方面。因为在一切科学事业中,经常有一连串的判断:如"值得把这些事实当作证据或与料;最好试一下这个实验;最好进行一下那种观察;最好接受这样一个假设;最好进行这种演算"等等。

"嗜好"(taste)一词也许和任意的爱恶联系得太密切了,以至于不能表达价值判断的性质。如果我们用这个字眼来说明一种既有修养而又主动的欣赏状态,那么就可以说:无论价值在理智方面、美感方面或道德方面,只要在有价值的地方,主要的问题就是如何形成嗜好。比较直接的判断(我们称为机悟或直觉)并不是在反省探究之先就有的,而是富于思想的经验所积累的产物。专精于某一种嗜好,这既是经常运用思考的结果,也是经常运用思考的报酬。如果"争论"意味着包含有反省探究的讨论,那么我们对于嗜好不但不是没有争论的,而且正是值得争论的东西。就"嗜好"一词最好的意义而言,乃是累积的经验结果,使我们可以明智地去欣赏喜好和享有的真实价值。只有在一个人所判断为可享有和可想望的事物中,才能完全把他自己揭示出来。运用这种判断是在用冲动、机会、盲目的习惯和自我的利益去统治一个人的信仰以外唯一的一条出路。到底什么是我们在美感上可以赞赏的,什么是在理智上可以接受的,什么是在道德上可以赞许的,我们应该构成一种有修养的和在运用上效果好的判断或嗜好。这是经验琐事对人类所提出的最崇高的任务。

如果我们思考人们所爱好或曾经爱好过的东西所由产生的条件及其后果的话,我们对于这些所爱好的事物所作的命题,在我们进行价值判断的时候,是具有工具价值的。这些命题本身是不作任何主张的;它们并不要求人们后来采取什么态度和动作;它们并不自称具有任何指导性的权威。如果一个人爱好某一事物,他就爱好它,这一点是没有任何争论的,虽然说出我们所爱好的到底是什么并不像通常所设想的那样容易。在另一方面,对于我们所要想望的或所要享受的东西所下的判断却要求未来采取行动;它不仅具有事实上的性质,而且具有法理上的性质。

经常的经验指明:爱好和享受是有各种不同的类型的,而且有许多这类爱好和享受是为反省判断所申斥的。通过自我解说和"合理化"的途径,享受使我们倾向于肯定所享受的事物就是一种价值。对于这种有效性的肯定,增添了这件事实的权威性。因而我们就断定这个对象有存在的权利,而且有权利要求我们采取行动来促进它的存在。

我们还可以把关于价值的理论的地位和实验探究兴起以前人类关于自然对象的观念的理论作进一步的类比。感觉主义关于思维的根源与标准的理论在一种反动的方式之下,激起了超验主义关于先验观念的理论。因为感觉主义完全不能说明所观察的对象中客观的联系、条理和整齐。同样,任何把被爱好这一单纯的事实和被爱好的对象所具有的价值等同起来的学说都不能在需要指导的时候对行为进行指导,因而使人们自动地断言说:在实有中永远存在价值而这种价值乃是一切判断的标准和一切行动所应达到的目的。如果我们不接受关于思维的操作性的理论,就要在两种理论之间摇摆不定:一种理论,为了要保持价值判断的客观性,便把这种价值判断和经验与自然分隔开了;而另一种理论,为了保留价值判断的具体的和人生的意义,把这种价值判断归结成单纯是对我们自己的感情的陈述。

甚至最坚决拥护那种把享受和价值等同起来的人也不会贸然断言:因为我们曾经一度喜欢过某一种东西,就会继续地喜欢它。他们不得不承认:有些嗜好是要经过培养的。从逻辑上讲来,并没有理由引入培养这个观念;喜欢就是喜欢,而一切都是一样地好。如果享受就是价值,价值判断就不能调节喜爱所采取的形式;它不能调节它自己的条件。想望、意向以及行动便得不到指导了,而调节它们形成的问题却是现实生活中最主要的问题了。总而言之,价值固然是内在地与爱好联系着的,但它不是与一切爱好联系着的;它所联系的喜爱,乃是在检验过爱好的对象所依赖的关系之后曾经为判断所许可的爱好。凡偶然的喜爱是自然发生的一种爱好,人们既不知它是怎样产生的,也不知它将产生什么结果。在这种偶然的爱好和因为人们判断它是值得人们占有而加以追求的爱好之间的差别,正是偶然的享受和有价值因而要求人们采取一定的态度与行为的享受之间的差别。

采取另一种出路的理性主义派的理论为了想提供指导而诉诸永恒不变的模式,但是无论如何,这派理论也未曾提供这种指导。科学家无法把某种建议的理论中的盖然真理和绝对真理与常住实有的标准加以比较,从而来决定这种建议理论中的盖然真理。他必须依赖在一定的条件下所进行的一定的操作——必须依赖方法。虽然我们懂得一位建筑师是根据他对于实际条件和需要的知识来构成一个理想的,但是我们不能想象,在建筑一座房屋时,一位建筑师能从一个笼统的理想中得到一些什么助益。有人认为,在先在的实有中就有一种十全十美的理想,但是这种理想也不能指导一位画家去创作一幅特殊的艺术作品。我们认为,实际上有我们所要寻求的善和所要尽的义务——这二者都是具体的事情,而道德中所谓绝对的完善只是把这种看法加以概括地具体化罢了。在这一方面的缺点,并不只是消极的。我深信,只要我们考察一下历史,便会知道:这些一般性的和远离实际的价值体系,只要它能为社会上所已有的制度和教条服务,便会实际上具有足够的和接近具体情境的内容,以指导我们的行动。具体性是具有了,但是那些腐朽的和需要批评的某些流行的标准却被维护着而不让人们去加以探究。

当价值理论不能在理智上帮助我们构成足以指导行为的有关价值的观念与信仰时,人们就一定会另谋他法来弥补这个缺陷。如果人们缺乏智慧的方法,偏见、直接环境的压力和人的利益与阶级的利益、传统风俗、具有偶然历史根源的制度却并不缺乏,而且它们将取智慧之地位而代之。因此,这便导致我们的一个主要命题:价值判断就是关于经验对象的条件与结果的判断,就是对于我们的想望、情感和享受的形成应该起调节作用的判断。因为凡决定我们的想望、情感和享受的形成的东西,决定着我们个人行为和社会行为的主要进程。

至于到底什么是有价值的,我们应该考虑存于我们所喜爱和所享有的东西中的联系,从而形成我们的判断。对于这句话,如果有人听来觉得有点奇怪的话,答案是不难求得的。当我们还未曾进行这样的探究时,享受(如果我们愿意用这个名词的话,我们也可以把它称为价值)是偶然发生的;这种享受是"自然"所赋予的,而不是由于艺术构造成功的。和在定性存在状态之下的自然对象一样,这种享受至多只能为了在理性领域内求得精进提供材料而已。我们所感觉到的理智对象离开这些对象的实际情况很远,同样,一种良善的感觉或优美的感觉离开事实上的善也是很远的。如果我们一方面承认,只有当我们极其审慎地选择和安排有指导的操作时,才能获得关于自然对象的真理;而在另一方面却认为,价值是真正能够为单纯爱好这一事实来决定的,这似乎会使我们处于一种不足为信的地位。生活中一切困惑的境况,归根到底都是由于我们真正难以形成关于情境的价值的判断,归根到底都是诸善之间的冲突。只有独断主义者才把严重的道德冲突当作某种显然是坏的东西和公认是好的东西之间所发生的冲突,而且认为只有在这两者之间进行选择的人的意志中才有一种不确定的状态。大多数重要的冲突都是在现在使人满意或已经使人满意的事物之间的冲突,而不是善与恶之间的冲突。而且有人认为,我们能够一劳永逸地一般地制造一张价值等级表、一种目录表,按照价值的上升或下降来排列各种价值。这无非是掩饰我们无法具体构成智慧判断的无能罢了。否则,就是想利用一种好听的名词来尊重习惯的好尚和成见。

除了对偶然发生的满足状态进行界说、归类和系统化以外,还有一条出路是借助这些满足状态所由发生的关系来对它们进行判断。如果我们知道爱好、想望和享受等动作之所由产生的条件,就能知道这种动作的后果。所想望的和可想望的、所赞赏的和可赞赏的,这两者之间的差别正在这一点上发生效验了。试看"那个东西已经被吃了"这个命题和"那个东西是可吃的"这个判断之间的差别。前一句话除了所陈述的内容以外,并不包括关于任何关系的知识;然而,只有当我们认识到此物与别物的交互作用,足以使我们能够预见有机体吸收此物后将发生什么效果时,才能判断说此物是可吃的。

如果有人假定事物能够在不与其他事物联系之下被人认知,这就把认知和单纯占有知觉中或感觉中的对象等同起来了,因此,也就失去了分辨所知对象的特点的关键。把某种直接呈现的性质看作呈现此一性质的全部事物,是无用的,乃至是愚蠢的。当性质是热的、流动的或沉重的等等时,它不足以构成事物的整体;当性质是令人喜爱的或为人所享有的等等时,它也不是事物的整体。这些性质也是某些条件所产生的效果,是具有因果联系的过程的结尾。它们是人们所要研究的东西;它们引起人们对它们的探究和判断。我们愈能确定更多的联系和交互作用,对于这个所研究的对象便愈有所认知。思维即对于这些联系的寻求。由于我们采取有指导的操作后所经验到的热和我们偶然经验到而不知其怎样产生的热,是有着十分不同的意义的。关于享受,也是如此。当我们洞察关系从而指导行为时所产生的这种享受,便由于经验它们的方法而具有意义和效用。这种享受是不会令人后悔的:它们没有引起苦的回味。即使在直接的享受之中,也有一种效用之感、权威之感,加强了这种享受。期望去保存有价值的对象和单纯地想去保存这种享受的感觉,是截然不同的。

所以,以上所述并不意味着,价值是脱离我们实际所享受为好的东西而独立存在的。发现一个事物是可享受的,这是一种所谓"增添的"享受(a plus enjoyment)。我们知道,以科学对象为知觉对象的敌对物或代替者是愚蠢的,因为前者是介乎不定情境和已定的情境、在较大控制条件之下所经验的情境之间的东西。同样,对于一个经验对象的价值所下的判断,可以帮助我们去欣赏现实的对象。但是,认为一切偶然使人满意的对象,与一切其他对象一样,都同样是价值的说法,和认为一切知觉对象与一切其他的对象一样,都是具有同样的认识力量的说法,是十分类似的。没有知觉,就没有知识;但是,只有当所知觉的对象是联系着的操作所产生的后果时,它们才为人所认知。没有满足,就没有价值,但是把一种满足转变成一种价值,却还需要满足一定的条件。

这样一个时候将会来临,这时候,我们会觉得奇怪:我们在这个时代会这样努力用尽一切可用的方法来形成关于物理事物的观念,形成关于那些与人生远不相关的事物的观念,而对于涉及我们最深刻利害关系的对象所具有的性质,却满足于一些偶然的信仰;当我们考虑到构成自然对象的观念时是小心谨慎的,但是在我们构成关于价值的观念时却是武断的,否则就是受直接的条件所驱使的。有一种流行的看法(这种看法如果不是明显提出的,也是可以推论出来的)认为:对于价值,我们已经知道得很清楚了,所缺少的乃是按照它们价值的秩序来培养这些价值的意志。事实上,我们最欠缺的并不是对已知的善采取行动的意志,而是认知什么是善的这种意志。

我们有可能在某种程度之下调节有价值的享受的发生,这并不是一个梦想。例如,在工业中的工艺和艺术(在一定的限度内)可以用来说明实现这种可能性。人们想望要有超过自然界本身所提供给他们的热度、光亮,以及运输和交通的速度。人们不是靠喧嚷着享受这些东西和鼓吹着它们的可想望性,而是靠研究体现它们的条件来获得这些东西的。人们始而获得了关于关系的知识,继而有能力去产生这种关系,而最后得到享受便是理所当然的事情了。不过,还有一句老话:享受这些事物,认为是善,并不保证这些事物只会带来善的后果。据说,柏拉图曾经指出:尽管医生知道医道和演说家知道劝说,但这个人是否应该被医治或是否应该按照演说家的意见加以说服,还没有最后的答案。这里便发生了传统所谓比较低级艺术价值和真正人本艺术的比较高级价值之间的区别了。

关于比较低级艺术的价值,人们并不假定说:没有明确的操作性的知识,就能占有和享受它们。关于这种比较低级艺术的价值程度,是可以根据我们努力控制它们发生的条件的程度来加以衡量的。关于比较高级的人本艺术,人们却假定说,它们的存在是任何诚实的人所不能怀疑的;在启示或良心中,在别人的教诲或直接的感觉中,它们都是清晰无疑的。人们并不是以我们为这些价值而采取的行动来作为衡量事物对我们的价值程度的标准;反之,他们认为,困难在于劝说人们根据已知为善的标准去采取行动。他们认为,关于条件和后果的知识与关于重大价值的判断丝毫无关,虽然在试想谨慎地去实现这种价值时它是不无用处的。结果,公认为次要的和带技术性的价值是在适当的控制之下存在着的,而那些所谓至高无上的价值却是服从于冲动、习俗和武断权威的摆布的。

这种在较高级类型的价值和较低级类型的价值之间的区别,本身还是一件尚待查究的事情。为什么要把物理的与物质的善和理想的与"精神的"善严格地区分开来呢?这个问题从根本上涉及物质和理想整个的二元论。把一件东西说成是"物质"或"物质的",实际上并没有贬斥它的意思。如果我们正确地应用这种说法,它只是指明:有关的事物乃是某些其他事物存在的一个条件或手段。而且,贬斥有效验的手段实际上就是轻视誉为理想的和精神的那些东西。因为如果我们能够把"理想的"和"精神的"这些名词真正应用到具体方面的话,这些名词是指合意地符合了一些条件,珍惜地具备了一些手段的东西而言。如果我们把物质的善和理想的善严格地加以区分,那么就使理想的善丧失了它对人类行为有效的支持,而把应该视为手段的东西视为目的本身了。因为既然人类没有相当的健康和财产就无法生活下去,那么除非把健康和财产这一类东西也当作所谓至高无上的善的一些组成部分,否则我们将会把它们当作一些孤立的价值和目的了。

决定人类经验发生的那些关系,尤其当我们把社会联系也考虑在内时,较之决定所谓物理事件的那些关系要广泛和复杂得多;决定物理事件的关系是我们经过选择采取一定操作所产生的结果。因为这个理由,我们知道如星辰之类遥远的对象,比我们知道自己的身心这一类事物更为清楚些。我们忘了,关于星辰,我们有无数事物是不知道的;可以说,我们所谓星辰的东西,本身乃是有意和被迫地从许多实际存在所具有的特点中加以删减的结果。如果把我们关于星辰的知识应用于人事方面,而且把我们全部关于星辰的知识都拿出来,我们所具有的知识并不算很多,也不算很重要。因此,关于人类和社会的真正知识,就不免远远落后于物理的知识了。

但是,我们不能根据这种差别来把这两种知识截然划分开来,也不能用来说明为什么我们很少利用实验方法来构成关于人类在其特有的社会关系中的利害关系的观念和信仰。对于这种划分,宗教和哲学要负一定的责任。它们把一个在范围较狭的关系和范围较广、较为丰满的关系之间的区别转变成两类性质不同的区别了:把一类称为物质的,而把另一类称为心理的和道德的。它们毫无理由地自己担负起这样一个使命,广泛宣传这种区分是必要的,而且在潜移默化中使人轻视物质的东西,认为它在本性和价值上都是低劣的。在形式哲学中那种专门的和固定的内容逐渐消失了,但是这种哲学却以一种浅薄而具有生命力的形式深入那些不知其底细的人们的心目之中。当这种广泛散播的和可以说是气体式的发散物在普通人的内心中重新凝结起来的时候,它们就形成了一堆坚实的和难以改变的成见。

如果我们采纳了实验的理论,不仅把它当作一种单纯的理论,而且把它当作我们每一个人所具有的一种习惯态度,那么在我们个人的和社会的行为艺术方面实际上会受到一些什么影响呢?即使给我们足够的时间,我们也不可能十分详细地回答这个问题,犹如人们不能预告他们采用实验法会在知识方面产生什么后果一样。实验法的本义就是一切要通过试验。但是关于这种影响的一般线索,我们可以在时间允许的限度内加以概述。

原来,人们根据是否符合先在对象的情况来构成他们关于价值的观念和判断,而我们现在要在对事物所产生的后果的认识的指导之下来构成可享受的对象;这个变化是从回顾过去变为瞻望未来的一个转变。我从来不认为:个人的和社会的过去经验是不重要的。因为如果没有过去的经验,我们既不能构成关于享受对象的条件的观念,也不能估计到我们尊重它们和爱好它们时所产生的后果。但过去经验的重要意义就在于使我们有理智的工具去判断这些事情。过去的经验是一种工具,而不是最后的事物。对我们所爱好和所享受的东西加以反省,是必要的。但是,只有当这种享受能够回过头来对它们自己加以控制的时候;只有当我们在我们回忆它们的过程中尽可能地对于我们之所以爱好这类事物的原因和我们爱好它之后所产生的后果构成最好的判断时,才能从反省中得知这些事物的价值。

我们并不是要抛弃过去所经验到的享受以及对它们的回忆,而只是要抛弃这样一种想法,即认为过去所经验到的享受是进一步应该享受什么的裁决者。现在,人们的确找到了过去的这个裁决者;不过,对于在过去到底什么是有权威的东西这一点,则有各种不同的解释。从名义上讲来,最有影响的一种见解无疑就是那种认为我们曾经一度有过神灵启示,或者认为我们曾经一度有过一种完美生活的想法。依靠先例;依靠过去,特别在法律上所创造的制度;依靠由于未经检验的习俗所传递给我们的道德规范;依靠未经批判过的传统等等,都是其他形式的依赖权威。这丝毫不暗示说,我们能够脱离习俗和既有的制度。脱节之后,无疑地就会产生混乱的结果。但是,这样的脱节并没有什么危险。人类在政体和教育方面过于保守,所以这种危险的想法不会成为现实。真正的危险在于:新产生的条件的力量会外在和机械地产生分裂的现象——这才是一个永远存在的危险。坚持旧标准使足以应付新条件的保守主义,增加而不是减轻了这种危险。现在所需要的是要用智慧去检验历代继承下来的制度和习俗实际上所产生的后果,以便用智慧去考虑:为了产生不同后果,人们应该采取怎样的方法来有意地改变过去由制度与习俗所产生的后果。

这就是把实验法从专门的物理经验领域转移到比较广泛的人生领域来的重要意义。当我们形成关于不与人生直接相关的事物的信仰时,我们信赖实验法。结果,在道德的、政治的和经济的事务中,我们却不信赖这种方法。在美术方面,已经有了许多变化的痕迹。这种变化常是人类其他的态度方面将有变化的征兆和预兆。但是一般地讲来,在社会事务中,在所谓具有永久的和最后的价值的事业中,主动地采用实验法的观念,在大多数人看来就是要废弃一切标准和具有调节作用的权威。但是从原则上讲来,实验法并不意味着杂乱无章的盲动,而意味着用观念和知识去指导行动。这个争论的问题是一个实际的问题。是不是已经存在着这种观念和知识,容许我们在社会利益和社会事务方面有效地利用实验法呢?

如果我们废弃了熟悉的和传统上珍视的价值,不把它们当作我们具有指导作用的标准,调节作用又将从何而来呢?绝大部分来自自然科学的发现。因为分隔知行的结果之一,就是不让科学知识去指导行为——只有在贬斥为低级的工艺领域内是例外。当然,人类自由价值的对象所依赖的条件十分复杂,这是一个巨大的障碍。而且,如果我们说已经具备了足够的科学知识,足以十分广泛地调节我们的价值判断,这句话过于乐观了一些。但是,我们有许多知识还未曾试图去加以利用,而且如果不试图比较系统地利用这些知识,就不会知道从道德和人事利用的观点上看来,我们的科学还有哪些重要的漏洞。

因为道德家们通常在自然科学领域和道德行为之间划上一道鸿沟。但是,有一种道德,它是依赖后果构成其价值判断的;这种道德必须最紧密地依靠科学结论。因为科学就是使我们联系前因与后果的那种关于变化关系的知识。人们在习惯上认为,自然科学的题材没有形成道德标准与理想的作用,因而道德家们时常把道德局限于一个狭隘的范围以内,把善恶的行为同有关的健康与力量、事业与教育以及一切与情欲相联系的事务等比较广泛的行为范围分隔开来了。同一态度把科学局限于一个专门范围以内，不过，它是在一个相反的方向而已。例如在战争和商业方面，这种态度便是无意识地鼓励人们只在有利于个人利益和阶级利益的范围以内才利用科学知识。

把实验的习惯应用于一切实践的事务中去，还产生了另一个巨大的差别，即铲除了通常称为主观主义，最好称为自我主义的根源。主观的态度比从标明为主观主义的哲学那里所推论到的，流传得还要广泛一些。这种主观的态度也蔓延到实在论的哲学之中，而且有时比在其他哲学派别中更厉害些。不过，那种尊崇和享受最后价值的哲学家们看不出这一点罢了。因为在主张事先的存在是衡量思想与知识的标准的学说看来，对于实在的东西，我们的思想不能有丝毫的变动。于是，我们的思想便只能影响自己对于实在的态度。

这样经常强调改变我们自己而不注意改变我们在其中生活的这个世界，在我看来，就是"主观主义"中值得我们反对的东西的实质。即使柏拉图的实在论，也犯这个毛病；它宣道式地坚持教人观照本质境界在内心所产生的变化而轻视行动，把它当作短暂的和低下的——只是由于有机存在的必要而作出的让步。凡以改变心灵的办法来代替改变自然和社会对象从而改变实际所经验到的善的办法的理论，则更是逃避存在——这种缩入自我的情况就是主观唯我论的核心。典型的例子也许就是宗教中的来世，而宗教所关心的主要的是如何拯救个人的灵魂。可是在审美主义中和蛰居在象牙之塔的情况中，也可以找到来世。

这丝毫也不意味着，改变个人的态度，改变"主体"的性向，并不重要。反之，在任何改变环境条件的企图中，都包括这一类的改变。但是，把改变自我当作一个目的来加以培养和珍视，和把改变自我当作一个手段，通过行动来改变客观条件，这两者是截然不同的。中世纪亚里士多德学派认为，在观照中享有最后实有，就能得到一种最高的快乐；这个信念对于有些人很有吸引力，为他们树立了一个理想；它显示出一种细致的享受。当有些人在努力创造一个较好的日常经验世界的过程中失败而感觉到失望的时候，这一种主张是投合他们的心意的。撇开神学的意义不谈，当社会条件十分困难、实际努力似乎无望时，这种主张肯定会复生的。但是，近代思想所显然具有的主观主义，如果和古代的思想比较一下，或是旧主张在新条件之下的发展，或只是在专门方面还具有点重要意义而已。中世纪对于这个主张的翻版至少还有一个伟大的社会制度在积极地支持着它，人们可以借助这种社会制度达到一种心境,为他们最后享受永恒的实有作好准备。那时,这种主张还具有一定的坚度和深度而这是近代理论所没有的,近代思想仅从情绪的或玄想的程序上,或以任何不需要改变客观存在,不需要在经验上更可靠地获得价值对象的办法来达到这个结果。

关于把现在在科学实践中所体现出来的原理,移用于价值领域内所会造成的革命,我们还不能详细陈述;企图这样做,便是与我们行而后知和行有后果而后得知的根本观念相违背的。但是,这个革命确会把我们的注意和精力从主观方面转移到客观方面来。人们会把自己当作活动者而不是目的;当我们在经验中享受到转变着的活动的果实时,才能见到目的。近代思想的主观性表现在:人们已经发现了在产生对象的性质与价值时,个人的有机的和习得的反应所起的造因作用;就这一点而论,这表示我们已经有可能具有决定性地前进一步。它使我们掌握了某些控制经验对象发生的条件,从而为我们提供了一种起调节作用的工具。但是,如果有人彻底否认:我们所经验到的、所知觉到的和所享受到的事物在任何方式之下都是有赖于它与人类自我的交互作用的,这种否认容易引起人们的抱怨。在决定我们所知觉和所享受的事物时,个人的和主观的反应具有一定的作用;否认这一点的那些理论的错误,或者在于过分夸大了这一组织因素的作用,把它说成是唯一的条件了(如主观唯心主义)——或者在于把它当作最后的东西而不是把它和知识一起当作指导进一步行动的工具。

由于把实验法从物理学移用于人事方面所产生的第三个重要的变化是有关于标准、原则、规范的重要性的问题,随着这种转移,我们就会把标准、原则、规范以及关于善的一切信条、信念等等当作假设。它们不再是固定不变的东西;我们会把它们当作理智的工具,有待施行后的后果来加以验证和肯定(甚至于改变)。它们再不装作是一些最后的东西了——那是独断主义的终极根源。使人惊奇而纳闷的,是人类徒然花费了如许的精力(以血肉和精神为武器),为宗教、道德和政治的信条的真理而战斗;而不肯花费一些精力,努力实行这些信条从而验证它们。过去有人认为,信仰和判断可以是内在的真理和权威(所谓内在是指独立于它用作指导原则时所产生的结果),而且随着这种想法而来的是不容异端和狂热盲信。把标准、原则、规范等当作假设的这种变化,就会破除这种不容异端和狂热盲信的情况。这种转变不仅意味着,人们应该负责实行他公认他所信仰的东西;这还是一种旧的说法。它还要求更进一步。任何信仰本身都是试验性质的,都是假设性质的;我们不仅要实行信仰,而且要参照它所具有的指导行动的作用来构成信仰。因此,信仰不是我们偶然从世界上拾起来,然后严格遵守的一件最后的东西。当我们认识到信仰是一种工具,仅仅是一种工具、一种具有指导作用的工具时,我们将来在构成信仰时的精心谨慎,当不亚于今日工艺领域中制造精密工具时的精心谨慎。人们已不再以由于忠诚而接受和肯定某种信仰与"原理"而自豪,反而以之为可耻,正如不讲证据,徒以尊重牛顿或赫尔姆荷兹等人而赞同某一种理论,一样可耻。

如果一个人停下来,考虑一下这件事情,人们竟会以忠于"法则"、原则、标准、理想为一种固有的美德来用以说明正义,这不是有些奇怪吗?这些"法则"、原则、标准、理想似乎在依靠人们对它们固执坚持的依附性来补救其中所隐藏着的某种软弱之感。一个道德的法则,也像一个物理学上的法则一样,并不是无论如何都必须贸然加以信誓和固执的;它是在特殊条件呈现出来时应该采取何种反应的一个公式。它的正确性和恰当性是靠实行它以后的结果来加以验证的。它是否有权威,最后要看我们必须对付的情境是不是不可避免的,而不是依赖它自己的内在本性(正如一个工具为人们所重视的程度,是以它所提供的需要的程度为转移的)。科学上曾一度认为,为了避免杂乱无章,唯一的出路就是执着于一些经验对象以外的标准。但是当人们抛弃了这种看法的时候,知识就渐次增进,并且人们运用着在具体动作与对象中所发现的线索和验证。以后果为验证,较之以固定的一般规则为验证,更要严正些。而且以后果为验证,使我们获得了经常的发展;因为当我们试行新的动作时,便经验到了新的结果,至于把理想和模式当作常住不变的东西,其本身就否认了有发展和改进的可能性。

在社会和人文科目方面采用实验的思维方法的结果,会引起各种不同的变化;把这些变化概括起来说,也许就是把方法和手段提高到前人单独给予目的的那个重要地位上去了。人们曾经把手段当作是卑下的,而把有用的东西当作是下贱的。人们把手段当作一些不好的关系而保留下来,而不是内在地欢迎它们。"理想"一词的真意,当在手段和目的的分离中得之。"理想"是遥远的和高不可攀的,它们太高贵和太华美了;如果实现它们,就会使它们受到玷污。它们的作用就是模模糊糊地引起"愿望",而非激励和指导人们努力在实际存在中去加以实现。"理想"是在一种不明确的方式之下翱翔于实际景象之外;它们是曾经一度具有意义的和曾经统治过人生一切细节的,是神圣实在界中正在消逝着的幽灵。

因为漠视手段而使斗志麻痹的程度,是不可能正确估计的。从逻辑上讲来,不考虑手段就表示是不严肃地对待目的,这是自明之理。这似乎是说,一个人公开声称他要专心致志于绘画,但是却轻视画布、刷子和颜料;一个人公开声称他喜爱音乐,但是他有一个条件,就是不要有发音器或其他乐器发出声音来。一个技艺好的工人,是以他爱惜工具、热心于改善技术而闻名的。赞扬艺术的目的而牺牲其手段,可以认为是完全不诚实,甚至是病态的表现。脱离了手段的目的乃是一种在感情上的放纵,或者如果真有这种情况,也是偶然之事。"理想"之所以不能在行动中发生实效,显然就是因为目的和手段应并重而未并重。

公开提出理想而不同等地关心实现理想的工具和技术,这在形式上讲来,是自相矛盾的;这一点比较容易指出,但是这种把目的和手段分开的信仰如何渗入人生,产生腐蚀毒害的结果的具体方式,则很不容易体会得到。目的与手段的分开,乃是传统上理论与实践的分离在现实生活中表达它自己的一种形式。这也说明了为什么在维护人类的幸福方面,艺术是比较无能的。情感上的留恋和主观的赞颂代替了行动。因为没有工具和具有工具作用的动作,就没有艺术。但是,这也解释了为什么在实际行为中那种在名义上被视为低下的、物质的和卑贱的事情,却使我们感到兴趣和注意而花费了我们如许的精力。人们在表示忠诚地尊敬过"理想"之后,便觉得轻松了,于是就专心致力于比较直接而迫切的事务了。

一般来说,人们对物质上的舒适、安逸、财富,以及由于竞争而得来的成功的关注,通常会受到谴责,因为他们应该注意目的但却去注意手段了,或者说,因为他们把实际上只应当作手段的东西当作目的看待了。许多人批评了经济利益和行动在目前生活中所占的地位,他们抱怨说,人们让低下的目的篡夺了高尚的理想价值的地位。然而,麻烦的最后根源却在于:一些道德和精神的"领袖们"传播说,人们可以离开"物质的"手段(把物质和手段当作同义语)来培养理想的目的。他们谴责人们不该把思想和精力用于手段而应该用于目的,但是我们却应该谴责他们,因为他们并没有教导其追随者把物质的和经济的活动实在地当作手段。他们不愿意根据唯一能使价值实现的实际条件和操作去构成关于价值的概念。

实际的需要是迫切的。在一般大众看来,实际需要是带有强制性的。而且,一般地讲来,人们是来行动的而不是来讲理论的。理想的目的既然十分遥远而又与需要注意的直接迫切的条件少有联系,那么,人们为理想的目的作了一些口头上的宣传之后,便自然而然地去从事那些直接迫切的事情了。如果在手头上的一只鸟的价值抵得过在邻树上的两只鸟,那么在手头上的一桩现实的事情的价值便抵得过许多遥远而看不见和不可接近的理想。人们举起了理想的旗帜,然后却向着具体条件所提示和嘉奖的方向前进。

有意的虚伪和欺骗是很少的。但是,如果认为行动和情操在人性的构造中就是内在地结合在一起的,这种说法并没有事实证明。统一是努力达成的结果。态度和反应的分裂、兴趣的分化,是很容易习得的。这种习得的分裂深入人心,正因为这是在无意之间习得的,是从习惯上适应于条件的。脱离了具体行动和造作的理论是空洞无用的;而脱离了理论的实践,也只是直接抓住了当时条件所允许的机会和享受而没有理论(知识和观念)的指导。理论与实践的关系不只是一个理论问题;它是一个理论问题,但也是人生中最实际的问题。因为这个问题要考察智慧怎样指导行动而行动又怎样可以由于不断洞察意义而获得的后果;所谓洞察意义,就是清晰地了解有价值的价值和在经验对象中保证获得价值的手段。一般地构成理想,在情操上去赞扬它们,是容易的;但是,人们却没有负起专心思考和审慎行动的责任。有闲阶级以及那些喜欢抽象谈理想的人们(在这些人看来,这是一种愉快的沉溺),大多数爱好培育散播许多理想和目标,而这许多理想和目标都是与实现它们的条件脱离的。然后,另有一些在社会上有权有势的人们以体现者和保卫者自居,保护着教会和国家中的理想目的。由于他们是这些最高目的的保卫者,便获得了一种特权和权威,掩饰着他们为了最粗鲁和最狭隘的物质目的所采取的行动。

工业生活的现况就似乎是手段与目的两相脱离的一个好例。亚里士多德曾经主张把经济学和理想的目的(不论是道德的或是有组织的社会生活的理想目的)分隔开来。他说,某些事物是个人或社会的有价值的生活所应有的条件但不是它的构成部分。人类的经济生活是要满足需要的;它是属于这种性质的。人们有需要而需要是必须满足的。但是,需要只是幸福生活的先决条件而不是其内在因素。大多数哲学家们没有像他这样坦白,也许也没有像他这样合乎逻辑。但是,总而言之,他们都认为经济学是比道德学或政治学低一等的。然而,人类的男女老少实际所过的生活、他们所遭遇到的机会、他们所能享受到的价值、他们的教育、他们在一切艺术和科学事物中所分享到的东西等等主要是由经济条件决定的。所以,一个忽视经济条件的道德体系只能是一个遥远空洞的道德体系。

由于人们没有把工业生活当作实现社会和文化价值的手段,工业生活也就相应地野蛮化了。无怪乎在经济生活被排斥于高级价值的境界以外之后,便有人采取报复的手段,宣称经济生活是社会上唯一的实在且主张一切制度与行为均由物质决定,从而否认了道德和政治具有任何因果调节的作用。

有人对经济学家们说,他们的题材纯是属于物质方面的。这时候,他们自然想到:他们只有完全不涉及人类特有的价值,才能是"科学的"。于是,他们把物质的需要、满足需要的努力,甚至在工业活动中高度发展了的、受科学所调节的技术凑合起来,形成了一个完备而封闭的领域。如果有人在这个领域内也论及社会目的和价值,那是通过外在附加的办法引入的,主要是带劝告性质的。有人说,经济生活决定着人类获得具体价值的条件;对于这种说法,我们可以承认,也可以不承认。我们承认也好,不承认也好,那种把经济生活当作用来获得人类所共有和共享的重要价值的手段的说法却令人感到陌生和无用。在许多人看来,不把道德上的目的和经济生活的工作机器联系起来就不能使道德上的目的发生力量的这种说法,好像是玷辱了道德上的价值和义务的清白似的。

我们以上仅仅略示了一下分隔理论和实践在社会和道德方面所产生的影响。这种影响很多,也很广泛。因此,如果对它们作一番适当的研究,就要涉及道德学、经济学和政治学的全部领域。如果说这些影响事实上都是人们离开行动,专门从思想和知识上寻求确定性的直接后果,那么,这种说法是不公允的。因为我们知道,这种确定性的寻求本身就是现实情况的反映结果。但是,我们可以正确地断言说:在宗教与哲学中,这样寻求确定性的结果却强化了原来产生这种寻求的条件。而且,在生命危险之中运用智慧行动以外的其他方法,只靠感情和思想的方法去寻求安全和慰藉,这是在人们缺乏现实的控制手段、艺术还没有发达的时候才开始的。因此,这在历史上有相当的理由,但在今天就不存在这种理由了。现在第一个值得我们思考的问题(从其广度和深度而言,都配称为是一个哲学问题),就是如何有助于把一切以知行分隔为基础的信仰加以改造,如何发展一个符合现有知识和控制自然事物的各种设施的操作论的体系。

我们曾经不止一次地看到,近代哲学曾经聚精会神地企图解决一个问题,即如何使得在指导人生中具有权威的信仰与价值和自然科学中的结论相适应。真正而强烈的争论之点,并不在于大多数哲学家究竟注意这两方面的哪一方面。这个争论之点既不在于如何调和物理的和理想的或精神的境界,也不在于如何调和理论的理性和实践的理性的"范畴"。这个争论之点在于它们把执行的手段和理想的兴趣孤立分开了,而这种孤立分开的情况又是在把理论和实践分开的影响之下所产生的。因此,从性质上讲来,这就使得物质的和精神的东西两者分开了。所以,这个问题的答案只能在行动中去寻找,因为在行动中,物质的与经济的生活现象与支配情意之忠诚的目的是并行不悖的;而且在行动中,目的和理想是根据现实经验情境的可能性来构成的。虽然我们不能单独在"思想"中去寻找答案,但具有操作性质的思维却可以促进我们去解答这个问题,因为这种具有操作性质的思维是按照我们可能采取的行动来构成和界说观念的,而且是把科学的结论当作工具来利用的。詹姆斯曾经说过:向前看而不向后看,看这个世界和人生将会变成一个什么样子而不看它已经变成了一个什么样子,这是"权威宝座"的更迭。当詹姆斯这样说的时候,他是适度的。

在早些时候的讨论中,我们曾经偶然地谈到,当代经验主义派的价值哲学把价值和实际所享受的事物等同起来而不顾及这些价值所依赖的条件,其严重的缺点在于它对我们当前社会经验的情况进行陈述并从而加以推崇。在以上的各章之中,我们也许把主要的注意力放在各派哲学理论的方法和陈述上去了。但是,这些陈述只在形式上是专门性的。就它们的根源、内容和重要性方面而言,这些陈述乃是具体人类经验的某些情况或某些方面的反映。把理论与实践分隔的这种理论有其实际的根源和重大的实际后果,同样,把价值和人们实际所享受的东西等同起来而不问其如何享受和享受什么的经验主义的理论,也是从形式上对目前社会情境的一个方面而且是一个不适意的方面所进行的陈述。

我们虽然在讨论中较多地注意了另一个派别的哲学理论,这派哲学理论主张具有调节性和权威性的标准是在超验的价值中寻得的,但是我们却并未忽视这一事实:实际上,大多数人大部分的活动都是用来争取实际情况所允许的这种享受的。事实上,他们的精力和他们的享受都是在控制之下的;不过,他们是受外在条件所控制的而不是受智慧的判断和行动所控制的。如果哲学对人们的思想和动作真有什么影响的话,那么,流行最广的经验主义的理论把价值和兴趣对象等同起来,从而为上述那种状况进行辩护,这不能不说是一件严重的事情。放在我们面前、有待于我们理智择定的价值理论从来就只有两种:一种把我们送入一个永恒不变的价值领域;另一种使我们获得实际的享受。在这种情况之下,那种把价值和作为在智慧指导下的活动成果的诸善等同起来的实验的经验主义加以陈述,即使是理论上的陈述,也是具有实践意义的。

(傅统先 译　童世骏 译校)

价值、评价与社会事实[*][①]

贝努瓦-斯穆尔扬（Benoit-Smullyan）先生近期发表了一篇文章,题为《价值判断与社会科学》("Value Judgments and the Social Sciences")。[②] 他在文章中说,关于社会科学能否得出评价性结论的争论如今看来已经过时。研究社会发展进程的科学是否有可能指引人类未来社会发展进程,这是个非同小可的问题。这样重大的问题不太可能一下子就过时,尽管到目前为止讨论这一问题所采用的部分方式方法确实应该抛弃。作为直接行为的评价与作为针对这种行为所作的种种批评考察之评价,两者间是有区别的,这是我曾经所持的观点,人们针对我的这一区分继续进行讨论,很容易让我觉得是无聊的重复。尽管如此,我还是想就贝努瓦-斯穆尔扬先生的文章,进一步谈谈我对这一问题的看法。由于本文基本是一篇驳论,所以我想首先声明一下,本人完全同意他对实证主义学派的严厉批评,这学派一边以列维-布留尔（Lévy-Bruhl）为代表,另一边以"纯粹主义者"为代表;他在文章结尾所得出的颇有见地的一些结论,本人也基本赞同。但是,我认为他用来支持那些结论的理论立场和观点似乎大有问题。

I

请允许我先重申一下我以前说过的一些话:评价（Valuing）一词极其模棱两

---

[*] 选自《杜威全集·晚期著作》第 16 卷。
[①] 本文为未发表的打字稿,现藏印第安纳大学（伯明顿校区）里利图书馆手稿部 A·F·本特利藏品室,共 9 页,标注日期为 1945 年 6 月 20 日。
[②] 《哲学杂志》,第 42 卷,第 197—210 页。

可。在日常言语中,该词既可用来指重视、珍重、珍爱,对……依恋、忠贞,又可指专业评估。后者具有评判性质,即对已经发生和计划即将发生的直接珍视行为进行慎重乃至全面的检视。在日常言语中,上下语境已经表明该词是在何种意义上使用的,因而不至于产生严重的歧义。我认为,哲学在讨论价值和判断意义上的评价时,情况则并非如此。在哲学讨论中,论者由于没能向自己和读者交代清楚上下文的语境脉络,因而所发议论常常显得缺乏说服力。结果,珍爱、敬重的特点被转交给判断;相反,估量、测定这类属于判断的特征却混进了行动中,这样一来要揭示行为的基础和诉求——即对赋值作评估——珍视、珍爱的行为反倒变得无足轻重了。①

具体讨论人们混淆两种不同性质事物的行为之前,我先絮叨几句,其实,人们若时常把语境脉络放在心上的话,这几句话本来没必要说。在依恋、钟情、追求、依依不舍之类的评价中,人、事的广阔天地中任何一件事物皆可被视为珍爱的对象,而且,由于珍爱,该事物也就有了"价值"。然而,人们"赋予价值"之物本身并非价值。而当评价作为判断、判定时,某种受到珍爱的东西之价值才刚好成了评价的主题内容。我的某位朋友值得我那样地去爱吗?我矢志不渝追求的对象值得我花那么多的时间和精力吗?这样的区分在理论探讨之外是很平常的。一种态度极其热烈,而另一种则不裹挟太多热情,使人冷静。这在各种各样的道德劝诫中也是常见的,它能从消极的一面警告人们不要被欲望和激情冲昏头脑;理智之所以具有吸引力,原因也正在于此。"三思而后行"这一格言较好地表达了这一点。

II

开场白过后,我想接着谈谈上述议论对贝努瓦-斯穆尔扬先生的文章能产生什么影响。他的文章中有这么一段话,不失为一个很好的议论出发点:"价值判断必定始终包含有情感成分……另一方面,价值判断似乎又含有自愿作出抉择的成分。作判断的人似乎在作出某种选择,这种选择要他忠于未来的某项事业,可能要他不要偏离某项行动的路线,因而他有责任去拥护、捍卫自己认为是正确的事情,并行

---

① 为避免误解,我在此附带声明一下,作如上区分并不是说在珍视、珍爱的各种行为中毫无认知或曰"理智"的成分,只是想说这样的认知成分无关乎我们对珍视、珍爱本身的考察。而评估或曰"评判"明确地取决于这样一个事实:某种或某一类珍视、珍爱行为已经变得很成问题,以致人们觉得,不加以认真考量就没法从事这样的行为。

动起来去保护它。"①

判断的特征与作为珍视、珍爱之意的评价之特征,关于这两者间的相似性,我们也许没有必要加以详述。假如用心理学的术语来表述的话,后者明显地可以说是一种情感-选择型行为;也许可以说是典型的情感-选择型行为,因为意识到了情感-选择的对象,而且,其中包含的"理智"因素也被吸收乃至裹挟到了一系列喜爱-厌恶行为中,而这些喜爱-厌恶行为遵从明确的行动方向。同样显而易见的是,把这些特征归给价值-判断,自然就会在对价值的各种判断与所有其他各类判断之间设置鸿沟,并因而同样自然地在社会问题与所有其他科学问题的研究原理上产生差异。

忠诚、关切、依恋的态度和习惯,是人类社会客观存在的事实中极其重要的方面及组成部分;将这样的态度和习惯转换成作为科学探索之结果的种种判断,也许不无道理,也许未必像表面看上去那样错得离谱。人们完全有理由认为,由于判断而实际发生的某种变化恰好促成了这样一种转换。笔者在此谈论的既不是原初的行为性质的珍视、珍爱,也不是判断本身,而是信奉什么、珍爱什么(及把什么视为有价值)发生了变化。通过探索,人们对以往盲目、随意、考虑不周的行为有了一个较好的认识态度,从而导致了这种变化。将判断转变成从事判断的人,或许就很好地证明了这么回事——请看下面一段话:"作判断的人似乎是在作出一项选择……因而带来一种责任",等等。我认为,将情感-选择成分归于判断的做法没有任何意义;尽管如此,有必要指出的是,由于某判断涉及的是某一类内容(而别的判断则可能涉及土豆、化石之类,或者别的什么东西),因此判断的结果很可能是在为另一种性质不同的"情感-选择型"态度作准备。事实上,人们之所以不应鲁莽行事,而应三思而后行,恐怕原因也正在于此。

前文曾提到,将情感-选择型态度归于判断本身,立刻可将价值判断与其他各类判断区别开来。这一点是一般论者所承认的,甚至可以说是他们所宣称的,尽管他们表面上说的是价值判断和所谓"存在"判断之间的区别。虽然目前这种区分几乎被某一部分论者所公认,但除了拒不承认所谓"价值判断"是任何意义上的判断外,我看不出这种区分有任何意义;因为他们认为"价值判断"未能满足相关条件,而一项陈述要想成其为判断就必须满足这些条件,如此其科学地位才可能被认可。

---

① 前引著作,第202页。

当然,有一项事实极为重要,即要作上述逻辑区分,就得用假设来否定价值和价值评判本身是事实性的或实际"存在"的。价值评判所针对的实际上是不存在的东西,这一假设本身至关重要。更进一步讲,乍看起来,估价行为及其结果只是将社会事实与物理科学的事实区分开来的东西罢了——正因为如此,这事才特别得有点不可思议。

III

因此我建议,与其像贝努瓦-斯穆尔扬(等论者)那样区分两种判断,还不如在相对直接的行为——如珍视、珍爱、效忠等——和相对间接的行为之间作出区分;在相对间接的行为中,这些珍视、珍爱行为可以得到批判性考察。我们就从一项不可否认的事实谈起:由于生存条件的原因,人们始终得抱有或喜爱、赞美或厌恶、憎恨的态度,并对这些态度作出"评判"。一切行动、一切动机及人类广泛关注的一切事情,都是直接行为态度的表达。人们用评价来为这些行动、动机和策略进行辩护或提供支持。由于来自社会实情(而不是个人的异想天开)的压力,人类某些更为基本的思想态度就变得可疑——集体价值及评价的冲突,恐怕是这些思想态度遭到质疑因而不得不承受系统全面的"理性"考量的一个突出原因。①

所谓原初(比较而言)行为态度与从属、派生行为态度之间的区别,其实也就是前面具体讨论过的不同估价行为与评价结果之间的区别。这种区别仅表明侧重的方面有所不同,本质上未必有多大区别。比如,喝水并享受喝水的乐趣与琢磨水的化学成分,本质上就没有太大的区别。在那些更为直接的情况下,确实涉及某些"知识",确实包含有"认知"的一面。但是,琢磨的内容在较为间接的或反思的语境下,性质上却大为不同。在任何一种较为间接的情况下,都有一个人涉足其中,这个人有他的个人喜好乃至偏见。但是在适合使用判断一词的情况下,喜好的性质却发生了变化。此时,喜好的不再是别的,而是知识,是探索,其他的偏好和珍视则

---

① 这里给"理性"一词加引号,并不意味着所涉及的理性一定是精神分析学意义上的"理性化"。目前仅涉及这样一个问题:如何使类似问题的探讨更加明确地符合规范,使其与已成常规的传统做法保持一致;毕竟,传统的做法涉及的议题是经过长期努力才获得其科学地位的。这一问题无疑要求人们强化并扩展某种情感和某种日常习惯,悉心呵护真理,而抑制另一些想法和癖好。不过,得到强化及扩展的并非判断的组成部分,而在于创造条件以便让判断作为人类行为中的大事而出现;被排除在外的"情感-选择型"态度虽然根本谈不上是判断的"组成部分",但却有力量阻碍判断事件的出现,因此有必要努力削弱其效力。

从属之,至少暂时是这样。并不存在一种逻辑的或理论的观点或方法可以让我们将关于"价值"的判断、关于种种估价行为的判断与任何其他形式的作为判断的判断区分开来。但是,我们讨论的是判断,这一事实表明,我们必须充分而明确地承认研究内容上的区别;倘若拒绝满足判断问题所设定的条件,将珍视、珍爱行为这样的主题内容还原成其分子主题内容,这就好比坚持认为:鲸鱼由于会在海里游泳,所以它们就必定是鱼,因而只能用鱼的标准来对其加以判断。

IV

我就长话短说吧。就社会科学领域而言,我前面论述过程中所得出的"实际"结论,其着眼点与贝努瓦-斯穆尔扬先生所表达的观点基本一致。因为他虽然对价值和存在判断持二元论的立场,但他强调指出,对这种二元论所作出的某种解释会带来有害的后果。用他的话来说,这种解释"给社会科学的发展造成了极为深刻的不良影响",使人误以为"价值判断是非科学的,因此必须从科学家的研究中清除出去"。① 所谓"中立"策略,亦即论者所谓被动性,其实"对价值判断充满鄙视和不信任,而且根本就不愿意涉及有关社会政策的问题"。

最后,我想再简单说几句,谈谈从上述议论中如何得出性质基本相同的结论。这种结论当然与探讨社会学研究的内容有关,而且结论的得出也比较直接,既不含糊其辞,也无观点转换。

1. 在珍视、珍爱、忠诚、纽带等能带来"评价"的相关研究内容中,并不存在特别"个人的"东西。当然你可以说其所在地还是"个人的",但这一事实和下面的事实一样,不能用来确定目前所讨论的相关问题的性质和特征:比如,日本发生了一次地震,从地质学上来说震中地区在北部,但这推翻不了地震这一事实本身。政策、制度、习俗等是种种"估价行为"的所在地;在这个意义上,它们是典型的社会学现象或表现。

2. 上文所论侧重的主要是作为时间延展的行为中估价行为及评价结论的相对地位和活动,现在有必要明确地用空间延展来补充说明一下,以校正上述所论的片面性。因为,由于估价行为和评价结果两者都包含在了习俗和制度中,所以,它

---

① 见前引著作第 204 页。由逻辑的向"个人的"这样的转变前面已经指出过,有鉴于此,原文中出现的斜体字似乎特别值得注意。

们必定占有极其可观的空间范围。简言之,尽管作为研究内容的社会事件有着自身的性质和具体特征,但它们都具有时空特征,因而与科学所探讨的所有其他问题并无二致。其发生的时间和地点虽都带有"个性化的"特点,但这不至于令它们"纯真无瑕"到没法用"科学的"方法来加以研究。

3. 和生物学一样,天文学和物理学也都是科学;它们的历史表明,为了争取足够的"中立"程度以取得有效的研究成果,这些学科都经过艰苦的斗争。显而易见,各种社会事件中仍然充斥着形形色色的偏见、歧视及个人好恶,这不利于形成一种特殊性质的偏好和忠诚情感。这里所谓的特殊性质的偏好和情感,能够引发、规范不偏不倚的研究,即通常所谓的"客观"研究。在天文学、物理学的研究中,科学研究者从以往阻碍研究的各种处境中解放了出来,这才使自己的研究工作在社会上实实在在地得到确立和广泛承认。和天文学和物理学一样,与价值及价值评判相关的人类社会事件的调查研究和描述,将来也会取得类似的地位。这类性质的科学研究和判断,本身都是些人类社会事件,且以其他社会事件为产生媒介,并以其他社会事件为存在基础,故而它们在"实际"影响方面的逻辑或理论问题并非特异的。存在的问题固然相当多,不过,这些问题都是另一个与之关系密切的"实际"问题的不同方面。这个"实际"问题就是:所谓科学的行为态度,如何在具体的生活环境中被人们广泛接受?

(汪洪章 译)

实践判断的逻辑*①

I. 实践判断的性质

我要先就这个讨论作一些说明,以避免可能造成的误解。或许有人会反对说,既然从本质上说,一切判断都是知识性的或者理论性的,那么,"实践判断"这个术语就会让人误入歧途。"实践判断"完全是用词不当,这是一个会导致混乱的术语。于是存在着这样一种危险,如果使用这个术语,我们会把实际上根本不属于知识的东西当作判断和知识,结果使我们走上一条以神秘主义或者蒙昧主义而告终的道路。这种看法确实很有道理。我并不是说,实践判断与其他判断的不同,在于它有不同的构件和来源。简单地说,实践判断只不过是一种包含有特定内容的判断。与实际行为(agenda)相关的命题是存在的——要做什么事情或者完成什么事情,对需要采取行动的情形作出判断。例如有这样一些命题:某某人应该做而且要这样做;只有这般行事或许更有效、更明智、更审慎、更恰当、更应当、更适宜和更有利,等等。我把这种判断称为实践判断。

可能也有人会反对说,这种判断内容并没有什么独特之处;而且把这种判断与主谓(sp)判断形式或者"某某比某某更怎么样"(mRn)的判断形式分割开来,这是没有什么根据的。我也愿意承认,这或许是一个事实。不过,与此同时,是否存在

---

* 节选自《杜威全集·中期著作》第 8 卷。
① 首次发表于《哲学、心理学与科学方法杂志》,第 12 卷(1915 年),第 505—523、533—543 页;修订并重刊于《实验逻辑论文集》(芝加哥:芝加哥大学出版社,1916 年),第 335—442 页。

一种不同的判断内容,因而需要一种不同的逻辑形式来表现呢? 如果是这样的话,这种显而易见(prima facie)的差别就值得我们去考虑。事先臆断实践判断的内容必须简约为主谓判断形式或者"某某比某某更怎么样"这样的判断形式,这跟相反的臆断一样,也是荒唐的和毫无道理的。它回避了我们要向世界提出的最重要的问题,即时间的性质问题。目前的讨论表明,这类判断的命题就算不是完全空白的,至少也是明显缺失的。罗素先生最近说到了逻辑的两个部分,第一部分列举或者概述了不同种类的命题,或者不同形式的命题。① 值得注意的是,他并没有提到这只是一种可能的判断形式。然而,可以想象,关于其他判断形式的讨论会因为这种疏忽而受到影响。

这里可以提供实践判断的一些额外例证,比如,他最好去找医生咨询一下;建议你不要去投资这些债券;美国要么改变门罗主义②立场,要么作好更有效的军事准备;现在是建房的好时机;如果我干那事,那我就做错了,等等。我们根本用不着去强调这类判断的实践重要性,但必须看到,人们在讨论一般逻辑形式时往往忽视实践判断的重要性。关于实践判断的重要性,我们可以这样说:

1. 实践判断的内容包含一种不完整的情境(situation)。这种不完整性不是心理上的。肯定有东西在"那儿",可这个东西并不构成一个完全客观的情境。于是,还需要别的东西。只有等这些别的东西具备了之后,已知事实(the given)才与完整的内容相一致。这个事实在我们思考不确定的、难以预见的事物时,具有重要的意义。有时候,人们(支持者和反对者)会断定,这些确定的观念还是会引起已知事实的不确定性——这似乎是一派胡言。这个逻辑推论是说,事实总是没有终结的,没有完成的,或者说还没有完整的内容。推论总是关于未来事物的。此外,这种不完整性并不涉及个人。我的意思是说,情境并不局限在作出判断的那个人身上;实践判断并不完全是或者并非主要是关于自我的。相反,只有当这个判断是关于情境的判断,而这个情境又包含了个人及自我之外的许多其他因素,这个判断才是关于自我的判断。人们对于道德判断常常提出一些自相矛盾的断言,以致这个陈述

---

① 《哲学的科学方法》(Scientific Method in Philosophy),第 57 页。
② 门罗主义(Monroe Doctrine),美国总统詹姆斯·门罗在 1823 年 12 月 2 日致国会的年度咨文中阐明的美国对外政策。他宣称,旧大陆和新大陆社会制度不同,必须各自保持明确的势力范围。——译者

价值论 129

一定显得十分武断。不过,这是一个显而易见的情境:当我决定不给街上的乞丐钱的时候,我是在判断一个客观情境的性质,我作出的结论要受一个关于情境的命题左右,而我恰好处在这个情境之中。这个充分而复杂的命题内容包括乞丐、社会状况及其后果、一个慈善组织协会等,同时也包括我自己的因素在里面。以任何别的理由来捍卫道德命题的"客观性",似乎都是不可能的。除此之外,我们至少可以指出,无论是关于我们自己的决策判断,还是关于他人的决策判断,肯定都是对一种暂时不完整的情境的判断。当我作出"现在是我购买某些铁路债券的恰当时机"这个判断时,完全是因为我对几百个完全独立于我的外在因素进行了判断。如果承认类似命题确实存在,那么,关于道德命题,唯一的问题就是道德判断是否属于业已界定的实践判断。这对于道德理论而言,是一个至关重要的问题;但对我们的逻辑讨论来说,却并非如此。

2. 实践判断的内容蕴含着这样一个意思:命题本身就是使情境变得完整并促使情境实现的因素。我们判断说应该完成这个或者完成那个,因此完成后的情境往往是包含这个或者那个内容。"这样做好"这个命题,是以某种方式来处理已知事实的一个命题。既然行为方式是由命题来确立的,命题便是决定结果的一个因素。作为一个对已知事实进行补充的命题,它就是补充过程中的一个因素——但不是作为一种无关的东西,作为附随命题的某种东西,而是以其自身逻辑的力量来完成的。我们至少从表面上可以看到,实践命题与描述命题和叙述命题有明显的不同,与我们熟悉的主谓命题不同,与纯粹的数学命题也不同。后者意味着,这种命题并不参与命题内容的构成。实践命题也不同于条件性命题,比如这种形式的命题:"他已经动身去你家了";"房子的大火还在燃烧";"天大概要下雨"。已知事实的未完成性包含在这些命题中,但并不意味这种命题是决定这些事实得以完成的一个因素。

3. 实践判断的内容蕴含着这样一个意思:它会给已知事实带来完全不同的结果,即比另一种结果更好的结果,命题是一个(尽可能地做到)确保有一个更好结果的因素。换言之,在这种命题形成的过程中,有些东西在客观上是难以确定的。一个正确的或者错误的描述判断(一种限于已知事实的判断,不管它是时间的、空间的、还是实存的),不会影响它的内容;它既不会有助于也不会有碍于内容的发展,因为按照假设,它没有发展。但是,一个实践命题会对内容产生或好或坏的影响,因为它是对那(the)整个内容的存在条件(应该完成的事情)的判断。①

4. 实践命题是二元的。它是一种将要采取具体方式对已知事实进行处理的判断,也是一种肯定这种处理方式并认可其具体目标的判断,还是一种同时关注目的(将要产生的结果)和手段的判断。那些将目的讨论与手段确定割裂开来的伦理学说——它们大多是这样做的——最后只能是离开判断的范围而去讨论目的。如果这样来讨论目的的话,就不会有什么理智的结果。

"我应该去看医生"这个判断,表示"我"应该采用一种特有的方式去改善已知的情形,也表示"我"去看医生还能得救。这个命题既关系到应付办法,也关系到某些阻碍——既要理智地确定那些阻碍生命力的因素,又要理智地确定可以用来克服这些阻碍的因素。"我需要看医生"这个判断,意味着在正常生活的过程中会存在一些阻碍;但是,它同样也意味着存在积极的因素,可以来克服阻碍并重新回到正常的生活事务上。

值得我们注意的是,实践判断在关系到手段评估时候的相互性。从目的方面来看,这种相互性表现为反对乌托邦主义和浪漫主义,有时也被称为理想主义。从手段方面来看,这种相互性表现为反对唯物主义和预定论,有时也被称为机械论。我说的唯物主义,是指这样一种思想,它认为已知事实完全包含了实践判断的全部内容,即已知的事实就是所有的"一切"。已知的事实无疑只是存在的事物,它是完全确定下来的;但是,它也是有待完成的已知事实。调查现存(事实的)条件,把其列成清单,这些还不够;已知事实存在的理由是为了让人们可以理智地决定应该做些什么,以及去完成已知事实还需要什么。这样看待已知事实是自相矛盾的,因为这意味着已知事实以其已知性否认了任何行为的可能性,否定了任何改变的可能性。作为实践判断的一个部分,当发现一个人遭受一种疾病的折磨时,并不等于发现他必须遭受疾病的折磨,也不等于发现接下来所发生的事件进程是由他的疾病决定的;这个发现,指明了恢复健康的一个必需的和大概的过程。即便发现这个疾病救治无望,这个原则也同样适用,因为它表明不要在某些徒劳无功的努力上浪费

---

① 分析实在论者特别不愿意把未来结果的性质作为命题的条件来讨论。未来的结果与关于未来结果的心理行为当然不是一码事;对这个心理行为而言,结果是"客观的"。据此,结果已经在某个存在的王国里存在了吗?抑或存在仅仅是一个名称,用来代表逻辑指涉的事实,而让"逻辑"的具体含义去决定"存在"的具体含义?说得更笼统一点,关于未来,分析实在论的立场是什么呢?

时间和金钱,而是要去准备后事,等等。这个发现还表明,要寻找条件以便将来遇到类似疾病时能够有救,而不是束手待毙。实践判断的全部真实性随着这个原则而沉浮。这个原则乐于接受任何质疑,但必须依赖经验证据,才能确定这个原则的正确性。关于已知事实或者已经发生的事情的命题,我们不能因为这个命题的含义得到辩证而详尽的阐述,便轻视其正确性。也就是说,科学判断作为对现状的一种发现和陈述,其性质不允许有这个原则;但是,我们不能根据这个断言便推论说这个原则无效,更不能根据数学命题的分析便推论说它无效。因为这种方法不过是在回避问题而已。显而易见的经验是,如果没有偷偷引入某种成见,把事实变得错综复杂,那么,科学判断——决定性的诊断——赞成而不是禁止已知事实可能发生变化的原理。我再说一遍,要想推翻这个假设,就应该去寻找具体的证据来证明这种学说行不通。大量的经验证据表明,我们通过科学判断,加强了对已知事实(科学判断的内容)的控制力,因此,要找到具体证据来证明这种学说行不通,可能性似乎很小。

这些事实揭示了(实践的)理想主义和机械论的本义。行动中的理想主义,无非是对我们一直在考虑的这些含义的公开承认。理想主义表明,已知事实既可以成为事物积极发展或者完成进程中的障碍,又可以作为事物朝着另一种进程发展的资源,由此直接受阻的进程可以得到间接的发展。理想主义不是一种充满了希望的盲目本能,也不是那种通常被称为乐观主义的形形色色的和隐晦的情绪表露,更不是乌托邦主义。理想主义承认,凭借正确的发现,我们才能够不断地推动事件的进程,才能够重新确定进程的方向。或者说得更具体一些,作为一个主导性的动机,理想主义可以促进发现并利用其得到的成果。

机械论意味着对于手段的相对认可。它承认了实践判断中已知事实的决定性意义。作为完结的各种孤立事实,并不是机械论的。它们最多仅仅是表现为有这样的结果。说这些事实是机械论的,是指实现其种种可能性的机制和手段。除了向前看(预测事件的未来走向)之外,机械论是一种毫无意义的观念。把这个观念运用到一个业已完成的世界,运用到任何荡然无存的场景,也是毫无意义的。那些有关过去世界的种种命题,仅仅是关于过去的命题(而不是为将来的行动提供什么条件),也许是完整的和准确的;但是,它们往往具有一种复杂的分类目录的性质。

另外,采用机械论的观念,就等于认可未来发展的种种可能性。①

5. 正如我们已经看到的,关于将来行动的判断暗示了一种对于情境中已知事实的评估,它是对追求的过程及其采用的手段的说明。因此,它必须具有相应的准确性。与其说需要附加一个完备性的要求,不如说需要附加一个准确性的要求。对于准确性而言,基本上取决于与下一步决定要干什么的关联度。完成(Completeness)并不意味着要穷尽事情本身(per se),但意味着要关心目的及其手段的适当性。列入的东西过多,或者把无关者也列入进来,这些都违反了准确性的要求,等于遗漏了——没有发现——重要的方面。

对此有了清楚的认识之后,我们便能够避免某些逻辑论证的混乱。前面已经论证过,对已知存在或者已知事实的判断不能是假设性的;事实性与假设性完全是矛盾的。如果把这两种限制性条件相提并论的话,它们就会发生矛盾。假设的事实是指构成已知事实命题条件的那些事实,它们与行动的目的有关——即与确定行动完成的可能性有关。经验材料或许是确凿的,或者如你所愿是绝对的,但我们却不能保证它们就是这种特定判断所需要的材料。假定将要完成的事就好比预测彗星什么时候返回,其主要的困难并不在于天文观察,也不在于根据观察进行的数学计算——尽管完成这些工作也许很困难。它需要弄清楚我们所得到的观察材料是不是与彗星的正确运行轨迹相吻合:困难在于既要确保我们没有漏掉有关的东西,又没有列入与彗星的运行无关的东西。达尔文关于自然选择的假设,并没有因为他关于圈养动物繁殖的命题的正确性而受到冲击。人工选择的事实可能就像他所陈述的那样——它们或许就不是假设出来的东西。但是,它们与物种起源的关联还是一种假设。从逻辑上说,任何一个事实命题一旦作为推论基础的时候,它就变成了一个假设命题。

---

① 假设现在的问题是关于过去地质年代地球的某种炽热状态。业已发现的事实虽然被当作一个命题或者一门科学的全部内容,但却不能被视为生命出现的原因或者途径。因为从定义上看,业已发现的事实形成了一个封闭的系统;硬要把一个未来事件扯进来,那就否定了这个定义。反过来,说地球过去的条件是后来出现生命的一个机械条件,则意味着这个过去的阶段不仅仅是被作为过去来看待的,而且是被作为转向其未来的过程,作为朝着生命方向变化的过程来看待的。要描述地球历史的这个早期阶段,就必然要涉及朝着这个方向的变化。一个纯地质学的描述可能在其自身的论域内是相当准确的,但在另一个论域之内却可能是相当不完整的,因而也是不准确的。也就是说,地质学家的命题可能准确地阐明了事物的过去状态,但同时忽视了由其过去状态必然引起的以后状态的描述。而一种未来的哲学可能不会忽视这个隐含的未来。

6. 就实践判断(包括对已知事实的判断)的真实性而言,这段话的意义是显而易见的。实践判断的真或假,是由结果构成的。在按照预定方向采取尝试性行动之前,确定目的-手段(构成实践命题的条件与关系)都是假设性的。这种判断是对还是错,只有看事件或者行为的结果了。由于只有结果才能给出完整的内容,所以这是一个直接结论。在这种情况下,如果先前的分析不存在严重错误的话,至少验证的结果与真相是完全吻合的。

叙述到此结束,算是思考其他问题之前的开场白。然而,上面的叙述提出了另外一个问题,而且还是一个独立的问题。为此,我得离题一下。如果要把得到的结果应用于所有的事实命题,其可能性和合理性有多大?换句话说,是否可以认为,关于事实的所有科学性或者描述性陈述,间接(如非直接的话)包含了将要做的事,包含了未来要用行动来实现的可能性?这样想是否合理?合理性这个问题太复杂,需要专门讨论。不过,不能否认,这是有可能的,也不能否认这种可能性值得仔细考察。我们至少可以提出一个假设:所有的事实判断都与确定将要尝试的行动的过程有关,都与发现付诸行动的手段有关。从业已解释的意义上说,所有陈述发现或者真相的命题和所有定言命题都是假设性的,其真实性将与被验证过的结果相一致,而这个结果源于明智的行动。

这个理论可以称为实用主义。不过,这种实用主义并不依赖于一种唯意志论(voluntaristic)的心理学。它没有牵涉到情感的满足或者是欲望的作用。

我要论证的并不是这一点。然而,如果实用主义的批评者们先分析通常的实践判断,然后再思考它们对于事实和本质的判断所产生的影响,可能才会重新理解实用主义的意义。伯特兰·罗素先生评论说[1],实用主义源于一种关于理论真理的理论,但却忽视了理论赖以为生和赖以检验的"事实真理"。就实用主义的起源而言,我不想提出质疑。哲学至少主要是一个理论的问题;詹姆斯先生也够认真的,所以对于确定这些理论的意义以及检验这些理论的方式颇为劳神费心。他的实用主义,实际上(诚如罗素先生所认识到的)阐述了将同样的检验应用于哲学理论的必要性,就像在演绎科学理论时所使用的方法那样;但这并不是说,我们就不能用同样的方法去处理所谓的"事实真理"。事实也许是事实,但仍然不是探究中的事实。然而,在一切科学探究中,我们把它称为事实、材料、事实真理,即表示把

---

[1] 《哲学论文集》(*Philosophical Essays*),第 104、105 页。

它当作进行推论的相关事实。如果（这似乎是在暗示）事实间接地隐含在关于未来行动的命题之中，那么，事实本身在逻辑性质上是理论性的。于是，陈述的准确性和推论的正确性就会成为真理的要素，而且还有证实的问题。真理是一种"三位一体"的关系，但它不同于罗素先生所阐述的真理。追求准确性和正确性，就是证实的目的所在。

II. 价值判断

I

我的目的是要将前面得到的关于实践判断之含义的一些结论，引申到价值判断的问题上面。首先，我将设法厘清一些误解的来源。

然而，不幸的是歧义根深蒂固，很难用三言两语把价值问题说清楚。对于好的(a good)经验，对于某物在种类和数量所进行的价值判断，两者几乎是纠缠不清的。这种混乱由来已久。中世纪的思想里面就有其踪影；笛卡尔使它复活起来；近来的心理学赋予它一种新的变化。感觉被看作是比较恰当的认识方式，而情感被看作是感觉的方式，因此也被看作是认识理解的方式。出于科学的目的，笛卡尔致力于说明感觉并不是认识诸如身体特性的工具，而只是理解身体与人这个有机体的安乐之间关系的工具。快乐和痛苦的感觉，饥饿和干渴等感觉，都是很容易感知的；颜色、声调等同样很容易感知到。对于这些感觉，他这样说道："自然在我的身上赋予了感觉这样的感知能力，这是为了表示什么东西是有益的，什么东西是有害的。"①这样才有可能将身体的现实属性与其几何属性等同起来，而不需要他去面对这样的结论：上帝（或者自然）会让我们受到颜色、声音等感知的欺骗。之所以赋予我们这些感知能力，那仅仅是为了教导我们应该追求什么和避免什么，具有这样的理解力(apprehensions)就足够了。从下面的一句话里面可以清楚地看到，他认为我们对所有好东西的体验与判断或者认识理解是一回事："当我们听到消息的时候，大脑首先对其作出判断，如果它是好消息，我们便会充满喜悦。"②

这说明了有关判断力(*vis aestimativa*)的经院派心理学的一种复兴。按照洛

---

① 《第六个沉思》(*Sixth Meditaion*)。
② 《哲学原理》(*Principles of Philosophy*)，第90页。

采①的理论,情感包含了快乐与痛苦,因此情感是价值判断的工具,或者按照更新的术语来说,情感是对价值的认识理解(对应于感觉性质的直接理解),这是一种新瓶装旧酒的理论。

为反驳这个理论,本文以休谟的下述文字所阐述的立场为依据。他说:"情感是一种原始的存在,或者也可以说是存在的变异,并不包含有任何表象的性质,使它成为其他任何存在物或变异的一个复本。当我愤怒时,我现实地具有那样一种情感,而且在那种情绪中并不比当我口渴或生病,或是5尺高时和其他任何对象有更多的联系。"②在有些人看来,我这样做似乎是在回避问题的实质,其实这无疑是一个显而易见的事实。先前有一种教条认为,每一种意识经验根据事实本身(*ipso facto*),都是一种认知的形式。这种教条掩盖了事实,所以,是否正确还得由高举教条的人来证明。③

有一种流行的学说认为,"鉴赏力"是一种特殊的认识,或者说是对现实的认识发现,所以对"鉴赏力"这个术语似乎还需要进一步地说明。之所以说这种鉴赏力特殊,因为这种认识的对象是一种特殊的现实类型,而且其认识工具是一种特殊的智力条件,这种智力条件完全不同于常识和科学所要求的那种才智。事实上,把鉴赏力看作一种对于对象的刻意增加或者极度体验,似乎是没有任何理由的。鉴赏力的反面并不是描述性的或者解释性的认识,而是一种贬低——对对象的一种贬低的认识。一个人爬山,可能是为了更好地认识一个景观;他旅行到希腊去看帕台农神庙,从中所获得的认识要比从照片上得到的充分。要获得一种增强的体验,可能会需要智力和知识,但这并没有把景观或者帕台农神庙变成一个十足的认知对象。因此,一种音乐体验的充分性也可能取决于过去的批评分析,但这并不一定就把听音乐变成一种非分析性的认知行为。鉴赏力要么仅仅意味着一种强化的体

---

① 鲁道夫·赫尔曼·洛采(Rudolf Hermann Lotze,1817—1881),德国哲学家、医学家,他是沟通德国古典哲学和20世纪唯心主义的哲学家,著有《医学心理学》、《形而上学》、《逻辑学》等。——译者
② 《人性论》(*Treatise of Human Nature*),第2卷,第3章,第3节。原注为第3卷,似有误。——译者
③ 我把这个问题与别的问题搅在一块,这也许是个很糟糕的策略。但是,显而易见,"激情"、痛苦、快乐可能被当作某种超越它们自身的东西的证据(就像超过5英尺高这个事实可能被当作证据一样),因而获得了一种代表性的或者认知的地位。不是还有一种貌似真实的假设,认为一切感觉的基本属性(qualities)本身都是赤裸裸的存在或者事件,而不是认知的矫饰,只不过以代表其他东西的符号或者证据的形式获得后者的地位吗? 在认识论上承认快乐和痛苦不具有认知性质的理想主义者或者实在论者,似乎肩负着特殊的义务。要慎重考虑这个论点,即除非用来代表其他东西,一切感觉的基本属性都不具有认知性质。承认这一点,便把逻辑从对次要属性进行认识论的讨论中解救出来。

验,要么意味着一种批评,于是就落入了一种日常判断的窠臼,两者的差别就在于鉴赏力适用的是一件艺术作品而不是别的对象。同一种模式的分析,也可适用于"直觉"这个比较陈旧但却是同源的词汇。其实,"相识"、"熟悉"、"认识"(承认)这几个词同样充满了歧义的陷阱。

然而,在当代的这场关于价值判断的讨论中,鉴赏力是一个特别靠不住的字眼。开始,人们断言(或者臆断),所有对好东西的体验都是认识的方式,好东西是一个命题的条件。评价是一个批评和探究的过程,其目的是为了确定一件东西的好坏。科学是一个探究的过程,目的是为了确定一个事件的性质。因此,这两个过程极为相似。当体验强化了评价与一般善恶体验之间的巨大差异时,我们便借助直接欣赏与间接知识或者推论知识之间的差异,把"鉴赏力"请进来,让其顺顺当当地充当直接认知理解的角色。于是,我们用第二个错误来掩盖并维护第一个错误。按阿诺德·本涅特[①]笔下女主人公惯常的做法,充分欣赏一个东西不过是这样的一种认识:我们闻到了什么气味,然后发现发出这气味的东西很好,最终还得到品尝的机会;或者这种认识不过是愤怒,是干渴,或者是身高不超过5英尺。我们所能运用的语言都带着一种源于思考的力量。甚至在我说到关于愉快的或者不愉快的一段直接体验时,人们最容易在概括性的特征中读到一种经过思考后认为是愉快的东西;人们不得不用语言来刺激,以便获得一种直接的体验,但语言并不依赖于这种直接体验。如果一个人愿意进行这样一次想象的旅行(不能强迫),他会注意到,发现一个东西不错,这不仅是一种思想上的判断,而且还意味着采取某种方式来对待这个东西,即迷恋它,一个劲地谈论它,欢迎它,用行动来留住它,从它的身上得到快乐。这是一种指向对象的行为方式、一种有机体的反应方式。心理学家也许会引入情感这个因素,但如果他还真有贡献的话,那是因为他所解释的情感仅仅是部分反应,而人们面对这个对象时,必然会产生一些直接的有机体的反应。相反,如果我们不是以一种反思来检验结果的方式,而是以一种直接的体验来发现一个东西不好,我们就会对之表示排斥,竭力试图摆脱它,摧毁它,或者至少要让其消失。这代表的不是一个欣赏的行为,而是一种反感、厌恶的行为。我们说一个东西好或者不好,实际上是在陈述一个(保留在记忆中的)事实,涉及一个情境,表明

[①] 阿诺德·本涅特(Arold Bennett,1867—1931),英国小说家、剧作家、散文家、记者,著有《老妇人的故事》、《里程碑》等。——译者

对这个东西接受还是排斥。无论是接受还是排斥，任何行为都具有这样的特征。

我之所以说这些，因为我确信，当代关于价值与评价的讨论混淆了两种截然不同的态度——一种是对于好坏的直接、积极和非认知的经验态度，另一种是对于好坏的评价态度。后者仅仅是一种判断的方式，与其他任何一种形式的判断一样，两者的差别只不过在于其内容碰巧是好东西或者坏东西，而不是一匹马、一个星球或者一条曲线。然而，对于讨论来说，不幸的是，"to value"的意思是指两件截然不同的事：一个是珍视、评价、尊重、估计，即按照上面描述的意义去发现好的方面；另一个判断它是好东西，把它作为好东西来认识。之所以说这两种意思截然不同，因为珍视说的是一种实际的、非理智的态度，而评价说的是一种判断。人们喜爱和收藏宝贵的东西，同时又会忽视、谴责其他的东西，这是毋庸置疑的事实。说这些东西有价值，这不过是在重复表示它们受到喜欢和珍爱，而并没有说明它们受到喜欢和珍爱的理由。说它们有价值，然后赋予它们有价值的对象的特质，或者赋予价值（指估了价的对象）事物中那些被视为珍贵的特质，这给价值判断的理论造成了无可救药的混乱。

由于这种混乱泛滥，而且又产生了很坏的后果，因此在进行更加技术性的讨论之前，我还要详细谈谈这个问题。两者的区别可以比作吃东西与调查所吃的食品属性之间的区别。一个人吃某些东西，可以说，他吃的本身就意味着他把它们当作食物，意味着他对食品进行了认知性的判断；或者从认知的角度去看待食品，并且意味着问题仅仅在于他是作出了真实判断，还是提出了一个虚假命题。现在，如果我们思考一下具体的体验，就会发现，一个人不假思索地吃东西，这实在是极为平常的事。一个人习惯性地把面前的东西送进嘴里，这跟婴儿按照本能进食是一回事。一个旁观者或者思考者会有理由说，他的行为就像他判断所食的东西是食品。但是，如果他说其中还涉及任何判断或者理智的决定，那就没有道理了。他要吃东西了，朝着食品之类的东西做出了动作，这只能说他把那东西放进了嘴里，咽了下去，而且没有吐出来。那个东西于是被叫作食物。但这并不意味着那东西就是食物（即可以消化的营养物质），也不意味着食者因为判断那东西是食物，所以就形成了一个真或者假的命题。他有疑虑，或者心想，尽管自己对那个东西反感，但那东西是有益于健康的，自己的身体需要恢复元气，等等。只有在这种时候，才会出现这个命题。如果这个人病了，医生可能会问他吃过什么，然后可能宣布说那东西根本不能吃，是毒药。

上述例证中，如果使用"食物"这个倒摄性(retroactive)的词，就不会有什么危险，也绝不可能混淆"实际吃的东西"和"营养品"两者的含义。可是，用"价值"和"好"这样的字眼，就会产生这种混乱而带来难以克服的危险。作为一个合理的用语，"好"与"坏"涉及一种与其他事物的关系（这就与把一个特定的对象叫作食物或者毒药的含义是完全一样的）；由于忽视了这个事实，我们假设在思考或者了解某种行为、对象的好处或者价值时，是在把什么东西当作简单的和自我封闭的来处理，就像我们对什么东西立刻做出表示珍惜、欢迎或者珍爱的简单行为一样，完全是出于本能或者习惯，并没有什么道理好说。实际上，确定一个东西是食物，这意味着考虑这个东西与消化器官的关系，考虑这个东西与它在身体系统中的分布及最终目的地的关系。同样，我们发现一个东西好（比如用某种方式来对待它），然后确定这是个好东西，这恰恰意味着，我们不再把它看成是一种直接的、自给自足的东西，而是从它的后果来加以考虑，也就是说，从它与更大的一组其他事物的关系来考虑。如果有意识吃东西的人暗示他吃的是食物，那么，他是在预测或者预言某些结果，他做出吃这个动作便多少有足够的理由了。他是在进行判断，或者在理解，在认知——他的判断、理解、认知可能是对的，也可能是错的。所以，一个人不仅可能欣赏一个事物，而且可能判断他所欣赏的事物是不是好，是不是有价值。不过，他这样做的时候，超越了眼前的事物，推演到了其他事物，因为他暗示其他的事物与之关联。吃到嘴里和肚子里的东西一定会产生后果，无论吃的人是否想到这些后果。但是，除非想到吃的后果并把后果与吃的东西联系起来，否则，他并不了解自己吃的东西——他并没有把吃的东西变成一个具有某种特性的条件。如果他停下来说"啊，这太好吃了！"，那么，关于这个对象，他并没有说什么，只是陈述了一个事实，即他喜欢吃这个东西。如果愿意，我们可以把这句感叹看成是一种思考或者一个判断，但这句感叹是理智的，这个断言是为了夸大他对这个东西的喜爱，是达到目的的一种手段。一个饥饿的人在还没有来得及沉迷于这种初步的判断之前，一般就在某种程度上满足了自己的欲望。①

---

① 对于抓住了我的论点思想的读者，这样说也许不是没有意义的：典型的理想主义谬误在于把理智的审视或者反思性审视的结果引入直接体验之中，而实在论的谬误在于把反思性的运算看成是在准确处理最初的行为所涉及的同样的论题，即把"理性思考"的好东西和直接感受的好东西看成是同一种东西。这两种谬误之所以产生，是因为把两种不同的行为相互同化了，而且给两者冠以"认识"(knowledge)的头衔。这样一来，便把它们之间的差别仅仅看成是直接欣赏与思考性欣赏之间的差别了。

II

现在言归正传。我的观点是,价值判断只是实践判断的一种实例,即关于做什么事情的一种判断。这个观点与一个假设相冲突,该假设认为,价值判断是对于一种独立于行动的特定存在的判断,主要的问题在于这种判断是主观的还是客观的。我的观点还与这样一些倾向相冲突,它们认为,要确定正确的或者错误的行动进程(不管是道德上的、技术上的、还是科学探究上的行动进程),就要依赖于一些被称为价值对象的精神性东西的自主作用——无论其精神性属于它们所存在的某些先验永恒的王国,还是属于某些精神状态的王国。我主张,价值对象不过是这样一些对象,它们被断定为具有某种力量,可以在一个情境中推动事情朝着一种确定的结果发展。我还要强调,发现一个东西是好东西,并不是把什么都归因于它,只是说要对它做点什么事情。但是,考虑一个东西是不是好东西以及它的好处何在,则是在问它将怎样像作用力一样去推动一个行动的进程。

于是,在一个好东西或者一种直接体验与一种鉴定的或者判断的好东西之间存在着巨大的差别。下雨也许很不舒服(仅就下雨而言,就像一个人的身高超过5英尺一样),但是,雨水对于种庄稼却"很好",就是说,雨水有助于庄稼或者促进庄稼朝着一个已知的方向运动。这并不意味着作出了两种相反的价值判断,而是意味着还没有任何判断可言。然而,假定我要作出一个价值判断,我大概应该说,尽管淋湿了很不舒服,但下雨的确是好事情。我现在把它当作两个相反的情境中的一种手段来判断,一种手段两个目的。下雨的一个后果是我不舒服,另外一个后果是未来的庄稼,我把两者进行比较,然后说"不要打扰后一个后果"。作为一种力量,我认同这个后果,不认同因淋雨而直接感到不舒服这一后果。不错,在这种情况下,我对下雨无能为力。就阻止下雨或者种庄稼而言,我的这种认同可说是出于感情上的原因,而不是出于实际的考虑。但实际上,这个断言是:没有人会以下雨会带来不舒服为由而阻止下雨。如果可能,人们会鼓励继续下雨,人们会说:继续下雨吧!

在许多别的情况下,我们可以明显看到具体的行动干预。我想到,我正在吃的这个"食物"味道很好,可它对我没有益处,因为它不易消化。它不再作为直接的好东西,以及将要接受的东西发挥作用。如果我要接着吃,那得等我慎重考虑之后。我考虑,吃这个东西是一种手段,可能引起两种矛盾的后果,一个是眼下从吃之中得到愉悦,另一个是以后的身体状况会出问题。可能出现其中一种后果,不可能同时出现两种后果。尽管我可以说服自己,认为在这个例子中,两者是一致的,从而"解决"了这个矛盾。现在,这个价值对象指的是这样一个东西,我们判断这个东西是实现这个或者那个目的的手段。由于珍惜、珍爱、珍视指的是行为方式,评价就是通过联系有关的其他行为,或者这些行为所归属的行为连续体,对这些行为作出判断。评价意味着把行为模式从直接接受和欢迎变为怀疑和调查,这种行为会推迟直接的(或者称为显性的)行动;并意味着将来的行为具有不同于眼下行为的意义,因为即便我们决定继续此前的行为,一旦经过深思熟虑,我们所选择的行为便具有不同的意义内容。

实践判断被定义为对要做什么或者要完成什么所作出的判断:它是一种涉及未来将怎样改变一个不完整的亦即不确定的情境的判断。说价值判断归属于实践判断的范围,即是在说这么两点:第一,价值判断本身永远不会结束,价值判断永远在确定要完成什么;第二,价值判断(不同于直接体验好的东西)意味着价值不是任何先前被给予的东西,而是通过未来的行动确定的东西,价值本身以判断为条件,又随着判断而发生变化。此话似乎与最近的一个断言相冲突。这个断言说,供我们认识的价值对象是指受调查的价值对象,这个对象是达到相互竞争的目的之手段。它已经充当了这种手段。倘若我吃这只龙虾,结果将是眼前的享受和未来的消化不良。但只要我作判断,价值就是不确定的。问题并不在于那个东西能有什么功用——这一点,我也许相当清楚,问题在于我们是否要实施一个行为,以实现这个东西的潜能。在两个选择之中,我要让情境变成什么样?这意味着要赋予作为手段的这个东西什么力量?我把它作为实现眼前享受的手段,还是作为未来健康的一个(负面的)条件?当它在这些方面的地位确定之后,其价值就确定了;结束判断,继续行动。

因此,实践判断主要还不是关注对象的价值,而是要关注为使一个不完整的情境得以改变所需要执行的行动方针。不过,通过对对象价值的判断,可以促进对这种判断的适度控制。对象是作为采取深思熟虑行动的目的和手段而得以进入的。举一个例子,我的最初(及最终)判断与买一套衣服有关:要不要买?如果买,买什么?无论怎么说,问题都与可供选择的行动方针有关,但与各种对象无涉。不过,这个判断将是这样一种判断(而不是一种碰巧的反应),它要对各种对象的价值情况进行权衡评估。这些西服的价格究竟是多少?从目前的时尚来看,其式样究竟如何?耐用性怎么样?这些西服是否与我心目中的主要用途相吻合?吻合度有多大？这种相对比较下来的耐用性、低廉性、适合性、风格式样,以及美学上的吸引度等,构成了价值特性。这些特性不是对象本身的特性,而是有助于我可能考虑买下一套西服的特性。这些特性的价值,恰恰就在于它们能够发挥这种作用。在这点上,判断其好与坏,就是在确定其相应的性能(capacities)和强度。除了这些性能方面的情况以外,它们并不具备认识的价值特性。确定看见的一套西服比较有价值,这等于(有力量推动)作出一个这套西服更好的判定。这个过程提供了所需要的刺激,于是行动发生了,或者说行动从不确定的——未决定的状态走向了决定的状态。

　　只要提到"主观的"和"客观的"这两个术语,大概就会引出一大堆歧义。不过,正是由于这个原因,在将"客观的"这个术语用于价值评估时,指出其模棱两可的性质,这可能是值得一试的。人们可能会将客观等同于情境之外独立存在的性质,这是相当错误的,因为我们不能离开情境来决定一个未来的行动方向。或者说,客观可能指的是一个相对于某种情境的对象的性质状态,而这个情境必须通过判断来形成。衣服已经有了定价,并具有一定的耐用性和款式,它是独立于需要实践判断的情境。衣服的这些特性并不受实践判断的影响,它们原本就存在着,而且是被直接经验到的。不过,作为直接经验的东西,它们并没有确定的价值。它们不是评价的对象,而只是用于评价的材料。我们可能费了很大的功夫,才发现这些特性是既定的性质;但发现这些性质,是为了接下来对它们进行价值判断。如果它们已经属于确定的价值,就不用对其进行评估了,它们就变成引起直接反应的刺激因素。如果一个人已经认定价值在于廉价,那么直接买最廉价的西服好了。他判断的重点是廉价的价值,而在要求其采取行动的情境之中,这要取决于便宜的程度或者重要性,而不是耐用、样式、合适等。发现是冒牌货,并不会影响对象的实际耐用性,却会影响廉价的价值——即对影响判断的那种特性所给予的分量;但如果廉价已经有了确定的价值,却不会影响其价值的判断。简单说来,一种价值指的是一种考量,但考量并不仅仅是一种简单的存在,而是一种对判断有所要求的存在。受到评估的价值,并不是人们注意到的存在性质,而是在对一个既定的存在性质进行判断时所附加的影响。

　　这里的结论并非说价值是主观的,而是说价值是实践的。进行价值判断所需的情境并不是心理上的,更不是凭空臆造的。我只能认为,最近关于价值及价值判断的客观性之讨论,大多建立在虚假的心理学理论之上。其基础是给某些术语赋予一种源于内省心理学的含义;这种心理学接受一个由纯粹私密的意识状态所构成的王国,这种私密性不是社交意义上的(含有待人礼貌或者秘而不宣的意思),而是存在上的独立性和分离性。例如在这种情况下,把价值说成是选择或者欲望,即说价值是主观限定的。假定我们跳出这种心理学,情况就会恰恰相反。选择也好,决定也罢,这主要是某种行动,是对一个特定的东西所施加的一种行为。"马要吃草"的意思,只是说马吃草;"这个人要偷东西"的意思,(至少)是说他企图偷窃。在经过反思的干预行为之后,这个人还是想要去偷东西。那么,这种尝试便具有某种理智的或者认知的性质了。不过,这也可能就是一种单纯的行动事实。后来回想的时候,我们把它称为选择,比如一个人千方百计地想换一个国家身份,想成为英国人,如果说这种选择有什么意义的话,则表示这个选择是一种没有选择的选择,所以要不断努力而为之。从后面这个意义(即像"选择和欲望"这样的术语,指的是种种行为的方式)来看,其用途只不过在于具体说明了一种一般原理,即认为一切评价都与确定行动的方针有关。选择、意愿原本仅仅是一种按照既定方针行动的偏好。假定一个抛出去的球突然转向一个特定的方向而不是按照某种弧线运动,那么,就主观性和心理因素而言,选择、欲望这种偏见并不比一个球的偏离大。它不过是一个称呼罢了,用来指代这种行动与众不同的特性。但是,沿着某条行动路线继续前进的这种延续性是可以质疑的,也就是说,要把这种延续性视为通向未来结果的手段,而这个结果便可能是这样,也可能是那样,这样一来,选择便获得了逻辑或者理智的意义;或者说获得了一种精神的性质,如果"精神"这个术语专门用来指具有这种理智性质的行为的话。选择仍然是指确定一个行动方针,至少是指尽早在现实可能的情况下确定我们行动的趋势。否则,我们虽然还没有作出选择,但却为了摆脱悬而未决所造成的压力,只好相信自己已经进行了选择,以此来自我安慰。

  这个分析同样完全适用于欲望。各种预测的结果,可能使目前的种种反应出现分歧并相互竞争;有机体可能会遭到各个方向的撕扯,而且每个方向都在阻止其他方向走向完成。有机体内部的这种撕扯,积极倾向之间的这种争斗,是一个真实的现象。朝着一个既定方向的撕扯,表明一种预料之中的结果或结局在掌控着我们,其他方向的撕扯亦同此理。如果有人要了解评价过程的机制,那么,毫无疑问,答案就在于个中蕴涵的种种欲望。但是,如果把与一个高度有机的生命活动有关的一切都称为主观的话,我认为,这是毫无道理的。在我看来,从主观意义上强调对价值和评价的心理学处理,不过是用一种极为拙劣和消极的办法来维护一种积极的真理。价值和评价属于行动的范畴,就像一个行动受到欢迎并为人接受一样,评价是决定未来采取什么行动的当前行动;这个当前的行动之所以发生,是因为未来的行动并不确定,也尚未完成。

于是可知,评价并不单单是对实施过程的手段的力量或者功效的承认。因为除非对其过程和结果提出质疑,否则,评价便不会发生。除非内部发生冲突而导致行动上的犹豫不决,一般是不会出现任何质疑的。打一个比方,我们可以说,下雨对于去除灰尘是有益的,这便把力量或者功效与价值等同起来了。我认为,除非事物在一种持续的情境中具有一种向前推动的潜力,否则就不会有什么评价,也不会带来什么价值。现在流行的观点,强调功效与价值之间的密切关系。不过,"价值"这个词并不是对"功效"这个词的简单重复,它增添了一些内容。我们朝着一个结果前进,同时由于受到刺激的缘故,又朝着与之不相容的东西接近(比如龙虾既是享受的原因,又是消化不良的原因),这时一个东西便具有了两种潜能。虽然我们对龙虾的功效没有必要表示怀疑,但只有到了最后才能确定龙虾的价值。如前所述,实践判断同时决定了手段和目的。我们虽然知道了功效,但没有选择目的之前又怎么能确定价值呢?下雨(比方)对于去除灰尘是有价值的。对我们来说,去除灰尘是否有价值呢?如果有的话,到底有多大?在我们的活动(这是去除灰尘的一个因素)与一个不相容的活动发生冲突之前,这些都是不得而知的。不错,它的价值就是它的力量,但这个价值乃是驱使我们朝着一个目标而非另一个目标前进的力量。换句话说,并非所有的潜能都具有价值,只有具备了判断未来行动的特定条件,一个潜能才有价值。为了作出选择,才出现权衡的欲望和必要;如果不是在这样的情况下,便不存在价值。不过,我们却不能因此把欲望、权衡和决定看成是主观的现象。

按照一个荒唐可笑的说法,只要一个人知道自己想要什么东西,他便不会有什么欲望;即使存在,也只是朝着既定方向的运动或者努力。欲望是多种多样的,同时还是互相竞争的;正如我们已经提到的,欲望之间总是相互竞争,而且是各行其道,它们不可能都会得到满足。反思是一个发现我们需要什么的过程,也就是发现我们的真实需要的过程,这意味着形成新的欲望,即新的行动方向。事物在这个过程中获得了价值,但这个价值原本是不具备的,尽管它们原本也具有功效。

无论会引起多大的争议,都应该彻底地揭示这种学说。对价值作出判断,就是在本无价值的地方建立起一种确定的价值。先前赋予的价值,不一定就应该成为评价的依据;这个依据仅仅是确定一种还不存在的价值的条件。一个人病了,他经过权衡决定还是去看医生,而医生无疑原本就存在;但是,断定有利于改善目前状况的并不是医生,而是去看医生的判断。一个东西的存在,仅仅是因为一个立足于判断的行动。他认为,有价值的东西并不是他原本拥有(或者别人也拥有)的健康,而是重新恢复健康——这是有待实现的东西。在他作出恢复健康才好的判断时,他过去健康时的种种结果无疑会对他产生影响,但这些结果并不构成什么好处而成为他进行判断的内容和对象。他可能会判断说这些结果过去很好,但不会判断说这些结果现在很好;因为现在判断为好,这意味着它是仍然要采取的行动对象。要判断说这些结果过去很好(这不同于仅仅回忆健康带来的某些好处),即是在判断说假使这个状况要求过去在决定一个行动方向时三思而后行,那么,人们就会作出这样的判断;只有通过行动,才能得到并维持健康这种存在。关于这类判断,可能会存在逻辑论证上的困难。因为这类判断隐含着关于判断似是而非的悖论,即判断的正确内容就是判断自身确定的东西。实践判断的本质在于:它是一种对于是什么和怎么样的判断,即对判断构成中的各种因素进行权衡的判断,看不到这个事实就会一无所获。探究一下这种特性是否可以揭示"意识"的性质,一定会很有意思;不过,我们现在还不能去探究这个问题。

III

前述所引出的结论是:只有作为一种将来行动的决定性的因素,一种确定的价值才得以形成。只要有一种确定的好处,就足以刺激行动,这时根本不需要对将来的行动或者对象的价值作出什么判断。然而,人们常常想当然地认为,评价就是将某些固定或者确定的价值应用到现存各种相互竞争的东西上面;评价隐含着一个先验的(prior)价值标准,评价就是把各种东西拿来与体现最高价值的标准进行比较。这个臆断值得商榷。就算这个臆断站得住脚,它却剥夺了效用原有的地位。因为它把做什么的判断变成了应用现成价值的问题,而不是——如我们所做的那样——在实践判断中来评价一个决定。这个臆断的论据如下:每个实践判断都依赖于对最终结果的价值的判断;这个结果可能只是接近最终的结果,而这意味着还有别的好处有待判定,因此从逻辑上说,我们一定要达到对一个最大利益、一个最终结果作尽善尽美的判断。如果这一陈述对于实情的描述是准确的话,那么,毫无疑问,实践判断要依赖于事先认可的价值;这样的话,我们一直接受的假说就颠倒了事实。

我的批评首先要指出"end"这个词的歧义性。前文提到在实践判断中手段和目的之间的相对性,在此,我想再回顾一下。如果承认这个相对性,也就等于承认说,只有通过对手段的判断,才能在判断中确定目的("end"目的),而手段是在使一个悬而未决的状况变得完整的过程中具有价值的事物。但是,恐怕我不能以此作为依据。因此,我将指出,"end"既可能指对判断的实际限制——顾名思义,就是根本不进入判断,或者可能指判断的最后对象或者完成对象,即这个对象的形成("end"结果)。一旦形成了这个对象,一个原本过渡性的、不完整的已知情境才会稳定下来。关于"end"的第一个意思,它是没有任何价值的;至于第二个意思,它与我们刚才讨论的那种结局是一回事,或者说它是在判断的过程中确定的,而不是一种控制判断的已知价值。可以断言,在前文的例子中,独特的西服本身就是一种价值,可以在众多的西服中为购买者提供评价的标准。他按照一个标准来对其他西服的价值作出判断,而这个标准是一种终极的和最高的价值标准。这话又引出了刚才提到的歧义性问题。因为要穿衣服,所以才刺激购买者去判断西服的价值;一旦拥有了西服,判断也就结束了。这是判断的(of)结果("end"),但"的"这个字是客观意义上而非所属意义上的;这个"end"不是目标意义上的,而是终止意义上的。一旦确定买下衣服,就不再需要判断了。如果权威的论点要有分量的话,我想可以找出亚里士多德的学说。他说过,我们绝不考虑"end"而只考虑手段。这就是说,在整个缜密的考虑中(或者在整个的实践判断或者探究之中),总会有一些判断顾及不到的东西,而这些东西往往贯穿在判断的始终。我还要补充的是,根据亚里士多德的观点,当我们在"发现顺序的最后找到了因果链条的第一环节的时候",总是会让思考停止下来,这也意味着"我们又把因果链条(各种手段)追回到我们自己身上"。换言之,最后的预期结果,总是会作为随之发生的或者直接的手段而影响到我们行动的能力。行动判断所确定的预期结果,对于做事情来说,就是充分的或者完备的手段。

不过,我们确实需要慎重考虑目标,考虑预期结果——这个事实说明,目标和预期结果与作为限制思考的结果是截然不同的。在眼下的这个例子中,目标不是那套西服,而是要买到一套合适的西服。这是需要细心估计或者评价的事情。我想,我可以肯定地表明,确定这个目标就是确定西服的价值,它是通过比较可选西服的便宜程度、耐用性、风格、样式的价值而确定下来的。价值不是通过比较各种西服与理想的样式而得到的,而是在便宜程度、耐用性、相配性等方面,通过对各种西服比较之后得到的。相配性的另一方面,当然还包括要考虑钱包的厚度、已有的西服,以及在这个情境中需要了解的其他具体要素。当然,购买者也可能在买西服之前就选定了某种样式;但这仅仅意味着,他事先已经作出了判断;样式并不对判断发挥什么作用,但对他的眼前行动却发挥了刺激作用。这里涉及一种对于极为重要的事关道德类型的实践判断的思考:在行动情境提供的具体条件之外所形成的样式概念越是完整,人们的行动就越是缺乏理智。在面对实际选择的时候,甚至在买西服的时候,绝大多数人可能会对理想中的样式有所改变。在面临道德选择的情境中,不能作出选择的人就不再是一个道德行为者,而是变成了一台有所反应的机器。简言之,评价的标准是在实践判断或者评价的过程中才形成的。它不是从外面拿来而加以应用的东西——这样的应用,意味着根本没有什么判断可言。

IV

关于标准,迄今为止,尚未有太多的讨论。然而,标准或者尺度的概念与评价有着如此密切的关系,以致关于标准的思考可以对最后的结论进行检验。必须承认,关于标准的性质问题,前面讨论所提出的观点与时下流行的观点是格格不入的。这是因为,我的论据表明,标准是在评价的过程之中决定的而非在过程之外,因此不能作为现成的东西来决定评价的过程。在很多人看来,这似乎很荒唐,完全是自相矛盾的。不过,人们对流行的观点总是未经检验便盲目地接受;其实,这是一种先入之见。一旦接受,与道德行动有关的判断和认识便失去了一切重要性。假定标准是已知的,剩下的便只是把它机械地应用到手边的实例——这就好比用一码长的尺子去量布料一样。现实中,道德的不确定性是让人难以接受的;似乎也存在着这种不确定性,但它只是一种道德排斥的名称而已,或者是由于内在的邪恶而在道德上拒绝承认和应用现有的标准,或者是由于道德上的堕落而削弱了人的道德理解力。有一种学说认为,标准先于道德判断并且独立于道德判断。这种学说一旦与某些关于原罪和堕落的学说结伴而行,人们就必须尊重前一个学说的完整逻辑。然而,关于标准先于道德判断而不是源于道德判断的种种现代理论并不属于这种情况,因为它们忽视了在它们的认识中存在的不确定性和错误。诚然,这样的思考决定不了什么,但可能有助于我们不带偏见地对待一种与各种通行理论完全不同的假说。这个假说阐述了当前各种实践的趋势,这就是越来越倾向于把理智的行为变成道德的核心因素。

据此,我们把价值的标准视为反思性评价过程中发展起来的东西。让我们来看一看:除此之外还有哪些选择?如何才能了解这样的标准?要么通过一种先验的直觉方式,要么通过从先验的案例中抽象出来的方式。后一种方式把我们推入享乐主义的怀抱,因为享乐主义关于价值标准的理论从这一观念中找到了其逻辑上的功效。这一观念认为,先验的固定标准(该标准并不是根据情境反思后确定的)迫使我们依赖种种无法克服的先前的快乐和痛苦;这些快乐和痛苦本身就是确定的价值,完全可以充当标准,它们本身完全是独立的和终极的。这个明显属于常识的选择,会把先验的情境的"价值",比如一个善举的价值,完全地带给承受者。但是,任何类似的善举只是整个未经分析的情境中的一种活动;因此,它根本不适用于新的情境,除非新的情境与旧的情境一模一样。只有当"善举"被分解成一些简单的和不可改变的单位,而且旧情境的这些单位又与新情境相同,我们才能找到不会产生歧义的标准。

这个逻辑无可指责,而且表明不可克服的快乐和痛苦是评价的标准。问题不是出在逻辑上,而是出在经验事实上,因为事实才能检验前面的争论。为了进行论证,就算我们承认有一些确定的存在叫作快乐和痛苦,它们也还不是价值的对象,而仅仅是值得珍惜的事物。作为一种存在,同样的快乐或者痛苦在不同的时间,由于判断方式的不同,价值也不同。与消化不良带来的痛苦相比较,吃龙虾的快乐的价值是什么?当然,那个标准告诉我们,要把快乐和痛苦分解成一些基本单位并进行计量。① 然而,这些简单的基本单位似乎完全属于常识的范围,就像随便问问街上的行人,都知道原子或者电子属于常识一样。它们就好像是一些基本的和中立的单位,分析心理学家们将其作为一种方法论上必需的东西而明确地提出来。比如牙疼这样一个十分确定的事实,其价值会因为牙组织的结构及其反应而发生变化,那么,显而易见,日常经验中的快乐和痛苦就更加复杂了。

---

① 分析实在论应该赞成这种享乐主义;可目前的事实是分析实在论者并不赞成,这似乎表明他们对自己的逻辑态度不够认真,并且因为现实动机的限制,不能完全把其应用于实践。说道德生活展现了一种高级的组织和整体,既是说真话,但同时也是在说,按照其分析逻辑,需要把什么东西分解成终极的、独立的单一体(simples)。除非他们把边沁的快乐和痛苦论当作终极原则(ultimates)来接受,否则,他们一定会提出令人接受的替代理论。然而,在这里,他们打算改变自己的逻辑,把完善组织(有各种定义)作为利益的标准。于是,为了逻辑上的一致性,又承认这个假说——在任何情况下,一个最终的组织(而不是先在的单一体)提供了认识的标准。同时,"完善"这个词(或者任何同义词)表示承认这里提到的组织并不是本体论意义上的先验的东西,而是还未达到的目标。

不过,这个复杂的问题可以不用考虑。我们甚至可以不考虑这个事实,即一个理论起初完全是以经验为依据的,现在则反过来需要让经验事实去满足逻辑论证的要求。另外一个问题也绕不开而必须加以考虑。在任何情况下,构成度量标准的基本存在物的量都取决于判断,而判断据说又由这个标准来调节。评价的标准是由一种行动而得到的计量单位,这些单位是将来的结果。这时,判断者的性格就是产生这些结果的条件之一。一个麻木不仁的人,不仅预见不到某些结果,不能对这样的结果给予适当的权重,而且不能提供如一个敏感之人所构建起来的发生条件。完全有可能使用判断而产生这样一些行为,它们无疑会增强这种器官上的麻木感。关于道德标准的分析观念——符合逻辑地——为有意地减弱敏感性提供了条件。如果问题的症结只是让快乐单位的数量超过痛苦单位的数量,那么排列一下,让某些痛苦实际上感觉不到就行了。这样的结果,尽管可以通过操纵器官之外的条件来得到,也可以通过把器官变得麻木来得到。坚持这个过程在短时间内会产生不安,产生交感性的极度痛苦;但长远来看,这些痛苦都会消除,剩下的就全是快乐了。

针对享乐主义的这个批评,是很传统的。我现在对享乐主义的关注,纯粹出于逻辑方面的原因。我认为,企图从过去的对象里找出一些成分作为评价将来结果的标准,是没有希望的。评价-判断有一个明确的目标,那就是释放出一些崭新的因素,对于这些因素的度量不能单纯地依靠过去的东西。然而,对于这种运用到道德领域里面的分析逻辑的讨论,大概是没有什么意义的,因为这无助于提升任何将系统或者组织的完满作为道德至善——作为标准——的诉求的重要性。如果这种诉求是审慎的,它就会要求对当下的情境进行重新组织,重新组织将会实现情境的统一,而这种统一正是情境所缺乏的;它还要求把组织当作产生和制造出来的东西。显然,这种诉求可以满足前述实践判断的所有具体的要求。在进行判断的时候,需要通过行动来实现的组织还仅仅是在构思和酝酿之中——也就是说,仅仅存在于重组活动阶段的反思性探究之中。由于构思中的组织既是一种有待实现的组织的条件,又是一种反思性探究的合适目标,显然这里可以证实我们关于实践判断的陈述,即实践判断是对于做什么和怎么做进行判断的一种判断,这种判断是将当下不完满情境推向完满的一个不可缺少的组成部分。更具体地说,它也表明了标准是一个指导探究活动以达到完满的规则:作为一种判断,它要对有助于达到完满的有效因素进行审视,并对无视有效因素的做法提出告诫。无论一个人怎样自欺欺人或者强人所难,他对价值的实际衡量表现在他的所作所为之中,而不是在他的所言所思之中。行动,就是实际的选择。行动,就是反思的完成。

当前,在道德理论上猛烈抨击享乐主义和先验论比较容易做到,但要发现其替代理论的逻辑蕴涵却不大容易。利益或者倾向的组织化观念,常常被人们当成是一种内容明确、形式鲜明的观念。它没有被当作一种探究的程序规则,没有被当作一种方向和告诫(情况如此),而是被看作某种其构成部分已被全部知晓的东西,尽管事实并非如此。我们只能认为,完成中或者实现中的行为并不具有理智上的意义。这种行为不过就是做,而不是一种学习和检验。可是,一个事实上不完整的情境,不到完整的时候,又怎样才能彻底为人所知呢?如果构想中的组织还没有完成,这个构想又如何才能变成不仅仅是有效假设的东西呢?它能否成为一种处理已知成分而以观后效的方法呢?每一个包含理解认识所达目标①的可能性的观念,是否也包含着一种对该目标性质的先验启示呢?组织是否只能是一个由已知的基本组成部分构成的整体——难道这就是享乐主义的逻辑吗?

按照自然科学的归类逻辑,可以把事物的一种已知状态与一个作为模型的现成概念进行比较——如天文现象就要符合天体运行周期。实验科学的种种方法打破了这种观念;它们用一种公式取代了所谓的调节模型,这个公式代表了特定现象的综合功能。它作为一种方法,可以用来进行深入的观察和做实验,然后进行检验和更新。同样,道德的标准或者模型完全可以从具体的行动情境中产生出来,如果拒绝相信这一点,那只能说明人们对于科学方法的一般逻辑力量掌握得何其之少。有一些模型或者形式的教条,被当作知识的标准。事实上,只是在这个教条被废除之后,自然科学的知识才得以进步。然而,我们却因恐惧道德的混乱而死死抓住类似的道德教条不放。由于认识出现无序现象,人们才能够认识法律和秩序,但人们以前似乎认为这是不可能的。过去认为,必须提供关于秩序的种种独立的原理,对现象的测量必须看它是接近还是偏离固定的模型。看一看在现实事务中蕴育标准的一般方式,我们就会发现,它们何其相似。自然科学的知识建立在牢固的基础之上,人类勇于从毫无规则的现象入手,从中得到启发;再根据启发,找到一些进行新

---

① 必须记住,仅仅提醒过去确定的目标就足以刺激行动。很可能,实在论者把回想目标这个行为与认识混为一谈,因此把它称为理解。但是,这种回想根本不涉及认知,只不过相当于摁下一个按钮,发出一个信号,表示已经确定的行为。

观察和新体验的方法；然后再按照提出的想法进行分析和引申，并把现象变得有序，于是最终改进了想法——这可能就是探究的方法。有理由相信，阻碍道德认识进步的首先是一种观念，该观念认为，在构建行动的方法时，除了需要反思之外，认识上尚存在着关于利益的标准。这就好比传递坏消息的人背上了恶名一样，仿佛他报告的坏事自己也有份儿。因此，只要你老老实实地承认道德情境具有不确定性，承认采用之前一切衡量道德的规则都具有假设性，你就会被当作不确定性和怀疑论的始作俑者。

不过，可以商榷的是，所有这些并不能证明早先的那个陈述是对的，即引发和中止判断的那种限制性情境本身并没有什么价值。有人会问：如果一套西服没有价值，或者如果不是通过买西服来获取进一步的价值，那又何必买呢？答案其实很简单：因为他不得不买；因为他所生活的环境要求他买。这个答案似乎太笼统了。但它可能提示，人活着的时候，生活绝不会要求他去判断自己是否要采取行动，而是直接要求他怎样去行动。决定不采取行动，在某种程度上也是一种行动的决定；它决不是一个完全不行动的判断。它是一个要采取其他行动的判断——譬如说等待。最好是从积极的生活中隐退而变成一个柱头修士①，这是一种以某种方式采取行动的判断；这种判断受制于一种必然性，那就是一个人无论怎么去判断，反正总得行动。决定自杀并不等于决定去死，它只不过是一个关于某种行为的决定。这个行为可能依赖于"此生不值得一活"这样一个结论。但是，作为一个判断，这却是一个关于行动的结论，即用一种方式来终结一个情境继续存在的可能性，而这个情境要求必须作出判断和采取行动。有一个判断说，生命具有最高价值和最高标准。因此，这个判断构成一切关于怎样活着的判断基础，但决定自杀这一判断却并不包含上述判断。说得更具体点，它不是一个根据生命本身的价值作出的判断，而是一种不得已而为之的判断，因为不能立刻找到一种使生命活得有价值的具体手段。作为一种即将采取的行动，它既归属于生命，又夺取了生命。作为一个根据生命的价值所作出的判断，顾名思义，它避开了这个问题。要想通过讲生命价值的道理来影响一个想自杀的人，这是办不到的；要想说服他，只有给他建议或者提供一些条件和手段，使生活有价值；换句话说，要为生活提供更加直接的刺激。

---

① 柱头修士（Simon Stylites），长时间站在柱头上苦修的基督教修士。首倡这种苦修方式的，是 5 世纪的西门。——译者

然而，恐怕所有这番论证会淹没了我显然未曾论证的一点，比如所有关于做什么的思考，涉及把一个在某些方面并不完整、并不确定的情境变得更加完整和更加确定。每一个这样的情境都是具体的，它不仅仅是不完整的，而且这种不完整性属于一个具体的情境。因此，情境给反思过程设定了限制。判断的对象当然与情境有关，限制条件绝不会在自己所限制的特定情境中受到评判。现在，我们在平平常常的言语中找到了一个词，可以表达限制价值判断的条件的性质。这个词就是"无价的"。它的意思并不是指与其他东西相比较的最高价值的东西，而是指零价值的东西；指评价之外的东西，即不在判断范围之内的东西；无论眼下的这个东西是什么，它都不是而且不可能是判断内容的任何部分，但它能够引发或者中止判断。简言之，它意味着有时候判断可以阻止一些过激的盲目行为。

V

价值是在对做什么进行判断的过程中得到确定的（就是说在情境之中，价值的偏好取决于对要求采取行动的情境的条件和可能作出的思考）。这个观点将会遭到反对，理由是我们在实际考虑的时候，常常会采用以往的特定价值，以及其中的顺序或者等级。在某种意义上，我并不想否认这一点。我们在情境中不断作出审慎的选择，这个情境多少与我们过去作选择时的情境有些相像。一旦慎思变成了一种评价，而行动又证实或者证明了结论，结果没有变化，情境会发生重叠。我们在一个情境中判断 m 比 n 好，但在另一个情境中却发现 m 比 l 差，等等，于是便建立了某种优先的顺序。我们必须拓展视野，把偏好的顺序纳入视野，因为我们在自己所属的这个世界中进行思考时有一些习惯性的偏好。这样形成的价值，会以事实的方式出现在以后的情境中。再者，由于同样的作用，过去评价过的起主导作用的对象会作为标准化的价值出现。

但是，我们必须看到，这样的价值标准仅仅是以推测为根据的。一方面，它们的地位依赖于目前情境与过去情境相似的程度。在一种进步的或者迅速变化的社会生活中间，推定一种相同的现存价值的可能性变得很小。如果不利用在其他情境中业已确定的价值标准来帮助当下的评价，那将是愚蠢的。尽管如此，我们必须记住，习惯的作用会使我们忽视两者的差异，并在不存在相似性时推演出相似性，结果会对判断造成误导。另一方面，过去确定的价值是否具有可借鉴的价值，取决于确定它们时候的审慎程度，尤其取决于对它们的行为结果密切关注的程度。换言之，一种过去的价值在现在判断中具有的推定力量，往往取决于这种力量所发挥出来的作用。

  无论如何,只要进行判断(不是靠回忆以前的好处来对现在的行动进行直接的刺激),从某种程度上说,一切评价都是一种重估价值。如果尼采没有明确宣称,从评价认识的程度上说,一切判断都是对过去价值的重估,他大概就不会引起如此巨大的轰动了,但他并没有超出智慧的限度。我不得不承认,任何涉及使用判断来改变或者改造一个对象的说法,都会招来偏袒一方的怀疑和敌意。对许多人而言,这似乎是一种唯心主义认识论的残余物。但在我看来,只有三种选择:要么实践判断不存在——它们作为判断完全是虚假的;要么未来只能是对过去的一种重复,或者是对永远存在于某个先验王国里的东西(从逻辑上说是相同的东西)的复制;①要么实践判断的目标就是要对已知的东西进行一些改变和修正,而这种变化的性质取决于判断,同时又构成判断的内容。除非认识论上的实在论者接受前两个选择中的一个,否则,他在接受第三个选择时,似乎一定会承认,实践判断作为一种后效应(after-effect),会给事物带来差异(这一点,他似乎随时准备承认),而这个差异就是判断的重要性和有效性。当然,有人会认为,这只不过指出了实践判断与科学判断之间的区别。但是,一个人只要承认实践判断这个事实,就不会断定这个假设对于实践判断的观念是致命的,这个假设认为判断的真正目标就是要给事物带来差异。实践判断的真理是由实际产生的结果中的差异构成的。如果一个逻辑实在论者认真对待这个观点,即道德上的善就是组织的完善和整合,那他必须承认,关于实践判断的目标的任何命题都是预期的(因为这是通过行动来获得的东西),而且提出这个命题就是为了更进一步地完善。如果我们从这一点入手,然后把这个观点放到其他种类的命题里去思考,我想,我们就会找到最迅捷的手段去理解下面这一理论的意图。该理论认为,一切命题只不过是提出了可能的知识,但还不是知识本身。因为,一个人除非通过武断的方式来区分有机体与环境,区分主观与客观,然后据此将善的判断与其他的判断区分开来,否则,在一系列的命题中,不会出现任何鲜明的分界线。

---

① 捍卫这种观点的人们一般会提出一个概念,说判断的对象正朝着接近永恒价值的方向进步,目的是以此来掩盖重复论。但实际上,对进步进行判断时,从来就没有参照(关于此,我曾不断指出)过先验永恒的价值,但却参照了在满足具体情境的需要和条件前提下成功的期望结果,这是为了文中提出的学说而牺牲了复制说。从逻辑上说,进步等于接近的概念站不住脚。这个论点应该这样来解读:我们总是努力重复已知的价值,但实际上却屡战屡败,结果常败变成了进步的奇怪代名词。

但是(这里要消除误解),这并不意味着造成事物差异的是某些精神状态或者精神行为。首先,判断的内容是一种即将产生的变化;其次,这个内容只有在判断引发行动之后才变成一个对象。行动产生了差异,但这个行动只不过是判断的全部对象,所以判断只有在行动中才能完成。有人[尤其是A·W·穆尔教授(A. W. Moore)]向反实用主义者提出了问题:他们怎么能够断然区分判断——或者认识——与行动,然后又随意承认并坚持认识会给行动和存在带来差异。这是整个问题的关键所在,而且也是一个逻辑问题。这不是一个精神如何像行动那样去影响物质的问题(以前似乎有这样的想法)——这是心灵如何影响肉体这个古老问题的变种。相反,这个问题说的是:只有在判断的逻辑重要性被错误地设想之后,认识与行动的关系才变成了精神(或者逻辑)实体作用于物质实体的问题。可以肯定的论点在于,逻辑命题的领域也就是可能性的领域,这就是通过现实中公开的行动对事物进行重新组合。于是,从一个命题过渡到行动就不是奇迹了,而是实现了自身的特性——即它自身的逻辑意义。当然,我并不认为一切命题的情况都是如此,我对这个问题还没有加以讨论。在表明实践判断天生具有的假说合理性的时候,我至少没有从纯粹逻辑上去证明那种排斥任何假说的认识的性质。其实,一切逻辑命题的重要性——如果不是直接的,就是间接的——就是将要产生出来的某些差异。我至少清除了路上的障碍,以便人们能够更加公正地来思考这个假说的优点。

(何克勇　译　　欧阳谦　校)

实践判断：评价[*]

前一章主要是强化了中介性在作为有担保断定的知识中的必要性。这种必要性并非孤立存在的，因为它是我们一直在展开的有关探究和判断的理论中的一个必然阶段。它之所以得到单独发展，是因为传统且当前仍然存在的那种有关自明真理和自我奠基的命题的学说。然而，在我们的基本理论中，还有一个方面同样（有可能在更大程度上）对立于既有的逻辑理论，因而也需要阐明。因为，与通行学说相反，我们这里所采取的立场是：探究导致所要处理的质料的实存性转变与重构；此种转变若是有根据的，其结果将是一个不确定的问题情境转化成一个经过化解的确定情境。

如此强调对于先前实存质料的重新限定，并强调判断乃由此产生的转变，这与传统理论完全对立。后者认为，此种变形，即便是在得到最优控制的那种探究中所发生的，也只局限于认知者——开展探究的那个人——的状态和过程。因此，它们可以被正确地称为"主观性的"、心灵的或心理上的，抑或其他类似的称法。它们不具有客观地位，因此缺乏逻辑上的效力和意义。本书所采取的立场正好相反，即探究者的信念和心态不可能得到合理的改变，除非有根植于机体活动的实存运作对客观材料进行修改和重新限定。否则的话，"心灵的"改变不仅（像传统理论所认为的那样）纯粹是心灵上的，而且是随意为之的，将导致幻相和错觉。

传统理论，不论经验主义的形式还是理性主义的形式，都一致认为：所有命题

---

[*] 选自《杜威全集·晚期著作》第12卷。此文为《逻辑：探究的理论》一书第二部分"探究的结构与判断的建构"中的一章。

都是对于先行实存或潜存之物的纯粹宣告或宣言,而且此种宣告职能是自身完满和终结的。相反,我们在这里所采取的立场却是:宣告式命题,不论涉及事实还是涉及概念(原则与法则),都是一些中介手段或工具(分别为质料性的和程序性的),用以实现那种作为所有肯定宣告和否定宣告之目的(及最后目标)的受控性主题转变。需要指出的是,我们否定的并非纯宣告式命题的出现。相反,后文将详细地表明,此类命题呈现了一方面存在于事实与料之间,另一方面存在于概念主题之间的关系,它们的存在是被明确予以肯定的。关键点并非它们的存在(being),而是它们的机能与解释。

我们的立场可通过下列语言来陈述:所有的受控探究以及所有对于有根据断定的设立都必然包含一种实践因素,即一种做与制的活动,它可以把设定探究问题的那种先行实存质料进行重构。此种观点并非特设,而是代表了至少在有些情形下显然发生(或者作为真实原因)的事情。对此,我们将通过考察某些形式的、旨在确定某些实际困境中要做什么的常识探究来予以说明。

此种类型的探究既非异常,也不罕见。因为常识探究和判断主体上都是这样的类型。日常生活中的思虑,很多关注的是有关"制"什么或"做"什么的问题。各个艺术领域和每一行业都面临不断出现的此类问题。怀疑它们的存在,等于否定任何形式的实践都没有理智成分,等于肯定所有实践事务上的决定都是冲动、任性、盲目习惯或习俗的随意产物。农夫、机械工、画家、音乐家、作家、医生、律师、商人、企业主、行政人员或管理者都应该探究下一步最好做什么。除非结论都是盲目而随意地获得的,否则,要获得结论须通过搜集和检查证据,以及鉴定证据的重要性和相关性;通过按照其作为假说(即作为观念)的能力设计并检验行动方案。

根据描述,那些唤起那种能导致决定的思虑的情境,其本身对于可能做什么以及应该做什么,是不确定的。它们要求做某种什么。但是,什么行动需要采取,这正是所要思考的难题。关于不定情境如何得以处理的问题,是迫切的。但是,因为它只显得迫切,其中的情绪化会阻碍且经常破坏聪明的决定。理智上的疑问是:该情境为了能获得令人满意的客观重构需要哪一类的行动?要回答此种疑问,我重申:只能通过观念所指引的观察运作、与料搜集以及推论,而那些观念中的质料本身也要通过构思上的比较与整理得以检查。

在为了在实践事务上作出判断而必须进行探究的人群列表中,我并未将科学家包括进来。但是,略加思考便能显示,科学家必须决定采取什么样的研究以及如何开展研究——这个问题涉及做什么样的观测、开展什么样的实验,以及采取什么样的推理路线和数学计算。此外,他不可能一劳永逸地解决这些难题。他们必须不停地判断下一步最好做什么以便所获得的结论是有根据的,不论结论多么抽象或具有理论性。换言之,科学探究的活动,不管物理上的还是数学上的,都是实践的一种式样;从事实际工作的科学家最主要是一种实践者,他们不停地作出实践判断:决定要做些什么以及采取什么手段来做。

关于最好做什么的思虑结果,显然不能等同于为之而开展思虑性探究的那种最终成果(final issue)。因为最终成果是某种新情境,其中曾引发思虑的那些困难和麻烦已得到处理,现在不再存在。要达到这种客观目的,不可能通过心态上的变戏法。它是一种唯有借助实存变化才能实现的目的。思虑要解决的疑问是:为了实现这些变化,要做些什么?它们是达到所要求的那种实存重构的手段;更确切地说,造成这些行为之开展的那些探究和决定是工具性的和中介性的。但是,应该做什么,这取决于既定情境中所存在的那些条件,因此要求一种宣告式或宣言式命题:"现实条件是如此这般的。"这些条件是推论根据,可通向一种宣告式命题:如此这般的行为是思虑之后,发现能够在所探明的事实条件下最有效地产生欲求成果的。关于其中所包含的事态的宣告式命题,提出了在达到所欲求目标时必须克服的障碍,以及能够加以利用的资源。它们规定了有利以及不利的潜在性。它们发挥着工具性的机能。提出现存条件应该如何得以处理的那些命题,与那些规定现存条件的宣言式命题在机能上相互补充。涉及程序的那些命题,并不承载实存性或事实性质料。它们的一般形式为:"如果如此这般的路线在现存场合下得以采纳,可能结果就是如此这般。"从逻辑上看,有关行动方法的这些假说的形成,涉及推理,或者由一系列宣告式命题规定概念质料之间的关系。因为很少有首次想到的某个程序可以直接拿来用,它必须得以发展;这种发展构成了理性论说,其在科学实践中通常采取数学计算的形式。

在对刚刚所讲的提出阐释之前,我将正式归纳一下:在对实践事务进行思虑和有根据决定的每一种情境下,都涉及逻辑上的什么东西。有一种实存情境是这样的:(a)其构件变动不居,以至于无论如何都可能会有某种不同的东西在未来发生;(b)未来将会存在什么样的东西,部分取决于引入了哪些其他实存条件,以与那些已有条件互动;而(c)什么样的新条件得以产生,取决于采取哪些活动;(d)后来的素材受到观察、推论和推理过程中所介入的探究的影响。

价 值 论

我将用来阐释这四个条件的例子是：一个生病的人考虑如何采取正确的方法才会康复。(1)身体变化在发生着，这无论如何将产生某种实存结果。(2)可以引入新的条件，用以决定其成果——要考虑的难题是：它们是否应该被引入，以及如果要引入的话，该引入哪些，又该如何引入。(3)思虑之后，生病的这个人相信他应该去看医生。带有这种意思的命题相当于一个结论，即探访医生的后果有可能引入将会产生所欲求成果的交互性因素。(4)因此，这个命题在现实中被实施之后便引入能与先前存在条件交互并修改原有路线的干预条件，从而对成果造成影响。倘若探究和判断未曾介入，后面的成果将会出现不同——即便是没有康复。

只要是真正的思虑，几乎每一步都有多种选择。每一步，都可以从所出现难题的两个侧面说些什么，或尝试性地肯定些什么。对于过去经验的反思表明："顺其自然"经常都是不错的。但是，当下的情况属于这一类吗？可能出现资金上的困难；是否能找到一位有能力的医生，或者要去咨询什么样的医生；病人在接下来几天或几周所要做的事情以及医生的建议能否被病人采纳并据以行动，等等，等等。

类似这些事实难题是通过命题来考察与表述的。呈现在命题中的每一事态都能暗示自己的不同行动路线，而如果是真实的探究，此种暗示就必须被表述出来。此种表述或命题于是就必须根据采纳它之后可能出现的后果得以发展。此种发展是以一系列的"如果-那么"命题出现的。如果那个人最后决定去看如此这般的一位医生，由此所导致的那个命题实际上就代表了一种推论，即此种式样的程序更有机会引入一些因素，以通过与现存条件的交互产生一种所欲求的未来实存情境。可以推论，它将为已在运作的那些因素指明一种方向，而倘若放任那些因素，是不会有此种方向的。

被设计出的那些事实难题以及可选行动路线的命题，其内容既非自主的，也非自足的。它们是根据所欲求的未来成果而决定的，因此是工具性的和中介性的。它们就本身而言并非有效，因为其有效性依赖作用于它们之后所导致的后果——只要这些后果实际上源自这些命题所规定的那些运作，而非偶然增附上去的。假设事实命题被表征为"我病得很重"。在所指的语境中，该命题若被认为是终结而完满的，便是要义不明。它的逻辑效力在于它与未来情境的潜在关联。宣告式命题"我应该去看医生"(I should or shall see a doctor)，同样是机能性的。它表述的是一种可能有的运作，一旦得以实施，将有助于在实存性上产生一种未来情境；而假若没有采取那种行动，所存在的情境将具有不同的性状和涵义。可以发现，同样的说法也适用于主治医生一方面就那些定位和刻画疾病的事实,另一方面就他为治疗疾病所采取的行动路线而作出的宣告式命题。

此种分析,一旦被接受,可以带来一种辨识,即宣告式命题(它们本身就是临时鉴定性判断的结果)作为因素,可以积极地影响那个最终判断的实存主题的构成。最后的那种主题,可能并非原先所希望与意想的。但不论怎样,假若那些依赖干预性工具命题的运作没有发生,其结果与现在相比会稍微不同。根据通常所采纳的对于宣告式命题的解释,说它们会进入它们所"关指"的那个情境的结构之中,这是纯粹的矛盾。但是,这种矛盾源自所采纳的那套理论,而非由于那些命题本身;它是忽视所形成的那些命题的中介性和运作性效力而带来的后果。

根据传统理论,对于我们所讨论的这个例子,有一种标准说法大致如下:把"我病了"和"一个人生病时就应该看医生"这两个命题分别看作三段论的小前提和大前提,由此必然推出结论——"我应该去看医生"。这种解释利用了一种含糊性。它可以看作不过是对于已经作出的一个真实判断的语言呈现。在这种情况下,我们对于文本的分析就得以证实了。因为那样的话,大小前提都是对于探究中所获得的决定的一种陈述,涉及事态应该如何才能得到指定方向上的变动。然而,从字面上看,那种解释的意思是:并不存在什么探究以及判断。它仅仅是指问题中的那个人,每当他以为自己生病时,都习惯于不由自主地去看医生。这里没有任何怀疑或不确定性的成分,没有探究,也没有命题的形成。那是一种直接刺激,是根据先前所形成的习惯作出回应。所声称的那个三段论,不过是对于行为上所发生之事从外部强加的一种说法,其中不涉及任何逻辑形式。

这样的情境是重要的,因为经过对照,它可以引出的确出现有判断的那些情境。一个人可能有一种看医生的不变习惯,因为他是虚弱的人,因此并没有运用判断。或者,他可能每当症状严重时倾向于去看医生,然而在这个特殊场合下,他疑惑是否病情严重到了需要看医生的地步。于是,他进行了反思。此外,就具体某个人而言,他不会决定去看任意一位医生;他决定去看某一指定的医生;而且,他可能需要查查看什么医生。他可能有理由认为,自己的资金状况最好靠运气来康复,等等。如此说来,把有关实践的命题还原为单称命题与一般命题的形式组合,这样的解释仅仅适用于对那种未经中间判断直接按照习惯而完成的行为的事后语言分析,或者说对那种已经得以完成的判断的事后语言分析。假若涉及有命题的思虑与鉴定实际上介入了对于"我要去看医生"的决定,那么,实践判断就成为一种因素,用于对起初鉴定性判断所关指的实存质料作最后确定。

我们所选的这个特殊例子,很难用于解决更大的难题。当下的这个问题非常重要,我继续通过一系列的例子来进行讨论。

1. 在有些情况下,实践判断要"立刻"确定下一步做什么,以便由于该判断所规定的那种活动而产生具体的实存情境。譬如,一个人注意到一辆机动车向他驶来。他可能不假思索地躲开。此时,不存在判断,也不存在命题。但是,有的情境可能是要引起思虑的。这时,将会对现存条件进行观察(定位其中的问题),并形成行动方案,以应对紧急情况(解决问题)。裁判在比赛过程中所作的决定,可以提供更充分的说明。他必须形成有关观察到的事实以及可用以解释的规则的命题。他对于事实以及可适用规则的评判都可能受到质疑,但至少可以说,他关于"安全"或"出局"的最终判断成为后来存在的事件进程中的一个决定性因素。这一事实表明,比如一个跑垒员在棒球比赛中的动作和位置,并非需要判断的东西。判断的对象是动作发生于其中的那个总体情境。一个击球员或跑垒员做过哪些事情,以及可以适用什么规则(概念),有关这些的命题都是中介性和工具性的,而非终结和完满的。

以上提出的两个例子阐释了适用于判断谓词的"程序工具"一语是什么意思。谓词的主题代表了一种期待中的目标,它是对于实存后果即"即将达到的终结和完结"(a fulfilling close and termination)意义上的目的的一种预见。一个人看到汽车驶向他,他视野上的终点是:躲到一个安全之地,而非安全本身。后者(或其相反情形)乃终结意义上的目的。除非此种预见或期待中的目标是无用的幻想,否则,它的呈现形式就是一种需要执行的运作。类似地,有关比赛中跑垒员的那个命题"出局!"或"安全!",也是运作性的,因为它决定着跑垒员之后要去做什么以及比赛如何继续。倘若最后结局或终结意义上的实存目的是命题中的一个条件项,它会被视为已经完成了。只有目的充当一种指示性手段,用以执行借以产生现实完结的那种行动,它才不至于自我拆台。

谓词并非对于已经存在的某种东西的"如实"领悟与宣称;它是基于对作为可能成果之条件的那些事实的如实观察,对于所要做的某种事情的估量。同样,比赛中,跑垒员的球门或弓箭手的靶子,有关这些的观念除非能把作为存在的终点记号翻译为所凭借的手段——程序手段,否则就是妨碍而无益的。跑垒员把有关球门的思考当作在不同阶段上调节自己的速度等的手段;弓箭手则结合对于方向和风力的观察,把有关靶子的思考当作射靶的一种导引或指示。"end"的两种意义,即作为视野的终点与作为客观的界标(termination)和完结点(completion)的目的,二者之间的不同显著地证明了一个事实,即在探究中,界标并非只是如实地得以领悟和宣称,而是被陈述为一种程序之路。正是由于混同"end"的这两种意义,有人才认为:实践判断要么是纯宣告式的,要么是毫无逻辑地位的纯粹实践。

2. 道德评价也是关键的一点。常见的而且或许还在盛行的一种预设是:存在着本身是目的的一些对象;这些目的以层级排列,从较不重要的到较为重要的,并在行动上具有相应的权威。它出自这样一种观点,即道德"判断"不过是对目的本身的直接领悟,找到它在固定价值体系中的正确位置。这种预设假定除了此种分层级的固定目的,道德主体剩下的唯一选择就是顺从自己的欲望变化。按照本书所采取的立场,作为客观界标或实现物的目的,在判断中的作用是表征一些运作模式,用以化解那种引发判断的可疑情境。而作为视野的终点,它们代表的是行动方案或意图。探究的任务就是:根据那些能决定困境中事实到底有哪些的观察所得,确定那些将化解主体自己所纠缠于其中的困境的运作模式。

道德判断仅仅领悟与宣称某种先定的目的本身,这种观点事实上不过是以一种方式否定真实道德判断的需要与存在。因为根据此种观点,根本不存在问题情境,存在的只是处在主观道德不确定或无知状态的个人。在那种情况下,他的任务并非判断客观情境以确定需要采取什么样的行动路线,才能将其转变为道德上令人满意的正确情境,而不过是从理智上获得一个先定的目的自身。在先前经验中所确信的那些善是质料手段,用以获得一种有关要做什么的判断。但它们是手段,而非固定的目的。它们是有待根据现存情境中所需要的那种行动加以勘定与评价的质料。

认为道德判断关注一个客观的未决情境,而且期待中的目标在判断之中并通过判断被框定为一些起化解作用的运作方法,这样的立场符合一种事实,即因为类似情境的再次出现,那些作为行动方式的一般性期待中的目标得以建立,从而初看起来,似乎可以说在新情境中得到了辨识。但是,这些标准化的"备好了的"命题并非终结性的;虽然是高度可贵的手段,但它们仍然是一些手段,用以考察现存情境以及鉴定情境所要求的行动样式。它们能否适用于新情境以及在新情境中的相关性和重要性这个问题,可能会而且经常的确使它们重新得以鉴定与框定。

3. 疑问式命题。疑问是不是某种逻辑意义上的命题,这一点并不经常被讨论。真正提出这种问题的逻辑学家常常认为,它们并非真实的命题。根据本书所采取的立场,所有不同于判断的命题都具有疑问的一面。因为是临时性的,它们不仅容易受到质疑,而且本身有贴切性、重要性和适用性的问题。当事实或概念被认为完全得到确信(不论因为早前的成功使用,还是别的什么理由)时,所产生的是直接行动而非判断。许多事实和观念可以被如此采纳并直接使用,这在实践中是极其便利的事。而把这种实践上的价值转变为确信的逻辑地位,由此走向那种作为自由而连续的探究之大敌的教条主义,这是最为常见的方式之一。

鲍桑奎是公开论及疑问之逻辑地位的较少几位著作家之一。他说,它们只是试探性的,而"试探的判断缺少判断的种差。它没有断定;它没有主张为真;像这样的疑问不可能成为思想本身的对象……它不是理智可以抱有的一种态度。……它是对于信息的需求,其本质是要被引向一个能够产生行动的道德主体"①。

所引的这段话涉及此前讨论过的一点,即判断具有双重特征,既作为临时性的鉴定或估量,又作为结论或终结。鲍桑奎所说的话,显然适用于判断的后一方面。由于把所有关于事实和观念的效力与相关性的初步鉴定和评价都从判断之意义中排除出去,他的观点走向了他所达到的那个结论,即探究并非一种判断形式,因此本身并不具有逻辑上的地位。这种立场对于他的许多深远的推论来说,至关重要。

把现实科学工作视为探究的一种,这肯定算不上不科学。同样可以肯定,把科学从逻辑学的领域和范围排除出去,只将其作为一组命题接受下来,而不管它们是根据什么探究方法获得的,这样的一种立场不是能够轻易接受的。日常语言使用"所问之事"(the matter in question),这一表达是探究所关注之主题的同义语。不论从科学的观点还是常识的观点来看,比起鲍桑奎先生所说的"疑问不可能成为思想本身的对象",更加正确的说法似乎应该是:疑问(在"可质疑与受质疑的主题"意义上)是唯一的"思考"对象。

疑问要求某人采取行动,这样的说法,孤立地来看,与本书的立场完全一致。作为鉴定之判断,甚至可能会用以形成向另外一个人所提出的疑问,因为单讲那个被提出的疑问,远远不具有自明性。然而,疑问本身就是讲给另外一个人听的这种说法,忽略了一条基本事实,即疑问是呈现给实存主题的。科学探究可视为"对于信息"的请求。但是,所需要的那些信息并非天然现成的。它要求有判断来决定对

---

① 鲍桑奎:《逻辑》(Logic),第1卷,第35页。

自然提些什么疑问,因为它所涉及的事情是:设计出最好的方法来观察、实验及解释概念。

上一种说法,使我们的讨论直接面对那个关于探究与实践判断之间关系的问题。因为,要确定提出一些什么疑问以及如何提出,这种事就是要判断应该做些什么,才能获取为化解不确定情境所必要且充分的事实质料与概念质料。我们只需要想一想律师或医生在某给定情形下的程序,便可以明白他们的问题何以从根本上说,就是要框定正确的疑问——"正确性"的标准就是:能否引出可有效地化解那种激起探究的情境的相关质料。

4. 思虑包含于我们所考虑的全部例子中。但是,需要强调,思虑中有一个方面是非常重要的,最好单独地拿来讨论。真实思虑的开展是对可选的活动路线进行设立与检查,并考虑它们各自的后果。这一事实阐明了析取命题与假言命题的机能性。诸如植物学和动物学中的那些分类学体系,包含了大量的析取命题实例。它们曾经被认为代表着科学的终极目标——这一观点可以从关于固定种(fixed species)的经典观点中一致性地推出来。而现在,它们被用作探究活动的有效手段,而且仅仅在此种机能上具有价值;因为任何已知的分类学体系都被认为是弹性的,会不断地得以修正。但不幸的是,逻辑教材习惯于把析取命题作为单独的论题。因此,它们把先前探究所确立的析取命题当作说明性材料,而不管这些析取命题借以确立的那些探究,也不管这些析取命题进一步在其中运作的那些探究。然而,在现实科学工作中,分类学上的析取命题一律被视作纯粹的工具性设置,从而失去了所有的独立性。几乎可以不夸张地说,如果某一个科学工作者着重关注分类法,这在来自高级领域的科学工作者看来,几乎是某种需要蔑视的事情。

析取命题与实践判断相关,因为对于策略之事的思虑,要求:(a)有多选的可能性被设立与探查,(b)它们必须彼此很容易比较。譬如,一个人突然拥有一大笔钱,他在思考该用它做些什么。他的思考毫无意义,除非采取一种形式把手头资金可能有的多选用途建立起来。是把它放到银行里生利息,是投资股票、债券或不动产,或者是用于旅游、购买图书、仪器等。这些多选项每一个都以析取命题表征为体系中的一员,通过对它们进行分析,问题情境变得具有相对的确定性。

在所给出的这个例子中,很显然,每个命题都形成了一种手段,用以确定要做什么事;而且由此所得到的确定性作为一种手段,可以产生某种最终情境。具体领域内的专家很快可以设立一组选项。对于新情况来说,这些选项是备好了的质料,就像一个工匠手头上会有与自己活动路线相关的一套工具。在此类情况下,判断所要回答的疑问是要采取这组中哪一选项,而不是析取命题的形成。但是,尽管如此,后者仍旧具有工具性。把工具实体化为某种终结而完满的东西,这限制了未来探究,因为它把所要达到的结果受制于一种被认为无法质疑和检查的先见之明。

在此,假言命题与析取命题的关系只需简要地提示一下。每一个可选行为式样的意义,都是根据作用于其上所产生的后果而得以构造的。此种意义的展开是通过推理进行的,其形式为:"如果此种可选项被采用,那么,如此这般那般的后果有望随之发生。"由此衍生的后果,与其他假言命题的后果相比,提供了一种根据以作试探性接受或拒斥。在现实做法中,此类"如果-那么"命题的展开经常不会很长。但是,从关于要做什么的有担保的最终判断的角度来看,选项应该穷尽,而且体系中每一个作为假说的析取命题的展开应该是彻底的。

5. 评价。评价(value)一词既作为动词又作为名词,这种永恒的含糊性经常被指出。在其中一个意义上,评价"to value"是指享受,而作为结果的享乐在比喻意义上被称作一种价值。在这些情况下,享乐都是自发地发生的,其中既无反思又无探究。然而,有关享乐的事实,可以从语言上得到记录与交流。由此得来的语言表达式外化为命题的形式。但是,除非出现疑问,否则,它就只是社会交流;除非所作的交流能够提供用以化解新情境的与料,否则,它就不是命题。不过,如果所提出的疑问是"主题是否值得直接享受",即如果所提出的疑问关系到是否存在充分根据进行享受,那么,就有一种涉及探究与判断的问题情境。在这样的场合下,"to value"的意思为权衡(weigh)、鉴定(appraise)、估量(estimate),即"评价"(to evaluate)——一种突出的理智运作。每一种方式的理由和根据,必须得到寻求并表述出来。

不容置疑,关于曾经爱过、仰慕过的某些人,关于曾经过于尊崇(有别于估量)的某些对象,会出现此类的情境。这一点对于我们的讨论很重要。因为它们的发生表明,我们仅在一种作为享乐质料的价值成为问题时,才进行评价。这种情况下的命题在逻辑上,非常不同于那些字面上类似的句子:它们仅仅是记录与交流了一个事实,即某种享乐、爱慕或尊崇在现实中发生了。后面那些"命题"的确记录了事件的发生,但只有在它们成为所开展研究的质料,以便决定它们是否在享乐当时具有辩护理由,或者是否在当前情境下具有辩护理由时,才可以说它们具有逻辑地位。我们现在要让自己有这样一种态度吗?如果答案是肯定的,我们后面会不会遗憾?

类似这样的疑问在各种情况下都会出现,从吃一种根据过去经验知道可以直接享用的食物,到严肃的道德困境。要答复这些疑问,要化解所出现的那些疑惑,唯一的方法就是检查那些实存后果;它们是假如有尊崇、仰慕、享乐等的参与,便可能会出现的后果。作为态度来说,尊崇等都是能动的态度;它们是能够产生后果的行为方式,而后果要得到有根据的预期,就只能是那些运作性条件所带来的后果。有关享乐的事实,只是那些运作性条件之一。它产生后果——正如在吃那种可直接享用的食物时的行为——只能是通过与其他实存条件的交互。因此,后者必须得到独立勘察。要估量它们的可能后果,只能是根据在过去——或者是某人自己的过去,或者是有记载的他人经验——类似情况下所发生的事情。单从外部来看,现存条件并未告诉我们后果会怎样。我们必须查验关联性——通常都是因果关联。关联性随后通过抽象而概括化的概念命题,通过规则、原则、法则来表述。但是,手头那些规则和原则(不论它们如何被测试过)能否适用于所谓的具体情境,这样的疑问总是出现。必须在它们之间作出选择。因此,为了获得有根据的最终判断,必须对原则进行评价或鉴定。

于是,评价性命题对于事实或概念主题来说,并非只是宣告式的。事实可能是不受怀疑的;我肯定在过去享用过这种对象;我现在将直接享用它。某些一般原则可能被认可为标准。但是,无论所出现的事实,还是所出现的标准化规则,它们都并不必然在进行评价时具有决定性作用。它们分别为质料性的和程序性的手段。它们在现有情境中的相干性及重要性,是必须通过探究来确定的事,之后才会获得有根据的评价性鉴定。

这样的评价性判断显然是实践判断中的一例;或者严格来说,所有的实践判断都是评价,专门根据条件(这些条件因为是实存性的,总是会运作的)所产生的那些被鉴定过的结果去判断要做些什么。越是强调直接的享用、喜爱、爱慕等本身是天然的情绪冲动,就越能清晰地看到:它们乃是(交互)行为的式样。所以,决定是否在某已知情境中沾染(engage)或放任它们,就是一种实践判断——判断应该去做些什么。

对于逻辑理论来讲,更为重要的一点是:这些评价性判断(正如在前文对于判断的讨论中所显示的那样)促进了所有最终判断的形成。没有任何探究是不包括实践判断的。科学工作者一直都在鉴定从自己的观察以及他人的发现中收集到的信息;他必须鉴定它与所要开始之问题以及所要展开之观察、实验和计算活动的关系。当他在理解的意义上,"知道"包括法则在内的概念质料体系时,他必须估量它们作为所要开始之特殊探究的条件的相干性及效力。许多逻辑教材谈到科学方法时,显得相对无效(或至少是不够有效),或许最大的根源就是没有把所要阐明的质料,与借以获得它们的那些运作,以及它们所暗示、指出和有助于指引的未来运作联系起来。

6. 欣赏。一个已被强调的事实,是价值判断不能等同于说如此这般一个人唤起了爱慕与喜爱,或者说,如此这般的一个事件或对象过去或现在得以享受。这些"命题"仅仅具有道德意义上的真理属性;就是说,与"有意的谎言"相对立。然而,这些命题可以变成价值判断或评价中的构件。在它们呈现这样的状态时,被用作质料手段以确定某一指定人或行为是否应该受到爱慕,或者某一指定对象是否应该被享受。当把陈述句"我喜欢这幅图"变换成命题"这幅图很美"时,议题转向了作为对象的图画。为了有效,后面这个命题必须建基于看得见而且可证实的图画对象的性状上。它一方面依赖于对可观察特性进行甄别,另一方面依赖于当被阐明后构成美之定义的那些概念意义。这些陈述句与直接的非判断性美学经验的存在之间决不冲突,甚至可以说,真正的美学判断必须产生自后者。但是,直接经验并非表达在陈述句"我喜欢它"之中。对于它的自然表达,不如说是观察者的态度或者一句感叹。

以上所述关系到一个话题:欣赏。它并非纯粹的享乐,而是把享乐作为那些构成欣赏之先前过程与反应的完成(consummation)。这些先前的状态或运作包含有反思性观察,伴有分析性与综合性的东西,伴有对于关系的甄别与整合。真正的欣赏朝向一种表征性主题。它不表征所欣赏对象外部的某种东西。所谓的这个对象,表征着导致它作为实现物或完成性终结而产生的那种东西。因此,欣赏与偶然发现或失去的不经意享乐具有根本的不同。

"高潮"(climax)、"顶点"(peak)、"极致"(culmination)这些词所指的是完成性对象。任何可以此类名字称谓的对象或事件,都从本身涉及此前所发生之事。这些词所表明的并非仅仅是先前的东西出现在顶点到来之前,而是说先前的东西在自身成果上有了转折性结局。不论哪里,只要有欣赏,就有一种性状被提升,这种性状是由于所欣赏对象与其偶然条件之间的内在关联而产生的。它的对立面不是不喜欢(dis-like)或不享受(dis-enjoyment),而是蔑视(de-preciation)——对于一种结果或产物与其作为果实而产生于其中的那些条件和努力之间的关联的贬损。一个人几乎自动地喝水来解渴。如果他正在一片贫瘠的土地上旅行,估量一下哪里可以发现水,然后去现场止渴,他就对经验有了一种被提升的性状。水得到了欣赏。而当所有需要做的不过是打开水龙头、用一只杯子接水时,水是不会得到欣赏的。他的经验具有一种表征性品质,代表着一种结束、一种完成。

因此,在欣赏之中包含评价性成分。因为这些对象并非单纯界标意义上的目的,而是"实现"意义上的目的:"满足"一词的字面意义,即是指某种有缺陷(deficient)的东西"足够用"(making suf-ficient)。所以,每当主题经历一种发展和重构,从而导致一个令人满意的整体时,就能发现欣赏性判断。我们引用下面一段话来说明这里所讲的意思:"经典热动力学形成了一套有条理而且非常精致的理论,于是有人可能会想,对于它的任何修改都是不可能的,因为那会引入随意性的东西,从而完全破坏其中的美。实际情况却不是这样的,因为量子力学现在已经达到了一种形式,使它能建立在一般法则之上。它虽然还不够完整,但要比处理同样问题的那种经典理论更加精致和迷人。"①

"美"(beauty)、"精致"(elegance)这些词清楚地显示,这里的情况属于欣赏。只需要对上述段落略加分析便能明白,那种理论的精致和美是因为其主题把多样性的事实和概念呈现为一种极致和谐的秩序。科学这样的理智活动具有与美术完全一样的欣赏向度。每当探究达到一种终结点,导致其产生的那些活动和条件予以实现,就会出现那样的欣赏向度。没有那样的向度(有时它们会很强),任何探究者都无法找到那种表示其探究已达到终结点的经验性标记。

然而,欣赏性判断不能混同于最后的终结点。每一种复杂的探究都有一系列可谓相对完整的阶段作为标志。因为,复杂探究包含一大堆的子问题,而每一个子问题的解答都是对某种张力的化解。每一种这样的解答都是对主题的一种提升,它与得以统一化的那些不一致和相互冲突的条件的数量与多样性成正比。所发生的这些完成性判断在种类上,与那些通常所谓的美学判断并无二致,它们构成了任何事业推进过程中的一系列路标。它们是对于所达到的事实质料上的融贯性以及概念质料上的一致性的标记。实际上,它们在作为线索与给出指示方面,具有非常重要的机能,以至于所带有的那种和谐感很容易被认为证明了其中主题的真实性。②

---

① 迪拉克(Dirac):《量子力学》(*Quantum Mechanics*),第1页。
② 参看《杜威全集·晚斯著作》第12卷第5章所谈到的希腊科学中的美学标准,第88—89页及第100—101页。

这种错误得以产生,是因为把对于和谐与相融的感觉孤立于借以把差异性素材结合为融贯统一体的那些运作。那种在探究活动中发挥重要指引作用的、对于相融的直接经验,转而成了客观真理的准则。

此种实体化做法已经影响到了三种最为一般化的欣赏形式,从而产生了作为本体绝对者的善(the Good)、真(the True)和美(the Beautiful)。这些绝对者的现实基础是对具体极致性目的的欣赏。就理智的、美学的和道德的经验来说,对于某些未定的实存性条件的客观完善得以实现,而且是如此全面地实现,以至于最后的那种情境显得特别优秀。有一种强调意义上的判断:"这是真的、美的、善的。"而一般化的最终成形,是根据大量这样的具体实现。是真的、美的或善的,这被认为是各主题的共有特征,尽管在现实构件上存在很大差异。然而,它们毫无意义可言,除非能够表明某些主题明显是通过执行适当的运作,对于某类先前的不确定情境所进行的极致性完善。换言之,善、真、美是抽象名词,代表着那些属于现实中极致性达到的三类目的的特征。

经典理论把所获致的目的转换为目的本身。它之所以这样,是因为忽略了借以实现所谓成就的那些具体条件和运作。有一些特质标志着主题能够成功地化解理智探究、艺术建构及道德活动中的难题,但它们却被隔离于那些赋予其地位和涵义的条件之外。经过如此隔离,它们必然得以实体化。离开了借以达到后果的那些手段,它们被当作那些运作于探究、艺术创作和道德操行中的外部理想和标准,而事实上,它们不过是一般化结果。这种实体化总是发生于那些终结性的具体目的被上升为"目的本身"的时候。

真、美、善这些一般化的抽象概念,对于探究、创作和操行具有真正的价值。就像所有真正的理想一样,它们是一种限制性的指引力。但是,为了发挥其真正的机能,它们必须被看作对现实情况中一定要得以满足的具体条件和运作的提示。在充当这样的一般化工具时,它们的意义便显示在进一步的使用中,同时在这样的使用中得到阐明与修正。譬如,"真理"(truth)、"是真的"(being true)的抽象意义已经随着实验探究方法的发展而改变了。

最后,我们再来看上文所提到的,似乎与实践判断这一概念相伴的悖论。先不管悖论问题,关于思虑的理智地位只有两种选择:要么承认在思虑期间所形成的中介性的、试探性的命题,可以对它们所关指(about)的那个主题产生决定性的影响;要么否认它们具有所有理智上的地位和相关性。假若采纳第一种解释,就会出现明显的悖论。这一点看起来是矛盾的,仅仅是因为从之前有关命题本性的那种观点来看,即它们是纯宣告式的,而且此种宣告力是终结而完满的。假如可以承认(即便是作为假说),它们所宣告的那些东西是需要而且最好是执行某些运作以便由此获致一个可以有根据断定的最终主题,情况会变成完全不同的样子。因为基于这样的考虑,认为命题就是一些用以确定它们所关指的那个主题的因素这一观点,正是我们所期待的,没有任何悖论。

如果我们在这方面注意到"关指"一词带有某种含糊性,或许其中的难题就能得到澄清。一方面,命题被认为是关指并不作为命题条件项出现的某种东西;另一方面,它被认为是关指命题中的一个条件项,通常关指的是表达所谓肯定或否定的句子中作为语法主词的那个条件项。例如,一个人探究与某个棘手的外交问题有关的主题——他的探究整体上是关指这个棘手情境。在探究期间,他提出一些关指事态以及有关国际法之规则的命题;而事实和规则都明显地是那些命题中的构件。但是,这些命题关指(或指涉)的,是并非作为任何命题之构件的主题。它们的要义和效力在于它们所关指的那个东西、那个它们用以确定的情境,而且那是一个并不作为任何命题之条件项而出现的情境。

其结论是:评价之作为实践判断并非一种可与其他种类对立的特殊类型的判断,它们不过是判断本身的一个固有向度。在有些情况下,最要紧的问题会直接关注对实存作为手段的正负能力(资源和障碍)进行鉴定,直接关注对作为期待中的目标而出现的那些可能后果的相对重要性进行鉴定,因而评价的向度就是占据支配地位的一种。此时,有一些判断在相对的意义上可以称作评价性判断,以区别于其他评价向度占据次要地位的判断的主题。但是,每一个判断中必然包含对于用作主词-与料的存在以及谓词-可能性(或期待中的目标)的观念进行选取,评价性运作内在于判断本身之中。情境越成问题,所要开展的探究越彻底,其中的评价向度就越明显。在科学探究中,为了确定与料,为了使用观念和概念(包括原则与法则),必须开展实验,这已暗暗地把评价性判断和实践判断的同一作为一种指引性假说。实际上,本章可算是一种呼吁,呼吁逻辑理论要符合科学实践的现实,因为在后者中,如果没有关于做与制的运作,便不存在任何有根据的确定性。

(张留华 译)

评价的对象*①

我在较早一期《哲学、心理学与科学方法杂志》②上提出了一种评价判断的理论。为此,我有意把价值的本性问题暂搁一边。我不愿因引入一个歧见纷纭的题目而使情况更趋复杂。我认为,把评价的逻辑和形式方面同价值的本性加以区分,似乎在理论上是可能的;正如我们有可能将(譬如说)一种描述性判断的逻辑形式和特定的所描述的论题区分开来,或者把一种不对称的传递关系和这种关系是否涉及空间序列、时间序列或数字序列的问题区分开来一样。我还认为,对这类问题作出区分在逻辑上并无不妥,但那时以来的一些讨论改变了我对其现在是否可行的想法。因之,我希望能在以后的某个时候对价值自身的性质继续再作一番讨论。可是现在我想做的,却是借用新近讨论中的某些看法来表明我的理论的主要论点在哪些地方还没有说清楚。这里,我选用了佩里先生(R. B. Perry)③和布什先生(W. T. Bush)文章中的几个片断,随文附上一些评论。

佩里先生说:"设想我的身体状况不佳,希冀求助医生使我恢复健康。这一境遇中存在着必须加以区分的几件事。我的健康不佳并觉得我不喜欢这一状况。我渴望恢复健康并感到我渴望这么去做。我相信看医生会导致恢复健康。我采用了

---

* 选自《杜威全集·中期著作》第 11 卷。
① 首次发表于《哲学、心理学与科学方法杂志》,第 15 卷(1918 年),第 253—258 页。
② 同上书,第 12 卷,第 512—523 页,经增补了一些内容后重印于我的《实验逻辑论文集》,第 349—389 页;乔·安·博伊兹顿编,《杜威全集·中期著作》(卡本代尔:南伊利诺伊大学出版社,1979 年),第 8 卷,第 23—49 页。
③ 同上书,第 14 卷,第 7 期,《杜威和厄本论价值判断》,引语见该文第 173—174 页。

看医生这么个做法,以作为有助于使我恢复健康的一个步骤……继而,出于我的不喜欢、渴望和相信,我去看医生了。作为看医生的结果,我随即恢复了健康……但这里并不存在价值经由某个有关它的判断而构成那样的情形。"

对佩里先生据以描述该特定状态的依据,我相当赞同。照这个示例给出的说法,其中已经确定地存在着一种否定的价值——生病;也有一种确定的肯定价值——康复(当然,它依然要通过知识来断定,因为它还未作为一种身体状况存在)。除了这些被不同作者因人而异地称为固有的、直接的或独立的价值外,还存在一种被确定的工具性,或者说依赖性的价值:对健康这种积极的价值来说,看医生是有帮助的、有用的、有价值的。事情真是再清楚不过、再令人满意不过了。在如此境况中,一种审慎判断带来的最大效果,莫过于协力把一种已作为既定价值的价值返还给身体的实存(existence)。只有十足的蠢人,才会把通过判断使价值成为实存提供的帮助,和那种通过判断以确定某种价值本身所提供的帮助混为一谈。

我要申辩,我并没有犯下这个特定的愚蠢举动的过错。也许这纯粹是个语词问题,我并不认为有关已作为价值而给定的价值命题就是一种评价判断,无论它们涉及的是直接的价值还是"有用的"这层含义的价值,就像我不会把有关一枚大头针的判断称为"大头针判断"一样。在以上所述的此类情形中,不存在那种划分出任何特定逻辑形式的判断种类的东西。如果我们把这样的判断称为评价判断,那么,它也就与任何有关已确定事实的判断完全处在同一个逻辑水平上。就这一类别的事例而言,我恐怕要再三强调:我的出发点恰恰正是依据佩里先生主张的观点而来的。

但这里仍存在着一个事实的问题,这个问题与评价或价值判断这类术语的适当的语言学用法无关。难道没有这种情形么,即尽管某人不喜欢生病,但在特定情况下生病并不是他最不喜欢的对象;并且不是也有这种情况么,即一个人并不知道他最不喜欢的是什么、最想要的是什么。难道没有这样的情况吗?即如果要对确凿的喜欢和不喜欢加以判定,其所依据的充分材料有待于就"什么将是善"这个问题所作的一种初步估断或评价所导致的行为之后才能得到。这并非说健康在过去不是善,或者说它"一般"不是善,而是说可能出现一种情况,即一个行为者不能真正断定他是要恢复健康,还是要以他本人的健康为代价去作出一种医学上的发现。在这种情况下,并没有什么善或价值被给予了判断;说康复是善,还是说"失去健康而换得名声的增长或作出一种帮助他人的医学发现"是善,这个问题还未真正得到解决。正是看到有这类情形存在，也仅限于这类情形的存在，我才主张评价有助于确定一种新的善，并认为这样的评价具有正统逻辑学轻易忽略掉的那种特有的逻辑特征。上述断言可能是一个有错或两者全错，但它们的错不等到摆明那个居先的问题是很难显现的：是否存在这样的情形，其中什么是它们的善、价值或者目的，客观上是不确定的——我的意思是，它们的善如果是被确定地给予的，能把它理解为是一种内在的直接的善吗？待处置了这个问题后，包括在这些情形中的评价（估价或评估）判断的本性问题自然也就跟出来了。①

布什先生的那段话内容如下："锡拉丘兹市（Syracuse）有一个非常悦人的习俗。那儿每逢秋季都要举办全州的交易会，到了交易会最后一天晚上，孩子们会倾城而出，上街狂欢游行。锡拉丘兹市人对这项活动痴情一片。说他们把它视为至上的价值，看来是很自然的。那么，价值真的是附在这类事物身上还是附在把它们引将出来的手段上呢？当然，这是个语词问题，但这个问题也会使我们想到工具主义观点的不再游刃有余的地方。"②

如前面述及的例子一样，我只能对此表示无条件的赞同——除了一点保留，即工具主义并非如此不适宜，以致它对此类事情的看法大体上是不相干、不切题的。或许正如布什先生示意的，说在该情形中根本没有出现评价活动，这可能纯粹是个说法问题；然而作这样的语词考虑，也许不失为接近以下事实的一种途径，即这里并没有出现思考比较、慎重考虑后进行究问、对彼此不同的意见作出权衡这层含义上的评价；也许这是一条接近以下事实的修辞学途径，即对市民们来说，那个对象是"不可估价的"，就是说，它是一种其价值无须面对批判质询的东西。说市民们对

---

① 很可能，我最好要按佩里先生本人提及的他那有关信念和承诺的判断"目的"理论的思想来展开我的论点。尽管对此，我还不敢肯定。见《哲学、心理学与科学方法杂志》，第13卷，第569—573页。似乎有理由设想，存在着那类真正怀疑的情况，它要问："目的"应当是什么，什么是所持信念的一种更准确的意图和判词？在这样的场合，如果我们进行反思，如果我们通过判断以决定作为先决条件的"目的"，将这个"目的"用于进一步的判断上，我以为，是可以找到逻辑上类似我正在处置的那一判断种类的。佩里先生在同样的情况下说，"实用主义理论正确地强调心灵的生成、创造的行为，把认知的情形比作愿望或意愿的情形"(572页)，可是在后来的一篇文章中又煞费苦心地否认思想在构成愿望情境的对象中的任何生成行为的作用。我要坦言，我被搞糊涂了。我的感觉是：他通过对他的信念判断理论所作的修正，而使他有关评价判断的本性的老看法保持原封未动。如果他把信念判断理论运用于有关评价判断的本性的问题，会无可回避地得出某种与我所持的看法不无一致的有关评价的观点。

② 《哲学、心理学与科学方法杂志》，第15卷，第4期，第95—96页。

它作"至高的"评价,并非指市民们在对若干数量的事情进行考察比较后,他们达到将狂欢看得比其他种种善都重要的那一确定的认识程度,而是说他们无保留、不带任何疑问地赞美和珍爱这个习俗。

行文至此,我想,我的意见和布什先生的并无什么不同;他再清楚不过地承认,我在非认知性的赞美、在好的可爱的行为与认知性的评价行为之间作了清楚的区分。但他接着问,在作出这一区分时,"'价值'这个词在工具主义的说法中,与'用处'这个词是否就成了同义词"。如情况属实,布什先生不无理由地问道:为什么不能去除"价值"这个词,让我们自己仅限于去说"用处"或"有价值"的这类字眼?他接着如此解释我的立场:"价值之出现,是每当我们提出这样问题的时候:在各种境遇中,是什么样的事物和方法具有效用的价值呢?"

正是在此,我全然无望使自己被布什先生理解了。我的说明究竟费解到何种程度,对此我不能很好地作出判断;如果我的说明总体上给予布什先生是这样的印象,我倒要感谢他的软心肠。他居然与这样一种说法打交道,这种说法繁冗复杂,其目的不过是达到一个可以用几句话就说清楚且没有人会反对的结论。也许"工具主义"这个词本身表示判断是有关工具或手段的;也许把一种评价判断称作实践判断,就目前"实践的"这个词所具的含义来看,它表示的是同样的观念。假设果真如此,这两种表示不免会造成误导。工具主义的判断理论并非表示判断是有关工具的;它涉及的是作为判断之所有判断的功能,而不是某些判断的内容。无论如何,它的重点不是放在评价的工具特征上,而是放在那种实验特征上。很可能"实践的"这个词的初始语言内涵是有用的,但不幸的是,在这方面,我们并没有一些确切的单词。但我仍想表明,我说"实践的",意思是我们要做什么,而非说如何去完成某件已知其结果令人满意的事。有关手段的判断,就其本身并不涉入判断一种目的或者善的构成而论①,我要说,它们是技术性的而非实践性的;这里我的意思是说,我们的重要的实践探究所涉及的是目的和善。

自然,这正好把我带到了我在讨论佩里先生那段话时提出的观点。有时候,各种直接的或固有的善会与我们背道而驰。我们面对的并不是任何无可置疑的善。什么是我们应当热诚表示敬意的东西,对此我们并不知情;我们开始怀疑,那些我

---

① 手段和结果的价值化,它们分别是知悉同一事物的两种途径。有关例子见《实验逻辑论文集》,第340—344页和第358—362页(《杜威全集·中期著作》,第8卷,第17—20、29—32页)。

们过去无疑义地称赞的东西已不值得再这么去看待了,因为我们自己有了某种成长,或环境有了些许改变。于是,在这样的事态中,我们当然会相信运气;我们会期待某种事物出现,它配得上称作一种新的、毋庸置疑须加珍爱和拥有的对象。在某些时候,我们又想走得更远,通过仔细考虑,使这样的善产生出来。我们在搜寻,以便形成什么会是境遇之善的评判,如果我们能得到它的话。除了这些情形以外,还要考虑另一种情形,我们还不能确定是否应当去称赞或喜欢那个尚存疑问的事,直到一种随判断而来的行动使它成为实存的东西为止。我们面临的这种情况,就是我所关心的情况。常常出现这样的事情,即由于处于不确定性之中,我会思索后作出结论,我能做的最好的事当是如何如何——就是说,假如我如此这般地行动,从而使某种结果变为现实,那么,我将喜爱这类结果或认为它们是善的。可是,如果我行动了并且结果随之而来,而我却一点儿也不喜欢这些结果。这种情况,我承认,完全不同于如下情况,即发现我在有关实现某事的有用手段的判断方面犯了一个错误。它意味着我在评价一种直接的善的方面犯了一个错误——也就是说,在评价当其成为实存时什么是直接的善的东西或是恶的东西方面犯了一个错误。

让我们再回到布什先生的那个例子。可以想见,有些惯常对狂欢游行抱以热望的锡拉丘兹市人也许会质疑是否还值得这么去做。他可能得知有些孩子因狂欢生了病,搞得兴奋过头;或是热衷于作秀,想因此引人注目。这并不能改变过去的一切,改变他从前的喜好,改变他曾经验到的某种直接的独立之善的那个事实,但会引导他产生一种新的价值化行为;他会认真地斟酌,今后是喜爱还是厌烦甚而厌恶此类游行。他也许会就此事试着用他的判断得出一种合理的结论,接着想方设法,使下一次游行不具有如此讨厌的性质。或者,他试着去安排一些其他的聚会,使孩子们的同伴生活之美有直接实现的机会。总之,产生的结果将是直接的善或者恶——一个直接的喜欢还是不喜欢的事实。尽管如此,这种结果却在某种程度上①借助较早的评价——对非工具性的善的一种事先的反思性的估量——得以形成起来。

我会乐于认为,如果我所说的一切还算明白易懂,那么,这个解释会引出一种意见,即如果这就是所说的意思,那是无人会反对的。但是,我尚不至于乐观到以

---

① 我从不认为判断是涉及某一新的对象的唯一决定因素,它只是被用于改造或重组,后者暗含着另外的独立的变化因素。

为情况就是如此。因为我的观点不仅与有关所有判断的逻辑,而且与有关道德和政治概念的那种古典见解相反。通行的观点是这样的,即认为善、目的、"价值"是全然给定的,也就是说,是完全存在着而有待于人们去认识的,只看我们能否得到它们。伦理和社会理论方面的争论,它们绝大部分关心的是善在哪里被给予以及怎样被给予的问题;是在经验、感情、感觉中,还是在思想、直觉、理性中;是在主体中,还是在客体中;是在自然中,还是在某种超验的领域中。重要的事实(只要它是一个事实)是,对行为、个人和集体的严肃探究,必须注重通过一种假设性、经验性的努力把新的善加以实现。这种努力之所以必要,是因为所有被给予的善都靠不住;但是,这个重要的事实并没有把握得到人们的承认。我用这样的信念聊以自慰:我自己失之为人理解,很大程度上要归咎于本人陈述中的那些笨拙之处,而有些困惑则是由于上述理论必然包含涉及所有社会事务的那种思维方法上极为困难的转变。

(马迅　译)

评价理论*①

I. 评价理论的难题

如果让一个有怀疑主义倾向的人评论当前关于评价(valuing)和价值(values)问题的讨论状况,他一定会找到证据来证明这种讨论是一件费力极大但收获甚微,也许一无所获的事情。因为这一讨论的现有状况表明:人们不仅在运用事实作出恰当的理论解释方面存在着相当大的分歧——这也许是理论健康发展的标志,而且在价值理论所运用的事实究竟是什么、究竟有没有价值理论可以运用的事实这些问题上,也存在着相当大的分歧。纵观目前有关这一主题的文献,我们可以发现,在这一问题上存在着两种截然相反的观点:一种观点认为,所谓"价值",不过是情感的别名,或者说,"价值"就是一种喊叫;另一种观点认为,先验的、具有必然性的、合乎标准的、具有合理性的价值,是艺术、科学、伦理学赖以获得有效性的根据。在这两种极端性的观点之间,还有大量介乎其中的观点。通过考察目前关于价值问题的文献,我们还可以发现,对价值问题的讨论深受唯心论和实在论的认识理论的影响,也深受关于"主观的"和"客观的"形而上学理论的影响。

在这种情况下,很难找到一个事先没有作出任何妥协的起点。因为表面上看起来,适当的起点,实际上也许不过是某种以前就有的认识论或形而上学的结论。

---

* 选自《杜威全集·晚期著作》第 13 卷。
① 首次发表于《国际统一科学百科全书》(*International Encyclopedia of Unified Science*),第 2 卷,第 4 部分,芝加哥:芝加哥大学出版社,1939 年,共 67 页。

也许从这样的提问开始是最稳妥的：为什么在最近的讨论中，评价理论的问题会显得如此重要？在智识（intellectual）发展史上是否已经存在了一些因素，这些因素使科学态度和科学观念发生了显著的变化，所以现在价值问题才被凸显出来？

如果人们是在这种背景中考虑评价问题，那么，他们就会立即发现这样一个事实：在天文学、物理学或化学这些学科中，根本不包含价值事实（value-facts）或价值观念（conceptions）这样的表达。即使想入非非，也不可能将这些学科中的表达看成是意指价值事实或价值观念的。但是，在所有深思熟虑的、有计划的人类行动中，无论在个人行动中，还是在群体行动中，似乎无一不受对欲达目的之价值鉴定的左右（如不说受其控制的话）。在实践事务中，"好"的意思通常与"相对的价值"（relative values）的意思是一致的。自然科学和人类事务之间的这种明显的差别，导致了一种分歧，导致了一种彻底的分裂。在关于物理现象的那些被认为理所当然的观念与方法，和关于人类活动的那些被看作最重要的观念及方法之间，似乎没有任何共同的基础。因为自然科学的命题涉及的是事实和事实之间的关系，这样的命题构成了被公认具有卓越科学地位的学科的主要内容，所以人们不可避免地会提出这样的问题：指导人类行动的科学命题是否可能？包含"应该"理念的科学命题是否可能？如若可能，那么，这样的命题属于何种类型？它们的基础是什么？

从历史上看，大约在16或17世纪，价值概念才被排除在关于非人类现象的科学之外。在此之前很长的时间内，人们都认为自然界之所以如此，是因为存在于自然界中的目的（ends）使然。这些目的的极致，是完满的或完美的"存在"。人们相信，自然界的一切变化都是为了实现这些目的，自然界的本性使其将这些目的作为自己的目标（goals）。古典哲学将存在、真与善视为同一，而且这种观点被看成是对作为自然科学对象的自然结构的一种见解。在这样的语境中，单独提出评价和价值的问题，既没有必要，也没有可能。因为今天被称之为"价值"的东西，那时整个儿都是被并入世界架构之中的。但是，当一门又一门自然科学将目的论排除在外，最后连生理学和生物学也将目的论排除在外之后，价值问题才被作为一个独立的问题而提出来。

如果要问为什么当"目的"概念和"实现目的的努力"这样的说法被排除在自然之外以后，价值概念却没有像"燃素"等诸如此类的概念那样完全退场，那么，前面说过的价值概念和价值鉴定在人类事务中的地位就暗示了这一问题的答案。人类行为似乎要受诸如"好与坏"、"正确与错误"、"值得赞美的或骇人听闻的"这样一些语句所表达的需要考虑的事情所左右(如果不说受其控制的话)。所有的行为举止,只要不是盲目地仅凭情感冲动行事或只是机械地例行公事的话,似乎都包含评价。评价问题和关于人类活动和人类关系的科学结构问题,如此紧密地联系在一起。如果把评价问题置于这样的背景中的话,我们就可以清楚地看到,"这个问题是一个重要的问题"。因此,考虑关于评价的那些各不相同、互不相容的理论也就具有了重要的意义。有些人认为,物理学和化学已经穷尽了所有可得到科学证明的命题。对于这些人而言,不存在任何名副其实的价值命题或价值判断,不存在任何陈述价值的命题或判断,无论肯定命题还是否定命题,也就是说,不存在任何可以得到实验证据支持或检验的有关价值的命题。但也有一些人认为,讨论非人类问题的领域和讨论人类(包括个人的或人类的)问题的领域之间存在着区别,并认为作为存在的两个领域——物理领域和精神或心灵领域是彼此独立的。这些人主张将价值范畴从物理领域中清理出去,以保持物理领域的纯净,而将价值范畴仅放置于精神领域。第三种观点,即利用在研究物理现象的科学中没有发现价值表达这一事实,来证明物理科学的题材仅是科学题材的一部分(有时也称物理科学为纯粹的"现象的"科学),因此需要有一种"更高"类型的题材和知识来补充;在这些题材和知识中,价值范畴高于事实范畴。

以上所列举的只是几种具有代表性的观点,并没有囊括所有的见解。将这些观点罗列出来,不是为了表明讨论的内容,而是为了界定讨论经常而明显地围绕,但却没有意识到其根由的核心问题。这一问题就是:指导人类事务的真正命题是否可能? 如若可能,那么,我们也许就可以期望对这一问题的讨论尽可能少地涉及价值表达(value-expressions)了。因为在对价值表达的讨论中,已被带入大量来自认识论和心理学的含糊其辞的东西;眼下我们还不可能采取这种讨论方式,所以导言部分将以对所谓标示"价值事实"(value-facts)特征的那些语言表达的评论而结束。

1. "价值"这一表达,既被当作名词,又被当作动词。在此存在一个根本性争议,即"价值"一词的原始含义究竟是名词还是动词? 如果有些东西在与活动没有任何联系的条件下,它们本身就是价值或具有价值的特性,那么,"价值"的动词形式(to value)就是派生的。因为在这种情况下,人们之所以把某种理解行为称之为"评价",仅仅是因为这种行为所要把握的对象(object)。然而,如果"价值"一词的动词形式是其原始含义的话,那么作为名词的"价值",就是指那些通常被称为有价值的东西,也就是一些活动的对象。这些东西,像钻石、矿山或森林,它们的存在本身并不受制于评价。当它们成为确定的人类活动之对象的时候,它们是有价值的。许多标示事物的名词所标示的,并不是事物的原始存在,而是事物作为活动的素材或目标(如某物被称为"靶子")时的性质。当一个东西或一种性质被称为价值的时候,是否也存在同样的问题呢?这也是争论的一个焦点。让我们来看看下面这种说法。有人说,最好将价值"界定为一个理解过程的质的内容……价值是呈现于注意或直觉的一种特定的质的内容"。这一说法看来好像主要是把"价值"当成名词,或者至少是当成形容词来使用,以表示一个对象或对象的内在性质。但是,当说这句话的人谈到直觉和理解的过程时,他却说:"看来,使评价行为与单纯的直觉行为区别开来的是,评价行为显而易见是以感情为必要条件的。……感情有意识地另眼看待了某些特殊的内容。同时,评价行为也是激发情感的;评价是一种兴趣、一种以情感为动力的态度的自觉表达。"这段话,与前面那段话给人的印象截然相反。这个人又说:"经验的价值性质或经验的价值内容,已经与价值行为或心理态度区别开来了,价值内容是心理态度直接的对象。"当他说这番话时,并没有使问题更加清晰。他的做法就好像为到达一个目的地,却骑上了两匹背道而驰的马!

此外,当把注意力集中在"价值"动词形式的使用上时,我们发现,通常的说法具有双重性。只要翻一下字典,我们就可以发现,通常所说的"评价"在口语中既表示珍视(prizing),又表示鉴定(appraising)。珍视是在珍藏、珍爱和其他诸如此类的行为,如尊重、敬重的意义上使用的。而鉴定则是在"赋予……某种价值"、"把价值归属于……"的意义上使用的。鉴定是一种评估活动,在鉴定中明显地包含了比较活动。如在价钱方面,对商品和服务作出鉴定。作为动词的"价值"一词所具有的这种双重含义非常重要,因为这里隐含着关于价值问题的一个基本争议。"珍视"这层含义,侧重于某些具有一定个人色彩的东西,就像所有带有独特个人色彩的活动一样,"珍视"具有被称为"情感的"的性质。然而,评价作为"鉴定",则主要涉及对象的相关特性,因此在鉴定活动中的理智因素要强于在其他的同类活动中。这在"鉴定"和"尊敬"两个词的区别中也可以看到。"尊敬"带有个人的情感色彩。同一动词的这两种用法,使人想到目前各派的观点意见之分歧所在。在作为动词的价值的两种用法中,哪种是基本的呢?"鉴定"和"尊敬"这两种活动是分离的,还是互补的呢? 联系词源史,我们可以看到(当然,尽管一点儿也不确定):"赞扬"(praise)、"珍视"(prize)和"价格"(price)都是从同一个拉丁词中派生出来的;而"鉴赏"(appreciate)和"鉴定"(appraise)曾一度被交替使用;而在货币价格方面,"昂贵的"仍被当作"宝贵的"和"贵重的"的同义词而使用。动词价值的双重含义在日常语言的使用中导致了一个问题,同时语言使用的这一问题由于下面的事实而被进一步扩大(如果不说被进一步混淆的话)。这个事实就是:当前的理论经常把动词价值和喜爱、享受等同起来。这些理论不仅在将价值的动词意义等同于在某物中获得乐趣、得到满足、发现某物令人喜悦这一意义上使用——欣赏、喜爱(to enjoy),而且将价值的动词意义等同于在活动与其结果相一致的意义上使用——享受(to enjoy)。

2. 如果我们采用通常被认为是价值表达的那些语词的话,就会发现,在理论讨论中,关于这些词的恰当地位根本没有统一的见解。例如,有人认为,"好"是指对什么而言是好的(good for)、有益的、有用的、有帮助的,而"坏"是指对什么而言是有害的、不利的。这是暗含一个完整评价理论的概念。而另一些人认为,"对什么而言是好的"的"好"和"自在的好"(good in itself)之"好"是极为不同的。另外,就如上面所言,还有人认为,"令人愉悦的"和"令人满足的"是最基本的价值表达方式,而其他人则不同意这样的说法。讨论者对作为价值语词(value-words)的"好"与"正当"(right)各自的地位也存在着争议。

结论:"价值"一词的这种动词用法对我们没有什么帮助。甚至,事实证明,人们用动词的用法来指导关于价值和评价的讨论,只能导致混乱。参考语言表达,充其量只是指出某些问题,这些问题可用来限定讨论的主题。因此,就目前讨论中关于术语的情形而言,我们将在理论上最中性的意义上使用"评价"的动词和名词形式,在以后的讨论中去确定它与"珍视"、"鉴定"、"享受"等的联系。

II. 被当成喊叫的价值表达

我们的讨论将从对前面所谈到的最极端的一种观点的思考开始。这种观点认为,价值表达不能由命题构成,即它不能由表达肯定的或否定的语句构成,因为价值表达纯粹是喊叫(ejaculatory)。它们认为,"好的"、"坏的"、"对的"、"错的"、"可爱的"、"可憎的"诸如此类的表达,都与感叹词具有相同的性质;或者与脸红、微笑、哭泣等现象具有相同的性质;或者/而且与一些能使被命令者以某种特定方式行动的刺激信号具有相同的性质,就好像对牛喊"Gee"、对马喊"Whoa"一样。它们并没有表示什么或陈述什么,甚至没有谈论感情(feelings),只不过是表示(evince)或显露(manifest)感情而已。

下面这些说法代表了上述观点。"如果我对某人说'你偷钱是不对的',与我只说'你偷钱',没什么两样……也与我以憎恶的语气说'你偷钱',或是加上一些特别的感叹号而写下这句话,没什么两样。这语气……仅仅用以表明说话者在说这句话时带有一定的感情。"这位作者还说:"伦理学术语不仅用于表达感情,它们还可以用于唤起感情,从而对行动产生刺激作用……'说真话是你的责任'这个句子就既可以看作是有关诚实的一种伦理感情的表达,又可以认为是'说真话'这种命令的表达。……在'说真话是善的'这个句子中,命令语气已减弱,几乎相当于建议了。"这位作者并没有表明,他根据什么将这些术语和"感情"称为他所说的"道德的"。不过,将"道德的"这个形容词用在感情上,似乎包含了某种用来辨别和确认感情的客观根据。当某一类别、某一结论与采取的立场不一致时,这些客观根据就用来辨别和确认那些感情。我们先将此搁下,继续来看进一步的例证:"在说'容忍是一种美德'时,我并不是在陈述我自己的感情或陈述其他什么,而只是表达我的感情,这与我说我有这种感情是完全不同的。"因此,"就价值问题而进行争论是不可能的"。因为无论怎样,当一些语句没有表示或陈述任何东西时,根本不可能彼此不相容。在具有明显争议的或截然相反的陈述事例中,如果这些陈述是有意义的,那么,关于它们的争议就可以归结为它们所涉及的事实的差异。因为人们在一个人是否真的"偷"了或真的"撒谎"了这样具体的行动上,也许会产生争议。我们所希望或期望的就是:如果"我们能使反对者在经验事实的见解上与我们达成一致,那么,他就会和我们采取同样的道德态度去对待这些事实"。然而,为什么这种态度被称为"道德的",而不是被称为"不可思议的"、"好斗的",或者是随便从几千个形容词中随意挑出一个呢? 答案不得而知。

如先前所提到的,我们的讨论将分析应该引起关注的事实,而不是抽象地谈论理论的功过得失。让我们从大家公认属于什么也没有说的那些现象开始。像婴儿的第一声啼哭、第一次微笑,或早期的咿呀之语、咯咯笑声和尖叫声,这些就什么也没有说。若说它们"表达(express)了感情",那么"感情"和"表达"这两个词不免含糊其辞。如果我们可以弄清楚流泪和微笑中所涉及的问题,那么,同样能弄清楚关于无意识发出的声音中所涉及的问题。流泪、微笑和这些无意识的声音本身并没有含义,但它们是更大有机体组织状态的组成部分。它们只是有机体活动的事实,在任何意义上,它们都不是什么价值表达。然而,它们可以被当作某种有机体状态的信号。如此一来,它们作为信号或被当作征兆就会唤起其他人的某些行动,以对这些信号或征兆作出反应。婴儿哭了。母亲就会把婴儿的这种哭声当作一种有充分证据的信号,从而推论出这哭声表示孩子饿了,或是有钉子之类的东西刺痛孩子了。于是,母亲就会采取相应的行动来改变婴儿的身体状态。

当婴儿长大了一些,他们就会逐渐意识到特定的哭与所能引起的活动(activity),及由这种活动而产生的结果之间的关联。于是,这时候,他们哭(或采取某种手势、姿势)就是为了引起某种活动,为了获得这种活动所产生的结果。就有机体的反应而言,两种由于"哭"所引起的活动是不同的:一种仅仅是由于哭的刺激而引起的反应(如在沉睡中的母亲甚至还没有意识是一种哭声,就会被孩子的哭声弄醒);另一种是把"哭"理解为一种信号或某事的迹象的活动。这两种哭也是不同的:一种是原初意义上的哭,可以把这种哭恰如其分地称为"纯粹的喊叫";另一种是有目的的哭,这是为了引起某种特定的结果。有目的的哭,以语言媒介的形式存在。它是一种语言信号。它不仅说了些什么,而且是有意识地说,有意识地传达和有意识地告诉他人一些什么。

那么,它究竟告诉了什么或陈述了什么呢?与此问题相关,我们必须注意"感情"一词致命的含糊性。因为可能有人认为,这种有目的的"哭"所传达的一切不过是一些感情的存在,也许这些感情伴随着一种赢得他人感情的欲望。他人的这种感情,是由于"哭"这种活动而引起的。但这样的看法:(a)与使讨论得以开始的事实明显相反,(b)它引入了一个完全不必要的(如果不说是不能被经验证实的)问题。(a)因为我们所着手讨论的,并不是一种感情,而是由哭、眼泪、微笑等组成的一种有机体的状态。(b)于是,"感情"一词要么是一种严格的行为术语,是包含哭和姿势在内的整个有机体状态的一个名称;要么是被毫无必要地引入的一个词。我们所讨论的现象是有机体生命过程中的一些事件,这些事件与吃饭或体重增加没有什么两样。但就像体重增加可以被当作适当饮食的信号或根据,哭也可以作为有机体生命过程中某些特殊事件的信号或根据。

因此,不论"表示"是否被当作"表达"的同义词,"表示感情"这个短语与报告所发生的事情无关。就如我们已经看到的,像哭、笑、叹息、尖叫等这些原始活动是一个更大的有机体状态的组成部分,因此,"表示感情"这个短语对此并不适用。如果哭或身体语言是故意而为之的,那么,哭所表示或表达的就不仅仅是一种感情。采用公开的语言行为,是为了改变有机体的状态,而这种改变要靠其他人采取某些行为才能实现。另举一个简单的例子:咂嘴,是或者也许是被称为"吃东西"这种原始的有机体行为的一部分。在某个社会群体中,咂嘴发出的声音被看作一种粗俗或"不礼貌的"表现。因此,当年轻人在强制力量的控制下成长时,他们就被教导不准咂嘴。而对另一个社会群体而言,咂嘴及所发出的声音则表示客人已经知道主人准备好了东西。这两种情形完全可以在可观察的行为方式和可观察的结果这一意义上进行描述。

与此相关的重要问题是:既然"感情"这个词对描述实际发生的情况是多余的,那么,为什么在理论解释中还会引入这个术语呢?只有一个答案是合乎情理的,即"感情"这个词是从被称作心理学的理论中拿来的,而心理学理论采用了心灵主义(mentalistic)的术语,采用了所谓内知觉状态或内知觉等这类术语。就我们现在所面对的事情而言,如果要问这种内在状态实际上是否存在,那么既不切题,又无必要。因为即使存在这样的状态,根据描述,它们也完全是私人的,是仅在个人内省时才可以触及的。所以,即使有一种正当的内省理论是关于意识状态的,或者是关于作为纯粹精神作用的情感的,也没有理由从这个理论中借用"感情"这个词来解释尚无定论的事情。而且,涉及"感情",也是多余和毫无理由的。因为这个解释的重要部分是,"价值表达"通过引起他人的反应而影响他人行为举止的作用。从经验报告的立场来看,涉及"感情"是毫无意义的,因为那种解释所用的是一些难以进行公开检查或证实的术语。如若真的存在我们所说的这类"感情",那也无法保证两个人在使用同一个词时,恰好指的是同一件事情。因为这种事情是无法接受公共观察和描述的。

因此,如果我们后面的思考能够集中于具有经验意义的部分,也就是集中于那些能引起他人某些反应的,而且如果集中于那些想使它们产生就能使它们产生的有机体的活动上,那么,下面这些说法就是有正当理由的:(1)我们所讨论的现象是社会现象,所谓"社会"这个词,在此仅是指在两个人之间,或者多个人之间,存在一种性质为相互作用或交互作用的行为方式。一个人,比如一个母亲或一个护士,将他人有机体行为所附带的声音当成一种信号,并对这种声音的意味作出反应,而不是对这种声音的原始存在作出反应。有这类行动,就表明人与人间存在着一种交互活动。我们所谈论的那些以唤起他人的反应为目的的有机体的活动,更明显地表现了这种交互作用。如果我们追随前面提到的那位作者,把他当作价值表达的东西也当作价值表达,那么,在剔除"表达"的模糊性和"感情"的不相干之后,我们就得到这样一个结论,即"价值表达"只与人与人之间的交互行为相关,或者说,它只存在于人与人交互作用的关系中。(2)一旦手势、姿势和言语被理解为信号,尤其被用作信号时,它们就是语言符号。它们就表达意义,并具有命题的性质。例如,有一个人装出病人特有的样子,并且发出病人通常发出的声音。对这件事,合理的做法就是弄清楚这个人到底真的病得不能工作了,还是装病。从其他人截然不同的反应中,一定会"引出"作为调查结果的结论。这个调查要做的,就是弄清经验上可观察的事情的真实情况到底如何;而不是去弄清内在的"感情"到底如何。医生们设计出了具有很强实验性的检验方式。每位家长和学校老师都知道,需要警惕孩子们假装做出某种"表情"和姿势,因为他们的这些表情和姿势是为了让大人得出一种结论,而这种结论会使大人去照顾他们。对于这类例子(这类例子很容易拓展为包含更复杂因素的例子),如果人们对行为只进行了短时间的观察,那么包含推论的命题就很可能是错的;但是经过较长时间的观察,或者根据多种经过仔细观察的事实材料而建立的命题,就可能是有充分根据的。在这一点上,我们正在讨论的命题与一切真正的物理学命题的特点是相同的。(3)到目前为止,还没有人提出关于人与人之间交互活动这种情形的命题是否具有评价命题(valuation-proposition)的性质这一问题。我们的推论是假设性的。如果所涉及的表达就是评价表达(valuation-expressions),即像那个特别的学派所认为的那样,那么,(i)评价现象就是一种社会现象或人际间交互行为现象;(ii)评价现象就与那些能为可被经验证实或驳斥的事实命题提供素材的现象是同样的。当然,这个假设到目前为止,还只是一个假设。它引出了一个问题,即那些以影响他人行动、唤起他人具有特定结果的活动为目的的语句,是否就隶属于评价范畴的现象。

让我们以一个人喊"着火啦"或"救命"为例。无疑,这种喊叫就是为了影响他人的行为,从而达到某种结果。这种喊叫所欲达到的结果是可观察的,并且是可用命题表述的。发生在可观察的情境中的这种喊叫,表达了某种复杂的东西。通过分析,我们可知,这种喊叫表达了:(i)存在一种将带来不良后果的境况;(ii)作出这些表达的人不能应付这一境况;(iii)如果能得到他人的援助,那么,这种境况将得到改善,喊叫者所期望的就是这种境况的改善。这三点都可以得到具有经验证据的检验,因为它们所涉及的内容都是可观察的。例如,第三个(即期望)命题,就可以通过观察确定情形中发生的事情而得到检验。先前的观察可以证实:如果语言信号真的像它被设计的那样产生效果了,即喊叫的确引起了想要引起的援助,那么无论如何,发生不良后果的可能性将会减少。

考察表明,这些例子和先前我们考察过的那位作者所用的例子具有相似之处。它们都包含评价表达。这些命题直接涉及现存境况,而间接涉及意欲达到、期望引起的未来境况。我们所说的这些表达是一种媒介,它们被用以引起从当前境况到合乎期望的未来境况的转变。在我们最先考察的那一系列事例中,明显地出现了像"好的"、"对的"这样一些毫无疑问的价值语词;而在第二系列的事例中,却没有这种明确的价值表达。然而,当我们将求援的喊叫放在现实情境中来理解时,就会看到:求援的哭喊尽管用词很少,但实际上,它却断定导致哭喊的境况是"坏的"。在被人们拒斥的意义上,这种境况是"坏的",倘若这种哭喊产生了作用,那么,期望达到的未来境况就是比较好的。这种分析似乎毋庸赘述。但是,除非每类例子中实际存在的前因后果都梳理清楚了,否则,所用的语词表达就有可能意指任何东西或毫无所指。如果我们将那些前因后果都考虑在内,那么,我们就会看到:赋予实际存在状况否定性价值命题,赋予所预期状况相对肯定性价值命题,以及作为中介的命题(这类命题可以包含,也可不包含评价表达)引起某些活动,从而实现一种状态到另一种状态的转换。因而这几类命题就包含:(i)对现存境况的厌恶和被预期的可能境况所吸引;(ii)作为目的的可能境况和作为实现这一目的手段的活动之间,一种能详细说明并可验证的关系。这为进一步的讨论提出了两个问题:其一,在活动中能起作用的态度或行动的态度,与(为了辨认起见)被称为"喜欢"和"讨厌"之间的关系;其二,评价与那些作为手段-目的(means-end)的事物之间的关系。

III. 被当成喜欢或讨厌的评价

在与评价的关联中,对喜欢和讨厌的考虑,应该从前面所阐述的可观察、可辨认的行为方式的角度进行。就行动而言,"以情感为动力"(affective-motor)这个形容词,还是适用的。但是,我们应该注意决不能将"情感"(affective)的性质解释为私人的"感情"。因为这样的解释,会抵消以"驱动"所表达的那种能起作用的和可观察的要素。"驱动"发生于公共的可观察世界。而且与发生于这个世界的其他事情一样,"驱动"具有可观察的状态和结果。如果把"喜欢"这个词用作指称一种行为方式,而不是指称一种私人的、难以捉摸的感情,那么,它所代表的是哪一类活动呢?它所指称的是什么呢?让我们通过对下面这些词的说明来回答这些问题。作为行为方式,"关心"和"照料"与"喜欢"有非常密切的关系。另外有一些词汇与"喜欢"的关系也很密切,如"期待"、"寻求"、"珍爱"、"致力于"、"专注"、"趋向于"、"照顾"、"抚养"等。几乎所有这些词都与"珍视"是同义异形的。而"珍视",就像我们在前面已经看到的,是词典中所认可的价值的两种主要含义之一。当人们在行为的意义上使用这些词,或者用它们指称那些为维持或促成某些情形发生的那些活动时,就有可能将它们所指的东西与像"享受"这样一些意义含糊的词所指的东西区分开来。因为"享受"一词可指一种从已经存在的东西中,而不是指从由以情感为动力的行动中获得满足的情形。以情感为动力的行动是产生满足的前提,是满足得以延续的前提。也许,"享受"一词也可以指称以情感为动力的活动,但在这种情形中,"享受"是力求欢悦的同义词,它有着明显的"欣赏玩味"的含意。在我们看来,只有"煞费苦心"、"想方设法",才能使那些能让我们从中获得满足的条件延绵不断。行动的意义上的享受,以花费精力赢得作为满足之源泉的那些条件为特点。

之所以说这些,就是为了使理论免于那种脱离所指的对象而界定词意的徒劳。它引导我们去注意那些能够作出详细说明的实际存在着的情形,去观察在现实情形中所发生的事情。它告诉我们,要去观察我们的精力是否被用于创造某些条件和维持某些条件。用日常术语来说,就是去注意是否已经尽力了,是否已经尽力去创造那些条件而不是其他的条件了。之所以需要花费精力,这表明现实中存在着一些与我们所需要的条件相反的东西。如果一个母亲说她珍视她的孩子,乐于(在该词的行动意义上)与孩子为友,但实际上却接二连三地忽略孩子,而且也不找机会和孩子相处,那么,她就是自欺欺人。另外,假如她只有在他人在场的时候,才做一些像抚摸孩子等显示爱的事情,那么,她八成就是想欺骗别人。只有通过足够的时间和在足够的场合对行为进行观察,才能作出评价。就像我们上面所列举的那个例子。只有通过观察这个母亲花费精力的多少和坚持时间的长短,才有资格将诸如"微不足道的"或"伟大的"这样的形容词恰当地加在特定的评价上。观察精力的去向,看它是趋向还是离开所说的目标,就能使我们有根据地确定究竟应该给予"肯定性的"评价还是"否定性的"评价。即使另外还存在"感情",那么感情的存在,也与可证实的、能够形成评价的命题无关。

因为在"珍视"、"喜欢"意义上的评价,只发生在有必要创造现在缺少的东西,或有必要保护受到威胁的东西的时候。评价包含着想望(desiring)。但想望不等于纯粹的想要(wishing)。在纯粹的想要中,"为实现目的而努力"是缺席的。"如果愿望就是马,那么,乞丐将骑愿望而行"。现在没有此物,假如有的话,就会令人感到心满意足,但却不花精力去创造此物,也不在现有条件下作任何能使此物产生的努力,那么,这就像婴儿哭着要月亮和幼稚的成年人沉湎于幻想,"如果事情不是这样的话,那该多么好啊"一样。在这些情形中,所使用的"想望"与"想要"这两个词的所指是根本不同的。相应地,用"想望"来界定"评价"的一个先决条件,就是要在欲望(desire)产生和发挥作用的现实情境中来看待欲望。如果将欲望看作一种就其本身而言原初的、完成了的东西,并在这个意义上用欲望来界定"评价",那么就不可能对不同的欲望作出区别,因此也就无法通过相互比较来衡量不同评价的价值。欲望就是欲望,所能说的就只是这些。另外,如果因此而把欲望设想为纯粹私人的东西,那么就无法根据其他对象或事件对欲望作出规定。例如,假如碰巧注意到努力是随着欲望而来的,而且这种努力引起了现存条件的变化,那么,这些考虑就会被当作外在于欲望的东西,也就是说,在这样的条件下,欲望就被当作一种就其本身而言原初的、完成了的东西,一种不受可观察的、有前因后果关系的情境制约的东西。

然而,如果我们发现,欲望只产生于特定的背景(contexts)之中,即只有当某种匮乏妨碍了行动意向直接实行的时候,才会有欲望的产生;发现欲望是在这样的背景中,以弥补现存缺憾的方式起作用的,那么,我们就会看到可以要求以可证实命题的形式表述欲望和评价的关系。(i)我们看到,欲望的内容和对象依赖于使欲望产生的特定背景,而这一背景又依赖于人的活动和先前存在的周围环境。以一个人对食物的欲望为例:已经连续吃了5个小时的人或已经连续吃了5天的人,对食物的欲望很难与普通人相同;住在茅屋里的人和住在皇宫里的人的食欲很难相同;游牧部落的人与农耕部落的人对食物的欲望,也很难相同。(ii)我们看到,包含在欲望中最基本的张力是努力(effort),而不是随欲望而至的东西。因为欲望并非仅仅是个人的,它还是有机体与环境之间的一种行动关系("饿"这个例子就很明显)。正是这种关系,将真正的欲望与纯粹的想要和幻想区别开来。由此必然得出这样的结论:与欲望相联系的评价,是与欲望存在的条件联系在一起的;在不同的存在环境中,评价是不同的。既然评价的存在依赖于环境,那么,它的恰当性就在于它对环境所产生的需要与要求的适应。既然环境是可观察的,并且评价对环境的适应取决于对努力之结果的观察,那么,一种特定欲望的适当性就可以通过命题来表达。而且,这些命题能够经受经验的检验。因为可以通过经验观察的手段(means),而探知一种特定的欲望与它发挥作用的条件之间的联系。

"兴趣"(interest)一词,以具有说服力的方式暗示了人的活动和那些在评价理论中必须考虑的条件之间的积极联系。甚至在词源上,"兴趣"一词也显示了人和周围环境彼此紧密联系在一起的某种东西。发生在人和周围环境联系中的这种东西被称作一种"交互作用"(transaction)。它指的是通过外部环境这一媒介而起作用的活动。例如,当我们考虑一个特殊集团的兴趣时,如考虑银行家的兴趣、工会的兴趣或政府机构的兴趣时,我们所考虑的就不仅仅是这些相关人士的心理状态,还要考虑到他们作为一个压力集团(pressure groups),有各种各样有组织的渠道,并且正是通过这些渠道来指挥行动,才会获得和创造那些产生特定的结果的可靠条件。单个人的行动也是如此。一旦法庭确认某个人对某事有特别兴趣,它就确定了这个人会有哪些特别的要求,这些要求的满足将对存在的问题或者结果产生什么影响。无论何时,只要一个人对某事有兴趣,他就与这事的进程和最终的结果有了一种利害关系;正是这种利害关系,引导他采取行动去实现某种特别的结果,而不是去实现其他的结果。

从所引证的这些事实中,我们可以得出这样的结论:将评价(或各种"价值")与欲望、兴趣联系起来的观点,仅仅是一个起点(starting-point)。在对兴趣和欲望的性质作出分析以前,在构建"在欲望和兴趣具体而特殊的发生过程中,确定欲望和兴趣的要素"这一方法之前,将评价(或各种"价值")与欲望、兴趣联系起来的观点,和有关评价的理论是模糊不清的。在那些将评价与欲望联系起来的理论中,几乎所有的谬误都是由于笼统地使用"欲望"而导致的。例如,当有人说(相当正确地)"价值源于对生命冲动直接的而无法说明的反应,源于我们本性的非理性部分"时,他实际上所表述的是:生命冲动是欲望存在的原因。如果只给"生命冲动"一种经验上可证实的解释(即有机体的生物学倾向),那么,那个"非理性"因素就是评价的原因。这个事实就证明了评价在某种存在中有其根基,而这种存在与所有自在存在一样,都是合理的存在。如果解释正确的话,这个表述提醒人们:有机体倾向是与其他的存在相联系的存在,因此是可观察的。"非理性的"这一语词,根本没有为"存在"添加什么新的东西。但上面所引用的那个句子,常常被解释为生命冲动就是评价。这种解释,与把评价和欲望及兴趣联系起来的观点,是不相容的。根据逻辑上的相似性,这种解释可以证明"种子就是树"这个判断是正当的,因为树是由种子生长出来的。毫无疑问,生命冲动是欲望和兴趣存在的必要条件。但是,欲望和兴趣包含了以实现目的的措施(包括付出精力)为形式的各种想法(ideas),以及随同这些想法的预期结果。既然我们用欲望活动或兴趣活动来界定评价,就要拒绝用生命冲动来界定评价。这是因为,将评价视为生命冲动将会导致一种荒谬,即把所有有机体的活动都看作评价行为。因为根本不存在不包含"生命冲动"的有机体的活动。

　　接受"价值是一切兴趣的一切对象"这一观点,应该非常谨慎。按照字面来理解,这一观点是把一切兴趣完全置于同一水平。但是,如果从某些情形中兴趣的地位与具体构成之间的关系方面来考察兴趣,那么就可以清晰地看到:一切都依赖兴趣所涉及的对象。而兴趣的对象又反过来依赖于某种关心(care),正是由于这种关心,才会有审视存在境况的需要;也正是由于这种关心,才会考察所计划的可满足这些需要的那些行动的资格。就兴趣作为评价者(valuators)的功能而言,所谓所有兴趣的立足点都是相同的这一说法,与日常经验中即使最普通的观察,也是相抵触的。可以说,对入室行窃及其结果的兴趣,给予一定的对象价值。但是,梁上君子对此的评价和警察对此的评价是不同的。对富有成效的工作成果的兴趣所创造的价值,与梁上君子追求其行当的兴趣所创造的价值是不同的。很明显,将小偷所偷的东西拿到法官面前等候处理时,这个东西的价值也是不同的。因为兴趣是在存在的一定背景中产生的,而不是完全凭空产生的,并且由于这些背景属于个人或群体生命活动范围内的境遇(situations),所以各种兴趣彼此相联,以至于对任何一个兴趣的评价都只能将它视为它所属系列的一个函数。只有在将各种兴趣完全隔离开来的情况下,才能坚持"价值是一切兴趣的一切对象"的观点。而将各种兴趣看成是完全孤立的观点,与实际观察到的事实如此格格不入,以至于它的存在只能被解释为内省心理学的一个推论。因为在内省心理学看来,欲望和兴趣仅仅是一些"感情",而不是一些行为方式。

Ⅳ. 评价命题[①]

　　由于欲望和兴趣是在这个世界里发生并在这个世界里发挥作用的活动,所以它们本身是可以观察的,它们所产生的作用也是可以观察的。依据那些将评价与

[①] 对于本章标题,杜威用的是 proposition of appraisal,而不是 proposition of valuation。在本书中,杜威多次谈到 appraisal 是 valuation 的两种基本含义之一。因此,可以将杜威对 proposition of appraisal 的用法理解为广义和狭义两种,在其狭义上,我们译为"鉴定命题";而在其广义上,我们译为"评价命题"。我们理解,本章的标题,杜威是在广义上使用 appraisal 的,因此译为"评价命题"。——译者

欲望和兴趣联系起来的理论,我们现在似乎可以看到我们的目标了——探索评价命题①。的确,现在显示出关于评价的命题是可能的。然而,仅仅是在"关于土豆的命题就是土豆命题"这样的意义上,关于评价的命题才是评价命题。评价命题是关于事实的命题。这些所发生的恰好就是评价,这一事实并不会使评价命题处在任何特别的(distinctive)意义上。虽然如此,可以形成这样的事实命题这一事实,仍然是重要的。因为,如果根本不存在关于评价的命题这一事实,那么要假设一种特别意义上的评价命题,就再荒谬不过了。已经表明,个人活动的这一题材并不存在构成建立事实命题的理论障碍,因为人类的行为(behavior)是可观察的。当一些实践障碍妨碍我们建立关于人的行为(如关于其要素的活动关系)的普遍的有效命题(valid general proposition)时,我们可以探究这种行为的条件和结果。根据这种行为的条件和结果作出的关于评价的命题,划定了关于"一种特别意义上的评价命题"这一问题的界限。能够对关于现存评价的命题本身进行鉴定吗?这种鉴定能够成为将来评价的一部分吗?我们已经知道,可以通过观察而确定一个母亲是否珍视她的孩子;在理论上,我们可以对不同类别的"珍视"或"喜欢"的条件和结果进行比较和对照。一旦比较和对照的结果表明某种珍视行为比其他珍视行为更好,那么,评价行为(valuation-acts)本身就得到了评价(evaluated);而且,这种评价(evaluation)可以对将来直接的珍视活动有所修正。如果满足了这个条件,那么,关于实际发生的评价的命题就成为特别意义上的评价的题材了。也就是说,这种特别的意义,是一种使关于评价的命题既区别于物理学命题,又区别于记载人类实际已做事情的史学命题所具有的意义。

这样,我们就被带到了鉴定的性质或评价的性质这一问题上。如我们所知,鉴定是公认的"评价"的两种含义之一。以一个简单的鉴定命题为例:"这一小块地正面宽每英尺值 200 美元。"这一命题在形式上不同于下面这个命题:"这块地正面宽度为 200 英尺。"后一个命题陈述了一个已经完成的事实,而前一个命题陈述了一个确定将采取的行动的规则(rule)。前一个命题是指向未来的,而不是指向已经完成或已经做过的事情。如果这个命题的背景是估税官执行公务,那么,这个命题所表达的就是向土地所有者征税的制约条件;如果它是土地所有者对地产商说的,那么,它就是提出一个制约条件,要求地产商在对土地所有者出售的资产出价时应

---

① 此处以下,杜威都是用 valuation-propositions 来表示评价命题。——译者

遵循这个前提。关于未来的行动或情形并不是作为关于将来会发生的事情的预言提出来的,而是作为应该发生或本应该发生的事情提出来的。因此,可以说,这一命题设置了一个规范(norm),但是必须在"未来行动的一定形式应该遵循的条件"这一意义上理解"规范"。"规则"存在于人类关系的一切模式中,这一点显而易见而毋需争论。"规则"决不仅仅局限于可以用"道德"命名的活动之中。每一种循环往复的活动,如在需要技术的行业和需要专门知识及特殊训练的职业中,都要制定一些规则,这些规则能使人们以最佳的方式来实现所期望的结果(the ends in view)①。这样的规则被作为标准或"规范",以判断所筹划的行为方式的价值。这些评价不同领域行为模式的规则是不可否认的,它们被用于评价不同领域的行动是明智的还是愚蠢的、节约的还是浪费的、有效的还是无效的。问题并不在于这些规则作为一般命题的存在(因为每一种活动规则都是一般性的),而在于它所表达的仅仅是习惯、习俗和传统,还是能够规定②作为手段的东西与作为结果(consequences)的东西之间的关系。手段与结果关系本身的基础,是得到经验确定和证明的、通常被称为因果的存在关系。

当涉及工艺、技巧和技术的时候,我们能够确定哪一个选择是正确的。例如,医学技术正接近这样一种情形,即医生为病人规定的大部分规则所涉及的是:对于病人来说,应该做什么会更好,其中不仅仅包括药疗方式,而且包括日常饮食方式和生活习惯。医生为病人所规定的这些规则的基础,是得到经验证明的化学原理和物理学原理。当工程师们说,如果要在哈得逊河的某一点上建造一座能够承受一定负荷的桥梁,那么就需要某些经过一定技术处理的材料。他们的建议所表达的并不是他们的个人观点,也不是他们的突发奇想,而是以公认的物理学原理为依据的。通常人们相信,像收音机、汽车那样的发明物,自问世以来已经得到很大的改善,并相信手段和结果之间关系的改善,归功于对基本的物理学原则更充分的科学认识。这种论证并不要求相信习惯和风俗的影响已经被完全排除。这些例子足

---

① "所期望的结果"是杜威关于道德生活和价值理论的一个重要术语。在谈到目的与标准的关系(the relation of ends and standards)时,杜威写道:"意图、目的、所期望的目的,与标准有所区别,但与标准有关;反之亦然。所期望的结果与愿望、欲望(desire)相连;它关注的是未来,因为它是关于满足愿望和欲望的目标的计划。"引自杜威:《道德生活理论》(*Theory of Moral life*),纽约:1996年,第101页。——译者
② 这里的规定(stating),还包括陈述、说明之意。——译者

以表明，建立得到科学证明的物理学一般法则为基础的鉴定规则或评价规则是可能的；而且，这类规则与那些仅仅表达日常习惯的规则相比，正在不断地增加。

在医学方面，一个庸医也许会援引大量所谓被治愈的例子作为证据，以使他的患者接受他所提议的药物。但是，只要一个小小的检验就能表明，在一些明确的方面，他对治疗步骤的建议与称职的医生是不同的，或者说，他们关于某种医疗步骤"好"或"必要"的判断是不同的。例如，并没有什么分析可以表明一个庸医用来作为证据的病例，事实上与他竭力推荐的药物治愈的病症是一样的。而且，也没有什么分析可以表明，一个庸医所说的（而不是已被证明的）那些已经痊愈的病人，实际上是由于服用了他竭力推荐的那种药而被治愈的，而不是由于某些其他未确知的原因中的任何一个原因所导致痊愈的。一个庸医所声称的每一件事情，都是不加区别和缺乏分析性条件约束的。而且，也缺乏科学程序必须具备的首要条件，即没有充分地公开它的材料和过程。我之所以引用这些人们非常熟悉的事实，唯一的理由就是：它们与称职的医学实践之间的对照显示了一种限度，在这一限度内，称职的医学程序规则得到了已被验证的经验命题的保证。关于活动的过程更好或更糟、更有用或更没用的鉴定，与那些不涉及人的非评价命题（nonvaluative-propositions）一样，都能得到经验的证明。先进的工程技术命题，规定了所要采用的恰当的活动程序。很明显，这些命题是以物理科学和化学科学的一般规则为基础的；它们通常归属于应用科学。不过，那些为了使程序合适而不是不合适、好而不是不好而制定规则的命题，与它们所依据的科学命题在形式上不同。因为它们是人的活动中的规则或活动所遵循的规则，它们是将科学所概括的原则用作实现人们渴望和预期的目的的一种手段。

对这种鉴定的考察表明，鉴定必须借助它们与手段与目的的关系或手段与结果的关系的相互支撑。对任何包含所谓更好或所谓需要的行动规则的鉴定，都必然包含所要达到的目的，因为鉴定就是对事物的适用性和必要性的评价。如果我们用前面所举的例子，那么显然，鉴定地产的目的是为了征税或决定售价；鉴定治疗方法的目的是为了使身体康复；鉴定材料和技术的目的是为了建造桥梁，或制造收音机和汽车等。如果鸟儿筑巢是出于所谓纯粹的"本能"，那么，它就不必鉴定材料和程序是否与目的相适应。但是，假如鸟儿把"巢"这个结果当作自己欲望的对象，那么，它要么采取一种最为任意的操作——试错法，要么考虑采用什么材料和通过怎样的步骤才能使欲望的对象成为现实。而对材料和步骤的权衡过程，明显地包含了对作为可选择手段的不同材料和步骤的比较。除了那些纯粹的"本能"和完全的试错法之外,在每一个例子中都包含了对实际材料的观察,及对这些材料就获得特定结果而言所具有的潜力的鉴定。人们总是会在所获得的结果与所预期的结果的比较中,观察所获得的结果。那么观察,就使这种比较有助于理解那些被作为手段的东西的实际的适用性。这样也就为将来更好地判断这些东西的适用性与用途提供了可能。根据这样的观察,某些行为方式被认为是愚蠢的、轻率的或不明智的,而其他行为方式则被认为是明智的、谨慎的或英明的。这一辨别是以已完成的鉴定的有效性为基础的。而这一鉴定的对象,是作为手段者与作为目的者之间的关系,或作为手段者与实际取得的结果之间的关系。

已有反对这种评价观点的典型的意见认为,这种评价观点仅仅适用于作为手段的东西;而真正的评价的命题,是关于作为目的的东西。对于这种观点,一会儿我们将详细地考虑。在这里必须提到的是:对目的的鉴定,就在对作为手段者的权衡这同一个评价之中。例如,人们想到了一个目的,但当他们在权衡实现这一目的的手段时,发现要花费太多的时间和精力才能实现这个目的,或者发现一旦实现这个目的,会招致一堆麻烦,或将来可能会碰到一些麻烦,就会将这个目的鉴定为"坏的",从而放弃这个目的。

可以将结论概述如下:(1)有这样一些命题:它们不仅仅是关于已经发生的评价的,即不仅仅是关于过去发生过的珍视、欲望和兴趣的,而且描述和详细说明了在确定的现实关系中一些东西之好坏、恰当和适合与否。此外,这些命题是一些一般原则(generalizations),因为它们形成了正确使用素材的规则。(2)我们所讨论的存在关系,是手段与目的的关系或手段与结果的关系。(3)具有普遍形式的这些命题,可以奠基在经过科学证明的经验命题之上;而且,这些命题本身能够通过观察实际获得的结果和期望的结果的比较而得到检验。

反对上述看法的意见是:这些见解未能对以下两种东西作出区分:一种是直接而内在地因自身而好、因自身而正当,并且来自自身的好、来自自身的正当的东西;另一种是仅仅对其他东西来说是"好的"的东西。换言之,这种东西之所以好,是因为它们有助于获得那些被认为是因自身而有价值、由于自身而有价值的东西。因自身而有价值、由于自身而有价值的东西,不是因为作为实现其他东西的手段而得到珍视,而是因为它们自身的原因而受到青睐。据称,关于这两种"好"和"正当"的区别,对于整个评价理论和价值理论来说都是至关重要的,以至于假如不对它们作出区别，我们已提出的那些结论就毫无有效性可言。这种反对意见，明确地将手段与目的范畴的关系问题摆到了我们面前。根据前面谈到的"评价"的双重含义，很明显，"珍视"和"鉴定"的关系问题就产生了。因为在这种反对意见看来，"鉴定"仅适用于作为手段的东西，而"珍视"适用于作为目的的东西，所以，必须承认自身具有极其重要性的评价和派生的、第二位的评价之间的区别。

假设已经承认了珍视和评价之间的联系，也承认了欲望、兴趣与珍视之间的联系。那么，对于作为手段者的鉴定和作为目的者的珍视二者之间的关系问题，就采取了以下形式：对目的价值产生直接影响的欲望和兴趣（如果有人更喜欢用"喜爱"这个词也行），是不受对作为手段者的鉴定的制约，还是本质上受到对作为手段者的鉴定的影响呢？假如一个人经过充分的调查研究之后，发现要付出巨大的努力才能获得作为满足这种欲望所必需的手段的条件（也许还需要牺牲其他目的价值，而通过付出相同的努力就有可能获得其他目的价值），那么，这个事实会不会使他修改原来的欲望呢？根据上面关于欲望与评价联系的那种界定，这个事实会不会使他对原来的评价也作出修改呢？审视深思熟虑(deliberate)的活动中所发生的一切，可以为这个问题提供肯定的回答。何谓"深思熟虑"？除了根据作为实现欲望的条件，即除了根据作为手段而决定结果能否实现的条件，而权衡各种可选择的欲望（包括各种目的价值）之外，还有所谓的"深思熟虑"可言吗？除非控制促成结果实现的那些条件，否则无法控制所期望的结果的实现。作为所期望的结果的对象是可陈述的，或可以明确陈述的。这样的命题，仅仅在已经从作为手段的角度通盘考虑和鉴定了现存条件的情况下，才能被认为是有正当理由的。对这种陈述来说，唯一可能的另一种情况是：一个人无论如何都不进行深思熟虑，也不构建所期望的结果，直接按照恰好出现的冲动行事。

对构建所期望的结果的经验审视，对早期的冲动性偏好通过深思熟虑而被塑造成精选的欲望这一经历的审视揭示了：最后被评价为"要实现的目的"之对象的具体的特质，是通过对作为手段的现存条件的鉴定而确定的。然而，由于长期形成的哲学传统的缘故，将目的和手段这两个范畴完全割裂开来的习惯根深蒂固，因此有必要对此进行进一步的讨论。

1. 一种通常的假定认为，有用的或有帮助的东西与内在好的东西之间存在着明显的区分，并且因此何谓有利的、何谓谨慎的、何谓明智这样一些命题，与什么是本来值得想望的命题之间，也存在着明显的区分。这种假定，无论如何都不能声称是不证自明的真理。像"审慎的"、"有判断力的"和"有利的"这样的词,最后经过全面考察所有条件之后,会轻而易举地融入"明智的"这个词中。这一事实表明(当然,不是证明),脱离对作为手段者的考虑而设计目的,已愚蠢到荒谬的程度。

2. 常识把某些欲望和兴趣看作目光短浅的、"盲目的",而把另一些欲望和兴趣看作有见识的、有远见的。常识从来没有主张就目的价值而言,一切欲望和兴趣的地位都是相同的,也从来没有将所有的欲望和兴趣混为一谈。每种欲望和兴趣各自的短见和远见都被作了准确的区分。区分的根据就是:特定欲望的对象本身,是否反过来被当作手段,这一手段是实现下一步结果的条件。常识并不赞成"直接的"欲望和"直接的"评价,它认为,拒绝中介恰好就是短视判断的本质。这是因为,认为目的纯粹是直接的、唯一终极的东西,就等于拒绝考虑在特定的目的的实现之后将会发生什么,以及因为这一目的的实现而会发生什么。

3. "固有的"(inherent)、"内在的"(intrinsic)和"直接的"(immediate)这些词在使用中如此含糊不清,以至于导致错误的结论。一些实际上属于任何一个对象或任何一个事件的任何一种性质或特性,统统都被称为"直接的"、"内在的"和"固有的"。它的错误就在于,把这些词所指称的东西解释为与其他东西没有联系的,因而是绝对的东西。例如,按照定义,所谓手段是表示关系的,是通过中介得到的和起中介作用的,是媒介性的。因为它是实际存在的情形,及通过它而使之成为现实的情形之间的媒介。但是,被用作手段的东西的这种表示关系的特征,并没有妨碍它们具有直接的性质。如果我们所讨论的东西受到珍视和喜爱,那么,根据把价值特性与珍视联系起来的理论,这些东西就必定具有一种直接价值的性质。评价手段和工具(instruments)所得到的结论是:它们的价值性质只是工具性的。这种看法与一个糟糕的双关语没什么两样。就珍视或想望的性质而言,没有什么会妨碍它们被用于指称作为手段者;就手段的性质而言,也没有什么会妨碍它们被想望和被珍视。在经验事实中,一个人对某个特定目的的价值衡量,并不在于他说这个目的如何珍贵,而在于他多么在意地去获得和使用那些对于实现这个目的而言必不可少的手段。根本没有显著的成功事例可以证明,一个人对实现目的的手段和中介毫不在乎,但却实现了目的。除非意外。所实现的目的,依赖于所采用的手段。实际上,这与上面的陈述是同义反复。对所需的手段的忽视和冷漠,证实了欲望和兴趣的匮乏。因为如果没有全身心地投入,就不可能实现公开声称被珍视的目的。因此,只要关于欲望和兴趣的看法被逐渐地展开,我们所讨论的欲望和兴趣的问题,就会自动地将它们自己与被看作达到目的之必需的手段的那些东西联系在一起。

对"直接的"一词的思考,也适用于"内在的"和"固有的"这两个词。一种性质,包括价值性质在内,如果它实际上是属于某物的,那么,它就是固有的。至于这种性质是否属于此物,这是一个事实问题,而不是可以由玩弄"固有"这个概念所决定的问题。假如一个人对获得某些东西作为手段有着炽烈的欲望,那么,这些东西就因此而具有了价值性质,或者说,价值性质是这些东西所固有的。所期望的结果,这会儿就是去创造和获得这些手段。有一种观点认为,只有那些与其他任何东西都没有关系的东西,才能被冠以"固有的"之名。这种观点不仅本身是荒谬的,而且与将对象的价值与欲望、兴趣联系起来的理论相矛盾。因为把对象的价值与欲望、兴趣联系起来这种理论,明显是与目的-对象(end-object)的价值相关。因此,根据这种见解,假如用"不相关"(nonrelational)来界定"固有的",那么就根本不会有固有的价值。从另一方面来说,如果在这一情况中,存在固有性质是一个事实,因为是一种关系制约着这种性质之所属,那么就不能拿手段的关系性特点(relational character)来证明手段的价值不是固有的。同样的思考也适用于"内在的"或"外在的"(extrinsic)这样一些被用于指称价值性质(value-qualities)的范畴。严格地说,"外在价值"(extrinsic value)是一个自相矛盾的说法。表示关系的性质并不会因为它们的出现是由某些"外在"东西引起的,就失掉使它们是其所是的内在性质。因为像"红"、"甜"、"硬"等内在性质,其形成都是由某种原因引起、受到某种原因决定的,根本不存在与外物无关的内在性质。因此,关于内在性质的理论从逻辑上说,早就应该终结了。但是,问题就出在对概念的玩弄,已经代替了对实际经验事实的考察。认为"内在的"就是与其他东西没有任何联系的,这种观点的极端例子可以在拥有下述观点的那些作者那里看到。那些作者认为,既然价值是内在的,那么,它们就不能依赖任何关系,当然也不能依赖与人的关系。这一学派还完全以同样的观点为基础,抨击那些将价值性质与欲望和兴趣联系起来的人,抨击那些将手段价值和目的价值的区别混同于手段价值和内在价值的区别的人。因此,可以认为,这种极端的非自然主义(nonnaturalistic)学派的观点,暴露了当人们用对"内在性"(intrinsicalness)这个抽象概念的分析取代对经验事件的分析时,到底会产生什么结果。

对作为目的之对象的评价,与欲望和兴趣的联系越是明显,那么,对作为与其他手段相联系的欲望和兴趣的评价,是有效地鉴定作为目的之对象的唯一条件这一点也将越加显著。因为欲望和兴趣如果离开与周围条件的相互作用,就不起作用了。如果人们早就知道,科学知识的对象无论如何都是一种已探知的诸多变化的相关关系,那么,人们就会看到(而不是否认),任何被当作目的的东西在其自身内容和构成的成分方面,都是一种能量的相互作用,是作为手段的人的能量与非人的能量的相互作用。和其他任何科学分析的结果一样,"目的"作为一个实际的、存在着的结果,仅是使之发生的各种条件的相互作用。因此必然得出这样的结论:关于欲望和兴趣之对象的想法,即"所期望的结果"不同于事实上已经实现的目的或已经获得的结果,它是根据起作用的各种条件而构建的,因而是有正当理由的。

4. 现在流行的那些评价理论,即把评价与欲望和兴趣联系在一起的那些理论,其主要缺陷在于:没有根据具体欲望和兴趣的实际存在状况,而对欲望和兴趣进行经验的分析。如果进行这样的分析,那么,马上就会有一些相应的思考呈现在它们自己面前。

(i) 欲望易受挫折,兴趣常遭失败。不能实现"想要达到的目的"的可能性,与在多大程度上未能在认识障碍(负价值的东西)或是以资源方式存在的先决条件的基础上形成欲望与兴趣成正比。合理的欲望和兴趣与不合理的欲望和兴趣之间的区别,恰好就是下面两种欲望和兴趣的区别。一种欲望和兴趣是偶然产生的,不是在考虑了那些实际上将对结果产生制约作用的条件之后重新建立起来的;而另一种欲望和兴趣是根据现存不利条件和潜在资源而形成的。欲望产生之初,是纯粹的有机体倾向和已养成的习惯使然,这是不可否认的事实。但是使欲望变得成熟的所有发展,都不会立刻就对有机体的倾向和已养成的习惯俯首称臣,而是考虑如果按照这些倾向和习惯行动将会产生什么后果,通过这种思考而改变欲望原初的表现形态。这一过程等于把欲望作为一种手段而对欲望进行判断和评价。作为手段的这种欲望,在与同样作为手段的、人之外的各种条件的联系中发挥作用。将评价与欲望和兴趣联系在一起的评价理论,不能既想得鱼又想得熊掌。它们不能总是在下面两种观点之间摇摆不定:一种观点把欲望和兴趣等同于偶然产生的冲动,即当作有机体机能的产物;而另一种观点将欲望看作人们通过对行动结果的深谋远虑而对原始冲动作出的修正,并认为,只有这种被修正了的冲动,才是欲望。对"所期望的结果"之想望,和对作为已预见其结果的对象之想望的存在,将欲望与冲动完全区别开来。预见是根据对未来在事实上将对结果产生制约作用的条件的考察而建立的,因此是可靠的。如果硬要灌输这种看上去有些强人所难的观点的话,那只是因为,这件事举足轻重。因为它不是别的,它就是具有特别意义上的评价命题是否可能的问题。因为不能否认在对作为手段者的评价中,有证据证明的、根据实验检验的命题是可能的。因此,这必然得出:如果这些命题参与了评价目的的欲望和兴趣的形成,那么,欲望和兴趣就名副其实地成为以经验为根据的、可以对此作出肯定或否定的题材了。

(ii) 我们通常说"从经验中学习",或称某个个体或群体"成熟"。这些说法意味着什么呢?起码意味着,我们想表达,在个体发展和人类种族发展的过程中,发生了一种变化,即原始的、较为鲁莽的、冲动的和不容变通的习惯,变成了包含批判性研究在内的欲望和兴趣。在考察这一过程时,我们发现,这种变化主要是以对一种差别的小心观察为基础而发生的。这种差别就是:所想望的、所计划的目的,即所期望的结果,与所达到的目的或实际后果之间的差别。所想望的和所期望的与实际上所获得的目的之间的一致,肯定了对作为想要达到的目的之手段的条件的选择是正确的;而它们之间的差异,即人们体验到的挫折与失败,促使人们进行探究,以发现失败的原因。对形成冲动与习惯之条件,及对冲动与习惯得以发挥作用之条件越来越仔细的考察,就构成了这一探究的要旨。探究的结果,是一些欲望和兴趣的形成。这些欲望和兴趣,是通过以情感为动力的行动的条件与理智或观念的结合而形成的。只要有所期望的结果,就有理智和观念,无论其形成是多么偶然。同时,正是在根据实现条件而确立目的这一点上,所期望的结果才是恰当的。因为无论在哪里,只要有所期望的结果,就有以情感和观念为动力的行动;或者根据评价的双重含义,只要有所期望的结果,就有珍视和鉴定的结合。对所获得的结果和实际的后果与所预期的目的或所期望的结果之间是否一致的观察,为检验和完善欲望与兴趣,从而检验和完善评价提供了条件。想象不出还有什么会比下面这种观点更为与常识相悖的了。根据这种观点,我们不可能通过对按照欲望和兴趣而行动所导致的后果的了解,或者像有时候所做的那样,通过对放任欲望和兴趣所导致的后果的了解,改变我们的欲望和兴趣。我们倒也没有必要明显地去针对那些被宠坏的孩子和不能"面对现实"的成年人。然而,就评价和价值理论而言,只要一种理论把对目的的评价与对手段的鉴定割裂开来,那么,它就是将被宠坏的孩子和不负责任的成年人当成了成熟和明智(sane①)的人。

（iii）每一个有能力从经验中学习的人，只要他参与构建和选择各种相互竞争的欲望和兴趣，就能将"所想望的"(desired)和"值得想望的"(desirable)区分开来。在这一说法中，既没有牵强附会，也没有任何"说教"。所涉及的差别只存在于下面两种对象之间，一种是由冲动和习惯所引起的最初欲望的对象；另一种是在批判性判断了将对实际结果产生决定作用的条件之后，而作为最初冲动的"修正版"的欲望的对象。"值得想望的"东西，或被评价为"应该想望的"东西，既不是来自先验的高贵(blue)，也不是来自摩西十诫的命令。它之所以出现，仅仅是因为过去的经验表明，受未经批判的欲望而支配的鲁莽行动不仅会导致失败，而且可能导致灾祸。使"被想望的"有别于"值得想望的"，并不在于它显示了某种具有普遍性的或先验性的东西，而在于它显示了未经审视的冲动的作用和结果，与探究条件和后果之后而形成的欲望和兴趣的作用和结果之间的差异。社会条件和社会压力是影响欲望实现的那些条件中的一个重要部分。因此，在根据有效手段来确立目的时，我们必须把社会条件和社会压力考虑在内。但是，在由某种原因引起的欲望之对象意义上的"是"，与在实际条件的联系中构建欲望这一意义上的"应该"之间的差别，就是人们成熟前后的差别。即当人们逐渐成熟以后，就不会像小孩儿那样，放纵自己的每一个冲动了。

如我们所知，欲望和兴趣本身就是对结果而言具有原因作用的条件。就是以这种身份，欲望和兴趣是潜在的手段，而且必须像鉴定手段一样，对欲望和兴趣进行鉴定。这无非是重复我们已经得出的结论而已。但是，这样做是值得的，因为它令人信服地表明，一些评价理论的观点与实践中常识的态度和信念是那么的格格不入。不知有多少谚语实际上已经阐明：决不能在欲望和兴趣一出现的时候，就把它们当作最终的、不可改变的东西；相反，必须把它们当作手段。也就是说，必须根据它们在实践中可能产生的结果来对它们作出鉴定，进而构建对象，构建所期望的结果。"三思而后行"、"鲁莽行事，空余悔恨"、"亡羊补牢，犹未晚矣"、"稍安勿躁"、"凡事预则立，不预则废"，等等，这不过是众多格言中的点滴而已。用一句老话来概括，就是"要考虑后果"。"要考虑后果"标示了一种区别，即仅有一个能满足任何

---

① sane，包含"神志正常的，头脑清楚的；合乎情理的，明智的；健全的，无疾病的；稳健的"诸种意思。——译者

欲望的"所期望的结果",不同于通过寻找、考察而确定一种结果;这种结果一旦产生,就会得到珍视和被认为是有价值的。只有那种有先入之见的理论,即受到未经批判而接受的"主观主义"心理学严重影响的理论,才会对由于评价而揭示的"喜欢"和"珍视"、欲望和兴趣在内容上具体的差别视而不见。这种评价是以"喜欢"和"珍视"、欲望和兴趣被当作手段时,它们各自所具有的引起某种结果的能力为根据的。

Ⅴ. 目的和价值

那些将价值与欲望和兴趣联系起来但却严重地割裂了珍视与鉴定、目的与手段关系的理论,其问题就在于,它们缺乏对欲望和兴趣得以产生和发挥作用的那些实际条件的经验性探究。而正是在这些实际条件下,目的-对象和所期望的结果才获得它们的实际内容。对此,我们已经不止一次地谈及。现在,我们将对此进行分析。

如果我们不只是玩弄"欲望"的一般概念,而是探究欲望及欲望对象的实际出现,探究被认为属于欲望对象的价值性质的实际出现,那么再明显不过的是:欲望只在现存境况有"问题"、有"麻烦"的时候才会出现。分析表明,所谓"有问题"来自下面这个事实,即凡是"有问题"的地方,都缺少某些东西和需要某些东西。在实际存在的多种因素中,这种匮乏就造成了冲突。如果事情进展得非常顺利,就不会出现欲望,也没有必要设计所期望的结果了。这是因为,"进展顺利"意味着此处不需要努力和斗争,让事情"顺其自然"足矣。在"进展顺利"的情况下,没有理由去探究将来发生什么会更好,也没有必要去规划什么目的-对象。

在这种情形中,生命的冲动和已养成的习惯,通常是在没有所期望的结果或意图介入的情况下运作的。如果一个人发觉自己的脚被踩着了,会马上推开踩着他的脚的人,以摆脱这种不愉快的状况。他不会停下来构建一个明确的欲望和提出一个要达到的目的。一个由习惯使然开始行走的人,会一直地走,而不会不断地停下脚步,问自己"我迈下一步要达到什么目的"。在很多人类活动中,这些初浅的例子具有典型性。行为经常是直截了当的,根本不受什么欲望和目的的干预,也没有什么评价发生于其中。只有那些具有偏见的理论的要求,才会导致这样的结论,即认为饥饿的动物寻找食物,是因为它形成了一个关于"想要实现的目的-对象"的观念,或者说,因为它根据欲望而对这个对象作了评价。有机体的紧张状态足以使饥饿的动物继续寻觅,直到它找到能减轻这种有机体紧张状态的东西为止。但是,如果在生命冲动或习惯性倾向的产生与行动的实施之间,介入了欲望和所期望的结果,那么,这种冲动或倾向就将得到一定程度的修正和改变。用一种纯粹同义反复的说法就是:与所期望的结果相联的欲望的产生,就是先前冲动或常规习惯的改变。只有在这种情况下,才会发生评价。如我们所知,这个事实要比那种乍看起来似乎将评价与欲望和兴趣联系在一起的理论重要多了。因为这个事实证明了:评价只发生在有问题的地方,发生在需要去除某种麻烦的地方,发生在需要改变困窘、匮乏、贫困的地方,发生在需要依靠改变现存条件来解决各种倾向相互冲突的地方。反过来,这一事实也证明了,只要有评价存在,就有理智因素,即研究因素在场。之所以构建和设计所期望的结果,就是因为如果按照这个结果行动,就会满足现存的需要或者改变现存的匮乏,从而解决现存的冲突。由此必然得出这样的结论,即不同的欲望和与此相关的所期望的结果之间的差异取决于以下两点:一是对现存境况中匮乏和冲突的探究是充分的;二是对某种可能性的探究是充分的。这种可能性是指:如果按照被确立的特定的所期望的结果行动的话,那么就会满足现存的需要,满足那些由匮乏所构成的各种要求;就会通过指导活动而消除冲突,以开创一种统一的局面。

这种情形在经验上和逻辑论证上都如此简单,除非是受到那些不切题的理论偏见的影响,不然很难理解:为什么在讨论中,它会变得如此混乱。这些理论偏见部分来自内省(introspectionist)心理学,部分来自形而上学。在经验上有两种可能性,即行动发生时产生了有所期望的结果,或者无所期望的结果。在后一种情况下,有一种明显的行为是不以评价为中介的;它是一种生命的冲动或固有的习惯对某种直接的感官刺激作出的直接反应。在前一种情况下,产生了有所期望的结果,而且这一目的经过了评价,或者这一目的的存在与某种欲望或兴趣相联系,那么,其中的动力和行动就受到了对行动后果的预见的调节。对后果的这种预见作为预知的结果,参与了欲望或兴趣的形成。这不过是同义反复而已。这样一来,就像我们反复说过的那样,只有根据使之成为现实的那些条件,才能将某事或某物预料或预见为目的或结果。除非考虑使这一目的或结果成为现实的手段,哪怕只考虑一点儿,否则根本不可能拥有所期望的结果,也根本不可能预料任何行动计划的后果。另外,也不可能有真正的欲望,有的只是毫无价值的幻想、毫无用处的愿望。而生命的冲动和已养成的习惯就只能消耗在做白日梦和构筑空中楼阁之中。但是根据描述,梦幻和空中楼阁的内容并不是所期望的结果。它们之所以沦为幻想,恰好是因为:它们的形成并没有以作为实现它们手段的那些实际条件为根据。将某种事情(包括行动和素材)作为手段而对此作出鉴定的命题,必须进入决定"目的价值"的欲望和兴趣。因而,探究欲望和兴趣的重要性就导致了对作为手段之物的鉴定。

这一点已经非常清楚,用不着再直接就此而讨论了;相反,考虑一下下面这种信念是如何形成的,倒更有裨益。根据这种信念,存在这样一些作为目的的东西,撇开对实现它们之手段的评价,这些东西还是有价值的。

1. 心灵主义(mentalistic)心理学把以情感为动力的行动归结为纯粹的感情。这种心理学也影响了对所期望的结果、意图(*purposes*)和目标(*aim*)的解释。所期望的结果、意图和目标并没有被当作与关于未来事件的论断相同的,当作关于结果的预料来看待。无论如何,它们的内容和有效性都没有被看成是由关于结果的预料这样的论断而决定的。相反,它们仅仅被看成是一种精神状态;因为当这样理解时,只有这样理解时,目的、需要和满足才会以曲解整个评价理论的方式受到影响。作为一种精神状态,一种目的、目标或意图,是不依赖于使其实现的生物手段和物理手段的。任何有欲望存在的地方,就有需要、匮乏或贫困。因此,需要、匮乏或贫困就被解释为一种纯粹的"精神"状态,而不是某种境况中缺乏或缺少的东西,即不是将它们理解为了完善它们所在的经验境况中应该补充的东西。在后一种意义上,如果要实现所期望的结果,那么,所需要的或必需的东西就是那种在存在意义上所必需的东西。在这种情况中,究竟需要什么,不能由对精神状态的考察来断定,而只能根据对实际条件的考察来判定。至于对"满足"的解释,是将"满足"当作一种精神状态,还是将其当作对条件的满足,这两者之间存在明显的差异。如果将"满足"当作对条件的满足,也就是将它当作满足一定条件的某种东西,那么,连带的可能性与因匮乏使欲望产生和发挥作用的环境就会对这些条件产生影响。匮乏是引起欲望产生之环境的特征。欲望的满足就意味着匮乏已经得到了满足,而且是以这样的方式被满足的:根据字面的意思,就是所使用的手段使实现目的所需要的条件充足了。由于对目的、需要和满足的主观主义的解释,一种词语上正确的陈述——"评价就是人的态度和人之外的事物之间的关系,这种关系包含了动力因素(motor),进而包含了身体因素"——就被解释成一种包含手段和目的的分离,以及鉴定和珍视的分离的陈述。于是,一种"价值"被断定为一种"感情"、"感觉"。这种

"感情"、"感觉",很明显不是对他物的,而是对价值自身的。如果有人说"感到了某种'价值'",那么,这一表述就会被解释为:它表示一个人的动力态度(motor attitude)和人之外的周围条件之间的确定的现实关系,是直接经验的内容。

2. 作为欲望-兴趣(desire-interest)的评价和作为享受(enjoyment)的评价,其基础的改变(shift)进一步导致了理论上的混乱。之所以容易发生这样的转换,是因为实际上既存在由那些不用想望和努力,就可以直接得到的东西所带来的享受;也存在由那些只是因为有了为获取那些可以满足欲望的条件而采取的行动,才获得了所得到的东西带来的享受。在后一种情况下,享受与欲望或兴趣处于一种函数关系中,而且在这种情况下,没有违背以欲望、兴趣的方式界定评价。但是,由于使用了同一个词"享受",而"享受"一词也被用于表达一种与在先的欲望和随后而来的努力彻底无关的满足,评价的基础就转换了。"评价"就被等同于享受的任何状态,而不管这种满足是如何产生的,即使这种满足是以最为不经意、最为偶然的方式得到的,也无所谓。"偶然"在这里是指远离欲望和兴趣。例如,当获悉得到了陌生亲戚留下的遗产时所感到的喜悦,就是一种偶然的满足。这里有享受的存在。但如果是以欲望和兴趣来定义评价的话,那么,这里就没有评价,也没有"价值"。"价值"只有在出现该用这笔钱做什么这样的欲望,出现该如何构建所期望的结果这样的问题时才会形成(coming into being)。因此,这两种享受不仅不同,而且对评价理论的影响是彼此矛盾的,因为其中一种享受是与直接拥有连在一起的,而另一种享受却是以先在的匮乏为条件的,而先在的匮乏恰好有欲望参与其中。

为了强调起见,让我们用一个稍作变动的例子来重申这一观点。让我们想一下这样一个例子:一个人因为意外地得到了一笔钱而喜悦,这笔钱是他走在路上时捡到的。在捡钱那一刻,他的行动与他的意图和欲望丝毫无关。如果价值与欲望的联系涉及对价值的界定,那么,到现在为止,这个行动中还不包含评价。当捡钱者开始考虑该怎样珍视和照管那些钱的时候,评价就开始了。例如,他把这钱当作一种手段,用它去满足一些他以前一直不能得到满足的需要;或者,他把这笔钱当作被托管的东西而保存好,直至找到失主为止。根据定义,无论这两者中的哪一种情形,都有评价活动的存在。但明显的是,在这两种情形中,价值性质被赋予了截然不同的对象。当然,这笔钱的使用和它将满足的所期望的结果,都相当合乎标准。因此所引用的这个例子选得不是特别好。让我们以一个小孩发现了一块发亮而光滑的石头为例。小孩对石头的外观和手感都很满意。但是,在这儿并没有评价,因为这里没有欲望,也没有所期望的结果。直到他提出"应该拿这块石头来干什么"这样的问题,直到这个小孩珍爱(treasures)他偶然发现的这块石头时,才有了评价。在他开始珍爱并喜欢这块石头的一瞬间,他开始"用"这块石头,开始把这块石头当作达到某种目的的手段。至于他是否在目的和手段的这种关系中对这块石头进行判断(estimates)或评价(values),或是否将这块石头判断或评价为达到目的的手段,那就取决于他的成熟程度了。

与欲望和兴趣联系在一起的评价,被转换为与任何欲望和兴趣毫无关系的"享受",就产生了理论的混乱。获得欲望和兴趣的对象(获得评价的对象),本身就是令人喜悦的,这一事实很容易导致那种理论混乱。这种混乱的症结,就在于将享受与享受得以产生的条件相分离。然而,作为欲望得以满足,兴趣得以实现之结果的享受,之所以是享受,就是因为在作为所期望的结果的观念指导下,经过努力满足了某种需要,改变了某种匮乏,获得了令人满意的条件。在这一意义上,"享受"包含了与拥有(possession)之匮乏的内在关联;但是,在另一意义上,"享受"是对纯粹拥有的享受。拥有之匮乏和拥有是矛盾的,这当然是同义反复了。而且,一种通常的经验是:人们一旦获得了所想望的对象,就不再喜爱①它了。这个道理非常普通,对此有一些众所周知的说法,像"乐在寻觅而不在得到"。不需要逐字逐句地领会这些说法,就能意识到我们所讨论的事情,证实了与欲望相联系的价值和纯粹享受的价值之间是存在差异的。最后,作为日常经验问题,享受提供了评价难题的原始材料。人们可以完全不受"道德"问题的约束,而不断问自己:当需要付出很高代价才能获得这种享受的时候,这种享受是否还值得? 是不是无论需要付出多高的代价,这种享受都是值得的?

当用生命冲动来界定"价值"时(所提供的根据是,在价值"起源于"生命冲动这一意义上,生命冲动是价值存在的条件),就会导致前面所提到的那种理论混乱。在上述引文的原文中,在其语境的紧密联系中,出现了以下命题:"像任何其他的理想一样,关于合理性的理想本身是任意的,它的任意性与它对限定组织的需要的依赖相吻合。"这段话隐含了两种非常奇怪的观念,一个观念是:如果一个理想是由实际存在的因果决定的,而且与人的实际需要有关,那么,它就是任意的。这种观念非常奇怪,因为人们会自然而然地认为,一种理想的任意性程度取决于它与存在的

---

① 此处仍然用的是"enjoy"一词。——译者

事物没有联系,与具体存在着的需求毫不相关。另一个骇人听闻的观念是:关于合理性(rationality)的理想是"任意的",因为它如此受到条件的制约。也许有人会推想,根据合理性的理想的作用及其他所做的,而不是根据它的来源判断它是否合理(相对于任意而言),这是特别正确的。如果合理性作为一种理想,或者作为一种广义的所期望的结果用于指导行动,那么,人们在由它指导的行动的结果中经验到的东西实际上会更加合理,对它的要求仅此而已。所蕴含的这两种观念是如此奇怪,以至于人们只有在某些未明说的偏见的基础上,才能理解它们。就所能断定的而言,这些偏见是:(i)理想不应该依赖于存在,也就是说,理想应该是先验的。关于理想起源于生命冲动的证明,实际上是对这种先验观点的有效批评。它规定了一个范围,即除非接受这种先验观点,否则就不能将理想称为任意的。(ii)另一种偏见看起来接受了这样的观点:有或者应该有"自在目的"(ends-in-themselves);也就是说,目的或理想不能同时又是手段。但是就像我们已经看到的那样,如果根据理想的功能来判断和评价理想的话,那么,理想恰好就是手段。如果你认为,由于广义的所期望的结果或理想源于存在、源于经验,所以是任意的,那么,你得出这一结论的唯一方式就是首先将"目的不能同时又是手段"确定为最终的判断标准。我们所引用的这整个段落以及由这一段落典型而有力地代表的观点,使人想到一种信念的残余,这种信念就是:"自在目的"是唯一正当的且终极正当的目的。

VI. 目的与手段的连续性

查尔斯·兰姆(Charles Lamb)①写过一篇关于烤猪肉来历的短文。读过这篇短文并喜欢它的人,或许没有意识到,他们对这个故事荒谬性的欣赏,归因于他们对一种具有荒谬性的目的的理解。这种具有荒谬性的目的,是在脱离实现目的的手段、脱离目的本身下一步作为手段的功能这一情况下构建的。要说兰姆写这个故事,就是为了要将造成目的与手段分离的那些理论滑稽化,这不太可能。但是,尽管如此,目的之荒谬性的确是兰姆这个故事的要点。这个令人难忘的故事说的是:人们第一次尝到烤猪肉的美味,是一间有猪在里面的房子意外地被大火烧毁了的时候。当房子的主人们在废墟中搜索时,他们的手碰到了那些被火烤过的猪,而且被烤过的猪烫伤了他们的手指。于是,他们一冲动就把手指放到嘴里去吮,想由

---

① 查尔斯·兰姆(1775—1834),英国散文家及批评家。——译者

此而减轻疼痛。可就在这时,他们尝到了一种从来没有品尝过的味道。由于喜欢这种烤猪肉的味道,他们就开始盖房子,把猪关在这些房子里,然后烧掉这些房子。到此为止,如果"所期望的结果"是完全脱离手段的,并且它所具有的价值与对手段的评价是无关的,那么,这一过程就无所谓荒谬,也没什么可笑了。因为所达到的目的,即事实上的结局,就是享受烤猪肉,而这一过程的结果恰好就是想要达到的目的。只有根据所采用的手段来评估所获得的目的时,即在将所采用的这种手段与其他能够实现其所想望、所期望的结果的有效手段进行比较,而对盖房子和烧房子这一手段作出评估时,才会认为,这种盖房子和烧房子而获得烤猪肉之美味的方法是荒谬的,或者是不明智的。

这个故事还有一点是直接针对"内在"(intrinsic)之含义的。享受烤猪肉的味道,可以说是直接的。尽管如此,当想到需要付出一些没有必要的代价,才能得到这种美味,对那些还记得那件事情的人来说,这种享受是有点儿麻烦的。但是,由直接的享受就跳到所谓具有"内在价值"的东西,这种跳跃是缺乏根据的。享受作为已经达到目的之对象的价值,即这种享受的价值是某种东西的价值。而这种东西作为一种目的、一种结果,是与达到这种结果的手段联系在一起的。因此,如果这一对象是被当作目的或"最终的"价值而受到珍视的,那么,它就是在这种目的与手段的关系中得到评价的,或者说,是被作为一种中介关系而得到评价的。烤猪肉在首次被享用时,并不具有目的价值,因为根据描述,它并不是欲望、预期和意向的结果。但在后来的情形中,它是精打细算(foresight)、欲望和努力的结果,因而它处于所期望的结果这个位置。有些时候,先前的努力会增强对所获之物的享受①。但也有很多时候,人们在得到了作为目的的东西之后,却发现自己付出了太多的努力,并牺牲了太多其他的目的。在这种情况下,对享受所达到的目的这件事情的评价,就不是根据目的的直接性,而是根据达到这一目的所要付出的代价。"代价"这一事实对于享受被当作"自在目的"来说,是具有毁灭性的。无论如何,"自在目的"是一个自相矛盾的术语。

这个故事使"目的证明手段是正当的"这一格言通常所指的意思清晰地显示出来,也使拒绝这一格言的理由更加显而易见。将这个格言用于烤猪肉这个例子,它

---

① 此处仍然用的是"enjoy",按照中文习惯,最好译为"喜爱",但考虑到上下文的一致,勉强仍译为"享受"。——译者

的意思就是:所获目的的价值证明了,为实现这一目的所用的手段是正当的,即吃到烤猪肉,就证明了烧毁盖得好好的房子和牺牲为盖房子所付出的代价是正当的。"目的证明手段是正当的"这句格言中所包含的观念,与"自在目的"概念中所包含的观念基本相同;从历史的角度来看,它就是从"自在目的"概念中衍生而来的,因为只有主张"某些东西是以自身为目的",才能相信目的与手段的关系是单向度的,才能相信从目的到手段是唯一的路径。如果将这一格言与通过经验而发现的事实相比较,就会看到,采取以下这两种看法别无二致,它们都是与经验事实相矛盾的。其中一种看法认为,只有那个被特别选出来的所期望的"目的",才能被所采用的手段真正地实现。某种东西不可思议地介入,阻止了所采用的手段发挥它们通常具有的其他的作用;另一种看法(它更为可能)认为,与所选择的而且是唯一被珍视的目的所具有的重要性相比,其他的后果都可以完全忽略不计,置之不理,无论这些后果实质上多么令人讨厌。从已获得的各种后果中任意地选出一部分作为这一目的,并因此而将这一目的作为证明所采用手段正当性的根据(无论这个手段所带来的其他的后果多么令人讨厌),之所以会这样,原因就在于,认为这一目的之作为目的,是以自身为目的的,因此具有与所有现存关系都无关的"价值"。有一种观点假定:能够脱离对作为实现目的之手段的那些东西的鉴定,而对目的作出评价。这种观念蕴含在下面的各种见解中。一种见解认为,这一目的是从实际结果中任意选出来的,作为目的,这种实际结果的一部分就证明手段的使用是正当的,而无需考虑这一手段所产生的其他后果。对这种见解,唯一的选择就是将欲望、所期望的结果和已经取得的结果反过来,当作实现下一结果的手段,从而对它们作出评价。在实际结果的意义上,目的为手段的使用是否正确提供了证明。这种见解,不过是"目的证明手段(是正当的)"这句格言的一个幌子。实际上,它说的是:某个实际结果的片断、一个由于一心想得到而被任意选出来的片断,证明使用获得它的手段是正当的,没有必要再对作为使用这一手段所产生的结果的其他目的进行预测和权衡。这样,它就以惊人的方式暴露了包含在这一立场中的一个谬误,即目的具有价值,与对与其相关的手段的鉴定无关,也与它下一步作为原因所具有的作用无关。

　　于是,我们又回到了前面已经阐明的要点。现在人们承认,在所有的自然科学中(在此,"自然"是作为"非人类"的同义词而使用的),一切"结果"都是"原因";或者,更加准确地说,所发生的一切都处于川流不息的事件发展过程中,在这个意义上,没有什么是最终的。如果将这个原则及其所随附的对"只要一个对象是目的,它就不是手段"这一信念的怀疑,用于处理具有特殊性的人类现象,就必然得出这样的结论:目的和手段之间的区别只是暂时的、相对的。就此而论,为了作为手段而需要实现的每一个条件,都是欲望和所期望的结果的对象;在实际中已经达到的目的,相对下一步的目的而言,都是手段,同时是对先前已作评价的检验。因为已经达到的目的是下一步存在意义上将要发生的事情的条件,所以必须将它当作一种可能的障碍和可能的资源而进行鉴定。如果放弃那种认为某些对象是自在目的的观点,那么,不仅在言词上,而且在所有实践的含义上,人类都将有史以来第一次站在这样的立场上:以具有经验基础的、关于事件之间暂时性关系的主张为基础而构建所期望的结果。

每个特定的时期,社会群体中的成年人都会拥有一些确信无疑的目的,习俗使这些目的如此符合标准,以至于人们未经审察就对这些目的信以为真。于是,所提出的唯一的问题就是:实现这些目的的最佳手段是什么?对这个群体来说,赚钱是目的;对那个群体而言,掌握政治权力是目的;而在另一个群体的眼里,科学知识的进步才是目的;但有的群体则会认为,军事威力才是目的,诸如此类,不一而足。但无论在哪种情况下,这样的目的:(i)或多或少是一些留有空白的框架。在这些留有空白的框架中,名义上的"目的"规定了所限定的目的应与之相符合的限度,所限定的目的是由对作为手段者的鉴定而决定的。同时,(ii)它们仅仅是表达了一些没有经过对手段和目的关系进行批判性审察就建立的习惯,在这个意义上,它们没有为评价理论提供一种可遵循的样式。如果一个人经历过极为讨厌的严寒并对此深有感触,那么,他会立刻断定烧毁他的房子来取暖是值得的。唯一能将他从这种由"强迫性神经症"导致的行动中拯救出来的办法,就是让他理智地认识:失去房子将会产生的其他后果。将某些被设定为目的的事情,与这些事情将发生于其中的运动变化的世界这一背景割裂开来,它不一定是精神错乱的标志(就像我们引用的这个烧房子取暖的例子),但起码是不成熟的标志。如果一个人不能将他的目的同时看作下一个结果的一个变化着的条件,而把这一目的当作"最终的"(在这儿,所谓"最终的",意味着事件的进程已经完全中止),那么,这至少说明他是不成熟的。人就是在这种诱惑中沉沦!然而,如果把它们当作构建目的理论的样式,那么就是将概念从它产生和发生作用的情境中抽象出来,就是玩弄概念,而不是从对具体事实的观察中得出结论。这要么是精神错乱、不成熟、死板地例行公事的标志,要么是狂热的象征,即上述三种状态混合的象征。

毫无疑问,存在着普遍的目的概念和普遍的价值概念。它们不仅作为习惯的表达而存在着,作为未经批判的、可能无效的概念而存在着,而且作为有效的普遍概念出现在所有的学科之中。相似的境遇循环往复;欲望和兴趣从一种情境被带到另一种情境,而且日益巩固。一般目的的一览表产生了,包含在其中的价值是抽象的,但这种"抽象"是在"不直接与实存的某个事例相联系"的意义上而言的,而不是在"与所有存在于经验中的事例无关"的意义上而言的。当用普遍概念指导自然科学时,这些普遍概念是作为一种理智手段;当发生特殊情况时,人们就用这些普遍概念对那些特殊情况作出判断。实际上,这些普遍概念是对考察具体事物起指导和促进作用的工具,同时又受到因为使用它们而产生的那些结果的检验,并在这一检验过程中得到发展。当自然科学不再通过概念的逻辑论证而获得关于实际存在事务的结论时,当概念的逻辑论证被当作一个工具而用于获取适用于特殊事例的富有成效的假设时,自然科学就开始了一个真正的发展历程。关于人类活动和人类关系的理论,也将如此。熟练的行动所特有的连续性,使普遍的价值概念发挥作为评价特殊欲望和目的之标准的功能。具有讽刺意味的是,这种连续性竟然成了下面这种信念的来源。在这种信念看来,欲望的产生与它们在连续性活动中的各种关系都毫无关系;仅凭"产生"这一仅有的事实,欲望就将价值赋予了作为目的的对象。

　　与此相关有一种危险,即"终极"这一概念的使用与我们先前说过的"直接的"和"内在的"这些概念的使用非常相似。所谓一种价值是"最终的"(final),指它所代表的是分析地鉴定了具体情形中起作用的那些条件之后所得到的结论。那些条件既包含了冲动和欲望,也包含了外部环境。通过探究所获得的任何结论被用以证明:对于这种情形而言,这种价值是最终的。在这里,"最终的"具有一种逻辑的力量。价值的性质或特性,与在评价过程构建的最后的(last)欲望相关。对于那种特殊情形而言,它是最终的。这其实是同义反复。然而,它只适用于能详细地说明的暂时性的手段与目的关系,而不适用于本身就是目的的东西。最终的特性或性质,与"终极"(finality)①的特性或性质,有着根本的区别。

　　通常反对上述观点的意见认为,根据这种观点,评价活动和评价判断就陷入了

---

① "finality",重点在于"终结",带有绝对性完结的意思;而"final"是就一个过程而言的相对的"最终"、"最后"。——译者

毫无希望的无限倒退之中。因为如果所有的目的反过来都是手段的话,那么,所谓"深谋远虑"便无立锥之地,除非采取最任意的举动,否则不可能构建所期望的结果。而这样做是如此的任意,以至于真正评价命题的要求就此而成泡影。

这种反对意见使我们回到形成欲望的条件上,回到将预测结果设计为所要达到的目的的条件上。这些条件就是需要、不足和冲突的环境。如我们所知,脱离了人与周围环境的紧张状况,就没有什么可以唤起人们对其他东西的欲望;也就没有什么可以促使人们在具有理论可能性的诸多目的中构建某个目的,而不是其他什么目的。一旦人们觉察实际境况中的要求,实际境况的各种需要、匮乏就会操纵一种转换,即把各种在活动中起作用的倾向转换成一种欲望;在这种欲望中,包含了被特别期望的目的。人们对那些浮现在心中的不同目的之价值的鉴定和衡量,是以这些目的所展示的指导改善现存匮乏状态之活动的能力,以及满足(照其字面意思)现存需要的能力为根据的。正是这个因素,缩短了根据所期望的结果作为手段的功能,而对其作出预测和权衡的过程。对竞争而言,充足是不幸。但充足也是好的,因为它摆脱了现实中的不幸。之所以如此,因为充足是开创圆满局面和一种综合条件的手段。

这里有两个例证。一个医生必须确定不同治疗过程在治疗一个特殊的病例中的价值及其效果。他通过检查而发现了病人的"毛病"或"麻烦",在此基础上,他构建了所期望的结果;这一所期望的结果所具有的价值,在于采取这些治疗方案被证明是正确的。医生对自己所采用的治疗方案之价值的鉴定,是以这一方案消除病人"麻烦"的能力为根据的,即采用了这一方案,病人就会被"治愈"。医生并没有把一个健康的观念当作一个绝对的自在目的,当作一种可用以决定做什么、不做什么的绝对的善。相反,他将关于健康的一般观念的构建,当作对这个病人而言的一种目的和一种善(价值)。他构建这一观念的基础,是他的检查技术向他显示的:病人患的是什么病,以及用什么办法才能治愈。没有必要否认,关于健康一般而抽象的概念最终也得到了发展。但是,这种发展是大量确定的经验探究的结果,而不是不断地研究先验的、预先准备好的"标准"的结果。

另一个例证更为常见。在所有的探究中,甚至在最科学的探究中,人们对作为结论(该探究中所期望的结果)而被提出来的东西之价值的鉴定,都是以它解决问题的能力为根据的。这些问题是通过探究过程的各种条件而呈现出来的。在具体的情形中,并没有什么先验的标准可用来确定所提出的具体方案的价值。作为所期望的结果,一个假设的、可能的具体方案被当作方法论手段,用以指导下一步的观察和实验。这一具体方案也许能解决问题,就像人们采用它、尝试它时所期望的那样,也许不能。经验已经表明,各种问题在极大的程度上都可以归入一些周期性发生的种类,因此就会存在一些一般准则。人们相信,在一种特殊情形中所提出的解决方案,一定要符合这些一般准则。于是就逐渐形成了关于需要满足的条件的一种基准体系,这是一个参考框架;这个参照框架在具体情形中,发挥着经验调节作用。我们甚至也可以说,它起着"先验"标准的作用。但是,只有在与以下意义完全相同的情况下,我们才可以说它起着"先验"标准的作用,即那些指导工业技术学科的标准既是在经验上居先的,又是在该学科的具体情形中起支配作用的。虽然没有一种先验的健康标准,人们可用它来对照人的实际状态,对人是否健康或究竟生了什么病作出判断;但是,人们在以往的经验中已经逐渐形成某种标准,当出现新情况时,人们就用这种标准有效地处理新情况。当人们发现由于匮乏和冲突而使一些情令人不满时,就会以所期望的结果指导行动,去改变这种令人不满的状况。人们根据所期望的结果在指导这种行动表现出的适用性,鉴定和评价所期望的结果的"好"或"坏";根据所期望的结果在实现这个目的过程中的必需性,鉴定它们是否恰当、合适,是否正确。

在人类经验中,诸如麻烦、匮乏、失败、挫折这样的"灾难"几乎无处不在。人们花费了大量的时间对它们作出解释,然而"麻烦"的一种具体功能却被人类行动理论奇怪地遗忘了。这种功能就是:当"麻烦"被当作需要解决的问题时,"麻烦"就具有一种训练功能。为了找到解决问题的方法,人们就得去探究问题的条件和结果。刚才引用的医学技术的进步和科学研究的进步这两个例子,在这一点上最富有启发性。只要医学技术和科学研究还坚持只有对照那些作为标准和规范的绝对的目的价值,才能对实际情况作出判断,那么它们就不可能取得真正的进步。只要健康的标准、满足的标准、条件的标准、知识的标准是根据对现存条件的分析性观察而构建的(这种分析性观察揭示了问题中可阐明的麻烦),那么,判断标准就可以通过在查找麻烦的根源和表明有效解决办法这一观察过程中的使用而不断地自我矫正。这些方法构建了具体的所期望的结果的内容,而不是某种抽象的标准或抽象的理想。

强调需要和冲突作为控制因素在制定目的和建立价值方面的作用,并不意味着目的和价值本身在内容上和重要性方面是消极的。在根据短缺、需要、贫困、冲突等消极因素设计目的和价值时,目的和价值的功能是积极的;并且通过发挥它们的功能而得到的结果,也是积极的。要想直接达到一个目的,就必须让作为经验到的麻烦之根源的所有的条件都发挥作用,而且要在不改变它们显露自身的外在形式的范围内增强其作用。根据消极的信息(诸如一些麻烦和问题)而构建的所期望的结果是一种手段,它被用以遏制产生令人讨厌的结果的那些条件而发挥作用;并使积极的条件成为最大程度地产生积极结果的源泉。目的作为所期望的对象,其内容是理智的或是方法论的;已经获得的结果或者作为结果的目的的内容,是有关存在的(existential)。它标志着致使所期望的结果产生的那些匮乏和冲突已经得到了解决,在这个意义上,它是积极的。消极因素的作用,在于它是形成某一目的恰当观念的条件;如果人们按照这个观念行动,这个观念就对积极结果的产生起着决定性作用。

已经达到的目的,或者已经获得的结果,总是一种对各种活动的组织。在这里,所谓"组织",是指对作为参与因素的所有活动的协调。所期望的结果是一种特殊的活动,它的作用就是协调其他相关的从属性活动。认识到"目的"是一种协调,是一种使各种活动成为一体的组织活动;而且认识到所期望的结果作为特殊的活动是实现这种协调的手段,就会避免悖论的产生。这一悖论似乎是与关于活动的暂时性、连续性观念联系在一起的。在活动的暂时连续中,每一个相继的阶段都既是目的又是手段。一个已经达到的目的或者已经获得的结果的形式总是相同的,即都是恰当的协调。每个相继的结果的内容或相关问题,都与被取代的原有事物的内容或相关问题不同;因为经过由于冲突和匮乏所导致的中断之后,它在复原(reinstatement)作为一个统一而不间断的活动的同时,也是一种新事态的制订(enactment)。它所具有的性质和特性,与它作为活动前的状态的完全改变是相称的;而在活动前的状态中,存在着特别的需要、欲望和所期望的结果。在将活动组织成一个协调的和协调着的整体的这个连续而暂时的过程中,每个子活动都既是目的又是手段:就它是一个暂时的相对的结束而言,它是目的;而就它提供了下一步活动必须考虑的条件而言,它是手段。

与存在的那些奇怪的或自相矛盾的事情相反,在现实情形中,手段恰好就是目的-对象的要素,而这一目的-对象恰好就是借助它们而成为现实的。每当活动成功地设计了所期望的结果,而所期望的结果又指导行动解决了原先的问题时,这种情形就会出现。目的与手段分离的情形,是一种反常的情形,是偏离理智指导的那些活动的情形。无论什么时候,只要某件事情被认为是纯粹的苦差事,那么这里就一定存在所要求的必要的手段与所期望的结果以及所达到的目的的分离。另一方面,从被称作目的的方面来看,无论什么时候,只要被称作"理想"的东西是一些乌托邦和白日梦,就会产生这种分离。没有成为真正的目的或结果之要素的那些手段,导致了我们称之为"必要的恶"(necessary evils)的产生,这些代价的"必要性"与知识状况和技术状况是成正比的。成为真正的目的或结果之要素的那些手段与脚手架相似。在建筑物建成之后,必须拆掉脚手架;但在建筑物的建造过程中,脚手架却是必不可少的,直到用了升降机为止。升降机在已经建好的建筑物中仍被保留下来,它被当作工具以运输材料,而这些材料反过来又是构成建筑物这一整体所必需的要素。在所期望的东西的生产过程中,曾一度被当作必然废弃品的那些结果或后果,根据人类经验和智力的发展,又会派上用场,成为实现下一步所期望结果的手段。根据分析,在每一种先进的艺术和技术中发挥作用的、关于经济效率的一般理想和标准,与关于手段的观念同样重要。这种关于手段的观念,是已经达到的目的和作为下一步目的之手段的目的的组成部分。

一定要注意,就像前面用到这些词时那样,"活动"、"复数的活动"与任何一种实际的行为一样,都必须有一些实际存在的材料,就像呼吸要有空气、步行要有大地、买卖要有商品、探究要有被探究的东西,等等。没有任何人类行动是在真空中进行的。人类行动是在这个世界中进行的,它需要材料;只有使用这些材料和通过这些材料,人类行动才能创造出结果。另一方面,除非在人的活动中,除非人们用它来完成某件事情,否则便没有任何材料是手段,像空气、水、金属、木头等都不是手段。当说到"组织各种行动"时,这种组织总是本身就包含了对材料的组织,这些材料是我们居住的这个世界上有的。这种组织活动对于所评价的每一种具体情形来说,都具有"最终的"价值,它因此而成为现实条件的一部分;在下一步构建欲望和兴趣或形成评价时,必须考虑到这些条件。如果对处于手段与目的的关系之中的事物采取轻率而目光短浅的研究,那么就会使一种具体的评价失效,并且难以使下一步的评价合理。如果欲望和兴趣的构建建立在批判性通盘考虑那些作为手段而对实际结果起制约作用的条件的基础上,那么下一步的行动就会进行得更加顺利。因为如果这样,所获得的那些结果就像被评价过了一样,在行动的延续中更容易被用作手段。

VII. 评价理论纲要

因为有一种混淆影响了当前对评价问题的讨论，所以我们在探究中就不得不花费相当多的笔墨来分析这种混淆，追溯产生这种混淆的根源。这样做是必要的，因为它使在常识看来理所当然的那些事实的经验探究从不切题且混乱的联想中解脱出来。一些更重要的结论将概括如下：

1. 即使"价值表达"是一种喊叫，而且以喊叫的方式而影响他人的行为，关于评价表达的真正的命题仍然是可能的。我们可以探究它们是否达到了预期的结果，并且通过进一步的考察，我们能够发现，成功地获得预期结果的事例，与不能成功地获得预期结果的事例的条件是不同的。在此，区别"情感"(emotive)语言表达和"科学"(scientific)语言表达是很有用的。即使"情感"语言表达没说什么，但它们仍然能像其他自然事件一样，作为一种可以对其条件和效果进行检验的结果，成为"科学"命题的题材。

2. 另一种观点将评价和价值表达与欲望和兴趣联系在一起。既然欲望和兴趣都是行为现象（至少包含了"动力的"方面），那么对于由欲望所引起的评价，就可以根据欲望和兴趣各自的条件与结果而对评价进行探究。评价是在经验上可观察的行为方式，可以把评价当作这样一种行为方式而进行探究。这种探究所产生的是关于评价的命题，而不是价值命题。这类命题与事实命题没有任何区别。

3. 无论何时，只要对事物的鉴定是根据它们作为手段的适宜性与有用性而作出的，那么，就存在一种独特类别的价值命题（value-proposition）。因为这类命题并不是关于已经成为现实的事物和事情的，或关于已经存在的事物和事情的（尽管在与前一句所提到的那类命题相分离的情况下，这类命题不可能被有效地确立），它就是关于准备使之成为现实的事物和事情的。而且，虽然这类命题在逻辑上要以实际的预言为前提，但它们不是单纯的预言。因为，除非在现实的条件下受到人的行为的干预，否则，我们所谈论的这类事情不会发生。这种差异类似于以下两个命题的区别："无论如何，某一确定的日食都会发生"；"假设那些人采取某种行动的话，他们就会看见或体验到这一日食"。尽管作为对手段的鉴定，评价命题发生在所有的艺术和技术之中，并且是以严格的自然科学命题为基础的（比如，在先进的工程技术中看到的），但是评价命题仍然不同于自然科学命题，因为评价命题内在地（inherently）包含了"手段与目的"的关系。

4. 只要有欲望,就有所期望的结果。所期望的结果不单是纯粹的冲动、嗜好和日常习惯的结果。所期望的结果作为影响特定欲望的预期结果,按照定义,或同义反复地说,是观念的(ideational)。就"所期望的结果"依赖于作为充分观察活动之结论的那些命题而言,它所包含的远见、预测或预料与任何一种理智的推论性因素一样,是有正当理由的。因为其观念性要素,所以一个特定的欲望是在其实际内容或在"对象"之中的。可以把纯粹的冲动或嗜好描述为"以情感为动力的";但是,那些将评价和欲望、兴趣联系起来的理论就根据这一事实,将评价和那些"以情感和观念为动力的"行为联系起来。这个事实证明了,具有特殊意义的评价命题存在的可能性。鉴于所期望的结果所发挥的引导活动或实现欲望,或挫败欲望的作用,如果欲望有可能是理智的,目的有可能不是短视和非理性的,那么,评价命题存在的必要性就得到了证明。

5. 对作为产生实际结果的行动之手段的欲望,与所期望的结果所作的必需的鉴定,依赖于对一种结果的观察,这种结果是在将它们与所期望的结果的内容进行比较和对照中获得的。欠考虑而轻率的行动是没有经过一定的探究就采取的行动,而这类探究是确定实际形成的欲望(评价也因而得以作出)与依据这种欲望而进行的活动所实现的东西之间是否一致的关键因素。既然欲望与对被作为目的而提出来的对象的评价天生(inherently)联系着,既然有必要将欲望和所期望的结果当作实现目的的手段而进行鉴定(这种鉴定是以得到证明的自然科学的一般法则为基础的),那么,就应该用实际上随之而发生的结果来检验对所期望的结果的评价。如果对所期望的结果的评价与实际上随之而发生的结果一致,那么,这一评价就得到了证实。万一经过仔细观察而发现这一评价与这一结果相背离,那也不是纯粹的失败,因为这种不一致为将来更好地建构欲望和构建所期望的结果提供了手段。

最后的结论就是:(i)无论是一般的还是特殊场合中的评价问题,涉及的都是那些支撑彼此手段与目的关系的东西;(ii)只有以使目的得以实现的那些手段为基础,目的才是确定的;(iii)对欲望和兴趣本身的评价,必须是将欲望和兴趣作为手段,而且以欲望和兴趣与外部条件或周围环境相互作用为根据。所期望的结果与结果不同,就像已实现的结果与目的不同一样明显,它们是作为指导活动的手段而发挥作用的。在日常语言中,所期望的结果被称为"计划"。作为手段,欲望、兴趣和周围条件都是行为方式,因而可以被设想为能量(energy);借助能量语言,可以将它们还原成同质的、可比较的同类事物。因此,对来源于有机体和周围环境的能量的协调或组织,既是所有评价的手段,又是所有评价获得的结果或达到的"目的"。这两种来源于有机体和周围环境的能量,在理论上(在实践中并非完全如此)都可以用物理单位的术语来表达。

  以上结论并没有构成一个完整的评价理论,但它们确实阐述了一个完整的评价理论必须满足的条件。只有对那些支撑目的-手段关系的事物的探究得到了系统的指导,而且这一探究结果对欲望、目的的构建产生影响时,一种实际的评价理论才能完成。因为评价理论本身是一种理智的或方法论的手段,它只有在应用中、通过应用才能得到发展和完善。既然目前还没有以任何适当的方式应用这种理论,那么所阐发的那些理论思考和已获得的那些结论,还只是一个计划的纲要,而不是一个完整的理论。只有在具体过程中控制性地引导兴趣和目的的构建,这个理论才能得以完成。参照目前关于评价与欲望和兴趣之间关系的理论,完成评价理论的首要条件,必须认识到:欲望和兴趣并不是一开始就是给定的、现成的,更不像它们最初出现时那样。欲望和兴趣并不是评价理论的起点和原始数据,也不是评价理论的前提。因为欲望总是在前一个行动的系统中或在相互联系的能量中出现的。欲望产生在这样的地方——一个遭到破坏或受到被破坏威胁的地方,一个冲突引入了需要的张力或预示有引入需要的张力之虞的地方。一种兴趣所代表的并不仅仅是一种欲望,而是一系列相互联系着的欲望。人们已经发现,这些欲望是在经验中产生的,因此彼此是相连的;所以在连续的行为过程中,这些欲望具有一定的次序。

  对评价的存在及其性质的检验,是可以被观察的实际的行为。接受活动的现有环境(即影响人们行为的各种因素的综合)吗?在这里,"接受"意味着努力保持它而抵御不利条件。或拒绝活动的现有环境吗?在这里,"拒绝"意味着努力摆脱这一种行为环境和努力创造另一种行为环境。在后一种情况下,那个作为目的的欲望与努力(或构成一种兴趣的欲望与努力的协调)所针对的实际环境是什么?将这一环境确定为行为的目标,也就确定了什么是有价值的。直到出现了现实的打击或打击的先兆,出现了对处境的干扰时,才会为立刻行动、公开行动开绿灯。没有需要,没有欲望,就没有评价,就如没有疑问就没有探究的理由。恰如激发探究的问题是与出现问题的经验环境联系在一起的,欲望和对作为想要达到的结果之目的的预测,也是与具体的环境及其改变环境的需要联系在一起的。可以说,证明的重任取决于阻碍和妨碍情况的出现,取决于引起冲突和激发需要的情况的出现。考察构成匮乏和需要的条件,考察作为构建可实现的目的,或可达到的结果的积极手段的条件,就是构建正当的(必需的和有效的)欲望和所期望的结果的方法。简言之,评价就以这种方式发生了。

现有理论中的混乱和错误(正是它们,使前面所展开的分析成为必要),在很大程度上起因于它们将欲望和兴趣当成了原初之物,而不是置于它们出现的相关环境之中。一旦欲望和兴趣被当作原初之物,那么,它们在评价关系中就成为不可再分析的了。可以说,一般而言,如果将欲望和兴趣当作原初之物,那么,我们就无法再对它们进行经验检查或检验了。如果欲望真的具有这种原初性,如果它真的独立于具体的经验情境的结构和需要,并且真的因此而对存在的情境毫无作用,那么,坚持每个欲望中必然有观念的或理智的因素,并且进而坚持实现有效的经验条件的必要性,就真的会像批评者所说的那样,是多余的和不切题的。因此,这种"坚持"也会像人们所说的那样,是在"改造"个体和社会的兴趣中所产生的一种"道德"偏见。但是,由于在经验事实中离开了产生欲望和兴趣的行动领域,离开了欲望和兴趣产生和作为拙劣的或有益的手段而发挥作用的活动领域,就没有任何欲望和兴趣可言。所以,我们对这一点的"坚持",纯粹是而且完全是为了对现实情况进行恰当的经验考察,为了避免大而空地玩弄欲望和兴趣概念。因为将欲望与其存在的情境隔离开来,必然导致大而空地玩弄欲望和兴趣概念。

一个极端的错误会引发另一个极端与之形成互补的错误,这在理论发展史上屡见不鲜。刚才我们所考虑的那种理论类型,不仅将作为评价的源泉的欲望与欲望存在的情境相隔离,而且将欲望与理智控制欲望的内容和目标的可能性相隔离。这样一来,评价就成了一种随心所欲的东西。也就是说,实际上,对欲望所建立的价值来说,任何一种欲望都完全与其他欲望一样"好"。既然欲望和形成兴趣的欲望系统是人类行为的源泉,那么,如果完全彻底地按照这种看法行事的话,就会产生茫然无序的行为,从而导致彻底的混乱。然而,尽管行动存在着必要的冲突,也存在着不必要的冲突,但却不存在彻底的混乱,这一事实就证明对现存条件和后果在一定程度上的理智考虑,实际上的确作为一个控制因素,在欲望和评价的构建中发挥了作用。但是,由于前面这种理论的含义无论在理智上还是在实践上都非常混乱,所以引发了一种与之相反的理论。不过,这种理论与前一种理论的基本前提相同,即它们都将评价与具体的经验情境相隔离,将评价与经验情境潜在的可能性和要求相隔离。这种理论就是将"自在目的"作为所有评价的终极标准（ultimate standards）的理论。这种理论或隐或显地认为，除非或直到欲望臣服于作为评价欲望之标准和理想的先验的绝对的目的（a priori absolute ends），否则，欲望与"终极价值"（final value）就没有任何关系。这种理论在奋力逃出混乱无序的评价之油锅的同时，又跳进了绝对主义的火坑。它以牺牲其他所有人的所有兴趣为代价，为特定个人或特定群体的特定兴趣披上终极的、彻头彻尾理性权威的外衣。这种观点反过来又强调：不对欲望，进而不对评价和价值性质进行理智的、在经验上合理的控制，是可能的。因为这是与前面观点相伴随的一个必然结论。而那些根据定义在经验上不可检验的理论（因为它们是先验的），和那些不经意地用从赤裸裸的欲望概念中所得出的结论，代替了对欲望的实际观察结果的那种自称为经验主义的理论之间的跷跷板游戏，就这样延绵不绝。这种先验理论的令人吃惊之处（如果在审视中忽略了哲学思想史，就会令人吃惊），就在于它完全忽略了这样一个事实，即评价是个体的和群体的人类行为中一再重复的现象，而且评价能够通过利用关于自然关系的知识所提供的资源而得到纠正和改善。

VIII. 评价和社会理论的条件

于是，我们就被引入了下面这个问题。如本书开篇所示，这个问题是目前人们之所以对评价问题和价值问题感兴趣的原因，即关于目的、计划、措施和政策等真正的有根据的命题是否可能。只要人的活动不仅仅是冲动或习惯性的结果，活动的目的、计划、措施和政策等就影响着人的活动。评价理论作为一种理论能提出的，就是在具体情境中构建欲望和兴趣的一种方法所必须遵循的条件。是否存在这类方法问题，完全与以人类活动（无论是个体的，还是群体的）的理智行为为题材的真正的命题是否可能的问题联系在一起。价值在"好"的意义上，与促进、推动、推进活动进程的东西内在地相联；而在"正当"的意义上，与维持活动进程所需要的、所要求的东西内在地相联。这种看法其实质并不新奇。这种看法的确完全受"价值"一词的词源的启发而来，"价值"一词与"效用"、"勇猛"、"有效"、"无效"等词相关联。前面的讨论对这一观点所作的补充，证明了当且仅当在这一意义上理解评价时，这些有经验根据的、关于欲望与兴趣（作为评价的源泉）的命题，才是可能的。而且，这些命题在多大程度上有充分的根据，取决于它们在多大程度上将科学的物理学归纳作为手段，构建关于活动的命题，这些活动作为"目的-手段"而相互关联。如此而产生的普遍命题为评价目标、意图、计划和政策提供了标准。人类理智的活动就是由目标、意图、计划和政策所指导的。但是,它们却不能使我们直接地或在缺乏调查的条件下断定特定的个别目的的价值(傻瓜才会要求将关于先验价值的信念作为理想与标准);在这个意义上,它们不是标准。它们是指导确定探究不同行为方式各自的条件和结果的、有条理的程序的规则(rule)。它们并不声称本身就能自行地解决评价问题;而是说,它们要做的是阐明解决评价问题所必须满足的条件,而且在引导这一探究的过程中,发挥指导性原则(principle)的作用。

1. 事实上存在着评价,而且评价可以接受经验观察,因此关于评价的命题可以被经验地证实。个人和群体认为宝贵或珍贵的东西,以及他们之所以如此珍视这些东西的根据,在原则上都是可以弄清楚的,无论所遇到的实际的困难有多大。但是,总的看来,过去价值是由习俗而确定的,这些习俗在当时之所以受到称赞,是因为它们有利于某种特殊的利益,而这些称赞是随着强制、劝诫或两者的混合物接踵而来的。科学地探究评价的实际困难是巨大的,这些困难如此之大,以至于它们极容易地被误认为是一种不可克服的理论障碍。而且,目前关于评价的知识远不是有条理的,更谈不上是充分的。认为评价并不存在于经验事实中,因而必须从经验之外的源泉中引入价值概念,这是人类心灵曾经有过的最稀奇古怪的信念之一。人类从未间断过评价,而这些评价就为后来的评价和关于评价的一般理论提供了原始材料。

关于这些评价的知识并不是评价自身的,就像我们已经看到的那样,它并没有提供评价命题;不如说,它是历史文化人类学性质的知识。但是,这种事实性的知识是构建评价命题的一个必要前提。这一表述包含了这样一种认识,即只要适当地进行分析和组织,过去的经验就是引导我们未来经验的唯一的(sole)向导。如果一个人意识到他的欲望和目的过去曾经产生的结果,就会在他个人经验的范围内对其欲望和目的作出修正。这一知识,就是能够使他预见他自己未来活动的可能结果并相应地指导自己行为的知识。构建关于当前欲望、意图与未来结果之间关系的有效命题的能力,反过来依赖于将当前欲望和意图分解成其组成要素的能力。如果未经分析就笼而统之地接受欲望和意图,那么,对未来的预见就会相应地是粗略而不确定的。科学史表明,将粗略的定性的事件分解为基本(*Pari passu*)组成要素,预言的力量会相应地得到增强。在目前缺乏关于作为已经发生的事件的人类评价充分而有条理的知识这一前提下,更不可能有系统地阐述就特殊因果关系结果而言的新的评价的有效命题。鉴于人的活动(个体或群体的)是连续的,因此,除非将当前的评价置于它们与之相连的过去的评价事件的背景中,否则就不可能有效地陈述它们。假若没有这样的理解,那么更深入的看法,即关于目前新的评价的结论,就是不确定的。只要能够将现有的欲望、兴趣(从而评价)置于它们与过去条件的关联中进行判断,就可以在这样的前后关系中理解它们;这一前后关系,使它们在可观察、可接受经验检验的根据的基础上得到重新评价。

例如,假定已经查明一系列特别流行的评价的有关历史的前提条件,是一种小团体的或特殊阶级维护某些特权和利益的兴趣,而且对这些特权和利益的维护限制了其他人的欲望和其他人实现其欲望的能力,那么,很明显,这一认识一定会使我们重新评价那些欲望和目的,重新评价那些已经被假定可信的评价来源。难道不是这样吗?当然,这样的价值重估(revaluation)未必能立即生效。但是,一旦某一特定时间里的评价被发现缺乏那种曾以为它们所具有的支持时,这些评价就处于对它们的继续存在非常不利的境地了。从长远来看,这种结果与一种对待某些水域比较谨慎的态度非常相似。人们之所以会对那些水域采取谨慎的态度,是因为知道那些水域有病菌。另一方面,如果探究表明,已知的这一系列现有的、包含实施准则的评价,能够以有助于群体所有成员的欲望和兴趣共同增强的方式而释放欲望和兴趣的独特潜能,那么,这一认识就会充当这一特殊系列评价的坚强后盾,而且使人们更努力地维持这一评价。

2. 这些考虑指向一个核心问题,即关于过去和现有评价的知识成为构建新的欲望和新的兴趣的评价工具,必须满足什么条件。在这里,这些新的欲望和新的兴趣是经过经验检验而表明最值得培育的。这么说吧,根据我们的观点,这一点很明确,即任何抽象的评价理论都不能作为判断实际存在的(existing)评价活动的标准,与实际存在的评价活动等量齐观地放在一起。

答案就是:改进了的评价一定是在实际存在的评价中产生的。探究,将实际存在的评价置于彼此相互联系的系统关系之中,而实际存在的评价受到探究的批评方法的影响。就一般而论,实际存在的评价大部分可能是有缺陷的,所以要改善它们,就要使它们处于与其他观点的相互联系之中。这一观点乍看起来,就像是说一个人用靴带将自己拎起来一样滑稽。但是,之所以会产生这样的印象,是因为没有想过实际上如何才能将它们置于相互联系之中;换句话说,正是对它们各自条件和结果的考察,将它们置于相互联系中的。只有遵循这种方式,我们才能将它们化为可以进行相互比较的同类项。

事实上,这种方法只不过是把那些已被证明能够成功地处理物理学题材和化学题材的方法,运用于人类现象或社会现象而已。在现代科学出现之前,物理学领域和化学领域存在着大量孤立的、表面上彼此无关的事实。当从现象本身导出构建理论内容的概念,并把这些概念作为把那些彼此分离的事实联接在一起的假说而使用的时候,物理学和化学就开始了系统的进步。例如,当普通饮用水在使用中被当作 H_2O 时,就使人们将水与其他无数现象联系起来,从而无限地扩展了相关的推论和预测,同时使其成为经验检验的对象。在人类活动的领域,目前存在着大量有关欲望与目的的事实,它们以彼此完全孤立的方式存在着。但是却没有关于这种同样的经验次序(order)的假说,能将这些孤立的事实彼此联系起来,从而使由此而产生的命题有序地控制后来的欲望和目的的形成(formation),并进而控制新的评价的形成。原料比比皆是,但把原料的各种要素置于成果由之产生的联系之中的手段却空空如也。缺乏将实际评价置于彼此联系中的手段,在一定程度上,相信价值标准和价值理想是外在于(通常使用"在……之上"表达)现实评价的原因;同时在一定程度上,它又是这一信念的结果。说它是原因,因为控制欲望和目的的方法是如此重要,人们迫切需要得到它,因此如果没有经验的方法,那么,任何一种看似能满足这一需要的观念都会被人们抓住不放。说它是结果,因为一旦先验理论形成并获得了威信,那么,它们就会掩盖联系各种评价的具体方法的必要性。通过这样做,先验理论提供了一种将各种冲动和欲望安放于一种背景中的理智手段,而这一背景恰是影响对冲动与欲望作出评价的地方。

然而,妨碍我们的困难大多是实践的,它们来自未经系统经验探究就存留下来的传统、风俗和制度。这些传统、风俗和制度成为对后来欲望和目的最有影响力的源泉。而一些先验理论又加强了这一点。总的来说,这些先验理论将这些欲望和目的合理化,从而使它们获得貌似理智的地位与声望。因此,值得注意的是:同样的障碍曾一度存在于现在已由科学方法所支配的题材中。这方面的一个显著事例,是几个世纪以前哥白尼天文学在获得发言权的过程中曾经历的种种困难。得到强权体制认可与维护的、传统的、习俗的信念,曾将哥白尼天文学这一新的科学观点视为一种威胁。然而,这些产生了在实际观察和实验证据意义上具有可证实性命题的方法却保存了自己,拓展了自己的范围,并产生了持续性影响。

那些已经产生并且现在是物理学、化学,乃至生物学的实质内容的命题,恰好提供了这样的方法;通过这些方法,就能在声称处理人类现象和社会现象的信念和观念中引起所需的变化。只有在自然科学发展到今天这样的水平,一种能够反过来作为方法调控新的评价产生、有充分根据的经验主义的评价理论才有可能。只有当表达欲望和兴趣的活动,通过与物理条件的相互作用而在环境中见效时,欲望和兴趣才展现出结果。没有关于物理条件的充足的知识,没有关于这些条件相互联系的有充分根据的命题(即没有已知的"规律"),就不可能预测包含在评价中的各种可供选择的欲望与意图可能导致的结果。一旦我们注意到,相对于人类在地球上所存在的时间跨度而言,用于严格的物理事件中的艺术与技术获得科学的支持是多么晚近的事情,就不会对与社会、与人的政治事件有关的学科的落后状况而感到奇怪了。

心理科学目前的状况与天文学、物理学和化学最初作为真正经验科学而出现时的状况极为相似,然而如果没有一门作为真正经验科学的心理科学,就不可能有对评价系统的理智控制;因为如果没有合格的心理学知识,就不能对与周围的非人类环境相互作用而产生的结果的人类因素的力量作出判断。这一说法完全是不言而喻的,因为关于人类各种条件的知识就是心理科学。再者,一百多年来,被视作对心理学知识起关键作用的那些观念,实际上就是妨碍对控制所期望的结果之形成所需要的因果关系深谋远虑的东西。因为当人们将心理学的题材用于形成一个相对物理环境而言的心理领域或精神领域时,探究会偏向(实际上也是这样)心理和物理之间的相互作用是否可能。这样的形而上学问题,远离评价的核心问题,也就是说,远离揭示人类行为与周围环境之间具体的相互作用问题,而恰恰是这一周围环境决定了欲望与意图的实际结果。一个有充足根据的、关于人类行为现象的理论,是评价理论的一个先决条件,也是自然(即在不涉及人的意义上的)事物变化过程理论的一个先决条件。关于生命现象的科学发展,是健全的心理学发展的一个绝对的先决条件。在生物学提供存在于人类与非人类之间的重要事实之前,人的表面特征与非人的表面特征是如此不同,以至于在这二者之间存在绝对鸿沟这一教条似乎是唯一言之有理的。在以有充足根据的评价命题为终点的知识链条中,所缺少的一环就是生物学。因为这一环尚在锻造之中,所以我们可以期盼着那一刻早日到来;到那时,阻碍经验主义评价理论发展的障碍将是那些来自制度的和阶级利益的习惯和传统的东西,而不再是智力的缺陷。

因为人类有机体生活在一个文化环境中,所以对人类关系理论的需要,是作为有效工具的评价理论得以发展的更深层的条件。用社会学的术语来说,人类关系理论也许最好被称为文化人类学。任何一种欲望和兴趣,它们之所以有别于原始的冲动和纯粹的有机体的嗜好,都是因为它们后来在与文化环境的相互作用中得到了改造。审视当前恰到好处地将评价与欲望和兴趣联系起来的理论,可以发现,它们的疏忽最引人瞩目。这一疏忽是如此广泛,决非一种偶然的疏忽。这些理论忽视了文化条件和习俗在形成欲望和目的中的作用,从而也就忽视了文化条件和习俗在形成评价的过程中的作用。这一疏忽也许是所能获得的最具说服力的证据,它证明对欲望概念的玩弄,已经取代了对作为具体存在事实的欲望和评价的探究。有一种观点认为,撇开个体生活于、活动于并存在于其中的文化环境,只考虑个体,就能够形成一种令人满意的关于人类行为的、特别是关于包含欲望与意图现象的人类行为的理论。我们可以将这种理论恰当地称为形而上学个人主义(metaphysical individualism)。而且,这种观点已经与精神领域的形而上学信念合成一体,而将评价现象(valuation-phenomena)置于臣服于未经审视的传统、习俗与制度化的习惯统治的地位。① 只有将评价现象视为在行为的生物学模式中有其直接源泉,并且将评价现象的具体内容归因于文化环境的影响时,那种所谓存在于"事实世界"(world of facts)和"价值领域"(realm of values)之间的分离,才会从人类信念中绝迹。

一些人所设想的那一道存在于"情感"语言和"科学"语言之间的严格而无情的界线,是如今存在于人类关系和人类活动中的理智和情感之鸿沟的反映。存在于当前社会生活中的观念与情感之间的分裂,尤其是有科学保证的观念和支配实践

---

① 人们经常会说,形而上学的命题是"无意义的"。这种说法通常没有考虑这样一个事实,即人文学科的言语在具有重大文化影响这一意义上,决不是没有意义的。实际上,在任何浅薄的玩弄概念都无法消除它们的意义上,它们绝非是"无意义的"。因为只有具体地运用那些能够对文化环境进行改造的科学的方法,才能消除形而上学的命题。有一种观点认为,不具有经验证明的命题是无意义的。只有在这些命题声称或自命它们所言不能清晰明白地被理解这一意义上,认为这些命题无意义才是有道理的。这个事实大概就是持这种观点的人想要的吧!在它们被解释为实际存在状况的表征或迹象时,它们可以是,也通常是非常有意义的;而且对它们最有效的批评,就是公开它们作为证据的那些条件。

的无拘无束的情感之间的分裂,以及情感和认知上的分裂,可能是整个世界正在遭受的失调和令人无法忍受的紧张的主要根源之一。智力与情感的分离所造成的紧张如此让人难以忍受,所以哪怕它只暂时消失一会儿,人类也甘愿付出几乎全部的代价。如果忽略了这个事实,我认为,我们就很难建立关于独裁政治何以兴起的心理学的令人满意的解释。我们正生活在这样一个时代,此时情感的忠诚与依恋集中在那些不再对理智的忠诚有支配权的对象上,而理智的忠诚得到了那些在科学探究中获得有效结论的方法的认可,虽然那些在探究的理论基础中有其来源的观念至今没有成功地获得那种纯粹由情感的热情所提供的力量。现在我们不得不面对的实践问题,就是建立一种文化环境;这种文化环境将为融情感与观念、欲望与鉴定于一身的行为提供支持。

如果说前面一些章节关于这一研究的讨论,看上去主要强调形成作为评价之源泉的欲望和兴趣的有效观念的重要性,而且其注意力集中于被经验事实证明有充分根据的观念因素的必要性和可能性,那是因为,当前关于评价的经验主义理论(有别于先验理论)的阐述,是以将欲望当作一种与观念隔绝的情感为根据的。事实上,在最终结果上,先前的讨论完全没有以理智取代情感的意思。先前的讨论唯一的、完整的含义,就是强调在行为中必须有理智和情感的结合。用日常语言来说,就是强调在行为中要心脑并用;用专业一点儿的术语来说,就是在行动中应将珍视与鉴定相结合。鉴于实际所发生的事实,所谓自然(就不涉及人的意义而言)知识的发展限制了与像光、热、电等有关人类活动的自由范围的观点是如此荒谬,以至于没有人会支持它。如果欲望也能听命于关于事实的可证实的命题,那么,它在引起影响人类行动的评价方面的作用也能被释放出来。

主要的实践问题是科学的统一问题。这一问题是百科全书目前所关注的问题,应当说,也是本书所关注的问题,因为目前知识中最大的鸿沟就是人文学科和非人文学科的分裂。欲望包含所期望的结果,因此也包含评价,是人类行为区别于非人类活动的特征,所以,当不具人格的(impersonal)、非人文的(nonhumanistic)科学结论被用于指导与之相区别的人类行为过程时,也就是说,当不具人格的、非人文的科学结论被用于指导那些在设计(frame)手段和目的方面受到情感与欲望影响的有特色的人类行为过程时,人文学科和非人文学科之间的分裂将会消失,它们之间的沟壑将被填平,而科学将因此不仅在观念上,而且在事实上,明显地成为一个操作整体。而另一方面,在专门被用于人文的科学中,那些被证明有充分根据的关于非人文世界的观念,是与作为人类特性的情感融为一体的。在这一结合中,不仅科学本身是一种价值(因为它是一种特殊的人类欲望和兴趣的表达和实现),而且科学还是有效地鉴定人类和社会生活所有方面的所有评价的最重要的方法。

(冯平　余泽娜　译)

评价与实验知识*①

很久以前,柏拉图就提醒我们注意书面讨论与口头讨论相比较而言的劣势。印刷出来的文稿并不回答印在它上面的问题,它不会参与讨论。但是,从作者这一方面来说,也像读者方一样,存在着一个不利的条件,即他永远无法以曾经所具有的那么多自由来再次探讨同一个问题,他受到了束缚并因此而受到连累。即使他能摆脱想要使观点前后一致的那种徒劳,也无法轻松地完全根据主题本身来对它加以重新探讨。写出来的东西兴许会引发各种需要加以答复的评论和批评;这样,他就间接地被从主题那里引开,进行他先前关于这个主题如何想和说了些什么的讨论。

我说这些话是为了对价值与判断的关系,或者说为了解各种价值问题进行一番思考作个铺垫。在先前所写的文章②和各种大多对我不利的评论和批评所构成的窘境中,我将尽自己所能就主题本身的是非曲直对它加以讨论,并修正和扩充这个讨论以顾及我的批评者们的主要论点;同时,我会不可避免地重复一些先前已经说过的东西。关于本文中所说的东西和先前的讨论中说过的东西之间的一致性,我将基本上留给读者去查看,万一他对这个并不十分有趣的话题感兴趣的话。

I

为了避免含混与误解,我们从列举一些老生常谈开始。(1)"价值"这个词意味

---

* 选自《杜威全集·中期著作》第13卷。
① 首次发表于《哲学评论》,第31卷(1922年),第325—351页。
② 《实践判断》(Judgments of Practise),《哲学、心理学与科学方法杂志》,第12卷,第505—523页。该篇文章稍作修改后,再次发表于《实验逻辑论文集》(*Essays in Experimental Logic*),第335—389页(《杜威全集·中期著作》第8卷,第14—82页)。但是,第374—384页,关于标准的一个讨论在最初的文章中是没有的。有关评论将在下文中给出。

着许多相当不同的东西，比如像内在的、直接的好（good）和对其他东西来说的好或有用——辅助性的（contributory）、工具性的价值这样的东西。由此推知，当人们不加限定地使用"价值"一词时，它意指的是内在的或直接的价值。（2）价值，无论是直接的还是辅助性的，我们都可以发现它或许不包含判断，不隐含认知。如果说我们直接地称赞、珍视、推崇，直接地赞赏等，那么，这些词指的是情感的（affecional）或情感驱动的（affecto-motor）态度，不是理智的态度。因此，我们是把对象作为手段来使用，是把它们看作有用的东西，而不对它们加以判断。如此，在写前面一个句子的时候，我使用了打字机和一些词，没有思考过它们的功用。打字机之类的东西是工具性的价值，但它们没有得到判断或认识。不过，我们也能使价值从属于知识（knowledge）和判断。既然我们没有通常的语言来意指未经认知的价值（non-cognized values）和经过认知的价值之间的差异，那么当存在含混不清的危险时，我们就将采用某种迂回的说法来标示其中的差异。（3）与判断相关，在各种价值（包括内在的和辅助性的类别）中间存在着一个进一步的区分。（a）在一些情况下，判断仅仅陈述或记录给定的价值和功用。它们是关于价值与功用的判断。一种关于价值的理论就是一个以一种高度普遍化的形式表现的这类判断。（b）在其他情况下，关于我们可以对之下判断的东西，不存在给定的或确定的价值。对于一种缺席的不确定的价值，我们求助于评估和鉴定。在这种情况下，判断的目标不是去陈述（state）而是去安置（en-state）一种价值或功用。这个人真的是一个朋友吗？他是否真的具有人们在他身上发现的那些价值呢？或者，就一种功用来说，也可以有对工具的理智寻求。人们运用判断来决定在论述中什么是恰当的、有效的词，而不是自动地使用一个自己送上门来的词。这两种判断之间的区别在行文推论中偶尔会被提到，为了避免啰嗦，我们称其为情况（a）和情况（b）。①

---

① 皮卡德（Picard）博士在刊登于《哲学、心理学与科学方法杂志》第17卷第11页的文章《价值的心理学基础》（The Psychological Basis of Values）中说道："从杜威教授的文章中很难看出他是否愿意承认有一类直接的价值，它们与现在有关并且作为独立于判断的好或坏而被给出。"我不仅愿意承认，而且，这类价值的存在，正是我的论点的一个基本部分。我的观点是——与我以前关于知觉本身这个话题频繁提出的观点相类似——在认识隐含着判断的任何意义上，经验的明显在场并不等于认识。只因为直接的价值存在着，考虑这些价值与认知判断联结在一起的情况就很重要。皮卡德的文章中另有一段在我看来，似乎显得含糊不清或不正确。"于是，显然辅助性的价值并不需要一个判断来使它们得以成立，它们只要求作为目的的一种手段的存在。"（第18页）也许这句话的意思只不过是说它们并非在所有情况下都需要判断。如果是这种意思，那么，我同意，情况正如上面所说的那样。许多东西都是直接被人使用的。另一方面，我们有时探究适用性、恰当性，在这种情况下则需要一个判断来使手段得以成立。

虽然工具性的好与目的性的好之间的区分是一个必要的理智上的区分，但是我们必须避免把它变成一种逻辑上的析取或存在上的分离。从存在上来看，最直接的好或喜好(liking)无论如何总归是整体事件过程的一部分。这样，它就对未来的直接的好坏产生结果。① 没有必要急切盼望看到每一种直接的好中的辅助性属性。相反，这样一种先入之见显然会干扰到完全的、完整的目前的好，并因而减少或毁掉它的内在价值。但是，我们必须作好准备，无论何时，只要有必要，就根据一种好在未来的或工具性的能力去判断它。任何其他态度都会使把喜好带进理性生活变得不可能，并把关于价值的各种经验降低为无法再进一步论述的、原始的好(brute goods)构成的一个不连续的系列。判断一种向来是毫无疑问的价值在目前或将来的价值，意味着我们如今从它辅助性的效用方面来考虑它，而并不否定或背离它过去的直接价值。这是关于道德的一句老生常谈；如果需要的话，它也可以被证明是关于美学批评的一句老生常谈。

另一方面，辅助性的价值，或者说功用，也可以作为目的性的价值或直接的价值而存在。在这里要提的不是守财奴和他的金子这个举滥了的例子，在这个例子中，手段最终篡夺了目的的位置。这里所要说的情况是这样的：手段不仅是单纯的手段，而且是不可或缺的手段。在这样的情况下，手段和目的之间的任何固定的区分都瓦解了，两者融合在一起了。手段是这样一个手段，它出于其本身的缘故，作为整个目的或内在的好的一个有机部分而受到"喜爱"。许多批评判断的工具性理论的人，一直以来都忽略了这个事实。判断的工具性理论主张，从逻辑上来说，必须把认知作为安置（安置，不是陈述）一种直接境况的中介来加以分析。但实际上，从人性上来说，从存在上来说，认知是这样一种受到喜爱的手段。

---

① 有一个前提也许会使这个观点被否认。有人或许会说，喜好是一个自我封闭的精神(psychic)或心理事件，从其本质上来说，这个事件一旦过去就完全结束了。本文暗示喜好是一种主动的或行为主义的态度，我在此不对这个问题进行直接讨论。但是，认为喜好不具有结果(无论我们是否对这些结果加以思考)，这种断言的涵义似乎与事实相反。这种与事实的不符可以用来批评完全用精神来立论的喜好理论，这种理论把喜好说成仅仅是意识的一种状态。认识论上的实在论者们在证明他们的观点时，如此不注意道德境况的这些内涵，这真是令人吃惊。无论意识的领域被认为是认知性的还是非认知性的，认为在道德中存在的领域与意识的领域相一致的观点对道德而言都是灭顶之灾，除非用来定义道德的根据可以完全排除对没有呈现于意识之中的标准、目的和结果进行参照。据我所知，迄今为止还没人做过这一点呢。

在它和它产生的作用之间不能作任何存在上的分离。因此,它也是一种直接的价值或好。

由此得出,在情况(a)与情况(b)之间不能作任何固定不变的分离。人们对过去的好和坏进行判断,为的不是看它们是否曾经是"真的"好或坏,那是通过描述来确定的;而是看它们是否现在是或者在将来的一个具体情境下将会是"真的"好或坏。这当然意味着人们现在是相关于它们未来的可能性来看它们的;换句话说,是从它们的辅助性方面来看的。此外,判断[或情况(b)]的目的是要使某种直接的价值或者说情况(a)复位(reinstate)。当新的依赖于判断的价值产生时,它像任何别的事物一样,是一种直接的好或坏。然而,它也是属于一种附加(plus)一类的直接价值。先前的判断不仅作为其产生的条件而影响新的好,还通过进入新的好的性质来影响它。新的好具有一个附加的价值维度。在这种情况下,目的与它的手段如此有机地结合在一起,以至于目的的意义发生了改变。一个未开化的野蛮人和一个有着文明趣味的人都能够从一幅画中得出一种直接的价值来,但他们得出的价值在实际性质上是很难相同的。只要承认这个事实,我们就一定得承认:没有人,至少没有哪个心智成熟的人,拥有完全不受先前价值判断的结果影响的直接价值。对这样一个人来说,关于价值的那种天真纯朴是某种有待恢复的东西。它依赖于利用先前的世故的那些结果。简而言之,在情况(a)与情况(b)之间作一个理智上的区分是必要的;但是,我们一定不能假设这在事实上意味着一个完全在存在意义上的区分。

接下来的列举或许显得像是一个冗长乏味的吹毛求疵。但是,我们可以支配的术语是如此含糊又稀少,以至于如果我们想要清楚所指的是什么并使意义对其他人显得明白,那么区分各种意义就是必要的。价值有六个涵义。第一,就其直接性或孤立性而言的直接的好,对任何心智成熟的人来说,在很大程度上是一个理智上的抽象;第二,就其直接性或孤立性而言的某一种功用,或者说有用的、辅助性的好;第三,在判断的结果中被认可或发现的一种好;第四,对于某种有用的或辅助性的价值来说的同样的情况;第五,一种直接的好,它原初依赖于判断,但带有先前的判断或反思探究的结果作为其特性中一个有特征的部分;第六,对于某一种直接功用来说的同样的情况,这种功用带有与它的目的所具有的直接的好相融合的意味。第五种和第六种意义在存在中趋于重合。①

通过指出忽略这些区分会产生的混淆,整个这篇文章可以轻松地来强调作出这些区分和按照规则来应用它们的重要。就第一种和第二种涵义而言,经常有人做这项工作;就第三种和第四种涵义来说,我先前讨论的目的之一就在于完成这项工作。所以,在这里,我只局限于举一个例子,与第五种和第六种涵义的区别有关的一个例子。概括地说,其要点是:对审美(包括文学)内容的批评依赖于先前的直接鉴赏,并且对安置后来的鉴赏而言是工具性的(如果它发挥了自身作用的话),这些后来的鉴赏有着我们已经提到过的那种附加性质。鉴赏(appreciation),或者说趣味,必须为批评提供材料;而一个批评的所值(worth)则通过它在一个新的鉴赏中起作用的能力得到检验,这个新的鉴赏因为这个批评而得到了拓展,具有了新的深度和意义范围。

普劳尔(Prall)先生关于价值写了一篇有趣的文章,其中特别涉及批评理论。②在这篇文章中,他有机会提到我先前的那篇文章,并借机对某些价值因判断而是其所是的这样一种观念进行了批评。③ 这一批评附带地认为我忽视了第一与第二种涵义的价值,要不然就是我把情况(a)消融在情况(b)之中。我希望本文至少可以消除这种误解。但是,他否认第三与第四种价值的存在。他坚持认为,用他本人的话来说:"只要我们根据目前所主张的定义(就是说,由兴趣或者一种情感驱动的倾向来规定的价值)正确推进,我们就应当指望能通过分析把杜威认为由评价(这是实践判断中的一类)所构成的一切价值都还原为根据我们的定义来规定的价值。"同时,他对批评与价值的关系这个问题很感兴趣。在理论方面,由于他否定由判断

---

① 善意地阅读了这篇文章的皮卡德博士提出,还有其他的情况。存在着这样的情况:我们把某物判断为有价值的——令人渴求的——却并不真的喜欢它。他建议用"值得"(worth)来描述这些情况。举例说(借自皮卡德博士),判断告诉我,佩特(Pater)的行事风格是值得赞赏的,但我仍旧一直不喜欢他。或者,判断告诉我,一个朋友是不值得交往的;但我仍旧一直喜欢他,他一直保持为一种直接的价值。这个例子是很重要的,因为它表明判断就其理论方面而言,本身并不确定一种新的内在价值(即被定义为喜好这种情况的价值)。由于皮卡德博士的批评,我在行文中插入了一个段落,对这个问题加以讨论。在这里,我仅仅补充说,如今我意识到,我在处理这种情况时令人可惜的失误,无疑造成了人们对我先前文章不小的误解。之前我一直没能明白,为什么我对以判断为前提条件的那些价值的坚持,会显得(比如在普劳尔先生看来)像是包含着一个否定,否定内在价值是由情感驱动的态度构成的。如今,我明白了。
② 《关于价值理论的一个研究》(A Study in the Theory of Value),《加州大学哲学期刊》(*University of California Publications in Philosophy*),第3卷,第2期。它包含一个有价值的参考文献目录。
③ 同上书,第215—226页。

构成的那些价值,他便致力于把批评的判断降低为纯粹关于先前的直接价值或兴趣的判断,降低为记录、列举、分类,等等。既然否认第三与第四种意义,那么不用说,他当然进一步否认第五与第六种意义了。尽管如此,他对于批评所发挥的实际功能或作用的感觉,却使他在事实上几乎承认了他在理论上所否定的东西。因此,他说(第271页):"从根本上说,要使批评能够存在,就必须既要有直接的情感驱动反应……又要有在理性话语中,以逻辑形式对这种反应的表达。判断是以理性方式对印象(也就是说对情感驱动的态度)所进行的事后表达的名称。但是,无论定义得多么松散或不明确,一个有理性的存在者都是一个统一体,而他接受的那些印象在很大程度上都是由他的心智成长状态来决定的;这种成长,至少在它的诸多重要方面中的一个,意味着作出一系列判断的逻辑推理。因此,虽然判断仅仅表达印象,但印象却不可避免地以先前的判断为前提条件。"

我并不认为上面引用的这段话在承认构成新价值并因而使一个新的直接鉴赏成为可能的判断方面毫无含糊之处。相反,在这方面,它是含混不清的。出于前后一致的考虑,我们必须完全在对先前毫无疑问的价值的事后记录这种意义上来理解普劳尔先生所说的批评判断。在这种意义上,理性话语和逻辑形式只不过是一些结构的名称,它们外在于主题,并且除了进行鸽笼式的分类和开列清单之外,无法对主题进行任何修正。但是,我相信,任何人读了这段话都能在其中至少认出一种模糊的理解,即"理性存在者统一体"确实以某种方式产生着某种东西,这种东西不仅仅是对先前印象的一个静态记录,而且确实以某种方式影响着后续的价值——我们所说的第五和第六种意义。说判断必然是后续印象——价值的先决条件,这至少是承认了有这样一类判断,它们的具体内容是对后来的价值产生影响的条件作用(conditioning)。任何注意到这种条件作用的人,都几乎一定会对此产生兴趣。那么,在特殊的例子和一般的理论中,为什么把这种条件作用作为我们的思考对象呢?既然我们承认一些判断具有这种功能,那么为什么不能以它的最有效运用为明确目的而再构成一些其他判断呢?如果 a 是 b 的条件,而我们对 b 感兴趣,那么,作为有理性的存在者,我们怎么能不去注意 a 如何影响 b,以及不同形式的 a 如何规定不同变体的 b 的呢?在详细考察了这个根据以后,只要一步就能构成一个 a,它的真正内容(主题、对象)是由它所规定的那个特定种类的 b。真正明智的批评除了这个过程之外,还会是什么呢?无论如何,只要一个人像普劳尔先生那样明确承认,后来的价值受到先前判断的影响或以先前判断为条件,那么在逻辑上,他就不可能否认这样一类价值判断的存在,这类判断并不完全与事后记录相关,而是以这些判断对后续的直接价值所施加的条件影响为主题的。

II

不过,这些提醒只是为了使问题明确,而不是要解决问题。为了清楚明白起见,我们需要一个词来专门意指后一类判断,如果它们存在的话。目前使用的语言在关于判断方面,正如它在关于价值方面一样不完善。相应地,我们就要用评价(valuation)这个形式来意指我们假设的情况,把关于价值的评价活动(valuing)和判断这些词留给那些事后记录和陈述的情况。

那么问题如下:仅仅记录、描述、罗列和分类的价值判断[属于情况(a)的各种价值],我们容许它们存在。它们穷尽了这个领域了吗?或者还存在着另一类我们称之为评价的判断,这类判断评估尚未存在的价值并使它们成立吗?通过这类判断,我们指的不仅仅是判断使先前存在着而如今缺乏或缺失的价值成立。问题是相关于这一点而产生的,即是否存在这样的情况:人们不清楚任何已经给出的价值是否会是一种价值,价值是受到质疑的,而判断的目标则是要获得一种确定无疑的价值。这是一个事实问题。我断言,这类判断和价值是存在的。我的一些批评者们则断言它们不存在,认为这样的判断总是可以通过分析,在逻辑上被还原为关于已经存在的价值的事后判断这种类型。他们否认判断本身的创造性功能(creative function)。①我的假设是:在我们应用了关于给定价值的全部判断连同在逻辑上可以从它们之中推出的那些规则和通则之后,仍旧还剩下一个无法用这样的分析来处理的逻辑剩余物,它要求一种不同类别的判断。当我们不清楚我们喜欢什么或者我们应当去喜欢什么的时候,借助于对过去的喜好进行列举和分类,并不总是足以解决问题。那么,我们也许会求助于盲目的试错;根据我们的批评者们的理论,这是唯一可用的其他选择。但我的观点是,我们也可以求助于判断、反思、理性探究;并且,如果我们这样做了,就会得到一个如下形式的判断:如果我们完成特定种类的一个行为,就会拥有为了得出一个更加概括的价值判断所需的材料,而且只有通过这种方式才能获得这样的材料。或者,换种方式说,为了获得一种确定的价值来作为一个以后的事后

---

① 如果不用"工具性的"这个形容词,而用"创造性的"(creational)这个词来描述判断在逻辑方面的特征的话,也许人们早就理解这个问题了。

价值判断的主题，必须完成如此这般的一个行为。用价值的术语来说，"完成如此这般的一个行为，对一个新的内在的好来说，是一种不可或缺的辅助性的好"，这个行为是缺少判断就不会存在的一个行为。这三种形式是同一个判断的不同表述方式。

在日常语言中，尽管我们经常称赞和推崇而不对称赞或推崇行为的价值进行任何判断，但也存在着其他情况，即我们鉴定或评估、评价（evaluate）。在这些情况下，我们不再把过去的价值作为终极的、毫无疑问的价值接受下来。我们根据它们在新的、独一无二的情境中的好或坏来评价它们。过去的价值对于新情境而言是有疑问的，至多也只能是假定的。它们表明，它对完成某个特定行为来说是有用的、不可或缺的，但不会对作为结果而产生的价值作出证明。在关于一个行为的功用的判断中，我们利用关于先前价值的判断——事后的判断。这一点，我不否认。我否认的是：认为目前判断的对象可以根据这样的判断建构起来，或者可以被"还原"为这样的判断。① 如果我们要作出选择，那么，关于给定的价值的那些判断可以称为价值-判断，虽然也许只是在我们可以把关于土豆的判断称为土豆-判断的意义上。全部哲学上的意义，在于价值本身的事实和本质。赋予价值-判断任何特异的含义都会造成迷惑，如果它们全都是事后判断的话。②

---

① 佩里（Perry）先生和鲁宾逊（Robinson）先生在普劳尔先生之前，就主张评价判断（valuation judgments）是我自己发明的一个没有必要的东西。分别见《哲学、心理学与科学方法杂志》，第17卷，第169页和第225页。糟糕的是，他们以为我是为了评价判断的缘故，否认或无视关于价值的判断的存在。
② 我先前的文章感兴趣的是：是否存在与价值有关的、确实有着独特含义与功能的一些判断这个问题，它仅限于探讨现有的作为称赞、珍视、看重行为的对象的价值。那篇文章的观点是：无论这样的价值如何被定义，评价问题仍旧作为与关于价值的判断有别的东西而存在。本文接受了价值是由兴趣、喜好、基本偏见（vital bias）所构成的这个观点。但是，我怕这样一来，我的批评者们走向相反的方向，认为我的逻辑分析依赖关于价值本质的这种特殊观念。无论如何，我愿意公开表明我对布洛根（Brogan）博士提出的那种理论的支持，这一理论见于《基本价值共相》（The Fundamental Value Universal）一文，刊于《哲学、心理学与科学方法杂志》，第16卷，第96页。他的观点是：价值-判断总是以一种关系——比……好或坏——作为它的主题。基于这种观点，这是我接受的，我们应该把喜好理解为偏好（preference），理解为选择-拒绝，把兴趣理解为"宁可要这个而不要那个"。"偏见"这个词似乎已经把它的意思带在字面上了。那么，对评价的一个完整的讨论就必须把价值的本质这个要素考虑进来，而到目前为止，这篇文章还是不完整的。但是我并不认为就论证的推进来说，它涉及论点的任何改变。它倒确实涉及在此略过的一些补充和完善。关于与喜好、兴趣、偏见相联系着的价值的本质，读者可以参考皮卡德已经引用了的一篇文章，普劳尔和布什（Bush）所作，《哲学、心理学与科学方法杂志》，第15卷，第85页。佩里把价值与欲望及其现实的或预期的实现相联系。见他的《道德经济》（Moral Economy），以及《哲学、心理学与科学方法杂志》，第11卷，第141页。关于价值的概念，后者包含许多历史材料和批评材料。又见已经提到过的普劳尔文章中的参考文献。

如今我们的论证到达了一个分界点。我们首先考察了一个逻辑的或辩证的问题,即根据我们的定义对评价判断各个独特特征的一个分析。这样一个分析,就像任何辩证的问题一样,是独立于存在的。但我们的最终兴趣并不是逻辑的:它触及一个非逻辑的假设——通过判断并且仅仅通过判断才成立的那些尚未确定的价值存在着。这个假设无法在逻辑上被证明或否证。我们必须诉诸事实。谁也不能"马不饮水强按头"。但是,为了引导有意愿去弄明白能发现些什么的人,我建议考虑以下几点:

(1) 我们有时对各种目标——预期中的好——和各种手段的创造进行仔细考虑。这些情境以怀疑、不确定和悬而未决为特征。我们并不清楚我们要什么或者应当想要什么。因此,明摆着的,它们不能被还原为先已存在的判断。比如说,创造发明就显得不仅仅是一个机械过程,好像只要求助于足够的先前知识,它就会在任何一个明白事理和受过教育的人那里发生似的。显然,这种完完全全求助于精确表述出来的、完整的先前知识的做法遗漏了某些东西。这个"某些东西",就是说,目前讨论的问题中所知之物的意味(bearing),正是关键所在。而在对有待形成的目标进行仔细考虑时,对过去的各种价值以及从中得出的种种规则的考虑看来,似乎只是加剧了情况的复杂难解。我们加以收集和归类的过去的例子越多,就越是犹豫不决。它们中的一些似乎指向这个方向,另一些又指向那个方向。没有哪一个对它们的计数和组合有决定的意义。新的情况看起来如此独一无二,以致就是无法融入它们之中。换句话说,需要注意:与我相反的鲁宾逊、佩里和普劳尔的理论,隐含着对怀疑、不确定的真正逻辑实在性的一个否定。他们的理论主张是一种表面现象,是由于个人没能成功地把目前的情况还原为旧有情况的适当组合而引起的。

(2) 这包含着出于理智的目的而对时间的实在性或意义的一个否定。据此,在急需仔细考虑的关于时间的例子中不存在真正的新奇,不存在真正的独一无二。① 它否认这样的可能性,即根据已经给出的存在的知识无法得到完全表述的那些情况。

(3) 它否认深思熟虑中产生的那个行为具有理智的、逻辑的、认知的功能。从常识层面上说,这个行为是为了使一个在逻辑上有决定性的判断成为可能而必需

---

① 那么,归根到底,这个重要的问题还是形而上学问题。

的那个判断的近似对象。① 也就是说,它满足了要求指导或启发的一个理智上的需要。我们意在通过判断建立起这样一个行为,它会使那些没有被给出而且直到判断产生一个行为为止都无法被给出的材料显现出来。常识也许会出错,它经常是错的。也许,为了揭示规定价值的那些条件并非必须有一个行为。但是,就这个问题来看,自相矛盾的是那些人,他们认为,那些引发深思熟虑的判断的不确定价值可以完全消融在关于先前存在的东西的那些判断之中,而不需要有进一步的行为来作出一个完整的价值-判断。

俗话说:人各有志,不可强求。用一句话来概括,对价值的判断的传统理论而言确实如此。作为用来防止毫无意义的任意争论的一个手段,它是一条有价值的应用规则。但是,也存在着我们显然不得不讨论趣味、喜好、偏见、兴趣和欲望的情况。几乎没有一个家长或教育者会承认这种辩解的普遍有效性。他也许会诉诸纯粹生理的或心理的手段,用一顿鞭打或者一块蜜糖来改变他所反对的那种趣味或价值。这样就不存在评价判断,而顶多只是把一种趣味或喜好用另一种更加符合他本人口味的趣味或喜好来取代罢了。但即使是家长们和教师们,有时也会求助于一种理智的方法、判断的方法,以去除一种旧的情感驱动的态度,创造一种新的态度。生活中的大多数紧要关头都是这样的情况,在其中,趣味是唯一值得讨论的东西;而且,如果理性的生活要存在并占据主导的话,人们必须根据判断的逻辑蕴涵而作出判断。

说点具体的。也许不仅是趣味而且是一种坏的趣味,才使我更喜欢爵士乐而不是贝多芬。也许我应该喜欢立体主义或意象主义,虽然我并没有这样。也许我对学院派绘画的兴趣是由于我缺乏对绘画的敏感和才智的一个标志,而非像我以为的那样,是对绘画的一种兴趣的标志。也许,虽然惠蒂埃②(Whittier)的作品一直是我在诗歌欣赏方面的主要价值,我也应该在一些其他的诗歌形式中寻找价值。

---

① 这个行为所占据的中介地位是思考的关键所在。比如说,为了获得所需的信息来使我对某件事拿定主意,我可以步行去图书馆。步行这个行为有理智上的结果。但是,这个行为也许未曾被看作形成一个判断或者我拿定主意的有机部分。我们所考虑的情况则是:在一个形成最终判断的过程中,我们经过判断认为,一个行为的完成是形成一个完整判断的不可或缺的条件——就像一个科学家经过判断认为,一个特定的实验可以算作他的问题的解决提供启发的那个行为。这个实验是离开了他的判断就不会发生的一个行为,并且,它还作为一个不可或缺的逻辑条件而进入关于主题的进一步的判断之中。
② 惠蒂埃(1807—1892),美国作家,废奴主义者。——译者

自由体诗怎么样？我喜欢——或者不喜欢它，——但它是不是一样应该被一个文明人喜欢——或者不喜欢——的东西呢？把话题从艺术转移到道德上来，受到喜爱的东西和应该受到喜爱的东西之间的类似区别也是道德学家们争论的焦点。在审美鉴赏领域之内，它们是一切明智批评必然讨论的话题。

注意这个"也许"。有这样的情况，一种趣味或价值直接让位于另一种趣味或价值。我们说，一个人在成长过程中逐渐抛弃旧有的喜好；不同的喜好代替了它们。这不是我们关心的情况。但有一些情况是，一个人并不清楚他喜欢什么，或什么对他是好的，或应当把什么看作好的。作为一个非理性的造物，他也许会求助于简单的试错。作为一个理性的造物，他试着用判断来规范他的尝试，就是说，把他的尝试作为一个实验，通过形成一些使更加准确的判断得以可能的新材料，这个实验会让情况更加明了。我们并不否认旧有的价值曾经是价值，因为既然它受到喜爱或称赞，那么根据定义，它就是一种价值。然而，我们要问的是：它是否确实应当是一种价值，对这样一件事物的喜好是不是我们性格中某种缺陷的表现？简而言之，我们询问我们应该喜欢什么。我们进行判断，是为了形成一个明确的喜好。一个理性的喜好，指的不是理性作为一个实体而制造出来的喜好；而是从关于过去的喜好及其各自结果的判断中产生出来的喜好。目前论证的关键在于，这样一个理性的喜好——它与未经理性思考的喜好之间的相反之处是道德和美学批评的主要话题，也是一种审慎生活理论的主要话题——根本就无法成立，除非判断以要完成的一个行为作为对象，这个行为不是喜好的表现，而是对喜好的检验；这个行为是一个手段，为的是获取能使喜好与判断在理性上可能的那些材料。那么，如果某些喜好及其价值被认定为是错误的（wrong），而不是假的（false）（根据定义，它们不可能是假的），而人们意在通过反思的探究去纠正或改善它们，那么，我们就能找到评价-判断存在的经验依据。我们断定，这样的判断独有的特征是：否定地说，无法通过对已经给出的事实、价值和规则进行还原来得到它们；肯定地说，只有通过那些以一个有待完成的行为的本质为直接对象的判断才能得到它们。

III

这样，我们就进到一种特别具有逻辑性质的分析上来了。我们所概括的这种处境的逻辑蕴涵是什么呢？

1. 一个评价-判断是复合的。在什么也没被给定、不经过关于确定的对象和关系的一系列判断的情况下,我们无法形成关于应当去喜欢什么的判断,也无法确定一种明确的好或功用。对确定无疑的材料的各种判断和关系与此密切相关。没有这样的构成性(constituent)判断,就不可能有评价-判断,不可能有真正的情况(b),有的只是随机的猜测和盲目的试错。我们的第一个任务是要列举这些构成性的、从属性的判断。假定评价-判断是指向对一种好的行动过程(兴趣、深思熟虑地要去选择的"喜好"、好)的一个评估,而这一行动过程是关于国际上欠美国的战争债务的,那么,好是不是全部或部分地取消这笔债务呢?是不是保留这笔债务并坚持它得到偿付才是好呢?或者它是别的什么呢?显然,在公众舆论中存在着各种兴趣之间的一个冲突,而我们需要的是达到一个统一的或综合的公众舆论或判断。否则,一个人兴许会在各种摇摆不定的意见之间犹豫,并且需要自己拿定主意(拿定主意是评价-判断的俗称)。

关于这个问题的判断由三个层次构成,虽然前两者可以被归入同一个逻辑形式之下。(1)存在着我们定义过的那种意义上的评价-判断,存在着关于毫无疑问的好与坏的记录和分类,存在着不经过判断的那些价值。繁荣兴旺是好的,工人的普遍就业是好的,友善的国际关系是好的,遵守义务、协定、契约是好的。许许多多直接的好和有价值的东西,人们所知道的——或者自认为知道的——各种内在的和辅助性的好,都可以合并起来形成判断。如果评价-判断要成为有意义的,或者要成其为一个判断,我们就必须如此陈述它们。(2)必须收集和陈述非价值的事实(non-value facts)。每笔债务的准确金额和名目必须得到确认和陈述;每个相关国家的经济条件、财政状况以及列出的赔偿条约的条款,国际贸易、汇率状况,对国内贸易与工业体系的影响等,均是如此。从逻辑上说,这类可以归并为第一类。无论上述哪一种情况,我们都要报道事实、事件,用材料确保判断。(3)存在着普遍判断,或者对各种已知联系的陈述。一种单方面的黄金储备积累影响汇率;汇率的不一致使一些国家无法自由购买另一个有着基准黄金储备的国家的东西;工业的复兴是社会与政治稳定的一个条件;国内工业萧条导致国际贸易损失;处于汇兑不利地位的国家可以在中立的国际市场上竞争以图优势,以低于有基准黄金储备的国家所能给出的价格出售东西;免除债务是高尚的,拒绝偿债是危险的,等等。

2. 关于上述三个条目下列出的这些陈述,本身的确切事实是无关紧要的。如果人们否定其中一个陈述,那么还会有类似形式的其他陈述可以放在它的位置上。重要的是,如果人们不接受这些关于相关材料和关系的判断,就不可能有评价-判断。① 但是就我们的目标而言,这个事实的重要性在于:这些判断以及它们之间的联系并不确切地规定一个决定性的评价-判断,也就是说,它们并不确定我们正在寻找的那个好或功用。它们提供必需的材料。而一个评价-判断的典型对象是这种材料或手段意指的东西,一个尚在形成中的"喜好"或兴趣。它们与在这个特定情境下作为好的而得到选择的东西的关系是什么呢?一些判断指向一个方向,另一些判断指向另一个方向。一些被援引来支持不取消债务是好的,另一些被引用来支持相反的行为是好的。类似的事实可以在任何未得到解决的道德的或需要审慎考虑的难题中发现。在每一个合理的审美批评中,在各种趣味存在着冲突之处试图区分各种审美价值的努力中,人们都可以发现它们。

在我先前撰写的文章中,我在众多情况中挑选了与看医生的价值有关的一个判断。这个例子的目的是要表明一个所谓的评价-判断能很容易地"还原"为关于已知事物的先前陈述。还原采取如下形式:健康是一种已知的好;疾病是一种已知的坏;这些是关于给定价值的判断。存在着一个可以找到的医生;我感觉不舒服;这些是关于已知事实的判断。有一条一般规则,即这么难受应该去看医生;这是一个关于已知的关系或普遍之物的判断。于是,我就去了。这里所有的一切,不过是日常判断的一个组合。即使在哲学中,一点想象也是有用的。那么就请想象这样一种情况,在其中,事情确实复杂难解且无法遵循惯常已有的事实和格言来解决。我只有很少的钱;看医生的费用将会是一个负担,一种坏(a bad);我听说了一些传闻,这些传闻质疑这唯一一个可以找到的医生的能力;医生们,甚至是有本事的医生造成伤害的情况如此之多;许多严重的疾病被"自然"治好了;我的邻居有一个药方,据他所说,用这个方子治好了他的一位朋友,诸如此类。此外,还有一个柏拉图反复强调的基本观点,他把一个知道如何去治愈病人的医生所具有的知识与一个知道被治愈且继续生活下去是否真的是好的聪明人(如果有这种人的话)的知识进行对比。

---

① 如今我可以说明人们之所以抱怨我早先就这一话题写的著作模糊不清,主要应归咎于我的批评者方面的一个假设。这个假设是:我否认上面列出的这些类别的判断的存在和重要性。那么,当人们发现这个论证使用的正是这样的判断时,他们就会自然而然地根据这种假定指出,这是一个混淆不清和自相矛盾的论证。

简单地说,各种事实、一般规则以及过去的好和坏可以以抽象形式被援引来反对看医生。构成真正复杂情况的是:这两套考虑,赞成的和反对的,都摆在面前并且互不相容。不需要非凡的机敏就能指出,如果你构造出一种情况,其中没有难解的结,没有各种相反事实与规则之间的冲突,那么,你手头就已经有了用来判断它的材料和原则。那么,我们在个人生活和公共生活中碰到的无数尚未解决的问题又如何呢?逻辑学家们为什么不造出关于各种规则、事实以及已有的好和坏的判断来把这样一些问题还原为常规判断的一个简单组合呢?

通过考虑判断被用来确定一种辅助性价值的情况,讨论可以继续下去。目前有一个在经济上甚至政治上都有相当重要意义的法律问题。各个法院和委员会必须决定各个公用事业公司应该交纳的税率。在做这件事时,他们受制于一个主要的固定条件。税率必须定得使纳税人可能得到一份合理的回报;否则,就是对财产的非法侵吞了。为了确定一份合理的回报,就有必要对要授以回报的财产进行一个评估。这里正是困难开始出现的地方。计算适当回报的经济价值是什么?从法院的一些判决中,我们很容易得到一些否定性的陈述。它不是交易价值。如果把这看作价值,那么就不可能降低税率了,因为显然交易价值会反映出价值是由现有税率固定下来的。它不是原始成本,会因为各种暂时条件,不节约或者腐败而增长。而有时候,对税率基准的评价是定在高于原始成本的水平之上的。它也不总是目前的替换成本。某些特定情况——比如一些马路在最初施工时已经铺好了,要挖开它们,费用会相当昂贵——也许会使人们作出一个过高的评价。而且,它也并不总是一个相似的交易可能获得的价值,如果它是处于竞争状态下而不是在一个由公营特许造成的准垄断状态下的话。在上面列出的内容中,我们似乎已穷尽了所有关于给定价值的判断了。如果哪个否认评价起着使一种新价值成立的作用的人来着手司法评估的这个例子,并且来解决法院没能成功解决的这个问题,这也许会对我们有所启发。而在做这件事的时候,他应当注意,对关于已有价值的上述情况的这些判断进行一种组合是不够的,因为它们存在于不同的方面。因此,在作出新评价时,对不同的给定价值给予的相对比重就成了问题的关键。关于这个问题,没有哪些给定的事实和价值是决定性的。显然,这个问题是预期性的,不是回溯性的;而判断则是实验性的,不是记录。①

3. 那么，正面地表述，评价-判断是什么呢？正如我们已经说过的那样，它是复合的，包括(i)关于各种事实与通则的一系列判断。那么，它采取的形式(ii)是"就举出的事实和规则来看采取如此这般的一个行动是有用的，具有一种辅助性的价值"。结论是要去采取的行动是评价的近似对象，但仅仅是近似的(proximate)。因为根据定义，这个行动是作为一个手段而被判断为有用的。那么，潜在的对象才是评价的目的：发现或揭示一些将会使一个更加准确的价值判断成为可能的更进一步的材料与关系。通过以这个判断为规定条件的行动对事实的这种揭示，仍是一个手段。它的目的是一个喜好、兴趣，以及基于更加准确的材料、更加合理的根据之上的一个价值判断。因此，就有了(iii)关于价值——得以成立的价值的一个最终判断。

例如，在关于由取消债务（取消本身当然是相对于目的的一个手段）而创造出的这种情境的价值的一个判断，如果把它作为一个完整的整体来看，这个判断在内容上很可能是非理性的。为了成为一个理智的判断，它必须被分解成一系列对各个步骤的判断，其中每一个都是尝试性的、部分的。采取一个行动，比如，召集或者参加一个关于取消债务的会议，并且看看产生了哪些结果，有哪些先前不存在的新事实作为关于下一个要采取的步骤的判断之根据得到了揭示，等等。谨慎观望，只要它不被当作逃避与随意推卸责任的借口，就不仅是行动的一条规则，更是判断的一条准则。人们还应该注意，一系列直接价值和评价活动由此就开始成立了。我们以喜欢或厌恶来回应开始成立的这一系列结果，其中的每一个行为都以判断为前提，并由此确保进行下一个步骤的新增材料，以及关于那个假

---

① 我是从罗伯特·L·黑尔(Robert L. Hale)的一篇文章中借用的这段材料，见《哥伦比亚法律评论》(*Columbia Law Review*)，第22卷，第209页，论《税率制定与财产概念的修改》(Rate Making and the Revision of the Property Concept)。黑尔先生本人的结论更为重要，因为他讨论的是一个具体的法律问题，而不是对价值与评价的分析。他说："在公共事业税率的制定上，法律正尝试着在一个有限范围内进行实验，试着不按照它在其他情况下遵循的那些原则做。如果成功的话，这个实验也许会延伸到其他领域。我们正试验用一根法律的勒马绳来抑制财产所有人的力量。为了应用这根勒马绳，我们必须制定出一些原则或应用规则——简而言之，一整套法律。"[第213页，斜体字是我标的]因此，这个讨论指的不仅是各种新的经济价值，而且是通过评价-判断(evaluation-judgments)衍生出来的一类新的价值。这篇文章也列举了对评价-判断作一个理论考察对于实践的重要意义，因为它明白地揭示出法院和委员会的各种困难主要是由于他们试图维护这样一个假想，即他们的任务仅仅是"找出"和宣示已经给出的价值而产生的。

设被我们采用了的一般程序更多的可靠性。①

无论人们是否接受这个分析,它都应当消除被人拿来作为根据而批评我的那个误解。一些批评者一直认为,它是一个超逻辑的(extralogical)、个人的或心理的或实践的判断行动,它与我所依据的主题无关。上文应该已经表明,不是这么回事儿。判断这个行动,也许可以作为无关的东西而排除出去。我所强调的行动是眼下正在讨论的、被判断为手段的行动,这一行动是对象-内容(object-matter)或判断内容的一部分,不是一个额外的判断行为。判断称:情况是如此这般,如果我采取了一个具体特定的行动,新的事件就会发生,这些事件将推进一种更明确的喜好和评价-判断的形成;相比较而言,如果不采取这个行动,形成这种喜好和判断的可能性就小。这个分析的涵义中还包括了对普劳尔和佩里的观点的一个回应,他们认为,我称为评价-判断的东西只不过是众所周知的假设判断罢了。这第二个"关键词"是说对了:但不是他们所宣称的那种假设,也就是说,不是已经给出的各个要素之间的一种联系。它采取这样的形式:"就给出的各种事实和价值而言,如果一个行动被实施了,那个行动将会带来不可或缺的材料。"这个假设与一个要去作为一个实验而实施的行动有关。联系或普遍的东西,与行动及其各个结果有关。这样,就有了逻辑上确证的必然性。

让我们来考察另一种不同看法来扩充已经作出的这个分析,并使它的意义更加清晰。这种看法比起已经考察过的那些反对意见来,与我自己的观点有更多的共同之处。科斯特洛(Costello)博士②列举了一种情况为例:一个厨娘认为她可以通过一种新的办法混合各种配料来做出一个特别美味的蛋糕。科斯特洛博士并不像我的其他批评者那样,否认这个判断对使一种新价值成立的行动来说是工具性的。我的观点是:那个厨娘,如果她变成逻辑学家并对她的判断进行分析,就定会说,一个行动是她的判断的直接对象,而一种新的、先前未被给定的价值的存在是判断的潜在对象——如果想进一步说明,她还会说,一个更具决定性的判断,与建立在对一种现实趣味的实际喜好之上的价值有关的判断,是它的最终对象和内容。但是,科斯特洛博士说:"在判断中得到断言的是联系,'如果一个蛋糕用这个配方来做,味道就会好'。厨娘做出来的是蛋糕,不是假设的联系或各种性质的蕴

---

① 据皮卡德博士的主张,在这一过程的每个横截面上都存在着直接的内在价值。
② 《哲学、心理学与科学方法杂志》,第17卷,第449页。

涵……仅仅说这个判断促使厨娘去做蛋糕，这是不够的。这个判断必须促使厨娘确信，一定要以这个配方做蛋糕味道才好，不然的话，它们的味道就不会好，并且促使她去做蛋糕。"①如果这是对我的观点的一个正确分析，那么，我就承认我的论据很荒谬并放弃我的理论。但这个解释是错误的。毫无疑问，这个判断包含了一种联系。但是，请注意那个条件分句。它说的不是一个这种样子的蛋糕是好的，而是说如果它被做出来，它将会是好的。因此，判断不仅仅是制作的一个实际刺激、诱因。制作活动，或者说行动，是判断的逻辑内容的一部分。② 判断的对象是一个行动与它的各个结果之间的一种联系，因此不包含行动产生了配方与味道之间的关系这种涵义。但是，它非常确实地有一种涵义，即缺少了关于行动及其结果之间关系的判断，味道这种好就不会存在，那么关于它的直言判断也就没有可能了。我们不能断言说一个以某些特定配方做出来的蛋糕味道是好的，"不然的话就不会存在的东西"，简单地说，是这种好、这种味道。我只能猜想，科斯特洛博士的误解是由于我的实际意思对他来说是如此理所当然的，以至于他无法设想我会花费如此多的口舌把它们指出来。我能切身体会这种感觉，但佩里、普劳尔以及其他人的批评表明，它们并不是被认为理所当然的东西，而是被某一派人给否定掉的东西。那些人把一切实践判断都"还原"为关于给定事实和给定联系的判断的一个集合。

科斯特洛博士在他文章的最后一段中，概括了他认为我所犯的根本错误。"我能判断在某些特定条件下硫酸和铜会生成硫酸铜，并且我可以做实验来检验它。毫无疑问，有必要在我能宣布自己获得了真正的知识之前这么做。但如果那时有个人下结论说'你已经把硫酸和铜变成了硫酸铜——好像不然的话，它们会变成别的什么东西似的——因此，你的判断已经确立它本身为真了'——这样一个陈述在我看来，是一个最纯粹的用词错误。"（斜体字是我标的）我同意这样一个论证会是用词上的，并且是愚蠢的，所以从来没用过这种论证方法。目前正在讨论的这个判断并不是说，由于跟随在一个判断之后的一个行动，铜和硫酸会化合成某种东西，如果少了一个判断，它们就不会形成；形成是只要判断发生，它就会发生的一个事

---

① 第454页，斜体字是我标的。
② 我说的不是这个厨娘会逻辑地分析这件事情。这显然是很荒谬的。无疑，从厨娘的立场出发，这种观念和预期仅仅作为做的一个刺激而起作用。我指的是，如果这个判断在逻辑上得到了分析，被分析为一个实践判断，那么，我们就得到了我们所说的结果。

件。我们的判断是：通过采取一个行动，知识将会产生出来，这种知识是关于所发生的事情的一个决定性判断。而这一点，科斯特洛博士也是承认的。实验性制作作为判断的近似对象使知识得以存在，我的目标仅仅是引导人们去注意这个逻辑事态的蕴涵。如果它们得到了注意，就让词句，尤其是关于真理的词句，自己去照顾自己好了。我几乎无法设想科斯特洛博士会把铜和硫酸共同形成硫酸铜这个事件与一个真理等同起来。如果有谁想要使用真理这个词，我当然不会反对，只要它的定义前后一贯地得到了遵照。但是接下来，我们必须用一个与真理这个词不同的词，既应用于确证(verification)，又应用于一个判断之为判断所具有的所谓前件属性(antecedent property)上。无论如何，确证是通过判断的近似对象——一个实验性行动的功用而得以存在的。由此，被认识了的真理就得以存在。而在我的词汇中，只有被认识了的真理才被称为真理，把先前的判断称为对真理的一个要求或假设或意义会简单些。然而正如刚才所说的，只要事实及其涵义得到了承认，对词语的共同理解是很容易达到的。

科斯特洛博士提出的另一点值得注意，他说我混淆了确证和真理。正如刚刚说过的，我很愿意在术语上有一个区分，只要事实得到承认和遵循。而对他提出的说明作一番考察，会使关于评价的问题更加清楚。他说："我并不是为了确证是否要下雨了而判断'要下雨了'。我作这个判断是为了避免被雨淋湿这种突然袭击般的确证。我对情况进行判断，是为了就一个进一步的*出自意愿的*决定拿定主意，比如我是不是*应该*出去散个步。我非常希望我关于雨的这个判断是确实的。但是，我完全不希望亲自去确证它的真。因此，把真理等同于确证，是非常麻烦的。"（第452页，斜体字是我标的）就评价-判断而言，我几乎不能要求有一个更好的说明了，即使是度身定做的也很难比这个更好了。注意："要下雨了"这个判断的逻辑对象的蕴涵，并不是雨本身。下雨仅仅是作为进一步判断——就是说，关于一个行动之价值的判断——的一个逻辑要素而得到判断的。"出去散步"这个行动的价值是有疑问的或不确定的，通常我们可以假设它是一个给定的价值。但是，它在这个独一无二的、以前从未经历过的情况下会是一个价值吗？于是就有了关于雨的判断、关于雨和淋湿的坏处之间联系的判断，以及万一不下雨而出去散步的价值的判断。根据描述，所有这些判断都不是最终的，而是与另一个判断相关的，那个判断是关于要去做的某件事情的。因此，这个行动就是判断的真正主题，而它的发生或不发生是以这个判断为前提条件的。因此，一种否则就不会存在的价值是以评估为规定条件的，而由此,一个后来的关于价值的事后判断也就成为可能。那么,我们假设这个人决定呆在家里;假设不管怎么样,他留在了家里。在这两种情况下,他都不会被淋湿。但是,根据这是不是先前判断的一个结果,这个事实的直接价值是不同的。如果他未曾进行过判断,如果他留在家里仅仅是因为他有事忙或者仅仅是出于习惯,那么,他留在家里的价值就仅仅与他的习惯或忙着处理的事相关。如果他留在家里是由于他关于出去散个步的价值所作的一个判断,那么,这个事实就具有一个附加的价值——使他避免了否则将已经陷入其中的一个恶的价值,以及对他的明智的一个证实或反驳的价值。假如结果没有下雨,那么,他可能会追悔莫及,怪自己愚蠢,竟没去冒这个险;假如结果下雨了,那么,他或许会庆幸自己的谨慎。无论哪种情况,根据科斯特洛博士的观点,判断的真正对象出自意愿的决定,都由结果得到了确证或否证。那个判断是否具有前件,是否具有独立于确证或反驳的真或假,都可以作为一个用词问题而略过。看起来似乎它先行具有的正是真或假;但我现在并不准备讨论那个问题。

科斯特洛博士提出了另一个更加尖锐的问题。关于这个问题,我承认我最初的观点引起了一些困难,这些困难不只是用词上的。与其他批评者不同,科斯特洛博士主张:"实践判断是关于将来的判断,这个将来的特性是因果性地依赖于作出这个判断[的行为]①的。"这也是我的主要观点。但是,他指出了我应该注意而没有注意到的东西:没有哪个判断能包括所有将来的可能情况,把一个可能判断为好而加以选取的选择的同时,也使我们不可能获得其他可能的但受到了排斥的好,并因此使任何关于它的实际价值的决定性判断变得不可能。② 他说:"杜威教授说,这些实践判断的主题到目前为止还是不完整的。我要进一步说,这个主题的一个基本部分注定永远只是一种可能性。判断被作出来是因为我们必须选择与排斥,而对我们所排斥的东西,我们把它永远放到实际确证经验的范围之外了。"(第453页)我希望尽可能明确地声明,科斯特洛博士已经把这一点说得很明白了,而我所写过的任何与这一点相反的东西都必须予以取消。即使在我先前的观点中没有什么东西与这一点在逻辑上不相容,我也应该早就看到这一点并对它进行说明。

关于价值的判断并不包含选择的必然性,它们只是记录过去的选择与排斥的

---

① 方括号里的内容由译者补充,下同。——译者
② 正是与这一点相关,对一个完整的评价判断理论而言,布洛根博士的作为关系的价值(value as relational)概念具有了重要的意义。

结果。它们记录的必然是根据选择而获得的结果,而作出这些选择是因为受到了排斥的影响。它们既没有也不可能记录如果受到排斥的东西被选取了会发生什么情况。相反,只是在必须进行审慎选择的情况下,我们才作出评价判断。这就是我们说它们是实践判断所指的意思。我们称赞和推崇而不经过思考,在这样做的同时,我们就在进行排斥。① 随后,排斥一边的结果变得明显了。显然,我们冒着失去某个更好的东西的危险,不加思考地进行选择。这就是为什么一个直接的喜好可能是错的但不可能是假的。它的对象是好的,但是它本来可以更好,并且根据被排斥了的那个更好来看它是坏的——这就是事后反思的裁决。如果"喜欢"是绝对的而不是有偏向的,那么,我们就处于自相矛盾之中。

但是,评价-判断无法摆脱这种处境。尽管我们带着过去的各种价值、事实和联系的帮助,尽可能周详地仔细考虑,最终进行选择时,我们还是在排斥,而被排斥的东西被视为比较坏的东西,被排除在充分的实验性检验之外了。来自各种评价的各种价值,与未经判断的直接价值一样,都是完全固定不动的。换句话说,没有哪个事实判断可以得到完全的确证。正是在解决一个先前疑问的过程中,任何实验都包含着一个新的风险。但这并不是说,判断和实验性检验得不出任何结果,或者如果我们掷硬币来决定,效果也差不多。正如科斯特洛博士所说,"我们当然可以通过添加进一步的经验材料来检验这些实践判断,但是这些材料本身也需要得到解释。它们成为有待逐渐糅合、融入新的思想活动、新的比较判断之中的新材料"——如此以往以至无穷。② 这个事实为评价和实验的进行规定了一个非常重

---

① 正是在这一点上,布洛根博士的观点变得如此重要,这正是对一种完整的评价理论来说需要补充的地方。然而,我在此必须满足于指出应当避免的一个模糊之处。他把评价判断视为表示关系的。我的观点是,作为一个行动的喜爱或偏见包含着偏向——选择-排斥。这并不意味着这个行动是一个判断,而是说,当它的结果在判断中得到陈述时,判断必然采取一个用关系表示的形式。我说的模糊之处是动力意义上的"关系"一词和逻辑或理智意义上的"关系"一词之间的含混不清,这是相当常见的。
② 我想,这解释了卡图因(Mr. Katuin)先生如此恰当地指出了的那个事实(见《哲学、心理学与科学方法杂志》,第17卷,第381页),即对评价来说,价值总是理想的(ideal)。或者,用他的话说,一个好"从来都不是就那么好了,而是总还可以更好"。我简直无法原谅自己忽略了科斯特洛提出的观点,因为它已经由斯图亚特(Stuart)博士在一篇我从中受益良多的文章中提了出来——《作为逻辑过程的评价》(Valuation as a Logical Process),见《逻辑理论研究》(*Studies in Logical Theory*)。这篇文章写于1903年,比我的文章要早得多。在其中,作者说,评价并不确定或认知各种价值,而是规定或固定它们;随后,他又补充说,这种固定"在当下起作用并永远受重新鉴定的支配"(第298页)。从中当然也得出所有以实验方式获得的存在判断总是有一种"理想的"性质——就是说,总是具有一个超出存在和实验性检验的意义侧面。

要的准则:"留心你的可能选择,并且要以这样一种方式注意它们,以使以判断为前提的行动能确保在目前状况下进行检验的最大可能,以及随时可以进行的重新鉴定(re-appraisal)的最大可能。"这条准则与不宽容——忽视和否定其他选择——正相反,也与乌托邦主义——如此含糊笼统,以至于我们可以就选择和计划产生的各种结果的意义无休止地争论下去——正相反。关键是把我们的选择判断或者要采取的行动分解成许多尽可能具体的特定行动,以使灵活的重新鉴定能够以最小的浪费得到完成。没有哪个"理想"立即或完全得到实现过。我们只是通过行动来使之具体化,通过这些行动,它的意义变得更明确了,而我们由此就获得了采取进一步理智行动的可能性。

到目前为止,我们还没有讨论过"值得"(worth)的情况。正如先前所指出的那样(这要感谢皮卡德博士),一个判断可以终止于一个结论,这个结论认为,一个物或人是值得去喜爱或赞赏的,但喜爱和赞赏并不一定随之而来。这种情况无疑是那样一些人的堡垒,他们否认判断在确定价值这件事情上可以参与一份;他们认为判断也许能确定某物应当是一种价值,但没法说它就是一种价值。如果需要补充,我们还可以说,这类情况是一种强有力的抱怨的根据,抱怨理性及理性的好在对抗自然偏好(inclination)与直接的好的力量方面的无效。但是,我们也可以表明,这种情况是理所当然地检验着规则的一个例外。首先,我们应当注意,我们的论证所要求的只是如下这一点:喜好——或偏向——是不确定的,而判断的发生是为了确定喜好,并因而确定价值。那么,关于判断并不确定喜好的情况,我们应当说什么呢?我们应该单纯地抱怨人类天性的顽固或轻浮吗?首先,存在着这样一些情况,其中根本不存在真正的不确定或无规定(indetermination)。我们肯定地喜欢,而且从根本上知道我们喜欢。我们遵从习惯与社会期望而作出判断行为,但我们在内心里意识到,我们正在进行一种多余的仪式。这种判断是假装的,并不是真实的。因此,对以下事实感到奇怪是没有根据的:判断并不决定情感驱动性态度。已经作出的说明,可以解释其余的情况。那个分析的要点是:评价判断的直接对象采取某个特定行动,为使一个完全的最终判断成为可能而采取某种行动是好的,或者是更好的。那么,现在如果我们跳过这个直接判断和作为其对象的那个行为,就没有理由问为什么判断应当确定一个喜好并因而确定一种价值了。判断一个特定的物或人是否值得尊重、仰慕、赞赏、渴望,这个判断只是假设的或辩证的,而说从辩证的东西到存在之间并没有笔直的大道可通,已经是老掉牙的说法了。行动是通向存在的唯一途径。"值得"是理性献给价值的一个贡品。但是,当它悬在假设的理智之中时,它始终是有名无实的、无效的,直到它转换为行动。基于判断之上的行动是这样一种判断的前提,这种判断揭示将会使一种确定的情感驱动性态度成为可能的材料。如此一来,表面上看来的反对意见反而确证了我们的分析。

在结束本文时,我想简单地说明一下依据实用主义方法来思考问题的意义。批评家们常说实用主义的检验隐含着一个先在的确信或判断,即某些结果是好的。因此,实用主义方法的运用隐含着一个先在的非实用主义的判断:如果前提是站得住脚的,那么,肯定能得出结论。但实际上并不是这样。日常生活中不具批评意识的实用主义当然常常陷于一种断言,肯定一些结果是内在的好,应该毫不犹豫地得到断定或默许。但它这么做,正是背离了实用主义方法。实用主义方法主张:根据一个行为的各个结果对它进行反思并根据这一反思来行动,这是好的。因为得到揭示的各种结果会使关于好的一个更好的判断得以可能,因此可以预见的结果或已经获得的结果的好,就既不是最终的,也不是独断地得到规定的。它作为一个"比……好"而是好的——比如果判断未曾参与所能得到的存在状况好。关于另一个危险的修饰语——"工具性的",情况与此类似。这个词的意思不是说,反思对预先想到或预先存在的确定结果而言是工具性的,更不是针对身体上的需要或经济上的成功甚至社会改善而言的。它指的是:从其整体上或以实验的方式来看,反思对创造各种新的结果和新的好来说,是工具性的。作为把各种旧有的好转换成新的好的唯一一种中介,它与各个目的之间是相连的;因此,从美学和道德上来说,中介像目的一样,是一种内在的好。但是,我们必须区分它的严格理智意义上的结构和目标,以及它的美学与道德价值,前者是非个人的和工具性地得到规定的,后者是个人的和直接的。认为知识就其认知性质而言是工具性的,这与主张"在其直接和个人方面知识是一个美丽而令人喜欢的东西"并不矛盾。

(赵协真　译　莫伟民　校)

价值判断与直接的质[*][①]

在菲利普·B·赖斯先生最近发表于《哲学杂志》的文章中,有许多新经验主义者非常乐于赞同的观点。[②] 从批评性的方面看,他赞同反对形而上的"实在论",这种实在论将价值的"客观性"定位于"客体"中,客体之所以称为客体,是由于与人类行为缺乏任何关联。他也赞同反对这样一些观点,这些观点承认价值观中人的因素,但却以结果是怀疑论的方法作出解释,即否认了对客体作出任何真判断的可能性。这些赞同意见是基于赖斯先生的文章的积极方面的:(1)将真判断的可能性问题,与得出能够指导生活行为的价值观结论的可能性问题,看作同一个问题;(2)将判断的"客观性"等同于可为经验证据证实的可证实性。价值判断是"客观的",与其他判断被认为是有效的,具有同样的理由,那就是,因为它们可以为假设-归纳方法[③]所证实,这一观点是新经验主义者所主张的。

I

对于赖斯先生文章中的这些观点越感到满意,就会对赖斯先生引入"主观性"要素越感到失望,这种主观性是由与界定"客观性"不同的方法和不同的标准获得

---

[*] 选自《杜威全集·晚期著作》第 15 卷。
[①] 首次发表于《哲学杂志》,第 40 卷(1943 年),第 309—317 页。这篇文章是对菲利普·布莱尔·赖斯(Philip Blair Rice)文章的答复,赖斯的文章见附录 3。赖斯的第二篇文章,见附录 4。杜威的进一步答复与赖斯的反驳,见附录 5。
[②]《价值判断的"客观性"》("Objectivity" in Value Judgments),《哲学杂志》,第 40 卷,第 5—14 页。
[③] 参阅第 12 页。由于强调可证实性,似乎有些遗憾,即没有提及莱普利(Lepley)博士关于这个问题的文章。

的。这些方法和标准根本不同,毫不相干。主观的是根据存在的特殊状态界定的,即只是直接面向某个个人的观察,这种观察通过一种称为"内省"或"自觉"的特殊认识得来,这种存在的状态因此是"内在的"和"私人的"。于是,一方面,"主观的"依靠假设某种认识论-形而上的"实在"来界定;另一方面,"客观的"则依据所有科学探索中发现的证据来界定。赖斯先生不仅使用在"客观性"中被明确拒斥的方法和标准,而且还进一步将事情复杂化,认为这种对私人的内在的东西的内省提供了一种价值判断的特殊验证方法,这种验证能够也应当附加到共同观察提供的证据上,诸如在获得非价值命题时那样,这一规定使"主观的"本身根据赋予客观性的界定成为"客观的"!

在涉及客观性问题时,我要先说明一下关于"主观性"的界定,界定"主观性"可以根据用于"客观性"的相同的推理和标准。情况会是这样的:当命题(判断,信念或其他陈述)由因果条件产生时,这些因果条件不具有真正证明的可能和证实的力量,但它们这时又被当作具有这种可能和力量,人们因此接受并认同这些命题,此时,这些命题便是主观的。在这一界定中,唯一的"假定"就是下述经验上可证实的事实,即所有信仰,不论对错和是否有效,都有其具体的因果条件,在特定的环境下,这些因果条件产生了判断;但是在某些情况下,这些因果条件可以为形成的命题提供理由或进行辩护,而在另一些情况下,它们被发现并不能提供辩护的根据。认识论哲学家在说明幻想、幻觉、各种精神错乱的形式方面费尽力气。但是科学以幻想、幻觉、错乱发生的具体条件为基础继续发展,这些条件能够被发现并被消除或减少,直到它们能够产生并使人接受特定的命题和信念。在科学倒退的状态下,在一般推测的未经分析的关于"一个主体"的假设下,将具体的可以列举的错误条件混杂在一起,作为存在的特殊的状态,可能是"自然的"。但是科学探索进步了,因为它寻求并发现特殊的具体的条件,这些条件如同保证并证实正确、有效的命题(判断、信仰或其他陈述)的条件一样,严格服从于公众同样的观察和检验。赖斯先生关于价值判断的观点的特征在于,他完全拒绝"客观性"条件下的认识论-形而上的假设,而保留了"主观性"条件下的认识论-形而上的假设。经验主义的一贯观点是,作为事件,主观的东西和客观的东西一样具有相同的本质。这些事件在相应因果条件能够作为有效根据方面存在差异(根本差异),即它们在能够经受用作证据的要素的检验方面存在差异。

II

赖斯先生并没有提供直接的证据或论证,来支持这样一种材料的存在,这种材料是私人的、内在的,因此(本质上是)可以为个别的、排他的、非公共和非社会的一个"自我"经过观察直接达到的。而且,他参与了另一个观点的讨论,将这一观点的缺陷看作为他的立场提供了根据。由于这另一观点被归为我的观点,对这一观点的思考会被看作纯粹为特定观点或群体利益服务的论证,这是一个缺陷。但我希望这一讨论的发展能够较之个人观点,形成两种更重要的观点。其一涉及主观性问题,其二涉及"价值体验"的能力的问题,(正如赖斯先生描述的那样)作为确认价值判断的辅助或"附加的"证据。

赖斯先生非常正确地将下述观点归于我,即价值判断是探究"被经验到的客体的条件与结果"所得出的结论。他也非常正确地指出,这个观点与下述观点是相同的,即认为"客观性"存在于"公众可观察到的条件中和价值体验的结果中"。他进一步断言,我在证据中寻求价值判断的客观性时,方向是正确的。问题在于我在可作为证据并进行检验的材料是什么的问题上没有进一步说明。我的"社会行动主义导致[我]忽视了一个非常重要的根据,即价值体验本身的直接的质"(immediate quality)。① 这一论述自身并没有特别强调这个"直接的质"是私人的和主观的。在这个范围内,讨论直接经验到的性质可作为证据的价值,而排除其所谓的主观性质,是可能的。

赖斯先生关于"价值判断"是"关于价值体验本身的直接的质"的论述,是与下述论述相关联的,即既然我承认"'爱好'或'享受'是价值体验本身的要素",我忽视爱好与享受的体验中可作为证据并进行检验的要素,就是非常奇怪的。②

现在我远非只是认为,质上的"享受"、"满意"是可作出价值判断的经验材料的一个要素。我还认为,"享受"和"满意"是可作出判断的所有材料。但我的价值判断观点的本质部分是:满意、爱好、享受本身不是一种价值,除非以一种比喻的方法,或者举例说明的方法,而使用这种方法时,人被认为注定会遭遇某种命运。因

---

① 参阅第9—10页。
② 同上。"承认"一词在赖斯先生的原文中并非斜体。我以斜体标明的原因可以从后面的论述中作出推断。

为我并不是断言，人天生的本质上注定会遭遇某种命运；而是断言，人是与正在进行的事件相关联的，对这些正在进行的事件，将来必须作出选择——以预期的参照标准作出选择。因此，享受被认为是与作出评价判断的潜在要素有关的价值，或与即将发生的事件有关的价值。这一认定作为一种比喻是可以的，但当字斟句酌时，它便混淆了整个问题。

赖斯先生对我的观点的批判的奇怪之处是，他自己明确支持评价判断就其"客观性"而言，可作为预期的参照，而除非具有证据支持的客观性，我不认为任何陈述都能够被当作一个判断。引自赖斯先生文章的下述思考，肯定会被当作似乎与我的观点完全融洽，我的观点是仅仅阐明实际上某物被欣赏或喜爱，这不是对被欣赏的东西的价值的判断。因为他在界定"客观性"时(如我刚才所说，没有声明不是任何词汇的形式都能用来表示判断)，清楚地表明，伦理判断不是关于现在或过去的事实的简单的描述性判断，而"是关于人性的可能性和现实性现状的预言性判断"。他明确地说，说一个行为 X 是善的，不是在孤立地谈论它，而是与整个利益系统或"利益实现方式"相关联的；它具有"客观性"，因此它将"最终"推动这一利益实现方式"比起其他的利益实现方式，带来满足的最大化"；X 具有客观性，是因为它指向"超出我此刻的所欲或喜欢之外的事情"。① 当他仅仅说我强调"条件和结果""方向是正确的"时，他并没有指出，除了在"条件和结果"的基础之外，还能在什么基础上比较并研究与利益系统相关的可选择的可能性。

III

那么，我们之间的不同是什么呢？为什么赖斯先生发现我的观点的确有缺陷呢？既然他同意我关于评价性判断的理论的两个主要观点，即(1)这种判断的客观性问题等于对生活行为的合理指导是否可能的问题，(2)客观性是可能的，因为价值判断涉及超出当下特定的爱好或满意的利益系统或利益实现方式。就我的理解，我们之间的不同有两个层面。我的批评家认为，爱好或满意的发生提供了附加的或"增加的"检验证据；他认为，由于被喜好的是性质，就其仅仅直接向自我的观察或内省开放而言，它是主观的，或是私人的和内在的。我首先采用他的观点，即满意的直接的质是证明满意是一种价值的证据之必要部分。这个观点似乎与赖斯先生下述

---

① 参阅第11页，斜体为我所标。

学说非常矛盾,他的这一学说认为价值问题必定涉及满意与利益系统的联系,包括对将来的考量以及对各种行为的一体化功能进行比较选择。

因此,他的下述论述的说服力似乎就打了折扣,即他认为我的"社会行动主义导致[我]忽视了一个非常重要的证据,即价值体验本身的直接的质"。我非但不"忽视"它,根据我的观点,整个价值评价过程恰恰专门涉及这一直接发生的性质。赖斯先生自己的论述,大意是价值评价不是对已经发生的事情的描述,而是关于预言的描述,该论述就像对同一学说的明确认可。其含糊之处在于,将有关直接体验到的性质的证据等同于由直接的质的满足(享受、喜好)提供的证据,而不管这种证据与其整个利益实现方式的关系是可疑的,将此作为价值评价判断的理由和根据!这一含糊之处在下述段落的假定中非常清楚。他认为,由于"杜威承认'爱好'或'享受'是价值体验本身的要素……在经验主义者看来,在寻找价值评价的根据时,将行为的这一阶段排除在研究之外,似乎是极大的疏漏"(第9页)。这里清楚地表明,从判断拥有的可作为证据并能进行检验的功能中排除直接经验到的性质,相当于从所有认识或关注中排除这一性质,虽然事实上这一现象恰恰是判断在努力确定其自身作为价值的资格时,其内容或其所"关注的东西"! 当他批判我的观点时说,"无论在其他哪个领域,我们在研究时都不能排除对现象的关注,只专注于其条件和结果"(第9页),在我看来很清楚,从特定现象的可作为证据的要素和功能到形成爱好这一事实之间,有着不正当的转换:这种转换之所以不正当,是因为它无知地用拥有可作为证据的要素取代无遮蔽地发生的事实,这一事实唤起并要求对其价值状态作出判断。对特定事件其条件和结果的探究,为什么并且怎么样会消除对事件的关注,理解这一点并不容易。对于无可否认地作为直接性的事件无遮蔽地发生,其可作为证据的价值以及价值判断的问题就谈这些。

IV

现在我来谈另一个问题,赖斯先生假设,因为被享受的是直接的质,因此它是"主观的"。无疑,正是这个假设使他相信,根据原因和结果、条件和结果的界定只是部分的界定,在赖斯先生和我自己的用语中,这一界定都被限制在确定无疑的"客观的"要素上。我指出,在我关于判断和证实的一般学说中,境遇是关键词,一种境遇被认为是具有直接和当下性的质。我认为,如果就境遇的直接的质而言,由于混乱的、冲突的、相对杂乱的性质导致境遇是存疑的,那么境遇就会唤起探究,并最终作出判断。因此,任何被唤起的探究在一定程度上都是成功的,即进一步的观察获得了成功,发现了事实,依靠这些事实,探究在有序、统一的境遇中告终(与原初的、存疑的境遇同样具有直接的质)。在导致这种从一种性质转向另一种性质的转换中,被发现的东西形成了检验其他包括在观察结果中的理论或假设的资格,即前面提及的假设-归纳方法。

由于目前的讨论并不关注我的理论的真理性,而是关注其本性(nature),所以我满足于仅仅引用一段引文。变换了性质的境遇据说是探究的目标(end),这是"在'目标'意味着'所期待的结果'的意义上,也是在目标意味着'结束'的意义上"说的。①

现在赖斯先生根本没有论据支持其观点,即认为爱好(满足、享受)的直接的质是主观的。显然他将这一观点看作自明的。但是赖斯先生认为,我的理论是有缺陷的,理由是我认为价值判断是根据"条件与结果"决定的,于是不考虑"主观的"东西提供的证据。因此,在我看来,必须要指出,依据我的理论,原初存疑的境遇和最终转变为确定的境遇同样是直接性的,这些境遇都不是主观的,也不包含主-客关系。这一事实表明,我的理论恰恰没有"忽视"直接的质,其中肯之处在于下述事实,即如果赖斯先生想要对我的理论进行相应的批判,他应当拿出论据来支持他的观点,即认为至少在爱好与满足的现象中,只有通过对本身是"内在的和私有的"事物的内省或"自我观察"的行为,性质才被直接检视或观察。他应当对他的下述观点作出解释,即提供最初材料的事件(1)不是境遇的自然状况,并且/或者(2)有令人满意的证据支持直接性的境遇是"主观的",而不是先在于、中立于或包含主客之间能够合理建立的区别和联系。因为否认这一首要的和最终的主客关系(这种关系被假设为本身具有认识论-形而上的基础与根据,哲学理论由之形成)是我的一般认识理论、判断理论和证实理论的特征,我的价值判断理论只是这种一般理论的特殊情况。

在将我关于这一问题的理论称为我的一般理论的一种特殊情况下,我打算提请注意下述事实,即我否认价值判断作为判断,或探究、检验和证实的方法,具有任何特殊的或独特的特征。当然在与判断相关的特殊事物上,价值判断不同于其他判断。但是在这方面,关于土豆、猫和分子的探究与对于它们的判断,相互之间也

---

① 《逻辑:探究的理论》,第158页(《杜威全集·晚期著作》第12卷,第160页)。

是不同的。真正重要的区别在于所谓的价值判断的特殊主题所具有的关于生活行为的更重要的事实。因为与人类这一主题的深度和广度相比,其他判断的主题相对狭窄,只是技术方面的。

V

我感谢赖斯先生,不仅因为他同意我的理论的某些主要原则,而且因为他的文章给了我澄清自己下述实际观点的机会,即"主-客"区别与联系的次要的、衍生性质,以及境遇的首要特征在于境遇对这种区别与联系完全是中立的。在我看来,这种联系在一种直接性境遇转换到另一种有序的,但同样是直接性的境遇时,是中间的、过渡的、工具性的,它既不是主观的,不是客观的,也不是两者之间的联系。

我感谢他,是因为我越来越接近这样一个结论,即不能把握我在这个问题上的观点以及我讨论特殊主题的基本立场,是导致误解我曾讨论过的许多主题的首要原因。布拉泽斯顿(Brotherston)先生最近在《哲学杂志》中的一篇文章与此有关。文章的题目是"实用主义的经验主义特征"(The Genius of Pragmatic Empiricism)①,其出发点是认为这一理论坚持"在常识和科学活动领域的主-客关系[得到公认],它在探究的一开始就作为一直关注的东西"(第14页)。根据他的观点,这一理论的代表进一步表明,在对这一关系的反思分析开始前对它并没有清楚的意识。但是他们的错误在于从一开始就没有明确指出"主观的"因素具有首要地位。现在不论我们是否应当坚持这一观点,事实上它与我们一直持有的观点十分不同,或许可以把它称为实用主义的经验主义的"坏的特征"。②

我现在重新提及直接的质与价值判断的关系。认为任何一种满足的无遮蔽地发生都是价值的证据,这个观点在我看来落入了前科学的方法,皮尔士将这种方法

---

① 第40卷,第14—21、29—39页。
② A·F·本特利(A. F. Bentley)的另一篇文章《真理、实在与行为事实》(Truth, Reality, and Behavioral Fact)正确地陈述了这一实际立场,特别是修正了布拉泽斯顿先生对于詹姆斯的"中立实体"的误解(《哲学杂志》,第40卷,第169—187页)。我也许应提一下我较早的一篇文章,《心灵如何被认知?》(How Is Mind to Be Known?)[同上,第39卷,第29—35页(参阅本卷第27—33页)]。在我的一篇较早的文章《现代哲学的客观主义-主观主义》(The Objectivism-Subjectivism of Mordern Philosophy)[同上,第38卷(1941年),第533—542页(《杜威全集·晚期著作》第14卷,第189—200页)]中,我恐怕没有足够清楚地表明,在谈到作为一种境遇的条件的有机的环境因素时,所指的是这些因素是境遇发生(occurrence)的条件,与产生(production)有区别,这一区别是为我们带来有目的的规则下境遇性质(在这种境遇下关系不是获得的)的首要因素。

称作同质性方法。在我看来,它也没有清楚地表明,据说是私人的和内在的质如何能够被加于公共的质之上,形成可作为证据的整体。这样一种相加或结合似乎是语词上的自相矛盾。但是,这些思考与下述事实根本不矛盾,即显著的满足,有时相当于积极的刺激,会限定境遇,在这种境遇中,最终的价值判断由能够被作为证据的事实来验证。但是,就其作为价值而言,获得充分证实而产生的满足的性质,完全不同于偶然发生的不受证据约束的满足的性质。真正的运用科学方法的教育的主要好处之一,就是它导致对这两种满足之间的不同的直接感受。

(余灵灵 译)

关于价值判断的进一步论述*①

我感谢赖斯先生给了我进一步澄清我的观点的机会,过去我没能将我的观点表述得足够清楚②。我现在试图将自己限定在赖斯先生提出的两个最主要的命题上。第一个命题是,有一些事件本质上具有如下的质,即它们只能够被"内省地"观察到,或为个人或为事件发生于他们身上的人自己观察到,这些事件是极为"隐秘的和特殊的",因此是私人的,心理学上是"主观的"。第二个命题是,尽管具有主观内在的性质,它们能够与具有公共的和"客观的"性质的事实一起被用作证据来判断价值,因此虽然存在着主观性,逻辑却是"客观的"。③

I

这两个命题中的第一个命题涉及事实问题。这一涉及的事实是,它具有这样

---

* 选自《杜威全集·晚期著作》第 15 卷。
① 首次发表于《哲学杂志》,第 40 卷(1943 年),第 543—552 页。这篇文章是对菲利普·布莱尔·赖斯的文章的回答。
② 这篇文章为赖斯教授《价值判断的类型》一文所引出,赖斯先生的文章见《哲学杂志》,第 40 卷,第 533—543 页。我在这里补充这一注释,当我偶然使用"评价判断"(valuation judgments)一词时,我将这一短语当作一种重复,评价(*valuation*)就是一种判断(judgment)。[赋值(valuing)如我早就指出的,是一个含混的词,可以代表判断或评价,也可以代表直接的喜好、珍爱、欣赏等。]由于赖斯先生在他的文章中,将我为了区别传统的感觉论的经验主义而称之为新经验主义的观点以及科学方法,等同于"工具主义",因此我也要加上这一注释,即只能将我过去和现在的论述,等同于"假设-归纳法"。
③ 在赖斯先生的文章中还有第三个观点,这个观点显然就是其文章的标题。它完全独立于刚才提到的观点,值得单独加以考量,因此在这一答复中我不涉及。

一个基本性质,它与有效地支持价值判断的证据这一逻辑问题没有影响与关联,与其他众多哲学问题也没有影响与关联。于是我将把它作为一个事实问题讨论,而且我注意到,在赖斯先生的观点中,按照他的解释,这一事实在关于"价值"的判断中起着重要的作用。赖斯先生认为,诸如"形状、颜色、明显的运动"等,具有为许多具备同样条件的观察者观察到的质,因此它们的存在方式是公共的和"客观的"。与这些事例相对立,存在着诸如"肌肉的感觉"、不能表达的思想、有情调的情感等,这些东西只能被个人观察到,或"内省地"观察到,因此是私人的、主观的。在下述论述中这一观点得到了清楚的表达,即"这些事件的发生与质只能被发生于其上的个体有机体直接观察到"。在生理学上,它们据说是以本体感受器和内部感受器官为条件的,而具有公共性与客观性的东西是以外部感受器官为条件的。

讨论这一事实问题过程中存在一个难点。按定义,讨论中具有这种特征的事件不能为任何两名观察者所共同拥有,因此不能为赖斯先生与我共同拥有。赖斯先生因此非常逻辑地让我求助于"我自身"(排外的我自身)的"喜悦、痛苦和隐秘的思想",作为私人观察到的事件存在的证据。当我认识到赖斯先生列举的这些事例的存在时,我并没有发现它们作为被观察和被认知的东西是"私人的"或内在的,现在这直接的陈述不能使讨论进一步进行,它似乎使得讨论进入了死胡同。

然而争论的问题可以间接地来处理。赖斯先生反对我将他的观点描述为"认识论-形而上的"观点。过去我没有解释这一描述。因为我那时没有打算以任何招致不满的方式将之运用于赖斯先生的观点。相反,我打算把这个描述运用于一个传统的、目前仍然普遍被接受的学说,这一学说源于并发展于现代认识论的讨论,在这一学说与存在的两种性质或状态的固有本性有关的意义上,它是"形而上的"。如果我正确地理解了赖斯先生,由于他接受并传播这一观点,即有两种状态,一种是心理的和"个人的",另一种则不是,我便使用了上述描述。[①]

[①] 这一问题在赖斯先生最后一篇文章中因下述事实而变得复杂了,即他随意谈论"主观的"方面和"客观的"方面,似乎"经验"被当作具有两方面或两面,一方面是私人的,一方面是公共的。我依然将此观点看作"形而上的",这是在其作为关于存在物本性的一般性的最高概括意义上说的。无论如何,因为我无法假定,赖斯先生对"方面"一词的使用闪烁其辞,这个词看来需要解释。赖斯先生关于"肌肉的感觉、隐秘的思想、有情调的情感"的讨论,似乎将它们当作以自身为依据的事例。

无论如何,我愿意再次表达对赖斯先生的感谢,他给了我尽可能清楚地陈述我对于这个问题的观点的机会,因为正如我在先前的文章中所言,不能把握我的实际观点,看来可能是由于误解了我的一般哲学理论中的许多观点。这次重申我的观点,我要从陈述我的结论开始。这就是:各种事件——这些事件是一般在特殊的生物有机体内,比如在约翰·史密斯身上,在观察与认识方面发生的事件的更直接的条件——其无可否认的中心,被看作证据,证明了作为结果的观察是其自身"个人的"观察。我进一步相信,事件发生的条件转变为(观察的)事件本身的内在的固有性质,这一转变不应归于任何事实,而是来自一种较早的、前科学的主要具有神学起源的学说的延续,这种学说认为个体灵魂是认识者——即便"灵魂"部分已稀薄化为"精神"、"意识",或甚至被认为是科学合成的,是单个的生物有机体的大脑。

换言之,我并不否认,一种痛苦,例如牙痛发生的直接或最近的条件,以及关于认识一个特定事件,例如牙痛这样一个事件发生的直接和最近的条件,是以特殊的有机体为中心的。但我确实否认,一个事件发生的因果条件本身就是这一事件的性质或特性。我认为,它们是外在于事件自身的,尽管它们与事件的发生确实相关。我还认为,一种观察的时间与空间界限条件以特殊的生物有机体为中心,这些条件并不位于这个生物有机体内。因为在体外发生的事件和在体内发生的事件都既直接与产生的痛苦有关,也与对作为痛苦的观察有关。

我从上述这一观点出发。在区分我称之为事件的中心与其位置时,我头脑中并无任何难以理解之处。每一件发生的事件都有一定的时空延伸,其长度与广度包括所有有关的相互作用的条件。环境条件肯定像有机体条件一样,是牙痛发生的一部分;如其所是,他认知诸如牙痛的事件确实依赖于认知前者。环境条件和有机体条件之间存在的唯一区别是,在形成一个完整事件的事件发生序列中,前者占据相对初始的位置而后者占据相对末端的位置。环境条件和有机体条件的出现、起作用,同样在赖斯先生称为"私人的"事件中被发现,如同在他称之为"公共的"事件中一样。认为语言在没有被其他人听到(没"被表达的")的情况下,其起源、发生和性质是私人的,这种观点十分极端,因此我相信除了极端唯我论者外,没有什么人持这种观点。而且,如果某些以特殊的生物有机体为中心发生的事件,证明了以此为条件的事件是私人的和"主观的"这一结论是正确的,那么似乎逻辑上可以推出的学说就是:感觉到的颜色和明显的运动也是私人的。赖斯先生纠正了我的这样一个印象,即他认为诸如此类的性质同样是"主观的";但我认为,有关坚持所有性质都是主观的理由,这一问题的逻辑与那些对感觉到的颜色和感觉到的痛苦不作区分的人有关。

就问题的逻辑而言,为什么不坚持所有事件都具有排他的、隐蔽的、私人的、自我中心的方面?例如,着火并不普遍发生。它发生于特殊的房子,并可以被限制于单独一所房子;根据代表主观性学说的逻辑,它是"个别的"。除了坚定的泛灵论者外,所有人如果认为这一事实不能把着火归结为主观的,同时认为类似事实使得牙痛的感觉是私人的,这样的人似乎都有责任指明两种情况的区别,而泛灵论者没有这一责任,因为他们自始至终运用同样的逻辑。

最后,例如痛苦的事件的发生可以在经过限制的相对的意义上,被恰当地说成是以特殊的有机体为中心,这种说法的相对意义与其作为痛苦和作为牙痛的痛苦的观察知识无关。在平常条件下,某个其他人也能比我自己更直接地看到"我自己的"牙痛,我想,这一事实不能用来证明,毕竟他所看到的是属于他"私人"方面的。在平常条件下,我不能看到我自己的后脑,这一事实也不能被用来反对下述事实,即毕竟这涉及的是"我自己的"后脑。从我现在坐的地方,我可以观察到某些人从他们现在占有的位置无法观察到的事情,这一事实也不能用来作为上述事情是私人的和主观的之证据。

我所选择的例子大概会引起反驳,说上述感觉和非感觉的条件完全是外在的,对感觉到的事物的性质没有影响。严格地说是这样的。我的观点是:为什么牙痛直接为一个人而不是另一个人"感觉"到,其原因同样是外在的,根本不影响对诸如痛苦和牙痛事件的观察性质。我们又回到了区分特定事件发生的条件和对这一事件的观察性质的问题。

当"感觉"意味着识别与区分一事件是否具有某种界定某事成其为某种事的性质时——正如识别与区分作为痛苦和作为牙痛的事件一样,我们必须学习去看、去听、去感觉。尽管不能十分确信地断言,下一代人或许可以做到,使生物学、人类学和其他科学所确定的事实取代目前的学说对观察和认识理论的影响,这些学说是在科学达到目前状态前构建的。作为目前站得住的事物,许多仍然作为可靠的心理学知识的东西,是由于它们渗入了在先前的条件下"自然"值得坚持的学说的结果,但这些条件现在在科学上无效了。

在重提对下述事件的混淆时——这些事件在相对有限的意义上是作为事件发生的条件，还是作为被观察到的事件的性质，我要说，在平常环境下我们确实感觉不到我们自己的牙齿或我们自己的后脑勺。然而，"利用镜子"就很容易做到。虽然在实际上不是很方便，但在原则上，牙痛的情况也是同样的。假设两个有机体的神经组织的感受器的某种移植能够成功地实现（像这样奇异的事件确实发生了），就会存在由不同的观察者同样观察到的条件——这种观察的标准被说成是"公共的"。

关于另一观点，即识别和区分事件如此这般靠的是感觉和观察，赖斯先生合理地承认一个事实，即基于公共认识——例如牙医的观察——的感觉，比起没有什么技术知识的观察来说，更可能有效，即便被观察事件的发生条件恰巧以被观察的有机体为中心。事实上赖斯先生承认这点，就非常接近于认可我已经提出的观点，问题或许还在那里。

我要补充说，我相信详尽考察"肌肉的感觉"所表现的状况或许证明是特别有益的。生理学方面的一些性质因肌肉中的神经组织的变化而改变，这种性质的存在是在什么时间、什么环境下，被第一次发觉的？我相信，这一事实将表明，虽然事件直接发生在某人的有机体内，但是它们的出现并不是某人直接容易观察的，在一开始，它就是根据对另外的事实的认识得出结论的——这一假定的结论于是通过设立特殊的、能够进行直接观察的条件来检验（一般就如同用镜子感觉一个人自己的后脑勺那样）。

我还要补充说，考察语言的情况，无论是表达出的还是"隐秘的"语言，在我看来，都提供了至关重要的证据。语言是习得的，是在社会或公共条件下习得的，这几乎不需要辩论。如果我们消除传统学说的影响，这些学说的流行要归于传统的力量而不是科学上确认的事实，那么我相信，我们接受下述观点就不会有困难，即它们并非首先是私人的"思想"，是由于语言的外衣而成为公共的，而是由于语言、交流，无声的事件才拥有了"意义"，当这种意义以分割的方法来研究时，这种意义就被称作"思想"。我可以想象，涉及决定"痛苦、牙痛"的意思的语言在赖斯先生看来似乎是不相干的。这个问题太大了，无法在这里详尽讨论。但是这里讨论的问题在于观察的便利性。为了为"不相干"的观点作辩护，有必要表明，对如此这般的事件的观察不使用语言中公共确定的特征是可能的，并且/或者，没有它们，事件就不可能发生的条件与语言的描述并不相干。①

II

前面一节涉及的是事实问题。得出的结论影响到评价理论,只是在结论与哲学主题有关的意义上而言的。在这篇文章中,哲学讨论占据着很大篇幅,这是因为在前面的文章中提出的问题和作出的批评看来使得这一讨论成为必须。就我来说,我所得出的结论乍看起来使得与评价的证据有关的问题陷入了僵局。因为如果根本没有这种"主观的"事件,那么主观的事件当然不能作为评价的证据或其他事物的证据。

然而,实际上关于评价的问题并不能以这种颇为随意的方式解决。我并不否认被赖斯先生称为私人的和内在的主题的存在。相反,我们同意,这种材料(不论是主观的还是客观的)是评价所涉及的材料。关于判断这种材料是否可用作证据的问题因此仍然摆在我们面前。与事实不同的逻辑问题需要讨论。而且,在赖斯先生的上一篇文章中,他的说明有助于界定这一问题。

我尽可能再次强调一下,至于说估价、珍爱、赞美、欣赏、享受等事件的发生,都不在讨论之列。它们对于人类生活具有不折不扣的重要性;这些事件使生活有价值。我并不认为,这些事件必须消除其直接性质,并且经过判断。相反,我关于评

---

① 赖斯先生非常友好地将他发表于同一期刊的对这篇文章反驳的抄件送给了我。因此我对前面的段落附加了一些简短的注释。(1)我在这篇文章开始就指出,我要批评的赖斯先生的第一个论题是"内在的"和"唯一的"观点,即某些事件是难以达成公共的(例如两个人或多数人的)观察的。因为我理解赖斯先生是坚持对某些事件难以达成两个人的观察这一内在的特性的。我在他的反驳中并没有发现任何否定这一观点的论述。然而,如果我的理解没错,在通常被引作典型的情况下——即牙痛的情况下,这一观点被撤回了。但是,如果我的理解没错,接下来,难以达成两人观察的内在性观点仍未能收回。(2)我的观点是,这种情况证明,特定事件的观察者的数量是外在的东西,正如在目前条件下,我是我正在写作的房间中事件的唯一"可达到的"的观察者。(3)我并不把下述观点归结于赖斯先生,即他对私人的和公共的事件的区分是依据它们发生的原因条件的,相反我早已指出,他没有这样做,表明他将在特殊时空条件下难以达到的观察看作内在的和绝对的——如果我正确地理解了"内在的"和"唯一的"两词的含义。(4)因此,我不采取这一观点,即认为"外在的联系不能被用作事件的'定义性质'"(包括各类事件),我的论断是:在这种"外在的联系"中的时空区别,是赖斯先生认为与众不同的内在的事件和各类事件的整个区别。因此这一区别就像我在通常的时空条件下无法看到自己的后脑勺一样,完全是外在的。(5)我不能肯定,赖斯先生是否打算将下述观点归于我,即我"依据以有机体为中心"区分各类事件。但为避免可能的误解,我要补充说我不持这种观点。相反,我的观点是,所有观察事件都是以有机体为中心的,而所有赖斯先生称为私人的和称为公共的事件,在时空上都远远超出了集中于其上的有机体自身。这一思考用于补充与观察中的语言有关的话题,因为在观察中事件被描述为如此这般。

价的观点是:只有当下述条件出现了,即引起对它们的价值(而不是它们的发生)的怀疑,才能对它们作出判断。没有一个单独的词汇能够涵盖这种事件的整个范围。用一个单独的词汇来省去对被赞美、享受、喜好、珍爱、欣赏的东西的不断重复,是方便的,这一列表远不能包含它们的整个范围。我将使用"被享受的东西"(the enjoyeds)一词。我用这个词而不用"享受"(enjoyments)一词来谈论赖斯先生的说明,是因为它强调这一事实,即它涉及实际的事件;我们并不享受(enjoy)享受(enjoyments),而是享受人、情景、行为、艺术作品、朋友、与朋友的交谈以及球类运动和协奏曲。

在赖斯先生最初的文章中,他批评我的下述观点,即评价判断形成于将被享受的东西置于(当然是由探究提供的)产生它们的条件和由它们产生的结果构成的背景中。赖斯先生并不否认,这一操作提供了证据,但他指责我忽略了由被享受的东西的出现提供的证据。事实上他甚至认为在我专注于条件和结果时,并不关注被享受的东西的出现。我的回答是我非但没有忽略这一事实,我的理论还认为,正是这种事件是评价的主题;但由于它们作为价值的未决或不确定的状况恰恰呼唤着判断,根据它们的无遮蔽的出现,便认为它们能够提供证据,这是含糊其词。

赖斯先生在回答中,引证了牙痛的例子,认为它的直接的并非享受的性质可以并经常为价值判断提供部分证据。"'我应当去看牙医',或者——虽然最初不太可能——'我应该去补牙',"他继续说,"疼痛不像杜威先生认为的那样,只是这种境遇下的一个'不确定的'因素,而是加上我以前对相似的境遇的认识,构成了这种价值判断的初步的证据。"我不知道赖斯先生在说看来我认为疼痛"只是这种境遇下的一个'不确定的'因素"时指的是什么。而且我并不认为,他打算归于我的观点是,疼痛的存在是存疑的。因此我要重复一遍,如果在价值判断时犹豫,一定是因为在整个境遇中,对表明如何做更好、应当或应该如何做,有着某种疑问。我要加上如果,是因为判断的介入绝不是必需的。疼痛的人或许会将它作为看牙医的尺度;上述事件因此是作为一个直接的刺激——不幸的是,许多人的做法只是忍受疼痛直到它停止。

赖斯先生观点的要义可以在包含"加上"(together with)这一短语的句子中找到,他认为疼痛的性质,与以前的认识一起,提供了证据。现在"加上"这词有一个含义,根据这个含义,这句话似乎对我和对赖斯先生同样是可理解的和明确的。但是这一含义恰恰不是赖斯先生赋予这一短语的。"加上"是一个含糊的短语。赖斯先生赋予它他自己的理论所需要的含义;它自身就是证据,然后这个证据加到先前对相似境遇的认识提供的证据上。我对这一短语的理解是,我相信,它出现在一个人的脑海中与任何理论都无关。当对一个被享受的事件的判断与其价值有关时,鉴定这一事件发生的价值,其依据是使它的发生摆脱孤立状态,将它与其他事实联系起来,首先是与对过去相似境遇中发生的事件的记忆性认识所提供的那些事实联系起来。由于"加上"这些事实来进行考虑,形成了事件如何更好或事件应当如何的判断。从我的观点出发,赖斯先生赋予这一短语的含义是重复了我前一篇文章所指责他的含糊措词。

虽然如此,赖斯先生对事实的理解导致他限定事件可作为证据的状况;他将它称为"初步的证据",并谈到为了证实(我料想或是为了拒绝)仅仅是初步的证据,需要寻找"进一步的证据"。我的观点是,这个进一步的证据,恰恰是在下述同样的意义上"加上"上述被享受的东西的,在这个意义上对先前境遇的认识加上了被享受的东西:"加上"就是作为决定对它的评价的手段。

赖斯先生为这相同的一般类型列举了进一步的例证,涉及关于未来事件的评价。他说,当作出如下判断时,即当说听贝多芬协奏曲或看道奇队和红人队之间的球赛是一种享受时,"它部分地是因为我回忆起过去相似情况下伴随着享受,还因为我通过内省发现,我对可能的体验的想象伴随着愉快"。谁也不能怀疑,过去的相似事件证明是享受这一事实提供的证据也很好地证明了下述事实,即在相同条件下,同类的事件在将来会被享受。这没有证明赖斯先生的下述论点,即目前对期望之事的兴趣是附加的证据,而是说明其他事件提供的证据可用于判定这种兴趣作为价值的性质。我只是重申,我认为评价判断并不必须介入。人们可以直接作出反应去球场或音乐厅。除非赖斯先生认为,被享受的每一种情况本身也是作出评价判断的情况,否则根据他的观点,唤起对被享受的事物——假设其无疑具有价值——作出判断的条件是什么呢?

但读者会自己分析赖斯先生所举的例证,决定它们是否是下述情况的实际例证,即直接享受的东西在进行价值判断时提供了附加的,甚至是初步的证据;或者决定据说是被附加其上的证据事实上是否是决定被享受的事情的价值的东西。如果我们仅仅限于辩论,而不讨论问题,我要补充一点;引入初步的这一短语本身就足以表明,后一种选择是对事实的描述。

(余灵灵 译)

伦 理 学

伦理学[*][①]

伦理学（来自希腊语 ἠθικά，与行为相关；也来自 ἦθos，即性格，是 ἔθos 即习俗、风俗的扩展形式；与之对比，道德来自拉丁语 mos 和 mores，即习俗），是行为理论的一个分支，它关注的是形成和使用关于正确或者错误的判断，以及与这些判断相联系（作为这些判断的前提或者后果）的理智的、情感的、实践的或者公开的现象。作为行为理论的一个分支，一般来说，伦理学类似于法学、政治学和经济学等科学；但由于它是从正确性或者错误性的立场来考虑人类行为的共同主题，所以它又与这些科学有所差别。善或者恶、责任或者义务这些词，只有被规定为"正确"和"错误"的替代物时才能被使用。但是，善或者恶在范围上太宽泛，例如它包括经济上的有用、有益或者满足；而责任是一个范围太窄的观念，强调控制而忽视了善或者欲求的观念。"正确"和"错误"，正是指义务的观念也能应用到善和恶的某些方面。道德哲学、道德科学和道德这些词也已经被用来指称相同的研究主题。

在其历史发展过程中，伦理学被当作哲学的一个分支，被当作一门科学，也被当作一门技艺，而且经常是被当作所有这三者或者其中两者的不同比例的组合。作为哲学的分支，伦理学的工作是联系宇宙的基本理论来研究某些概念的本质和实在。在道德方面，它是关于实在的理论。"善"这个词被用来指称或描述终极的和绝对的存在物的属性。同样，它通常与实体的其他两个基本属性相并列，即真与美；哲学的三个学科被分别定义为伦理学、逻辑学和美学。甚至当善在宇宙的普遍

---

[*] 选自《杜威全集·中期著作》第 3 卷。
[①] 首次发表于《美国百科全书》，纽约：科学美国人杂志社，1904 年。

体系中的位置还强调得不多之时,伦理学依然被看作哲学的分支,因为它涉及理念,涉及应然,或者涉及什么是绝对需要的,而不同于现实、存在或者现象。从这种观点来看,伦理学被看作规范性的科学,即与建立和证明行动的某些终极的规范、标准和准则相关。

与这些功能形成对比的是:作为科学的伦理学,涉及收集、描述、解释和划分经验事实;而关于正确和错误的判断,正是现实地体现于或应用于这些经验事实的。它可以被划分为社会的或者社会学的伦理学,以及个人的或者心理学的伦理学。(a)前者处理习惯、实践、观念、信仰、期望、制度等,这些东西能现实地在历史或者当代生活中被发现,并且存在于不同的人种、民族和文化等级等之中,它们是关于行动之道德价值的判断所产生的结果或者是产生这些判断的原因。目前为止,社会伦理学的发展主要与(1)关于道德之演变的讨论相关,这种讨论或者是孤立的,或者与法律和司法程序的制度或宗教崇拜和仪式的制度相联系;或者(2)与当代社会生活的问题相关,特别是关于慈善事业、刑罚学和立法的问题,以及关于离婚、家庭和工业改革(例如童工)的问题等。就这两方面来说,伦理学都密切地与社会学相联系。有时它被称作引导性的,或者就其次要方面来说,是应用的伦理学。(b)心理伦理学与探索个体的道德意识之起源和发展相关,即与探索关于正确和错误的判断、义务的感受、怜悯和羞耻的情感、对赞扬的渴求之起源和发展相关,与探索(对应于关于正确或者美德之判断的)活动的不同习惯之起源和发展相关。心理伦理学从个体的心理结构出发来讨论自由的和自主的行动之可能性和性质。心理伦理学联系自我保存的冲动以及对性格产生影响的习惯之形成与变革等,去收集和组织心理材料。这些心理材料与意图和动机的性质、欲求、努力和选择、赞许和不赞许的判断、同情和怜悯的情感相关。换句话说,它把行为处理为某些心理要素、分类或者联系的表现,即进行心理学的分析。

作为技艺(art)的伦理学,涉及发现和阐明人们借以实现目标的行动准则。这些准则可以被看作具有指令或者命令的性质,能够进行规定和指导;或者被看作能指导个体最有效地朝着所求结果前进的技术准则,因此这些准则与绘画或者木工的准则在种类上并无不同。采取哪种观点,通常依赖于作为技艺的伦理学与哪种哲学相联系。作为技艺的伦理学,也可以产生于普遍的行为哲学或者对它的科学分析。因此,最近的一个著述者索尔利(Sorley)在《哲学和心理学词典》(*Dictionary of Philosophy and Psychology*)中(第1卷,1901年,第346页),从这种哲学观点来谈论伦理学:"它必须涉及实际的行为,而且要涉及正确或者好的行为,相应地还要涉及为实际行为设定准则所依赖的理念。"很显然,在哲学上对于理念的确立被认为要终结于规则,以作为它的实现。另一方面,在这之前,杰里米·边沁(Jeremy Bentham)在他的《立法原则》(*Principles of Legislation*)(1789)中主张:伦理学是这样一门科学,要发现它的真理"只能通过如同数学那样的严格研究,并且是更加复杂和广泛得无以伦比"。他接着把伦理学定义为"指导人们的行动以产生最大化的快乐之技艺",并且认为个人伦理学是要"在生活细节中指导每位个体采取什么方式来控制他自己的行为"。因此,作为技艺的伦理学,可以以一种哲学或者科学为基础。

从以上说明也许很容易推论出:目前伦理学的一些最严肃的问题,是定义和划定伦理学的范围、基础和目标。从纯粹抽象的观点来看,所有这三个概念都可以和谐并存。在理论上有可能把某些主题看作属于作为哲学分支的伦理学,把其他主题看作属于作为科学的伦理学,以及把另外一些主题看作属于实践的或者作为技艺的伦理学。但是,关于这些不同的可能分类,人们并不存在共识。通常,那些主张伦理学是哲学的一个分支的人会否认伦理学是别的任何东西,他们否认对现实的(区别于理念的)行为之任何描述的和解释性的说明称得上是伦理学。前面我们处理为属于伦理科学的那些东西,在他们看来其实是历史学、社会学和心理学的材料,而根本不是伦理学的材料。因此,格林(Green)在《伦理学导论》(*Prolegomena to Ethics*)(1883)中一开始就试图证明伦理学的自然科学是先天就不可能的,因为道德行为就其本性来说包含着一种超越的观念,超越可以被当作观察和实验之材料的现实行为,并且设置了一种义务;这种义务就其绝对性来说,超越了所有的经验约束。另一方面,那些从事对道德的行为和性格进行科学分析的人,通常否认伦理学在哲学方面的合理性。因此,边沁明确地把任何哲学性的研究看作注定是无结果的,只能得到教条性的和个人性的断言,或者就是他所说的"一面之词"(*ipse dixits*)。一个新近的作家莱斯利·斯蒂芬(Leslie Stephen)在《伦理科学》(*Science of Ethics*)(1882)中,并没有绝对否认在遥远的未来会存在关于行为的形而上学的可能性,但是他认为形而上学的观点与科学研究毫不相干。由于在定义伦理学的目标和特有方法上的不确定性,我们自然可以发现很多附属和次要的争论和意见分歧。

但是,事实上在每个历史时期的伦理理论中,都可以找到与普遍的哲学思想、显示在经验中的行为之材料(或者科学方面)和生活的进一步指导与行动(实践方面)的关联。从历史的观点来看,伦理学经历了三个重要的时期:(1)希腊罗马时期;(2)早期基督教中世纪时期;(3)现代早期,第三个时期大约终结于法国大革命;现在可以被看作已经进入了第四个时期。在每个时期,特定的实践关注是社会生活中最重要的,这种实践关注可以使注意力集中到某些相关的理论问题之上。因此,只有联系伦理思想作为其中一部分的更大范围的文明和文化,才有可能对伦理思想进行恰当的阐释。但是,在更广泛的社会潮流中的每个时期的主要问题都可以概括出一些简要特征,它们可以用来指明在每个时期中伦理学的(a)哲学的、(b)科学的、(c)实践的中心。

希腊罗马时期的特征是:伴随着世界性知识的传播和综合性政治组织即希腊文化和罗马帝国的形成(这种综合性政治组织同时在立法和行政领域产生作用),同时发生的还有市民的和宗教的地方性习俗、传统和制度之瓦解。随着习惯和生活模式的瓦解(而这些习惯和生活模式之前规定了合理的个人满足的范围,并且为道德生活提供了约束),必然相应地出现了一种探究活动,即试图通过反思来找到恰当的东西,以替代严重削弱的制度性的控制模式。现代历史科学的成果之一,就是证明了在早期生活中习俗的力量之范围和严格性。习俗规定了在道德上什么是正确的和应该做的,并且加强了它自己的要求。在其中,道德、法律和宗教被结合在一起,并且一起进入人们情感的、理智的和实践的生活之中。在习俗进行控制的地方,道德理论就是不必要的,并且实际上是不可能的。在公元前6世纪和公元前5世纪,在希腊社会中,这种习俗的控制不可避免地被动摇了,并且对道德产生了双重影响。许多人认为,所有对于道德的约束都消失了,或者至少是失去了有效性,思想和行动上的纯粹个人主义(最多只受一些关于后果的明智考虑的影响)才是正确的结果。而对于其他人来说,因为他们认为习俗性的道德只提供比较低的道德标准,所以并不为它进行辩护;但是,他们也被伦理个人主义之上的道德败坏所震惊,于是开始去探索为更高类型的理想道德提供普遍和无可争辩的基础。在这个冲突中,伦理学理论产生了。

希腊罗马时期(公元前6世纪至公元前5世纪) 关于道德是通过习俗($νόμῳ$)而存在,通过任意的规则制定($θέσει$)而存在,还是具有实在性,即(根据当时的术语)"通过自然"($θύσει$)或者是在事物的本性中存在,引发了争论。智者学派的哲学家中的一些人,宣扬道德是一个群体的统治者竭力创造出来的东西,是他们设计出来使其他人臣服于他们以满足自己的欲望的东西,这就像很多18世纪的"自由思想者"(在很多方面是这些哲学家的现代翻版)宣扬宗教是政府和牧师之权术。其他人宣扬道德是社会约定或者制度的产物。许多更高贵的智者学派的哲学家[例如普罗泰戈拉(Protagoras),参见同名的柏拉图的《对话录》],把这种说法解释为颂扬文明和文化的状态而反对原始和粗野的自然状态;而其他人宣扬道德只是获得个人满足的一种习俗性工具,因此当拥有获得快乐的捷径时,道德并不具有约束力。同时,希腊城邦国家的现实道德秩序是很松散的,一方面是因为无休止的派系冲突,另一方面是因为作为市民生活基础的宗教信仰很快变得不可信。苏格拉底(约公元前470—公元前399年)很显然是第一个对道德观念进行明确和有建设性分析的人。他作出了以下贡献:(1)所有事物必须参照它们的目的来被考虑,目的实际上构成了它们真实的"本性";每个事物的目的就是它的善。因此,人们必须具有他自己的目的或者善;这是真实的和固有的,而不是约定的或者是法律的产物。(2)知道一个东西,就是抓住了一个东西本质的、真实的存在,即它的"本性"或者目的;"知道你自己",是道德的本质;它意味着人必须以理解他自己的存在的真实目的来作为行动之基础。所有的恶实际上都是不自觉的,是因为无知或者对人真实的善的误解。认识不到善,是一种耻辱。如果一个人并没有认识到善(苏格拉底承认他也没有认识到善),他至少能够严肃地探索或者努力地去认识。如果他不是一个聪明的人(智者),他至少能成为一个爱智者(哲学家)。直到他得到了知识,这个人才能忠实于他自己的城邦生活之责任。

善以某种方式实现了人的真实本性或者现实,以及善只能在理性洞察力的条件下才能被获得,这两个观点是所有后来的希腊思想的基础。意见分歧在于:人的目的是什么,关于目的的真正知识的性质是什么。最大的分歧存在于安提西尼(Antisthenes)(约公元前444—公元前369年)所创立的犬儒学派(斯多葛学派的先驱)和阿瑞斯提普斯(Aristippus)(约公元前435—公元前360年)所创立的昔兰尼(Cyrenaic)学派(伊比鸠鲁主义的先驱)之间。前者宣扬在节制和自我控制中展现出来的美德是唯一的善,而把快乐作为目的是一种恶,善只能通过纯粹理性被认识。后者宣扬只存在于感觉(温和而连续变化的感觉)中的快乐才是善。苏格拉底认为,聪明的人能够认识这种温和而持续的快乐,而不被突然而猛烈的激情所俘虏。这两个学派都对国家采取了一种比较敌对的态度:犬儒学派强调圣人高于统治和权威,这可以通过第欧根尼(Diogenes)和亚历山大大帝的轶事来得到说明①;昔兰尼学派认为,友谊的快乐和志同道合的伙伴关系要高于参与公众生活的快乐。因此,这些学派设定了后来伦理理论的两个基本问题,即善的性质以及对于善的知识的性质;并且为以后的学派提供了理论框架。认为快乐是善的人被称为享乐主义者($ηδονή$,快乐),认为善存在于美德之中的人是至善论者或者(经过一定限制的)严格主义者(rigorist)。认为善只能通过理性被认识的人是直觉主义者,其他的学派即情感主义者或者经验主义者。

柏拉图(约公元前427—公元前347年)试图综合刚才提到的两个学派之观点,提出对社会的、政治的和教育的改革的建设性计划,并且重新阐释了以前关于宇宙和知识的哲学理论。他最有代表性的学说是:(1)将苏格拉底关于善的观念普遍化,并且看作构成人的真正本质或者本性的东西。在各种不同的哲学观念的影响下,柏拉图把人理解为本质上是一个小宇宙、微缩的世界。人由实在本身的元素之排列所组成;因此,只有当构成人的宇宙实在的真实本性被认识后,人才能被真正地认识;人的善是终极的,如同目的因或者宇宙的善一样。因此,柏拉图走得比苏格拉底更远,他断定道德是来自人的本性的,而且是来自绝对实在之本性。因此,这种说法可以被给予伦理的或者灵魂的解释。他使伦理学以普遍的哲学观念为基础,并且被后来那些明确认为伦理学是哲学的一个分支的人奉为楷模。另外,他把宇宙的终极之善看作和上帝一样,并且看作在物理自然的创造物中起推动作用的目的,由此使伦理学和宗教发生关联,同时也和人与其周围世界之联系发生关联。(2)柏拉图认为,国家在其真正的或者理念的形式之下是个人本性的最好体现或者表现;是比任何个体更加真实的人。国家的真正组织反映或者代表了终结之善的构成。因此,柏拉图又使伦理学作为理想的社会组织之理论,重新与政治学发生关联。在实践上,他概括地描绘了这个国家(特别是在他的《理想国》中,以及在他的《法律篇》中,更加关注细节的可行性),并且依据这种理想来推行对现存体制的特定改革,而不是像犬儒学派和昔兰尼学派那样忽视现存体制。(3)他提出了善可以在人的本性中得到实现的一个纲领,并以此把纯粹的快乐和纯粹的美德这两

---

① 这个轶事是:刚刚率领十万铁骑征服欧亚大陆的亚历山大大帝,志得意满地到希腊视察,遇到穷困潦倒的哲学家第欧根尼。亚历山大得意地大声问:"我已经征服整个世界,希望让我为你做点什么?"正在木桶里睡午觉的第欧根尼伸了个懒腰,漠然地回了一句话:"亚历山大先生,我在休息,请不要遮挡了我的阳光!"——译者

个片面的极端合并起来。他把善理解为人的本性的所有能力、官能或者功能的实现,是每种能力的实现并且伴随着属于这些能力本身的恰当快乐。他还依据各归其位的尺度原则或者比例原则,在一个和谐的整体中把所有这些能力组织与结合起来,在上面的是纯粹知识的快乐;在下面的是欲望;中间的是高级感官(视觉和听觉)和更高冲动(野心、荣誉等)的快乐。每个功能都正确地起作用,就是美德;其产物就是快乐。遵循美德的快乐体系,就是善。另外,他列出了四种最重要的美德:智慧,关于善或者有组织的整体之知识;正义,比例或者程度的原则;勇敢,肯定更高的倾向而抵制思考或者想象低级事物所带来的快乐和痛苦;节制,下属原则,根据此原则阻止较低的功能进入更高功能所处的位置。柏拉图的伦理学体系仍然是"自我实现"的伦理理论之标准。

亚里士多德(公元前384—公元前322年)使柏拉图的哲学思想更加科学化和经验化。这与柏拉图形成了一个对比,但是这经常被夸大了。他反对柏拉图把人的目的或者善同宇宙的目的或者善相等同,因此不太看重以哲学洞察力形式出现的知识,而更加看重实践洞察力或者智慧。但是,他在大体上采用了柏拉图的基础,并在细节上分析包含在行为中的人类功能或者作用,详细分析了欲望、快乐和痛苦,分析了不同的知识模式,分析了自主行动,还特别分析了现实中出现的不同形式的美德和罪恶。总之,他在细节上强调心理和社会的方面,而这些只是被柏拉图简要地提到。在社会方面,很明显,柏拉图所持有的进行变革的整体构想是不可能的;因此,亚里士多德能够自由地对各种形式的统治和组织的道德基础和含义进行更加经验化的描述和分析。在公元12世纪和13世纪,当亚里士多德的著作再次被欧洲世界所了解之时,其间首先是通过阿拉伯文的翻译,后来是通过希腊语的翻译。亚里士多德的伦理学体现在罗马天主教的官方哲学中,特别是体现在圣托马斯·阿奎那(1225—1274)的著述中,并且在但丁的《神曲》中也能发现对其的文学性表达。比起其他任何作家,他的伦理学著述更加深刻地影响了公众话语和思想,并且在很大程度上成为文明人的道德常识。

在希腊和罗马,后来的伦理学形成了伦理学历史的一个有趣部分,但是除了一个特例之外,其他的伦理学并没有提供足够重要的新思想让我们有必要在这里进行讨论。这个特例是斯多葛"遵照自然来生活"的美德观念,以及由此产生的"符合自然的法律"的观念。这个观念在自然法(*jus naturale*)的形式之下被引入罗马的法学,成为公共道德规则的理念。这种理念也是实际存在的地方性规则之差异性的基础,并且形成一个伦理标准,使得实际存在的规则可以得到检验;而实际存在的规则之多样性,也可以由此被还原到一个共同的特征。它在中世纪以自然法则(区别于启示的和超自然的规则)的形式再次出现,这种法则写在"心灵的肉体书写板"上,因而间接地影响到一个流行至今的观念,即把良知看作具有道德上的立法效力。这个流行的观念在17世纪和18世纪的大陆伦理思想中出现,认为道德规则相似于通过理性来发现的数学之公理、定义和论证。这个观念还形成了个人伦理和政治伦理的框架。

早期基督教中世纪时期(公元5世纪至公元15世纪) 伦理学历史第二个时期的特征,是伦理学作为哲学的一个分支附属于神学。这个时期对后来的伦理学所具有的特有影响,在于强调法律、权威、义务或职责、优点或缺点之观念,即作为宗教救赎的善,这涉及对至上完满之上帝的认识和爱只能在下一个世界中才有可能;作为原罪的恶,也需要超自然的救赎。由于对法律和权威的强调,道德观念很大程度上被引入法庭和审判的观念中。但是,对于伦理理论来说,最大的意义在于把理论兴趣从善的观念(这是古代伦理学的中心观念)转到义务的观念上。讨论的基调不再是人的自然目的,而是意志绝对服从于超越的道德权威之责任。其至当伦理学从服务于神学的地位中解放出来时,现代人还是更容易根据责任的性质与权威而不是根据实现善之过程来理解道德。在更具体和经验化方面,中世纪理论的伟大贡献是描述了道德的戏剧性,即善和恶的冲突,如同在个人灵魂中所进行的那样。这对于无尽的未来人生来说意味深长,因此它引起了我们焦虑而细致的关注;同样,当道德领域后来或多或少脱离开宗教领域,依旧是中世纪伦理学而不是古代伦理学,使现代思想认识到道德努力和问题的微妙的复杂性、诱惑性和模糊性。

现代早期(从宗教改革到法国大革命) 15世纪以来的道德理论和道德研究的复杂性和多样性以及它的相对晚近性,使我们很难确保一种观点可以用来描述这个时期的恰当特征。但是,它或多或少与朝向更大的个人自由之斗争,与保持一个稳定的、关联的和制度性的生活之问题相关,其基础是对个体性的承认即民主运动。在最早的时候,现代伦理学的特征很大程度上是对经院主义的反抗;现代伦理学努力确保一种独立的基础,以便把伦理学从附属于神学和中世纪哲学以及对亚里士多德进行经院哲学的阐释之状态中解放出来。另外,伦理学家把很多的精力用在了实践领域,目的是为了获得思想、政治活动、宗教教条和商业生活的自由,因此大部分道德理论转到了在实践斗争中所出现的细节问题上。这在很大程度上解释了相对于希腊或者中世纪思想的体系性来说现代伦理学的分散性和不完整性。而且,探究活动在理智上获得自由,这打开了无数受关注的领域。伦理问题出现在每个转折点上;在国家的和国际的工业、政治、艺术中出现的每个新运动,都带来新的伦理问题。社会生活本身也经历着如此快速的变化,并且是以试探性、不确定性的方式来进行,这使得每个问题必须被分别地加以处理。由此产生了一个批判性的、有争议的和个人主义的伦理学,而不是一个建设性的和体系化的伦理学,但是带来的好处是细节上的极大丰富性。

大陆伦理学继承了流行的理性主义的哲学方法:试图在纯粹理性的基础上建立一个关于个人或社会的行为理论,而不依赖于教会权威的启示或者实际存在的制度。而这个方法实际上是先验的,其实在很大程度上利用了罗马的普遍法的遗产,并且按照统一性和广泛性的理念(这被认为是代表了理性的要求)来使其协调化和变得更加纯粹。格劳秀斯(Grotius,1583—1645)是这个运动的创立者,他在他的《战争与和平法》(*De Jure Belli et Pacis*)中使用了基于人的社会性的理性本性之上的法律观念,把礼仪、商业和战争的国际关系建立在一个更加人性化和开明的基础之上。他的德国继承者普芬道夫(Puffendorf,1632—1694)、莱布尼茨(Leibniz,1646—1716)、托马修斯(Thomasius,1655—1728)、沃尔夫(Wolff,1679—1754)带着更大程度的敏锐和更恰当的哲学工具来进行相同的工作,最后发展出一个关于正义和责任的完善体系(在 Jus Naturale 之后被称作 Naturrecht)。这个体系可以应用于私人的、家庭的、公民的、政治的和国际生活的所有领域。这是一个关于道德的法典,尽管在实际生活中起作用,但是被假定为完全是从理性的第一原则推导出来的。总体而言,德国伦理理性主义的影响是比较保守的;最基本的后果是对现存的社会秩序进行了辩护,并且去除了矛盾的地方和改良了细节上的错误。法国理性主义采取了不同的转向,试图把从物理科学中最新产生的更基础的观念与从洛克及其英国后继者那里获得的心理学观念相综合。它的理性主义与其说在于试图从理性概念来推导出伦理体系,不如说在于把信仰和制度的现存秩序看作反科学的因而对其进行无情的批判。在其极端的表现形式之中,它似乎要废除现存制度,在社会问题上也建立同样的"白板"(*tabula rasa*),这种白板是笛卡尔在理智方面所要求的;并且它还要一切重新开始(*de nove*),通过纯粹的自主行动创造一个新的社会秩序以获得普遍的快乐。理性给予我们一个社会的理念,在其中所有人都是自由和平等的,经济上的匮乏和苦难都将被去除,而建立起广泛普及的知识和财富。尽管它对于现存秩序极度地悲观,但是对建立新的社会组织之可能性非常地乐观,这种乐观在人性无限趋向完满性的观念中达到顶点,参见爱尔维修(Helvétius,1715—1771)《论精神》(1758)、《论人》(1772);狄德罗(Diderot,1713—1784);孔狄亚克(Condillac,1715—1780);霍尔巴赫(D'Holbach,1723—1789),特别是在《社会的体系》(1773)一书中;孔多塞(Condorcet,1743—1794)。尽管德国伦理学强调社会性的自然法则概念,法国思想在对自然权利进行神化中达到顶峰,这些自然权利就其含义和分布来说是个别化的。法国大革命和18世纪后半叶美国政论家之思想的某些典型特征,都直接来源于这个影响。

英国伦理学从霍布斯(Hobbes,1588—1679)那里获得了发展动力。霍布斯一开始是分析个体的形成,并且把后者分解为一系列的自我冲动,目的是获得无限制的满足。他否认存在任何固有的社会趋势,并且认为除了在个体追求满足的过程中涉及一些思虑之外,在个体中不存在任何"理性的"东西。这种无限制的个人主义在社会层面上的反映是混乱、无政府状态和冲突:一切人反对一切人的战争。因此,个人对快乐的追求是自相矛盾的。绝对权力规定了每个人适当的势力范围,只有在一个绝对权力的国家中才有可能实现个人对快乐的追求。因此,这个国家创立并且批准所有的道德差别和义务。这种国家对于个体的权威性是绝对的;因为它作为道德原则的来源,不能屈从于超越于它自身的任何东西。因此,在霍布斯的学说中有三种张力:心理学的,宣扬纯粹的自我主义和享乐主义;伦理学的,使国家成为道德价值及联系的来源;政治的,使国家的权威不受限制。每种张力都激发起深刻而紧迫的反应。洛克(John Locke,1632—1704)宣扬个体有享受个人安全、拥有财富和社会活动的生活之自然权利,只受其他人的相似权利的限制;并且认为,国家出现是为了通过解决争议或者侵犯的案例而保证和确保这些权利,因此当国家超越于这种职责而侵犯个人权利时,它就是无效的和无用的。一系列的著述者,特别是沙夫茨伯里(Shaftesbury,1671—1713),哈奇生(Hutcheson,1694—1746),巴特勒(Butler,1692—1752),亚当·斯密(Adam Smith,1723—1790),开始重新分析人性,并且努力证明无私和慈爱的冲动及考虑他人福利的倾向之存在;卡德沃斯(Cudworth,1617—1688),莫尔(More,1614—1687),坎伯兰(Cumberland,1631—1718),克拉克(Clarke,1675—1729),普里斯(Price,1723—1791),对道德差别之起源的问题进行分析,试图表明道德差别不是基于国家而是基于永恒的理性规则，或者基于像数学那样抽象和确定的科学，或者基于其他通过直觉才能认识的东西，等等。但是在这样的研究中，新的问题出现了，并且导致了研究力度的重新分配。这些问题是：(1)快乐(人的利己主义之表现)与美德的关系，美德即人的仁爱倾向之表现；(2)对于正当和不正当的检验或标准之性质；(3)道德知识的性质。第一个问题使巴特勒试图引入"良知"，作为人性中起平衡作用的第三方权威因素；并且使斯密和休谟(Hume，1711—1776)提出了非常丰富和重要的作为中心原则的关于同情之理论，即各种独特的道德情感通过同情原则而产生，而同情的运作最终与个人快乐联系在一起。第二个和第三个问题合起来产生了功利主义和直觉主义的冲突，前者认为有助于最大化的快乐是正当的标准，是义务的基础，是所有道德规律的来源，这种助益性通过现实经验才能被确定；后者认为存在内在的和绝对的道德价值，而不涉及任何后果。每个学派都有神学上和非神学上的多样性。在神学的功利主义中，具有代表性的是盖伊(Gay，1686—1761)和佩里(Paley，1743—1805)；在非神学的功利主义中，具有代表性的是杰里米·边沁(1748—1832)。虽然边沁没有对理论分析贡献太多新的东西，但是他联系人性的不同冲动（或者他称作动机的东西）来分析快乐，这些冲动是司法和刑事改革的整个框架的基础。由于边沁，功利主义成为 19 世纪上半叶社会改革最有影响力的工具，有助于实现普遍和平等分布的快乐成为所有习俗、传统和制度的检验标准——由于这个检验标准，大部分的习俗、传统和制度在它们的既有形式下被宣告无效。

现代近期(从法国大革命开始)　18 世纪的最后 20 年指示了思想史的一个转折点。边沁和康德的主要著作在这个时期已经过时了。受法国大革命的影响，产生了自然理性主义及其对个体之可能性的乐观信念，并且使得人们重新考虑它所依赖的理性前提。19 世纪伦理学的问题从个体回到了社会总体，个体被包含在社会中并且在其中起作用；但是，也同时考虑了个体的主动性和自由的重要意义，也就是不再诉诸纯粹的制度主义，或者任意的外在权威。以下学派或者主要流派是很容易被识别的：

(a) 英国自由主义——正如我们看到的，在边沁那里，功利主义成为了社会改革的计划。从个人快乐主义(宣扬欲望的目的总是行动者自己的快乐)扩展到了一种新的理论，即认为个人应该联系所有人的快乐来判断他的动机和行动，这种努力产生了很多理论弱点。詹姆斯·穆勒(1773—1836)通过系统地使用联系原则，在此原则之下，个体通过惩罚或交往密不可分地与其他人的福利相联系，来竭力克服这些理论弱点,即"开明的自私"理论。哈特利(Hartley,1705—1757)以前已经为这种理论提供了心理机制。詹姆斯·穆勒的儿子约翰·斯图亚特·穆勒①(John Stuart Mill,1806—1873)扩展了这个观念,在功利主义中引入了两个新的方法,这被直觉主义的批评者认为是实际上放弃了完全的享乐主义立场。这两个新方法是快乐的质量比数量更重要,以及个人本性上是社会的,因此本能地从社会的立场来判断他自己的福利,而不是相反。J·S·穆勒还严肃地批评了其他功利主义者,因为他们忽视了教育中的理念因素,以及历史发展中的文化因素。他没有放弃个人主义的基础,并受到了以下学派(b)和(c)的很大影响。在学派(b)中,有柯勒律治(Coleridge,1772—1834)以及莫里斯(Maurice,1805—1872)和斯特林(Sterling,1806—1844)的影响。贝恩(Bain,1818—1903)属于相同的经验主义和功利主义流派。西季威克(Sidgwick,1838—1900)在他的《伦理学方法》(*Methods of Ethics*)中,试图把功利主义的标准和直觉主义的基础与方法结合起来。

(b) 德国理性主义在康德(Kant,1724—1804)那里达到最高峰,他把人的道德理性之作用归纳为一个单一的原则:对道德律的意识是行动唯一和充分的原则。因为这个原则的主张与利己主义的主张(即想要获得个人快乐)相冲突,因此在我们之中的道德理性采取了"绝对命令"的形式,或者要求责任在不受任何倾向、欲望和感情的影响之下单独地成为行动的动机。在对责任的意识之上建立起自由、上帝和永恒的观念,就是说,通过道德行动使我们对于超验实体具有合理的信念,而超验实体是隔绝于科学和哲学的认知的。康德对理性主义进行了这样的一个变革,它正如边沁对经验主义的影响一样显著。后来的德国思想试图通过使纯粹理性只能在对义务的意识中才能被认识,来克服康德的纯粹理性的形式性。黑格尔(Hegel,1770—1831)试图综合康德的唯心主义和席勒、斯宾诺莎(特别是通过歌德的中介)以及由萨维尼(Savigny)所创立的历史学派的观念。他竭力表明社会秩序本身是意志和理性的客观外化,并且民法、家庭生活、社会和商业的交往,特别是还有国家,这些领域构成了一个伦理世界(和物理世界一样实在),个人则服从这个伦理世界。在很多细节点上,他预示一种不同的方法和术语,即最近人类学和社会心理学的学说。德国道德理论主要是通过柯勒律治和卡莱尔(Carlyle)来影响英国思想的。卡莱尔主要是受康德的继承者费希特(Fichte,1762—1814),以及更近的

---

① 亦译密尔。——译者

T·H·格林(T. H. Green，1836—1882)的影响。新英格兰先验论者也受到这个思想流派的影响，爱默生(Ralph Waldo Emerson，1803—1882)给予这个思想流派非常新颖的表述，并且把它和他自己的个性特征以及清教主义的观念相结合。

(c) 在法国，来自法国大革命的个人主义的反应是最突出的。站在最前列的是孔德(Comte，1798—1857)。他试图在有组织的社会之基础上建立伦理理论，虽然在许多方面相似于黑格尔的伦理理论，但是依赖的是科学的系统化而不是哲学。在方法上，他的体系相应地被称作实证主义。孔德试图表明，这样一门伦理-社会科学如何能取代形而上学和神学，这里的神学是指"人文宗教"(humanity of religion)。他影响了刘易斯(G. H. Lewes)、乔治·艾略特夫妇和约翰·斯图亚特·穆勒。

(d) 在19世纪后半叶，进化论在伦理学以及其他形式的哲学和科学思想中占据统治地位。赫伯特·斯宾塞(Herbert Spencer)对进化论的应用在英国是最著名的。但是，人们普遍认识到，他的基本伦理观念在他成为进化论者之前就已经形成了，他的伦理学和进化论之间的联系只是一种比较外在的特征。实际上，我们现在明白了：科学伦理学的进一步发展，有待于更彻底地清除进化观念，有待于更充分地应用生物学、心理学和社会学(包括人类学和人类历史的某些方面)，这样才能为伦理科学提供必需的辅助理论。通过进化观念，伦理学有可能脱离一种残存的观念，即认为伦理学是一种设置规则的技艺。伦理理论的实践层面必定会保留(因为它是关于实践或者行动的理论)，不过它是提供方法以便分析和解决具体个人的和社会的情境，而非提供命令或者规则。进化趋势与民主进步之间的一致性，使得伦理学在哲学上不再依赖于确定的价值、理念、标准和规律，使得伦理学越来越成为一种个人和社会之自我控制的有效方法。

正如我们所看到的那样，伦理理论的每个时期都与人类发展的相应时期相联系，都有它自己特有的问题。但是总体上，目前伦理学还没有完全脱离它的产生条件，并且我们仍然假定伦理学有必要找到某些像习俗那样确定的和不变的东西。因此，哲学探索致力于找到特定的那个善、那个关于责任的规则等，即一些不变的、包容一切的东西。即使经验主义流派强调快乐，它也试图要找到一些脱离发展之条件的东西、一些在任何地点和任何时间都同样作为单独的永恒标准与目标的确定东西。甚至斯宾塞也把现存的伦理规范当作仅仅是相对的而预示了所有进化都会达到终结，在这个时候，一套永恒不变的规则将按照统一的标准结合起来。但是,随着伦理学著述者们越来越习惯于进化论观念,他们不再去制定一个空想的乌托邦之理念,在其中只有唯一的目的和规则;他们会使自己致力于研究人们现实生活于其中的变动情境之条件和影响,以帮助人们运用他们最好的智慧来找到适合那些情境的特定目标和特定责任。

(徐陶 译 赵敦华 校)

伦理学中的形而上学方法[*][①]

在扉页中,达西先生(D'Arcy)阐明了他在该书中的基本观点和写作目的——简单地"阐述行为的形而上学基础和行为之伦理的上层建筑基础"。在引用姆尔海德(Muirhead)先生的《伦理学要素》(*Elements of Ethics*)、麦肯茨(Mackenzie)的《伦理学手册》(*Manual of Ethics*)和我的《伦理学大纲》(*Outlines of Ethics*)时,他说,以上这些书的内容和他自己书的内容有许多相似之处,"但是,这三本书缺乏基础"。他所谓的基础,指的是格林在他的《伦理学导论》[②](*Prolegomena to Ethics*)中使用的方法和主要的结论,并且他提倡在一个较小的范围里做格林先生在更宽广的方面之所做的。

还有必要说明的,是达西先生宣称他无法完全接受格林提供的"黑格尔[③]绝对精神的原则"。实际上,达西先生只在某种特定的程度上接受了格林先生的学说,然后再用其他的理论进行补充。这种理论,通常源自人类宗教意识中真实的或者假想的需要,有时候也源自"常识"。

---

[*] 选自《杜威全集·早期著作》第5卷。
[①] 本文首次发表于《心理学评论》(*Psychological Review*),第3卷(1896年3月),第181—188页。未重印。
[②] 人们一般认为,沉默意味着同意。因此,我并不鲁莽地说,格林先生的形而上学的方法对我来说,似乎离提供伦理学的充分基础还相差甚远,虽然我本人在学术上非常感谢格林先生;恰恰相反,格林伦理问题讨论中的所有重大缺陷似乎就来自这种形而上学的假设。
[③] 达西先生,似乎和詹姆斯·塞斯(James Seth)教授一样,全然接受了安德鲁·塞斯(Andrew Seth)教授的理论,他与格林对黑格尔的解释是一样的。我从未看出过这种一致性有任何基础可言。黑格尔一直坚决地反对康德-费希特的伦理学,而格林的立场实质上和后者一样。黑格尔和格林的一致性逻辑似乎在于:就人和神的关系而言,两者都是缺乏根据的。因此,两者宣扬的信条也就一致了。

正是达西先生为他的伦理学建立形而上学基础的这种努力,成就了该书的突出特征。正是这一点,需要特别引起注意。

所有这些经验的最初条件,是主体和客体之间的关系。当主体主动接近我们时,我们却摸不透它。客体被分离为内在和外在两个部分,前者包括感知、情绪和思想等,后者包括我们周围世界中的一切。当然,客体内在的经验以思维着的主体为内在的先决条件。接下来的推理过程,表明客体外在的部分也具有依赖性。每一个物体通过关系而存在。空间和时间中的世界万物,只是一个巨大的充满着各种关系的复杂之网。但其本质是,"除了对思考者来说,所有的关系都没有存在的价值和意义"。关系是"多样性的统一体,因此它不可能脱离主体而存在,它可以从关系中的一个成员转换到另一个成员,并且可以在单个的思想里将它们组合到一起"。因此,"只有当万物起因于认知着主体的综合活动时,万物才存在"。进一步而言,由于事物总是与宇宙中的其他事物以关系的形态而存在,那么,这个事物就真的是"宇宙客体"。因此,自我就是整个经验世界中的统一性原则。

由此,自我是一个统一性的原则,它还是统一性的基本原理。它并不只简单地与客体相关,因为当它具有自我意识的时候,它可以成为自己的客体。它是一个真正的整体,而不是统一体的逻辑原则。

迄今,这种语言和方法提醒我们想起了格林,虽然格林在脱离客体的主体与自我的非常明显的一致性上会犹豫不决,也会在拒绝考虑自我的所有感知、情绪和思想上吞吞吐吐。由于这种方法名义上来自康德,也许值得指出的是:康德渴求的不仅仅是主体综合活动的必要性,而且以同样的激情渴求主体能够通过基于多样性的综合活动而具有自我意识和整体意识。但是,达西先生觉得有比这更好的方法。这种理论可能导向主体和经验世界的相互关系学说——似乎是令人讨厌的,会导致泛神论的一种学说——并且从而肯定在客观世界构成中的自我综合活动。达西先生断言,由于自我是有自我意识的,它也完全可以从它所构成的世界中抽象出来。因为达西先生肯定这一点是以自我意识的存在和完全脱离自我意识的本质和方法的检验为前提的,我只能从我的立场坚持声称,这种为伦理学设定基础的方法似乎需要为方法自身而不是伦理学寻求更多的基础。

假设主体和世界的相互关系学说得到承认,那么自我就会明显地获得某一种普遍性;假设自我本质上的存在安居于客观世界的构成中,那么自我就不仅仅是一种特别的自我。但是,由于达西先生坚持认为,主体与这种构成的工作有其本质上的不同;他还认为,主体像游戏和额外的努力一样参与到这种构成的工作中,那么理论上的问题就出现了:构成的世界拥有什么样的存在呢? 宇宙是我自己私人拥有的吗? 难道我们对主观的唯心主义学说没有责任吗? 达西先生的暗示是:如果打算"把个体经验世界和自然看作一样,自然必须被作为一个事实、一个伟大的宇宙来接受"的话,那么结果就会是这样的。由此,如果独立于主体意识的世界得到"常识"理论肯定的话(参见第18页),达西先生也为永恒自我的肯定获得了基础,摆脱了格林学说中的泛神论倾向。由于我们的自然万物的世界依赖于我们综合的活动,因此,可以肯定的是:这个巨大的自然世界依赖于它构成的精神——上帝。

我得再次停下来提出我的问题:什么是这些基础的基础? 在格林的理论中——无论在其他的基础上提出任何反对的意见,一个自我和宇宙都不会被颠覆。因为我们在给主体下定义时,参照了构成宇宙的永恒的和客观的工作。特殊个体的认知是对这种构成工作的复制过程,因此不存在主观理想主义的问题。但是,对于达西先生来说,这似乎是泛神论;而且由于他没有向读者解释(除了他对塞斯教授和巴佛(Balfour)先生的理论尊重之外),泛神论的含义不顾一切地被回避了,包括逻辑的含义。因此,它突然闯入了我的经验世界之中,还闯入了具有两种精神的更大的宇宙中,一个是我的个体世界,另一个更大的是上帝的世界。两个问题几乎不容回避。如果因为忍不住相信了它,我们接受了这个更大世界的存在的话,那就必须指出,常识同样否认我们的宇宙对我们主观活动的依赖性。常识可以说已经接受了太阳、月亮和大宇宙中其他星球的存在,且强烈地反对使它们依赖于我们的个体思维能力。如果给达西先生一个世界,这个世界虽然很大,但是未知的;而同时授予主观的唯心主义者在个体经验的世界中完全的和所有的权力的话,达西先生是否能够让现实主义者感到满意呢,我对此深表怀疑。

然而这样说,对达西先生可能不太公平。他不是说"必须将经验世界等同为伟大的自然世界的一部分"吗? 我的第二个问题是:既然这两个世界相一致,那么为什么不是个体与上帝进行自我认同呢? 其实,除了作为一种投射和延伸活动,我们如何知道在我们的真实经验之外还存在一个更大的未知世界呢? 它是我们"自己的"

自我①,抑或它是真实地构成我们世界的绝对精神呢？如果是前者的话，当个体世界无限展延自身的时候，我们应该如何解释它与绝对主体的世界的一致性和两者之间的连续性呢？就一个独特个体自我去构建具有其客观性和相对永恒性的世界而言，我们应该如何解释这一突出的能力呢？如果是后者，那么，关于两个自我之间区别的终极的和不可分解的理论就瓦解了。

相同的方法，即康德在某种程度上对知识的分析，对出于宗教和常识的利益而得出的逻辑结论的自相矛盾之处——在意志和普遍善的讨论中出现。意志被看作是自我决定的，是对在所有知识中发现的构成过程的更加明确的认同。"每个自我决定的行动、每种意志都不单单是某个人或者某件事的一种决定，而是整个经验世界的决定。自我决定一定是世界决定。"从整体立场而言，这种公认的决定原则就是自由，而需要是各部分的结合原则。由此它们是互相联系和包容的，而不是彼此矛盾的。也就是说，每一个独特的事实和事件都是必要的，但却是在与其他事实的关系中被决定的。它取决于主体一方的自我决定的行为（第 29 页；第 39 和 49 页）。

当自我决定和世界决定、自由和需要是相互关联的时候，为什么自我和世界不应该是相互关联的呢？对此，达西先生没有解释。很难明白为什么一个原则因为思维而存在，而另一个因为意志而存在；或者说，很难明白，如果一个原则因为泛神论的倾向遭到反对，为什么另一个原则不会面对同样的"危险"。自我决定和世界决定产生相互的压力是明显的。没有这种相互关系，自我决定将是纯粹先验的，而且就我们而言，是空虚的；意志将与行为的细节没有任何关联。但是，在知识方面，对相互关系的要求依旧是真实的，虽然不是那么明显。达西先生没有解释这种在客体的意识、感知、思想和情绪中都找不到的自我意识是什么，他只是告诉我们：自我意识不是形式上的，也不是空虚的。

当我们审视目的或者善的问题时，矛盾就更加突出。达西先生建立起主体是单纯个体的概念——因为害怕泛神论而不能过于涉及神的自我——与他断言自我的终点是自我中心，是相当吻合的。"意志本质上是自我中心的……没有其他的个

---

① 没有什么可以超越达西先生关于个体自我的"终极性"宣言。"自我对每个人来说都是独特的和终极的。每个人心中的自我与上帝的一致性包含着所有人类自我与上帝的一致性。但是，由于每一个自我自身是独特的和终极的，这种一致性归结为对自我本质特征的否认。"（第46页）

体能够和自我立足于同一个平面上……理智在本质上是反社会的……自我,除非被一些更高级的原则所征服,必须向那些假装坚持平等权利的人发起无休无止的战争。"(第58、59页;相同的学说出现在第124页和第147页)因此,每一个独立于宗教思想的道德体系都崩溃了。它不能解释为什么一个人必须爱邻居如爱自己,它也不能够证明公共善的思想。① 在思想的同一个标准上,达西先生质疑社会是不是一个真正有机的整体,既然个体是如此独特,既然个体被看作"无定形的杂多组织"(第73页)。②

但是,另一个方面,宗教将帮助摆脱自我的自我中心的本质。终究,我们无法突然中止自我的整体性。在这种情况下,"在群体中和远离他的创造物时,上帝就是一个整体,但是不可能以一个不相关联的群体为结果"。思想被迫假设一些比自我意识的整体性更加深奥的整体性原则。在上帝身上,有一个先验的原则在群体中构成了目的的联结的纽带。精神的纽带必须被假定为所有和谐目的之基础,既是思辨的,也是实践的(第47—48页),因此也就是为着所有人的公共善。"所有的人在本质上是排他的(也就是说,他们是彼此限制的),然而他们在上帝之中是统一的。因此,为着全体人的善就是为着每一个独特个体的善。为着每一个人的真正的善,就是公共的善和绝对的善。"(第102页,也可参见第124页)人类和上帝有着共同的目的。行为的目的和宇宙的目的具有一致性(第126页)。

我们在这里明确地分析了自我孤立与自我中心的目的和自我通过在上帝与其他人中结成先验的联盟而达到的普遍目的的矛盾之处。当论述我们在自己的宇宙中的构造活动,论述上帝在他自己宇宙中的构造活动时,我们也遇到了这种矛盾。可惜的是,我们决不可以将神的自我目的活动排除在人类目的的活动之外,这一点是非常明确的。其实,达西先生可能极力想在自然的自我和社会的目的之间架起一座桥梁:自然的自我被完全让渡给了恶,只有通过完全外在激发的、超自然的恩惠,自然的自我才能达到诸如这般的社会的目的;但是,在他的理论中又没有这种学说

---

① 达西先生似乎在个体自我上有一些固执。首先,它必须是单纯个体的和独特的,因为,否则的话,它会以最泛神论的形态与上帝和其他的自我相混淆。换句话说,出于宗教的理由,它自身是相当封闭的。然后,宗教的兴趣被适当地得到了保护。自我由于它的自我中心和自我探求的本性而受到严峻的指责,被确证为急需宗教的救助,给予它一个和其他人一样的终极关怀。我重申,以其他自我和个体自我的宗教名义,同时拒绝和要求其他自我参与到个体自我中是有些困难的。

② 虽然如此,达西先生还是认为,能够被应用到社会中的观念只能是有机整体的观念。然而,真理不是在观念中完整呈现的(第74页)。

的痕迹。他的观点似乎是:在这样的伦理生活中,通过在上帝中的所有自我的联盟可以达到无所不在的普遍目的。如果不是这种矛盾明显地被达西先生疏忽了的话,我想完全没有必要将其指出来。既然如此,我必须请求作者原谅我的论断,即如果只有一个自我,所谓的神的自我,并且在这种自我中,所有的自我在一个既是普遍的目的,也是宇宙进化的目的中被联结成一个联盟的话,那么关于每个个体自我的孤立和自我中心的个性就必须彻底地被修正。从某一方面来说,坚持自我的单纯个体的个性就肯定不合法了;然后,当我们观照不同的考虑时,坚持群体自我也肯定不合法了。这两种目的的矛盾都是以上帝的名义挑起的,但是矛盾却丝毫没有减弱,虽然它可能使人们怀疑某一种宗教。

到目前为止,我们考察的倾向已经使我们质疑是否达西先生的形而上学基础自发地比其他普通的伦理理论可能需要的基础更少。为了确定是否伦理学的上层建筑更坚定地代表了其之下的基础,我将花些笔墨将他的形而上学应用到他关于目的理论问题的伦理学理论中。

终极目的是社会宇宙的观念。在这个社会世界中,每个人的实际能力将得到完全的实现,每个人的实现将对每个其他人的实现作出贡献。然而,对终极的目的进行更深一步的说明是不可能的,因为不可能知道自我的可能性是什么(第104—105页)。何以说以下的结论是一个公正的推论呢?即目的虽然自身不是形式上的,但对我们来说却是纯粹形式上的。"肯定立刻就想当然地认为,理想的目的或者终极的善是与目前不存在的一系列情景相关联的。"(第107页)①

既然这个最终的目的明显地对行为的立竿见影的指导作用无效,达西先生就转而讨论直接目的。"每一种情景的配置都是最佳的。""善是完全个体化的。""它绝不是僵化的标准。""它的单位是具体的行为。"(第108、112页上到处可见)换句话说,真正的目的总是某些特定行为的内容,既有空间特征,也有时间变量。我个人觉得,这是一种非常完美的伦理学说;但是,形而上学打造的最终目标的需要是什么?对于与人们密切相关的具体的理想,它如何给予它基础呢?达西先生给出了两个答案,或者说两个可能简化为一个:遥远的目的帮助我们解读专

---

① 达西先生对此作了补充,"但这是一个附属于每种理想的缺陷"——是的,对于每一种形而上学式建立起来的理想而言就是如此;但是,对于心理式或者社会式建立的理想就不是这样的了,因为在后一种情况下,从某种新的关系角度而言,理想总是某个特定系列的此在。因此,比起科学探究或者工业发明来说,没有进一步要求涉及作为一个整体宇宙的一些最终极的目的。

门的实例;我们通过直接的目的倾向实现终极的目的。

就第一个答案而言,对于个体在特殊的情况下意识到他的真实存在具有极大的好处,也有利于个体明确任何虽然是形式上的和抽象性的但有助于证明他的行为,并进而使其本身得到证明的原则。但它不是遥远的目的,而仅仅是对现在的更宽泛的考虑,并因此于人有益。正是通过行为参与到目前的社会中,并进而维持或者推动了社会,而不是参与到距离和时间都遥远的社会中,才帮助人们看清了它的真实内容。这种在进步的极端目标中完美地意识到的群体概念,距离我们太过遥远,无法帮助我们读懂现在;反之,我们只能通过参照现在,阅读或者赋予这个概念意义。对于另一个答案而言,此在可以被理解为手段,这简直就是把现在的所有价值剥离殆尽。如果此在仅仅是作为通向某个无限遥远的目的的一个阶段,那么它就绝没有提出势在必行的要求或提供任何目的。这样的学说简直就是否认了上述的"每一种情景的配置都是最佳的"。这种理论使追寻道德理论的本质成为一种虚幻。从我的角度而言,我相信一种在其之下更少"基础"的伦理学理论可能走得更远,延续的时间更长。

在从达西先生的形而上学与他的伦理学理论关系的立场讨论他的大作的时候,如果我对他的机敏、精细和创造性避而不谈的话,那是对达西先生极大的不公正。任何读者都能从中得到激发。与他的哲学立场不同,达西先生个人的态度和方法是真挚和坦率的。但是,他将宗教假设直接运用于他的哲学学说中,我觉得似乎特别缺乏思考。我们要么明确地表示,哲学没有独特的存在权利,它一直是神学护教学的一种形式;要么给予哲学与我们目前屈从的数学和机械学一样的技术自由。即使是无意识的,还是让我们不要在缺乏实质的情况下给予哲学独立的外表。更具体地说,现在伦理学理论所需要的是一种充分的心理和社会的方法,而不是形而上学的方法。对于这一假设,我认为达西先生的研究结论提供了负面的支持。

(杨小微　罗德红　译)

伦理学中的心理学方法*①

人们通常认为在哲学和科学之间最一般的区分是：前者主要处理价值，而后者处理事实或者存在的现象。或者以更粗略却更方便的话语来说，即是：哲学学科是规范性的，而科学学科是描述性的。根据这个一般性的假设，人们认为，因为心理学是涉及事实和事件（意识状态和它们在生理上的相关性）的科学，所以心理学与伦理学没有本质的联系，伦理学是涉及特定价值领域的一个哲学分支。我希望指出，有人能够一方面接受把心理学作为纯粹自然科学的一般区分，而另一方面又能赞同心理学为伦理学的方法提供了一个必不可少的组成部分。

1. 尽管价值的根本问题是与行为的一些事务相关，例如作用和态度，而不是与意识流中的纯粹表象（因而不是直接心理材料的一部分）相关；但是，我们仍然可以正确地说，每一个这样的行为-价值都在直接心理材料或者表象中有其标志或者对应物。这就是说，行为的目标或者理念不仅仅是作为纯粹心理表象而被探索；因为目标或者理念在意识经验中标示出一个确定的区分，所以必定存在一个意识状态以某种方式对应于它，并且为了心理学家的目标而承载着它。

2. 心理学家能够研究在表象之流中代表"拥有一个道德理念"之特定内容的特殊条件；他能以刺激或者抑制的方式，查明这样一个内容对意识之流中更多表象的影响。发生心理学（psychology as genetic）正是关注这种起源与后续发展的关系问题；只有发现任何一个表象能提供特定的条件，更进一步的发展问题才能成为发

---

* 选自《杜威全集·中期著作》第3卷。
① 首次发表于《心理学评论》，第10卷（1903年），第158—160页。

生心理学的严格组成部分。

3. 除非借助刚才提到的那种方法,否则我们在实践上就没有根据把对意义解释的控制加到"理念"这样的范畴之上。正因为在现实道德经验中的理念是直接的个人价值,所以它是不可分析的。正因为表象不是道德现实,而是以抽象和分离的形式来表现道德现实,所以它使理念可以被客观地分析和陈述,或者使其自身适合理智的控制。规范性哲学涉及的,不是对原初的、生动的经验之再现。如果因为心理学并不构成或者展现它所涉及的价值就反对使用心理学,那么就其逻辑而言,这也同样会排除任何的哲学解释。拥有价值的唯一方法是把价值作为个人经验而拥有,这既不是哲学的也不是科学的。因此,说心理学不能表达理念是完全不切题的。哲学也不能"表达"理念。心理学所能做的是以确定和分析的方法来研究价值的意义,并且把价值的意义看作是由它在经验之流中的起源和作用所决定的。

4. 很显然,以这种方式对心理学的使用是形式的而不是实质的。也就是说,使用心理学并不会告诉我们具体的伦理理念是什么;它告诉我们的是:如果任何经验能够成为理念,那么这样的经验必定是什么。它指出了起源和使用的条件,任何有特定性质的经验如果要正确地被界定为目标、目的或者意图,那么它必定要遵照这些条件。但是,很明显,这样的确定不仅仅是形式的。存在某些起源和发展的特定条件,想要成为理念价值的东西必定会遵从这些条件,这个事实给出了确定的理智基准以便检测这些想要成为理念价值的东西。换句话说,如果我们认为完善和自我实现的快乐或者对于责任之认识是理念,那么立刻就拥有一个确定的方法来实现它。它们能满足所需要的起源和作用之条件吗?或者以更确定的方式来说,关于起源和后续发展的这些情况的知识,使我们描绘出任何能够合理地作为目的或者理念的东西所要具备的主要特征。如果我们暂时假定一个预期性的印象是道德理念的心理对应物,那么我们的问题就是去查明这样一个印象在经验中进行运作需要什么样的适当刺激和适当使用。这样的分析到最后,必定能带给我们关于伦理理念之一般特性的非常确定的认识。因此,被确定的这种形式不是脱离于所有经验材料的形式,而是作为某种实际经验的形式或者框架。

(徐陶 译 赵敦华 校)

伦理学中的历史方法*①

出现了对我论文的评论,与我目前进行的课程正相关。在此课程中,我正在讨论品德的历史发展,由此导向了对一种道德科学之可能性的考虑。我顺理成章地达到了预料中的结论,即存在一种可行的道德科学。进而总结出以科学处理道德的条件,在于一种普适性(universal)方法的运用;换言之,只有通过历史的方法,德行(moral conduct)的问题才能获得科学的形式。依我看来,存在着明确的研究对象(data),包括习俗、信仰、理想或抱负,即大量存在着的现实,与气象学或物理学这样的自然科学所要处理的事实一样多。我的论点是:唯有使用历史方法,我们才能将这些事实置入那样一种秩序当中或掌控它们,以使之可被视为科学的。这里存在一两种反对的意见。

一种(反对意见)认为,没有哪种关于道德的科学是可能的,因为道德处理"什么是应该的",而科学处理实然之事实;科学在其本质上是描述性的,是只从描述中产生出来的解释;而责任、义务是那些本质上避开(elude)描述的东西,它不是事实或事件,它不是现象。在我看来,这种反对意见似是而非、远非合理。我应该对它作一简单了结,所以要说,存在的应然事实恰与存在的实然事实是一样多的。在我看来,说不可能有一种关于"什么是应该的"之科学,只因为应该是的东西仅仅是"应该是"而已,这差不多是一种语词疾病。事实是:人类就责任方面向它自己提出

---

* 选自《杜威全集·晚期著作》第 17 卷。
① 杜威于 1901 年 12 月 4 日给芝加哥大学哲学俱乐部所作的演讲。打字稿(并非杜威所打),收藏于卡本代尔:南伊利诺伊大学,莫里斯图书馆,特别收藏,7 号文件夹,第 44 盒,拉特纳/杜威文集;加利福尼亚,斯坦福:斯坦福大学图书馆,亨利·沃德格雷弗·斯图亚特文集。

的特定关系,一如它在其他方面以热、电或光等形式向自己呈现的事实那样多,而这样的事实极其明确且大量地存在。一些人认为,某些事是应然的事实;而另一些人则认为,另一些才是。现在,我们可能会说道德理想是不现实的或根本不可能实现的;然而,理想是事实,它们和事实一样存在着,而且影响着其他事实。为实现它们或与之相关的努力,是有成效的。在到达理想的途中存在着斗争,至少存在着一个变化着的成败尺度。正是那些事,给我们以大量确凿的资料。事实上,要对付这种反对意见是困难的,因为你简直找不到着力点。看起来,说因为你的事实关乎责任,而责任又与那些并非事实的事有关,所以它们不可能被科学地讨论,这种说法简直是个圈套。

另一种不像被预料到的那样,经常被提到的反对意见则是:从道德方面来看,所谓事实是如此的个性化,以至于它们(根本)不归(escape)科学描述、分析和解释所管辖。在流行用语中,我们有关于个人良知之权利和良知的神圣特性的想法;或者如宗教语言所说,一个人的良知是他和他的上帝之间的事情。它们各自皆如此独特,因而其事实并不进入科学处理的范围。依我看,这是一种特殊的自我主义。浪漫主义就是自我主义,无论它在何处表现自己:在文学中,或在清教徒式的道德中,或在某种意识中。这一点通过以下的意识也许能够避免,即如果我们自己的自我和道德事件是如此重要,那么,其他每个人的都是如此。

关于科学是什么的充分讨论将花一整晚的时间,但也许可以提出一个立足点,即便它不被认同,也有助于使余下的讨论变得更明白些。我用科学这个词指的是对事实解释的一种明确控制,亦即某种用来调整我们所指派给事实的意义的方法,或是一种控制我们所形成的判断的方法。这是一些灵活的定义,却必然如此。亚里士多德说过,科学关乎那一类正在被处理的事实。在任何此类主题中,我们在何种程度上获得一种明确的方法来调整自己作出的判断并区分之,也就在何种程度上拥有科学。

这便是我所说的对事实解释的控制的意思:控制的程序,我们所采取的理智态度,以及由此指派给这些事实的意义。判断的控制导向对经验本身的控制,而理智的控制趋向于变成具体的控制。如果我们知道如何作出正确的判断,比如关于电的数据的判断,那么肯定也能够控制我们和这些数据有关的经验。我们知道如何为事实和客体指定意义,在此程度上存在着一种预设,即我们既能保护好那些我们想要的价值或意义,也能避免那些我们不想要的东西。我说这个是因为:它表明,如果我们能控制自己的最终判断,那么,它不会仅止于一种较好的、关于事实本身的解释;以此类推,我们起码应该指望那控制将由自身延伸到对经验本身的控制。目前存在的混淆,比如在对品德的解释上(我想无人会否认),有一种混淆行为与品德的倾向。所以,如果我们能够弄清对品德的判断,则它将赋予我们通向实际的德行的向导。如果可能控制我们关于道德经验的解释,可能得到某种技术、某种方法,通向那条我们能对行为、品德或个性作出判断的道路,那么问题也就来了:我们应该在哪里寻找那种方法?如果我们试图排除所有看起来令我们不能满意的方法,则我无法认同。我看不到那些对道德事实的直接检视能以何种方式令我们控制自己的判断,尽管它可能是走上那一方向的第一步。一个简单的事实是:我们是根据自己来作直接的检视和直接的反思的。当它们此刻出现时,我们是在处理那些早已形成的判断。我们不可避免地被所有已事先作出的判断控制着;顺带地,我们可以通过更系统的观察、反思和比较来排除这些判断中某些不一致的因素,从而改进它们并使其相互一致。毕竟,我们的标准仍停留于我们已经形成的判断。仅仅通过令那些判断彼此之间更为连贯一致,我们并不能走得更远。我们并不重返那(形成判断的——译者)过程本身。这就好比我们试着通过比较所有已作的观察,对其稍作扩展,然后整理、归类,仅以这些方式来处理自然科学。这在科学中是必要的步骤,但那标准仍只停留于已经作出的判断;然而,真正需要做的却是离开这些判断,从而改善它们,改变那进程。另一方面,我们无法解剖这些道德事实。我们无法将试剂应用于它们,物理实验的方法显然是不适用的。

现在,如果直接的检视和基于道德观察的反思都不可行,那么,至少通过排除法,我们应该尝试历史方法。我试图表达的意思是:历史方法能针对存在于我们各种经验中的材料所做的事,正是实验方法为自然事实所做的事。历史方法与实验方法的一致,并不在于其外在关系,而在于它们最终的逻辑要素和逻辑目标。我甚至试图表明,实验方法本身就是历史方法的一种形式,正如那以唯一可行的方式应用于意识材料的方法是历史方法一样。

实验的任务就是定义(define)给定的事实,通过预先详尽地安排好其初始条件,即事实将在其下出现的条件。所有通过实验方法而被俘获为人类知识的战利品,都不外乎是通过坚持这个非常简单的观点而获得的。我们要到给定事实的后面去,看看对于事实之出现而言,必要的条件是什么。在传达这一观念时,有些语词,每个人都会用到,而不仅仅是科研人员和专业作者专用的;然而,人们使用语词的时候,经常尚未弄明白其全部含义。我们说我们在处理事实或结果,我们在试图为结果找到其前状或为效果找到其原因。这样说的时候,我们的意思是:我们有兴趣在一个时间序列中,从事实的出现这个立足点来讨论事实。科学对事实之为事实本身完全不感兴趣。科学跟那个问题完全无关。它所感兴趣的是被带进与历史前情之关系中的事实,即那些不得不出现以便令这事实显现自身的条件;如果这种看待实验之本质的观点是正确的,则至少我们准备承认,在某种或多或少属于普遍的意义上,历史方法是正当的。

我们可能会说,在物理实验中,我们是在制造历史;而实验有其价值,恰恰在于我们是在制造历史。实验的过程是在人们控制之下的,而当我们从历史上读到关于实验的描述的时候,它已经被尝试过了。在历史方面的问题上,当然有着更少程度的确定性和更大程度的复杂性。我们称之为历史,就是说当我们科学地处理它时,我们并不制造它。我们不得不重返那前因后果的关系中去解读它;那么,和科学家在实验室里所做的那样赶在前头、自己来制造历史相比,其直接的可控性小多了。实验科学因而本质上是发生学,且实验的科学价值就在于其所追求的方法是发生学这一事实。就实验已为其理想提供的装备来看,物理学和化学给予我们纯净的历史。当我们分析水,并从科学的立足点出发说水是 H_2O(当然它是)时,它并不真的是那个;它(还)是一种液体、一种我们饮用的东西。

如果有时间的话,我会尽力表明为什么我们不把历史学特性和自然科学特性视为一致的。在我们习惯于称作历史的领域中,这一明显的区别将立即向你呈现:不仅仅那特殊的事件是重要的,而且它得以在其中发现自己的整个语境都是重要的。在自然科学中,我们习惯于想象特定的因果组合在任何特殊情况下都可以在整个序列中再现。并非只有在合适的历史条件已经具备的时候,我们才能让这些水或水的样品出现;而是在任何情况下,我们都能让它们发生和再现,理论上讲是在整个序列的任何地方。事实上,说某一片水不止一次地出现,并不比说乔治·华盛顿或拿破仑·波拿巴不止一次地出现更正确。它总是个别的水。任何的水,只要它不是一个抽象概念,它都仅此一次地真实存在。它在历史序列中只能出现一个点。它是唯一的。当它在那里时,它是第一次在那里,如同它是神造的一个特殊造物一般;而当它消逝,便不再回来。当我们再次得到水时,那是另外的水,就其存在而言。物质世界(physical side)的存在物恰如人和行为的存在一样,是唯一的和个别性的。确实出现不同的地方在于:意义并非唯一。在物质层面,一片水或一个水的样品恰如另一个一样的好,只要它也是水。它服务于同样的目的。它具有同样的价值。唯有在意义层面上,这种互换才能发生,而不是在存在的层面。取自最近的水龙头的水,和来自比埃里亚圣泉①的水一样,都能消除我们的口渴。如果水关于其自身有什么要说的话,那么,它会抗议被视为仅仅是普遍的和能在任何情况下再现的,恰如一个历史人物会作的抗议一样。

现在,为了将此比较进行得更深入些,我的论据中接下来的一点,将尽力表明实验是合乎历史特性的;但是,作为实验方法的进一步发挥,我们在伦理问题上对历史方法的使用有两个因素。所有科学的做法都可归结为分解(isolation)和积聚(accumulation)。科学家必须首先分离出他要处理的事实,以便能忽略掉大量其他的、与之天然并列的事实。他不得不将条件简化到如此程度,以便能够完全确认他正在处理的东西,并排除大量复杂的因素和大量周边的事实——那些对于直接观察而言,属于常识的、与正被处理的事实有关且是前者的组成部分的事实。如果他准备作一个水的分析,则为了可以控制所有进入实验的变量,他必须确保他所处理的是纯净的水。科学所运用的技术的很大一部分仅在于:确保那些我们已能辨认并且想要的因素在那里运作,此外就没有任何因素在那里起作用了。我们无法获得关于那些条件——在此条件下,事实显现自身——的专有知识,除非我们能够把想要的事实摆放进来,而把我们不想要的事情剔除出去。在历史方面,我们可以拿原始现象来类比。事实出现得越早,我们在历史序列中对它追踪得越远,就越能避开复杂的因素;而所有的伦理事实出现在我们面前时,都会被这些复杂的因素所遮盖。历史序列中的早先情形的价值在于:它将那些被研究的现象呈现为被简化到其最简单形态的东西,简化到其意义和相关内容的最小值;而且据我所知,通过不断地回溯,我们使得现象被简化——我们使它处于其最简单的形态中。再一次类比地说,我们将研究主题从一个对象转化为另一个对象,让它赤裸裸地呈现出来;这就是将它分离(isolate)出来。有人说,进化论的作用就在于它揭开宇宙的盖子。它剥掉那些外壳——那些从我们现在的立场看来,已是到处生长起来的复杂因素。

---

① 比埃里亚(Pieria)是希腊东北部的一个地区,相传这里曾是皮厄里得斯(Pierides,缪斯女神 Muses 的别称)的出生地。在西方,缪斯是诗人的保护神并掌管文艺,是诗和一切艺术的化身。在英语中,(the)Muse 表示"灵感、诗才"。传说,比埃里亚的泉水因为缪斯女神的缘故而成了神水,任何人只要饮此泉水,即可获得文艺和诗歌上的灵感。所以,比埃里亚圣泉表示"产生诗歌灵感的源泉、知识的源泉"。——译者

发生学方法(在其通常意义上使用这一术语)给予我们的恰恰是：完全可与我们在实验科学中所使用的分解(isolation)与区分(separation)法相对照的分析方法。

自然科学家的理想是：在他获得一定量的简单条件并知道其每一个结果会是什么之后，便进行积聚，将它们组合起来。他进一步综合地构建越来越复杂的结构；他竭力分离然后又组合被分离的事物，再建一个不同于原始复杂整体的复合体。后者和原初复合体的不同在于，经过这一过程，它被有意识地分解和有意识地重构了。当事实第一次给予我们的时候，我们无法驾驭它。就我们对它的了解而言，我们必须得知道它是什么以及像什么，因为我们制造了事实。如果我们无法知道一些关于我们自己制造的对象的事情的话，那将是一个遗憾；通过这种分析与综合的结合与相互作用，我们将我们经验的当前的、静态的事实转变为通过一系列自己的步骤而被带来的复杂事实；我们能掌控这些事实，就是因为我们经历了那个由我们自己来验证和再创造的过程。在历史时期中，那稍后的历史进程才能给予我们这种积聚的力量。如果我们能清楚地回溯一种关系，使之进入其最简单的形式；那么，问题就是看它如何生成自己，看它如何在更复杂的环境、更高程度的文明和文化中表现自己，而在那样的环境中，问题无疑更为复杂。在我看来，这个事例的本质逻辑并没有什么不同。它是一个拆解(unraveling)的过程；但是，当回到那些现有的最原始的材料时，我们会看到，这些被拆开的线索是如何编织起来的。直到最后，我们又回到今天——今天的文明，今天的道德文明，以及道德理想、实践和品行——并且获得了我们可以观察的事实；尽管在此情形中，它们并不是由我们各自创造的，而是由其他跟我们一样已经承受它们的人创造的。它们是在一个长期的实验中被创造的，这个实验一直延续了许多世纪，整个人类都参与其中。

通过历史，我们得到现在的材料，它们如此地令人困惑，而又如此地真实。我们在与一个过程的关系中看待它们，所以能够知道如何放置它们。我们已有一些把握。我们已经知道在什么情况下，人们才会认为某种行为是有价值的和可欲的；而且，通过在其后续历史中追踪它，我们得以检验它。我们沿着三条线索获得知识。(1)什么样的情况引发了某种道德反应(无论其表现为理想的，还是实践的)？背景是什么，刺激并产生了这种道德概念或实践的情况是什么？(2)在那种情况下，道德反应充分起作用了吗？是否符合当初引发它的条件所要求的？它仅仅是一种盲目的或不算成功的反应，还是一种充分的反应？

把我们当前的道德状况历史地拆分成片断，继而再次整合之后，我们就可以将那判断的结果运用到我们当前的解释中去,并且在一定程度上运用于我们当前的实践,只要相同的情形依然存在,或情形的重要方面依然没变。但是,倘若情况已经改变或自我修正过,那么在反应上作出某种改变就是必要的了。或许,我们还可以走得更远。重要的是关于道德化过程(moralizing process)的知识,而不仅是知识本身;当然,有时候,事物是靠那些赤裸裸的事实的单纯积累而被了解的,但这终究无法让人走得很远。但是,如果我们掌握了孕育出整个道德反应体系的社会、经济状况,掌握了人们根据他们对环境和生活的控制而作出的反应,那么就得以洞见道德过程,并由此而观察当前的情况,看看那些起作用的步骤是什么。

我将从哲学层面的另外两点来结束整个问题。在时间上更早些的事件具有两点价值:其一,它是一种方法;其二,它给我们洞见来看待后来的情形。唯物论的谬误在于把这种上层的逻辑价值转变为一种本体论价值,认为时间上更早的事物就是原因,是作为现实的更真实的事物;而后来发生的更为复杂和精神性的事物只是一种低程度的存在,或者在某种程度上只是幻觉。正是这种将序列的后面部分贬低得低于更早时的事实的倾向,导致了通常对进化方法之应用的反对。物质论观点懂得将所有事物还原到其最简形式的价值,譬如,从科学逻辑的观点来看,采用极简的初始观念具有特定的优势。物质论的观点把抽象概念看作真实的事实,把某种在存在意义上优先的、绝对的价值归属于一个事物,仅仅因为它是更早发生的。是不是原因本身就该有最基本的存在呢?我不认为事物因为在时间上出现得更早,就是更好的。我们所知道的关于被称作原因或前情(antecedent)的一切,都有赖于其后所发生的。我们无法对它作出一个聪明的表述,唯当看见并了解它的后果之后,才能从中得出其作为一个原因的意义。像这一构想,即我们只要完全了解譬如原始星云或其他从中产生出整个物质宇宙的事物,就已经预言了自那时起所发生的一切,不过是一个纯粹永真命题(tautological statement)罢了。我们能够获得关于事物起始状态的知识的唯一路径,就是通过了解事后发生了什么,以及它引发了什么。就以氢之于水的关系为例。我们知道,水是由氢和氧组成的;但是,如果我们不了解由氢所组成的事物,就不会知道关于氢的任何事。这整个命题是一个循环互动(reciprocal)的命题。因而,当唯物主义者(在相当广泛的意义上讲的)说,因为我们当前的伦理是从野蛮人的伦理中发展出来的,因此无非就是被稍有差异的交往关系转换和粉饰了的野蛮人伦理的时候,他是将这些上层价值(superior values)的问题与超本体论价值(super-ontological values)混淆起来了。

这和他实际的论点是自相矛盾的。

  正是以上情形,造成了一般的伦理学作者会完全反对应用这一方法。他说,这剥夺了它们所有真实的价值和意义。这是本末倒置。它没有解释什么,仅仅是通过将一切还原到其最简形式来搪塞而已。如果历史方法做的真是这个,则很容易产生这种反对意见。而观念论者(idealist)从另一个极端掉入了完全相同的错误之中。他假设那最后的事具有一种优等的和更好的价值,并假设所有已经过去的事必须被看作一种尚未完成的、不充分的、为得到我们现在所得到的事物而作的努力。至关重要的是道德化的过程,以及那个过程在原始道德和我们现在所有的道德中的显示。在我们当前的伦理学概念中,并没有更多的最终结论。唯一具有终极意义的事情,就是过程之间、状况之间的关系,以及某种存在于现在和所有时代的、探究那状况的方式。

(徐志宏　译)

伦理学和物理学*①

神与人的关系,是一个老生常谈的问题。它一直伴随着我们,经久不衰;其意义历久而弥新。但是,有关这个问题的争论不断地改变着针对它的见解,改变着其直接目的。四五年前还充斥于书报杂志的讨论,似乎已经完全不合时宜和不得要领。新的兴趣已经产生,新的问题扑面而来,旧问题带上了新面孔。问题是那么变幻莫测和层出不穷,以至于我们看到它一会儿是这个样子,一会儿又是另一个样子,讨论的核心议题也总是处于变化之中。某些影响较广的争论持续了很长一段时期。17 世纪的争论集中于精神与物质的关系;18 世纪的论战则体现为神与自然的关系;如今,战场波及了人类的心灵。唯灵论或唯物论,自然神论或有神论,把人看作神的影像与标记的人类学,或把人看作由泥土捏制的人类学,这诸多二律背反,只是众多永恒人性问题的一小部分。

以探讨人类起源、自然及其发展为核心问题的这种方法,是普通物理学和特殊进化论发展的产物。人究竟是依照机械法则进行的一系列物理变化的最终产物,还是自然界一切过程都一直指向的精神目的?人类是我们看到的动物生命万象中的形式之一,还是其模式已在自身身上得到体现的众多过渡变体之一?人类是否源于神,因而在其实际自然生活中仍然可以找到一条使生命变得神圣且类似于神的道路?

我们必须以这种方式来思考这个问题:不可知论只是一个中间休息站,只是比

---

* 选自《杜威全集·早期著作》第 1 卷。
① 本文最初发表于《安多弗评论》,第 12 卷(1887 年 6 月),第 573—591 页,后来一直没有重印。

赛中用来恢复体力的暂停而已。不可知论在本质上是一种妥协。它是把现实王国一分为二的分割条约,宣称一半是超自然的、不可知的地盘,另一半是自然的、知识的领地。它试图诱使人和神各居其所,每一方都拥有自己的领地,并互相隔绝。假如我们稍深一步去思考这个问题,它将促使我们去考虑伦理学与对现实的物理解释之间的关系。不可知论的不足,有着诸多原因。神不只局限于宇宙的超自然部分;实际上,它"包容、遮蔽、吸纳万物",它不是同其他所有事物截然不同的、相孤立的东西。无疑,这一点足以使思想超越不可知论,不把现实分为自然与超自然;不过,还有一个特殊因素在起作用,更加速促成了相同的结论。在这个两分法中,人究竟属于哪一方?他属于物理王国还是精神王国?或者他是否也将被如此分割,他的精神被割让给超自然王国,他的身体则被划归自然王国?为人类完全从属于物理王国提供了足够证据的物理科学的迅猛发展,使得这种两分法不存在任何可能性。物理、化学、生物、地理等每一门科学都是互相独立的,它们联合证明了一个事实:它们完全赞成"人类纯粹是自然的、时空领域内的事实"的断言。随着人类彻底被归入物理王国,那种把人划归哪怕是最低限度的超自然领域的借口都消逝了,甚至不可知论仍然为高居万物之上的神圣君权保留的那个不可知的宇宙角落的存在借口也不存在了。总之,最近几年的历史表明,物理科学和神学占据着相同的领地。假如精神哲学不能得出并论证有关神与所有现实的精神性的断言,那么,物理科学将使自己成为一种机械哲学,并提出与前者针锋相对的主张。因此,从宗教与科学两方面都会产生疑问:人类到底是什么?人类的起源是什么?人类的命运是什么?

这个发展的更深层结果是这样一个事实:崇尚科学的人不再以破坏性的态度来展现自身,而代之以建设性的使命。一个与这个世界的智力联系脱离八年或十年之久的人,假如他从目前观点出发重新回到思想领域,他将会大吃一惊。离开时,他看到科学家对宗教的实在性和所有的宗教形式加以攻击、否定或说明;回来之后,他将发现,科学家已经把宗教信仰构建在他们所谓的科学范畴基础之上了。他离开时看到人们为自由意志、责任、人格进行激烈辩护;他回来后将发现,人类构建了伦理体系,已经顺利地抛弃了他们的否定性。他离开时,在与人类最后道别之际发现了他们对形而上学的嘲讽和轻蔑;而他回来之后,首先映入眼帘的将是正在拔地而起的宏大哲学构架。总之,他将发现,随着物理科学在人类以及人类事务上的运用,这门科学的整体趋向已经从破坏性转向了建设性。刘易斯撰写以表示哲学不可能性为目标的哲学史作为其哲学生涯的开端,以《信条的基础》(The Foundations of a Creed)作为其写作生涯的尾声。这个事例典型地表明了思想领域的最新发展。

那么,我们将对物理科学这些建设性尝试说些什么呢?我们热烈欢迎物理科学抛弃破坏性的否定做法,热烈欢迎物理科学抛弃无关痛痒的不可知论立场;那么,我们是否会同样地欢迎人类正在精心构画的建设性宇宙蓝图呢?在由如此探索打开的一个极其广泛的领域,我只想简单地选取同科学家转身成为道德家所作的道德努力相关的一个角落,来谈一下自己的看法。

正是科学家把其思想转向道德活动领域而引发的特殊争论,才使得他们第一次把伦理学建立在科学基础之上,给予伦理学肯定的约束力和肯定的目标。他们总是拿它与他们称作"神学伦理学"的东西作比较。他们认为,后者没有任何坚实的基础。它依赖于神圣意志的独断命令,而且那个意志是一个无法证明的假设,它最多是纯粹超自然的,与人类的真正目标无关。神学伦理学所倡导的目标与它依赖的基础一样脆弱;更激进地说,它是不道德的。它一直致力于人在来世的自我救赎事业,因此,它要么与现世的人类日常行为彻底脱节,要么与之格格不入。假如我们相信这些作者,神学伦理学所吁求的约束力将毫无价值,即使它在道德上不受鄙视,它躲避了某些独断的惩罚,或赢得了某些同样独断的奖赏,也是如此。

与这个图景形成鲜明对比的,是科学伦理学生机勃勃的前景。它的学理基础是确定的、得到了证明的宇宙规律。我们已经不再置身于猜度、胡扯或独断专行的王国,科学已经发现了所有实在,尤其是特殊动物生命以及人类和人与最特殊同类之间的关系的各种真理。这些真理能够保证与确定诸如地心引力、化合作用等规律是伦理学的未来根基。提供的目标可靠而精确。科学已经发现了进化规律;这个规律表明,宇宙正朝着某个确定的目标发展。人类行为除了与所有实在规律相符合之外,我们还能想到其他更高的目标吗?进一步说,不再需要什么约束力了;约束力失落在了正确行为的动机中。只要告诉人,他的本质与世界是统一的,让他认识到他是世界发展的产物,特别要向他表明,他与社会组织是统一的,要培育他具有以下观念和感觉:他的善就是那个较大的整体的善,他的损失就是那个较大的整体的损失,——所有这一切都不是沉思默想的事,而是科学的事实——除此之外,我们还能要求什么呢?因此,科学家坚持其伦理学的确定性,这与"神学"道德准则的模糊性和随意性形成了鲜明对比;他们强调伦理学的现实性,这与非世俗道德准则的人为做作形成鲜明对比;他们赞赏伦理学的崇高理想,它们胜过了"冥界"伦理学的私人性甚至自私性。

尽管对这些观念的强调如此激情四溢,但至少我们中有一些人依然不为所动。我们相信,神学与道德的起因是相同的,把神驱逐出万物中心的任何做法,同样会把理想的、道德的生活排除出人类生活之外。驱逐神学,就是驱逐伦理学。我们相信,这些事情不是缘于成见,不是缘于传统偏见,似乎也不是缘于一个单纯的信念,即超自然的约束与赏罚对实践教化人性是必需的。相反,我们确信,对宇宙的物理解释必然会将作为伦理学根基的观念和原则被排除在外;我们确信,解释限定为空间并存、时间序列以及机械律支配范围的现实,对道德范畴以及道德实践生活的态度是至关重要的。为了论证我们的顽固信念,我们能说什么呢?

如果要彻底论证它,我们就不得不提到两件事——一件是否定的,一件是肯定的。我们将不得不证明,作为探讨正确行为的伦理学和作为实践上命令正确行为的道德生活,不兼容于现实的物理学解释。我们将不得不证明,它们只能兼容于精神解释;从广泛性和根本性上说,那种解释吻合于基督教神学教义。就问题的这两个方面而言,我们目前只希望能谈一谈其否定方面,肯定的方面留待以后解决。

我们至少发现了道德行为的三个特征。这些特征与纯粹的物理哲学(也即只借助于物理科学范畴的哲学)必定坚持的原理,是格格不入的。它们是:(1)有目的的行为,带有愿望和目标的行为,用行话表述为目的论行为;(2)有选择的行为,即通过个人抉择、意志的行为,以及(3)朝向某个理想的行为,即不是实然的而是应然的行为。在这三个特征中,第一个特征与第三个特征互相缠绕在一起,我们不妨把它们合在一起研究。有目的的行为,与为了实现某个理想而采取的行为,是同一个事情中非常接近的两个阶段。然而,就这个广泛事实和选择性事实而言,物理哲学家之间的立场不尽相同。他们承认,但绝非宣称,道德行为是有目的或理想的行为;他们为之自豪的特别主题是,他们已经发现或构建了它。但是,另一方面,他们否认在个性中潜藏某个决定力的意义上的选择性事实。因此,一般而言,存在许多满足他们观点的条件。撇开选择的可能性与实在性,我们也许会有疑问:这样的物理科学是否足够来界定人类行为的理想?如果不能,基于自我选择,我们也许会确信,这个失败只是我们处理个性与义务问题时的进一步展现而已。

因此,我们将探讨有关伦理理想的问题。也许可以这样来表述物理科学家的立场:现代科学已经发展到了这个程度,它能在同一归纳中把自然界的其他要素包含进人类之中。进化规律表明了,人是世界上到处都在运作着的力量与原理的最完善产物。现在,这个事实具备了两个伦理学意义:它表明,人与自然界没有根本的不同,因而伦理科学与自然科学在方法与观念上就没有真正的差别;因此,为了界定人类行为的根本规律,我们只能去发掘世界的基本规律。简言之,伦理学与神学或形而上学并没有什么关联。这是第一层意义。第二层意义是,在进化规律中,既存在世界的基本规律,也存在人类的基本规律。进化过程向我们展现了宇宙的趋向目标,也展现了宇宙实现这个目标的途径与过程。进化过程已经进展到这样的程度,以至于我们可以了解进化的运作线路,并掌握它所描绘的关于它的本质的那些普遍特点。特别是,社会有机体的进化过程向我们呈现了一个确定的规律。借用这个规律,我们可以在不放弃经验的确定性基础的前提下,极大地拓展并无限地深化早先经验论流派的伦理学。进化规律证明了,我们必须放弃纯粹个人主义的人类观,必须把人类看作与我们现在认为的生命类型相区别的生命体。"类型"并不蕴含任何形而上学的观念,而仅简单地意指同属的动物生命是基础性的,优先于我们所假设的任何特殊形式。这个同属的动物生命,这个"类型",就是社会有机体。个人没有为其自身存在的独立规律;相反,人作为一个派生物,作为社会有机体的产物,人的存在规律就是作为一个关联整体的社会的规律。

因此,社会的这个规律,即这个社会有机体的福祉,是所有人类行为的理想,与之吻合的个体行为是道德的,与之相背离的个体行为是不道德的。这个规律进一步导致的结果,是诸如勇气、诚实、智慧、仁慈等特殊美德被置于严格的科学基础之上;这些美德的有效性如同电、热、光一样,是确定的。这些美德有利于建设和发展社会有机体的幸福,为进化的趋势助一臂之力。它们不再被看作某个至上意志的随意断言,也不再是那个被称为良心的神秘内在力量的随意而孤立的宣言。实际上,我们可以进一步说,良心本身首次获得了科学立场。作为社会有机体产物的个体,必定在自身统一体的表象中嵌入良心因素。他必须把他起源的证据依托在那个更广大更普通的实在上。这个表象,这个证据,就是良心。人类本能地感到诚实是对的,并谴责不公正,因为他内心觉得一个有益于他作为其一分子的整体,另一个有害于那个整体。对社会福祉起帮助或阻碍作用的社会经验巩固了良心。它就是意识的连带性。

当然,"科学的伦理学"这个图景只是一个框架而已,假如它在某处失败了,那是因为它阐明了它在明处的优点,而它的难点则归于它的背景,躲在局部的暗处。

揭示这些暗藏的角落,用一种更近的眼光去观察它背景中的那些细微影像,将使我们受益匪浅;相反,对于那种把这整个图景看作幻象的观点,我们应当表示质疑。这个图景带有唯灵论学派的色彩,尽管它不主张唯灵论;它充满了置生活于意志与理性中的那种人的阴影与影像;它反映了一种来自神的光芒。拿走那个光芒,抛弃那个地盘,解散那个学派,那么这个图景就慢慢地淡化,直到变成一张无意义的白纸。这就是我们的证词。或者不再讨论那个影像,从肯定的角度来阐述这个图景:假如我们认可那个世界观的基本假定,假如我们认可理性的首要地位,假如我们承认意志的至上地位,——那么,我们将看到科学伦理学的一个特定真理,将明白它如何为我们对道德生活的说明提供帮助,如何为我们提供人类教化所必需的支点。但是,为了保持与机械理论的一致性,我们必须否认这些观念。于是,整个方案的价值就被掏空了。这个问题用一句话可以概述为:伦理的与自然的是一回事吗?自然的能被改造并得到高度发展;但是,我们仅仅因为它是自然的和物理的,就能否认从自然界衍生出道德的可能性吗?假如承认道德萌芽于原始状态,承认物理结构的整体只是披上了伦理的外衣,那么,我们就会明白,这个萌芽是如何在道德生活的烈火中最终盛开的,那个外衣是如何最终展现了它包裹着的那个生命形式的。只有这样,我们才能明白。总之,我们最终否认物理意义上的物理世界有任何目的,也否认自然意义上的自然界能诞生理想。我们应当如何才能成功地实现这个否定呢?只要留意众多事实中的三个事实就行了。首先,这个理想与它本身(在理论上)得以演进的过程是不相容的。它与我们猜测它得以发展起来的渊源是矛盾的。这是一个冲突的过程;它的真实状态是敌对、竞争、选择、生存。而那个理想是和谐、目标与生命的统一、福祉社会有机体——一种不是鼓励大家去竞争而是必须用来分享的善。其次,假如承认物理宇宙已经进化出了某个特定目标,那么,这是非伦理的,因为它与人就不存在任何必然的关系;更严格地说,这个目标不是人类的目标,而是把人作为一个工具、一个手段而与之联系起来。伦理上的理想必定是属人的理想,而物理科学展现的理想是使人从属于事物关系的理想。第三,总而言之,我们已经承认得太多了:不仅承认那个与自身演进过程相冲突的理想,承认它是一个客观的理想,承认它与人类没有任何内在的联系,而且承认根本不存在什么物理的理想。自然既没有目的,又没有目标,更没有愿望。只存在变化,但这个变化不是朝着某个目的前进的。

我们将逐个分析这些见解。首先,我们来分析这个理想以及它由之派生出来的过程之间的冲突。无论各种伦理学流派存在多么大的理论差异,它们实际上都有一个共识:道德目标的普遍性认为,这个目标适用于归类其中的所有人。像洛采这样的直觉主义者,把仁慈本身看作最终的目标;功利主义者的座右铭则是"最大多数人的最大幸福",以及"每个人应当被看作一个人且仅被看作一个人";亚里士多德主义者及后康德主义者则把自我实现当作那个目标,不是通过"自我"去理解特殊性,而是去理解那些体现在每个人身上的普遍性,以及发现那个目的是利他主义性质的进化论者。所有这些人都同意,所有人都必然对那个"善"有着同等的主张。每一种思想都发现,那个理想的实际表达是:我们为善的共同体而奋斗,为我们每个人平等享有道德的社会状态而奋斗,尽管这个理想可能存在于生活的其他善之中。问题在于,如何用这样一些力量来统一这种和谐。按照科学家的说法,这些力量就是去实现我们称作"进化"的一系列变化。这就是世人熟知的"物竞天择,适者生存";更恰当地说,这是那些力量的结果。进化过程在不断延续着,因为各种生命体都在不断竞争自然界提供的诸如食物之类的定额;而且在这个竞争过程中,不管由于其器官更适应于获取食物,还是由于其更具繁殖的优势,那些在获得给养上更具优势的物种将被保留下来,而其他的物种则将被淘汰,那些更适应环境的物种将幸存下来,那些不适应环境的物种将被彻底淘汰。因此,竞争,只有竞争,才是那个自然过程的核心。简言之,伦理法则不仅不同于自然法则,而且恰恰矛盾于自然法则。伦理法则把某些条件作为其理想确立起来,它们正好与物理变化的条件相反。于是,我们面临的难题,不仅在于从"非道德"(non-moral)中提取道德,而且在于从"不道德"(immoral)(纵使它属于伦理领域)中提取道德。物理世界的理想在力量和技能上具有优势,而伦理世界中的理想在于善的共同体、道德上的平等。

假如这只是一个理论上的逻辑难题或辩证法难题,假如通过调整陈述就能克服这个难题,那么我将绝口不谈这个问题——更不用说喋喋不休了。但是,对我而言,这一点触及自然伦理学的基本谬误。我们不能通过阐述以下论调来证伪反对意见:一旦他能为他人的情感与目标考虑,开明的利己者必将萌生仁爱之心,唯我者将丧失自身的目标,并因此成为利他的。假如有人一定要这样说,退一步而言,只有当人们看到,鉴于自身利益与他人利益具有同一性,因此人们关注他人利益,并将他人利益纳入对自身幸福追求之中是恰当的,仁爱之心才会出现。其困难在于,这假定了整个争论点——讨论的核心——即某个利益间同一性的存在,以及人们多少自觉地承认这一点。这是道德秩序的真正本质与意义所在:如果承认这个假设,那么,特殊美德与责任的任何发展在学理上是说得通的。假如遗憾地否认这个同一性,否认人们对这个同一性的承认,就算只在情感上没有这样做,那么任何美德进化的根基就彻底丧失了。

假如有一件事被清楚地认定为事实,且被所有流派公认,那么这个事实就是:人的智力性质存在着一个根本的扭曲,这个扭曲类似于人在神学上的原罪,导致他忽视那个事实。尽管那个事实是关键的或对他有益的,尽管那个事实的意义是有争议的,但他还是忽略了它。这就是人类利益同一体的命运,就是"多与一相统一"的善的共同体的命运。对现代伦理学家而言,这个事实是如此确定,如此显然,因而他们中的大多数把这个事实当作理论思考的出发点。但无论如何,这个同一性,这个共同体,就是伦理学家必须真正解决的道德问题。说"因为这个连带性、这个利益联合体,所以人变得利他而仁慈"等,等于说"因为道德秩序,所以人生活在道德秩序之中"。真正的问题是:这个道德秩序包含着什么东西?这个道德秩序意味着什么?——这是人们尚未触及的问题。

因此,对这个问题的真正探索,不是探索在假定利益同一体基础上,人的行为如何从关注自我变成关注他人,也不是探索关注他人的行为如何再次转变成自私行为,而是探索我们所假设的利益同一体是否能从那个物理秩序中衍生出来,或者那个利益同一体是否与物理秩序不相矛盾。当物理进化论者完全认识到这个问题之后,他给出的答案是模棱两可的。他说,必定存在一个利益同一体,因为一切生命形式都是某个基本样式的不同分支:在它们之间存在着某种真实的一致性;它们是互相关联的,通过它们的实在法则,它们组成了一个整体。这样一个答案似乎是结论性的,因为它赋予那个问题优美的完满性,然而它却回避了问题。它仅仅说,由于存在一个起源的物理共同体,所以,必定存在着一个目的的伦理共同体。那么,破坏自然伦理学家答案完满性的那种世故与狡诈,是否为我们提供了一个道德上的反面教训呢?所有生命体的令人满意的验证,是否共同分享着同一个"善"呢?但我们不必借助于范例就可以证明,迎合大众的观点会导致绝对的片面性。这种观点的逻辑模糊性是显而易见的。动物拥有相同的动物起源,这个事实并不能证明它们在生活中有共同的利益;一切生命都有同一个目标即生存,并不能证明一切生命对这个目标有着同等的分享。它们是如何从某一渊源发展成当下面貌的?是通过竞争,通过斗争,通过以其他生命为代价来获得一个善,通过利益的分配,通过强大的攻击武器,通过完美的防守手段,通过不停地繁殖,将其他生命排除。物理的原初统一性只是对各个目标间的真实冲突与斗争更具说服力的证明而已。作为一个根本的、绝对的、首要的事实,而非偶然的、零星的现象,利益同一性(实体)的存在空间在哪里呢?而且,它们如何实现那个共同的目标——生存呢?啊,它们并不能全部实现那个目标,那些实现了那个目标的生命是以其他生命为代价的:不管种类与个体的性质为何,都是如此!我坚信竞争这个事实,其程度已到了无以复加的地步;因为从逻辑上说,这是另外一回事。不必证明伦理理想与自然过程是对立的,但自然伦理学家必须证明那个自然过程能产生一个利益共同体,一种不允许竞争的善,一种所有生命体都平等享有的善。那么,他怎样才能证明这一点呢?除了重复物理的原初统一体——无论它的存在是多么真实,但它与那个目的或者理想同一体毫无瓜葛——之外,他还能给出何种证据呢?实际上,他很少能作出如此深远的回顾。他只想证明这一点就心满意足了:由于人们中间存在一定的利益统一体,对这个统一体的认识也在不断深化,并成为一种日益有效的力量。换言之,他通过设定那个道德秩序来开始他将解释的道德秩序。我们可以猜测,他不是通过以下过程来解释的:人类通过物理进化过程发展而来;人们之间确实存在着一个利益共同体,一个确定的目的整体,所以,前者产生了后者。那么,唯一需要证明的是,后者在广度上如何演化成各种被承认的道德形式。这是对真正逻辑的颠倒。有效的思维方式会说,由于我们有一个不是源于自然过程的利益共同体、一个目的整体,因此,除了物理进化之外,必定存在另一个起作用的东西。除了人与人之间的统一关系——家庭、部落、国家(民族),或人类自身的关系——之外,除了人已经生活于对某个道德秩序——一种在善的共同体中将个人与他人联系起来的秩序——的意识中之外,我们发现不了其他关系。假如我们发现,当这个荒蛮的且在很大程度上是无道德的状态演化成了较高级的道德状态时,那么,它绝对是已经存在的道德萌芽的结果。它是对人与人的整体性——这个整体性是道德生活与自然生活相区别的最根本特征——的更广泛承认。

简言之,自然伦理学家的推论所获得的大部分启示与结论,是由于他们无意识地假设存在物理环境的同时,还存在一个与人类生活的延续相关的道德环境。假如存在一种特殊的道德秩序,进化论告诉我们,这个道德秩序如何成功地在社会生活与个体生活中得到了实现,那么进化论将告诉我们如何在未来进一步实现它的途径;但是,有关"那个道德秩序是存在的"断言却于事无补。

于是,我们必须来讨论第二点。假定纯自然过程能成功地演进出一个确定的目的,并产生对这个目的的知识的意识,那么,我们就不会有任何伦理目的。如此这般朝着某个确定目标前进的物理宇宙的单纯事实,决定不了人应当朝着同一个目标前进。人们想要的,不是什么宇宙的目标,而是人的目标。伦理理想是人格理想。物理进化论者通过忽略它解决了这个难题。他使自己确信,自然过程正朝着某个特定的结果演进,人置身于这些过程之中,因此足够自然而然地断定,这个结果就是目的,也是人的理想。我们不得不得出结论:物理进化论者是逻辑模糊性的牺牲品,他们混淆了真实目标与理想目标。

到了这一步,我们将乐意承认,宇宙正朝着多样性的完美统一、完备和谐前进,朝着生命的丰盈与效率、生命存在与其周边环境的协调前进,或朝着被设想出来的许多其他目标前进;但这只是意味着,最终的说法之所以如此,是因为自然过程持续足够长的时期之后,有关某些事物的条件就会实际地产生。简言之,进化可能向我们展现的是一个实际目标;我们在伦理上所向往的是一个理想目标,是人们可以用来指导自身行为的东西。

现在,我们可以这么来解释这个反对意见:宇宙终究将显露出如此这般的这个纯粹的事实,并不构成我们应当据此行动的任何理由。它提供不了任何权威、任何义务的基础,它没有表达任何"应然"(ought)。"应然"只是表达"实然"(be)的方式:只有"实然",才在时间中形成。伦理学要求撇开"实然"的"应然"理想。不管这个反对意见多么雄辩有力,它都将导致我们去讨论主体选择问题,因为责任与选择具有客观的关联。没有选择,责任就没有任何意义。责任表达了客体物质(object-matter)与主体选择(subject-choosing)之间存在的关系。当下我们决定不考虑主体选择问题,因此在这个意义上的反对意见,将不属于讨论的范围。

那么,这意味着什么呢?从本质上说,这意味着:凡是人的目的,不管它是不是伦理目的,都必定是人自身有能力去实现的目的;它必定与人自身有着直接而切身的联系。除非人有自身的目的,或人是自身的目的,否则,空谈伦理理想皆是胡扯。只存在借助于把人当作工具才得以实现的目的,这是远远不够的;人必须自己去实现这个目的。除非"伦理"这个术语的意义拓展到不指代任何特殊意义的程度,否则,它就不会意味着整体意义上的宇宙活动或行动。它必定意味着人的行为,意味着人有一个要去实现的确定目的。为了实现这个目的,他将为之终生奋斗。

当然,进化论者会说,进化论的真正优点在于证明:在展示宇宙目的的同时,也表明了人的目的。在我看来,这种推论类似于形式逻辑教科书处理谬论的做法:任何一个事物的目的都是它的圆满;死亡是生命的目的;所以,死亡是生命的圆满。我们说到宇宙时使用的术语"目的",意思是宇宙的最终状态,是它事实上所朝向的那个前进方向;我们说到人的道德目标时使用的术语"目标",是人全神贯注的目标,是人在其生存环境中要实现的现实目标。但是,存在着一种有充分根据的感觉,认为纯粹逻辑的反对理由没有多少价值;其反对理由只是为了在辩论中给对方下绊子,为了说服对方相信自己的矛盾,而不是为了建立任何真理。因此,我们必须略微展示一下这种思路。

依物理进化论者之见,特定的人只是自然进化链中的一个阶段;他是先前变化的机械产物,是面向未来的一个阶段。他是无尽链条中的一环,是上一代的结果、后世的上一代。滚滚的浪潮孕育了他,他是浪潮无尽运动的一个漩涡。他作为过去运动的机械结果而存在,他消解在其他运动中而耗尽了存在。他是一个暂时物。在现实中,他只是无穷集体的一部分。换言之,假如我们把宇宙设想为一个整体,并把宇宙设想为有一个确定的目标,那么在机械进化论看来,人只能是实现这个目标的工具而已。对于当下事物状态而言,他是一个偶然;对于未来而言,他是一个工具。他也许是进化过程所经过的一个形式;他只是他的实在而已。那么,在率直的盎格鲁-撒克逊人看来,当我们论及进化过程的目标成为人的目标时,除了这个目标是人的负担物,是人的自我耗尽之外,它的意义还有什么呢?假如人只是实现某个特定目标的工具,那么,在这个意义上,我们如何才能获得构建伦理行为所必需的目标呢?能把那个特定目标当作人类行为的根本法则——你应当使自己成为实现你既不是其一部分也不是其大部分的目标的工具吗?在神学某些阶段流行的某个学说,即人应当乐于为神的荣光而奉献自身,由于他们把这个命令当作伦理行为的唯一的根本法则而丧失了意义。假如只通过物理进化论来解释人类,那么,"进化过程的目标也是人类的目标"这个论述,唯一可能的意义是:人是实现这个目标的手段。

但是,在未来将发生的实际最终状态的目的,与以作为行动准绳而永恒展现的理想之间存在的模糊性,是如此根深蒂固地根植于我们的意识之中,以至于我们无法释怀。我猜想,有些人会说,我以上的言论把一个简单的问题弄得令人产生不必要的迷惑。进化法则证明了,事物是正在消亡的;显然可以从这个法则推断出,人类行为存在于深化那个目标的过程中。它不可能一蹴而就,而是一个发展过程,人类的任务就在于推进这个过程。但是,正如我们前面所看到的,试图从自然过程中推出道德秩序的努力,其所有的力量来自对道德秩序、精神环境的无意识假设。假设它们已经存在,那么这个答案的外在价值来自它假设了伦理理想的存在。假如承认存在这样一个伦理理想,那么我们也许就会承认进化法则能够决定这个伦理理想是什么,它能为那个空洞的形式(即伦理理想)提供内容。但我们现在所争论的是自然过程、宇宙的机械规律能不能产生任何伦理理想。也许可以认为,那些过程将这个世界推向一个特定的终极产物;但是,关于人类行为目标的那个理想在哪里才能出现呢?那个理想并没有出现,它只是一个想当然之物。在这里,我们有另一个真理的证据,亦即假如一个事实是普遍而确定的,即使它的存在是某个理论没有价值的见证,那它也将被用来支撑那个勉强的理论。物理进化论者所面对的问题变成如下:伦理理想是如何产生的,伦理理想是由什么组成的?但是,由于物理进化论者的直觉告诉他,他对这个问题无能为力;于是,他就对这个问题视而不见,并假设已经存在一个伦理理想,接着继续论证进化论是如何决定道德内容的。他没有回答所要回答的问题,相反,他想当然地认为,答案是现存的,并用其他答案来替代他认定的现存答案。自然目标或目的、宇宙终极产物的理想到底是如何产生一个伦理目标、一个人类行为理想的观念的?对于这个问题,他的回答实质上是:当然存在着一个伦理理想;自然伦理学的崇高美德在于它彻底而精确地揭示了那个理想的本质。

现在,本文的写作目的不是为了否认伦理理想的存在,而是认为在检验正被用来解释这个实在的理论的有效性时,人类行为目标这个公认的实在不能被当作理所当然的事实。这里的例子与前面的反对理由相似。在前面,我不否认事实上存在一个利益共同体,一个人类联合体,它可以使我们假设存在着一个善,它的实现能为所有人分享。关键在于,这个同一体,这个和谐体,是不能通过任何操纵活动从自然进程中推导出来的精神原理和理想。而且,我现在不否认,从所有处于不同完善程度的健全人的生活、活动,以及获得其存在的角度来说,存在着一个无可置疑的伦理理想。关键在于,这个伦理理想是一个精神概念,是需要加以证明的看待宇宙的理想方式,而自然进程在其自身内部并没有能够产生这样一个精神原理的生命。

因而,我们进入第三个反对理由。到目前为止,我们已经毫无争议地承认了自然过程具有自身朝向的目标、趋向、目的、结果的假设。我们只是否认这个目标能决定人类行为的目标与理想。我们已经认识到,这个承认没有任何正当理由。自然地,自然界不存在任何自然目的;不存在任何终极结果;不存在任何结局;不存在任何趋向。当这些不构成道德体系时,没有人比这同一批科学家更乐于承认这个事实,或者去验证这个事实。因此,他们将一致赞同斯宾诺莎的观点,即关于自然目的的想法是人类想象的臆造物。他们告诉我们,终极原因在物理解释中没有存在的权利,在自然进程中也没有存在的基础。而且,关于目的的想法首先涉及作为整体的宇宙观,其次涉及宇宙正在实现的某个特定理想或目标。所以,物理学范畴不能使我们抓住这些要素的任何一个部分。科学家经常告诉我们,他们不研究自在之物的本质,他们不关心那个绝对①。这些空洞的抽象,这些无法实现的概念,最好还是留给形而上学去研究。科学家的职责,在于全心全意地探索那些关系与现象。这意味着,他们研究存在于事实之间的各种关联,在这里发现一个,在那里确定另一个;这意味着,他们孤立地研究世界,而非把世界当作整体来研究。事物的真正本质是那个绝对根基,换句话说,绝对基础是作为一个整体的事物,被看作可理解的、自我关联的统一体。因为它囊括了所有关系在内,而且是自我诠释的。

但是,我们不仅仅依赖于权威的证明。科学家不是在向我们解释他们自身的偏好,而是在陈述某些题中的应有之义。科学,比如物理学,研究的是共存于空间中的物体,以及在时间中发生的事件,并将它们用机械因果关系规律联系起来。也就是说,科学不是把宇宙当作一个整体看待,而是受限于空间与时间;它向我们展现的不是一个自我诠释的世界,而是每个细节都要它本身之外的理由来解释。没有任何自然事实能诠释自身;我们必须通过它本身之外的一些东西来诠释它,去发现它的状态。三重地看,科学的世界不是完整的世界,它只是一个无限发展的世界,不管空间、时间还是原因都是如此。因此,那种去发现某个终极状态、结局、结果的尝试,显然是荒诞不经的。不断的变化,运动的变型,就是自然的法则。我们不能作哪怕须臾的停止,宣称看到了那个目的、看到了所有一切的意图。有人试图证明物理领域内存在又不可能存在一个最初因,对于这种令人厌烦的论调,我们已经习以为常了。不存在任何目的、任何划一的趋向这个事实,就是这个问题的正解。

再说一次,假如目的意味着什么,那么目的就是愿望的完成,就是观念的实现。那个目的,宇宙的目标,不可能是终极状态。它不可能是,如果没有它,过去的岁月都将无从谈起;它不可能是,如果没有它,未来的幸福时刻将难以成为事先规划的

---

① 绝对,被认为是所有思想和存在的最终基础的事物。——译者

东西。这样的目的将是一个偶然之物、一个意外事件,不仅如此,甚至是一个灾难。任何可理解的目的,必定是将各个事件、各个实在连接在一起的统一。一个百万年之前发生的事件,与千万年之后发生的同一件事件,必定具有相同的参照物。换言之,它就是对所有的过程进行解释、赋予意义、进行统一的东西。这样一个统一体不可能成为在某处存在的物体或在某时发生的事件。它不可能是存在于一系列有条件实体中的有条件的实在。它仅仅是一个想法,一个精神,一个关于愿望与意义的理想统一。

因此,在物理学家词典中不存在任何关于目的的概念,那个概念只与对世界的目的论解释相一致。目的论解释认为,世界是理性的化身,是智力意图的体现。现在,我们已经非常靠近事情的真相了。不管我们的证词是否证明了物理世界中不可能存在任何目标或目的,当物理进化论者把自身当作建设性伦理学家时,他们的辩论将试图证明存在着这样一个目标。他们将进一步论证,正是由于存在着这样一个目标,他们与否认目的论并不矛盾,而且与承认目标或目的就是伦理理想并不矛盾。他们否认作为推测、作为推论的目的论;但他们完全承认那个目标是一个事实,正如他们将承认他们检验的任何事实那样。他们不关心关于目的、关于终极因果关系的想法;正如他们看到氢和氧的特定组合产生了水那样,他们看到了一个特定持续的趋向——这个趋向已经从一团同质星云演化成这个世界,从缺乏任何特征与智力价值的贫瘠状态转变成我们所面对的这个含有物理、生物以及社会因素的复杂宇宙。进化法则表明,这个世界与它所包含的现实的各种从属部分一起,从一个无内聚力的、无限的同质体发展成一个有内聚力的、确定的或统一的异质体。后面这种状态,即相关因素的这个分化统一体,是所有物理变化暗含的目标。这是一个事实。我们的科学家会说,没有这个事实,他们就无法进行研究。这个事实足以使他们免除迷失在形而上学难题的危险之中。

不可否认,所有这一切像是在为我们带来一种特定的力量,但这种力量从何而来呢?它仅来自对它所要解释之物的一个假设。这些人的真正主张是:假如你以足够的决心来主张一个事实,那么你可以用同等决心来否认探寻这个事实意义的必要性。没有人——至少那些坚信道德的基础存在于现实的理性与精神的构造的人,将不会——否认存在朝向某个目标的趋向,那个目标在斯宾塞先生的论述中已得到充分的描述。更简单说,那是一个完美的和谐体,一个多样化的统一体。但问题是:这个事实的实在中含有什么意义呢?通过对这个事实的任何冗长重复,都不能消解这个问题,更勿论回答这个问题了。我们不否认,我们探究的是:它是否与使用它的理论相吻合,它是否必然意味着现实对它的本质来说是精神的。当然,一个理论试图利用对与其最不相容的事实的重复来弥补自身的不足,这在思想史上并非没有先例。外行听说了那个理论;他们承认那个事实,并借助那个事实的力量来弥补伦理弱点。但是,永远不可能完全禁止人们对两者关系的探索。在这个例子中,我们可以这样说,宇宙被认为朝着一个目标前进并拥有一个目的这个事实仅仅证明了,不管自然物理进化论在其自身的地盘上显得多么完善,它最终无法成功地运用于整个宇宙。一旦我们认识到这一点,就必须取消那种目的论的进化论,代之以机械论的进化论。我们必须用理性目标来解读物理原因。

因此,自然伦理学家提供给我们这样的一个论证过程至少有两个缺陷。首先它回避了这个问题,即是否可以从物理范畴推演出朝向某个目的的行动;而且它陷入了使用一个事实来否认这个事实本身具备的实在与意义的危险,亦即把道德目标与现实的本真结构结合起来的危险。因而,我们必须接着否认,作为自然物理的宇宙没有任何目的或目标。

上述我们所进行的有些冗长而无聊的讨论的目的,在于我们不承认把自然科学看作未来人类道德体系之奠基的主张。我们必须否认这个主张,因为:(1)道德所处理的是一个目标,而受限于空间与时间的自然界并不存在目标;(2)就算宇宙中存在这样一个目标,这个目标也不能够成为人类行为的理想;(3)科学根本无法构建伦理理想的本质特征,也无法在它与人类同一体的关系中为人类同一体提供支撑。

这个否认及其他类似抗议的意义是什么呢?这是不是那些看到自身特权消失了的人作出的混杂非难与哀叹呢?这是不是那些试图削弱他人提供的意见的价值的人,当他们的理论注定要破产时,为了使自身的理论及利益遭受尽可能小的损失而作出的抱怨呢?假如我们听取一些人的意见,似乎就是如此。但是,对自然科学建构一种建设性伦理学可能性的否认,也许并不源自吹毛求疵的排他性精神,而是源于一个深思熟虑的确信,即在自然科学所认定不存在任何道德基础的世界中,甚至连道德生活的须臾立足之地都没有;并源于以下确信:只有对现实的精神解释才能建立真正科学的伦理学,并且向世人证明人类生活方式的正当性。

(王大林　张国清　译)

人类学和伦理学*①

难题

人类学资料同伦理学的关系呈现出一个双重难题。一方面,一个难题是更为原始的习俗和观念对习俗进一步发展的影响。在道德上,传统和传递的作用就像道德的作用一样,在哪里都是强有力的。可是,这内容属于文化史,而且题目太大,不在本文的考虑范围之内。不过,其中的一个阶段属于我们目前讨论的理论范围。许多作者倾向于夸大原始文化同我们今天所熟悉的文化之间的差异。同样地,当他们发现类似之处时,就把早期的思想和习俗当作"残存"来处理。其实,很难找到某一段原始文化,它也不会在我们今天生活的某个领域或方面重复出现。除非古老的信仰和观念同现存需要和条件相呼应,在大部分情况下,传统不会起作用,"残存"也不会再现。简而言之,泛灵论、神奇和拘泥于礼节的习俗有时被看成是独有的或至少是特别的原始传统;这些现象占主导地位是由于心理学上所能观察的人性永久特征所形成的各种感觉、思维和行动。重要的现象不是幸存下来的,而是科学、技术以及其他兴趣和方法的兴起;它们在心理学意义上已经逐渐和稳健地缩小了原始的范围并减弱了它的威力。

---

* 选自《杜威全集·晚期著作》第 3 卷。
① 首次发表于《社会科学及其相互关系》(*The Social Sciences and Their Interrelations*),威廉·菲尔丁·奥格本(William Fielding Ogburn)和亚历山大·戈德韦泽(Alexander Goldenweiser)编,波士顿:霍顿·米夫林出版公司,1927 年,第 24—36 页。

对理论的影响

另一个更狭窄的难题关系到人类学和民族学资料对建立伦理学理论和学说的影响。对那些正在把道德问题理论化的人来说,这样的资料提供了什么启示呢?伦理学家对这种资料是怎么使用的呢?因为人类学显然还是个新学科,这个问题相对来说还是个新问题,对结果极其缺乏共识也就不足为奇了。在目前如此丰富的研究数据面前,有人已经预料到了这个难题及其不同解决方法的更大方面。希腊人同各种人有交往,在交往时,习俗和信仰的多样性和对立性引起了他们强烈的好奇心。这使他们提出了问题:道德是否有一个自然和确实的基础,或者道德是否完全是"习俗"(convention),也就是当地的习惯、法令和协议;或者像我们今天所说,是否有一种绝对和不变的因素,或者道德是否都是相对的?两种回答都提供了;就像今天,那些支持自然或内在看法的人指向了事实或所谓的事实:在不同民族中,有些因素是所有民族所共有的。还有,有点像现代的理论家们,他们在解释这共有因素时有分歧,有人把它归功于人类所有的同一理由——用现代语言来说,就是良心或直觉官能,而其他人采取了一种更客观的立场,认为某些美德和义务惯例肯定会融入社区和社会生活的构建过程。

道德理论家使用未整理的人类学研究数据的另一个例子是:17世纪以来,两个哲学学派——经验论和先验论——之间的活跃争论。这样,我们看到约翰·洛克(John Lock,1632—1704)在驳斥天赋观念时声称"他观察海外几个人类部落……就会自我满足,那里几乎没有称得上名的……没有被各族人民在大体上有所轻视和谴责的道德原则",并引用传教士和旅行者的报告来支持他的观点。以后一个很长时期里,那些流行的但却不科学的类似资料为相对主义和经验主义的道德理论提供了大量依据。

克鲁泡特金

不过,19世纪后期兴起的进化论激起了一种对原始道德更加科学的论述,并引发了系统而不仅仅是有争议地使用日益增多的人类学资料。贵族出身的克鲁泡特金(Kropotkin)的著作是进化论一个阶段的典型理论。他在《互助论》(*Mutual Aid*)一书里,尽力地陈述了互相帮助是动物生活中更高级形式进化的一个基本要素。通过强调这个要素,他发现,道德的非人类基础不在于生物体和物种之间的敌对斗争，而在于通过合作而发展的社交本能。他在《伦理学，起源和发展》(*Ethics, Origin and Development*)中，进一步用这种原则解释了人类伦理学的主要概念。原始人与动物为邻，仔细地观察它们的行为，认为它们有高级智慧，对动物表现的统一集体行动有深刻的印象。第一个有关自然的含糊概括是一个生物同它的宗族或部落不可分离。这样，从低级动物遗传而来的社交本能转入有意识的想法和情绪。社交和互助是如此普遍，成为习惯性的事实，以至于人不会从其他方面来想象生活。他们自己的生存条件是如此，就把"我"吸入宗族和部落。主张自我"个性"，是后来的事。所有伦理学的起源存在于个体对整体永恒的、常显的认同中。从中发展出来的是部落全体成员之间的平等思想，这是正义、公平的思想根基。

然后，克鲁泡特金努力地证明，早期人不但有一定的受奖（相反的是受辱的和受嘲笑的）行为准则，而且有在原则上必须履行而在实践中人人都履行的特定规范模式。他通过观察北阿拉斯加阿留申人发现，那里必须履行的部落条规有三大类。第一类是关于保障每个人和全体部落生活资料的使用。第二类是有关部落成员地位的条规，比如有婚姻的，有对待孩子和老年人的，有教育的，以及有关于预防、纠正个人冲突的条规。第三类是关于神圣事务的条规。克鲁泡特金的总结论是：每一个部落都有自己明确和复杂的道德准则。他的具体结论是：那里有公平或公正的明确概念，也有平等一旦被破坏后再恢复的方法，还有在部落内部对生命的普遍尊重和对凶杀（即弑兄弟弑姐妹）的谴责。在这个时期，道德的主要限制大致上是对那些团体内部的约束，虽然也有一些条规是处理部落之间关系的。

接下来的发展就不完全具有进步的性质。部落之间缺乏适当的条规导致了战争，战争加强了军事领导人的权力，这给平等和正义带来了不利的效应。随着工业技能的增长，财富积累和贫富划分也产生了同样的效应。再进一步，长老们拥有自制条规的部落传统，他们很容易把自己组成一个特殊和秘密的阶层，这就是牧师权力的萌芽。最后，这个阶层把自己的权力和权威联合在军事基础上，确立了统治者。对道德实际进化的研究，只能与在社会生活中（也就是在明确的社会团体中）具体发生的变化相结合。但是，还存在一个明显的事实，即善和恶的概念是在全体社团认为善和恶的基础上演变的，不是以一个个人为准的。很遗憾，贵族克鲁泡特金自己没能活着从事这一研究。当时，他那种联系特定社团生活来研究道德习俗和观念的方法，毫无疑问，比某些作者的方法更加合理。这些作者使用人类学数据，采用纯粹的比较方法，从一个混杂的社团里收集了各族的共同思想，但没有充分对照研究每个民族作为整体的全部情况。

韦斯特马克

韦斯特马克(Westermarck)写的一厚本《道德观念的起源和发展》(The Origin and Development of the Moral Ideas)呈现了比其他著作更多的有关道德的人类学资料,但不幸的是,这本书的缺陷在于无批判地接受了一种自由比较方法。他的起点是偏心理学的。他发现,进化中的基本道德因素不是来自滋生情感和思想的社会关系,而是来自表扬和责备的情绪。这些情绪近似于感谢和愤怒或反感,但与后者不同,它们不完全是个人的。因为它们是同情的(sympathetic),所以有一种后者所缺少的无私、不偏袒和准客观性。这就是说,它们被对方所感受,也是自己在驾驭别人的同情支持。在决定同情的支持和反感被指向的对象及内容方面,习俗被认为是个重要的因素。可是,韦斯特马克却用循环论证来进行推理,认为习俗是使感谢和反感变得不偏和无私的因素,同时也认为习俗是一个道德原则,就是因为坚持它就获得支持,破坏它就遭到反感。这循环论证是重要的,因为它必定要顺着他过分心理的和主观的起点而来。不过,韦斯特马克通过介绍情感偏爱和反感,毫无疑问,受欢迎地补充了像贵族克鲁泡特金和法兰西学派的涂尔干(Durkheim)及列维-布留尔(Lévy-Bruhl)等作者采用的客观社会学方法。但是,我们不能说,韦斯特马克的起点来自一种对人类学资料公正的思考。相反,他是从当代哲学伦理学理论出发的;因为从休谟时代起,至少就英国思想来说,这种理论已经把道德理论家一分为二:一派认为情感是首要的,而另一派认为推理是首要的。克鲁泡特金也受当代问题的影响,因为他想把发现公正或平等作为首要思想,这与他热衷于经济共产主义倾向有关。

冯特

冯特(Wundt)在他的《伦理学》(Ethics)一书里引用了不少人类学资料,但是他更受哲学伦理学传统的影响。他特别注重表明,一种有些抽象的反思在道德概念发展中是重要的;他想这样来说明,经过后来科学和哲学反思形成的道德概念的原始资料存在于原始的种族意识(而不是概念本身)中。他强调这样的事实:原始认可和责备的对象——他跟韦斯特马克一样,从最初始的起源顺序做起——大体上是可察觉的和外表的,而后来的概念是反思的和内在的;尽管有这个事实,但他还是认为人通常是有道德才能的,而后期发展的胚芽蕴育于早期的实践和思想。实际的演变由两股力量来决定——宗教概念和社会习俗及法律准则。

冯特的"理智主义"倾向表现在他的见解里:形而上学元素支配着宗教,即一些有关宇宙以及人与宗教关系的理论。按此思路,涉及宗教的理想客体,特别是上帝的想法,服务于一个双重道德目的:它们提供行为的范例和模式,以此与一个奖励和惩罚体系相关联,它们像道德法律的卫士和执法官那样来运作。在习惯上,还存在一个明显的理智因素,因为人类习俗依赖传统和传承的材料;这就是说,它们需要过去的意识和对未来的展望。这样,一种习俗也是一种志愿行动的标准。它介于道德和(准确地说)法律之间——类似于随个人主观愿望遵守的道德,以及用客观强制手段遵守的法律。这两个方面逐渐地背离了,只有在背离以后,我们才能清楚地区分道德和法律。由于习俗对道德发展的影响,冯特详细地考虑了与习俗有关的食物、居住、衣着、工作、用劳动为他人服务、娱乐、礼貌、交往规则、招呼等,还有家庭、部落、市民生活的明确的社会准则。尽管细节有变化,但这些关系保持不变,这样就为历史呈现的众多习俗提供了一个真正的道德延续因素。还有,在心理学方面存在两个始终如一的因素,那就是崇敬和感情。第一个原先表现在宗教和超自然方面,第二个表现在人的方面,但是它们俩逐渐地互相结合了。这结果就是我们能划分伦理演变的三个阶段:在第一阶段,社会冲动局限于一个小地方,被认为是美德的事情主要是那些有明显优势的外表品行;在第二阶段,社会情感在与之交流的宗教观念和情感影响下,得到明确的认可,美德与一个有社会导向特征的内在禀赋相联系,可社会客体还是局限于当地或全国的社团;在第三阶段,哲学和宗教的影响把客体普遍化,影响全人类,禀赋也经历同样的变化。

霍布豪斯

霍布豪斯(Hobhouse)的《进化中的道德》(*Morals in Evolution*)一书的副标题是"比较伦理学研究"(*A Study in Comparative Ethics*)。他试图追溯道德的发展,所以必须利用大量的人类学资料。霍布豪斯认为,善这个概念是道德的中心和统一主题,所以道德的演变是赋予这个概念的内容演变和实现该内容的方法演变。霍布豪斯比其他作者更明确地提出了社会学和道德发展确切关系的问题,推断它们是密切相关的。任何一个社会发展就像它表达善的概念那样,是道德拯救,而不仅仅是影响,这在其内容上或运用范围里得到体现。因此,大部分原始民族都显示出平等对待和互相尊重的习俗,可是因为在大部分民族中,这些习俗仅作为一个事实而存在,并非一个自觉观念;贫富差异的上升就把它们淹没了。相反,希伯来人掌控习俗就像掌控某种思想一样,所以就能够坚守它们来对抗产生贫富差异的社会势力。根据霍布豪斯的观点,决定伦理演变的因素,第一是社会组织形式,第二是科学和哲学思想的形式,包括在这些标题下的流行信仰,像神话和巫术。在社会方面,道德分别同原始家庭生活、宗族组织生活、城邦、帝国、领土所属国相互关联。知识的相互关联提供了一次思考早期泛灵论和巫术的机会。根据霍布豪斯的观点,总的来说,习俗背后的势力首先主要是非道德的,即相信巫术和惧怕神灵报复。这样,要用非道德方法(像符咒、涤罪和某种抚慰的技巧)来消除容易受这些影响的罪过。相应于这个时期的社会方面,不公正首先被认为是受伤人亲属的报复理由;"正义"并不产生于一种道德目的,而是为了避免或收买一种有害的世仇。但是,当社会逐步感兴趣于维持社会和平时,它发展了对和错的概念,而不是简单的伤害和报复责任概念;与此相类似,在宗教里发展了神灵的概念,它们有兴趣保护无助的人、客人、哀求者,并为了惩罚凶杀者而惩罚凶杀者。霍布豪斯的结论是:道德发展有四个阶段,或至少是一个前道德阶段和三个伦理阶段。第一阶段,习俗惯例建立起来,但它们还没有道德守则的特征。第二阶段,具体的道德责任得到认同,但还不是建立在普遍道德原则之上的。第三阶段,普遍理想和通用标准已形成,但还没有它们的基础或功能知识。第四阶段,反思的延伸,可以发现道德为之服务的人生需求,以及为这些需求服务(包括私人的和社会公共机构的行为实施)的功能,这样就有了一个反思标准来判断行为模式和自称为道德的习俗。

结论

我们简短的概括表明,在关于人类学资料对研究道德理论的重要性或应该用什么方法来使用这些资料等问题上,我们还远远没有达成一致的意见。总的来说,道德理论中原先存在的分歧被吸收为研究资料,并被用来解释它们。不管怎样,我们可以指出一些结合的倾向。

第一,部分的分歧是来自一个无论如何不可能实现的愿望——想要明确地区分一方面是道德概念和实践,另一方面是习俗和经济、内政、宗教、法律以及政治的关系。在早期民族中,这些特性是掺和在一起的,试图要明确表达什么是道德就显得武断,作者只能用一些在当时对他来说有特别伦理特征的标准。某些阶段的行为会随着时间的进展,与那些十分明晰的、有特色的道德概念相结合,而目前流行的实践和信仰的结合则与理论道德家设想的相差较远。换句话说,当下和早期的道德大体上是一个复杂的混合体,那些被理论家理所当然地接受和阐述的概念,除了同宗教和法律有联系以外,对流行意识几乎没起什么作用——这又一次证明了原始道德的一个特征。总之,对道德理论的高要求,一是客观研究早期社会流行的行为类型,不要人为地划分成道德、宗教、法律和习俗;二是研究这些生活习惯在内部和同其他团体交往中的传送和演变历史。这是一个巨大的任务;会完成,但很慢。

第二,行为中的情感因素被发现是普遍和强烈的。但正因为如此,它才是永恒的;它表达了一个天生的心理特征,不能用差异或历史变迁来加以解释;而应该在组织变化、习俗变迁和精神变化,即神学、哲学、科学的变化中寻找它。

第三,虽然在不同时期,工业和商业模式对行为的影响向来是巨大的,但经济决定论的先验假设是毫无根据的。一般来说,这对早期团体而言就不那么重要,因为只要基本需求得到满足就行了。就如同其他因素一样,所谈论的经济力量的上升和下降是一个具体的历史研究和分析的题目。例如,对伦理学来说,奴隶制有着无可怀疑的重要性,奴隶制的起源主要是经济上的,因为在定居的农业生活以前,奴隶是一种财产,但他更多的是具有一种义务。但是,武装征服、荣誉和优越感、性动机都在人类奴隶起源中起了作用;而奴隶制一旦建立,确实就明显地变成一种非经济手段,并以非经济的理由坚持下来了。总的来说,用纯粹的经济观点来解释任何原始社会制度,像婚姻或神话,都会受到质疑。

第四,有关伦理学发展方向究竟是离开还是倾向更多个人特征的争论,双方都没有清楚地用事实来证明。18世纪的浪漫想法——原始人是一种自由和独立的人——已明显地被事实所否定。另一方面,有关早期人束缚于习俗的说法是极端的,或者至少是含糊的。从我们的立场来看,他们受束缚,但是他们理所当然地把习俗当作他们生活必要条件的一部分(比如,就像我们不会觉得必要的呼吸是对自由的限制),因此,他们可能比现代人较少有自由受阻碍的感觉。因为我们有许许多多的个人要求和抱负,所以对限制更为敏感。也可以这样说,我们的许多习俗已是生活中不可缺少的部分,以至于我们不感觉到,或者至少不感到它们是阻碍,但对我们的后代来说,它们也许看起来有着不可容忍的压制性。这样,对富人来说,目前的经济条件可能在将来就是很大的限制；而对穷人来说，据说目前唯一的就是自由受到限制。

没有单一发展

整个伦理演变或进步问题往往被含糊不清地提出来。毫无疑问，创立统一和普遍的道德发展平台的努力失败了。从哲学上来看，而不是从文字历史顺序来看，能否成功地理出一条单一的道德不断发展的方向也许会受到怀疑。一方面，某些基本需求和关系保持相当的常态稳定性；另一方面，这些需求被提出和被满足以及人与人关系得以保持的条件发生了重大的变化。比如，科学方法和知识在长进，经济创新和调控能力在增强，复杂和微妙的法律和政治制度有进步，这些变化都是毫无疑问的。但是，这些进步实施起来如此复杂，引发了这么多新问题，提供了这么多走错路的新方法，所以它们不能等同于实际道德的进步。这些变化提高了行为操作的水准，也提升了理想和准则的质量；但是，正是通过这一事实，它们也大大地增加了过失和过错的机会。这样，给道德演变和进步的意义下定义要小心地区分两件不同的事情——无论是善是恶，所有行为标准的变化会继续，并且以当时的流行条件来判断实际行为的对和错。

如果把前者说成是道德演变，那么我们必须认识到，这演变在大部分情况下并不是完全由道德原因引起的，而是由知识的变化、新的政治和经济条件的改变等原因而引起的。这些变化如此地改变了生活习惯，以致引发了原先道德概念范畴的扩展和内容的提升。比如说，一定形式的工业和商业扩大了人类交流的范围，增加了原先分散人群之间的联系。结果，像义务和权利之类原先的道德思想必须推广普及，而普及化的试图多多少少改变了这些思想的本质。科学变化引起了一个相似的效应。这样，哲学和科学批评的兴起不止一次地打破了道德实践和宗教思想之间的旧联系，最终，道德思想内容得以伸展和修改，以至于能够发表独立于特殊宗教信仰以外的声明。如果我们采用狭义的道德观，那么就应该否定那里存在着一个特别的道德发展的想法；如果我们采用广义的道德观，那么它就融入人类文化变化的总题目了。

相对性和稳定性

接下来的一点是：道德实际内容在不同时间和地点的相对性，在很大程度上与某些普遍伦理关系和理想的稳定性甚至统一性是一致的。正如前述,变化发生的主要原因不在于道德本身,而在于科学、政治、工业和艺术。在道德本身的内容里至少有两股势力来建立稳定性。第一是关于基本需要方面人性的心理统一性。不管人类在其他方面有多么不同,他们都有食物、保护、性伴侣、某种认可、同伙、建设性和操作性活动等的需求。这些需要的统一性就往往是那些人性不变的夸大说法的基础,它足够保证某些道德模式在变化的形式下持久循环。第二,某些条件一定要满足以维持人类的交往形式,在文化范畴内,不管人类交往形式是简单还是复杂,是高级还是低级。如果人类要共同生存,一定程度的和平、秩序、内部和谐就必须得到保证。

由于比较稳定性的这两个因素的缘故,有时关于道德相对性的极端说法是站不住脚的。不过,我们不一定要借助非经验主义的说法来解释已被发现的统一性程度。每个社会都有自己共有的赞成和不赞成的方式,同样地,每个社会都有一种善与恶的对立性的看法。内容变化很大,它们来自能使要求得到满足的、可自由支配的技术和其他方法,来自社会结构的细微区别。每个社区共同体都认为对社会需要和永存作出贡献是善行。每个社会共同体都强烈地谴责阻止满足共同需要和引起社会关系不稳定的行为。这样,如果凶杀的定义是杀了兄弟或团体内的一个社会成员,那么凶杀就会遭到普遍谴责。现有的例外就像那些被公职人员判处死刑,或出于自卫,或由于战争,这些都不会被认为是凶杀。甚至还要用批判的眼光来看待那些关于不尊重财产的说法,我们首先要了解:私有制是否、在什么方面是当代的一个体制,节俭从属于慷慨,所涉及的人的相应地位相差有多远,等等。直到最近,那些追求(道德)统一性的人还这样做,因为他们认为这是对一个共同的道德先验基础的存在证明,而那些相信经验主义和自然主义基础的人才觉得有义务去寻求和强调道德的不同之处。只要追求道德统一性的动机一消失,我们就可以期待形成有关不同时期道德的统一性和差异性的共识,特别是如果不严谨的比较法让位于对各种具体文化的相关性研究的话。

(余小明 译)

进化和伦理学*①

对具有严密逻辑性的头脑来说,思维的发展方法绝对是一个令人困惑甚至恼人的事情。它的过程并不是子弹划出的简单曲线,更像是帆船在风向变化莫测的海上行进时留下的曲折航线。我们在回顾得到某个确定结果之前的整个反思性思维过程时,会发现其中很难找到一个单一的问题。一般来说,一旦当问题得到确认,冲突的秩序划定,明确了冲突的双方,那么整个场景就变了;兴趣会转到问题的另一个阶段,老问题却悬而不决。将老问题搁到一边,不是因为找到了令人满意的答案,而是因为已经对它不感兴趣。要把注意力放在看上去更重要的新问题上。经过一代人或一个世纪以后,如果某人回头审视那些最终达成了一致性的解决意见的争辩,他会发现,意见达成并不是因为进行了详尽的逻辑讨论,而是因为人的观点变了。问题的解决,只是心理上的,而不是逻辑上证明的。

我在讨论进化和道德伦理关系的问题时,想到了这种普遍的反思性。上一代人所有的兴趣都放在研究人类和低等动物的确切关系上。有一个学派的理论涉及将人和其他动物的区别降低到最低的可能性,并认为,人的意识不管是理性的还是道德的,以及人的生理特征,都应该是直接遗传自某种类人猿。也有另一个学派,

---

* 选自《杜威全集·早期著作》第 5 卷。
① 这是在芝加哥大学夏季期刊刊发的一份公共演讲稿。这能说明为什么缺乏对其他同样类型的文章的引用。但是,我会特别注意莱斯利·斯蒂芬(Leslie Stephen)先生在刊物《当代评论》上的文章"自然选择和伦理学",以及卡洛斯博士在刊物《一元论者》(第 4 卷,第 3 期)上的文章"伦理学和宇宙秩序"。
〔本文首次发表于《一元论者》(*Monist*),第 8 卷(1898 年 4 月),第 321—341 页。作者生前未重印。〕

他们放大这种区别,可能的话,把它变成不可逾越的鸿沟。如果一个人说现在这两种对立观点已经通过大量具体的详细证据得到了解决,或者说大大地前进了,那么他就是个傻瓜。真正对这个问题,不论在上述的哪个方向上(是从事实而言,而不仅仅是一般性的考虑)都有启发的著作屈指可数。但是,突然我们发现对这个问题的讨论停止了,又发现争辩的重点转移到了我通常称为进化概念和伦理道德的概念上。争论集中在对进化论和道德行为的概念的认定上。可见,研究的旨趣已发生了变化。

我今天要讨论的是后一个问题。已故的赫胥黎教授1893年在罗曼尼斯讲堂的一次关于"进化和伦理学"的演讲(Romanes Lecture),即使不是首次提出,却也加快了问题在这个特殊阶段的发展。我会在我的文章中用到他在演讲中的一些观点——不是为了对它们进行直接反驳,而是把它们当作起点,方便导出我认为是基本原则的问题。在他的演讲中,如同你们所记得的,赫胥黎先生用他那尖锐有力的语言指出了被他称为宇宙进程和伦理进程的两个进程的区别。现在能回忆起他的演讲所引发的大讨论的那些人一定记得,当时很多人觉得如同呼吸遭受到了一次沉重的敲击,几乎停止。赫胥黎先生好像突然来了一个大变脸,放弃了对进化进程的一致性的深信不疑,而接受了他以前曾多次坚决反对的将人与动物极大区分的理论。对一些思想保守的人士来说,似乎是所罗(Saul)终于把自己转变为了一个预言家。不同的人依照自己的好恶,对这次演讲给出不同的诠释,或表示谴责,或对它热烈欢迎。

赫胥黎的立场,就我们关心的而言,可以归纳如下:宇宙进程的准则是竞争和对立,伦理进程的准则是同情与合作。宇宙进程的目的是适者生存,而伦理是使尽可能多的适者生存。宇宙进程在伦理这个法官面前被宣告有罪。这两个进程的理论不仅水火不容,甚至相互对立。"社会进程意味着要审查宇宙进程的每一步,同时审查它的每一步的替代品,即伦理进程;伦理进程的结果不是那些偶然在一个特定环境下成为最适者的东西生存,而是那些从伦理角度上来说最好的东西生存。从伦理角度来说最好的东西——我们称之为善良或美德——的实践涉及的一系列行为与在宇宙进程中为成功生存而进行的竞争完全对立……宇宙进程和道德结果没有一丝联系。人类的模仿和伦理的最初原则是相矛盾的。用一句话来说,社会的伦理进程不在于模仿宇宙进程,更不在于背离宇宙进程,而在于与宇宙进程对抗。"(《伦理学和进化》,第81—83页)

但是，即使在演讲稿中，赫胥黎先生仍然使用了特定的表达。这说明，他的观点转变到对立面并不意味着放弃以前的进化论。因此，他说伦理进程"严格说来，是普遍宇宙进程的一部分，就像蒸汽机的调节器是整个机械装置的一部分一样"（第20行，第115页）。在之后的那篇多多少少是因为由演讲稿所引发的争论而发表的评论中（发表为"序言"），他进一步阐明了自己的立场。他用双手打了个比喻：在它们伸展或拉扯时，一只手对另一只手来说是对立的，然而两只手的力量来源是相同的（第13页）。这并不是说伦理进程是整个宇宙进程的对立，而是说宇宙进程中通过社会中的人的行为来维护的那一部分，它的方法和目的与宇宙进程的另一部分是根本对立的。这另一部分出现在进化阶段的时间，比有社会性的人登上历史舞台还早。

他又用了一个有关花园的比喻表明自己的观点（第9—11页）。在宇宙进程中，没有人类时，植物自己会占据一块土地，因为这是它们适应的环境。人进来了，把这些植物当作杂草拔除，或者把它们看作是对他来说毫无用处的东西。他根据自己的喜好，有目的地栽种新的植物，接着立刻着手改变环境；必要时，给土壤施肥，修建围墙，改变光照和空气湿度，把花园变成一件艺术品——工艺品。这件人有目的地付出劳动而得来的艺术品，和自然状态是对立的。人如果不再有热情，不坚持下去，放弃劳动，自然力量和自然状态就会卷土重来。围墙倒塌，土壤失去肥力，花园最终仍旧是杂草丛生的样子。

赫胥黎先生是一个言词犀利的作家，他的举例牢牢地抓住了人的心理。但是，进一步考虑这个例子，可能会引出一个截然不同的结论。例子是一把双刃剑，我对类比的公正性一直持这个态度。伦理进程，就像上述那个园丁的行为，是一个长期的斗争。我们不能对事情任其发展，如果听之任之，就会产生倒退。对业已存在的状态加以监管，保持警惕，持续干预，是维护伦理的必需手段，就像打理花园一样。然而，问题是要对这种对抗和干预进行定位——这意味着我们从整体进化过程的角度来理解它。

例子暗示着，我们在现实中作为人的特性并不和整个的自然环境冲突。我们只不过是把环境的一部分拿来作参照，用以改变它的另一部分。人不是与自然状态对抗的。他是利用自然状态的一部分来控制另一部分。"改造自然没有意义，但是自然本身有意义。"上面那位园丁自己栽种的植物和培育的蔬果，可能根本不适合花园这个特定的环境；但是，在人类的整个大环境中，它们可以生长。他用人工调节出来的日照和空气湿度条件来栽种,这对花园这一块特定土壤自身来说是陌生的,它本身调节不出来;但就对整个大自然来说,这样的日照和空气湿度在某处一定存在。

这些事实也许明显到不值一提,它们当然不会被赫胥黎忽视。然而,却仍然有一些未被赫胥黎先生发现。因为,如果我没弄错的话,我们进行深入考虑,例子的整个含义就会发生变化。我们被引导到不去考虑花园和园丁的矛盾,而考虑依靠人的意愿和行动的艺术进程和自然进程之间的矛盾。我们的注意力被引导到用更广泛和完全的视角——通过审视这个地方在整个环境中所处的位置——来解释一个狭小而有限的环境。人的智力和行动是相互联系、相互影响的,而不是一个反作用力。当赫胥黎说"宏观世界和微观世界是竞争的关系;人最终会征服自然;文明的历史详尽地说明了我们是如何一步一步在宇宙中建立起一个人工世界;人具有运用智慧来做事的能力,以影响和修正宇宙进程"——在我看来,他的理论就是说,人是宇宙进程在自我发展过程中的一个部分。这个过程本质上存在于通过将环境的一部分与环境整体紧密联系起来而改造这一个部分的过程中,而不是再一次强调人与环境处于对立之中。

赫胥黎自己详细说明其论点的含义。在引用的文字中,他把"那些在整个生存环境下偶然成为最适者的生存与那些从伦理角度来看是最好的生存"作了对比。斜体字部分概括出了整个问题所在。毋庸置疑,有限的环境中的最适者并不与伦理上的最好等同。那么退一步讲,如果把整个的生存环境纳入考虑呢?这难道不是赫胥黎先生将他的二元对立理论推至的范围吗?这难道不是流行的自然与伦理的对立吗?其结果,便导致关于在什么条件下使用"适合"的有限的视阈。在宇宙自然中,如同赫胥黎先生所说,什么才是最适者取决于环境条件。如果我们的半球再次降温,"在适者生存的法则下,恐怕除了一些苔藓、藻类点缀大地以外,什么也留不下"。有了从这方面考虑问题的观点,我们就不可能不从另一方面加以考虑。使用"适者"这个词,一定要涉及的环境条件,包括业已存在的社会结构,以及这个结构中所有的习惯、需求和观念。如果是这样的话,我们有理由得出这样一个结论:"整体环境条件中的适者",就是最好的;事实上,我们衡量是不是最好的唯一标准,即是否能发现与环境条件统一。不适者在现实情况中是反社会性的。

不精确的大众观点——赫胥黎先生自己不会掉入这个陷阱——习惯于假设,如果严格遵照生存竞争和适者生存的原则,结果就是老弱病残的灭亡。一项对这个大众假设的调查可能可以解释这个观点。我们都很熟悉费斯克(Fiske)的结论,他认为文明是幼年阶段延伸的产物;必须悉心照料不能自理的幼儿,经过一段持续增长的阶段,便会激发出喜爱和关心。这是社会生活的道德根源,同时这种必要性还要求有前瞻和远见,这是社会发展依赖的工业艺术根源。费斯克先生的论点不管是对还是错,值得拿来反驳上述流行的观点。我们怎么能因为"适者"才能生存而让无依无助的群体灭亡?很明显,在这里,婴幼儿是"适者",不仅从伦理上而且从继续推动进化进程角度上来讲都是如此。但是,当我们用整体环境条件作为标准来衡量时,难道还有理由假设说无依无助的群体当前就不是同样的"适者"了吗?

假设一个史前氏族部落有一个领袖,有人向他提议:为了让自己的部落在与别的部落为生存而战斗时有强大的战斗力,应该处死那些老弱病残的成员。我们想象一下,我觉得,他会这样回答:"不,刚好相反,为了加强战斗力,我们必须赡养这些人。没错,他们现在确实是在浪费我们的资源,我们要把一部分原本可以用来和敌人作战的精力额外花在他们身上。但是,通过照顾这些人,我们可以发展我们的前瞻和远见能力,让我们养成深思熟虑的习惯,这些最终会让我们成为战场上最富有技巧的人。我们应该形成忠于部落和团结一致的习惯,这是那些不关心、不照顾每个氏族成员的部落无法获得的亲密感,它可以把我们紧密地联系在一起,让我们所向无敌。"一言以蔽之,照顾老弱病残的行为会在为生存而进行的斗争中大有裨益,同时也是一种合乎道德的行为。

如果这个氏族部落能够看到任何解决紧急危机的方法,就不会有人否定以上一番话的逻辑性。不单单是让老弱病残老有所依,而且形式多样,这意味着智力上的远见卓识和计划能力的历史性进步,也意味着社会群体的团结性增强。谁会说这种品质不是在生存战斗中的有力武器呢?谁又会说那些激发这种力量的人不属于"能够生存的适者"之列呢?要不是鹿一看见老虎或者狼就吓破胆,跑得飞快,老虎和狼也就不会成为凶悍有力的猛兽。再说了,治病不如预防。只有通过照顾老弱病残,我们才能学会如何预防疾病,保持身体健康。

我讨论这个特别的小故事,是希望些许扩大我们对"适者"这个概念的理解范围,希望在诠释这个词时习惯性地把它和久已不再的环境联系起来。动物中的适者,并不是人类中的适者。这不仅因为动物没有道德观念,而人有道德观念;还因为生活的环境条件变了,不能抛开环境条件来定义"适者"这个词。现在的环境很明显是一个社会环境,所以"适者"这个词就应该有社会性。而且我们现在所处的环境是不断变化发展的,每个人的适应性都应该由整体的变化来判断,还包括那些预期中的变化;即不单单是今天的情况,还有将在明天发生的情况。如果一个人只适应现在,那他不是生存的适者,他肯定会失败。周围环境一旦突发令人措手不及的变化,具有灵活特性的人能够不费太大气力调整自己适应这种变化,人的适应性一部分就存于这种灵活特性之中。所以,我们没有理由把伦理进程放在自然进程的对立面。对一种条件中的适者的要求,即他也要适应其他条件,因为条件是不断变化的①。

让我们把注意力从"适应"这个词转到过程或方法上来——"生存竞争"。在道德世界里,应该坚决反对并停止任何形式的斗争,把斗争打上不道德的烙印,的确是这样吗?或者从适应这个角度考虑,为生存而进行的斗争在伦理上和在生物上一样有必要性吗?现实生活中,为生存而斗争的想法是由引起斗争的环境决定的。一次生存之战,胜利的战斗,同时从另一个方面说也是一种消息和癫狂。这就像将人类发展的各个阶段与动物发展的各个阶段加以对比。为生存而进行斗争的本质是自身在不断调整,不是因为别的东西将其替代了,更不是因为与其对立,而是因为生活条件在变化,所以生活模式也要调整。石炭纪的事物不会存在于新生代。既然如此,我们为什么还要觉得对肉食性动物来说有价值的东西对人——一种社会动物——来说也是有价值的呢?如果我们没有找到在两种情况下都有效的品质(即都因此能保留下来的品质),或者我们发现现在需要的是另一种相反的品质,那么我们有什么权利来假设曾经通过生存之战达到的目标现在以另一种相反的力量也能达到呢?

"生存之战"这个词,似乎被赫胥黎先生用在两个完全不同的意义上。一种是它实际上意味着自我肯定(self-assertion)。我觉得,为生存而进行的斗争就是生活存在本身。生活能够自我修复,因为它是生活。颁布的法令是当时生活的结果;它们是它的一种表达、一种显现。

这时的自我肯定没有包含不道德的内涵,除非生活的本质就是不道德。但是,赫胥黎在使用"生存之战"这一词时,也有明显的自私性的意思。他在讲"猿和虎的

---

① 这正是赫胥黎先生坚持自然和伦理进程对立的原因。我没有办法不相信,这是赫胥黎先生意识深处的真正想法。但是他说,不是适应、生存竞争和选择三者的形式和内容随着环境条件变化而变化,而是这三个概念失去了所有的适应性。这是现在正在讨论的观点。

提示"时,打上了原罪的烙印(第52页)。他把自我肯定看作"厚颜无耻地把所有能拿到的东西都抓到手上;把所有得到的东西都牢牢抓着不放"(第51页)。它是"残忍"的。它是"推倒或践踏其他竞争者"。它"包括了斗剑者的生存理论"(第82页)。因此,它是"伦理的一个强有力的顽固的敌人"(第85页)。

当然,所有的这些都只是花巧的言论,而不是哲学,更不是科学。我们从祖先那里继承了冲动和倾向。这些冲动和倾向需要修正,需要加以约束和抑制。这毋庸置疑,问题是如何看待修正的本质、约束的本质和它与自我肯定的原始冲动的关系。当然,我们不想压制我们作为一种高等动物所继承的动物本性;也不希望仅仅是为了抑制而完全抑制它。它不是道德生活的敌人,很简单,因为没有它就不可能有生活。不管生活需要什么,这里面总有一些和道德生活有关联的东西。这是千真万确的。自我肯定,或者我们应该称之为生活,不仅是负面的,而且是伦理进程的一个积极因素。勇气、坚韧不拔、耐心、进取心和积极主动,这些冲动就是构成生命过程的自我肯定形式,除此之外,它们还能是什么呢?如此而已,我猜想所有人都会承认:难道节欲、贞节、仁爱和自我牺牲就不是自我肯定的表现形式了吗?一个人如果明确而坚决地开始某种改革,为了成功,他要牺牲现有的舒适生活,甚至他的社会声望,这种行为难道不也是自我肯定的表现吗?

这个例子揭示的简单事实就是这些暗示,即使是"老虎与猿猴"的暗示,都只不过是暗示而已,不分道德或者不道德;不是原罪,而只是特性。它们是所有法令,不管是好的还是不好的法令的基础和素材。用一种方法培养,它们就会成为好的;就像用另一种方式培养,就会成为不好的一样。一个人如果把自己身上遗传的动物性看作邪恶的,想把它与自己用智慧寻求的目标脱离关系,那他在逻辑上只有一个办法——寻求涅槃重生①。他将自我否定变成了绝对原则。其他所有人,当时听赫胥黎作演讲的那些男男女女,对他们来说,自我约束只不过是自我肯定中的一个因素。它和自我肯定形成的特定方法有关。

赫胥黎先生对为生存而进行的斗争和为快乐而进行的斗争加以了区分(第40页),我在这里可能忽略了这个区别。前者,他是在一个完全技术的意义上使用的,

---

① 很奇怪,赫胥黎可能没有发现,从他这个极端反对的前提所导出的逻辑结论,就是他自己在文章前面用这种文学力量提出的(第63—68页)。我的理解是,他没有表明自己是在多大程度上从修辞而非实际意义的角度提出反对意见的。

认为它仅仅是为了获得永恒不朽的生命而斗争,脱离了生命的追求,把为生存而进行的斗争从其他的直接冲突中分离出来,这使得一些东西被掩盖了。有人可能会说,为生存而战不会继续在伦理进程中出现。他认为,为生存而战,就是简单的"活下去的方法"。除此以外,我们还有为获得快乐而进行的斗争。

我对此的反应,首先是赫胥黎先生在这一点上自相矛盾得厉害:第一,可以对他的上述区分忽略不计;第二,我不觉得这个区分有任何准确性。

就赫胥黎先生的自我矛盾而言,他在很多地方说过,这种(与为获得快乐而进行的斗争截然不同的)为生存而进行的斗争现在走到尽头了。它只存在于社会形式的低级阶段,那时生活不稳定。为了食物,人与人互相残杀。即使它还存在,也只是存在于社会的犯罪阶层(第41页)。从某种角度来看,赫胥黎先生现在拘泥于这种观点。如果斗争现在仍然在继续,选择仍然在进行,就有理由假设它是社会发展中一个独特的机构。赫胥黎先生坚信,自然选择在社会发展中已经不起作用,需要去寻求另一种资源。但是,如果为生存而战因此在任何一人类社会中都停止,那么说它现在是"伦理自然必须认真对待的一个顽固有力的敌人"还有什么意义呢?如果它因为条件变化已经消亡,那么为什么伦理进程还要花大力气与它对抗呢?就"让死人埋葬死人"吧。①

换句话说,赫胥黎先生事实上无法把"为生存而战"这个短语的意思局限在一个狭窄的含义里。他必须把它扩大,用来包含为了身体继续存在而进行的斗争,以及为了维持生活而做出的所有行为。那么,将为生存而进行的斗争和为快乐而进行的斗争加以区分就不对了。完全不对。我持这个观点。如果狼的为生存而战只是意味着让自己这一方活下去的话,那么我决不怀疑羊的一方将会很高兴地作出一个妥协,提供给它必要的食物——包括时不时地给一碗肉汤。但事实上,狼就是狼,它并不只是想活着,而是作为狼而活着。没有哪个机构能区分什么是纯粹的活着的渴望和要为自己创造快乐生活的想法;而且也没有哪个看官能聪明到给另一个人画出来。

那么,什么是作为道德生活中要素的冲突和张力?——印象中,这与赫胥黎先生在这一点上的看法没有不同。唯一的疑问是:是否在伦理进程和宇宙自然进程

---

① 他的矛盾:"社会中的人毋庸置疑是受宇宙进程影响的……为生存而进行的斗争倾向于让那些不是很适应的调整以适应它们的生存环境。"(第81页)把15页、36页和38页与这个对比。

之间存在对抗？我们之前讨论得出的结果不可能是后者，因为自然进程，即所谓由遗传而来的动物性本能和冲动，不仅是道德行为的刺激，而且是道德行为之源。完全地减弱它们，与给它们限制不同，会减少道德行为的功效。那么，斗争来自哪里呢？很明显，来自对构成了自我肯定的动物本能的限制。但是再问一下：这种限制到底意味着什么呢？很简单，我解释一下，是一种曾经适应某种特定环境条件而现在必须适应其他环境条件的行为。努力，斗争，是这种重新适应[①]的必要性的代名词。最初那些引发力量，引导它自我"选择"（自我选择是它的起源所在）和形成的环境条件已经消失。虽然事实上不是全部消失，但消失了大部分，以致现在力量或多或少已不相关。事实上，从起作用的角度来说，没有对环境的调适，它现在就不是一种可以根据整个生存条件而有效运作的"力量"。赫胥黎在他所说的"在极端的情况下，人类用斧子和绳索竭尽全力地终止了对过去生活的适者生存"中已经对事情作出了判断。"对过去生活的最适应"，包含了问题的症结所在。那些促使其生存下来的行为最适合已经过去的日子，但不是最适合现在。这时出现了斗争，但不是抑制它们，也不是代替它们，而是重组它们，调适它们。因此，它们在现有的环境之下发挥功能。

我认为这就是事实，并且整个事实包括在赫胥黎先生的道德和自然秩序的对立中。对立的焦点存在于适应过去状态的机能和满足目前情况的机能这两者之间。这种紧张状态要求重构。过去结构和目前情况之间的对立，正好符合花园的例子中的暗示。当陆地上开始出现动物生命的时候，水变为生命条件中的唯一因素，而且动物对其的态度也发生了改变。现在当然不能在没水的环境中生活，反过来也一样；但是，作为环境条件的一项，水和湿度的关系已经发生了巨大改变。一个早期的赫胥黎主义者可能会说，动物生命的未来是否成功取决于与其生存于其中并从中获得发展的自然进程作斗争。事实上，仅仅作为一小部分的需求是从属于整个大环境的。

因此，当赫胥黎先生说（第12页）"自然界总是最终会收回她的孩子——也就是人类——从她这里借去的东西，并重组于普遍的宇宙进程中不受欢迎的联合中"，这只是表示不包含人的环境和包含人在内的环境是不同的。从另一个方面来

[①] 我在1897年1月出版的《哲学评论》杂志的一篇文章《努力心理学》中，从心理学上发展了这个概念（《杜威全集·早期著作》，第5卷，第151—163页）。

说，这些在普遍的宇宙进程中受欢迎的"联合"也就是进程在其身上留下征兆的人。如果把人从这个进程中剔除出来，事情就会改变。说这样的话，就如同在说如果它们是不同的，那么它们就不会一样；或者说，一个部分不是整体自身的全部。

有很多迹象表明，赫胥黎先生在他很多的论辩中都有斯宾塞先生的思想。这表明他真正的目标是站在斯宾塞先生立场上的假设，这个假设是：进化的目标是达到一个和平幸福、没有痛苦的终极适应境界。和这个了无生趣的美好境界不同，赫胥黎先生是希望唤起人们对这样一个事实的注意，那就是伦理进程意味着不断的斗争、征服以及伴随征服的反抗。但是，当赫胥黎先生断言斗争是存在于自然进程和伦理进程中时，我们必须和他脱离关系。他似乎想说明，在远古某个世纪，猿和老虎可能被人类完全征服，"道德进程的顽敌"最终被踩在脚下。然后，因为食物匮乏，斗争将变成对环境的斗争。但是，我们必须清楚，赫胥黎先生在这里陷入了一个指控，那就是他对斯宾塞学派的反对。所有在今天既定环境中成形的习惯和观念，或多或少将成为几百万年后人类道德行为的一个障碍，就像猿和老虎的习惯对于我们人类一样。它们代表的是已经过时的条件环境的余存，所以需要重组和重新适应，而这种改变是伴随着痛苦的。成长需要付出代价。为了满足新兴的要求，需要抛弃陈旧。

然而，这种斗争与其说是生物进程的特征，不如说是伦理进程的特征。久在人类出现在地球上以前，久在出现第一次对与错的争论以前，对已消逝的环境中的行为模式固守不放的东西将在生存斗争中处于劣势，最后终究会趋于消亡。那些赫胥黎先生多次强调的冲突因素其实在生命之初就已存在，并且我们在这个动态而非静止的世界生存多久，它们就会存在多久。他所坚持的是必须重组和重新适应——根据未来的环境条件改变现在。

对于动物而言，这仅仅是一种快乐的猜测——一种机会。在人类社会中，便是预测；对人而言，就是明智而可控的远见，就是保持业已形成的经过一代代传下来的传统制度的必要性，同时对它们进行修正，以更好地适应不断变化的环境条件。抛弃这些制度，会引起社会动荡和无政府行为；而保持一成不变，就会走向僵化和消亡。问题在于如何调和不受约束的激进主义和呆板的保守主义之间的关系，促进改革往合理的方向发展。在心理学上，张力表现为习惯和目标之间的冲突：正如我们所看到的，为了保持意识生活而必要的冲突。没有习惯，我们什么也做不了。但是，如果习惯变得顽固不化，无法适应新的环境条件下可能出现的结果,那它们就会变成行为的阻碍、生存的敌人。那些与结果或理想的冲突让习惯保持运作,是一个灵活有效的行动工具。没有这种与习惯的冲突,结果就是模糊、空洞和情绪化的。尽可能地描述这种冲突的特征,通过利用习惯来实现它,这是具有现实意义的。当然,如果没有习惯与之对抗,是无法实现这种描述的。

如同习惯和目标在保持意识经验中是两个合作因素一样,如同制度和改革计划在我们的社会生活中是协同伙伴的关系一样,如同两者间的相互对抗对于它们最终有价值的相互适应是必要的一样,冲动(如果我们愿意,也可以称之为动物的本能冲动)与理想(如果一定要我们在前面加上"神圣"这个形容词)两者在它们自身和在它们之间的相互对立都是必要的——对伦理进程是必要的。理想处于冲动的对立面,这对理想而言是合理的;但对动物而言,其暗示的功能就很容易被逮住。

在定位和解释这种紧张、这种自然和道德的对立中,我已经做了我想要做的。在结束这一问题之前,似乎还有另一种观点值得探究。在所有关于进化的讨论中,总会发现有三个阶段——自然选择、为生存而战和适者生存。后两者,我们已经讨论过它们与道德生活的关系。现在对自然选择再说两句。赫胥黎先生在这个问题上的立场不是很明朗。已有的迹象表明,他的立场如果不用自相矛盾来形容,那就是多变的。有时他似乎坚持说,自从为生存而战从社会领域退出历史舞台以后,自然选择也停止了行动;因此,它之前所做的工作(我们可以暂时把它拟人化为一个主体),现在必须用另外的方法来做(见第43—44页)。有时他似乎又坚持说,它仍然在继续,但是从伦理的角度来看,它对整体的发展趋势有不利的影响,所以需要有意识地抵制。

毫无疑问,在社会生活领域中,自然选择的范围到底有多大这个问题的确是令人迷惑不解的。它是仍然存在还是不复存在呢?如果答案是肯定的,那么它的运作模式是怎样的?许多人似乎猜测说,只有在我们刻意孤立那些我们认为是不适应的人或物,并阻止他们繁殖后代时,才会有自然选择;或者只有当我们人为地划分归类,以放弃我们认为是低等的社会和动物类型为代价而选择高等的社会和动物类型时,才可能发现有自然选择的存在。所以,赫胥黎先生自然而然地从这个意义上考虑自然选择,不仅在实践上是不可能的,而且在本质上也不是理想的。但是,难道这就是自然选择唯一的主旨吗?用一个后来的作家们发明的词语,是否接下来就是说社会选择在根本上区别于自然选择呢?

那种认为自然选择已经停止运作的看法,基于世上只存在一种形式的淘汰选择这个假设,即假设某些物种繁衍生存失败给予了发展间接的影响;随之而来的,是其他的变异物种继续繁殖,最后在陆地上站稳了脚跟。自然选择一个尤其重要的阶段,就是所谓的灭亡的苦痛。我们必须承认,这是史前时期主要的生存方式,这点毫无争议;虽然一些学识渊博的人肯定会有足够的理由,质疑以上这个得到承认的观点。但是,认同这个的确是伴随着淘汰的进程,对我来说似乎是一个有点混乱和狭窄的视角。不仅仅是一个整体的生命形式的存在以淘汰其他生命形式为代价,而且是一个单独的个体中的一个行为模式也以淘汰其他的行为模式为代价。不仅有面临消亡的考验,还有特定行为成功或失败的考验——我猜测,这可称为生理选择的对应物。这里,我们不必深入讨论遗传获得的性格,以免陷入喋喋不休、毫无意义的争论中。我们知道,通过我们称之为公众意见和公众教育的方法,某些特定的行为方式会不断受到激励和鼓舞而发展壮大,同时另一些行为类型则会不断受到反对、抑制和惩罚。我不知道上述这种通过社会调和来选择个人行为的过程与一般称之为自然选择的过程之间,存在什么原则上的区别。每一次,生命环境条件都会回到自然力因素中发生反作用,以修正生存的功能。一种情况是:修正表现在器官结构的变化上,例如眼睛,经过千百代人的进化才得以像今天这么灵活。另一种情况是:修正的情形发生在个人身上,影响眼睛使用的载体,而不是(我们可以这么说)眼睛结构本身。虽然如此,我们也没有任何理由来拒绝使用"自然选择"这个词。或者如果我们把这个词限制在一个纯技术的狭窄意义上,当然没有理由拒绝说是同一种力量作用产生了同样的结果。如果我们把自然拟人化,我们可以说,教育和社会的赞同与否对于修正主体行为的影响,就自然而言,仅仅标志着一种比她之前知道的更简单和更经济的选择形式。结构修正当然不是目的,它只是改变功能的一个策略。如果能产生别的更有效的方法,那么更好。当然,它表明了在同一代人的时间内达到修正的这个清楚的目的,而不是等待一系列形式在几代人这么长时间以后慢慢消亡。其中暗含了自然选择的一个观点,即最有效的变异形式是自我选择的。

但是,赫胥黎先生坚持另一种区别。在花园的那个例子中,他阐明道:"宇宙进程的倾向特征是调节生物生命的形式,使之适应当前的环境条件;而园艺方法是调节出园丁想要栽培的生物生命形式所需的环境条件。"这是一个普通的对照。但是,这和我们一般的看法一样绝对和全面吗?每一个有生命的形式,都是动态地而不是简单静止地适应环境条件。我说这话的意思是:它会调整它周围的环境来适应它自身的需求。这是"适应"这个词真正的含义:它不意味着生命形式被动地接受或服从于它们所处的环境,而是让自然环境服从生命形式的食物需求。

但是,这个原则在有先进的变异出现的情况下有特殊的重要性。相对来说,赫胥黎先生举例的那块地里生长的花花草草适应了它们所处的环境,这没错。但是,这不过是他标注了一个假设的淘汰选择过程的结果。这些花草是被特别关注的形式。仅仅因为这块地和周围的环境条件形成了一种均衡,先进的变异停止了。如果这些是所有存在的生物,那么就不会有进化。换句话说,有些物种不能适应"当前的环境条件",所以发展一直继续着。

在这个讨论中,不能不提到马尔萨斯(Malthus)那个关于大自然盛宴的经典阐述——受邀客人太多,盛宴不够大。在为生存而战和选择淘汰的运用中,我认为它的意思是:生命形式进行斗争,只是为了得到那些业已存在的食物的一部分。这种为得到一点已经存在的食物进行的斗争导致的结果是:通过选择淘汰,让一类已经存在的物种更完善,从而加以固定。这不能产生新的物种。能带动进步的选择淘汰是要有变异的,这种变异创造出新的食物供应链或者扩展原有的食物链。如果这种变异趋势产生在一个新的物种上,它的好处是生成一个器官。它开拓新的食物环境,在原有食物环境中发现新的供应,或者能够把那些目前不被食用或视为异类的东西当作食物使用。在一块土壤中的物种数量越丰富,物种个体就能生长得更具活力。新的物种意味着一种新的环境,在这个环境中新的物种能够适应,同时不干扰别的物种。就那些进步的物种来看,它们并不只是简单地适应当前的环境条件;进化是新环境条件的持续发展,新的环境条件能比原来的环境更好地满足有机体的需求。自然选择淘汰未书写的章节是环境进化的章节。

现在,我们人类将变异、发现和新环境构造的力量释放了。所有的生物进程都受到了影响,因此,每一个形成这种力量的倾向都被选择出来,在人类身上达到了顶峰。就单独的个体而言,环境(个体所处的特定条件)现在是高度可变的。科学的发展,科学发明在工业生活中的运用,交通运输方式多样性的快速增长,已经创造出了一个尤其不稳定的环境。它自身内部不断地转移变化,或是质量上的,或就规模而言,是数量上的。单单作为大自然而不是艺术(用赫胥黎先生在这个词上的含义)而言,不管出现何种结构变化,都不应该固定僵化,这是有利的事情。它们可能会过度地限制为适应而发生变化的可能性。大致上讲,在目前的环境中,一种或同一器官的功能灵活性可以得到更广泛的使用,这是一种伟大甚至是最佳的成功条件。在这个方向的任何变化,都一定会通过选择的有利变异。一句话,人类和动物的区别不在于选择淘汰停止了,而是伴随那些扩大和加强环境条件的变异的选择淘汰比以前更加活跃了。

我们或许可以在谈到"选择淘汰"时得出与讨论"适应"及"为生存而战"这两个同源词时相同的结论。它在伦理进程和宇宙进程中都得到了发现,并以相同的方式运作。只要条件变化,只要环境更复杂、更广阔、更变化不定,只要有必要,只要是生物的和宇宙的,而不单单是伦理的事情,通过选择淘汰的功能就会不一样。

毫无疑问,在人类和人类社会形成之前,伦理进程和宇宙进程之间就有明显的区别。但是,就我所知,所有的这些区别总结成一个事实,即进程和与宇宙捆绑在一起的力量在人类身上形成了意识。动物的本能就是人类的意识冲动。动物"多样化的趋向性",就是人类的意识远见。动物无意识的适应和幸存,那种通过"割取和试吃"的方法最终证明:有效的适应和幸存就是人类有意识的思考和试验。毫无疑问,从无意识到有意识的转变具有重大的意义。可以说,它是道德和非道德的唯一区别。但是,我们没有理由猜测宇宙进程受到了抑制,没有理由猜测有新的力量战胜了宇宙进程。显然,一些神学家和道德家欢迎赫胥黎先生回到宇宙的和伦理的二元论上来,以表示对精神生活的赞同。但是,当发现正义的法则和条件包含在宇宙的运行中时,当发现人类是在他的意识斗争中,在怀疑、诱惑和挫折中,在他的渴望和成功中继续前进,并受到那些促进自然发展的力量的鼓励,而且在这种道德斗争中,人类已经不仅仅是单独的个体,而是作为维持和促进宇宙进程的一个器官发生作用时,我质疑精神生活能否得到它最可靠、最充分的保证。

(杨小微　罗德红　译)

应用于道德的进化论方法*①

I. 科学必然性

在以下这篇文章中,我打算处理的问题是把历史方法、把围绕"进化"一词所形成的一组观念应用于道德问题。我不是要直接研究有关道德习俗或道德理论的发展。在最终进入更为有意义和更具重要性的有关现实而具体的道德事实的讨论之前,有一些方法问题似乎不可避免地会(在我们当前的讨论状态中)被谈到。由于很难从有关进化这样综合性问题的讨论中找出线索,我打算清除掉纯粹的形而上学问题,不论它们本身有多么重要,而专注于进化理论中与方法问题有直接关系的那些方面。

一开始我不得不谈到有关进化观念的某些颇具一般性的特征,但我将努力遵循刚刚所定下的范围:对分析性工作的需要,只限于为达到确定而清楚地讨论解释道德之方法。较为一般性的讨论是不可缺少的,因为我们开始时遇到一种告诫性的说明。开始之前就得到警告,被告知:道德事实以及进化之本质这样的问题不可能求助于这一源头。

其论证大致如下:道德事实是精神性的,良心(conscience)现象是价值性材料而非历史性材料。对于它们,可以区分高低程度,但不能区分时间早晚。问题乃在于它们是什么以及本身意味着什么,而非它们的时间位置。混淆这些区分,不仅无

---

* 选自《杜威全集·中期著作》第 2 卷。
① 首次发表于《哲学评论》,第 2 卷(1902 年),第 107—124、353—371 页。

助于理解道德,而且必定误入歧途;如此,将使得在此属于独特因素的价值差别模糊不清,该本质实在只是被消解掉(explain away)而非得以解释清楚。对于精神性东西的历史陈述是一种逆序法(hysteron proteron),对品质或内在特性的分析与对起源的追溯是截然不同的过程,这些都已成为当代唯心主义信条中的固定条款。这样的信条被不失时机地加以复述。许多著作家提出根据历史序列(historical series)来讨论心灵或道德,正表明他们对于基本哲学区分的无知,因而认为它完全不适合于所承担的这一任务。

对于一种既定方法所可能产生的成效与积极后果进行如此广泛的否定,这使得我们有必要问一下:我们在科学中探究起源,是想干什么呢?我们以发生学术语来陈述问题,这对于科学可以得到什么呢?这样的批评方式是否实现了其他方法所无法达到的某种目的呢?或许,该方法在实践中被其反对者误用了,这是由于它在理论上被其支持者误用的缘故。后者可能认为,通过运用进化论方法,未曾完成也不可能完成的某种东西得以实现了;但是,他们却没有说出事实上所带来的深层次的巨大作用。无论如何,在我们滥用或推介发生法(genetic method)之前,应该对这些问题作出某种回答:它到底是什么?它到底可以产生出什么以及如何产生出来?

处理这些问题有一种方式看起来是迂回的,但我们最终也许会发现它是最为直接的。我认为,要得到一种恰如其分的回答,必须研究科学中实验方法的本质并弄清其在何种意义上也是一种发生法,除此之外别无他法。

在我看来,实验方法的实质就是通过揭示其在形成时所涉及的那些严格而独特的条件,对现象之分析或解释进行控制。假定问题是关于水的本质。所谓"本质",我们的意思不是指内在的形而上的实质;水之"本质"只有在对水的经验中发现。在科学上,我们所说的本质是指为从理智上和实践上控制而用的一种知识。现在,水简单地作为给定事实来看,永远固执地拒绝任何直接性的处理方式。对于它之作为所与的任何数量的检查和观察,都不能带来分析性的理解。观察只会令问题复杂化,它揭开了需要进一步解释的未为人知的性质。

实验所做的就是让我们在制造过程中对水进行细察。通过制造水的过程,我们得出水要显示为一种经验事实所必须具备的精确而特定的条件。如果这一情况具有典型性,则实验方法就有资格称为发生法;它所关心的是某物据以成为经验性存在的方式或过程。

有些人即使愿意承认这一点，却仍可能会拒绝进一步认为实验方法在真正的意义上就是历史的或进化论的方法。对拒绝走出这一步的理由进行考察，将会有助于问题的解决。严格历史性的序列是独特的，这不仅是指序列中的任一构成分子，而且是指这一构成分子在该序列中所占据的特定地位。其自身语境对它的历史特征来说，是不可或缺的。而在实验科学所处理的物理世界中，条件项（terms）①的集合或组对却并不如此限于该序列中某个特定的时间部分。它们发生而又复发，却没有因为脱离既定语境而发生性质变化。水一而再，再而三地被制造出来，也可以说，它在宇宙序列的任一时间被制造出来。这使得有关它的任何解说都丧失了真正的历史性。

令我们感到犹豫的另一种考虑是，物理科学②的主要兴趣不在个案，而是同时出现并吸引注意的某些更进一步、更为一般的结果。我们常常说，物理科学不关注个案本身，而只关注一般规律。特殊个案只是作为样品、标本或示例来看待的。其本身并无价值，而只是作为样本。对于作为真正关注对象的一般关系，它仅仅是某种多少有点不完美的例证。

然而，对于这些理由的考察将使我们得出的结论是：虽然我们最终仍有理由把实验在物理科学上的应用价值视为发生学而非严格历史性的，但这缘于我们为自身目的——更充分地控制——所引入的一种抽象。序列秩序，就其自身或实际来说，是严格历史性的；而我们只是通过一种理智抽象（可由其所促进的目的得到辩护）才得到可处处显现于该序列中的成对事实，并因而有理由为它们赋予一种一般化的或非历史性的意义。虽然它们的应用价值不是历史性的，但它们的存在依然是历史性的。

有关起源的问题，即便是就物理世界而言，也是严格特定的或个体化的事情。我们无法获致一般的水之起源。实验所处理的是在特定的时间、地点，处于特定环境下特定量的水的产生条件，一句话，它处理的必须恰好是这片水。界定其起源的

---

① 英文中的 term 源于拉丁语 terminus，有"界限"、"限制"之意。杜威在运用 term 一词时可能综合了其在英语中的多重意思：既有"期间"、"条件"之意，又有"术语"之意，还有数学上的"项式"之意。——译者
② 在杜威的时代，物理科学（physical science）并不限于我们今天所谓的狭义物理学（physics），因此可作复数使用。它是在广义上与心理科学（psychological science）相对应的一种描述词，两者的差别有点类似于当代哲学话语中所用到的自然科学与精神科学之分。——译者

那些条件,也必须以同样明确的场景细节陈述出来。我们会有这样特定的情况:在其中的某个给定时间点,某特殊事实没有显现;而接着在另一时间点,它却出现了。难题只是要发现在两个历史时期带来差别的那些个体条件。正是这些条件向我们勾画出了新事实的形成或显现,也正是它们构成了水之"起源"。这是一个极具确定性的即个体化的问题。什么样的事实必须出现,才会使得另一事实显现?今天任何科学家都喜欢说,他所谓的因果性只是指特定前件与后件之间的一种关系。然而,似乎并非每一位科学家都知晓这样一个命题的完整意义,即此概念的价值是历史性的,是一个有关给定现象得以形成之条件的界定的问题。

此外,实验所实际处理的特定的水,事实上从不会显现两次;它从不再现。其所具有的独一无二性并不亚于尤利乌斯·恺撒(Julius Caesar)或亚伯拉罕·林肯(Abraham Lincoln)的经历。那一特定部分的水绝不会显现于世界史上任一其他部分,这就好比提到一个人时,其生活不会与他在任一其他时代过得完全一样。否认这一点,便会陷入大多数科学家都爱嘲讽的中世纪实在论者的错误中去。那就是承认某作为种的水(some generic water)的存在:它并非任何特殊的水,却是普通的水。

然而你会说,这是不同的。当然,这是兴趣或目的之不同,而非物理上或形而上存在之不同。尤利乌斯·恺撒的生活目的,任何其他时间的任何其他人都不会有。恺撒身上有一种独特意味的人生意义和成就,它们没有替代者或等价物。对于水,却不是这样的。虽然每一份水在其发生时绝对是独特的,但每一份水对于我们来说都具有同样的理智或实践作用。我们可以毫无损失地进行替代。来自最近的水龙头的水,可以如比埃里亚圣泉(the Pierian spring)的水一样解渴。眼下对于我们更为重要的问题是,每一个案都同样可以用来表明那些具有科学意义的东西:水得以制造的过程,以及大量别的极其不同的物质得以产生的过程。我们在科学上不关心这部分水的历史起源,而十分关心的是:通过对于水各个部分之制造过程的个案研究,可以获得什么样的见识。构成有控制解释(the cntrolled interpretation)这一科学目标的,正是这种有关产生过程的知识。

因而,我们最终的科学陈述所采取的是我们在物理科学中所熟知的概括形式,而不是对历史科学所要求的个体化形式。因而,序列性实在之流的语境,看上去也瓦解与打乱了。当现代逻辑学家说所有全称性陈述都是假言的时候,他们正确地把握住了这种离散性结果的抽象特征;他们宣称,每当或如果某些条件被给出,则特定的结果会产生,而不是直言断定前件或后件事实的实际存在。当逻辑学家认识到这一说法及相应说法"每一直言命题都是对个体而言的"的全部意义时,他很有可能会承认:实验科学所达到的陈述都属于一种历史秩序。它们产生于也应用于一个独特而变化的事物世界——进化的宇宙。

然而,这样的抽象或假言特征不应妨碍我们看到经由实验科学所达到的发生学陈述的最高价值。它向我们揭示的是一种持续进行着的过程。唯有通过对此种过程的认知,我们才能够对否则便晦涩难处理的大量事实作出理智上和实践上的控制。认知了这一过程,我们就可以分析、理解水的这一现象,不论它们何时显现,也不论它们以何种形式显现。而且,这种控制远远超出了水本身。有关发生过程的知识,成为探究和控制污染水的工具;如此,我们便可以测出其偏离标准水的程度和性质。它成为一种积极因素,成为研究非水液体甚至非液态化合物的有力工具。我们通过控制操作过程得到理论和技术控制,对此并没有衍生和应用上的设限。它不仅应用于经验逻辑学家喜欢称作的"共同"因素和"类似"情形,而且同样有助于我们处理明显的分歧和差异。在把握住该过程的更多类特征后,我们可以逐步对它作出改进和修正。借助于累积性方法,把我们有关变化多样的诸过程以及每一过程中特定的事件顺序或进程的知识集合起来,其他情况下完全不可探知的整个领域便都得以解释并可得到改进。

为了避免读者开始怀疑我们已偏离以进化论观念理解道德的价值问题,我们要迅速转向正题。我将竭力指出,在实验方法对于我们物理知识的助益与狭义历史方法对于精神领域即意识价值领域的助益之间,所存在的不仅仅是类比,而是严格的等同。我的目标是要表明,历史方法向我们揭示的是一种生成过程,并从而把完全不适于一般性思辨或纯粹内省性观察的事实纳入理智和实践控制范围之内。

从进化的立场来看,历史并非某种被固定的东西(不管是物质的还是精神的)穿越于其中的诸事件或诸外部变化的单纯集合,而是一种过程,它可以向我们揭示道德的行为观念得以产生的条件。这使得我们能够把各种道德行为和道德观念予以定位并联系起来。在看出它们来自何处、源于何种情境的同时,我们看到了它们的意义。此外,通过追溯这一历史序列,我们才能够以具体实在的整体观取代有关孤立片断的粗略图。历史是对应于个体、对应于无穷尽的宇宙过程的,这犹如实验对应于分离的物理学领域一样。对于伦理科学所关注的那些事实,我们不能应用人工的孤立法或人工的重组法。我们不能把父母关爱或儿童说谎作为当前事实,将其划分成段,或者撕成物理碎片,或者进行化学分析。唯有通过历史,通过对于它何以成为其所是的考察,我们才能弄清楚它的构成部分相互之间的交织。历史提供给我们的是对于实验中孤立法和累积性重组法的唯一可行的替代品。那些早期阶段以相对粗陋和简单的方式,为我们提供了人工实验操作法的替代品:追踪现象直至其后来所呈现的更为复杂精致的形式,这是对应于实验中综合法的替代品。

我要重申一下,任一历史进化之早期阶段的价值,犹如把一物理事实从其通常语境中人为地孤立开来。把逻辑上的优势转换为存在序列上(in the order of existence)的优越性问题,是唯物主义谬误(the materialistic fallacy)的根源。正是这种未加证实的转换引发了本文前面所提到的那些反对声;它使得唯心主义者反对以进化论术语解释意识事实的做法。通常认为,早期事实以某种方式设定了实在之标准,因而对于整个序列是有价值的。实践中虽然没有以公开形式表述,但通常认为,早期阶段表示着"原因",它们以某种方式成为对实在的一个详尽无遗的充分指示,因而所有后来的条件项只有当还原为等价条件项时才能被理解。正是这种被认为由后期向早期的还原,被唯心主义者正确地认为没有解释清楚而是消解掉了问题、没有分析清楚而是忽略和否认掉了问题。

这种做法给不同的空间部分赋予不同的价值,它是古希腊和中世纪宇宙理论的对应物。我们已不再把天体在存在层级中的等级视为比陆地更高。空间存在的同质性已然成为现代科学家工作机理中不可缺少的一部分,以至于他们很难令自己回到这种旧有观念。然而,当谈到时间而不是空间时,他们很有可能会陷入完全同类的谬误。早期的被认为在某种方面比后期的更为"真实",或者说早期的提供了一种性质,而所有后期之实在性都必须据此得以规定。

实际上确有一种观点认为早期时间更具有价值;但它是关于方法的,而不是关于存在的。那些以序列中后期条件项呈现给我们的,其形式之复杂和混乱让人难以分解,而这却可以通过早期条件项以相对简单和透明的方式得到显示。它们相对较少而又具表面性,使得更容易获得所需要的心理孤立法(the mental isolation)。

关于早期之作为标准特征的谬误,根深蒂固而又广泛存在,以至于很难通过简单提及就能去除。有关这种情况的一个简单事实是:发生法,无论用于实验科学还是用于历史科学,在转化成或分解为前期所发生之事的意义上,并非由前件"推导"或"演绎"出后件。后期事实就其性质被经验而言是独特的、不可分的和非衍生的。在表明氧气和氢气的出现乃产生水的必要条件之后,水还是带有其全部独有特征的水,犹如之前一样。对于给定事物得以显现存在的条件进行陈述,丝毫不会影响那一事物的个体属性;它不会改变那些属性。这对于水等物质产品与对于义务感等精神产品同样适用。科学所直接处理的并非其性质而是其成形发生过程。所"推导出来"的仅仅是性质之出现及进入经验。我们一再提到,根据前提条件进行理解,其价值是为了控制:理智上的控制——能够同时解释明显有关的事实和偏离甚远的事实,表明不同条件下所运用的同种操作方式,以及实践上的控制,即能够在我们需要时得到或避免某种特定经验。

这种谬误假定,早期论据具有其自己的某种固定性和最终性。即使是极其肯定地断言因果关系是有关前件和后件的一个简单问题的那些人,他们仍旧喜欢说前件为后件提供了独特的意义和实在性印记。譬如,若前一阶段仅仅显示动物具有社会本能,则人类良心的后期显现,不论以何种形式,仅仅是伪装和虚饰的动物本能。要赋予它们任何另外的意义,都是要被严格的科学观点驱除掉的幻觉。然而,早期事实并不比后期事实在更大程度上是既成事物或完全给定的实在。实际上,实验方法的整个意义是说:注意力集中于前件或是后件,这只不过是因为在某一过程之中的兴趣。前件有价值是因为它界定了生成过程的一个条件项;后件的价值是因为它界定了另一条件项。两者都服从于它们所限定的那一过程。

与代数序列中的项(terms)之间的类比,并不仅仅是一种隐喻。在前的项并不构成在后的项。前项自身,正如后项一样,是不可理解的。放在一起来看,它们构成了通过发现连续性过程或路线所要解决的问题之原理,这一过程被极限项(the limiting terms)个体化,时而显现于一种形式,时而又显现于另一形式。对于制造水的兴趣并不因为发现了 H_2 和 O 而终止。当认识到两者在一起时会产生水,我们同时也获得了有关 H_2 和 O 的重要事实。了解它们的那一点,就是通过过程并在过程之中了解它们,这正如把水分析成它们就等于以类术语解释了水。除了通过这种"效果"(当然还有其他类似东西)所知道的 H 和 O,它们完全不为人知——它们是代数上的 X 和 Y。

大众意识以及行家写手对这一情况不清楚,是因为:仍然存在一种旧有的、纯粹形而上的因果概念;据此,原因在等级和优越性上要多少高于结果。结果在某种程度上被视为完全孕育于原因内部的,只等待恰当时机出现。不仅仅在时间序列上而且在存在序列上,它们被认为是衍生性的、第二位的。唯物主义正是源于这种对于前件的拜物教。那些理应懂得更多的著作者告诉我们,只要我们对世界的"初始"状态具备充分知识,只要我们具有限定它的某个一般公式,我们就能极其精细地推演出世界、生活和社会的整个现存构制。然而,非常清楚的是,为了掌握有关作为"原因"的初始现象的这种充分知识,我们将不得不去了解后来作为"结果"所发生的一切。我们并不知道作为"原因"者为何物(即我们根本就不知道它),除非我们通过其"结果"去了解。某拙劣文人(penny-a-liner)的整部小说或许可以从其第一章节推演出,但对于文学大师的小说你很难做到。我们有关星空早期构成的充分知识,取决于我们在多大程度上熟知从那以后事实上所发生之物。因此,有关特定作用力之运作的综合性通用公式,完全依赖于一种经验知识,即事实上当某些条件出现时会发生某些结果。该公式纯粹是对于整个历史序列的一种概要或速写式记录——其在演绎和推导上的魔力也不过如此。此推理模式是重言式的。由于我们只有通过特定的后件才知道前件之本性,有关初始条件的充分知识只不过就是指有关从始至终整个事情的全部知识。令人惊讶的是,大多数经验论者一旦崇拜上了原因就会变得何其先验。为了相信他对已逝存在的心理构造物具有更高的形而上学优越性,他放弃了他经由经验所领会的对于实在之信念。他认为,后期经验并不具有真实的被经验特征,而是由在他指称为原因者中所充分给出的实在演绎或推导出来的某种东西。

认为历史序列中的早期形式优于后期的,关于这其中的谬误我们已花费太多的时间。在结束这一话题之前,我们必须回到这一命题的正面。仍然正确的一点是,根据其早期成分来陈述任何事件或历史序列,对于科学来说有一种优点:其逻辑优越性在于,我们可以用简单化形式呈现问题,以至于那些完全消逝于混乱而复杂的成熟阶段中的诸成分可以得到离析和单独把握。我们可以从其结合体中挑选出个别事实,然后给予其更为严格和更为专门的关注。这就是所谓"历史对于道德事务、对于有关意识价值的问题犹如实践对于物理事物一样"要告诉我们的:通过相对隔离,以进行控制。

这同时也确立了序列中后期成分的重要性。开始时以早期成分作为线索,我们可以查出其在显现过程中的每一相继复杂程度。在发现历史上独自运作的诸条件后,我们可看到当这些条件在一起到来时会发生什么。我们可把更为复杂的事实归因于条件的组合。这里我们所具有的是与综合重组法或累积性实验法相对应的东西。我们把来自不同渠道的各个线索聚集起来,看看它们如何交织成一幅无法通过直接检查进行分析的广阔而精致的图案。

基于前文讨论,我们现在来看这种优越性或逻辑价值何以能同时具有本体论意义。正如唯物主义者把早期条件项分离出来并神化为实在之指数,唯心主义者对于后期条件项也是如此。对他来说,先有的形式只不过是后期条件项这一实在的表象。他根据所拥有的实在性程度不同比较序列中的各个不同成分,最为初始者则接近零。对他来说,实在以某种形式"隐藏"或"潜伏"于早期形式,其从内部逐步转换,直到为其自身找到了相当充分的表达。他有一个公理是,在最终形式中形成的东西都包括在最初形式中。因此,对他来说,后期实在是一种持久性实在,而相比之下,最初形式如果不是幻影的话,至少也是拙劣蹩脚的东西。我们全都熟知亚里士多德形而上学在进化过程中的这些应用。这里我们不关心其中的形而上学问题,虽然它们也很重要,譬如有这样的观念:实在之物不知怎的为自己选择了不够完全的表达模式或媒介,而只有在经过一系列大量多少有点失败的尝试之后,它才成功地将自己显现为实在。就目前目的来说,只需要指出:在此我们所拥有的不过是刚刚讨论到的一般性谬误——强调序列中的某个别条件项而牺牲了对于所有条件项都有效的那一过程本身——的一个特例。

不论早期条件项还是后期条件项,都不过是用以界定所谈到的那种过程的极限。它们是勾勒轮廓的框架,是刻画所要处理之问题的那种条件项。通过引入更为详尽的中间条件项,再加上对它们彼此之间严格时间和数量关系的规定,我们就可填补这种轮廓。它们最终给了我们一个完整的整体,其构成成分彼此之间处于连贯有序的关系之中。

正如实验把非理性的物质事实转变成相对明朗的变化序列,同样地,应用于道德事实的进化论方法一方面既没有留给我们纯粹的动物本能,另一方面也没有带给我们精神上的绝对律令。它向我们揭示的是一种连续不断的过程,其中动物本能和责任感都有它们的位置。它使我们拥有了一种具体的整体。

与现代生物学的关注进行类比,是很有意义的。曾经,似乎只有具有固定结构的单元才具有重要性。通过物理上的简单并置和组合,这种单元被认为能解释所有更为复杂的形式和功能。就逻辑目的而言,这些单元是与有机体整体相关的"细胞"还是有关特定的神经中枢功能的大脑"中心",并没有什么差别。通常认为,有某个特别属性居于这些单元之中并能以某种方式控制或解释其他活动和结构。如今,形态学不再高居于生理学(physiology)之上,而生理学不再仅仅事关某些功能问题。科学关注的对象是每当我们组织结构和实施功能时就运作的一种化学-物理过程。难题在于,要发现并分析这一过程,然后查出它在各种条件(这些条件要通过实验控制被明确规定)下显现时所具有的不同运作模式。正如生物学家不再将其实在性定位于某种专门的场所,定位于细胞本身,定位于大脑中心本身,同样地,道德理论家也必须不再试图在动物本能中寻找问题的关键;正如生物学家不再把某一功能视作最终的、自明的,同样地,道德理论家也必须不再试图讨论有关最终文明的某种精致的道德意识。他必须转向连续不断发生的教化过程,并努力解说其在历史提供的诸差异条件下的不同表现。

这整个问题,实际上可根据因果观念加以总结。如果我们认为此概念的意义乃前、后件的一种关系,则我们就不能轻率视之。原因并非只是前件;它是其作为前件所是者,而且当其与其后的东西分开就不能被视为实在之物。对于后件也同样如此——它是其仅仅作为序列中一条件项所是者。但我们所做的不只是安置前件与后件。我们得到的是连续性实在。于是,整个序列,所界定的历史事件,本身被用于解释或构建一个更大的经验领域。通过这样的序列,我们更好地把握了全域(the universe)。它就是通过并借助于此种历史所刻画的东西。历史后件是一个有关新主词的谓词。

通过调查水何以产生,我们得到了有关前件 H 和 O 以及后件水的更为彻底和充分的经验。但我们并不就此止步。前件和后件所隶属的整个序列,成为了解有关发生此类事件之世界的本质的一个重要因素。我们的戏剧反过来成为更大一出戏剧中的一段重要情节。因此,在道德事务上,当我们把动物本能和人类绝对律令作为单个连续历史中的极限条件项时,我们同时包括了两者。而奠基于此之上,我们更好地理解了全域,知道它属于那类以此种历史为标志的东西。正是根据由进化论方法得以可能的这样一种更为根本的判断,我们看到所谓"历史只能谈论发生于道德之上的外部事物"、"历史能追溯外表的偶然性却不能揭示其本质"的说法是何其局限。它向我们表明的是处于全域中特定位置上的道德,是处于特定情境所要求的道德。

由于在对过程的把握中,我们发现了当我们或以早期条件项或以后期条件项都无法寻找到的实在性,此时我们一定要提防犯进一步的错误,即把过程的连续性与内容的同一性混淆起来。以下引文所要说的就是我所提到的那种错误:我们可以"提出一个归纳式询问,各个地方各个时期的人们都认为什么行动分别是正确的或错误的,什么行动是有些人认为正确或不相干的而其他人认为是错误的?可以画出同异表来显示至少有什么是人类视为道德法则的基本内容的。……至于对道德领域的这种处理法所必定产生的丰富成果,我们必须等到科学精神把思辨精神从我们的伦理学派争辩中去除掉"(Schurman, *The Ethical Import of Darwinism*, pp. 205 - 206)。"有关历史性伦理的科学仍旧太年轻,还不能确定何种道德原理是终极的和根本的——也就是说,何种原理是各个地方各个时期的人都认为应遵守的。"(*Ethical Import*, pp. 255 - 256)

该引文的隐含之义是,科学方法所要关心的是对于某种共同不变的内容的抽象——它所要寻找的是在各个地方、各个时期都认为应该被同样遵守的某种责任或某些责任。我谈到这一观念,是因为它十分接近于刚刚提出的那一命题,因而值得指出它们之间的差异。我一直都在强调,科学方法所要关心的是发现一种共同而连续的过程,而且这只能历史性地得以确定。现在所提出的想法是,科学所关心的是一种共同内容或信念结构,并且这可以历史性地得到把握。然而我并不认为,理论上或实践上重要的就是内容同一性。相反,此种比较和抽象的方法给我们留下的只不过是除去所有多样变化后的一种固定的共同成分,它提供给我们的只是一堆渣滓:绝对静态的、绝无条理的、未加解释的一堆剩余物。从实践上看,它并没有给我们提供用于最重要事情——控制——的杠杆。

无疑属实的是,其他历史科学已经超越了视发现共同结构成分为研究目的的那种"比较"期;但别的科学早已抛弃了那种观点。比较解剖学家非常清楚,外部相似并不能保证功能相同或器官同源;通过在外部特征上极具深远性差异的结构方式,可以发挥出相似的功能。对于比较语言学家,同样也是如此。唯有在意识领域,在讨论神话、仪式、建制以及道德实践时,仍然有人坚持认为:重要的事情是要发现处处一样的某种结构。生物学和准生物科学上所取得的进展必定也会发生于社会科学。生物学家出于本能所寻求(以各种不同的形式或物种作为材料,以发现它们之间的关系作为要解决的问题)的,首先是共同祖先。这提供了一个出发点,也提出了有关所考虑的序列的一个极限条件项。现有的诸差异化形式提供了另一极限条件项。问题是,要发现运作于明显不同条件下并以这些明确不同的外部形式得以显现的那一种过程。有关差异的知识,犹如有关过程的类同一的知识,同样是重要的。运动(locomotion)之功能不过是一种抽象,但我们借助于同样产生无腿之蛇、鱼之鳍、鸟之翼以及四足动物之腿的环境条件,可以追踪并界定它何以奏效。唯有通过认识到多样化,对于过程之把握才变得重要而清楚。对于道德来说,同样如此。假定(这似乎不会属实)关于父母关爱之责或夫妻忠诚之责可以在各地各时期的人类社会中发现同一种信念,这丝毫不能说明该现象的科学意义。另一方面,完全不顾孩子或者为孩子幸福作自我奉献,以及各种程度的看重或无视夫妻间相互忠诚,充分认识这其中所表现出的历史事实却很能说明有关家庭关系的伦理学。信念上的那些差异只有在联系到致使它们发生的变化性条件时,才变得有意义。

关于实践方面,只需一句话。严格不变的共同内容对于未来毫无助益。它没有指明在某种所希望的方向上的前进方法。我们无法将其转化为对集体行动或个体教育等未来经验的控制方式。它只不过是一种完全孤立的最终事实。如果它要是能起到什么作用的话,则可能会降低所有更高级社会中道德行动的实际标准。根据假设,它提供给我们的只是低级社会与高级社会共有的那种责任。然而,道德努力及道德进步的精髓正好在于这样的地方:在此,社会部门或个体群组开始意识到一种比过去所认识到的更为高级、更具一般性的理想需要。将各个地方各个时期都视为"道德律令之基本内容"的那种东西固定化,这会使实际道德有巨大的退步。

此前的讨论可以总结如下:第一,科学目的主要是进行理智上的控制,即能够解释现象,其次是进行实践上的控制,即能够获得所想要的,避免不想要的未来经验。第二,物理科学上的实验实现了这一点。它抓住一个未加分析的总事实,认为其必须在总体上根据表面价值直接接受下来,然后指出有关其起源的严格而独特的条件。借此,通过将其作为一种更大的历史连续统一体中一个独立而又联系着的部分,它让事实走出了隔离和晦涩,并获得了意义。第三,对过程的发现立即变成解释其他事实的一个工具:通过把该过程运作于略有不同的诸条件下,可以解释那些事实。第四,要弄清楚意识价值或精神价值的意义,不能通过直接检查,也不能通过直接的物理分割重组。因此,它们处于科学范围之外,除非可运用历史方法。第五,历史在生成或发生过程中给予我们这一类的事实,该序列中的早期条件项提供给我们的是与物理实验中的孤立法相对应的一种简化,继起的每一后期条件项符合在越来越复杂的条件下综合重组的目的。第六,对伦理观念或伦理行为之形成的一种完全历史性的解说,不仅使得我们能解释其略为素朴及更为成熟的形式,而且更为重要的是,能够给予我们对促成道德之活动和条件的认识,因而为我们提供了用以抨击其他道德事实的理智工具。第七,类同于物理科学上由理智控制所产生的结果,我们完全有理由认为:成功地运用这一处理方法也会在实践控制上获得成果，也就是说，根据有关手段的知识，个体和集体行为可在所想要的方向上得到修正。如果我们掌握了有关发生过程的知识，我们就知道了何以继而得到想要的结果。

我在本文中只是想要表明：要么道德必须待在科学范围之外，要么必须以历史方法着手处理。这就是我所谓的此种方法之"必然性"。反对者仍旧有可能采取第一种选择，认为道德是不可能进行任何类型的科学处理的，不能这样处理是道德得以存在的必需。换言之，我至今尚未直接讨论历史方法这一科学处理方式的应用与独特道德现象之价值或效力的关系问题。因此，我下一篇文章将要专攻这一问题。对于道德之作为道德，此种方法有何作用以及何以有作用？我将竭力表明，此方法不仅不损害独特的伦理价值，而且为它们提供了补充支持。

II. 对于操行之意义

在上文中，我试图表明唯有运用进化论观念即历史方法才能将道德置于科学领域内。然而，上文的讨论没有谈到所提出的理论对于独特道德价值和效力的内含关系。如果我们现在假定科学处理法遵循那些所标明的一般路线，这样一种处理会对道德本身产生什么影响呢？它会使道德性质不受影响——保持其原样吗？它会减少或损害道德意义本身吗？或者，通过增加意义、提供补充支持，它会强化和拓展伦理涵义吗？

在直接着手这些问题之前，有必要除去某些含糊与混淆。我确信，在新近有关效力或客观价值的许多讨论中，作者们不加区分地采用了两种不同立场，而且不经意间由一个问题转向另一个极为不同的问题。一个问题是这样的：何谓道德观点本身的效力？或者，以当代思想中变得最为迫切的形式来说，道德观点在强调标准、理想、责任时的效力，何以与科学观点在强调所现（the presented）、事实、因果时的效力相一致？另一个截然不同的问题如下：一给定道德观点或判断的效力何以得到确定？这种关于死刑的判断是道德上有效的，而那种判断在伦理上是无效的。这种关于节制、扩张、币值问题、慈善组织等的观点是真切的，也就是说相比于某种其他观点具有更高的客观价值。或者，这样的判断是正确的："我应追求我的艺术爱好，即使这妨碍了现有的子女孝道。"

现在，伦理科学主要关注后一意义上的有效性问题。讨论无论什么道德的有效性，这属于逻辑学，属于有关观点、范畴以及形成这些观点之方法的理论。这一类科学家并不直接关注最终有效性的问题,也不关注纯粹的显现事实。他从根本上关心的问题是,鉴定特定效力问题的方法,用以确定某某特殊判断的各个价值的方法。在客观科学取得重大进展之前,哲学著作家采用和重复经验著作家命题的程度是令人惊讶的。构成科学家工作的并不仅仅是对于给定事实的描述,而是发现、检验和阐述探明真正所予之物的适当方式,即摹写和界定如此所展开之物的适当方式。

这会显得过于琐碎和习以为常而不必提及,但当前反对在伦理学上运用历史方法的那些论证却预示着它不仅需要提及而且要强调。反对者这样说:当然,道德的确具有历史;即,我们可以追溯具有不同外显形式的各种道德行为、信念、习俗、要求、舆论。我们可能认为此处属于如此这般的道德行为,然后又在这一点或那一点上改变认识。实际上这是历史学的一个分支,而且是一个重要分支。作为历史,不言而喻,它会得到科学处理,其程度犹如我们对所有关于历史方法的资源的调用。但在我们这样说、这样做之后,结果仍旧是历史学而非伦理学。伦理学所处理的是这些不同行为、信念等等的道德品格(worth);这种品格问题完全不同于时间序列中的存在问题,也不同于对序列的精确表述。伦理历史学家所能提供的最多不过是数据;伦理著作家的所有独特工作仍旧有待进行。可以设想,我们的反对者会继续加码说:历史学是描述性的,它处理的是所与、实际、现象。伦理学是规范性的,它想知道的是标准、理想、应然之物以及是否存在或是否一直存在。

依我之见,反对者在此所作的分析陷入了松散和模糊。他没有分清有效性的两层意思。他一直在说的是,因为发生学或历史学解说不能从一开始就确定道德观点本身,因此其对于正确确定有关特定价值的问题是无必要的——这很明显是改变结论(*mutatio conclusionis*)①。

历史学不创造所谓即时的(off-hand)道德有效性,很难因而就说:有关历史发展的充分知识对于成功实现某某个案下的有效性之确定是不怎么需要的。有时反对者似乎混淆得更加厉害;常常看到,他把作为客观连续事件的历史与作为对这些

---

① 当然,这里存在一个更为根本的问题:道德范畴本身的有效性能否在不涉及特定效力的情况下得到恰当处理。其中至少有一种实际预设是说,处理一般意义上的有效性和真理问题的逻辑,要获得资料,就必须对用于处理特殊情形下真理和品格问题的特定的证实标准和模式进行考察。譬如,脱开具体科学在自身具体领域用以区分真伪的方法问题,我们就很难明白理论科学在逻辑上到底是如何讨论理智上所及的普遍真理的可能性的。

事件进行理性解说和解释的历史、把作为单纯事实与作为方法的历史混淆起来。或许客观历史确实并不创造道德价值本身,然而除了通过历史性考察,我们的确没有办法去处理有关具体的有效伦理涵义的问题。无论如何,所谓其历史之名者,绝不仅仅就是一张行为、信念和舆论的清单。它关注这些习俗和观念之起源与发展,关注有关它们产生后的运作模式的问题。它们都是事实描述——不错!但各种行动规范、理想和规则得以产生并起作用的那些条件也正包含在这些所描述的事实中。继续把此种考察框定为纯粹的"描述",会令人变得生气,如果认为其描述不外乎有关所处理之物表面的显明现象,如果认为那只是在越来越多地累积此种未加解释、未作说明的数据。以此提供的历史科学的一般内容,不过是犹如我们感官对于世界的第一印象作为物理科学重要内容一样。所有这些都只是有待描述的资料,而非已被描述的资料。其作用是提供数据,呈现问题,提出有用假说以及借以检验假说的资料。

历史方法作为一种方法,首先是为了确定特定道德价值(不论是以习俗、期待、抱负还是以规则的形式)何以产生;其次是为了确定它们在发展中所表现出的涵义。其设定是说:规范、理想以及未加反省的习俗都源自某些情境,是为了顺应这些情境的要求;它们一旦存在就表现出一种或多或少的成功回报(要根据对具体情形的研究来确定)。我们所从事的仍旧是形成规范、设置目的、构想义务。如果道德具有某种建设性价值,它必须为更为充分地完成这些任务提供立场与可用手段。难道我们能说:不考虑过去就能解决有关当下正确确定标准和目标这一紧迫问题?难道我们能说:对于过去此种人性问题的起源、历史及命运的明确而批判的知识,不在当前情境中留下痕迹?

即使含蓄地采取这样一种立场,意味着我们有两个设定:其一,虽然在过去的道德信念和道德行为中可能会有合理性,但今天和未来的却没有这样的合理性。另言之,所假定的是,虽然有关人类的道德态度迄今一直都产生于特定的情境下,但现在的却完全未知,因而不可能下判断。其二所假定的是,知道规范和道德努力何以在过去产生,这并不能阐明内在的教化(moralizing)过程。对于我来说,我不能自以为是地大胆猜度此种想法;我要让那些否认历史方法的道德意义的人向我道明:如果把对道德判断形成过程的探究先置为我们此前的历史规定,我们如何能对进一步的道德判断进行指引和控制。

通过这些导言,我并非自认为已经表明历史方法具有一种定论性的道德重要性:能同时促进操行并通过引入更多合理性而为其提供补充支持;但我希望至少已经在某种程度上弄清了问题的关键,并已经指明当前对待发生学道德立场的某种颇为武断的方式的不相干性。

至于获致道德品格要义之正确判断的最好方法,这一问题必然横跨历久弥新的直觉主义和经验主义的理论地盘。即便有旧调重弹之风险,将进化论方法与这些不同观点进行对比仍是可取的。然而,在作如此对比时,一定要铭记,我们所要讨论的关键仅仅在于所考察之理论对于我们道德判断之意谓和约束力(sanction)的逻辑关系。问题不在于是否有直觉,是否它们可用于特定情形,或者是否所有被认定是直觉的都可以解释为联想记忆的产物。问题并不是事实上的,而是价值上的。它是一个逻辑问题。如果我们认为"直觉"名下的此类必要而普遍的信念存在,这种存在可在一定程度上一般地或部分地确定所相信之物的效力吗?它是一个有关直觉与事实——实际上的道德秩序——之关系的问题。我们从心理状态、心理活动之类的道德直觉的存在推论出与之相应的事实,这在什么独特条件下并在何种程度上能得到证明呢?

已经被暗示的回答是:仅仅存在一种信念,即使承认它作为信念绝不可能被抛弃,这并不能绝对地确定任何有关其自身内容客观性的东西。直觉之品格取决于发生学上的考虑。就我们能根据其起源、发展以及前景的条件来陈述直觉来说,我们具有某种标准来判断其所宣称的有效性。如果我们能发现直觉乃对于那些根深蒂固的永久性条件的一种合法回应,我们就有理由赋予其品格。如果我们发现该信念在历史上对于主张社会生活之完整性并为其带来新价值方面发挥了作用,我们对于其品格的信念就另外得到了保证。但是,如果我们找不到这样的历史起源和功用,直觉就仍旧是一种纯粹的意识状态,一种幻觉,一种假象:通过简单地增加具有直觉之人的数目,并不能令其具有更多品格。

粗略来看,我们可以说,通常所认为的直觉主义使得伦理信念成为一种因为未加关联而显得素朴的事实。伦理信念缺少与所出现之情境的发生学关系,这便宣告了它的孤立。这种孤立在逻辑上使得它不可能具有客观有效性。直觉主义者在宣称其内容之必然性时,也因而宣称其指称上的客观性;但在断言其非发生学特征时,却否认其有任何这样的指称。发生学理论认为,具体表现在所谓直觉中的内容是对于既定活动情境的一种回应:它的起源、发展和运作都以某种方式与此种情境相关。这种功能性指称预先确立了与客观条件的某种关联,因而也预设了某种有效性。如果"直觉"继续存在,那是由于情境继续存在于某些限定范围内。如果这种特殊的道德信念实在难以根除,这不过是因为规定它的那些条件如此持久,总是要唤起一种与其相关的态度。可能情况是,它继续存在只不过是因为它在功能上仍然是一种需要。

然而,对于这种预设或可能性,一定不能走得太远。众所周知的一点是,习惯在最初产生它们的那些条件消失后持续并得以突出,而在此种场景下习惯就变成了错误甚至是幻觉的源头。实际上,我们所拥有的有关假象的最具发生学意义的心理学陈述是,在绝大多数情况下都与事态相符的一种心理-物理学倾向通过习惯原则得以显示出来,尽管会有某些条件完全不同并因而产生其内容有悖于特殊情形下事实的一种判断。

于是,发生法的要义在于,它表明关系并因而同时保证与界定意义。我们必须在两个方向上探寻有关道德意识的任何直觉或态度的历史:既在前一方面又在后一方面。我们必须对照着产生它的那些前件来看,也要对照着它的前景和命运来看。它产生于某一语境下,并作为对于特定环境的一种反应;它具有一种可以得到描绘的后继历史。它维护和强化某些条件,却修改其他条件。它成了激起行动新模式的一种刺激物。现在,在我们看到该信念何以和为何产生并知道因之而产生的其他东西时,我们对在作为孤立直觉所出现时完全缺乏的那种信念,就把握住了其品格。实际上,纯粹的直觉主义经常与彻底的经验主义难以区分。"直觉"被称为"理由"之内容,而理由不过是一个标签。有关理性的通常的关系和标准,有意被去除掉。很可能,我们是把一种仅仅偶然的历史或场景序列加以神化了。展示合理性的唯一途径就是,详细分析直觉产生的事件进程并且更为详细地探索由之所产生的影响。约翰·斯图亚特·穆勒(John Stuart Mill)的立场中有很多都可以用来反对直觉主义——直觉主义倾向于把偏见永恒化、把保守主义神圣化,称它们为永久的理性真理,从而在道德进步之路上设置羁绊。

一给定的信念或直觉就其内容来说表现的是历史进程的断面。毋庸奇怪,当这种静态断面被认为好像就是完整的个体化实在时,它就变成了毫无用处的障碍。任一形态的截面之所以本身变得重要并且对于未来科学活动具有启发性,都是由于它在某种程度上与其他断面前后一起被用以构建一种连续性的过程或生活史。

每一位直觉主义者都承认,事实上被认为直觉之内容者有些情况下至少都会随着时间发生变化。这一点经常用作反对直觉主义的事实。然而,其逻辑上的意义要重要得多。

这种认同,作为一种无效声明(a nugatory pretense),宣告了每一种直觉都不能作为客观有效性的主张。如果我们在一种情形下弄错了,我们也会错在其他情形下,由于根据定义,任何直觉本身以外的标准都被排除掉。要么说对于个体显现的一切作为最终权威者都是如此,要么说这种现象根本就没有资格。直觉主义是普罗泰戈拉(Protagoras)式的,它相信人的观念是道德实在性的尺度。如果直觉主义者退守到无法驳倒性这一想法,那么他所依赖的只不过是纯事实问题。我们有多少时间可用?当然,个体生命仅仅占据了其得以嵌入其中的有意识社会生活之连续性的一小段。对于一给定个体或对于几代人甚至对于整个民族来说挥之不去的信念,最终会慢慢消失。根据无法驳倒性来验证,这将表明,它们从来都不是直觉,因而从来都不是客观有效的——根据假说。依此来看,我们现有道德信念的内容成了怀疑对象。直觉主义一下子转身成为怀疑主义。我们拿什么来保证,我们现有的"直觉",比起无数因表明为空洞意见或顽固偏见而被抛弃的已去信念,有着更多的有效性?我们在否认起源和历史具有客观价值时,使得整个道德信念的历史成为一种幻觉——一种无用的假象。把先前的道德观念视为并非真正的直觉因而根本不具有任何道德价值,正是这种认为有必要抛弃先前道德观念的逻辑挖掉了所有道德信念的根基。

另一方面,发生学理论把某种明确的道德有效性赋予作为稳固的情境反应而生的任何一种信念,与此同时它使得我们能够通过追踪其今后前景(later career)和命运而测度所要赋予该信念的品格。发生法给品格分出等级,而不是强迫我们要么完全神圣化要么完全谴责。我们以人生价值问题作为一种特别的测试个案。原始部落几乎普遍存在杀婴行为。他们这样做不仅不认为是不道德的,而且很多时候甚至在某种程度上认为是依照一种设定义务而为。他们的道德"直觉"告诉他们,群族中年长有力的成员的安宁比起衰弱无力者要更为重要——后者对于社区康宁是一种负担,因而要予以革除。若有一种理论否认此种信念具有某种发生学测度意义上的积极价值,则根据其自身的辩证法,它也使得我们没有理由去赋予今天的道德愿景(moral aspirations)积极的伦理涵义。而一种理论如果把杀婴看作为对其自身历史条件所作的一种反应,通过调查这些条件,它对于上述观念就给出了一种相对辩护。通过追踪其今后的持续效果,它也可能最终会对其予以谴责。它可以看到,该观念的持续如何会使得群族停滞在一个低级层面,该观念的消逝又如何会符合于一种更为复杂而丰富的社会秩序并为其创造条件。这种调查可能会（实际上它也应该）揭示出有关对当今道德信念和道德行为施以优化控制的教化过程的诸多原理。

杀婴源起于游牧民族；这些部落之所以成为游牧的，只是因为他们为了获取食物而有必要迁徙各处。正是这种必要性，使得他们的居住之地不可能带有那些不便于迁徙的束缚和附件。它要保持所有生活关系体制的松散性和表面化。而且，对于游牧民族来说，一切所必须携带的都是一种负担。每一个婴儿不仅充当这样的负担，而且会额外加重社区食物资源的不足。此外，运输的负担落在妇女身上，而妇女身上已经载满各种扎营设备和器具。食物补给十分不稳定，大一点的婴儿要活下去，得长期依靠母乳喂养，甚至会连续四到五年。如果试图喂养新生婴儿，大一点的婴儿就可能饿死。况且，营地内还有各种事务需要妇女来做，以便男人有时间去狩猎。如果要照看很多小孩子，就无法完成这些活儿。

毋庸多言，问题并不在于要为杀婴作辩护。然而，发生学或历史上的考虑表明，大体上在野蛮社会里也发生着与文明社会一样的某种道德过程。在每一种情况下，根本的问题都是关于社会存在的那些最重要条件。假使社会情形如此，生活的价值更多来自对于年幼体弱无助者的保护和照顾而不是无视他们，则对于他们的养育将是一种道德责任。而假使这种保护变成一种负担，甚至会威胁社区生活的完好(integrity)，则相反的信念和行为便得以确立。

这种方法为我们的直觉给出了一种相对辩护，但它同时也阻止其继续作用。直觉所得到的这种辩护是相对于特定类型的社会生活的。只不过，该类型，与我们所熟知的其他形式相比，显得非常粗陋而有待发展，以致令人难以容忍。我们要求废除杀婴习俗，这完全与我们对其辩护一样：它符合于特定的生活类型。它不仅源自生活内部，而且趋于将此种生活永存。

现在如果把注意力转向当前社会生活，我们所发现的正好是同一情境。我们的道德准则不允许我们有意遗弃或肆意杀死婴儿和老人。然而，它的确允许我们强制成百上千的小孩以及成年人去过一种病态的、迟钝的、有缺陷的物质和精神生活。这种事态固然被许多社会改革家批评为不道德的，但一种普遍的态度是相对而言的漠不关心，有时甚至对于妄图煽动不满的那些空想家表示恼火(irritation)，甚而对他们危害社会根基产生愤慨(indignation)。并非说强制儿童过一种偏狭的生活本身就是(in and of itself)必要的社会支柱，而是说，它是整个工业秩序的一种必要事件（incident），要对其进行攻击就不可能不动摇社会。换言之，根本上的一种信念只不过是，这些东西需要用于保存和维持既定的社会类型。而这种理由也正是野蛮民族为杀婴作辩护时所要求助的，如果他们能够进行反省思考的话。同样的话完全适用于我们的战争行为，战争必然意味着每年要牺牲成千上万的人类生命。这些事情完全是"必要的"，因而我们会对那些宣称其根本不道德的人表示出不耐烦或蔑视。因而我们热衷于理想化，对爱国主义、勇敢等道德特性大加赞誉。

如同杀婴的情形一样，这里的关键不在于纯粹赞扬或谴责单独某一事件本身，而是要追溯到产生这些特定伦理征候的一般性的社会运动；进而反过来更为细致地追踪它们的历史结果，详细了解它们在何种程度上趋于使有待发展的不充分的社会形式永存。

这一示例表明，该论证之涵义要比直觉主义问题更为广泛。它所问的是特定时期社会所流行的道德观念的有效性之标准。其结论是：发生学方法将任一此种信念既联系到它的发生场景又联系到它所产生的效果，从而令我们走出了纯粹的意见、情绪（sentimentality）和偏见之地。这种客观判断的可能性属于问题的科学阶段。但是，对于有关现有道德信念之品格或缺少品格的判断进行如此控制，同时修改信念又决定新信念之形成，这一事实表明科学方法本身具有道德价值：它决定并加强了根本的道德动机与约束力。它作为一种内在因素，可以控制道德判断的形成；而且，这是道德理想和标准的进化的一部分。

就道德有效性问题而言，发生学方法与经验主义的关系需要引起关注。幸好，所谓直觉主义和经验主义囊括了所有可能性这一想法已不再普遍存在。我们开始意识到，完全可以把观念和价值视为源于经验且关于经验的；然而却认为，经验主义作为逻辑解释的仅仅一种样式，对它们作出了错误和歪曲的解说。而且，幸运的是，我们没有必要考察整个经验方法（因为我们的论证已经太长）。在此我们所关注的只有两点：其一，经验方法与发生学方法的关系；其二，比较一下它们对于有关我们伦理判断的品格测度问题的关系。

经验主义并不比直觉主义更具有历史性特征。经验主义所关注的是，道德观念或信念是对各种不同基本感觉的一种归类（grouping）或联想（association）。它把观念简单地看作一种有待通过将其分解为基本成分而加以解释的复杂状态。依照它的逻辑，复杂观念和基本要素都孤立于历史语境之外。发生学方法对于信念之品格或意义的测度是通过考察它在一个发展着的序列中所占据的位置来进行的,而经验主义方法却是通过诉诸它的成分。就经验主义的处理而言,基本感觉(feelings)或感知(sensations)根本就没有内在的或固有的时间指涉。这种指涉纯粹是外部问题,它所附加于其上的是这些要素之一碰巧遭遇其他要素时的那种偶然方式;说是偶然的,因为其前件或后件之位置完全处于要素自身之外。发生学方法发现,性质或意义在本质上是历史序列中的位置的函项;而经验主义方法却认为,要获致实在性从而获致有效性,就只有解开时间性联系的禁锢并到达自在自足的残余经验。

因而,在道德状态、观念或信念与客观实在之间的关系上,经验主义方法和发生学方法隐含了很大不同。从发生学立场看,道德观念本质上就是源于个体回应他所参与的实践情境的一种态度。它是个体置于情境之上的评价。它是应行动之急而看待或解释情境的一种特定方式。因此,它的运作是经由所指行动而改造情境的一种方法。它的源起是对于刺激物的一种回应,它的品格就在于作为回应它成功完成了对其所要求的特定工作,而并不在于它在何种程度上比拟或复制了引起它的那些精确条件。抽手的观念可以是对于火焰知觉的充分回应。但该观念并非有关对象的印象。同样地,给被告人自我辩护的机会这一想法,可以是对于抓捕和有罪推定这一刺激物的充分回应。然而这决不意味着它的实在性依赖于它是现存事态的纯粹印记。对于其品格的检验是它能够控制进入该情境之中的各种不同因素。经验主义理论认为,观念的源起是作为对某种现存对象或事实的反映(reflex)。因而,对于其客观性的检验是它能复制出与对象一致的复本。发生学理论认为,观念的源起是作为一种回应(response),对于其有效性的检验在于应它的引发情境而表现出的今后前景。

其中的差异可再次表述如下:经验主义方法认为,信念或观念产生于一种重复或累计的过程;发生学方法却认为是产生于一种调整的过程。为明白该过程如何完全被视为一种纯粹的累积物,我们只须提及斯宾塞对于各种不同印象合并成为道德信念或直觉的方式的解说。而且,这一点并不在于斯宾塞个人希望那样看待,而在于经验主义逻辑本身。由于印象来自存在物,每一种经验都是分开和孤立的,所剩下的只是:有关这些经验的各种不同映像彼此堆积,以使得相似的成分得到不断的相互强化,而不相似的却减弱、模糊并最终褪去。经验主义把一种既定经验仅仅视为诸成分之总和。这里正是其缺点之所在,对此它的直觉主义对手往往在实践中有所感受,虽然他们并不总是能抓住逻辑要义。如果道德信念不过是先前给定经验成分不经任何修改或改造,而只是重复结合而成的一种累积物,那么以下两点其中之一是确定的:要么初始状态具有内在的伦理特性,因而直觉主义论点实际上就得到承认;要么经验主义者正试图通过把完全非伦理的成分进行彼此叠缩(telescoping)而产生伦理性。这里正是经验主义易受攻击之处——根据其逻辑,在生成元素转向最终产品之时的性质之变必定得被解释掉。那是虚幻的。而历史过程的本质正好是作为一种连续性过程的过程之中的性质之变。

经验主义者被迫把观念简单地看作特殊经验的累积物,因为他把初始经验看作其品格仅在于图像精确度的印象。如果我们把"第一"条件项作为一种反应或回应,虽然它具有彻底的真正的经验特征(意思是说,完全源于经验内部并因为经验而非起因于任何外在的先验源头),然而其作为回应的作用却是要超越而非仅仅重复先前给定或制定的经验之性质。其进一步的发展在于把该种回应精细化并作转变以令其更为充分。没有对于现成要素的纯粹合并,有的是一系列尝试性的调整以逐步优化一种适应(adaptation)。

道德观念的逻辑像是有关一项发明譬如电话发明的逻辑。现在有某些确实的成分或性质;但同时也有某些目的:它们虽然不能由现存性质来充分说明,却能感到对于它们的需要。作为所与的事实与作为要求的需要,由于两者与某一经验过程的共同关系,它们是相互参照的。尝试性反应得到试用。旧有的"事实"或性质——以一种需求的眼光——被重新看待,因此被以新的方式处理并进而得到转变。有效的因素是这样的反应:它虽然在经验中并由经验所唤起,但却通过修改已给定之物去超越经验,而非简单地加以重复并累积出更多的同类性质。

这种逻辑上的反对可以与事实更为紧密地联系起来,如果我们考察一下道德信念与生物本能或形式完好(well-formed)但尚未进入伦理领域的社会习俗的关系;转变为进化论者的经验主义者没有认识到他的逻辑与历史过程实在性的内在不一致,他们认为,有意识的习俗源于对生物习惯的持续,而道德行为却构成了这些习俗的累积性结果。但是,更多的本能行为只会令本能更像本能;更多的习惯性行为只会令原有习俗更为稳定。唯有通过在本能或习惯的充分运作中的失败——从调适的观点来看的失效——才会有历史,即性质或价值的变化。对于关心年幼者之行为的简单重复,无论持续多久,都不会唤醒对于义务、德性或任一道德价值的意识,只要这些行为是依照习惯进行的——这仅仅因为并不需要一种转变。就特定的行为被重复与巩固而言,原有的以某种方式做某些事的习惯或本能只是得到了强化。我们并不认为我们"应该"呼吸,虽然该习惯提供了有关累积性加固行为(an accumulatively consolidated act)的一种典型本能。并非因为重复,而是因为关心年幼者的纯生物学方法的失效,才需要产生某种新的不同的态度。某种本能失效曾创造了一种需求:要对年幼者之养育进行有意关注。唯有通过这种有意识态度及其与某种本能的紧张关系,伦理适应(ethical adaptation)才会由生理适应而产生。就过去一直所是的经验,就其既定或制定的形式来说,它本身绝对不足以产生任何道德信念。要么经验的融贯使得没有必要有道德态度,要么经验的不融贯使得需要道德态度因为自身分歧而成为某种不同的东西。正是这种分裂状态发挥作用,激起了性质上不同的回应模式,后者就借助于有意关注而得到维持来说可称为伦理上的。经验主义的根本谬误在于其不能认识到经验中的否定成分作为一种刺激物可以构建起一种超越过去的新经验,因为其中所包括的那种修正可以弥补其不足和缺陷。而历史性或发生学方法所关注的正好就是这种变化。

由这一观点来看,赫胥黎有关道德与自然之间的本质区分甚至对立的论点就获得了可理解的意义。我在别处①已竭力表明,他正确的说法并不是在道德过程与自然过程本身相对立这一点。其有效性在于,对于现在或一直所是的自然(作为一种给定的状态,即经验主义者对其所认识到的唯一方式)的纯粹的呈现、重复或累积不可能产生任何接近于道德态度的东西。正是其在既定调适中缺少适当的功能,才为一种不同的行动模式提供了产生条件;就该模式为新的、不同的来说,它通过转变或改造先前存在的成分而获得了地位。正是这种对改造的需要和努力,创造了旧有的自然秩序与崭新的伦理秩序(该秩序要求一种看待或解释此情境的方式不应是纯粹的观念,而要变成一种实践构造)之间的对抗感或对立感。

经验方法如此完全不能处理历史变化,这个问题显然与我们认同或批评道德判断的根据具有相关性——对于经验主义来说,所与就是实在,而所与正是不能进一步分析的。无疑,伦理经验主义(ethical empiricism)在20世纪道德的实际发展中具有巨大价值。它把那些周围聚集有圣洁情感(emotional sanctification)的许多习惯和信念分解为"要素",如此则极大加快了它们实际上的衰落。它揭示出那些

---

① "进化和伦理"(Evolution and Ethics),《一元论者》(Monist),第8卷,第321页。参见《杜威全集·早期著作》,第5卷,第34—53页。

声称具有道德品格的只不过是作用于制度、法律和行为模式中的一些习俗、偏见、人为联想,因而它对解放某些被束缚的动力并令其可用于未来组织化具有效力,具有或许是最强大的效力。

然而即使是这种作用也具有三方面明显限制。首先,经验主义对推进实际组织化并未给出任何特别的方向。它放纵了某些趋向,而这些趋向随后的运动受利益支配也再次被交给了环境。经验主义对于批判有效,却不能进行构建。其次,它在把完整的状态、行为和观念化归为"要素"时,并没有任何辨识之法。所有观念和理想都同样屈服于它的分解力。约翰·斯图亚特·穆勒的思想具有内在的有机性和构建性,他势必感到自己的"分析癖"(inveterate analysis)习惯产生了怀疑主义和破坏性影响,因而通过寻找"不可分解的联想"(indissoluble associations),通过求助于某些"自然的"组织型的社会感觉,通过将其理想建立于对孔德(Comte)及"孔德学派"的历史解释之上,试图抵消那些有害影响。任何具有不够确实、不够严肃的道德意识的著作家,往往都会对最有活力的人性观念进行同样的处理,这种处理方法曾被詹姆斯·穆勒和杰里米·边沁(Jeremy Bentham)有效用于反对根深蒂固的道德偏见和化装为自然道德和永恒直观的阶级利益。第三,因而经验主义总是不可避免地产生直觉主义。必须有人出来营救受到威胁的理想;因此理想又重新得到强烈主张,被认为具有内在的、独立的效力。当教条主义需要用以保护那些看来可能为良好的人性生活所必需的观念免受消解时,教条主义就被认为是应当的;它之所以出现,其推动力乃源于对其反对的那种理论所表示的震惊。就这样,随意的反应和摇摆取代了有关道德意见和行为的一种渐进的、可控的发展。

经验主义因而如同直觉主义一样具有绝对主义的逻辑。复杂的观念、信念、行为实际上是相对的,是由要素联结而成的。但要素只是被给予的,它们是固定的、绝对的;它们是客观定势(objective determinations)而非过程之中的临界点。将它们连在一起的那些联想也都是由外在确定的;它们不具有历史生长的连续性。如果我们把经验主义者对一偏僻民族作为神圣义务加以强化的某种看似荒唐的习俗的典型处理方式与历史学家的处理进行比较,这种对比就会显得很强烈。经验主义者视其为怪诞,视为由外界偶然组合而来的一种赘生物。而历史学家则认为其根植于该民族的生活,在历史上与它的整体记忆和传统有着紧密联系;其承载着涉及整个社会生活体制的那些习俗,也被习俗所承载。经验主义对于体制、习俗和有组织的信念只是白板一块,取而代之的是非时间性的孤立的要素,它们可以进行任何可能但并非迫切需要的结合。历史学方法至少部分源于对经验主义这种武断的绝对主义的应对,这一点并非偶然而具有一种逻辑必然性。历史学方法如同经验主义一样是批判性的;它的破坏之路是解释、揭示、把事实放在整体语境下进行处理;希望能够通过指出该情境的无用性(how obsolete is that situation)来表示反对。但是,与此同时,它也进行辩护——相对来说。情境是一种实在,它存在于自身的时间和地点,而所讨论的事实则是其整体的一部分。

于是,这样来说发生学方法的道德意义是对的:它把当前情境下的公认习俗、信念、道德理想、希望以及愿景与过去联系起来。它将道德过程视为一个整体,然而却是构成比例关系的(in perspective)。因此任何可从对于过去的研究中学到的,同时也得自有关现在的分析。它变成探究、解释、批判我们现有设定和愿景的一种工具。由此它尽可能地阐明它们的构造和形成。它清除掉了杂质、纯粹的遗留物、情感反应,并尽既定时间内的最大可能性把我们所采取的态度、我们所要塑造的理想进行合理化。经验主义和直觉主义,尽管是以不同的方式,两者都否认道德过程的连续性。它们设立了无时间的因而是绝对和分离的终极项(ultimates);由此它们把有关现在的问题和运动与过去隔离开,把所有的指导性力量从作为冷静、公正、真正的客观研究唯一对象的过去中剥夺,使得我们的经验构成毫无方向,任凭环境和随意性的支配,无论是教条主义的还是怀疑主义的。帮助我们全面地、分析地看清现在情境,令我们掌握对于人之教化具有这种或那种作用的因素,这些正是历史学方法所要为我们做的。如若我们的道德判断不过是关于道德的判断,这可能具有科学品格,但却会缺少道德意义和道德助益。但是,道德判断是有关行动方式、做事行为、习惯养成、目标培育的判断。凡是对于判断、信念、解释、准则有所改动者,操行也会改动。控制我们对于操行的判断,我们对于习惯、行事、意图的评价,就此而言,也就等于指引了操行本身。

因而,前文关于发生学或进化论方法的科学必然性的主张与本文关于其实际道德意义的主张,结果发现是同一个。凡是能进行科学控制的都必然也具有实际助力;这只是因为其中的立场是一种过程的连续性,它从不将过去与现在分开。

(张留华 译 周永涛 校)

对道德进行科学研究的逻辑条件[*][①]

I."科学的"一词的用法

科学是系统化的知识体,这个我们所熟知的观点可以用来引入对本文所使用的"科学的"一词的讨论。"系统化的知识体"这个短语,可以有不同的含义。它可以指内在于被安排的事实中的一种属性,既不考虑事实之间被排列而成其为事实的方式,也不考虑这种排列得以确保的方式。或者,它可以指观察、描述、比较、推断、实验、检验的各种理智活动,这些理智活动是获得事实和使事实变得融贯所必须具备的。它应该同时包含这两种意义。但是,既然排列的静止属性依靠于先前的动态过程,就有必要阐明这种依靠性。在使用"科学的"一词时,我们需要首先强调方法,然后通过方法而强调结果。在本文中,"科学的"指控我们形成关于一些题材之判断的有规则的方法。

从心灵的日常态度到科学态度的转变,与之相对应的是不再把确定的事物看作理所当然的,而是采取一种批判的或者探究的、试验的态度。这个转变意味着一些信念及其相应的陈述不再被当作自足的和自全的,而是被当作结论。把一个陈述看作结论,意味着:(1)它的根据和基础外在于它自身。超越它自身的这种相关性,使我们开始寻找为了作出这个陈述所必需的在先的断言,这种寻找就是探究。

---

[*] 选自《杜威全集·中期著作》第 3 卷。
[①] 首次发表于《代表院系的研究 II:哲学与教育》(*Investigations Representing the Departments*, Part II: *Philosophy, Education*),芝加哥大学十周年专利第一系列,第 3 卷,第 115—139 页(芝加哥:芝加哥大学出版社,1903 年)。

(2)这种在先的陈述基于它们在确定更多一些陈述(即结论)时的关联或者重要性而被讨论。逻辑上,一个特定陈述的含义或者意义在于:我们在作出这个陈述的同时必须承认其他陈述。因此,我们开始进行推理,即一个特定断言或观点使我们承认和获得其他断言之发展。对于每个被通过的判断,当我们同时朝这两个方向察看时,我们的态度就是科学的。首先,通过它作出其他的、更加确定的判断(它是与这些判断连接在一起的)的可能性来核查或者检验它的有效性;其次,通过在作出其他陈述时它的使用来确定它的含义(或者意义)。通过作出其他判断(该陈述所依靠的那些判断)的可能性来确定它的有效性,和通过作出其他判断(该陈述使我们承认的那些判断)的必然性来确定它的含义,这是科学程序的两个标志。

只要我们进入了这个程序,就不会把判断的各种活动看作独立的和分离的,而是看作一个内在联系的系统。在其中,每一个断言都使我们得到其他断言(因为这些断言构成了其含义,所以我们必须审慎地对其作推论),并且我们只有通过其他断言才能获得这个内在联系的系统(因此,我们必须审慎地寻求这些断言)。因此,在本文中所使用的"科学的"一词意味着确定判断之秩序的可能性,以致每个判断被作出时,也是用来确定其他判断,从而能够控制这些判断的形成。

这种"科学的"概念强调探究的内在逻辑,而不是强调探究的结果所具有的特定形式。上述观点可以用来排除一些反对意见,而当我们提到行为科学时,这些反对意见就会立刻出现。除非我们对这个概念进行了强调,否则"科学的"一词很可能让人想起那些我们在物理方面最为熟悉的知识体系;因此给人一种印象,以为我们所寻求的是把行为还原为相似的物理的或者甚至准数学的形式。但是,我们想要的东西类似于探究的方法而不是最终的结果。虽然这个解释可以排除一些反对意见,但是在目前的讨论阶段,还远远不能排除所有的反对意见并因此确保一个自由开放的领域。这个观点鲜明地否定了任何想要把关于行为的陈述还原为某些形式(类似于物理科学的形式)的努力。但是,它也鲜明地肯定了两种情况下逻辑程序的一致性。这个观点将会遇到尖锐和断然的拒绝。因此,在阐述道德科学的逻辑之前,有必要讨论一些反对意见。这些反对意见断定道德判断和物理判断之间存在内在差异,因此认为不能根据在一个领域中判断活动的控制来推论出另一个领域中有相似控制的可能性。

II. 对道德判断进行逻辑控制的可能性

正如刚才所指出的,在考虑这个可能性时,我们会遇到这样的主张,即认为正是行为的本质使得逻辑方法不能以它们在已经公认的科学探究的领域中被使用的那种方式来得到运用。这种反对意见暗示着道德判断具有这样一种特质,使得我们不能从任何一个判断中系统地析取出什么东西,即使这个判断可以用来促进和保证其他判断的形成。它从逻辑方面否定了道德经验的连续性。如果存在这样的连续性,那么任何一个判断都可以用作形成其他判断的自觉工具。否定道德经验的连续性之根据在于以下信念:伦理判断的基础和担保原则存在于超越的概念,即意见之中,这些超越的概念或意见不是从经验进程中产生的,是依据其自身而被判断,有着独立于这种经验进程的意义。

这种指出逻辑差异的主张采取了各种表现形式,但它们都采用了几乎相同的预设。一种说法是伦理判断是直接的和直觉的。如果这是正确的,那么伦理判断不能被看作结论;因此,不能把它与其他东西(例如判断)在理智上(或者逻辑上)进行有序排列。一个纯粹直接判断依据其本性,是不能用作理智上的校正或者应用的。这个观点的表述可以在一种流行的思想中找到,即认为科学判断依靠于理性,而道德判断来自一种独立的能力,即良知。道德判断有属于它自身的标准和方法而不服从理性的监督。

断定极端差异的另一种说法是认为科学判断依靠于因果原则。因果原则必然带来一个现象对另一个现象的依赖性,因此也带来了陈述任何事实和陈述其他事实之间具有联系的可能性;而道德判断包含了最终原因、目的和理念的原则。因此,想要通过在先的命题对任何道德判断的内容之形成和断定进行控制,都会破坏它独有的道德特性。或者,用流行的话语来表述,伦理判断之所以是伦理的,正因为它不是科学的;因为它处理的是规范、价值、理念,而不是特定的事实;因为它处理的是"应该是什么",而不是"是什么",前者通过纯粹的精神愿望来评估,而后者通过调查研究来决定。

当认为科学判断根据时间的序列性和空间的并存性来陈述事实时,这也表达了几乎相同的观点。无论我们在什么情况下处理这种联系,很显然关于一个项或者一个成员(member)①的知识可以用来引导和检查对其他项或者其他成员的存在

---

① 项与成员均是三段论中的术语。——译者

和性质之断言。但是,据说道德判断处理的是还有待完成的行动。因此,在这样的情况下,道德特有的意义只能存在于判断之后且依靠判断而存在的特性。因而,道德判断被认为从本质上超越了任何在过去的经验中所发现的东西;并且,要试图通过其他判断的媒介来控制道德判断,这会消除它独特的道德特性。这种观念的表现形式可以在下面的信念中找到,即认为道德判断与涉及自由的现实相联系,从而使得理智控制成为不可能。这样的判断被认为不是依据客观事实,而是依据在某种赞同或者反对中所表达出来的任意选择或者意志。

我并不想充分地讨论这些观点。我将把它们归结为一个单独的逻辑表述,然后在最一般的意义上讨论它。把这个单独的逻辑陈述看作刚才所提出的那些(和其他类似的)反对意见中的一种并进行辩护,这并不是我试图去做的,因为接下来的讨论并不依靠于那种观点。经过概括,关于道德判断和科学判断之间鸿沟的各种陈述归结为两个二律悖反的断言:其一是在普遍的和个别的之间的分离;其二则是在理智的和实践的之间的分离。这两个二律悖反最后缩减为一个:科学陈述涉及一般的(generic)条件和联系,因此可以成为完全和客观的陈述;伦理判断涉及个别的(individual)活动,并且个别活动依据其本性超越了客观陈述。这种分离的基础是:科学判断是普遍的,因此只能是假设的,并因此不能与行动发生联系;而道德判断是直接的,因此是个别化的,并因此涉及行动。科学判断陈述的是:条件或者条件类别在哪里被发现,那么就能相应地在那里发现特定的其他条件或者其他条件类别。道德判断陈述的是:一个特定的目的具有直接的价值,因此可以被实现而不需要涉及什么在先的条件或事实。科学判断陈述的是条件之间的关联,道德判断陈述的则是无条件地要求实现一个观念。

对目前讨论的这个问题的逻辑表述,使我们把注意力集中到两个还需进一步讨论的关键点上。首先,科学判断是否处理本质上普遍性的内容(它的全部意义都在于展示了特定条件之间的联系)?其次,通过理智的方法来控制道德判断(当然完全是个别化的)是否会破坏或者以任何方式削弱特有的伦理价值?

在讨论刚才提出的两个问题中,我试图指出:首先,科学判断具有伦理判断的所有逻辑特性;因为它们涉及(1)个别事例和(2)行动。我试图表明:科学判断即关于条件之联系的表述,有它产生的根源,并且是为了解放或者加强(应用于独特的和个别的事例的)判断行为这个特殊、唯一的目的而被发展和应用的。换句话说,我试图表明不会存在以下问题:由于把伦理判断放入一种不同的逻辑类型中,而这种逻辑类型又属于所谓的科学判断,这种做法会消除伦理判断的独特性质;因为在科学判断中被发现的逻辑类型,已经考虑到了个别化和活动性。其次,我试图指出:个别化的伦理判断需要借助一般命题来得到控制,这些一般命题以普遍(或者客观)的形式陈述了相关条件之间的联系;而且,通过指导探究而获得这样的一般命题是可能的。最后,如果要对伦理学进行科学化的研究,我将简要提出建构这样的一般科学命题必须遵循的三种典型路线。

III．科学判断的性质

科学判断是假设的,因为它们是普遍的,这种说法在最近的逻辑理论中几乎是一个常识。的确,这个说法在某种意义上陈述了一个毫无疑问的真理。科学的目标是规律。当规律表现为恒常性、关系或者顺序的形式(如果不是表现为公式的话,至少也是表现为简单表述)时,规律就是恰当的。很显然,任何规律,不管是简述顺序还是作为公式,表达的都不是个别化的现实,而是条件之间的某种联系。到目前为止,还没有出现争论。但是,当认为科学和普遍陈述的这种直接和显明的关联包括了科学方法的所有逻辑含义时,某些基本假设和基本含义被忽视了;我们所争论的逻辑问题被回避了。真正的问题不是科学的目标是以一般概念的形式或者条件联系的公式来进行陈述,而是科学如何做到这点,并且在得到这些普遍陈述之后,如何利用这些普遍陈述。

换句话说,我们首先必须询问一般判断的逻辑意义。因此,本节不是要考察作为科学之客观内容的一般公式之意义,而是试图表明这种意义在于把"科学"或一般公式的体系发展成为控制个别判断的手段和方法。

1. 现代科学引以自豪和骄傲的东西,是它特有的经验的和实验的特征。"经验的"一词,指科学陈述从具体经验中产生和发展出来;"实验的"一词,指通过所谓的规律和一般概念在具体经验中的应用,对规律和一般概念进行检验和检查。如果这样的科学概念是正确的,那么毫无疑问,这表明了一般命题处于一个纯粹中介的位置。它们既不是原初的,也不是最终的。它们是我们借以从一个特定经验通向另外一个经验的中介;是以这种形式出现的个别经验,以便能用来控制其他经验。否则,科学规律只能是理智的抽象物,只能通过它们相互之间的融贯来检验,被认为把科学和中世纪的沉思区分开来的特性也会立即消失。

另外,如果物理和生物科学的命题的一般性是最根本的,那么这样的命题从实践观点来看是完全无用的；它们完全不能运用于实践,因为它们在理智上脱离实践应用所关注的个别事例。如同初始前提一样,对抽象物的纯粹演绎之推理也不能产生贴近具体事实的结论。演绎过程系统地引入一系列的新观念,因此使普遍内容变得更复杂。但是,认为通过普遍内容的复杂化,我们就能接近经验的个别化,这种观念是中世纪实在论的谬误,也是上帝存在的本体论证明的谬误。在化学、物理学和生物学中的普遍命题(如果这样的命题在逻辑上是自足的)的演绎推理,并不能帮助我们修建桥梁或者确定热伤风流行的源头。但是,如果普遍命题及其演绎推理能被阐释为对理智工具的制造和使用,并以促进我们的个体经验为明确的目标,那么结果会完全不同。

科学陈述的经验起源、实验检验和实践用途本身,足以说明我们不可能固守对判断的任何逻辑区分:普遍判断是科学的,而个别判断是实践的。这意味着我们所说的科学正在形成和准备一些工具,以便我们处理经验的个别事例——这些事例如果是个别的,那么如同道德生活中的事例一样地独特和不可替代。我们甚至可以说,使我们采取一种肤浅的观点并相信一般判断和个别判断之间的逻辑区分,即相信存在一个巨大的、自足的普遍命题的体系的事实本身就证明:对于一些个别经验,我们已经制定出控制我们与它们进行反思交流的方法,而在经验的另一个阶段,这个工作仍有待去完成——这就是当前伦理科学的任务。

用来获得控制所要获得的目标的技术,不是这里要讨论的问题。只要指出假设性的命题是最有效的工具就足够了。如果我们不准说"这个,A,是 B",能(1)找到根据说"哪里有 mn,哪里就有 B",能(2)表明哪里有 op,哪里就有 mn,并且(3)有技术来发现在 A 中存在 op,那么即使所有外在的和习惯的特征都是缺乏的,即使"这个,A"表现出确定的特性,这些特性不用借助于一般命题的中介就能让我们必然把它等同于 C,我们也有理由把"这个,A"等同于 B。换句话说,同一性的识别(identification)要成为可靠的,只有当对它的判定是通过(1)把自然判断中未经分析的"这个"拆分为确定的特性,(2)把谓项拆分为相似的元素组合,(3)在主项和谓项两者中的一些元素之间建立统一的联系。日常生活中的所有判断,以及地质学、地理学、历史学、动物学和植物学等科学(所有处理历史叙述或者有关空间并存的描述的科学)中的判断,实际上最终都回到同一性的问题上。甚至物理学和化学中的判断,当它们是最终的和具体的时,也是与个别事例相联系的。在所有这些科学中,只有数学①涉及纯粹的普遍命题——这因而成为数学必不可少的重要性,即为技术的判断和其他科学的判断提供工具。同样,在所有艺术中(不管是商业的、专业的,还是具有美感的),判断都可以归结为正确的同一性识别问题。观察、判断、解释和熟练技能都在处理个别事例的过程中展现出来。

2. 到目前为止,我们已经看到科学中一般陈述的意义并不能为假定在它们的逻辑形式和对行为的科学研究的逻辑形式之间存在差异说明理由。实际上,因为我们已经发现一般命题的产生、发展及对它们的检验都在对个别事例的控制之中,所以只能假定相似性而不是差异性。我们能否进一步扩展这种相似性?它能否同样应用于伦理判断的其他特性,即涉及行动?

正因为现代科学强调科学陈述的假设性和普遍性的特征,而把它们与个别判断的关联放入了背景(实际上之所以这样放置,只是因为这种关联性总是被看作理所当然的),因此,现代逻辑强调判断的内容方面而牺牲了判断活动。但是,现在我将试图表明:这种强调之所以出现,也是因为与活动的关联完全被当作理所当然的,以至于可能忽视它——就是说,没有清楚地把它表达出来。我将试图指出,任何判断必须被看作一个活动;实际上,严格意义上的判断的个别特征在最终的分析中,意味着判断是一个不可替代的单独活动。

我们的关键点是对任何特定判断所断言的内容或者意义的控制。这种控制如何能够被获得?我们到目前为止的讲述,就好像一个判断的内容可以简单地通过参照另一个判断的内容来得到阐明;特别是,好像一个个别判断(例如,一个关于同一性识别的判断)的内容,也许可以通过参照一个普遍性命题或者假设性命题的内容来获得。实际上,并不能仅仅通过参照别的内容来控制一个判断的内容。认识到这个不可能性,就是认识到:对判断之构成的控制,总是通过一个行动的中介,通过行动使得个别判断和普遍命题各自的内容被挑选出来且被放入相互联系之中。从任何一般公式到一个个别判断,并没有道路。这条道路要经过进行判断的个人之习惯和精神态度。普遍命题只有在行动中才能获得逻辑力量和精神实在性。通过行动,普遍命题被当作工具而发明和建造,然后为了它所服务的目标而被使用。

因此,我试图表明,活动性在形成判断的每个关键之处都有表现:(a)它在被使

---

① 如果现在的论证需要,我当然还可以指出:所有的数学都涉及个别事例。在数学科学中,符号(图表也是符号)是个别对象,具有像化学中的金属和酸以及地质学中的岩石和化石一样的逻辑性质。

用的一般命题或普遍命题的起源中表现出来；(b)它在对被判断的特定题材之选择中表现出来；(c)它在检验和证实假设之有效性以及确定的特定题材之意义的方式中表现出来。

(a)目前为止，我们已经假定为了方便使用而去制造和选择一般原则的可能性，这些一般原则可以控制个别事例中的同一性。就是说，除非我们有被定义为特殊条件之间的联系的特定的一般概念，除非我们知道何时以及如何从这样的可用概念中选择所需要的那一个，否则我们就不能控制如"这是伤寒症"或者"那是贝拉彗星"这种类型的判断。被认为是彼此联系的公式之体系的整个科学，正是一个可能发生的谓述的体系，就是说，是用来限定一些特殊经验（这些经验的性质和意义，我们还不清楚）的可能观点或方法的体系。它给我们提供了一套用来进行选择的工具。当然，这个选择依赖于特定事实的需要，我们必须在特定事例中区分和确认这些事实，如同木匠根据他想要做的东西来决定从工具箱中是选择锤子、锯子还是刨子。有人也许会认为，一个职位的众多候选者的存在，加上在数学上他们可能的组合和排列，这两者合起来决定了他们中的某一个获得那个职位。这类似于认为，一个特定判断可以根据一个理论上可以穷尽的一般原则之体系来推演得出。作为它本身的一个有机组成部分，这个逻辑进程包括对一般原则的体系中一个特定原则的选择和涉及，而这特定的一般原则是与特定事例相关的。这种个别化的选择和适应，是这个情境之逻辑的组成部分。而且，这种选择和调整很显然就是行动的性质。

我们一定不要忘了说明，我们关注的不是选择或者适应一个现成的普遍命题（universal），而是关注普遍命题的起源，目的正是为了这种适应。如果经验中的个别事例不曾给我们的识别活动制造任何困难，如果它们不曾产生任何问题，那么普遍命题简直就不会存在，更别说被使用了。普遍命题正是经验的这种表述，以便能够促进和保证个别化的经验的价值。在这种作用之外，它不会存在，其可靠性也不能得到保证。在科学已经获得长足发展的情况下，我们可以毫无错误地这么说，似乎普遍命题已经是现成的，并且似乎唯一的问题只是它们中的哪一个被挑选出来使用。但是，这种说法不应让我们无视以下事实：正是因为需要更客观的确定特定事例的方法，普遍命题才会产生，并且呈现特定的形式和特征。如果普遍命题不是作为在这种冲突中进行调和的中介，正如它能在这种类似冲突中找到其用途，那么这种使用将会是绝对任意的，并且因而没有逻辑限制。进行选择和使用的活动是逻辑的,而不是在逻辑之外的,因为被选择和使用的工具正是为了进一步的选择和使用而被制造和发展出来的。①

(b) 在同一性判断中的个别活动(或者选择),并不仅仅表现于从一些必要的特定谓项的可能性中进行选择,还表现于对"这个"或者主项的确定。逻辑专业的学生都熟悉特性的事实和一个特殊项的限定或者区别特征之间的区分——这种区分又被叫作"那个"(that)和"什么"(what)的区分,或者"这个"(this)和"此性"(thisness)的区分。② 此性指的是一个性质,不管这种性质是多么感官性的(例如热、红和响),但可能在它本身的含义上,这种性质同样地属于很多特殊项。它是一个表达所具有的东西,而不是它就是的那个东西。这样一些应用在性质的观念中有所涉及。它使得所有的性质能够被看作程度。它使得性质的名称很容易把自身转变为抽象的语词,蓝色变成蓝性,高声变成高声性,热变成热性,等等。

判断的特性说得更明白点,判断的单一性是由关于"这个"的直接描述来建构的。③ 这种描述特征指的是偏好的选择,它是属于活动的。或者,从心理学的角度,感觉特性只有在运动反应中才能变成特殊的。作为直接经验的红、蓝、热等,总是涉及确定它们的运动调节。改变这种运动调节,这种经验的特性也会发生改变;减少运动调节,这种特性也会越来越变得模糊不清。但是,对作为判断之直接主项的任何特殊的"这个"的选择,并不是任意的,而是依赖于所关注的主要目标。理论上说,任何在感知中的对象,或者任何特性,或者任何一个对象的元素,都可以作为"这个"来起作用,或者作为在判断中被确定的主题来起作用。纯粹客观地说,没有理由从无限的可能性中选择一个而不选择另一个。但是,关注的目标(这个目标当然能在判断的谓项中找到表达)为我们决定什么对象或者对象的什么元素在逻辑

---

① 当然,在这里所提出的观点无疑是实用主义的。但是,我不是非常确定特定形式的实用主义的含义。它们似乎表示:一个理性的或者逻辑的陈述直到某个阶段是很好的,但是有确定的外在限制,因此在关键点上,必须求助于显然是非理性或者外在于逻辑的考虑因素,并且这种求助就是选择和"活动性"。实践的和逻辑的因此相互对立。我现在想要维护的就是这种对立,即逻辑是实践的内在或者有机的表达,因此当它在实践中起作用时,就实现了它的逻辑基础和目标。我并不想表明,我们称为"科学"的东西是由外在的伦理因素任意限制的;我也不想表明,科学因此就不能把自身引入伦理的领域;我想表明的恰恰相反,即正因为科学是控制我们与经验物的世界之间的行动联系的一种模式,伦理经验才亟需这种控制。通过"实践的"一词,我仅仅指的是经验性的价值之受控制的变化。
② 最近在逻辑学中的这个区分由布拉德雷(Bradley)提出,并具有很大的说服力和清晰性[《逻辑原理》(*Principles of Logic*),伦敦,1883 年,第 63—67 页]。
③ 这里不是很有必要指出,冠词"the"是弱化的描述,代词,包括"它",都与描述相关。

上是适合的提供了根据。选择活动的含义因此是逻辑操作的有机组成部分,而不是在逻辑活动完成之后的任意的实践附加物。这种导致普遍命题的建构和选择的兴趣关注,也导致了对普遍命题所使用的直接资料或材料的建构性选择。①

(c) 所有科学的同一性识别都具有实验性,这是一个常识。它是如此平常,以至于我们很容易忽视它的巨大重要性,即公开的活动对逻辑进程的完整性是绝对必要的。正如我们已经看到的,活动同时被包含于谓项或者解释意义和"这个"或者有待确定的事实中。如果这两种活动不是相互联系于一个更大的经验价值变化的体系之中,那么它们都会是任意的;它们相互之间最终的恰当性或者适应性,就会是完全令人惊奇的事情。如果一个任意的选择活动从可能限定的整个体系中抓住一些谓项,而起源上完全独立的另一个选择活动从感知的整个可能领域抓住一个特定领域,并且如果这样的两个选择能够彼此符合、互相结合,那么这将是完全的偶然性。

但是,如果同一个目标或者关注在对这两个选择的控制中起作用,那么情况会完全不同。在这样的情况下,证实的实验活动是在实现一个目标,而这个目标同时表现在对主项和谓项的选择中。它不是第三个进程,而是一个活动整体,我们已经考虑了这个活动整体的两个部分的而非典型的方面。意义或者谓项的选择,总是与有待解释的个别事例相关;并且特定的客观事例的建构,总是受到与其所服务的目标相关的观点或者观念的影响。这种相互关联是持续被使用的检验或者试验;任何更加明显的有关验证的实验活动仅仅表示:这样的条件使得检验过程表现得很明显。

现在我试图表明,如果我们采用科学判断的唯一最终形式,即用来鉴定或者区分一部分个别化的经验,那么判断显得是一种判断活动;这种活动表现在对主项和谓项的选择和决定中,同时也表现在对它们彼此相关的价值的决定中,因此也表现在对于真理和有效性的决定中。

既然我在讨论中用了一套并非自明的术语,并且引入了很多陈述;在现在的逻

---

① 因此,在接受布拉德雷的"这个"和"此性"的区分时,我们并不能接受他给予这个区分的那种解释。按照他的解释,在"这个"和"此性"之间不可能有严格的逻辑关联。只有"此性",才有逻辑意义;"这个"是由完全超越理智控制的考虑来确定的;实际上,它表明了:一个外在于判断活动的实在闯入或者进入一个逻辑观念或者意义之领域,这种独特而强制的侵入是我们经验的极其有限性的必不可少的伴随物。

辑讨论的状况或条件下,这些陈述对于许多人来说似乎还需要论证而不是已经提供了论证,那么我可以指出:这种论证是完全能够被经验所证实的。所获结论的真实或错误依赖于以下两个观点:

第一,任何判断就其具体现实性而言是一种关注活动,并且就像所有关注活动一样,它也包含兴趣或者目的之作用,以及服务于这种兴趣的习惯和冲动倾向之施展(这最终包含运动调节)。因此,它包含对于关注对象和"理解"或者解释之观点和模式的选择。改变了兴趣或者目的,被选择的材料(判断的题材)也会改变,并且相关的观点(因此还有谓述的种类)也会发生改变。

第二,抽象的、普遍的科学命题是由于这种个别判断或者关注行为的需要而发展起来的;它们采取了它们的存在形式(即发展出它们特有的结构或者内容),并且将其作为使得个别判断能够最有效起作用的工具;也就是说,使得个别判断能够最可靠和最经济地实现它所要完成的目的。因而,这些概念的价值或者有效性总是通过使用来被检验,而这种使用通过其成功和失败来判定普遍原则等的效力,以便履行其所要完成的控制功能。①

只要科学判断被判定为一种活动,那么就没有任何先验的理由在公认科学之材料的逻辑和行为的逻辑之间划界。因此,如果能够找到任何确定的基础,我们就能自由地前进。认识到判断活动并不是普遍存在的,而是在本质上涉及一个最初的起点和一个终极性的完成,这种认识正好提供了确定的基础。判断活动不只是一个自由的活动经验,而且是需要特定动机的活动经验。必定存在一些刺激因素,以使人们从事这种特定种类的活动而不是别的活动。为什么要参加那个我们称为判断的特定种类的活动?无疑,其他一些活动也许会进行,例如锯木头、绘画、小麦市场的囤积居奇、进行谴责。必定有某些东西存在于最完备和最正确的理智命题的集合之外,这些东西使我们进行判断而不是进行其他活动。如果有人想要判断,那么科学提供了条件,这些条件在最有效地进行判断活动时会被使用。但是,这建立在如果的基础上。没有什么理论体系能够讲清楚个人在特定时候会进行判断而

---

① 所有一般的科学命题、所有对规律的陈述、所有的等式和公式都有严格的规范性。这是它们存在的唯一理由,是对其价值唯一的检验,也是它们控制关于个别事例之描述的能力。意识到以上观点,可以检验一种流行的倾向,即在纯粹规范性的哲学和纯粹描述性的科学之间严格划界。认为科学命题等只是简单记录或者抽象描述,这证实了而不是否定了这种观点。如果简单而抽象的陈述并不是在与实在的直接关涉中起到工具作用,那么为什么还要产生它们呢?

不是做其他事情。只有聚焦于个人兴趣的整个行为系统,才能提供那种起决定作用的刺激因素。

不但为了有组织的科学体系之使用而必须找到一个实践性的动机,而且为了这个科学体系的正确和恰当的使用,也必须找到一个相似的动机。任何理智命题的逻辑价值,它区别于纯粹理智存在物(ens rationis)的独特的逻辑意义,依赖于实践的,并且最终是道德的考虑因素。这种兴趣必须能使个人进行判断,还能使他精细地进行判断,把所有必需的预防措施和所有可用的资源(它们能确保结论达到最大可能性的真理)都运用起来。科学体系(使用"科学"一词来指有组织的理智内容)的逻辑价值绝对依赖于道德关注:真诚地想要进行正确的判断。除去这个关注,科学体系就变成了纯粹的美学对象,即借助于它的内在和谐与对称而激发起情感反应,但是没有逻辑含义。如果我们再一次假设一个鉴定热伤风的案例,是职业的、社会的和科学的兴趣使医生历尽千辛万苦去得到所有与形成判断有关的资料,并且使他充分考虑以使其阐释具有工具作用。理智内容只有通过一个特定的动机,才能获得逻辑功能;而这个动机虽然外在于理智内容本身,但是在逻辑功能上又与理智内容绝对联系着。

如果科学资源、观察和实验的技术、分类体系等在指导判断活动(并因此确定判断的内容)中的作用要依赖于判断者的兴趣和倾向,那么,我们只能使这种依赖性变得明确,并且所谓的科学判断的确显得就像是道德判断。如果医生由于急切想要完成工作而变得粗心和武断,或者如果他在金钱方面的需要影响到他的判断方式,那么,我们也许会说,他在逻辑上和道德上都失败了。在科学上,他没有使用已经掌握的方法去指导他的判断活动,以便给予判断最大的正确性;但是,逻辑上失败的根源在于他自己的动机和倾向。总之,科学的一般命题或者普遍命题只有通过判断者的习惯或者倾向之中介才能起作用。它们自身没有运作方式(modus operandi)。①

---

① 就我所知,查尔斯·皮尔士(Charles S. Peirce)先生是第一个让人们去关注这个原则的人,也是第一个强调它的根本逻辑重要性的人[参见《一元论者》(Monist),第2卷,第534—536、549—556页]。皮尔士先生把它称为连续性原则:一个过去的观念,只有当它与它所要发生作用的对象保持心理上的连续性时才能发生作用。一个普遍的观念只是一个有生命力的、扩展中的感觉,习惯是对于一个特定心理连续体的特殊运作模式的表述。我通过不同的路径得到了以上结论,同时并没有贬低皮尔士先生的陈述的先在价值,或者它的更加普遍化的逻辑特征。我觉得我自己的陈述有着某种独立确证的价值。

附加于理智活动上的独特的道德性质之可能性要归因于以下事实：并不存在一个特定的点，一个习惯由此开始而其他习惯由此停止。如果一个特定的习惯变得完全孤立和分离，那么也许有一个依靠于纯粹理智技术、依靠于使用专门的技术来处理特定材料之习惯（而不考虑任何伦理限制）的判断活动。但是，连续性原则是绝对的。不仅特定的心理态度通过习惯可以扩展为一个单独事例，而且任何习惯在其自身的运作中都可以直接或者间接地召唤出其他任何习惯。"性格"一词，指的是这种影响最终判断的、相互作用的复杂的连续统一体。

IV．伦理判断的逻辑特征

现在我们又回到一开始的命题：对于任何对象的科学研究都意味着对工具的使用，在所有属于那个对象的材料中，这种工具可以用来控制判断的形成。我们已经消除了先验的反对意见，即公认的科学判断所应用的题材是如此不同于道德判断所关涉的题材，因此它们之间没有共通的特征。我们现在可以自由地回到开始的问题：对于行动的科学研究的特有逻辑条件是什么？每一种判断都有属于它自己的目的；工具（被使用的范畴和方法）必定随着目的之变化而变化。如果我们普遍地认为科学技术、公式和普遍命题等的逻辑本质在于它们能够保证判断活动以便能实现一个目的，那么我们必须同意进一步的命题：所需要的逻辑工具因想要实现的不同目的而变化。因而，如果在伦理判断活动所促成的目的中有什么特别的东西，那么同样地，在对它进行科学研究的逻辑中也必定有独特的性质。

因此，问题同样回到了伦理判断本身特有的区别性特征之上。如果我们回到那些科学同一性的事例，在其中伦理因素变得明显，那么这些特征很容易显现出来。我们看到在一些事例之中，同一性的本质及其真假在意识上依靠于判断者的态度或者倾向。"在意识上"一词，区分出一个特定种类的判断。在所有个别判断中都有一个活动；并且在所有情况下，活动都是动机，并因此是习惯，而最终是整体习惯或性格的表达。在很多情况下，性格的含义只是一个假设，不必去注意它。它是判断活动的实践条件的组成部分，但不是逻辑条件的组成部分；因此，它没有被吸纳到内容里面，即进入判断中有意识的对象化。把它看作实践条件而不是逻辑条件，这意味着尽管它对任何判断来说都是必需的，可是一个判断活动只是和任何其他判断一样需要它。它相同地影响所有判断；对于特定判断的真实或虚假来说，这种不偏不倚的关涉就和完全没有关涉一样。在这种情况下，判断受其他性质的条件的控制,而不是受性格条件的控制;提供给它的材料按照和材料一样状况或者性质的对象来被判断。不仅被判断的内容没有有意识地包括动机和倾向,而且还明显地存在阻止或者抑制来自判断者的因素。从这种判断的角度来看,这些因素被看作在逻辑上仅仅是主观的,因此是妨碍我们获得真理的因素。我们可以毫无矛盾地说,判断活动中判断者的活动在进行之时,力图防止它的活动对判断的材料有任何影响。因此,通过这些判断,"外在的"对象被确定了,判断者的活动对于它涉及的东西保持绝对的中立和漠不关心。同样的观点也可以由以下的说法来表达:动机和性格在起作用的时候是完全相同的,它们对于特定的对象或者被判断的内容来说毫无差别。因此,动机和性格也许是被预设的,从而不予考虑。

但是,无论什么时候,性格的含义、习惯和动机的作用被看作影响特定的判断对象之性质的因素,我们为了逻辑的目标必须注意到这个事实,并使这种联系成为在判断题材中内容的一个明显因素。当性格不再是一个无关紧要或者中立的因素,当它在性质上影响判断者展现给自身的情境之意义,那么,区别特征就被引入被判断的对象之中;这个特征不仅是一个改进,或者种类上同质于已经给定的事实,还能够改变这些事实的意义,因为这个特征把评价的标准引入了被判断的内容。换句话说,如果性格的影响实际上是在先的时候,即如果性格不是任何判断的相同的、中立的条件,而是单独地(或者隐含地)决定如此这般的这个判断之内容——价值,那么作为实践条件的性格就成为逻辑条件。换个角度来看,在"理智的"判断中,性格对于描述什么对象被判断来说是毫无差别的,因此任何判断都可以精确地进行;但是,在道德判断中,问题的关键在于决定内容如此那般时所导致的差异,这种差异是判断之为判断的必要条件。

这种在意识上与个人倾向的关联,使得对象成为一个动态的对象,即一个由特定限制来规定的过程,一边是特定的事实,另一边是特定类别的行动所改变的同一些事实。被判断的对象是动态的,而不是"外在的",因为它需要的不仅仅是作为前提的判断活动,而且是作为其自身结构之必要成分的判断活动。在典型的理智判断中,我们的假设是:这种必定会导致某种结合与区分的活动外在于被判断的材料,只要它完成自己的工作,即把属于一个整体的因素放在一起而把其他不相关的因素除去,那么它就要立刻停止工作。但是,在伦理判断中,这个假设有完全相反的含义,即情境正是通过在判断活动中所表现出来的态度而被产生出来的。从严格的逻辑观点来看(就是说,不会明显地涉及道德方面的因素),伦理判断因此具有它自己特有的一个目标:它进入对题材的判断中,并且导致判断活动的态度或者倾向是决定题材的一个确定因素。

随之而来,伦理判断的目标可以这样来陈述:它的目标是把判断活动本身建构为一个复杂的客观内容。如同对于在独特的理智过程中的判断活动一样,它要弄清判断活动,并且使判断活动的性质和本质(区别于它的形式——那是心理学研究的问题)成为考虑的对象。正因为性格或者倾向被卷入评价所通过的材料和判断所组织的材料中,性格才被判断所决定。这是一个有重大伦理含义的事实;但是,在这里,它的意义不是伦理的,而是逻辑的。从严格的逻辑观点来看,它表明我们正处理一个典型的判断种类,在其中,判断活动的条件本身被客观地决定。判断者要对自身进行判断;并且,因此为任何种类的一切更多判断设定条件。用更加心理学化的术语来说,我们也许可以说,判断通过有意识的考虑和选择,实现了一个到目前为止或多或少还是模糊和冲动的动机;或者,它以这样一种方式表现了一个习惯,即不仅仅是在实践上加强这个习惯,而且是根据某种后果把这个习惯的情感价值和含义带入意识。但是,从逻辑的立场来看,我们说判断者有意识地参与到构建一个对象的活动中(并且因此把客观形式和现实性赋予)任何判断活动的控制条件。

V.伦理科学的范畴

伦理判断会导致被判断的情境和在判断活动中表现出来的性格或倾向的完全的交互决定。一般说来,任何单个的道德判断必定会在自身中表现出所有属于道德判断的本质特征。不管任何特定伦理经验的材料是多么的惊奇和独特,它至少还是伦理经验;同样,对它的考虑和解释必须符合判断活动的条件。产生以上这种交互决定的判断,有它自身特有的结构或组织。它所要进行的工作,赋予它限制性或规定性的因素和属性。这些因素和属性构成了所有伦理科学最终的术语或者范畴。并且,因为这些术语在判断过程中的任何道德经验里面都有表现,所以它们不只是形式的或者空洞的,而且是在科学考察具体情境时用来分析具体情境的工具。

根据其他相似对象来建构一个对象的特定理智判断,必定有它自己固有的结构,这种结构为所有物理科学提供了最终的范畴。空间、时间、质量、能量等的单位,规定了这种类型的判断起作用的限制性条件。现在,有一种判断根据性格来决定一个情境,并且构建我们所说的动态情境或者有意识的动态作用,这种判断在逻辑上同样拥有它的观点和方法;它对它的任务来说,是必需的工具。伦理讨论充满了这样的术语,例如自然的和精神的、感觉的和理念的、标准的和正义的、义务和职责、自由和责任。但是,这种讨论和对这些术语的使用会遇到一个根本性的困难。这些术语通常被看作以某种方式预先给定的,因此是独立和孤立的东西。理论首先讨论这些范畴是否有效,其次讨论它们特有的含义是什么。这些讨论是任意的,因为这些范畴不是被当作限制性的条件;正如在逻辑操作中的构成元素一样,如果它们有其自身的任务要完成,就必定拥有为了成功实现目标所必需的手段和工具。因此,对伦理学进行科学研究的首要条件是:对这些被使用的基本术语、理智观点和工具的讨论,要与它们所应用的处境和它们在一个特定种类的判断中所起的作用联系起来;这种特定种类的判断,指的是那种能产生动态情境和心理倾向在客观上相互决定的判断。

当范畴接受了当前讨论所赋予的那种结论,当它们因为孤立的方式偶然地被提出,那么它们就没有控制判断形成的方法。因此,其他依赖于它们的使用的判断也同样是越来越无法控制的。使更多的特定判断经济地和有效地运作所必需的工具,其自身的结构与运作模式仍然是晦暗不明的。它们在使用时必然一团糟。因为范畴被看作似乎是拥有现成的独立意义,每个范畴有其自身的意义,所以我们无法审查任何一个范畴所具有的意义,也没有公认的标准来判定任何范畴的有效性。只有联系范畴在其中出现和起作用的情境,才能提供评价它们价值和意义的基础。否则,对最终的伦理术语的定义只能留给基于意见的推理。这些意见抓住了情境的一些更鲜明的特征(因此可以拥有一定程度的真理性),但是意见不能抓住作为整体的情境,也不能抓住情境的典型术语的确切含义。例如,关于什么是伦理标准(不管是有助于快乐,还是接近于存在的完善)的讨论,相对而言必定是徒劳的;除非通过事例的逻辑必然性,并拥有一些方法来决定什么东西存在并且能够成为一个标准。我们没有根据伦理判断和情境的本质条件来对标准进行定义。这样一个关于标准的定义,实际上不是给予我们一个关于制造道德价值的临时观点,例如可以用来形成道德规则,而是它为我们设定了任何想要成为道德标准的东西必须满足的确定条件;因此,它作为工具来评判各种想要成为标准的东西,不管它们作为普遍理论还是作为具体事务。同样,理论家一直想要说明什么是人的理念、什么是**至善**、什么是人的职责以及什么是他的责任,想要证明他是否拥有自由;但是,理论家同时并不拥有受控制的方式来定义"理念"、"善"、"职责"等术语的内容。如果这些术语拥有任何属于它们自身的可证实的恰当含义,那么,这个含义就是作为某种判断的限制特性;这种判断能产生(institute)判断中的心理态度和被判断的题材之间的相互决定。对这种判断之形成的分析,必定会揭示所有作为基本伦理范畴的区别特征。不管含义的哪种要素作为这种判断的组成部分,它都具有道德经验本身所具备的有效性;一个不在这样的分析中出现的术语,不具备有效性。任何一个术语的不同含义,依靠它在这种判断的形成和终结中所起的特定作用。

Ⅵ. 作为控制伦理判断之条件的心理学分析

如果道德判断真的是这样,即在其中最后被确定的内容在每个环节上都受到判断者倾向的影响(因为他根据他自己的态度来解释遭遇到的情境),那么我们可以立刻得出结论:对个别道德判断进行恰当控制所必需的普遍理论将会包括对倾向的客观分析,因为倾向会通过判断的中介而影响活动。作为一个简单事实,我们每个人都知道现在大部分关于道德的研究包括对于性格的合意的和不合意的特征——即美德和罪恶——的讨论,包括作为性格之功能的良知,也包括对于作为性格的表达和形成方式的意向、动机和选择的讨论。另外,关于自由、责任等的具体讨论被看作性格与行为媒介的关系问题。前面提到的性格和判断内容的交互决定性表明,这种讨论不只是实践上的必需之物,也不仅仅是澄清某些次要的论点,而是任何恰当的伦理理论之重要组成部分。

如果性格或者倾向在判断最后所陈述的内容的每个构成点上都表现出来,那么对于这种判断的控制就显然取决于我们是否能够以普遍化的方式来阐明构成性格这一客观事实的相关因素。① 只有当我们具有关于把任何物理对象判断为物理的——这个过程中能被观察到的特定条件的知识,并且这种知识独立于或者先于经验的任何特殊情况,我们关于物理对象的特定判断才能得到控制。正是通过这样的规律,或者对于联系条件的表述,我们才能得到公正性或客观性,以使得我们能够在危急关头不受当下因素的影响而进行判断。我们摆脱了经验的迫不得已的直接性,而到达了能够清楚和完全地看待它的地步。因为性格是一个渗入任何道

---

① 当然,术语"对象"和"客观的"是在逻辑的意义上被使用的,而不同于"物理的",后者仅仅指逻辑对象可以采取的一种形式。斯图尔特(Stuart)博士在《逻辑理论研究》(芝加哥大学,1903年)中关于"作为逻辑进程的评价"的文章可以作为参考,用来讨论"对象"一词的逻辑意义以及它与经济的、伦理的判断之客观性的关系。

德判断的事实,所以控制能力依靠于我们以条件之普遍联系的方式来表述性格的能力,而这种条件脱离了特定事例之境况的影响。心理分析是一种工具,使得性格从专注于直接经验的价值而转变为客观的、科学的事实。这其实是根据它自身发展之控制模式来对经验所进行的表述。

即使是一般人,也知道心理倾向在某种道德意义上改变判断的许多方法;并且习惯于利用这个认识来控制道德判断。可以收集到很多谚语,它们表达了心理态度影响道德评价的方式。在如下表述中体现出来的观念对普通人来说也是常识:习惯、习俗和利益削弱了观察能力;激情阻碍和扰乱了思考能力;私利使判断者只注意被判断情境的某些特定方面;冲动使心灵匆忙而又不加分辨地下判断;当目标和理想被关注时,它们激发起容易充满整个意识的情感,而当情感开始膨胀时,它们开始限制并进而消除我们的判断能力。这样的表述不胜枚举。它们不仅被大众所了解,而且通常用来帮助人们形成健康的道德行为。

心理学完全不等同于这些陈述的堆积,因为心理学阐明了不同的倾向如何产生相应的结果。什么是不同的心灵态度和倾向?它们如何结合在一起?一个如何召唤或者排除另外一个?我们需要不同的典型倾向的一个清单,以及对倾向如何刺激或者抑制其他任何倾向这两种结合方式的说明。心理学分析满足了这个需要。尽管它只能通过发展出科学结构来满足这个需要,科学结构作为心理考察的结果在经验中展现自身,但是典型的态度和倾向确实和日常经验的那些作用一样是我们所熟悉的。同样,最原子主义的心理学也使用了普遍化的陈述来说明特定的"意识状态"或者要素(即已经提到的结构)如何系统地引起特定的其他"状态"。实际上,联想理论正是以普遍化的方式说明了:要素的客观顺序对于心理学家来说,如何反映出经验之直接过程中的态度或倾向之顺序。特别要指出的是,感觉论者不仅承认而且还宣称其他意识状态同痛苦或者快乐之状态的联系都有可以被归结到普遍命题的相同倾向,都有可以被用来构成(表现于所有行为中的)普遍原则的相同倾向。如果心理原子主义真的是这样,我们为了认识一个更加有组织的、内在复杂化的心理结构的每一步努力,都大大增加了关于心灵状态中条件之联系的可能命题的数量和范围——这些可能命题是这样的陈述,如果说得没错的话,它们正具有任何"物理规律"所具有的那种逻辑有效性。就这些"状态"是在我们的直接经验中起作用的态度和习惯的代表而言,每一个这样的命题可以立刻转化为关于性格如何构成的命题,后者正是科学的伦理学所需要的那种一般陈述。

当然,心理学的意图不是要恢复个人的直接经验,也不是要描述经验的直接价值,不管是美学的价值、社会的价值还是伦理的价值。它把直接经验还原为一系列被当作生活经验之条件或者特征的倾向、态度或者状态。它所关注的不是看见一棵树的完整经验,而是关注通过抽象被还原到态度或者知觉状态的经验;它所关注的不是带有个人和社会意味的具体发怒行为,而是作为一种一般心理倾向即情感的愤怒。同样,它也不是关注具体的判断——更不用说道德判断。但是,心理学分析在经验中发现了它所处理的典型态度,并且只是将它们抽象化,以便它们可以被客观化地陈述。

任何想要与我们的道德意识发生联系的道德理论之表述都说明了一些联系,这些联系的真理性最终必须通过心理学分析来检验,正如任何关于特定物理现象的判断最终必须满足在物理分析中提出的物理实在的某些一般条件。

例如,心理学分析并没有为我们提出一个实际上经验到的目标或者理想,不管那是道德的还是其他的。它并不想要告诉我们什么是目标或者理想。但是,心理学分析向我们指示了形成和持有一个目的意味着什么。心理学分析把我们在直接经验中发现的目的的具体结构加以抽象化,并且是因为(而不是不管)那种抽象作用而根据条件和后果,即根据出现在其他经验中的其他典型态度来向我们展示出什么是"拥有一个目的"。

因此,纯粹的心理命题对于任何具体的道德理论来说,都是必不可少的。对道德判断过程的逻辑分析,根据其所要完成的特定逻辑功能提出了它的内在组织或结构,并因而提供了伦理科学的范畴或者限制条件,还提供了它们的形式意义(即它们的定义)。但是,只有当一些个体具有关于目的或理想的实际经验时(这包括形成或者持有这些目的或理想的活动或者态度),例如目的或者理想这些逻辑范畴,才能成为具体的。因此,只有当一些个体实际上参与到关于善和恶的经验时,并且当这种经验客观上被当作判断时,标准这一范畴才不只是一个可能的理智工具。持有目的、判定价值等活动是性格的现象。把它们从经验的直接事务中抽象出来考虑,即把它们当作活动、状态或者倾向,它们是如同在心理学分析中所出现的那种性格现象。甚至把任何一个经验或者经验方面看作理想,就是要去反思那个经验,也就是要进行抽象和分类。它涉及对一个经验下判断,这超出具体的经验活动。如果是这样进行的话,它就是心理学分析,也就是说,它是和在心理科学中所发现的具有相同程序的过程;并且,它包含心理科学所发现的相同区分和条件。

但是,心理科学由于能够抽象和划分意识进程,使我们能够控制它们而不是仅仅顺从于它们。

因此,认为心理学不能"给出"道德理想,而必须借助于超验的因素即借助于形而上学的说法是无用的。形而上学指的是对那种类型的判断(这种判断在完全的交互性中决定判断的主体和内容)进行逻辑分析。在这个意义上,形而上学也许能"给出"理想,即它可以说明理想的形式或者范畴如何成为这种判断中的一个构成要素,并且因而具有属于这种判断活动的有效性。但是,这样的一个逻辑分析远远不是超验的形而上学;无论如何,我们只能获得作为可能的道德判断之立场或终点的理想范畴。毫无疑问,理想是被直接经验到的。只有生活而非形而上学和心理学,能够"给出"这种意义上的理想。但是,当伦理理论对于理想性格和行动来说所具备的重要性进行陈述,当它强调这种意义上的理想而非其他理想时,它是在提出关于条件的普遍条件;因为对心理倾向的分析能根据在先条件和后果说明"拥有一个理想"是什么意思,因此除了通过对心理倾向的分析,绝对没有什么别的方式来检验这种陈述有效性及其所宣称的普遍性和客观性。如果关于理想我们能够作出什么普遍陈述,那是因为构想一个理想的心理态度可以被抽象出来,并且可以被放到与代表其他经验之抽象的态度的某种联系之中。拥有一个理想,形成或者持有一个理想,必定是一个活动,否则理想就是绝对的非存在和无意义。讨论什么是拥有一个理想,就是参与到了心理学分析中。如果"拥有一个理想"可以根据同其他相似态度的顺序来陈述,那么就有一个心理学上的一般陈述(或者规律),并可以作为分析工具去反思具体的道德经验,就像自由落体"规律"在控制我们关于打桩机和炮弹轨迹等的判断中起作用一样。关于任何性格现象的普遍化命题之可能性,要依靠于揭示某些趋势、习惯或者倾向彼此之间规律性合作与协调的心理学分析之可能性。因此,重复一句老话:作为自然科学的心理学处理的是事实,而伦理学关注的是价值、规范、理想,关注它们应该做什么而不管它们是否存在。这样的老话要么是无关的,要么就证明了我们不可能对这些东西作出任何形而上学的、实践的和科学的一般陈述。

VII. 作为控制伦理判断之条件的社会学分析

我们再一次回到我们的基本观点:在道德判断中,判断活动与判断内容是相互决定的。正如我们已经看到的那样,对活动的恰当控制即对内容的决定,包含了使性格成为科学分析之对象的可能性,即把性格陈述为相互联系的条件之体系或者完全自足的对象(即普遍命题)的可能性。我们现在必须认识到相反的一面,即只有具备对内容本身(即从它与活动的关涉中抽象出来)进行分析的方法,才能控制关于活动的判断,从而控制关于在活动中表现出来的性格之判断。

伦理问题需要从以下观点来加以处理,即把活动看作对内容的限定,而内容是对活动的限定。因此,一方面,我们在特定的道德危机之前需要以普遍的方式来表述态度和倾向的机制,这种机制能决定关于活动之判断;而另一方面,我们需要先有关于产生这种判断之情境的相似分析和分类。在任何特定事例中,我们让科学工具的哪部分最显著地发挥作用,这取决于那个事例中可能会导致错误的环境条件。如果情境或者活动的场景(我们指的是引起或者激发道德判断活动的条件)是我们很熟悉的,我们可以假定判断中错误之来源在于经验背后的倾向——如果我们能够确保判断者的动机是正确的,那么判断本身就是正确的。在其他情况下则相反。我们可以合理地假定或者理所当然地认为,判断者采取了正确的态度,但是问题在于对情境的阐释。在这种情况下,正确判断所需要的是关于"这一情况之事实"的令人满意的知识。这样,现有的目标就是要进一步解决其他问题。我们现在必须讨论的正是问题的后一方面。

行动者能判断他自身作为行动者并且因此控制他的活动(即把他自己领会为一个要做某件事情的人)的唯一方法,是通过查明他所遇到的情境,该情境使他必须判断它以便能决定某个活动过程。只要对行动之场景的性质下了结论,那么也就是对行动者将要做什么下了结论,并且这又决定了行动者将成为什么样的行动者。纯粹的理智判断也许作为单独的种类被划分出来,在其中内容或者对象根据价值上相似的其他内容或者对象而被确定,并且相应地作为程序的一部分来防止来自或者涉及判断者倾向的东西进入其中。但是,伦理的(即不仅仅是理智的)判断没有作这样的抽象。对于伦理判断而言,被判断的内容中包括了判断者的参与,而在判断者的决定中包括了被判断对象的参与。换句话说,在道德判断中被判断的对象或者被建构的情境不是一个冰冷的、遥远的和默然的外在对象,而是行动者自己最独特、紧密和完全的对象,或者就是作为对象的行动者。

既然如此,为了形成这样一个关于行动之场景或者条件的判断,以便能促进对于行动者最充分而可能的建构,我们需要的是什么呢?我的回答是:需要把内容分析为要素之结合的社会科学,就像心理学分析把活动分析为一系列的态度。

我们假定了引起独特的道德判断的情境是一个社会情境,因此相应地能够只通过社会学分析的方法被恰当地加以描述。我意识到(甚至承认对活动场景进行某种科学解释的必要性)说这种科学必定是社会学的,这还遗漏了什么东西。这个逻辑上的漏洞可以通过关于道德判断之范畴的讨论来加以克服,因为这种讨论可以使这些范畴的社会价值清楚地显现出来。这些分析远离了我现在的目标。在这里,我只需要回到先前的观点,即在伦理判断中判断者和被判断的内容是相互决定的,并且指出这个观点在其逻辑发展中可以得到以下结论:因为判断者是个人的,所以被判断的内容最终也必定是个人的;因此,道德判断确实建立了个人之间的联系,建立了我们所谓"社会的"个人之间的联系。

但是,无论如何,获得关于情境的客观陈述(即根据条件之间的联系来获得的陈述)的方法是必要的。某些描述科学也是必要的,并且在很多情况下没有人会否定社会生活的要素也包括在被描述的事实之内。但是,即使我们承认场景是社会性的,对这个特性的描述并不是描述的全部。任何社会性活动的场景同时也是宇宙的或者物理的,还是生物的。因此,要把物理的科学和生物的科学从伦理科学那里完全排除开,是绝对不可能的。如果伦理学理论要能够依据其本身来描述引起道德判断的情境,并以此作为它的必要条件,那么任何促进或者保证这种描述之充分性与真理性的命题不管是机械学的、化学的、地理学的、生理学的或者历史学的,将因此而成为伦理科学的重要辅助工具。

换句话说,道德科学的假设是科学判断的连续性。这个假设同时被形而上学的唯物主义流派和超验主义流派所否决。超验主义流派在道德价值领域和宇宙价值领域之间划分了确定的界限,使得涉及后者的命题对于涉及前者的命题来说不可能成为辅助(auxiliary)或者工具(instrumental)。物理科学和生物科学的进展如此深刻地改变了道德问题,并因此改变了道德判断和道德价值。这一事实可以用来反对超验的伦理学,因为按照超验的伦理学,这样明显的事实将是不可能的。唯物主义同样否认了判断的连续性原则。它把方法的连续性,即把关于一个对象的普遍陈述用作决定其他对象的工具,与主题的直接等同性相混淆。它没有认识到伦理形式的经验同其他形式的经验的连续性,而不仅在逻辑方法上而且在它自己的本体论结构中把伦理经验划归到了在判断中被定义的其他形式(即物理形式)的对象之中,从而消除了伦理经验。如果我们一旦认识到所有的科学判断,无论是物理的还是伦理的,最终都关注获得以客观(即普遍的)形式陈述的经验以便指导进一步的经验,那么,一方面我们能够毫不犹豫地使用任何能够用来形成其他判断的陈述,而不管它们的主题或者含义是什么;另一方面,我们将不会想着如何去消除任何种类的经验的独特性质。因为意识生活是连续的,使用任何经验模式去辅助其他任何模式的经验之形成的可能性是所有科学(包括非伦理的科学和伦理的科学)的最终预设。这种使用、应用和工具性服务的可能性,使得我们有可能而且必须使用唯物主义的科学来建构伦理理论,并且在这种应用中防止伦理价值的败坏和分解。

总之,如果我们说本文中所提出的意见并不包含任何迂腐的假设,即认为在道德经验的任何特定事例中使用科学或者逻辑控制是必需的,那么可以避免引起误解。我们同物理自然之间进行的具体接触的更大部分、无限的更大部分,并不是有意识地参照物理科学的方法甚至结果来进行的。但是,没有一个人会质疑物理科学的根本重要性。这种重要性以两种方式来展现自身:

第一,当我们遇到一个特别困难的问题时(不管是解释的问题还是创造性构造的问题),物理科学使我们拥有进行有意识的分析和综合的工具。它使我们能够节约时间和精力,并且给我们带来成功解决所面临问题的最大可能性。这种使用是有意识的和深思熟虑的。它包含了把技术和已经确立的科学结论批判性地应用于非常复杂和混乱的事例;如果没有科学资源的话,这些事例将无法得到解决和处理。

第二,物理科学有很大的应用范围,任何无意识的应用也包括在内。以前的科学方法和科学研究对我们的心理习惯及其涉及的材料起到影响作用。我们无意识的领会、解释和思考的方式受到以前有意识的批判性科学的成果影响。因此,在我们同特定情境的理智接触中,受益于我们已经遗忘的,甚至个人从没有进行过的科学活动。科学在我们面对周围世界的直接态度中形成,并且被体现于那个世界之中。每当我们通过发送电报、穿过桥梁、点燃煤气、登上火车、量温度来解决一个难题时,就是在通过使用如此高度累积和浓缩的科学来控制一个判断的形成。就科学的很多特征而言,科学已经预先形成了我们必须进行判断的情境;正是这种在任何环节上都符合习惯之形成的客观划界和结构上的增强,才能在它的行为的具体细节中对理智提供最大的帮助。

我们有充分的理由来假定对行为的科学来说也同样如此。只有通过参照那些一开始就需要判断来进行有意识和必不可少的指导的事例,这样一门科学才能够被建立起来。我们需要知道,在其中我们发现自己需要进行活动的社会情境是什么,这样才知道做什么是正确的。我们需要知道,一些心理倾向对于我们看待生活的方式进而对于我们的行动所起的作用是什么。通过认清社会情境,通过使我们自己的动机及其后果变成客观的,我们建立起一般命题:把经验作为条件之间的联系来陈述,即以对象形式来陈述经验。这种陈述在处理更多问题时被使用和应用。它们的使用变得越来越习惯化。"理论"成为我们心理机制的一部分。社会情境采取了某种形式或者组织。它被提前分为特定的种类,而这个种类又被分为特定的一类和一种;现在剩下来的唯一问题,是对特殊的变种进行区分。再一次,我们习惯性地把存在于我们自己的倾向中的某些错误之来源看作会对我们关于行为的判断发生影响,并因而使它们受到充分的控制,以使我们不再需要有意识地参照它们的理智公式。正如物理科学产生了物理世界之组织以及我们处理那个世界的实践习惯之组织,伦理科学会产生社会世界之组织以及使个人与那个世界发生联系的相应的心理习惯之组织。通过把道德行动的领域和工具都整理清楚,于是就像在物理事例中那样,我们只有在面对非常复杂的问题和高度新奇的构造时,才会有意识地去求助于理论。

总结

1. "科学的"指控制判断之形成的方法。

2. 这种控制只有通过以下能力才能获得,即能够在被判断的经验中抽象出特定要素,并且能够把这些要素当作条件之间的联系,即当作"对象"或者普遍命题(universals)。

3. 这样的陈述构成了公认科学的大部分内容。它们是一般命题或者规律,并且通常以"如果 M,则 N"的假言形式出现。但是,这种一般命题是科学的工具而不是科学本身。科学在关于同一性识别的判断中,具有它的生命力;并且是为了这些判断,一般命题(或者普遍命题,或者规律)才被构造出来并且接受检验或者证实。

4. 这种关于具体同一性识别的判断是个别化的,并且也是活动。作为逻辑要素的活动间接出现于(a)对主项的选择中和(b)对谓项的决定中,(c)最直接地出现在系动词(试探性的主项和谓项之相互形成与检验的整个过程)中。

5. 当判断与活动的这种相关性可以被预设,从而不需要我们有意识地提出或者进行揭示,那么判断在逻辑类型上是"理智的"。当所涉及的活动无差别地影响被判断内容的性质时,就会出现这样的情况。当影响判断内容的活动在有意识地发挥作用,或者当活动和内容之间的交互决定本身变成了判断的对象,并且对该对象的决定是进一步获得成功判断的先决条件,那么判断在逻辑类型上是"伦理的"。

6. 对道德判断的控制需要能够把活动和内容的交互决定构造成一个对象。这有三个阶段:第一,对这种涉及活动和内容之间交互决定的判断之限制形式的陈述。这种判断的限制条件构成了伦理科学对象的典型特征或者范畴,就像根据其他对象来构成一个对象的判断之限制条件构成了物理科学的范畴一样。从这个观点对道德判断进行的讨论,可以被称作"行为的逻辑"。第二,对活动的抽象,即把活动看作包含在"具有经验"之中的态度和倾向之体系,并且把活动(既然是一个体系)当作一个通过其他不同态度与判断态度之间的特定联系来构造的对象进行陈述,这就是心理科学。第三,对"内容"进行类似的抽象,即把内容看作形成场景或情境(活动出现于其中的)的社会因素之体系,并且行动者由于这个体系而被构成,这就是社会科学。

7. 整个讨论意味着把对象决定为对象(甚至当并不是有意识地涉及任何行为的时候)最终还是为了发展更多的经验。这种进一步的发展是变化,即现存经验的改变,因此是主动的。只要这种发展是通过把对象建构为对象而受到有意识的指导,那么就不仅有主动的经验,而且有受控制的活动,即行动、行为和实践。因此,所有把对象决定为对象(包括构造物理对象的科学)都涉及经验的变化,或者作为经验的活动;并且当这种关涉从抽象过渡到应用(从消极方面过渡到积极方面),那么把对象决定为对象就涉及对变化之性质进行有意识的控制(即意识的变化),从而具有伦理意义。这个原则可以被称作"经验连续性的准则"。这个原则一方面保护道德判断的完整性,揭示道德判断的至上性以及理智判断(不管是物理的、心理的还是社会的)相应的工具性和辅助性;另一方面,更重要的,是防止道德判断的孤立性(即防止超验论),使它与关于这个经验之题材的所有判断(甚至是那些最明显的机械和生理方面的判断)进行交互的协作。

(徐陶 译 赵敦华 校)

社会制度与道德研究*

1）范围和方法

社会哲学关注对社会现象的评价，社会现象包括依赖人类的联合或者人类共同生活的所有的习俗、制度、安排、目的和政策。社会哲学从已经被证实是真实的来源那里接受这些积极的现象。与对这些现象的评价有关，社会哲学的目标是伦理的。

Ⅰ．因此，我们立刻涉及一个根本的和有争议的论点。这里谈到的评价蕴涵了一个外在于社会现象自身的标准或规范吗？抑或从这些现象推演出这种规范是社会哲学的任务的一部分？社会哲学的方式是"实证主义的"，还是"先验的"？如果是前者，它怎么能够除了记录下那些作为一种事实存在的各种不同的评价以外，还可以做得更多？如果是后者，外在于社会现象的规范的权威的根据是什么？什么可以确保这种方法不是乌托邦或者徒劳的？当然，这里的假定是：评价标准从积极的社会现象推演出来，然而它并不仅仅是对给定的评价的复制。

1．价值判断和判断标准、政策和目的都作为社会现象的一部分而存在，也改变着其他社会现象。不仅证实它们，而且要求它们作出改变。只有在社会群体是静止的意义上（将习俗当作其充分的标准），评价才仅仅与其他社会现象相一致；即便如此，标准还有一项功能，即保留习俗。在一个允许反思性行为的社会群体中，评价的目标不仅在于保留，而且指向改革，指向新的结构。对于现存的评价模式对

---

* 选自《杜威全集·中期著作》第 15 卷。

制度产生的结果的研究,提供了评价社会制度的素材。

2. 由于存在不同类型的社会群体,以及发生的不同的和相互冲突的评价,研究就变得更加重要,并且会产生不同的后果。不管在什么地方发现冲突,选择都是必要的,除非这种选择是武断的,否则必须建立在对不同标准所起作用的批判性对比之基础上。社会的统一纯粹是观念上的,实际上,社会上有大量的群体(参见《民主与教育》,第24—27、94—96页)。这些差别为对价值观和日常的评价进行系统的和哲学的评价提供了素材。正是因为当前不同群体之间交往的范围,冲突无处不在,从而随机应变进行选择就十分迫切了。因此,当代社会特别需要社会理论。

3. 由此得出,社会哲学只是将反思性评价的过程继续推进。人们发现,除了一般的理论活动外,这种反思性评价是社会现象有机的组成部分之一。除了具有更大的普遍性并旨在成为体系,这种反思性评价与对制度的价值或政策或法律所作的深邃的判断并无二致。由此得出,和这些深邃的判断一样,反思性评价是暂时的、实验性的,并有待进一步修正。换句话说,即便最精致的社会哲学本身,也是一种附加的社会事实,它要进入随后的价值判断中去。

4. 隐含的基本事实是:好的和坏的事情以及选择性的偏好,是作为先于理论活动和反思性批评的事实而存在的;它们先于标准,而非遵循标准。这些好的或坏的事情中,有一些来自人类联合的事实。因为存在着必须作出选择的情境(因为我们必须行动,以便维持或获得一种善品而非另一种),评价事实上是一种必要,除非选择将是完全盲目或不明智地作出的。它的真正的替代选择不是一个内在的和先验的标准,而是一种内在的原则;它是教条主义的、非批判的,最终建立在某个阶级或群体不容置疑的权威的基础上。这种内在的原则是通过反思性的对比和有区别的批评得到的。

关于评价,参见:杜威,《实验逻辑论集》(*Essays in Experimental Logic*),第14章。关于伦理学与社会现象的一般关系,参见:列维-布留尔(Levy-Bruhl),《道德科学》(*Science of Morals*);海耶斯(Hayes),《社会学与伦理学》(*Sociology and Ethics*),第3、9章;施奈德(Schneider),《科学与社会进步》(*Science and Social Progress*)。

Ⅱ. 由此得出,社会哲学是澄清各种判断的一门技术,这些判断是对实际的或者规划的社会习俗、制度、法律、安排等有必要持续作出的。它的素材包括研究:(1)社会群体的不同类型对于信念的产生,以及有关对与错、好与坏等各种标准产生的影响;(2)这些信念和标准对其他力量的反应行为,尤其关于这些社会力量对产生好的或坏的事情的影响效果,其目的就是使通常正在发生的社会批评和政策规划更加开明或有效。在价值判断中,它所采用的好与坏的标准的关系,类似于在医学和卫生学中发展的对健康和疾病所作的判断。接受一种内在的而非先验的标准和方法,只是遵循了在自然科学的转换中所设定的例子。

Ⅲ. 关于社会哲学本质的这种观念的具体要点和重要性,最好通过与社会哲学其他观念的对比来看;这些观念在历史上已经成为通用的或者有影响力的观念了。

1. 标准,顾名思义,已经从对事物的终极性质的考虑推演而来——上帝、宇宙、人、理性——然后,被外在地应用于对社会所作的判断。例如,柏拉图、圣·奥古斯丁、圣·托马斯、斯宾诺莎和黑格尔在一般的自然法理论中,作为规范用来评价实在法与安排。参见:《天主教全书》(Catholic Encyclopedia),论述法律和自然法的条款。也参见:杜威的文章,《外交》,1923 年 3 月。

2. 那些与这种方法相反的方法,顾名思义,已经从对个体意识现象的考虑中被推演出来了。他们已经在寻找一种积极的、给定的素材,由此引出他们的标准;但不是在社会现象中,而是在个体及个人意识的心理学中寻找这种必要的素材。例如,享乐主义者,包括功利主义的享乐主义阶段,他们对善的定义不是建立在社会中的人们已经具体地当作他们的善的东西的基础上,而是以使人快乐的意识状态来定义善的。总之,同样的方法暗含在各种各样非享乐主义的个人"良知"和"直觉"的理论中,这些理论在历史上主要与新教教义的发展有关。

总的来说,这些学派(为方便,称它们为形而上学)中的第一种通常是保守的、权威主义的,并且带有神权政治和神学的光环;第二种一直是改革派的和"自由主义的",指望社会意识来发现一个批评现实的社会安排的基础。但是,从逻辑上看,他们在下面这点上是意见一致的,即努力在社会现象之外发现一个方法标准或基础。这样,他们似乎找到了一个外在的途径,从而避免了通过从社会事实中推演出的标准批评社会事实时所带来的循环。但他们只是通过成为非历史的和绝对主义的、实际上具有党派偏见的而逃避了这一循环,因为他们选择用外在的标准来满足头脑中的那个目的,因此对于他们的选择不存在客观的检验。一个内在的标准是与社会现象有关的,但与此同时,它也是实验性的,因此是通过与暗含它的社会过程相似的社会过程来检验的。

这两种类型的社会哲学的党派偏见的特征,例如仅仅断言某些阶级偏见或群体利益在自然法的历史上是被证明的[参见：庞德（Pound），《法哲学导论》（*Introduction to the Philosophy of Law*），第 1 章]；在 18 世纪自然权利和自由的学说史中被证明了，它们最初是作为自由主义的学说，现在已经成了反动派的教条，并且在"有机"哲学史中被证明了[关于后者，参见：杜威，《哲学的改造》（*Reconstruction in Philosophy*），第 8 章；霍布豪斯，《形而上学的国家理论》（*The Metaphysical Theory of the State*）；杜威，《德国哲学与政治》（*German Philosophy and Politics*）]。

Ⅳ．提出这一概念的重要性，也可以通过将它与当前关于社会科学各种各样的概念进行对比看出来。当前的社会科学假定有可能获得纯粹描述性的社会法则，它们免于所有方面的评价。因为这点已经暗含在我们的前提中了，即所有的社会法则都是关于政策的"法则"，关于一种将被从事的行为的"法则"；并且，这些描述提供的不是法则而是事实，这些事实形成了价值判断所依据的数据，以及对价值判断的检验——例如，对政策的考虑。

1. 这一断言的证据存在于作为描述性科学的政治经济学和政治科学的早期历史中。它们的"法则"的确是从某个历史时期（资本主义的竞争性经济以及国家疆域的至高无上）武断地选择的社会群体那里推演出来的。它们的概念只有在规范的意义上是法则——正如它们被用来意在调节随后的行为。政治经济学的"法则"不仅在经典的意义上，而且在马克思主义的形式上，都是政策。正统的政治科学考察了 19 世纪那段时期的西方国家，并假定它是所有历史的规范形式。

2. 这一断言的理论基础在（1）社会现象的历史的特征和（2）这样一种事实中被发现了，即这个历史的一部分是由信念和选择的社会条件产生的，这些信念和选择改变了随后的社会进程。社会探究将人类行为的这一事实带到了意识面前，这样将我们自己的行为带到反思中，从而改变了行为的路径。唯一不变的统一或"法则"，就是外在于判断并且不受判断影响的现象的法则，这一点是必然的；也就是说，社会现象的唯一"法则"是物理的而非社会的。但是，如果没有喜欢或不喜欢我们发现的东西并因此尝试去保留或改变行为，意识到我们自己的行动进程就是不可能的。因此，社会探究所发现的知识和作出的判断，变成了社会现象自身中一个内在的因素。

这样，社会理论就不可以比作物理学，而是比作工程学了；在工程学中，"法则"是关于手段和人们欲求的或努力得到的结果之间关系的陈述。它们呈现出这样的形式:"如果我们想得到某种结果,就必须使用某些材料,采用某些方法。"这一公式是普遍的,但它暗含了我们的确想要某些目的,而且预设一个目的(一个实践行为),总是暗含在这个公式中。现象始终处在一个过程中,关于这些现象的知识也是同样的过程的一部分[固定的进化阶段的观念代表了通过设定固定的统一,将社会科学同化为物理学的尝试。这样,孔德、斯宾塞、摩尔根和其他人。参见:包斯(Boas)在《野蛮人的心灵》(*Mind of Primitive Man*)第七章中的批评;戈登外塞(Goldenweiser)的《早期文明》(*Early Civilization*)]。这些评论并不否认社会科学的必要性,而是说它们并不在下面的意义上关涉抽象的统一,即在这种意义上,物理科学通过从历史变化中进行抽象概括可以处理它们。它关涉:(1)在复杂的文化现象内确立某些相互关联,这种文化现象与特定的和具体的群体有关;(2)追寻先前孤立的文化群体由于相互接触而产生变化的历史进程;传播、借用、冲突,通过外在接触产生的内部修正,等等。正如被发现的那样,这些统一是心理的而非社会的。当它们被用作规划和政策的基础——工程科学、道德和法律的意义上而非物理的意义上——时,它们再一次变成了社会法则。

关于政策的考虑对历史写作产生的影响,参见:斯温(Swain),"历史是什么?"《哲学杂志》,1923 年 5、6 月号。

2) 标准的性质

Ⅰ. 标准、规范这样的术语,经常用来指示在行动中遵循或遵守的模式、楷模、规则,包括它们拥有控制行为的权威的主张这一观念。"标准"这一术语包含了同样的观念,但却指示控制判断行为而非外在行为的原则或模式。它指示了这样一个原则,人们有意识地诉诸这一原则作为相互竞争的要求者之间决策的基础;这一原则是对价值的智识上的度量,而非仅仅是实践上的标尺。它是一个方法论上的概念。

从我们的立场看,标准是假设的,而非范畴性的;是实验性的,而非绝对的。同样,尽管它事先被陈述出来,但实际上却代表了一种结论。它可以比作卫生学或医学中应用的健康标准,或者自然科学中应用的真理。

Ⅱ. 一个社会标准必须(1)表达了如实际存在的那样的人类社团的内在的界定原则,但是(2)具备这样一种形式,以便观念或原则可以与现存的、具体的各种形式作对照。为了使社会中有一个群体存在,不得不满足某些条件;这些特征从社会中抽象出来,界定社会。当实际的现象与它比较后发现它们如何充分地实现或表达了它,这个定义就变成了一个标准。从经验上看,一个理想表达了一种展望到了其极限的一种实际的倾向。因此,一个社会理想代表了一种界定被推到其极限的实际的社会的倾向。由此,极限成了对实际现象的一种测度,尤其是当把它与相反方向或相对立的方向(一种关于倾向的最大值和最小值的理论)的极限相对比时(关于倾向和原则,参见:《人性与行为》)。

Ⅲ. 作为社会性群体决定性的或典型的条件是意义的传播、参与、分享和相互渗透(参见:《民主与教育》,第94—100页)。

社会探究的现存状况反映在人们发现的关于社会的大量不同的定义中,事实上,许多著作家根本没有给这一概念下定义,甚至在关于社会的长篇大论中也没有。上边的定义对于陈述标准和其他重要的议题如此根本,以至于我们应该仔细地审视它的内涵。它(1)与生物学的定义形成对比;(2)与外在服务的交换的概念形成对比——劳动力的分工与合作;(3)与法律的概念,比如控制、约束不同;(4)与根据一种心理状态或过程的精神的定义不同,不管是模仿、暗示、意志(目的),还是思想,等等。如果不存在某些心理过程,意义就是不可能的;但正如意义不是生物的一样,它也不是精神的,而是独一无二的社会事实。语言也不是完全物理上对思想的表达或言说,而是不能被还原为精神术语的典型的社会过程。

> 比较上述定义与斯宾塞的定义:*Sociology*, Vol. I, pt. 2, ch. I; Mackenzie, *Social Philosophy*; Windelband, *Introduction to Philosophy*, pp. 253-277(communal will); Tarde, *Laws of Imitation*, ch. 3, esp. pp. 68, 70, 87; Baldwin, *Individual and Society*, ch. 2; *Social and Ethical Interpretations*, ch. 12, esp. p. 504; Cooley, *Social Organization*, chs. I and 6; Giddings, *Descriptive and Historical Sociology*, pp. 9 and 185; *Principles of Sociology*, ch. I, "social facts are psychic," pp. 3 and 17; Follett, *New State*, chs. 3-6; MacIver, *Community*, chs. I and 2, esp. pp. 5 and 22 ("willed relationship"). Students should collect and analyze as many other definitions of society or the social as possible, and also the implied definitions of authors that give no formal definition. 学生应该收集和分析尽可能多的对社会或社会性的定义,同时分析那些没有给出正式定义的作者们所隐含的定义。

Ⅳ. 除了将这一标准应用于上面列举的作为不同群体的典型特征的五种不同的倾向以外,它也适用于将不同的利益融合在同一群体中的倾向,以及适用于在分离的群体之间对利益的分配。这种融合往往使一种利益出乎意料地占据支配地位,并且压倒其他的利益;这时,与它们的解放和充分发挥的作用——劳动力的分工——相关的冲突与问题趋于不适当的孤立。因此,趋于一种固定化,而这种固定化妨碍了意义或参与的取舍。

1. 通过所有利益的血统联结,通过淹没经济、政治和科学利益来阐明统治现象。并非在每个参考文献中,它们都与亲族联系的道德后果有紧密的联系。关于某些事实,请参见:威斯特马克(Westermarck),第 20、25、26、34 章;肖纳(Sumnen),《社会习俗》(Folkways)第 13 章;霍布豪斯《进化中的道德》第 1 卷,第 3 章。请注意,在东方道德中,所有的美德、责任、权利与子女的虔诚联系在一起;在政治方面,与家长制的家庭在决定道德实践和道德信念时的影响联系在一起。同时,请注意与诸如父亲身份、兄长身份、兄弟情谊和爱等术语联系在一起的积极的道德贡献。在萨瑟兰(Sutherland)的《道德本能》(Moral instinct)中,人们将会发现把作为道德力量的同情与亲族因素联系起来的系统尝试。

2. 在西方中世纪时期,我们发现了体现在教会中的宗教利益的支配地位。比较教会与国家、神学和科学等之间的冲突[参见:莱奇(Leck),《理性主义史》(History of Rationalism);A·怀特(Wite),《科学与神学的战争》(Warfare of Science and Theology);阙普(Drape),《宗教与科学的冲突》(Conflict between Religion and Science)]。但是,僧侣和医务人员群体的影响可以追溯到很远,而且这一群体典型的实践(仪式、典礼、狂热者)和信念的影响是相当普遍和深入的——请比较道德观念与宗教信仰和宗教裁判的普遍的融合(威斯特马克,第 50—52 章;霍布豪斯,第 2 卷,第 1—4 章;冯特,《伦理学》(Ethics),第 1 卷,第 2 章;泰勒(Tylor),《原始文化》(Primitive Culture)。他非常关注神话、巫术、仪式在原始生活中的重要性,但他并未考察它们对道德理念和行为的影响。关于宗教的广泛影响,请参见肖特-维尔(Shot-Well)的《宗教革命》,尤其是第 1、2 章。

3. 当前在西方,经济群体及其活动模式与利益有着相似的被夸大的地位。请注意对物质主义、商业主义、机械主义、个体主义的自我中心主义,以及在它们导致坏的道德后果方面的普遍抱怨。如果分析得更详细,凡勃伦(Veblen)的所有作品都指出了源于现代工业社会各种考虑的支配性影响。

关于利益和群体的分化方面,存在着从现代生活隔离的、密不透风的区隔性的分裂所产生出来的各种问题(参见《民主与教育》,第 8 章)。由于群体之间的互动,活动和满足不仅狭隘了,而且变得麻木不仁了;为了商业而商业,为了艺术而艺术;专业化,祛除了人性的科学,等等。如果完全的分离是可能的,那么,一定会有生活的贫瘠而非冲突。因为它从来都没有变成完全的分离(因为一个群体活动的结果可以带到另一个群体中,正如上面的经济群体的例子中表明的那样),存在着标准和理想之间的竞争,以及价值和努力毫无秩序的混合物;躁动不安、郁郁寡欢、对于变化和快速运动的偏爱都是症候。同时,请注意世俗的、暂时的与精神上重要的事情的分离。

Ⅴ. 我已经指出:(1)主要存在于个体中的权利、义务、美德和满足,就其以社会为条件或由社会所产生而言,它们是社会现象;(2)个体之间利益的冲突对道德理论具有重要意义时,是群体冲突直接或间接的结果(或者具有代表意义的重要性);(3)人性既有个体化的倾向,也有联合成统一体的倾向。尽管它们在思想中是可以区别开来的,但在现实存在和实现能力上则是相互关联在一起的。因此,我们被引导对下面两点进行比较:一方面是像它们已经被表达出来的那样的社会哲学的议题的问题,另一方面是它们源于个体与社会之间冲突的观念,或者它们是一种本质上自我中心主义的个体主义的人性所要求的社会化的偶然事件。

群体倾向的这五种差别在它们对个体性情和愿望的形成所产生的不同影响方面,意义是重大的,这些性情和愿望出自朴素的人性。以单一方式或直接的交往为例。主体变得不负责任,毫无思想,变幻无常,易受煽动家情感的呼吁;对从性、食物、娱乐中获得的直接利益,远远多于从遥远的全面的利益中得到的满足感,得过且过,等等。简言之,它们逐渐获得了这些特征,这些特征形成了惯用的论据,此论据反对让民众负责任地参加处理这种事情。另一方面,主人们变得傲慢、严厉、专断,只看到自己阶层的利益,以恩人自居,从他人的依赖和对他们的施舍中炮制出一种美德;并且轻浮,爱奢侈,铺张浪费,等等。或者,以朝向地方化倾向的效果为例。个体中的人性变得偏执、嫉妒,带有党派偏见,怀疑其他群体,想象力受到限制,并且倾向于固定化或例行公事。再则,传统的意义可能积聚起来,群体生活具有了强度和深度,这种深度对群体成员产生有益的影响;与此同时,一个范围广泛的群体就像当前我们的国家一样,走向了浅薄和外在的一致。比较一下海岛和大陆上的人们心智类型的差别。一般来说,人们注意到,理智觉醒时期和生产力外在扩张时期是巧合的,原因是引入了外在新的刺激因素。与外部的敌对群体之间的交往有一种固定化的倾向,随之而来的是对其成员精神生活的限制。对比斯宾塞关于政治机构起源于军事头目需要的理论[参见:《社会学》(Sociology),第 2 卷,第二部分;奥本海默(Oppenheimer),《国家》(The State);休谟(Hume),《人性论》

(*Treatise*),第2卷,第8部分]。

VI.

1. 关于个体与社会的许多争议都源于这些术语许多不同的含义,以至于"个人主义"至少在七种意义上被使用:

(1) 褒义的道德意义:具有很强的宗教的和精神的隐含意义;个性是具有终极价值的事情,是判断所有其他事情价值的终极标准这样一种观念;个体的个性是神圣的、崇高的。粗略一些说,个体性是独特的,每个人都具有一些不可估量、不可替代、不能用贡献来衡量的东西。这些观念本身不能确立社会存在或社会存在道德价值的合适的概念。例如,它们与下面这种观念是相当一致的,即实现个性只有在社会生活中并通过社会生活才是可能的,个性的充分展现与其他的个性密不可分。这样,个人依赖于教会、圣徒团体的终极理想。

(2) 作为独立、坚强、首创精神的根基和源泉的个体性;一种与依附、依赖、一致形成鲜明对比的观念,非常像豆荚中的一些豆子。类似于(1)的独特性的观念,但要根据已经指出的确定的性质来解释它。比如请参见:爱默生(Emerson),《自立》(*Self Reliance*);穆勒,《论自由》(*On Liberty*)。极力反对集体主义的思想和实践,理由在于它们引起了道德依赖,破坏创造力和创新精神,并通过助长懒惰而削弱士气,等等。参见:伯洛克(Belloc),《爱奴役状态》(*The Servile State*);马洛克(Mallock),《纯粹民主的限度》(*Limits of Pure Democracy*),第4部分。在很大程度上可能采取下面的形式,固守理智上的个性、思想和信仰的独立,从传统中获得解放,例如蒙田、培根、笛卡尔,以及16、17世纪的其他思想家。

(3) 对于独特性理念更加确定的限制:受到科学思想的影响,是生物学上的;与遗传的和具体的特征截然有别的,最终是可变的要素;与遗传的和共同的东西区分开来。偏离的根源、首创,新物种的可能起点[参见:赫胥黎(Huxley),《动物王国中的个体》(*The Individual in the Animal Kingdom*)]。上面三种含义是实践的和科学的,而非系统地属于哲学的,尽管它们已经以哲学的体系展现出来了。下面的四个标题指涉理论,指涉"主义"。

(4) 17世纪晚期以及18世纪欧洲政治反抗和政治革命的学说:试图推翻或限制现存的政府,因为它们是暴戾的,侵犯或破坏了自由;通常与自然权利学说联系在一起;这是政治上作为一种主义的"个人主义"。参见:里奇(Ritchie),《自然权利》(*Natural rights*);庞德,《法哲学导论》(*Introduction to Philosophy of Law*),第

81—99、157—169页。

(5) 一种经济学说和政策：一种放任自由的理论，最小化法律和管理的政治行动，限于合法地界定的"正义"。经常与政治上的自然权利理论共同持有——政府限于保护自由和财产的自然权利，它对工商业的干预是不合法的；能够独立地宣称的学说，例如被边沁和功利主义者基于如下理由而坚持，即这样的政府干预是不明智的。在斯宾塞《人与国家》(*Man versus the State*)，以及许多其他的著作家那里，我们可以看到将自然权利和功利主义的论证结合起来。

(6) 关于自我利益或利己主义的伦理学说，建立在下列心理学观念的基础之上，即行为的唯一动机是自爱或个人的愉悦。或者被用来支持政治的或经济的个人主义，正如那些已经被界定过的或用来为一种强有力的中央权力辩护，正如对于霍布斯。

(7) 一种形而上学的学说以某些形式将"心灵"等同于个性的价值，并且断言心灵内在的分离性；以其他的形式将个体性等同于个人的和不可传播的内省式心理学的"意识"。将利己主义、自我等同于心灵，将心灵等同于意识。一个不同的形式是卢梭的，将个性等同于源初的和完全的意志自由。在19世纪，(7)经常被用来为意义(5)和(6)提供一个终极的哲学基础。很可能将这三种意义朦胧地混合起来，以接近当前许多争论中"个人主义"这个词最流行的涵义。

2. 相应的模棱两可存在于社会以及强调社会的理论这一边。它完全被等同于制度的、惯例的、权威的控制，等同于众所周知的善品或价值，等同于相互支持和服务等，因此被毫无区别地加以称赞或谴责。

我们从强调这些意义中的一个或另一个理论中挑选出下面几种：

(1) 为了占据不利地位的群体的利益，政治权力对立法、行政和税收的干预，例如参见：戴西(Dicey)，《英国的法律与舆论》(*Law and Public Opinion in England*)，导言，第7、8章；杰斯罗·布朗(Jethro Brown)，《预防及控制垄断》(*Prevention and Control of Monopolies*)。这一学说显然是关于"个人主义"的放任自由理论的对应理论。

(2) 对于土地、生产手段以及产品分配的集体占有权——废除私人租金、利息、红利和工资，狭义的"社会主义"；可以和(1)结合起来，或者反对对政治行为的所有依赖。伯特兰·罗素的《通向自由的既定道路》(*Proposed Roads to Freedom*)是对各种观点的简明概括。

(3)"社会连带主义"(solidarism)的学说,或者个体团结成一个群体。参见:纪德(Gide)和里斯特(Rist),《经济学说史》(*History of Economic Doctrines*),第587—614页,以及给出的参考文献,尤其是布伊瓦(Bourgeois),《团结》(*la solidarite*),以及第594页上其他的参考文献。

(4)这样一种学说,即认为所有道德上的善都是共同的、分享的,通常与下面这种观念关联在一起——这样的经济上的产品是竞争性的和分裂的,因此,道德上的善的集体行为屈从于它。参见:格林(T. H. Green),《政治义务原理》(*Principles of Political Obligation*),第44—47、123—124页;《引言》(*Prolegomena*),第210—231页。

(5)形而上学实在论,为了实践的目的可以将之归类为"有机的唯心论"。这样一种学说,认为只有整体和普遍的事物才是真正意义上真实的,个体只是整体的"分殊"或部分,它们自身没有真实的存在。参见:柏拉图《理想国》的某些部分,以及黑格尔《历史哲学》导论,第34—41页。

3. 从概括中看,似乎形而上学和实践上的许多议题在日常的个体与社会的反题中是混淆在一起的。

(1)从形而上学和逻辑上说,整体-部分,普遍-特殊,元素-关系,区分-整合,等等。

(2)传统、惯例、制度性的和已确立的事物,以及创新、变化各自的价值:"秩序和进步"。

(3)习俗、习惯各自的价值,无意识的控制和成长,以及慎重的目的、选择和规划的要素,等等。社会"成长"有多远?这在多大程度上是由人们刻意为之(一个早在希腊的讨论中提出,后来在19世纪又被提出的问题)的?

(4)存在于源初的人性(经常与个体相混淆)以及文化,或者在语言和其他社会机构的影响下习得的东西之间的区别和联系。许多所谓的个体对社会的抵制,是"朴素的内在倾向"对包括修正在内的习得之物的抵制。

(5)社会的秩序和进步最好是通过累积性的网络来实现,或者是通过大量相互独立的行为的代数积来实现,或者是通过依赖先前的商谈和共识的共同行为来实现?通过相互独立的需求之间的作用,或者通过一些有意识整合起来的知识和目的的组合而实现?例如参见:纪德和里斯特,第68—93页;斯宾塞,《人与国家》。

(6)大多数个体的利益最好通过允许所有单个个人选择的最大化来实现,或者通过这样的行为来实现:这一行为是否决定了他们作出选择和安排所处其中的条件？对于这一问题，有一般的答案吗？或者，它的答案随条件而变化？

（7）财产的私人占有权和集体占有权的比例多少就能最好地运行？什么样的集体性群体应该是集体占有权的单元？对这一问题的答案，是一般的还是地方性的？里查德(Richard)的《19世纪的社会问题与哲学运动》(*La Question Sociale et le Mouvement Philosohpnique au Xix Siecle*)，是关于最近"个体主义"和"集体主义"学说之间冲突的最好的陈述。

VII.

因此，直接的和最终的关注都是功能。"生命"在其通俗的意义上，指示活着(being alive)的各种各样显而易见的结果——呼吸、消化、运动、感觉和思维，等等。生命只是在第二位和经过长期反思之后被还原成大量特定的和微小的化学-物理事件，并且标示出它与确定的结构性器官之间的关联，而对于器官的观察要先于对这些过程的观察。因此，功能不是被视作各种结果的最终协调，而是被视作一种原初的、单一的力量，或者像它自身一样是一个过程，例如流行的观念将呼吸视为一个单一的自我实施的行为，或者通过肺完成的行为，而不是由无法计数的微小过程构成的高度复杂的统一体。过程可以比作一条溪流的能量（溪流本身由大量的单元-过程组成），结构可以比作河岸、河床等。功能可以比作溪流被投入的使用或结果、灌溉、碾磨等。

过程是"动态的"(kinetic)，包含对能量的再分配。结构代表"潜在的"能量的稳定形式——势能(energy of position)。它们限制并引导运动着的变化。功能是发生的用途、享受和利益。在社会生活中，可以把功能等同于影响权力、能力、才能和享受分配的经济-工业活动。结构是以制度化的组织的形式出现，这些组织以法律和政治的形式表现出来。

功能是严格意义上的社会-道德阶段、商品、价值和利益。但是，由于对功能的理解和调控有赖于有关过程和结构的知识，并且由于后面一种情况是影响功能具体状态的手段，因此，从根本上说，过程和结构包含在所有的评价中。只有通过对它们的研究，我们才能获得有关价值、满意现存状况的洞见，并作出明智的规划，以便修正它们所隶属的情境(situations)。

借助这种方法，我们避免了在社会后果与目标理论中所发现的典型谬论。这些呈现如下形式：(1)把功能、道德价值和理想目的视为(a)原初的因果力量，或者(b)自我解释的、忽视性的(neglecting)因果过程；(2)把结构（法律和政治状况）视为(a)因果力量或者(b)人类联合的目的、对象,以至于"组织"而非联合和交往成为善的标准;(3)把经济-工业过程视为(a)最终的(正如在所谓唯物主义学说中的那样),或者(b)一种粉饰性机构、结构,这是一种无关紧要甚至是人为的侵入。粗略地说,第一种可以称作理想主义或唯灵论的谬误(对比一下桑塔亚那);第二种可以称作形态学、解剖学或组织学的谬误;第三种是唯物主义的谬误。

3) 伦理评价

涉及的道德问题可以通过援引已经提出的标准得到说明:完满的生产和生产型或创造性的消费,两者都不尽如人意地屈从于分配性交换的过程;这个问题的要点是这样一种社会交换,它将使分配性交换屈从于生产-消费。

失调(mal-adjustment)的各阶段:

1. 需要是大量的和多样的,因此,价值的可能范围得以扩展和丰富。但是,被刺激起来的特定需要的性质是偶然的,并且它们满足的前景是不确定的,因为它们在很大程度上取决于遥远和复杂以至于不受个人控制的条件。(1)为了职业之外的满足的补偿性需要。(2)许多能力,科学的和艺术的能力,由于缺少机会,并且由于与金钱和物质的成功有关的需要的过度刺激,没有转化为需要。甚至当满足需要的对象存在时,个人潜能的教育决定着这些对象是否获得重要的价值。(3)不安全和恐惧盛行;大范围的经济失败;形势激起了对金钱(为了防止未来社会地位的衰落)过度的欲望,这也是反思性事业的激励。(4)上层阶级对权力和奢侈的恣意需要,以及所有恣意的需要的危险特征。炫耀性的浪费和引人注目的消费,参见:维布伦(Veblen),《关于闲暇阶级的理论》(*Theory of Leisure Class*)。

2. 消费中没有艺术对应于其他领域的艺术。(1)消费领域几乎没有被技术和科学触及;心理学发展至今仅仅与生产和销售有关。消费者教育如此这般相对失败。(2)生产和交换分解为相关系列,每一部分都很容易受到修正;接下来逐渐改善。消费趋向于停滞的和保守的;创新主要受到外在力量的强制,是为了销售商而非消费者的利益。(3)价格体系规定了交换中的需求,并使它们彼此之间可以比较;交换价值受制于量化的测度。没有用于使用价值或者消费的测度。即使像有机体的必需品、舒适生活的必要条件、可欲的非必需品、有害的奢侈品这样的一般划分,也是不精确的。人倾向于欲求他们在现实或想象中能够得到的东西,因此使用价值体系逐渐适应交换价值体系。物品和服务的量化测度,与需要和实际满足的定性特征之间明显的冲突。人性的和金钱的评价;后者是客观的和定量的;前者是根本的,但是主观的和可变的。

3. 在空间和时间上相远距离的消费者;没有使他们的要求行之有效的机制;一个未加以界定的群体,包括一般意义上的每个人,并不特定指某个人。在生产者和交换者的关系中,比他们与消费者的关系中,更好地发展出良好信任、责任、信誉和可信性;关于责任的法律的和流行的规则,更为明确和系统。见到这样一个时间段,不考虑为未来使用者而保存自然资源,毫不保留地榨取自然资源。

4. 在生产方面,类似的现象由于屈从于交换价格体系的要求而发生:(1)生产中人力和金钱成本的背离;冷酷无情的(非人格的)资本和人类能量,物质的和道德的;疲倦,浪费,压制,例行公事,机械的单调,缺乏思想和创新,不负责任。(2)积攒和增加资本的人力成本;因已有的财富数量而有所不同;有一些是自然剩余的积攒,在其他人那里是有所顾虑的个人剥夺;古老的"节约"论点的谬误。(3)不是潜力对工作的有效选择和适应,潜力与职业之间的关系在很大程度上是偶然的。(4)"创造性"的行业屈从于贪婪的行业;能量被扭曲为金钱的渠道;智力工作者的阻碍,例如教师和研究人员的地位。参见:霍布森(Hobson),《工作与财富:人的评价》(*Work and Wealth: A Human Valuation*)。

4) 价值和评价

根本问题是存在于人类的善(价值)和经济满足(价值)之间的关系。两种理论的可能性,即人的价值决定经济价值,或者两类价值在不同的领域独立存在,与事实不符。经济价值和评价决定一个完整的人类价值体系——福利和财富相一致——这一理论的可能性在现存状况下被如下的事实——经济体系是一个内部对立和冲突的体系,以至于人类的对应部分是效用和负效用的混合——予以否定。

我们首先考虑古典理论,根据这一理论,一种自由竞争的经济体系至少导致个体的善与社会的善之间大致的一致。这一观点两种主要的理论前提是:第一,需要,因而和价值是同质的,并且形成一个连续的系列,其成员单单以程度(强度或者比率)为基础就可以彼此之间相互比较。第二,交换价值对于实现不同需要和使用价值的对比和测量来说,是一种充分的机制,因此也是在单个的单向的系列中向任何一方指定其位置的充分机制。从这两种前提中可以得出,需要是现成的,先于反思的智力,以至于后者对比较和实施它们是工具性的、至关重要的,却并不影响其形成。评价和价值是独立的,通过交换体系的运作,前者仅仅是赋予每一项价值在该序列中的适当位置。

这一理论的较早形式是享乐主义的;欲望、需要都以愉悦作为其目的。不同程度的愉悦,提供了测度价值和对需要进行比较的公分母。该理论的最新形式一般来说摒弃了享乐主义的立场,而采取一种所谓的"社会有机体的"观点。但是,这里所使用的社会单元或连续性的观念具有这样的性质,以至于通过"边际效用"的概念,将上面的前提完整地保留下来。据说,任何商品或服务的交换价值都等价于满足或使用价值的"经验总体"中最终的或者边际差别。因此,市场(价格体系)现象构成了由所有需要和所有经济单元的满足组成的平衡,以便挤出最后可能的价值增值并且物归其用。"为每种物品贴上价格,是集体的有机体在估价自己每种产品的重要性时的一种行为……它是社会节约生产性力量,并把其转移到能够发挥最大作用的地方的一种行为。"[克拉克(Clark),《财富分配》(*Distribution of Wealth*),第46页]"该理论宣称,每个人将倾向于得到自己的价值——也就是其边际产品的价值———作为自己的工资,不多也不少。"[切普曼(Chapman),《劳动与工资》(*Work and Wages*),第2卷,第14页]同样的规则应用到任何生产要素获得的报酬中。把满足——人类价值——等同于提供的社会服务的应得报酬,显而易见等于为交换体系提供一种道德辩护。后者看来好像是这样一种机制,通过它,这一等同得以具体实现(这被理解为这一方案仅仅表现了一般的倾向,并且在实践中受制于制约其完全实现的条件。但是,像关于自由移动物体的数学一样,它给出一种理想的方案,由此实际的折扣和津贴将被计算出来)。本质上的谬误在于该理论假定,原初的和自然的需要决定了生产和交换的经济现象。事实上,在它们成为经济学上需要——有效需求——之前,它们被现存的分配——交换体系重塑了。市场和商业决定需要而非相反;这一理论走向了恶性循环。

1. 含糊不清的中间项:心理的需要和作为实际需求的需要——伴随着有效供给的能力[切普曼,《政治经济学》(*Political Economy*)——作为客观的选择的偏好和拒绝;实际的买卖,第34页]。

2. 它假定不同需要之间的相互关系,与满足像饥饿一样的迫切需要的相继增加的关系一样。事实上,不同的需要本身是性质上的,而且是不可通约的。总体上说,最强烈的迫切需要胜出;当它出现时,每一种或者得以满意,或者受到挫败。只有在为了选择而出现反思的地方才有比较,这种比较把每种需要置于活动体系中,每种需要都从其在这一体系中的位置推演出其特征、程度和等级。每个对象只有是一个活动的分配体系的对象时,才具有确定的价值。就这一体系没有在思想中被理解而言,它存在于习惯的体系中。因为它们是由客观经济体系中人的经济地位决定的;是与某个经济阶层相适合的生活标准。一方面是需要,另一方面是满足,在维持这一生活标准所要求的能量的数量中发现了它们的公分母,这为每种特定的需要和满足分配了位置。对这一能量的测度是金钱。回溯性的谬误。苦难、痛苦和损失并非内在地与福利和收益相称,只有当转化为客观的社会尺度时才成为相称的。

3. 许多需要在表现方面与饥饿的系列满足是不能等量齐观的;除非完全满足,否则根本就没有得到满足。对于必需品、食物和衣服等最低的需要而言,这是真实的。尽管对于超出最低需要的东西,需要随着满足它们的东西而增长,而不是减少。拥有的越多,需要就越来越多,那么用以满足需要的东西就越来越多,而不是越来越少。因此,不太富裕的人的需要,实际上和富裕的人的需要是不可同日而语的。在后面的情况下,需要和满足属于新的需要、权力和物品的范围。在确保新需要的满足中,权力的行使将会从那些处于不利地位的人那里索取如此多的能量和产品,以至于将他们的需要和满足进一步限制在最低的、非常狭小的范围内。分配性的交换使需要标准化,以至于可以为了计算的目的明确地数出来。但是,这种标准化是从价格和收益体系来说的。

4. 需要和满足的个体化只有在边际区域才是可能的,边际区域依赖超过有机体的和阶层的生活标准并在其上的权力(资本、收益)的过剩。换句话说,这一边际区域实际上是最不可计算、不可测度和不可比较的。新颖的"创新"、质的"进步"取决于盈余。这一事实通常用于对资本主义体系进行辩护,尽管它为资本提供辩护,实际上指向一种更广泛的资本分配的需要,以致借助于盈余。每个个体的需要和能量,在它自身中促成新的需要和价值。尽管资本主义体系为进步、变化以及能量和商品的多样化作出了巨大的贡献,然而,在拥有盈余的阶层的需要和权力的基础上,它已经限制和偏离了进步的方向。这意味着,对于盈余的实际利用并不是以社会为导向的。

参见: Hobson, *Work and Wealth*, ch. 22, especially, pp. 343 - 45; See Cooley, "Valuation as a Social Process," *Psych. Bull.*, Dec. 15, 1912; "The Institutional Character of Pecuniary Valuation," *Amer. Jn Soc.*, Jan., 1913; "The Sphere of Pecuniary Valuation," *Amer. Jn. Soc.*, Sept., 1913; Anderson, *Social Value*, and

The Value of Money, *especially* chs. 1 and 5; Perry, "Economic Value and Moral Value," *Quart. Jn. Econ.*, May, 1916; Veblen, "The Limitations of Marginal Utility," *Jn. Pol. Econ.* 17, p. 620; Downey, "Futility of Marginal Utility," *Jn. Pol. Econ.* 17, p. 253. For an account of Hobson, see *Jn. Phil.* article by Overstreet, 12, p. 281.

5) 工业中的根本伦理问题

作为结论,我们有义务拒绝两种理论:第一,经济体系自然和自动地实现(在其主要倾向上)个体与社会利益的一致、个体价值与社会服务的一致;第二,伦理和经济价值是可能分离的,把前者看作理想的或"精神的",把后者看作纯粹"物质的"。这一理论——意味着通过动机和理想来赋予物质的工业体系活力,使物质的东西屈从于道德的东西而使问题得以解决——有独立的道德来源,后者是不可能的。因为理想和动机在处于相应经济阶段的社会力量的影响下,呈现出具体的形式;否则,它们就太模糊和"一般",与有效的权力相分离。一个充分的道德目的和价值体系的形成,并非指它们的实现,而是要受到社会工业体系的修正的制约。然而,由于后者的运作隐含了一些定向的目的,因此,我们看上去处在一种恶性的、不可中断的循环中。

这一循环是真实的,但由于它包含时间,因此并非不可中断的。如果这些因素是静止的,如果时间的过程在一个具有代表性的时刻被阻止,那么,问题就是不能解决的。在一个时间过程中,结果反过来是原因,并修正其他原因的运作和结果。当结果以需要、信念或理念的形式呈现时,尤其如此。

工业体系已经产生了下面的结果:(1)在社会的基础上实现对能量一定程度的组织和调控,以至于满足他人的需要。(2)在一定程度上产生了对需要、行动、对象在其确定的、标准的关联中有意识的评价和判断。(a)关于在任何事务中以及对任何原料和能量的使用中的效率(经济)的概念,(b)关于在各种不同活动的分配中协调的概念,(c)关于能量的日益释放以及作为进步的机会和手段的需要剧增的观念,都是经济发展的结果。简言之,人类活动的合理化,从本能的向理性的阶段的转变,从根本上说是经济要求的产物。后者已经强化了对与结果相关的方式和手段的重要性的认识,以及对随着可供利用的方式和手段而变化的结果的重要性的认识。定量的关系和测度隐含在这一关系中;作为数学工具,金钱使会计和审计成为可能[参见米切尔(Mitchell),《政治经济学杂志》,第18期,第97、197页;尤其是后者,关于"经济活动的合理性"]。根据其自身的标准判断,固有缺陷是没能将合理性引入对于消费的限定(米切尔,第200页),在这里,潜意识的"本能"和例行的习俗仍旧占据主导地位。那么,根本的问题在于把消费带进一个真正意义上的经济领域中,而不是缩小后者的范围。明显的困难是:(1)消费定性而非定量的特征,(2)消费的个体化的特征或独特的特征,(3)它与偏僻的、相对私人性的联系阶段即家庭之间的联系,(4)它与首要的和本能性的需要,与饥饿、性、表现和服从等之间的密切联系,以及(5)随之而来的受到模仿、时尚、声誉和不合理的习俗的更大影响。总而言之,消费既是最大限度的个人的兴趣、冲动的领域,也是最大限度受习俗影响的领域。因此,它也是对合作性组织和科学的决定的抵制。为了分配性的交换,关于使用价值的经济理论将它们同化成为了分配性交换的、相对合理化的生产过程的对象;关于善的审美和道德理论,通常把价值与社会力量隔绝开来。因此,它们完全根据直接的喜好来定义价值;或者根据先验的或非经验的满足来定义真理或道德的善——或者根据与在经济活动中发挥作用的需要相对立的需要的满足所决定的利益;利他主义相对于自我利益等;义务相对于权利。在霍布森的《工作与财富》第350—361页中(很可能受到柏格森的影响),发现了这一反题的有趣版本。"物种的集体生活"的理念具有自己典型的本能,形成了一种"一般的意志";而且,它将自身呈现在进化过程中,并提供了调节性的"人们的本能智慧",是工业和交换屈从于有机体的社会福利的终极辩护。

唯物主义的重商主义和道德理想主义因此具有同样的根本性谬误,手段与目的的分离,尽管是从对立的两极作出的分离。"理想"在实践中不得不被转化为具体的力量和发挥作用的条件,在理智上不得不被转化为详细的知识。有效的并非是"理想",而是其在情感和理智上概括出的社会状况。这详细阐释在康德"目的王国"的伦理学中。

在沉思分配-交换屈从于生产性消费的可能性中,我们注意到了下面的鸿沟;如果它被填平,那么将会修正经济体系的结果。

1. 并不存在与物理科学相比的人的——或者心理的——科学;对于外部能量的控制,已经超过了对于心理——物理能量的控制。

2. 从真正的意义上说,宣传并非一种经济力量。经济形势的遥远和复杂性,使有关掌握贯穿其中发生了什么的知识至关重要;当前,需要的信息不足,或者说被少数人以一种片面的方式占有。如果没有对关于生产、交换和消费所有事实的知识的组织,那么没有任何社会主义的方案能够发挥作用;一旦有了这样的知识,即使没有政治上的社会主义,也可以证明是一种充分的控制手段。

3. 技术人员(包括管理能力)不是以这样的方式被组织起来,以至于将他们的潜力致力于如此这般的工业发展[参见:维布伦,《工程师与价格体系》(*Engineers and the Price System*)]。

4. 消费者不是这样的组织,以至于使他们的需要在经济上卓有成效。在制造业和运输业中有一定数量的集体议价,但在消费者与生产者和分配者之间的关系中却很少。

政治和法律组织开始是作为一种个体权力和收入的来源,但是在一定程度上逐渐变成了社会意义上的功能性的;在工业领域,也可能发生同样的过程。

(王巧贞　张奇峰　译)

动物实验的伦理学*①

不同的伦理学家就对动物残忍为什么是不对的问题,给出了不同的理由。但是,关于它不道德的事实却没有疑问,因此也没有必要争论。不管理由是动物的某种固有的权利,或者映射了对人类特性恶劣的影响,或者不管是什么理由,对任何有感觉能力的生物的残忍,向任何有感觉能力的生物肆无忌惮地施加不必要的痛苦,毫无疑问,是不对的。然而,没有为如下假设的道德辩护,这种假设认为,在动物身上做实验,甚至当它包含了某种痛苦,或者如常见的那样,蕴涵了没有痛苦的死亡——由于动物仍然受到麻醉剂的影响——是一种残忍。也没有为如下主张提出的道德辩护,这一主张认为,除了那些调节所有人的行为的一般法规以外,科学人员和动物的关系应该受制于任何法律或约束,以便保护动物免受残忍。然而,这些命题没有一个传达了全部的真理,因为它们是以否定的方式表达出来的,而真理是肯定的。肯定地陈述出来,和动物实验相关的道德原则是这样的——

1. 科学人员有明确的义务在动物身上做实验,只要那种实验是在人身上做随机的和可能有害的实验的替代选项,只要这样的实验是挽救人的生命和增进人类健康和效率的途径。

2. 一般来说,共同体有明确的义务,确保医生和科学人员在执行对于充分履行他们维持人类的生活和健康这一重要的社会职能所必需的探究,这不会毫无必要地受阻。

---

* 选自《杜威全集·晚期著作》第2卷。
① 首次发表于《大西洋月刊》(*Atlantic Monthly*),第138期(1926年9月),第343—346页。

让我们分别来考察这两个命题。

I

当我们谈论有资格的人,为了获取要取消在人类身上做的无用的和有害的实验所必要的知识和资源,为了更好地照料他们的健康而在动物身上做实验时,我们低估了事实。这样的实验远不只是一种权利;它是一种责任。当人们致力于增进人的健康和强健时,他们有义务——不会因为默许而缺少约束力——让自己获取将使他们更加有效地履行高级职能的所有资源。这种职能不同于单纯地减轻人在生病时忍受的身体上的痛苦。虽然这很重要,但还有比身体上的痛苦更加糟糕的事情,正如还有比身体上的愉悦更加美好的事物一样。

一个生病的人不仅遭受着痛苦,而且病魔使他不能履行日常的社会责任;他没有能力服务于他周围的那些人,其中的某些人可能直接依赖于他。而且,他从社会关系的领域被移除掉,这不仅仅在他所在的地方留下了空缺,还包括对其他人的同情心和情感的沉痛打击。这样引起的道德上的痛苦,在动物的生活中的任何地方都没有对等物,它们的喜悦和痛苦仍然停留在身体的层面上。为了治愈疾病,为了阻止不必要的死亡,因此是和仅仅减轻身体上的痛苦完全不同的事情,处于一个相当程度的更高层面上。治愈疾病和阻止死亡就是要促进基本的社会福利状况;就是要获得有效开展所有的社会活动所必要的条件;就是要保护人的情感免于因为和某人休戚相关的其他人不必要的遭遇和死亡所招致的可怕的浪费和枯竭。

这些事情是如此的显而易见,以至于有必要为在此提及它们而感到抱歉。但是,任何读过直击动物实验的文献或听过旨在反对动物实验的演讲的人都会承认,煽动反对它的伦理基础是因为忽视了这些考虑。人们通常假定,动物实验的目标只是为了避免我们自己身上的痛苦而自私地、一厢情愿地向他者施加身体上的痛苦。

站在道德的一边,整个问题被争论得好像它仅仅是一个平衡彼此相对立的人类身体上的痛苦和动物身体上的痛苦的问题了。如果就是这样的问题,绝大多数人会作出裁决,认为人类痛苦的主张要优先于动物的;但还有少数人无疑发出了相反的声音,迄今为止,问题还是没有定论。然而,问题不是这样的。问题不是动物身体上的痛苦对立于人身体上的痛苦,问题是动物遭受一定数量的身体上的痛苦——借助于麻醉剂、无菌处理等预防措施和技能,把痛苦的程度降到最低——对立于把人们在社会中凝聚起来的纽带和关系,对立于社会活力和生机的条件,对立于对人类之爱和人类的服务最深层的冲击和干扰。

曾经面对这一问题的人,没有谁会就道德上的对和错在哪里存疑。偏爱动物身体上的感觉的主张,胜过阻止死亡和治愈疾病——这很可能是贫穷、不幸和无效率的最重要的来源,而且也是道德上不幸的最重要来源——甚至还没有提升到感觉主义的水平。

因此,把动物实验用作增进社会福祉的工具,是科学人员的责任;保护这些人员免受妨碍了他们的工作的攻击,是普通公众的责任。努力支持他们,也是普通公众的责任。因为他们虽然有个别的失败和犯错,但医生和科学人员在这项事务中扮演着公共利益使者的角色。

II

这把我们带向了第二点:就向在动物身上从事科学实验的人施加特殊约束的立法而言,共同体的责任是什么呢?国家有责任通过一般的法规反对残忍地对待动物,这一点几乎是所有文明国家都承认的事实。但是,动物实验的反对者们不满意于这样的一般立法;他们要求的如果不是法律上的,也是事实上的阶级立法,即把科学人员置于特定的监视和限制之下。一般立法可以应付屠宰场的人、卡车司机、马夫、牛和马的主人、农夫和马厩管理员,而受过良好教育的人,致力于科学研究的人,致力于减轻人类遭受痛苦的医生,需要某些特殊的监管和约束!

不带偏见的人,很自然要探究这件事的对与错。听到对于实验室的工作人员和教室里的教师的、受不比短暂的好奇心更高尚的动机驱使的、肆无忌惮的残暴行为的谴责,他们起初可能被触动以至于相信额外的特殊的立法是需要的。然而,进一步的思考会引出更深层的问题:如果这些关于残暴的指责有正当理由,那么为什么不根据针对残暴地对待动物的已有法规,把那些违反它们的人带向审判席呢?那些强烈谴责科学人员的人,没有诉诸已有的补救和惩罚措施;对这一事实的考虑,把不偏不倚的探究者引向一个更深层的结论。

鼓动新的法律与其说意在阻止残暴地对待动物的具体案例,不如说是要让科学探究受制于起阻碍作用的限制。道德议题转变成这样的问题:公众对于提议把科学探究置于限制性的条件之下的道德态度应该是什么?我想,真正问自己这一问题的人——没有把它混同于另一个被既已存在的法律所应对的残暴地对待动物的问题——没有哪一个会对它的答案存疑。然而,应该强调一点。虽然在它的每一步中,它都招致了来自无知、误解和嫉妒力量的坚决反对,但科学探究已经成了把人从野蛮引向文明、从黑暗引向光明的主要手段。

按年代估算,在不太远的过去,物理或化学实验室里的科学家被广泛地视为巫师,从事不合法的探寻,或者被视为与邪恶的精灵进行不虔诚的对话。人们相信并散布关于他们的各种各样的负面故事。那样的日子已经成为过往;一般来说,自由的科学探究作为社会进步和社会启蒙的工具的价值,得到了承认。与此同时,有可能通过使情感的诉求变得无关紧要,以及通过使真正的问题变得模糊不清而向生活中注入误解、嫉妒和畏惧科学的过时的精神,让动物实验受制于特殊的监管和立法中的争议点,因此比初看上去更加深层。原则上讲,它包含了对发现以及把发现的成果应用于生活中敌意的复苏,总的来说,这已经成了人类进步的主要敌人。每一个深思熟虑的人,都应该对这种精神的每一次复苏保持持续的警惕,不管它伪装成什么东西出现。

III

以这些关于一般原则的积极陈述结束,可能是恰当的;但就反对动物实验的运动经常被发起的方式的伦理发表一些看法,几乎是不可避免的。言过其实的表达,重复从未被证实或考察过的残暴的指控,使用一代或两代人之前发生在欧洲的残暴地对待动物的零星案例,就好像它们在当下的美国实践中很典型一样,拒绝接受德高望重的科学人员或者就他们自己的程序,或者就动物实验为人类以及为它自己的残忍王国带来的好处所给出的证据,从模糊的含沙射影的批评到直接的恶语中伤的不公正的判断——所有这些,无疑有任何不偏不倚地渴望正当和正义获胜的人必须加以考虑的伦理的面向。

某类视角和某些部分在道德判断中应该被坚持,这也是公正的要求。毫无疑问,在我们国家的某个城市的某一屠宰场的某一天,比在整个美国所有的科学和医学实验室中的一年或几年施加给动物的痛苦更多。那些自负地不加反抗和不作努力去弥补或减轻现存的罪恶,每天以动物遭受痛苦之后死去为代价来满足他们自己的食欲,然后又反过来,大声呼吁反对数量上相对较少的死亡的人,是两手干净地走上法庭的吗?后者在技术上做了预防痛苦的措施,处于为减轻人类痛苦而增进知识的事业进程中。确实,直到剥夺动物的生命以用作人类的食物是错误的这一问题得到最后裁决,任何质疑为了人类的生命和健康而剥夺动物生命的权利——尤其是后一种情况,比前一种情况采取了更多的预防措施来避免动物遭受痛苦——的煽动,在道德上都是缺乏根据的。

(王巧贞 译)

伦理主题与语言*①

I

这篇文章标题所指明的讨论主题,集中关注史蒂文森教授在其近作中提出的特定议题。② 既然我的文章明确批评这一特定议题,我感到更有责任在一开始就表明某些观点,我认为这本书总体上不仅应该赢得伦理学研究者的关注,而且应该赢得他们的支持。大家一致同意的观点如下:(1)我们非常需要更多去关注明确表述伦理判断的语言;(2)伦理学研究应当"源自人的知识整体",因为这种研究的材料不适合专门化;(3)伦理学研究一直受害于"探索最终建立终极原则"——这一程序"不仅完全遮蔽了道德问题的复杂性,而且提出了静止的、超尘脱俗的标准,取代具有灵活性的、实际的标准";(4)最后,由于"伦理学问题不同于科学问题",应该审慎地注意到它们不同的方式。③

"问题"一词词义非常模糊,因此把握其双重意义是极为必要的。这一词的一种含义是,道德问题与科学问题的不同不仅被当作一种让步加以承认,而且被当作

---

* 选自《杜威全集·晚期著作》第 15 卷。
① 首次发表于《哲学杂志》,第 42 期(1945 年 12 月 20 日),第 701—712 页。
② 查尔斯·L·史蒂文森(Charles L. Stevenson):《伦理学与语言》,耶鲁大学出版社,1944 年。我愿表明,我受惠于亨利·艾肯(Henry Aiken)博士对该书评论的启发,他的这篇评论发表于《哲学杂志》,第 42 期,第 455—470 页。由于他对史蒂文森关于态度和信仰关系的讨论在我看来具有结论性,对这一问题我无话可说,只能另辟蹊径。
③ 引文均出自《伦理学与语言》第 336 页;"整体"为斜体字乃原文如此,而"问题"和"方式"则非原文所强调。我之所以强调这两个词,是因为在下面将看到,它们是我讨论的重点。

伦理主题和伦理判断的特征加以坚持。两种问题在这层含义上的不同,即便不是老生常谈,在认为伦理学是实践的或"规范的"学科时,也通常被接受。但在这一意义上,"问题"就与职责、功能、效用、力量等同义;它涉及在上下文中"实践的"指称,涉及伦理判断的客观性。陈述、接受或拒绝伦理判断的人试图实现这一功能和效用,就此而言,是不同的兴趣将伦理判断与具有传统所谓科学兴趣的判断区分开。虽然这种不同决定着被选择作为伦理判断的特定内容或主题的特定事实,但它不构成这一主题的组成部分。由于伦理判断的不同效用或功能,某些事实而不是另一些事实被选择,这些事实以某种特定的方式而不是以其他方式排列或组织,这种说法是一回事。同样的命题适用于将不同科学相互区分——例如将物理学与生物学区分开——的不同事实。而将功能和效用的不同转换为伦理判断的结构和内容上的不同成分,这是完全不同的另一回事。这种转换事实上便是史蒂文森的处理方式。

我可以进一步预见随后的讨论进程,我要指出,我看不出如何能够否认下述说法,即完全满足伦理判断的职责和功能的那些判断,其选择的适当的必需的主题,能够承载(并且确实如此)这样一些名称——诸如贪婪-慷慨、爱-恨、同情-憎恶、尊敬-漠视——所认定的事实。这些事实通常被总称为"情感",或更学术地称为"情感动机"。承认(和坚持)伦理判断的这一特征是为这些判断的功能或效用所要求的特征,这是一回事。认为这一主题不能也不需要描述,不需要那种属于"科学"判断的描述,这是完全不同的另一回事。我相信,考察史蒂文森对"情感的"(emotional),或他所使用的术语"表达情感的"(emotive)东西的特殊论述将表明,他认为下述事实——即实际上充分的理由被用于真正的伦理判断,以修正影响并指导行为的情感动机的态度——是等同于承认上述判断中认识能力之外的成分存在的。简言之,(可描述的)实际理由在真正的伦理判断中用作工具,以影响行为动机并因此指导和重新审视行为,这一事实似乎被用来将一种完全不服从理智或认识考量的因素纳入伦理判断的特殊主题。[①] 人们会完全同意,伦理判断(就关注其目的和用途而言)是一种"指向人的意动-情感的天性"的"辩护和劝告"。[②] 这些判

[①] "真正的"一词运用于文中,是因为声称为伦理的判断无疑经常利用认识之外的"表达情感"的因素影响行为,因此破坏实际列举的证据。此外,某些理论,如康德的理论,在下述方面已经走得很远,即使得直接的、排外的"律令"要素成为所有伦理判断的最重要的部分。

[②] 参见第13页。

伦理学 411

断的效用和目的都是实践性的。但待决的问题在于实现这一结果的工具。我重申一遍,将目的转化为工具的固有组成部分,使得在真正的道德判断中,目的依赖这种工具得以实现,这是一种激进的谬见。我认为,将"情感因素"附加于给出的理由,仿佛这一伴随的因素是判断的固有部分,不仅在理论上是错误的,当其在实践中广泛运用时,更是道德衰败的根源。①

II

先前的一些段落在某种程度上事先使用了随后的讨论中得出的结论,这些段落主要试图通过说明结论不是什么来揭示问题的本质。奇怪的是(或许除了由于前面提到的模糊性外),引证一段单独的论述——其中明确表述伦理判断本身包含两种独立成分,一种是认识的,一种是非认识的——并非易事。不过,很容易找到下述类型的论述:"在最典型的规范的伦理学的语境下,伦理学术语既具有表达情感的功能,又具有描述的功能。"②但在这样的段落中,"功能"一词出现了。于是,我便要直接讨论史蒂文森赖以得出他关于伦理判断具有非认识的成分这一结论的特定根据。他关于根据或理由的陈述与符号和意义的讨论有关。单独地"表达情感的"符号和意义存在的证据包括:(1)对非语言的事件,诸如叹息、呻吟、微笑等的说明;(2)对语言事件诸如感叹词的说明。除非表达情感的意义的发生能够独立实现,否则,完全排除描述性指称(和描述性意义)这样一种要素,才会当然无疑地在伦理判断中找到。因此,接下来将集中讨论这一点。

我毫无删节地引述以下关键段落:

> 词的表达情感的意义最好可以通过将它与笑、叹息、呻吟和所有类似的通过声音或手势进行的情感表达来比较和对照,来加以理解。显然,这些"自然的"表达是证明情感的直接行为征兆。笑直接"宣泄"为它所伴随的欢乐,这种宣泄方式十分密切、不可避免,如果笑被突然制止,某种程度的欢乐同样也被抑制。同样,叹息即时地释放了忧愁;耸肩主要表达了满不在乎与无动于衷。

---

① 我不想过分强调这一点,但我印象很深,史蒂文森关于道德判断的"意义"的论述,有时受"意义"一词模糊性的影响,即"意义"既有意图或目的的含义,又有符号表征的含义。
② 参见第84页。我们的确有诸如"独立的情感的意义"这样的表达,意思是指当"描述性的"意义变化时,表达情感的意义仍旧保持一致。(第73页)

我们决不能仅仅出于这个缘故,就坚持认为笑、叹息等真的是语言的部分,或认为它们有表达情感的意义;但仍然有一个重要的类比:感叹词是语言的一部分,它们确实具有表达情感的意义,它们像叹息、尖叫、呻吟以及其他能够同样用来"宣泄"情感或态度的行为一样。……表达情感(emotive)的词,不论关于它们还能说出什么,都适用于"宣泄"情感,就此而言,表达情感的词与那些指谓(denote)情感的词是不同的,而与"自然地"表现(manifest)情感的笑、呻吟和叹息相同。……为什么"自然地"表现情感是在这一更宽泛的含义上被赋予意义[正是在这层含义上,像"退烧有时意味着逐渐康复"这样的自然事件具有意义,这种意义据说比任何语言学理论中所发现的意义更宽泛],而感叹词——它们的功能与"自然地"表现情感相同——则在更狭隘的含义上被赋予意义?[1]

关于史蒂文森对这最后一个问题的回答,即为什么"自然的"符号的意义不同于语言符号的意义,相关讨论将被搁置,直到关于感叹词和叹息、呻吟等的下述说法被采纳,即二者的类似之处在于都仅仅是表达情感,因此都没有相应的"指示物"。一方面,上述事件被说成是宣泄(vent)、释放(release);另一方面,它们被说成是征兆(*symptomatic*)、显现(*manifest*)和证明(*testify*)。在后一种身份中,它们一定是认识含义上的符号。上文使用的"表达"(express)一词,似乎是一个居间的、模糊的术语;就"表达"意味着传达(convey),它无疑是一种认识符号;就表达意味着"排出"(squeeze out),它与宣泄相类似。

现在我将宣泄和显现区分为两类情况,一个与符号相关,另一个与符号无关,而史蒂文森的处理方法,是将宣泄或释放的明显事实等同于符号。另外,他将宣泄不仅作为一种表达一般情感的符号,而且作为一种表达特定情感——不适的呻吟和忧愁的叹息等的符号。我不知道,如果没有一套成熟的(为语言所命名的)已知事物系统所提供的帮助和支撑,它们怎么可能被看作或当作这样的符号。我的这一评论并不意味着下述事实无足轻重或同义反复,即我们需要语言赋予它们名称;我的意见是,想要赋予它们一类事件的名称,即表达情感,并且赋予它们这类特殊事件的名称,不进行确认和区分是不可能的,而确认和区分与下述事件有关,这些

---

[1] 参阅第37—39页,均可见。

事件超出了单纯的宣泄。的确,它们远远超出了单纯的宣泄,是只有成人才能做或理解的事件;也就是说,只有对可能"描述"的事物颇为熟悉的人才能做或理解。

在讨论感叹词作为语言的符号时,如果可能,这里提出的观点甚至会表现得更有说服力。这一讨论占据着重要的战略位置。因为既然感叹词是语言符号,如果能够证实它们具有意义,具有独立地"表达情感"的意义,那么这种"意义"是伦理判断的组成成分这一观点,就获得了事实根据。史蒂文森在这样一段话中提供了证据,他说在语言符号的一种含义中,"符号的'意义'是当人们使用符号时它们所指示的东西",对于这种意义,可以用"所指"一词来替代,它是描述性的。之后他继续说,然而,一些语言符号还具有另一种含义。一些词(如"唉")是无所指示的,但的确具有一种意义,即"表达情感的意义"。① 这里我们至少对于"表达情感"的语言符号是什么,有了一个否定性的规定。其确切特征是缺乏所指(referent)。它表达了一种意义,像叹息宣泄了一种情感一样。它表明,有一些符号"并不同指谓(denote)情感的词类似,而是同'自然地'表现情感的笑、呻吟和叹息类似"②。然而这一段落,包含这一段落的整个讨论,都既将一般意义上"被称为情感的东西",也将特殊意义上不同的情感(欢乐、忧愁等)称作感叹词作为符号的所指! 如果这不是"指谓"、标明(designate)或命名,我不知它还能是什么。这里的指谓只能凭借确认和区分而得以发生,没有确认和区分,被称为感叹词的声音充其量不过是发声事件——当然,即便只是将一个事件确认为"发声"事件,也只可能通过一系列"指称"来命名它。

以咳嗽作为"自然的"符号,很容易进一步深入这一讨论。"咳嗽可能意味着着凉"是一个无可否认的事实。但当有人说咳嗽作为一个自然符号缺乏"为实现交流目的的确切条件"时,我们犹豫了。③ 作为自然的事件,咳嗽可能不是着凉的符号,我可以说,这是一个无可否认的事实。咳嗽可以在没有确切条件的情况下用作符号,我可以说,这是不可能的;只有在下述条件下似乎是可能的,即在艾丽斯奇遇中蛋糕上面印有"吃掉我"字样的类似情况下。例如,把医生制止常见的咳嗽的根据,看作许多不同的生理条件的符号。当然,这并不能得出结论说,咳嗽是传统的语言

---

① 参阅第42页。
② 参阅第38页。
③ 参阅第57页。

学含义上的语言符号。但它确实能够引出下述结论,就其作为符号或与标志符号有关的资格说,它与语言符号一样。如果不是在语言符号的某种关联中,并由于这种关联能使咳嗽代表自身之外的某物,认为咳嗽能够作为着凉的符号,似乎是非常值得怀疑的。由于出现在语言作为另一要素的整个关联中,咳嗽不仅发生了,还获得了指示事件的能力。没有这样一个指示能力,它就缺乏符号的特性。值得注意的是,一个词在成为符号之前,最初是独立于符号存在的自然事件,是一种声音或存在于空间的标记。

至此,重点落到下述方面,即某些自然事件、叹息等,据说都是像某些语言符号,即感叹词一样的符号。值得注意的是史蒂文森为下述认定给出的理由,他认定这些符号在一个重要的方面是不同的,正是这一重要方面使得感叹词成为语言。在回答上面列举的问题时,即为什么情感的"自然表现"在其他自然事件具有意义的"更宽泛的含义"上具有意义,我们发现了如下论述:"感叹词的表达,与呻吟或笑不同,是建立在它们的传统用法的习惯上的。……可以说,各种语言中人们都会发出呻吟,但只在英语中发出'ough'。"同样,据说感叹词作为讲话时有组织的语法形式,"引起了语源学家和语音学家的兴趣,而后者[呻吟等]只引起生理学家和心理学家发生科学兴趣"。[①] 然而,"只引起生理学家和心理学家"发生兴趣的这些词却见于这样一个段落,其中,符号研究者怀着明确兴趣来讨论它们,将它们作为某种相关理论的证明!被证明的是它们作为符号及其与标志符号有关的资格;被列举的是研究它们的特殊群体。涉及特殊的"训练"或"条件"的情况意味着什么对语法学者等人和对生理学家是不同的。将一样东西称为 H_2O 和水,涉及的就是这种训练。

史蒂文森将呻吟当作内在的表现、表达,作为某物的符号,即作为表达情感的符号。他这么做是基于以下假定,即在事件的开始就存在两种东西,一种是情感,另一种是情感的宣泄或释放。但在第一个例子中只有一个完整事件,这一事件发生的顺序诸如排尿一样,婴儿在小床上不断翻转,水流泪泪,婴儿不停地哭喊。这完全是行为主义者的行为,不是情感及其释放。上述任何事件都可以看作及用作一个符号。但它是成为(become)一个符号;它不是在事件一开始时就是一个符号。它如何成为一个符号,在什么条件下它被当作代表它自身之外某物的符号,这个问

[①] 前一段话引自第39页;后一段话引自第38页。

题在史蒂文森先生的论述中甚至没有提及。如果讨论了这个问题,我认为就会明确,上述条件就是行为交互作用的条件,在这种行为交互作用中,其他事件(被称作"所指项",或更通常被称作"客体")是与并非符号的单纯事件共同伴随的事件。

"唉"和"嘻"对不同的社会群体成为符号的条件,根本不是使两者具有符号特征的条件,也不是两者是同一事件即忧愁事件的符号的条件。我并不想列举辞典作为最终权威。但辞典的表述具有提示性。在《牛津辞典》中,我发现了下述表述:"唉:表达不快、忧愁、遗憾或担忧的感叹词。"除了要处于会发生同样事情的复杂境遇之下,它表达了这类情感所在(at)、所关(about)或所属(of)的任何其他条件吗?此外,这四个词并非同义词。脱离了其属于、关于的"客体"的共同存在,脱离了描述性的语境,如何能分辨"唉"是表达这四种意思中的哪一种?正如某些语调、手势、面部表情是为了欺骗观众和听众而装出来的,正如"实际的"反应若要符合事实,就需要将这种情况与真实情况相区别,我们也需要区别感叹词的真实的意义和伪装的"意义"。《牛津辞典》在上述引文之后的文字是:"偶尔与格宾语或 for 连用。"我认为,"偶尔"一词仅指明确表示的语言惯例;若与格宾语在语音学上没有明确界定,是由于它是言者与听者共有境遇的一部分,因此言及它是多余的。至于使用"for",我们能在下述说明性引文,即"唉,我为你的不幸哭泣"以及"唉,既为这一行为,也为其原因"中发现有这样的情况吗?即除了与灾难性、损失性、悲剧性事件,或某种悲伤的原因或哀悼的行为有关外,"唉"还有其他意义吗?我认为,当读者看到"情感"一词时,他有可能想到愤怒、恐惧、希望、同情等事件,在想到这些事件时,他必然想到其他的事情——与这些事件密切关联的事情。只有通过这种方式,一个事件,无论是一声叹息或一个词"唉",才能具有可确认的、可被承认的"意义"。然而这正是史蒂文森理论所拒斥的!

关于史蒂文森的理论,即所有意义都是一种"心理反应",他以其一贯的谨慎与坦诚,给我们造成了一种心理反应,这无疑是他的情感反应理论的显著特征。他将感受(feeling)和情感(emotion)说成是同义词,并进而说道:"'感受'一词用来指示一种情绪状态,这种状态流露出其当下内省的全部特性,而无需逻辑推理。"[①]既然要有一种意义是"表达情感"所独有的,就必须这样来看,因为没有"所指",也就没有这种意义。只有断言一种情感——不仅指它是一种情感,而且指它是一种忧愁、

---

① 参阅第 60 页;斜体非原文所加。

愤怒等——在其发生时无掩饰地自我流露其全部特性,使用"属于(of)、关于(about)、对于(to)"等来指示的事实才能被作为不相干的事实加以排除。在此一般地讨论"心理"问题,以及特别讨论"内在地"自我流露的问题,是不可能的。这里我必须满足于指出:(1)这些假设在史蒂文森的学说中所处的核心地位,(2)事实上,它们只是假定,但被当作理所当然可普遍接受的事情,因此不需要证据,也不需要论证,只需要说明。①

III

迄今的讨论对于考察史蒂文森的书的主题——伦理语言,只是一个开端。如果他对情感表达的"自然的"和语言的解释失败,后一个理论就失去了主要的支撑(就意义的两重性被归于伦理语言而言)。但是,值得讨论的是他的伦理语言理论的影响。他的总体观点可以用下一段话来公正地表述:"在最典型的规范伦理学的语境下,伦理学术语既具有表达情感的功能,又具有描述性功能。"②在承认"描述性"方面,史蒂文森超出了那些否认伦理表达具有任何描述效用的人。③ 就此而言,史蒂文森的论述是一种决定性的进步。我就从否定这一有争议之点出发。史蒂文森说:"伦理学术语不能完全与科学术语相比较。它们具有准规则(quasi-imperative)的功能。"④现在(正如前面所言)争议的观点并不涉及上两句引文的第二句,也不涉及下述陈述的正确性,即"规则判断和伦理判断更多是用于激励、改变或重新确定目的和行为,而不仅仅是描述目的和行为"⑤。争议之处在于,具有效用和功能的事实是否使得在其主题和内容方面,伦理学术语和判断不能完全与科学术语和判断相比较。我相信,就效用而言,上述段落中"更多"还强调得不够。就通常运用的伦理判断而言,我相信,可以说,伦理判断的整个效用和功能是指导性的或"实践性的"。争议的焦点还涉及另一个问题:如果判断真正具有伦理性质,这一目的如何实现。对于史蒂文森提出的观点而言,还有一个可选择

---

① 在史蒂文森先生的第三章的标题中,"心理学的"一词和"实用主义的"一词是用作同义词的。他这样使用,是有赖于莫里斯(Morris)对皮尔士的符号和意义理论所作的非同寻常的解释的权威性的。我将在《哲学杂志》上另文讨论皮尔士的理论与莫里斯的误解,我有机会说明这里未加详察的问题。
② 参阅第84页。我忽略了"功能"(function)一词的使用,因为我们已经考察了该词含义的模糊性。
③ 他在其著作第256—257页的脚注中列出了来自其中最重要的作家的参考文献。
④ 参阅第36页;斜体为后加。
⑤ 参阅第21页;斜体为后加。

的关于伦理判断的理论观点是：就非认识的、在认识范围之外的因素被归为自称真正的伦理学判断的主题和内容而言，这些判断恰恰因此被剥夺了某些性质，而这些性质是判断成为真正的伦理判断所应具有的。

让我们注意某种程度上类似的一种情况。善辩的律师经常诉诸诉讼程序来为受到犯罪指控的当事人辩护，诉讼活动中经常包含非认识要素，这些因素对陪审团来说有时比事实证据或叙述证据更具有影响力和导向力。在这种情况下，我们能说：这些手段，诸如声调、面部表情、手势等，是法律判断之为法律判断的一部分吗？如果在这种情况中不是，为什么在伦理判断中就是呢？因此，值得注意的是，至少在某些情况下（可能在所有情况下）科学判断具有实践职能和功能。在某种科学理论由于有对立的观点而引发争论的情况下，无疑也是这样。当然，被列举的证据被采用或打算被采用，是为了确证、削弱、修改、重新确定为他人所接受的命题。但我怀疑，是否有人会认为，有时伴随着列举理由以改变旧观点的热情是科学命题的主题的一部分。

超出认识范围之外的手段无疑被用来实现一个结果，这一结果只是在下述意义上是道德的，即"不道德的"一词被包含在"道德的"范围之内。许多现在被当作不道德的命题，在从前很长时间里被认为具有绝对的道德性质。这里有一种很明显的迹象表明，超出理性范围的因素在早期形成判断和使人们接受判断过程中起着过于强大的作用。党派偏见、"一厢情愿"等在今天，不仅在使得人们接受判断方面，而且在确定被人们接受的判断主题方面，都起着巨大的作用，否认这一点是愚蠢的。但我也必须指出，显然这些事实只是在下述意义上是"道德的"，即"道德的"一词包括了反道德和伪道德。如果道德理论具有某种特殊范围和重要功能，我认为，就是批判在特定的时间或在特定的群体中流行的习惯语言，如果可能，从相关主题中排除这一因素作为成分，代之以提供取自那一时代知识整体的相关部分的准确的事实或"描述的"证据。

我的结论就其是个人的而言，无足轻重，但它可以用来说明前面讨论中的立场或原则。史蒂文森接受了我在讨论价值判断时关于"应当"（to be）一词的用法，而伦理判断是价值判断的一种。他发现我在使用"应当"时的一个特点，即我被迫承认伦理判断中的准规则"力量"。[①] 由于我没有明确赋予它们导向力量，在

---

① 参阅第 255 页及其后诸页。

史蒂文森先生看来似乎我必须赋予"应当"一种预言力量。因此他得出结论说,我关于价值判断的说法在某种程度上的合理性应归因于下述事实,即我允许"祈使句中的应当"与"预言性的应当在某种程度上是复杂地结合在一起的"。

我开始时说,不论我关于"将要"或"预言"如何论述,都与我在价值评价中关于曾经和现在的论述相同,即由于主张某些"应当"是在应该做的事的意义上使用,价值评价只与给出可描述的事实理由或根据有关。我曾认为,我一直坚持需要依赖整个相关事实的知识去探究"条件和结果",可以表明,条件和结果的职能是以合理的方式决定应当的情况。显然,过去我没有澄清这一点,我很愿意现在重申一遍:价值评价命题与选择什么目标有关,与遵循什么样的行动路线有关,与采取什么样的方针有关。但说明劝说采取某一行为的根据和理由,在道德上是必要的。这些根据和理由作为条件,构成了报告发生了什么、现在如何的事实判断,构成了对如果某些条件被用作手段将会带来的结果的估计。因为在我看来,关于应该做什么、选择什么的判断只有在下述逻辑意义上才能被看作句子、命题和判断,即这些话仅作为事实根据来支持被劝告、规劝和建议去做的事——即根据事实证明值得做的事。

不幸的是,许多道德理论,其中一些在哲学上具有很高声望,都以规范、标准、理想来解释道德主题,根据这种理论的提出者的观点,这些规范标准和理想根本不具有事实的地位。于是遵循它们的"理由"就涉及明确宣称为超验的、先天的、神圣的、"超尘脱俗"意义上的"理性"与"合理性"。根据那些理论家,给出在其他学科探索和讨论中找到的类似理由,忽略了什么是真正道德的,是将其贬低为一种"审慎的"、权宜的"策略的"东西。据此,伦理学只能在下述意义上是"科学的",即赋予"科学"一词极为神秘的意义,在这个意义上一些作者认为哲学是唯一最高的科学,具有超越次级的"自然"科学的方法和能力。鉴于这种道德理论的流行,历史地看,就理论的否定部分而言,终究会有人对这些理论家的话信以为真,这是不可避免的;因此他们会宣称,所有道德判断和道德理论都是超出科学范围的。史蒂文森看到,伦理判断中有一个部分需要并能够进行其他学科探索中同样的验证和发展,这是其处理方式的优点。正是由于这一积极的贡献,在我看来,值得批判地考察他的理论中向这一方向迈进却又半途而废的部分。

(余灵灵 译)

道德观念中的改造*

思想方法之改变对于道德观念的影响,一般而言,是明显的。善和目的增多了。规则松弛而变为原则,原则又被修改而成为思想的方法。伦理学理论起源于希腊人为生活寻找一套行为规范的尝试,他们认为,这些规范应该具有理性的基础和目的,而不单是从习俗而来。但是,代替了习俗的理性,必须提供像习俗一样稳定的规范。从那时候起,伦理理论异乎寻常地着迷于这样一个观念,即它的任务就是去发现某些最终的目的或善,或者某种终极的、至高无上的法则。这是各种不同的学说中的共同点。有些人认为,规范的目的是出于对高级权力和权威的忠诚和顺服,但关于这个高级原则是什么,他们的见解却各不相同,有的以为是神的意旨,有的以为是世俗统治者的意志,有的以为是体现统治者意愿的制度安排,有的以为是出于对义务的理性认识。但是,他们之所以彼此分歧,是因为他们都承认这么一点:法则具有唯一的和最终的源头。然而,有些人说不可能从规则的制定中寻找道德,它必须在作为诸善的诸目的中寻找。于是,有的人在自我实现里,有的在神圣里,有的在幸福里,有的在快乐的最大总量里寻找这个善。但是,这些学派都有一个共同的假定,即有一个单一不变的终极的善。他们能彼此争论,只是因为他们有这样一个共同的前提。

但问题在于:要摆脱这个混乱和冲突,是否必须通过质疑这个共同因素而追究这个问题的根源呢?相信存在单一的终极之物——或者是善,或者是权威性的法则——的信念难道不是历史上已经消失的、那个封建组织的理智产物吗?它不也

---

* 选自《杜威全集·中期著作》第 12 卷。此文为杜威《哲学的改造》一书第 7 篇。

是那个在自然科学中已消失了的,认为在有限的、有秩序的宇宙里静高于动的那个信念的一个理智产物吗?当前理智改造的局限在于,它至今尚未认真地应用到道德和社会活动(social disciplines)中去,这一事实已反复提起过。这一深入应用难道不就是要求我们进而相信变化、运动、个别化的善和目的的多样性,而且相信原理、标准、法则就是分析个别或特殊的情境的理智工具吗?

断定每种道德情境是独一无二的且有其不可替换的善,看起来不仅笨拙而且荒谬。因为过去的传统教导我们说,正因为特殊事件的不规则,才有必要让行为由普遍的原理指导,并且道德品性的本质在于使每个特殊事件服从于一种固定原理裁决的意愿。由此可见,普遍的目的和法则隶属于具体的情境,这将会引起完全的混乱和无节制的放纵。但是,且让我们依照实用主义的原则,以追问这个观念的后果去发现它的意义。那么,令人惊奇的是:具体情境的独一性以及它具有自足的善这个特点的首要意义,就在于它将道德的沉重负担转移给智慧。这个观念并不毁弃责任,恰恰是确立责任。一个道德的情境就是在公开的行动之前,必须作出判断和选择的情境。这情境的实际意义——就是说,需要为之做出的行动——不是自明的,而是要寻找的。有互相冲突的欲望,也有不能两全的善,需要人们去选择。所需要的是去找出行动正确的方向和正确的善。因此,这迫使人们进行探究:对情况的详细构成进行观察,对各种因素进行分析,对模糊的部分进行澄清,对一些持续而显著的特征进行怀疑,对各种行动方式的可能结果进行追踪,以及在促成决定的那个预期或推想的后果与实际的后果相符合之前,把任何决定都看作假设性的和尝试性的。这个探究就是理智。我们在道德上的失败,是由于某种性格的弱点,是由于同情心的缺失,是由于使我们对于具体事件作出轻率或不正当的判断的那种偏见。广泛的同情、敏锐的感觉,以及对于不愉快事情的忍耐,使我们能够进行理智分析而审慎地决定对诸利益的权衡,这些都是与众不同的道德特征——诸德性或种种美德。

更值得注意的是,这里的根本问题与在物理研究中已得到解决的问题一样。在物理研究中,长久以来,似乎只有在我们开始使用普遍的概念并将特殊的事件归于其下时,合理的确保和证明才能获得。那些开创了现在已经到处被采用的探究方法的人们,在他们当时都被(真诚地)斥责为真理的颠覆者和科学的敌人。如果说他们最后取得了胜利,那是因为如先前所指出的,对普遍概念的应用肯定了成见和包容了未经证实而流行的观念;而将最初的和最终的重点放在个别事件上,则能激发对事实艰难的探究和对原则的考察。最终,我们虽然不能获得永恒真理,但接近了日常事实。我们虽然失去了高级的、不变的定义和种属体系,但获得了对事实进行分类的、不断发展的假说和规则体系。毕竟,我们不过是要在道德的反思中采用那在对物理现象的判断中业已证明是可靠、严密而丰富的逻辑罢了,而且理由也是一样的。旧的方法虽然在名义和审美上尊崇理性,但却挫伤了理性,因为它阻碍了审慎而不断的研究。

更确切地说,应当把道德生活中遵守规则或追求固定目标的负担,转换成对需要特殊治疗的疾病进行检查,以及设计处理它们的计划和方法,这个转变能够消除使道德学说相互争执且不能与实际需求保持密切接触的各种原因。认为存在一种固定不变的目的的理论,不可避免地会把思想引到无法解决的争论的泥潭里去。如果有一个至善(summum bonum)、一个至高目的,那是什么呢?要考察这个问题,我们就要将自己置身于那与两千年前一样激烈的争辩中。假如我们采取一种看上去更加经验的看法,说不存在一个单一目的,但也不如需要改善的特殊情境那样多,只是有许多像健康、财富、名望或声誉、友爱、审美鉴赏、学问那样的自然诸善,以及像正义、节制、仁爱那样的道德诸善。当这些目的互相冲突时(它们必定相互冲突),我们要靠什么东西或由哪一个人来判定哪条是正路呢?我们是否因此就要求助于曾给整个伦理学事业带来坏名声的诡辩呢?或者我们将依靠边沁所谓"子曰"①(ipse dixit)式的论证方法:这个人或那个人任意地偏爱这个或那个目的?或是,我们必须把一切目的从最高的善到最无价值的善依次排列成序呢?我们又一次发现自己陷入不可调和的争论中而找不到出路。

同时,需要借智慧来解决的特定的道德困惑仍悬而未决。我们不能泛泛地寻求健康、富有、学问、公正或善良。行动总是特殊的、具体的、个别化的、独一无二的。因而对于所应做的行为的判断,也同样是特殊的。说一个人追求健康或公正,只是说他希望能够生活得健康和公正。这些事和"真理"一样,都是副词性的。它们是特殊状况中行动的修改者。对于如何生活得健康和公正,每个人是不同的,因各人过去的经验、机会、气质和后天的弱点与能力而各有差异。除了承受着特定的、身体上痛苦的人,一般来说,没有人志在生活得健康。因此,健康对于那个特殊

---

① "ipse dixit",是拉丁文,相应的英文是"he himself said it"。其意思是:武断的言词,亲口所说。——译者

人,就和别人的意义不同。健康的生活不是离开生活的其他方法而独自得到的。一个人须要在他的生活中健康而不是要脱离生活而健康;生活只是指他的事业和活动之总合。以健康为独一目标的人将变成一个懦弱病夫,或一个狂热者,或一个体操演技者,或一个运动员。他如此偏于一面,以致为追求身体的发展反而伤了心脏。当他实现其所谓目的的努力不能与其他一切活动相调和并为其他活动增添色彩时,生活就将陷入分裂之中。某些行动和时间是专为健康的,有些是用作宗教的修炼,有些是用于讲求学问,有些是用来做一个好公民,或用来专攻美术等,只有这样,才能合理地代替狂热主义者的想法——一切目的都是为了完成一个目的。目前这还不流行,但是,生活里不是有很多失望、虚耗及艰辛和逼狭的严酷境遇,是由于人们没有体会到每一情境自有其独一无二的目的而整个人的个性与之有关的结果吗?确实,一个人需要健康的活着,这一点影响到他生活的方方面面,因而它不能被认为是一个独立的善。

然而,健康、疾病、公正、技艺等一般性概念之所以重要,并不是因为这个或那个事件可以归属于某个单一的条目之下而把其特性排除掉;而是因为以普遍为对象的科学可以给医师、技师和公民这样的人提供他们应该问的问题,应该作的研究,使他们能够理解所见事物的意义。如果一个医生精于医道,他就会把自己所掌握的科学(无论怎样博大精深)用作工具和方法来诊察个体病症和拟定治疗方案。而如果他只是将每个个体的病症武断地归属于疾病的若干分类和治疗的若干常规之下,那么,这时候,无论他的学问多大,他所达到的不过是教条性的机械水平。他的思想和行为将变得呆板、武断,而不是自由和灵活的。

道德的善和目的,只有在做某件事情的时候才存在。要做事这个事实,说明在目前的情况下是否存在着缺陷和不幸?这个问题就是眼前这个特定的问题,它与其他情况下的问题绝不会完全一样。故而,我们必须以这个情境中要改善的缺陷和困难为基础来发现、谋划和获得这个情境中所独具的善。不能以理智思辨的方式,把善从外面注入这个情境中。比较各种不同的情境,总结人类所遭到的各种不幸,并把与这种不幸相应的诸善分门别类,这就是所谓的智慧。健康、富有、勤勉、节制、和蔼、礼貌、学问、审美能力、创造性、勇敢、耐心、进取心、周密,以及许多其他的一般性的目的,都是众所公认的善。然而,这个系统化努力的意义,是理智的或分析的。分类暗示了在研究特定情境时所注意到的可能特性,也暗示了排除不幸所要尝试的行动方法。它们是智慧的工具,它们的价值在于促进特殊情况特殊对待。

道德不是行为的纲要目录，也不是规则的集合，它与随时备用的药方和食谱是不一样的。道德中需要的是用以探究和谋划的特殊方法：探究方法用来确定困难和不幸在何处，谋划方法用来制定计划以作为对付困难和不幸的前期假设。特定情境各有其无可替代的善和原则。情境逻辑上的实用意义在于，使理论学说从关注一般概念转到如何发展有效的探究方法上来。

且就伦理学的两个重要结果来评论一下。相信存在固定不变的价值的那种信念把目的分为内在的和工具的，前者是本身真正具有价值的，后者是实现内在善的手段。的确，作出这个区别，往往被看作智慧或道德辨别的开始。辩证地看，这个区别是有趣的，似乎没有什么害处。但如果将之付诸实践，就会产生悲剧性的结果。在历史上，正是这种区别，带来并证实了理想的善与物质的善之间的严格区分。如今，那些思想自由的人认为，内在的善在本质上是审美的，而不单单是宗教的或静观的。然而，其结果是一样的。所谓内在的诸善，不管是宗教的还是审美的，都与日常生活的利益无关；但这些利益，因为其恒常性和紧急性，却是人民大众关注的重心。亚里士多德利用这个区别，声称奴隶和工人虽为国家——公民社会——所需要，但却不是国家的构成因素。那只被看作工具的东西必然是近乎苦工的，它不能在理智、技艺或道德上得到关注和尊重。无论什么东西，一旦被认为内在地欠缺价值，就没有价值了。所以，拥有"理想"兴趣的人，大多选择了忽视或者躲避它。"低下"目的对人的紧迫性和压力，一直被传统的礼仪规范所掩盖。或者说，它们一直被贬低到凡人层次去，从而少数人就可以得到自由来关心那些具有真正的或者内在的价值的善。这种以"高尚"目的为名义的退却，把那些低等活动全权委托给了大多数人类，尤其是那些精力充沛的"实践中的"民众。

可能没有人能够想到，我们经济生活中令人厌恶的物质主义及其残酷性，原来在很大程度上是由于经济目的被当作只是工具性的后果。如果它们和其他目的一样被当作是内在的、终极的时候，那么，我们将会发现，它们是能够被理想化的；而且，生活的意义正在于它们要获得理想的和内在的价值。审美的、宗教的和其他"理想的"目的因为已经与"工具性的"或经济的目的分离，现在是微弱而贫乏了，或者是无用而奢侈了。只有与后者结合在一起，它们才能进入日常生活的结构里，从而得到充实和普及。仅仅被当作终极的目的，却不能作为手段来丰富生活中的各个部分，这种目的的虚荣和不负责任应该是明显的。然而，现在，有关"高尚"目的的学说对于那些孤立于社会之外、对社会缺乏责任心的学者、专家、美学家和宗教家,却能给予援助、慰藉和支持。这种目的保护着他们职业上的虚荣和无用,以免被别人和他自己所识破。这种职业上的道德缺陷反而变成赞美和庆贺的原因。

其他的一般变化,在于要求彻底废除道德善(如美德)和自然善(如健康、经济安全、技艺、科学等类似东西)之间的传统区别。下面讨论的观点痛恨这一生硬的区别并竭力取消它,这种观点并不是孤立无援的。有些学派甚至承认,美德以及德性之所以有价值,只是因为它们能够促进自然善。把实验逻辑的思路运用到道德中去,就是要按照各种性质对于现存弊端的改良有无贡献来判断其善与否。这样一来,它就发掘出自然科学中的道德意义。在对现今社会的弊端作全面的批判性考察之后,人们就会疑惑,那根本性的困难是否并不在于自然科学和道德科学的分离。当物理学、化学、生物学、医学有助于发现具体的人类苦难何在,有助于发展救治计划,有助于改善人类状况的时候,它们就是道德的;它们就成为道德研究或科学机构的一部分。道德就会失去其说教式的、迂腐的味道,即那种道德偏执的劝诱性的声调。它将不再是无力的、刻薄的和模糊的。它的力量将是明显的,而且其作用不限于道德科学。自然科学也不再脱离人,其本身变成为人本主义性质的了。追求它不再是为了以技术的和特定的方法去得到所谓的真理,而是为了自身的社会意义和理智上的必要。它仅仅是在为社会和道德工程提供技术这一点上,才是技术性的。

当科学意识与人类价值的意识完全结合起来的时候,现在使人感到沉重的最大二元论,即物质的、机械的、科学的事物和道德的、理想的事物之间的分裂就被摧毁了。因为这个分裂而踌躇不决的人类的力量就会团结起来,壮大起来。只要各种目的还没有被看作满足于特定需要和机会的、某种个别化的东西时,心灵就会满足于抽象;而且,对于自然科学和历史资料的道德用途及社会用途,就会缺乏切实的感受。但是,当注意力集中在各种具体事物的时候,为了澄清特殊的事件,就要求助于理智性的材料。在道德集中于理智的同时,理智性的事物也就被道德化了。自然主义和人道主义之间令人苦恼而无聊的冲突也就终结了。

这些一般化的考察还可以更加丰富一些。首先,探究和发现在道德中所占的位置和它们在自然科学中的位置是一样的。评价和证明变成了实验性的和其后果有关的事情。"理性"这个一直被伦理学看作尊贵无比的词语,现在却化身为各种方法;通过这些方法,我们可以仔细考察各种境遇中的需要和条件,以及阻碍之处和可利用之处,并规划各种改良的方案。高远的、抽象的一般性概念被人们用来下结论,即"对自然进行预测"。因此,坏的结果则被看作由自然的反常和不幸的命运所导致的。但如果将视线移到对特殊情境的分析中去,探究便是理所应当的,对结果的敏锐观察也是势在必行的。如何行动既不能完全依赖于过去的经验,也不能完全依赖于旧的原则。在一特定的场合找到一个目的,所付出的辛劳再多,也不意味着下面就不要再努力了。相反,对采取的行动所产生的结果,我们必须仔细观察,在结果尚未证实目的正当性以前,目的只可作为一个正在起作用的假定。错误不再仅仅是无可躲避的、可悲的偶然遭遇,也不再是等待救赎和原谅的道德罪过。它提醒我们,不正当地应用了自己的理智;它告诉我们,将来如何更好地行动。它也指出,我们需要修正、发展和调整,目的是会生长的,判断的标准是会不断改进的。人有责任认真地运用他所拥有的准则和理想,同样,有责任发展更高的准则和理想。这样,道德生活就不至于陷于形式主义和古板的重复,而是灵活的、生动的和不断生长着的。

其次,每个需要道德行动的情境彼此之间都有道德上的同等的重要性和迫切性。如果一个特定情境中的需要和缺欠表明提高健康是其目的和善,那么,在这个情境中,健康就是最终的和至上的善。它不是其他事物的手段。它具有终极的和内在的价值。这在改善经济状态、谋生、生意经营和家政中是一样的——这些事务在过去是仰仗永恒的目的才有自身的存在,只具有第二义、工具性的价值,因而一直被看作劣等的和无关紧要的事务。任何在一个特定情境中是一个目的和善的东西,和任何其他情境中的善具有同等的价值、品位、尊严,因而值得我们给予同样的关注。

第三,我们应当注意到根除法利赛主义(Phariseeism)根基之后的后果。我们习惯于把这看作故意的伪善,因而忽略了它在认识上的前提。从眼前实在的情境中寻求行动的目的,这在不同的情况下会有不同的判断的标准。当处于那情境中的人是有教养、有才学的时候,与愚钝而缺乏修养的人相比,他可以有更多更好的见解和行动。用判断文明人的道德标准来要求野蛮人,显然是荒谬的。无论评判个人还是团体,都不可用他们是否达到一个预定的结果为标准,而应根据他们的活动方向来评判。坏人就是正在堕落而渐渐变成不好的人,无论他原来怎么好。好人就是那些正在变得更好的人,无论他原来在道德上是多么不足取。这样的思路能够使人严于律己而宽以待人。它抛弃了那种以对一个固定目的的接近程度作为判断标准时所容易产生的傲慢。

  第四,生长、改善和进步的过程,比静止的结果更为重要。作为一成不变的目的的健康,不是目的和善。健康所需的改善——一个连续的进程——才是目的和善。目的已不再是要到达的终点或界限。它是改变现存状况的积极的过程。生活的目标并不在于那作为最终目标的"完美",而在于不断完善、培养和追求精致的持久过程。诚实、勤勉、节制、正义和健康、富有、学问一样,不是能够被人们所拥有的善,就好像它们不是有待于人们去获得的固定的目标一样。它们是经验的性质上变化的方向。只有生长自身,才是道德的唯一"目的"。

  尽管这个观念对于罪恶的问题,以及对乐观主义与悲观主义之间的争论所产生的影响过于广泛,无法在此讨论,但也值得略微一提。罪恶问题已不再是神学的和形而上学的了,而被视为要去减少、缓和以至于除去人生中的罪恶的实际问题。哲学无须巧妙地来证明罪恶只是表面的、不是真实的,也无须设计精巧的方案来否定罪恶,更不必糟糕地为其辩护。它承担了另外的责任,即谦逊地贡献出一些方法,以帮助我们发现人类弊端的原因。悲观主义是使人气馁的学说。它通过宣称整个世界完全是邪恶的,觉得试图为某一个特定的恶事找到救治的方案只能是徒劳的,因而就从根基上摧毁了所有使世界变得更好更幸福的努力。完全的乐观主义,企图否定罪恶,也同样是一个梦魇。

  毕竟,认为现世界是一切世界中最好的乐观主义,可以说是对悲观主义的最大嘲讽。如果这个世界是最好的,那么,根本上的坏世界又是什么样的呢?改良主义就是这样的一种信仰:一时存在的特殊状况,无论相对来说是坏还是好,总是可以更好的。它鼓励理智去研究实现善的积极手段以及实现善的障碍,鼓励理智努力改善条件。它唤起乐观主义不能激起的信心和合理的希望,因为后者声言善已经在终极实在中实现了,从而试图向我们掩饰具体存在的诸恶。它很容易就成为生活安逸而舒适的人们和已成功地获得了这个世界的回报的人们的信条。乐观主义很容易使其信奉者无视或者漠不关心不幸者的苦难,或者动辄就把别人的困境归结于那些人本身的罪过。因此,它就和悲观主义合谋起来,麻痹了人们的同情心,阻碍了理智上对改革的要求,尽管两者在字面的意思上完全不同。它将人们从相对的和变化的世界召唤到绝对的和永恒的平静中去。

  道德态度中所发生的许多这样的变化,其意义都集中在幸福的观念上。幸福曾经常常是道德家所轻蔑的对象。但是,极端禁欲的道德家也常常在其他的名目下恢复幸福的观念,如"福祐"(bliss)。没有幸福的善,没有满足感的勇敢和德性,不追求享受的目的——这些东西实际上是难以忍受的,就像它们在概念上是自相矛盾的一样。幸福不只是一种拥有,它并不意味着固定地得到了某种东西。那样的幸福或者是道德家所严厉斥责的、毫无价值的自私自利,或者是贴着"福祐"标签的一种乏味的无聊,是没有任何挣扎和劳苦的永恒的宁静。它只能满足那些最脆弱的懦夫。只有在成功中才有幸福,而成功就意味着做事顺利、步步前进。它是一个积极的过程,而不是一个被动的结果。因而它包括对障碍的克服,对缺陷和弊病的根除。审美的感觉和享乐是任何有价值的幸福的主要成分,与精神的更新、心灵的再造和情感的净化完全脱离了的审美鉴赏,是软弱多病的,注定因贫乏而快速灭亡。那种更新和培养是无意识地来临的,没有任何刻意,这使它们更加真实。

从总体上看,在关于目的和善的经典理论向现在的这个可能理论转变的过程中,功利主义的位置最为显著。它具有无可置疑的功绩。它力图摆脱模糊的普遍概念,而开始认真考虑特殊的、具体的事物。它让法则从属于人类的功业,而不是让人类从属于外在的法则。它认为制度是为人而设,而不是人为制度而设。它积极地促进了所有的改革。它使道德的善成为自然的、属于人的,从而与生活中的自然善结合起来。它反对非尘世的、彼岸的道德。最重要的,它使人类的想象力适应了把社会福利作为最高标准的观念。但是,它在根本的要点上仍然受到陈旧的思想方法的深刻影响。它未尝质疑过固定的、终极的和最高的目的这个观念。它只是疑惑当时流行的关于这个目的本质的见解,它把快乐和快乐的最大量放在了那个永恒目的的位置上。

这种观点并不把具体活动和特殊兴趣看作本身有价值或幸福的成分,它们只被看作获得快乐的外部手段。旧传统的支持者得以指责功利主义,说它不仅把美德而且把技艺、诗歌、宗教和国家看作服务于感官享乐的手段。既然快乐是一个获得物,可以独立于获取它的那个积极的过程而有自身的价值,那么,幸福就是一个可以被得到而占有的东西。人的占有本能被夸大了,而创造的本能则被埋没了。生产的重要性不再是因为发明和改造世界具有内在价值,而是因为生产的外在结果能够让人们得到快乐。像所有设定固定的和终极的目标而使具体的目的成为被动性的和占有性的理论一样,功利主义把所有主动的行动变成了单纯的手段。劳动变成了一种无法避免的、有待人们去减少的坏的东西。财产上的安全,在实践中变成了首要的事情。物质上的舒适和安逸,在与尝试性的创造活动的辛苦和危险的对比中被夸大了。

这些缺陷在某些可以想象的情形下,也许还只停留在理论上。但是,时代的趋势和那些功利主义的鼓吹者们的利益,使这些缺陷具有了危害社会的力量。尽管作为新观念,它能够抨击社会弊端,但在它的教义中仍包含着某些元素能够掩饰或者导致新的社会弊端。改革的热情表现在批判封建阶级制度所传承下来的恶,即经济上的、政治上的和法律上的恶。然而,代替封建制度而起的资本主义的新经济秩序也具有它自身的恶,而功利主义却要掩饰或支持这些恶。如果与当代人对财富和从财富所能得到快乐的巨大的渴望联系起来,那么,对各种享受物的获得和占有的强调就具有一种难以预料的后果。

功利主义虽然没有积极推动新的经济唯物论,但它也缺乏手段与后者进行对抗。生产活动单纯是为了产品,这种功利主义的一般精神间接地促进了粗俗的商业主义的出现。功利主义尽管也对纯正的社会目的感兴趣,但它培育了一种新的阶级性的追求,即资本主义对占有财产的追求,因为财产可以通过自由竞争而不是靠政府的维护而获得。边沁强调安全,故而把私有财产制看作神圣的,只是要避免在私有财产的获得和转让中滥用法律。占有者是幸福的(Beati possidentes)——只要占有物是依照竞争的规则而获得的——也就是说,没有政府外来的帮助。这样,功利主义就证实了这样的观念,即以为"商业"不是服务社会的手段,也不是发展个人创造力的机会,而是为了增加个人享乐的手段。功利主义的伦理学为前文谈到的哲学改造所要求的东西,提供了一个典型的例证。从某种角度看,它反映的是现代的思想和愿望所具有的意义,但它还是被它自以为完全摆脱了的那个旧时代的基本观念所束缚:以为各种各样的人类需要和行动背后有个永恒的和单一的目的,这使功利主义不适合成为现代精神的代表。它还要通过摆脱它所继承的东西而再经过一番改造。

我之所以还要就教育话题说几句,因为道德过程是从坏到好的一个连续性过程,而教育过程与道德过程完全是一体的。在传统上,教育一直被视为一种预备:去学习,去获得将来要用到的东西。目标是遥远的,教育是在作准备,是对以后会发生的、更为重要的事情的准备。童年生活只是成年生活的准备,而成年生活又是另一种生活的准备。在教育中最重要的事情总是在将来而不是在现在:获得以备将来的应用和享乐的知识和技能,养成日后用来经营生意、做好市民和研究科学的各种习惯。教育也被看作仅是一部分人所必需的东西,因为他们需要依赖别人。

我们是生而无知、不熟练且不成熟的,因而处于对社会的依赖状态。教育、训练和道德规训是成熟者、成年人用以帮助未成熟者学会照管自己的过程。儿童要做的事情就是在成年人的指导下,学会成年人的自立。所以,作为人生中重大事务的教育在年轻人摆脱了社会的依附状态时,就结束了。

上面这两个观念,虽然是笼统假定而没有被明确地推导出来,但它与以经验的成长或连续的改造为唯一目的的那个观念相抵触。不管我们从哪个阶段去看一个人,总会发现他一直处于生长的过程,如果是这样的话,教育就不是副产品,不是对未来生活的预备。在现在这个阶段中,从种类和程度上促进其应得的成长就是所谓的教育。这是一个持久的作用,与年龄无关。对某一特定的教育,如正规的学校教育,所能说出的最好的事情就是:它能使受教育者获得进一步的教育,即对于生长的条件更为敏感,更善于利用生长的条件。技术的习得、知识的拥有、教养的获得都不是最终的东西:它们是生长的标志,是持续进步的媒介。

把教育阶段看作依赖社会的时期,把成熟看作独立于社会的时期,这种经常出现的对比确实是有害的。我们常说,人是一种社会性的动物,但又把这句话的意义局限于社会性最不明显的领域,即政治。人的社会性的核心在于教育。把教育看作预备以及把成年看作生长的一个固定界限的观点,是同一个有害错误的两个方面。如果道德的要务对成年人和儿童来说都是经验的生长和发展,那么,从对社会的依赖中以及社会对人的依赖中所得到的教导,对于成年和儿童就是一样重要的。对成年人来说,道德独立就意味着生长的停止,孤立意味着顽固。我们把儿童在理智上的依赖夸大了,于是儿童过分地受到管制;同时,我们又夸大了成年人对于亲密生活和与人交往的独立性。当认识到道德过程和特殊生长过程的同一性时,对儿童所进行的更有意识和正式的教育将被看作社会前进和重组中最经济、最有效的手段;同时,很清楚,对于成年生活的所有制度的检验标准,在于它们是否能够很好地推行持续的教育。政府、商业、技艺、宗教和一切社会制度都有一个意义、一个目的。那个目的就是解放和发展个人的能力,不分种族、性别、阶级或经济状况。这就是说,它们的价值在于它们在多大程度上能够教育个人,使其达到其可能性的极致状态。民主有许多含义,但如果它有一个道德意义的话,那就在于:所有政治制度和工业组织的最高检验标准,将是它们应当对社会每个成员的完满生长所作出的贡献。

(刘华初　译　刘放桐　审定)

传统、形而上学与道德*①

罗宾逊(Daniel Sommer Robinson)教授在最近的文章《哲学反思的动机的主要类型》(The Chief Types of Motivation to Philosophic Reflection)②中,将我视为"哲学本身已经完全屈从于社会变革的一种工具的地位"这一类型的明显例子;而用以支持这种划分的证据引自我的一篇文章的一段话,该文的题目为《哲学复兴的需要》(《杜威全集·中期著作》,第10卷,第3—48页)。这段话是:"这篇文章可以被看作一种尝试,即推进把哲学从过分紧密、独一无二地依附于传统问题的状态中解放出来。这不是想对已经提出的各种解决方案进行批评,而是提出一个关于在科学和社会生活的现有条件下一些问题所具有的真实性问题。"对这段引文,罗宾逊博士补充了下述评论:"我们能提供比这种说法更好的证据,以证明进行哲学反思的社会学类型的动机的存在吗?新的社会问题仿佛将摧毁长久的哲学问题的恰当性!"

"长久的"(perennial)这个形容词似乎是在肯定问题,而新的问题几乎不可能摧毁长久以来的问题,但文本说的是"传统的"问题。我有时很好奇,有些思想家是否不会把永恒的东西,或者至少不会把长久的东西与传统的东西相混淆;然而,我完全没有准备坦率地承认这种等同。此外,我的文本描述了有关现代条件对传统问题的影响的假设。它并没有建议抛弃传统问题,而只是试图通过谈论摆脱对它

---

* 选自《杜威全集·中期著作》第15卷。
① 首次发表于《哲学杂志》,第20卷(1923年),第187—192页。
② 《哲学杂志》,第20卷,第2期,第29—41页。

们"过分的单独依附"的过程来减缓转折的痛苦。但是,罗宾逊博士却无视我所提供的这种便利。这个断奶的过程,在他的解释中被当成了摧毁。此外,我的文章认为,科学的现状就是对传统问题进行质疑。但由于罗宾逊博士的目标只是为读者提供一个社会学类型的动机的例子,对科学的参照就不见了。我的文章说的是社会条件,而他将此解释为社会问题——这是一个更重大的更改,因为罗宾逊博士的整个讨论背景都假设了社会学的动机完全与治疗和矫正现有的疾病有关,而"社会条件"这个词语意味着社会的进步可能将传统的问题置于一个完全不同的情境之中。最后,显示人类本性的词语"社会的"被缩小成为专业的术语"社会学的"。

省略和更改暗示了 Middletown 这个词从 Moses(摩西)一词的著名的语义派生过程,将"oses"删掉,然后加上"iddletown"就成了。我并不是说删除和更改是有意而为之的,相反,甚至在它们被指出时,它们对罗宾逊博士而言并无任何意义。但是,如果一个怀着非功利的科学的动机进行写作的哲学家不愿做研究那段引文之含义这种谦卑的工作,那么,我们怎么能期望他的哲学能探测"实在的无限海洋的深处,而人类的小舟在这个海洋中颠簸不已"呢?

争论的焦点并不是一种个人问题;①在最广泛的意义上,它关系到哲学和形而上学与道德之间的关系。这是最古老的问题之一,可能也是最能引起我们长久兴趣的问题之一。如果任何问题都值得非功利地探究其主要内容(内容的表现会满足其中的结论),那么,这就是问题所在。注意这个悖论:通过支持非功利的科学探究的主张来反对那些他认为会恶意攻击这种探究的人的主张,罗宾逊博士以不涉及事实而只涉及"动机"的方式解决了这个问题! 他的标准是一个道德标准,并且依照许多道德学家的看法,即便是从道德的观点看,也是一个狭隘的道德标准。

这是一个值得进行严肃反思的似是而非的倒置。我不想极端地说,这意味着对承认哲学和形而上学中的道德论争的涵义表示厌恶,而这种厌恶表明了要保护某种特定的道德并使其免受检验的愿望,也表明了要保护对最终之善的本性的某

---

① 然而,就其个性方面而言,我可以指出,罗宾逊博士引用的这段文字包含了下面这句话:"毫无疑问,我讨论的有局限的对象会产生一个夸大的印象,即我相信当前的许多哲学运动都是不自然的。"更进一步的限定是,历史的探究方式通过一种不太受到限制的对象彰显如下事实:"过去讨论过而现在继续加以讨论的这些问题,只有在它们自己的背景中才成为真正的问题。"也可以这样来表述:"思考各种哲学体系的重要贡献,也是一项令人愉快的任务。"但是,这些体系作为一个整体,是不可能依赖成熟而丰富的观念的(《杜威全集・中期著作》,第 10 卷,第 4—5 页)。读者可以自行判断将"非功利的"与粗鄙的"社会学动机"进行对比的公正性。

种先入之见并使其免受检验的愿望。但明显的是,当人们尝试诉诸动机来解决争论时,会在不进行批判性审查的情况下,将某些道德上的先入之见视为理所当然的东西。罗宾逊博士说:"对哲学反思而言,为知识而知识是唯一适当而且有价值的动机,并且这就是科学的动机。"这一点可以被证明是真的。但不管真假如何,任何东西都不能掩盖它是价值判断这一事实,而关于非功利的科学探究的观念要求的是通过检验主要内容来决定真假,而不能通过诉诸动机来决定真假。从目前的状况看,我们常把罗宾逊博士自己关于道德真理的片面之词(*ipse dixit*)作为真理。在一篇文章中,再次将道德排除在哲学之外!我认为,"非功利的"是一个与精神相关的道德词汇,正是在精神中探究得以顺利地进行。但是,正如罗宾逊博士自己所使用的那样,它意味着道德探究自身并不能非功利地进行,只有从"为了知识而知识"才是"有价值的"这一不可动摇的信念出发,探究才可能是非功利的。人们可能会假设,知识中的结果以及知识的结果(*results in and of knowledge*)可能要根据"知识实际上是什么"这个问题来决定。一些人得出结论说,"为知识而知识"表示在生活中起作用的知识,我们为何要假定这些人必定是从特定的道德曲解和偏见出发呢?只有一种方式才能证明这个结论的有效性:通过检验论证并且遵循它所指示的方向。但是,罗宾逊博士有一种更简便的方法,即将它归于动机。让我们再次重申:这一点体现在一次讨论中,这次讨论的目的是保护哲学免受道德的污染!

如果我现在回到前面引用的那段文字的上下文,那并非出于个人的原因,而是为了将形而上学和道德之间的关系问题作为一个客观的、非功利的问题来加以简单的考察。没有人能够无视由罗宾逊博士所提出的这一连串的形而上学问题:"一与多的问题、变化与持存的问题、机械论与目的论的问题、形式与质料的问题,等等。"因此他说,社会学类型的动机宣称这些问题全都"过时了"。由于我被当作这个学派显而易见的现实代表,此处显然意味着,这些问题"过时了"与我在前面一段引文中谈到的传统问题的"不真实性"是同一回事。在第40页,通过一个限定,这个涵义表达得很清楚。这个限定的大致意思是:这类问题是我"理所当然地"(presumably)怀疑其真实性的问题。

罗宾逊博士从我处引用的一段文字出自我的文章的第5页(《杜威全集·中期著作》,第10卷,第4页)。接下来从第6页到第52页(同上书,第5—37页)恰好是讨论一些传统问题,而在现在的科学和社会生活的条件下,这些问题被人认为是不真实的问题,我们可以设想这样做可能是有益的。要意识到这几页文字就是显示我过去究竟记住些什么问题的地方,一种探究就不必如此不讲功利。如果罗宾逊博士觉得它们太乏味,以至于不去阅读它们,我应该同情而非责备他。但在那情况下,为何要提到我?任何查阅过这几页文字的人,都会意识到在其中并没有罗宾逊博士所指出的那种形而上学的问题;而他却指责我说,我将这些问题看作过时的问题而非真正的问题。那里所讨论的传统问题完全是心理学和认识论的问题,这些问题从17世纪兴起,在18世纪形成,并且主导了19世纪的思想。

至此,讨论似乎完全只是在为我自己作辩护,但其意图并非个人的。可以想象,使这些问题摆脱17世纪以后发展起来的传统,也许是使罗宾逊博士所提出的那些更客观的形而上学问题得以"恢复"的必要条件。由18世纪发展而来的心理学-认识论的传统,可能正是那些希腊人所意识到的更古老、更客观的问题变得晦暗不清的主要原因。除了那些无用的实用主义者之外,还有其他人抱有同样的信念。

然而,《哲学复兴的需要》一文的第53—58页(《杜威全集·中期著作》,第10卷,第37—41页)批判性地谈到了一个可以追溯到古希腊思想的传统,一种认为现在的科学条件应该把我们从中解放出来的传统,这种传统就是:把哲学与实在对象的知识相等同,即与这样一种实在相等同,该实在被看作在程度和"种"上都高于我们日常生活和自然科学的实在性。这里应该注意两点:一点是,这个最终的等同可以说明古典希腊思想对形而上学问题的解答(solution),这个解答有赖于"一"、"永恒"、"形式",而反对主张"多"、"变化"和"质料"。即便是这样,这些问题可以引起持久的兴趣,对古希腊问题真实性的认识并不必然要我们预先接受古典的希腊结论。另一点是,当我们区分更高实在和较低实在、优越的存在物和低劣的存在物时,我们是在作一个道德区分,是在对好与坏进行区分。在我们进行道德考虑之前,作为形而上学探究对象的存在特征与存在物的高低或级别问题无关。柏拉图教导我们,非存在在某种意义上存在(non-being is),即便在道德上,他将非存在置于存在之下(依据柏拉图的看法,存在在某种意义上不存在)。相应地,在批判这个特殊的传统"在现在的科学条件下"并不真实时,一个人是在质疑道德传统中的一种因素。可见,至少应当允许道德探究去探寻传统哲学中的道德因素,尽管它必须排除形而上学的因素。

这将我们带到了问题的核心。如果摆脱心理学-认识论的传统被证明是一种回到对事物本性问题进行非功利性探究的手段,就会产生一个严重的问题:形而上学的区分是如何与道德区分和道德问题相联系的?这并非一个动机问题,而是一个内容问题。如果一些人错误地认为,一种非功利的历史探究表明希腊的古典形而上学错误地得出了涉及道德偏见的错误的形而上学结论,这种结论赞成"一"、"永恒"和"形式",反对"多"、"变化"和"质料",那么,几乎不可能通过归因于动机,而只有通过有关的事实检验,才能表明他们是错误的。除了历史问题以外,如果他们错误地认为形而上学区分与道德区分和道德问题是紧密相关的,那么,这也是一个不能通过断言动机而只能通过事实的检验,以及遵循它为我们所指出的方向才能处理的问题。

这里肯定的是这个问题的重要性,而不是这个问题的特殊解决方法。但是,当罗宾逊博士宣称"社会学的"兴趣永远不可能产生一部伟大的哲学著作时,我恳求他去看看柏拉图的《理想国》(*Republic*)和《法律篇》(*Law*)。那个磨磨蹭蹭地从远处跟随柏拉图的人在需要援引权威时,可能会把柏拉图当作权威引用,以便确信上帝是核心的形而上学概念和事实。他也会提醒任何人关心以下问题:如果有什么人将哲学当作一种政治变革和政治组织的工具,这个人就是柏拉图。建议"哲学家应该当君王",并且断言只有当哲学家成为君王时,社会的疾病和混乱才会得到医治——这样做需要哲学中怀有强烈的社会学动机,但今天几乎无法找到这种动机。既然罗宾逊博士怀着敬意引用了罗伊斯(Royce),以及那些同样尊敬罗伊斯的人也可能引用罗宾逊博士所引用过的同一段话:"哲学……它的起源和价值在于试图合理地说明我们本人对严肃的生活事务的个人态度。当你批判性地反思你在世界上事实上在做些什么的时候,你就在进行哲学探究。当然,你正在做的事情首先是生活。"[①]不管帆船多么脆弱和颠簸不已,当我们将它作为海洋的重要部分时,当我们的无功利探究纳入我们的探究对人类的飘摇小舟的航线和方向的影响的意义时,对现实的无限海洋的考虑几乎不会必然地发生偏差。

(王巧贞 译)

[①] 罗伊斯,《近代哲学的精神》(*Spirit of Modern Philosophy*),第1—2页。

道德的三个独立要素*①

种种迹象表明,有一个事实是道德活动不可或缺的组成部分,但却尚未在道德理论领域得到应有的关注,即任何可以被恰当地称为道德的情境中所包含的不确定性及冲突因素。传统观念只看到这种情境中善(good)与恶(evil)的冲突,人们很肯定这种冲突没有什么不确定性,道德主体清楚何为善何为恶,只需根据自己的相关知识选择其一便可。我不打算停下来探讨这种传统观点在某些事例中能否站得住脚,只消说它在很多事例中都不成立就足够了。道德主体越是有良知,越是关注自己的行为在道德方面的性质,便越会意识到弄清楚何为善这个问题的复杂性,他会在不同的目的间犹豫,它们在某种程度上都是善的;他会在不同的责任间踌躇,它们总有某种理由要求他承担。只有在事后,在机缘巧合之下,某个替代选择才似乎可以简单地被判断为在道德上是善的或是恶的。例如,如果大家普遍认为一个人是不道德的,那么我们便知道他没有费心为自己的行为去辩护,甚至包括一些犯罪行为。用精神分析学的术语来说,他没有花力气使他的行为"合理化"。

正如我刚才提到的,道德情境的这个成问题的特点,这种判断一个行为在道德方面的性质时最初的不确定性,尚未在当今的道德理论领域找到一席之地。在我

---

* 选自《杜威全集·晚期著作》第 5 卷。
① 首次发表时,被夏尔·塞斯特(Charles Cestre)译为法语,以 "Trois facteurs indépendants en matière de morale" 为题目,刊登于《法国哲学会简报》(*Bulletin de la société française de philosophie*),第 30 期(1930 年 10—12 月),第 118—127 页。这是杜威于 1930 年 11 月 7 日为巴黎的法国哲学会(French Philosophical Society)发表的英文讲话的发言稿。英文版首次发表于《教育理论》(*Educational Theory*),第 16 期(1966 年 7 月),第 198—209 页,由乔·安·博伊兹顿(Jo Ann Boydston)翻译。

看来,其理由似乎非常简单,各派道德理论无论有着怎样的差异,都假设道德生活只能由单一的一种原则来解释,在这种情况下,不可能存在不确定性或者冲突:从道德的角度来看,冲突都是外显的,总是貌似有理。然而事实上,冲突存在于善与恶、正义与不公、责任与任性、美德与邪恶之间,不是善良、义务和美德所固有的组成部分。从理智和道德方面来讲,事先就已作出了区分,从这个观点来看,冲突存在于事物的本性之中,是对选择的犹豫,是苦于意志被分裂成善与恶、欲望与绝对命令、崇尚美德与喜欢邪恶。如果道德活动只有一个来源,只属于一个类别,必然会得出以上的逻辑结论。显然在这个事例中,能够对抗道德的力量就只有邪恶了。

在可供支配的时间里,我不打算去证明这个关于冲突本性的观念是一种抽象、任意的简化,以至于它与所有对事实的实验观察都背道而驰。我只能简略地提一下,道德的进步以及性格的塑造取决于辨别细微差异的能力、觉察到以往未被注意的善与恶的能力、考虑到怀疑与选择的需要时时处处会抵触这一事实的能力。这种辨别细微差异的能力一旦丧失,这种进行区别的能力一旦变得迟钝僵化,那么与此同时,道德便会衰退。虽然我只是提出了这样一个观点而没有加以证明,但我还是会心满意足,因为我将提出一个假设,即道德行动中至少存在三个独立变量,它们每个都具有坚实的基础。但是,因为来源和作用模式各不相同,在形成判断时,它们可能怀有对立的目的,起到相反的作用。从这种观点来看,不确定性和冲突是道德所固有的。凡是可以合理地被称为道德的情境都具有以下特点,即人们并不清楚它的目的、会有怎样好的结果,也不知道实现它的公平合理的方法以及美德行为的方向,它们需要人们去寻找。道德情境的实质是一种内部固有的冲突,之所以有必要作出判断和选择,是因为人们必须控制没有共同衡量标准的那些力量。

让我们通过介绍,看看这都涉及什么。我们知道道德理论有两个相反的体系:关于目的的道德规范(the morality of ends)以及关于法则的道德规范(the morality of laws)。其中,首要的、唯一的、一元的原理是关于目的的,即所有目的最终可以归结为一个单一目的——至高无上的普遍的善。人们经常讨论这种目的亦即这种善的本质,有的认为那是幸福(eudaemonia),有的认为那是快乐,还有的认为那是自我实现。然而从满足和成就这个意义来看,每种观点都以善(Good)的观念为中心。正确(right)这个概念,就其与善的区别而言,居于从属和依附的地位,它是获得善的手段或方式。说某个行为是正确的、合法的或者必需的,是指这个动作的完成使人得到了善,否则,它就毫无意义可言。在法则的道德规范中,这一观点被颠倒了过来。该道德规范的核心是规定了何为合法、何为义务的法则。自然的善（natural goods）是欲望的满足、目的的实现，但自然的善除了名称以外，与道德的善（moral Good）没有任何共同之处。道德的善成了与法律命令一致的东西，而与之相反的一切都是假的。

现在我想说明善与正确有着不同的起源，发自相互独立的源头，因此它们不可能产生于彼此，所以欲望和义务有着同样合理的基础，它们朝不同方向发挥力量，使得道德决定成了一个真正的问题，为伦理评价和道德敏锐性注入了活力。我想强调一下，究竟会偏向其中的哪一方还没有预先形成统一的道德假设，也没有稳定的原理使天平要么倾向于善，要么倾向于法则；相反地，道德规范表现为对愿望和责任各自的主张进行判断的能力，这些主张在具体经验中一经自身肯定，判断便开始了，它着眼于在二者之间寻找一个切实可行的立足点，这个立足点向双方倾斜的程度相等，而不遵循什么事先制定的规则。

预先要考虑的因素就讲到这里。我要讨论的核心问题是：我先前称之为独立变量的东西在具体经验中的起源。有哪些理由要我们承认这三个要素的存在？

首先，没有人会否认冲动、嗜好以及愿望是人类行为永恒不变的特性，它们在很大程度上决定了未来行动的方向。如果冲动或嗜好在没有得到预见的情况下起作用，那么人就不会对价值进行比较或判断，而是会服从最强烈的意愿，并沿着这个方向付出努力。但是，一旦人预见到了愿望达成后可能带来的后果，情况就会发生改变。冲动原本无法测量，但一旦其结果被考虑在内，就变得可以测量了，人可以设想它们造成的外部后果，然后可以像比较两个对象一样对它们进行比较。这些判断、比较、推测的动作会不断重复，并随着预见和反思能力的提高而发展。对某个类似情境作出的判断可以借鉴对其他情境的判断，从而彻底地省察和修改，使其更加确切，之前的估计和行为所得出的结果则作为这个过程中所使用的材料而发挥作用。

这样日复一日，便形成了两种道德概念。一个是理性（Reason）概念，即通过考虑冲动造成的后果对它们进行抑制和指引的功能。因此，这种"理性"的观念只不过是预见和比较这种普通的能力而已，但是，这种能力已经被提升到了一个更尊贵的层次，并因其取得的成就或为组成行为的连续动作规定了秩序和体系而获得美誉。

从道德经验中产生的另外一个概念是目的（ends）概念，它们逐渐形成统一连贯的体系,并融合成一个普遍综合的目的。一旦使用预见来——想出客观后果,目标的观念就会自我呈现出来,后果是所设想之行为天然的界限、目标(object)和目的。但是,有一点非常重要,从判断的某些特别动作被组织进我们称为理性的一般道德功能之中的那一刻起,就确立了目的的一种分类方式,那些被发现适用于一种情境的估计在思维中被应用于其他情境。我们最古老的祖先很早以前就着迷于健康、财富、勇敢战斗、征服异性等此类目标。后来,一些比其他人更具思考力的人开始大胆地将那些不同的一般目标作为有条理的生活计划的元素,把它们按照价值等级来排序,从最不全面到最为综合,从而设想出单一目的的观念,或者换句话说,一切理性动作所趋向的某个善的观念,这是第二个层次。

随着这个过程的结束,一种道德理论形式就建立了起来。从广义的思想史来看,可以说是希腊思想家清楚地表述了这一经验的特殊阶段,他们把目的观念视作人类生命的实现和圆满,因此也是唯一的善,他们还提出了目的是一个有等级的组织这一观念,并认为这个组织和理性之间关系密切,这些都成为了他们对道德理论永远的贡献。不仅如此,希腊主流的哲学还认为,宇宙中的任何过程都倾向于以理性的或理想的方式来实现自我,因此上述关于人类行为的观点不过是对我们所生存的宇宙所持有的观点的延伸。他们认为法则不过是实现目的所涉及的那些变化的顺序,因而它所体现的只是理性判断,而并非意愿或者命令。

我们所继承的希腊道德理论陈述了实际的人类行为经验中的一个阶段,对此我深信不疑。然而,要说它囊括了行为的方方面面则完全是另外一回事。希腊哲学家之所以可以(或者在我看来似乎可以)将社会要求以及义务归入与理性有关的目的这一类别之下,是由于希腊这种城邦制国家具有严格的本土化特征,国家事务与公民利益之间的关系极其密切,并且,作为哲学家纷纷从中总结经验的城市,雅典所具有的立法体制成为讨论和会议的一种机制,因此至少在理想中,立法就是经过深思熟虑的智慧的表现形式。希腊的行政区域都足够小,因此可以把它所作出的恰如其分的决定视为共同体理性心灵的外在表现,可以认为这些决定是在考虑了自行进入思维的那些目的之后而作出的。但是,法则如果表达的是个人意愿所任意发布的命令,则是专制武断的;如果是激情爆发的产物,则是顽固的、混乱的。

然而,或许只有在那样的社会环境里,法则和义务才能与理性地应用实现目的的手段保持一致,而不仅仅是在练习辩证技巧。再者,希腊人在实际的政治管理方面未能取得成功,内部派系斗争和不稳定的政局也都无药可救,这些导致人们不再相信对目的的预见和对方法的考量可以为社会关系提供安全可靠的基础。总而言之，在罗马人当中，我们发现对社会秩序、政府稳固、管理稳定的直觉最终带来了完全不同的理性与法则概念。理性成为一种凝聚万物的宇宙力量，迫使它们互相适应，共同作用，而法则则是这种维持秩序的强制力量的表现形式。职责、义务、关系不是实现目的的手段，而是使它们彼此适应、契合、协调的方法，这成为了道德理论的核心。

现在，这一理论仍然与一个正常经验的事实相符合。生活在一起的人难免互相有所要求。正是因为生活、工作在一起，人们往往意识不到，每个人都试图让对方服从于自己的目的，把其他人作为实现自己人生目标的合作手段。没有哪个正常人实际上从未坚持让其他人做出过某个行为。家长和统治者在要求别人做出与自己要求相一致的行为、保证对方在服从和遵从方面比其他人占据更有利的地位，然而即使是孩子，在他们的权利范围之内，也会提出主张和要求、确立自己的一些期望，作为其他人的行为标准。从对他人提出要求的一方来看，这个要求是正常的，因为它只是实现自己目的的一部分过程而已。从要求所针对的对象的立场来看，这个要求似乎有些专横，除非它碰巧也符合其自身的某些利益。而他同样也会对别人提出要求，于是最终便形成了有关要求的一系列规矩或某种体系，这些要求或多或少是互惠的，要依据普遍接受的社会条件，即不为人们所公然反对。对于其主张得到了认可的那些人而言，这些要求便是权利；对于承受那些主张的人而言，这些要求便是义务。这种已经建立起来的完整的体系只要获得了认可而没有受到明显的反对，便构成了权威原则（the principle of authority, Jus, Recht, Droit）①，它是眼下所通行的，也就是说它得到了社会许可来推进或回应他人要求。

从核心到天然表现形式，这种对他人行为作出要求的行为都是一个独立变量，关系到理性目的论之中有关目的与善的全部原则，这在我看来似乎是不言自喻的。某人对他人提出主张是为了满足自身的愿望，这一点的确属实。但这一事实并未将主张作为权利，没有赋予主张道德上的权威，它自身所表现的与其说是权利（right），不如说是权力（power）。若想成为权利，它必须是得到承认的主张，在它的背后没有丝毫主张者的权力参与，而是公众在情感和理性上表示赞同。当然，现在

---

① 此处作者分别使用了来自四种语言的词语来表示"权威原则"。Authority, jus, recht, droit 分别是英文、拉丁文、德文、法文，均可指法律所赋予的权利。——译者

可以反驳说善仍然是主导原则,而权利是实现它的方法,唯一不同的是,现在善不再是某个个体所追求的目的,而是指此类社会群体的福利。这个反对观点掩盖了一个事实,即"善"与"目的"此时已经使用了其自身所固有的不同的新意义:这两个词不再指满足个体的事物,而是指他认为从其所属的社会群体的立场来看公正而重要的事物。于是,对个体而言,所谓的权利就是他所不得不遵守的一种要求,一种必须。倘若他承认某个主张来自权威,而并非纯粹体现了容易屈从的外部力量,那么从权利方面来看这个主张就是"善"——这一点是毫无疑问的。然而,这种善不像愿望所自然而然想要得到的东西那样,事实上,它首先表现为与本性的愿望背道而驰,否则人们就不会感到它是一个应该得到承认的主张了。最终,相关的事物也许会通过养成习惯,变成愿望的对象,可是这种情况一旦发生,它就失去了权利和权威的性质,仅仅变成一种善。

  我所主张的全部观点很简单,那就是:无论是起源还是作用模式,那些因满足了愿望而表现为善的对象与对他人行为施加必须得到承认的要求的对象之间,存在着本质的差别。两者不能等同,不能相互取代。

  经验表明,道德中还存在第三个独立变量。对于他人的行为,个体或表扬或批评,或支持或反对,或鼓励或谴责,或奖励或惩罚。此类反应发生于他人的行为之后,或者是针对他的某种行为模式作出的预期。韦斯特马克(Westermarck)曾经如此主张:在世界各地,由同情心所引发的不满是道德的主要根源。虽然出于我早已提到的理由,我不相信这是唯一的根源,但是毫无疑问,这种不满,连同与之相应的认可,都是行为自发产生的具有影响力的经验现象。得到普遍认可的行为和性格形成了最初的美德,受到普遍谴责的行为和性格则形成了最初的邪恶。

  表扬与批评是遇到他人行为时人类本性的自发表现。如果所说之行为对于行为发出者具有危险性,从而是英勇的,或者与公众习俗相去甚远,因此是不光彩的,那么表扬和批评就会非常明显。但它们是自发的、自然的,也可以说是"本能的",以至于它们既无需考虑一旦获得将会满足愿望的那些对象,也无需对他人提出某些要求。它们既不像目的那样具有理性的、有意而为之的特点,也没有权利所特有的直接的社会压力。作为对权利的认可,它们会对美德与邪恶本能地加以归类,并伴有奖励和惩罚;当个体来评估他人赞许的态度时,它们会作为权衡某个特定情况的目的所必须考虑的因素。然而作为分类,作为原则,有道德(the virtuous)与善、权利却有着根本性的区别。我再次重申,善与对愿望和目的的认真思考有关;权利和义务与社会所授权和支持的要求有关;道德与广为接受的认可有关。

正如普遍目的的存在影响了希腊的道德理论、社会权威概念的实践影响了拉丁的道德理论一样,支持与反对的存在也影响了英国的道德理论,一个人如果看不到这一点,就无法了解英国理论的一般发展。只有当人们认识到这个问题是最为重要的,甚至作者在讨论其他某个问题时也不例外,英国理论中许多奇怪的特性才会得到解释。可以想想以下这些例子:同情的观念所起的作用;将仁慈视作一切善与责任的源泉的倾向——因为它是受到赞许的事物(正如同情是赞许的根源一样);在英国,以享乐为目的或善的功利主义与将普遍幸福作为值得赞许的事物进行追求的倾向不合逻辑的结合。毫无疑问,由这些概念所构成的英国道德理论的主要部分表明:在英国社会中,人们对于私人个体对他人行为的反应非常敏感,这既不同于通过考虑目的来促使行为合理化的倾向,也不同于强调组成法则的那些获得认可的要求所构成的公共体系的倾向。

我称这三个要素为独立变量,并不是主张它们在任何真实情境下都没有交叉,情况恰恰相反。之所以会出现道德问题,是因为我们必须尽最大可能地使来自双方面的某些要素互相适应。倘若每个原则都是独立的、最高的,那么我认为就不会出现道德上的难题和不确定性了。善与恶、美德与邪恶会形成尖锐的对立,也就是说,我们必须对满足愿望的事物和阻碍愿望实现的事物明确地加以区分——在一些特定的情况下,我们或许会作出错误的判断,但这不会影响对类别的区分,因此,我们必须区分被要求、被允许的合法事物与被禁止的非法事物,以及被赞许和鼓励的事物与被厌恶和惩罚的事物。

然而事实上,这些区别的各种界线往往是相悖的。从愿望的角度来看是善的事物,从社会要求的角度来看可能是错误的;而从愿望的角度来看是不好的事物,可能得到舆论由衷的赞许。每一种冲突都是真实尖锐的,必须找到某种方法来缓解这些对立的要素,否则官方或法律所禁止的那些事物又会被社会所允许甚至得到鼓励。我自己国家的禁酒令便是一个很好的证明;或者举个更宽泛的例子——孩子们所遭遇的困惑,即公开禁止的事物可能私下里得到允许,有的甚至在实践中受到表扬,因为它体现了聪明机灵或者表明了值得赞许的雄心壮志。于是,在盎格鲁-撒克逊的这些国家里,合理的善和官方公开认可的义务所构成的系统与社会经济结构所推动的整个美德系统形成了鲜明的对立——这个事实在某种程度上解释了我们为何会得到虚伪这样一个名声。

考虑到道德情境中不同力量间真实存在的冲突所起的作用,以及由此产生的真正令人感到无所适从的不确定性,我倾向于认为道德哲学之所以缺乏效力,原因之一是它们热衷于单一的观点,因而过分简化了道德生活,其结果便是在复杂的实践现实与抽象的理论形态之间制造了一道鸿沟。道德哲学应该坦白地承认不可能将道德情境中的全部因素归结为单一的、可以用共同标准来测量的原理,每个人都必须尽最大努力协调好完全不同的各种力量,这样的道德哲学才会清楚地揭示行为的实际困难,帮助个体对每个参与角逐的要素的力量作出更加正确合理的估计。唯一要摒弃的便是以下这个观念:从理论上讲,事先存在一个在理论上正确的单一方法,可以解决每个个体遇到的所有难题。我个人认为抛弃这种观念是一种收获,而非损失,它会将人们的注意力从严格的规则标准转移开来,使他们更加充分地关注进入到他们必须在其中活动的情境中的具体因素。

(孙有中　战晓峰　译)

自由社会的宗教与道德*①

除年头外,19世纪的一切似乎都已远去。至少,对于我们中间年纪老到足以在那些年确立自己的道德和政治信仰的人来说是这样。世界的现状迫使我们追问:我们成长时的信仰,我们学会怀有的希望,是否都是虚幻的?我们清醒地意识到,我们生活的社会并非完全自由的。我们知道,存在许多缺陷和问题需要解决。我们知道,我们并没有认清自由带来的责任。随着时间的流逝,我们越来越确切地认识到,问题集中于经济自由与政治自由的关系。一些人认为,政治行动正在侵犯个人在实业与金融方面的自由;其他人认为,为了给所有人的政治自由提供保证,国家必须进一步限制经济自由。学术讨论所关心的话题是法律与自由的关系和允许自由的界限。

但这样谈论问题只限于表面。我们中的大多数认为下述观点是理所当然的,即自由社会的价值观和目标提供了文明定义的要点,提供了我们共同的道德进步的标准。一些人认为,不可避免的进步是历史发展的首要规律和经验,他们将进步等同于人类在政治和公民自由方面的进步;他们面向未来,伴随着各处那只是暂时的逆流,继续前进。一些人并不深信进步的确定性;随着年龄的增长,他们相信,自由社会的优势是由下述事件证明的,即想不出有严重的逆潮流的运动。

我们认识到,战争的祸根依然存在,梦想普遍实现世界和平是将来的事。我们

---

* 选自《杜威全集·晚期著作》第15卷。
① 首次发表于《霍林斯学院百年庆典》(*The Centennial Celebration of Hollins College*),弗吉尼亚霍林斯学院:霍林斯学院出版社,1949年,第79—93页,选自1942年5月18日发表的演讲。

知道，过去留下的敌意和怀疑需要时间来消除。但我们也认为，世界各国日益增长的相互依存、这种相互依存的增长对各国都有利的证明以及认识到诉诸残暴的武力是野蛮时代的遗留物，这些都加速了各国和平共处的日子的到来。我们认为，和平与文明紧密相连，从长远来看，其他问题都是次要的。在我国，我们认为，自由的制度与我们地理位置的优势相结合，使我国成为创新各种方法的领袖，世界和平将依赖这些方法来推进。

我们认识到，不同种族、不同宗教之间的相互关系问题仍然是棘手的问题，因为在这个问题上过去也遗留下了恶俗。但我们也相信，时间的亲和作用，彼此尊重与同情理解的增长，会逐渐平复文明的低级阶段给社会带来的创伤。我几乎不需要继续这一话题。我们不希望的是，在这样科学高度发达、艺术和技术高度发展的现代工业文明中取得长足进步的国家，会正式宣布下述信念并以之为指导，即战争是社会进步的最高标志，并将对其他信仰和其他种族的野蛮迫害看作国家强大的最终标志。我们认为，纯粹物理力量的使用至少是要打下述折扣的，即随着战争的持续，任何声称文明的国家都不能认为，它所跻身的文明等级，可以用为征服和压服而组织动员各种资源——这资源包括物质、科学和道德——的能力来衡量。

国际上相互理解的可能性、宗教和种族宽容的可能性受到了深思熟虑的系统的抨击，因此自由信仰的其他所有条款遭到否定，这毫不奇怪。在战争突然爆发之前的若干年，极权主义国家压制良心自由、科学探索自由、言论和出版自由以及自愿结社的权利。这些权利被侵犯，不是由于它们的表达恰好与强有力的特殊利益相冲突，也不是由于某种特殊事件。甚至在我们国家，众所周知这种压制也存在。在极权主义国家，这些权利被以道德理由加以否定和打击。它们被当作私人和阶级自身利益的表现，会削弱基本的社会联系。它们证明了自私和导致分裂的利己主义占据上风，忽略了公共利益方面的贡献。它们是使国家外部虚弱、内部无序和分裂的根源。

我没有详细列举这些事情，是因为我认为，我们自己对我们为之奋斗的事业的忠诚仍然需要加强。我提到这些事情，是因为我相信，当代危机对信奉自由社会的原则和价值观的人来说，起码可以令后者比以往更严肃地反思以心灵自由和良心自由为核心的不同形式的自由的道德基础和道德观。在长期和平的年代，我们应当思考通常被概括为"公民自由"的不同形式的自由，这或许是自然的。我们知道，它们具有极端重要性，因此它们被列于我们的宪法中，在政治上由最高的政治权威来保障。但或许,在认为它们对于法院和警方具有政治和法律的重要性时,我们没有看到它们与自由社会表达并创建的道德和宗教价值观的基本联系。但当强大的国家向自己的成员否认能够运用这些自由,并努力以强力将同样的否定强加于其他国家的人民时,此时我们的确应该为下述自由寻求道德根据,包括良心自由,崇拜自由,联合起来追求共同的宗教、实业和教育目标的自由,思想自由以及言论和出版自由。特别重要的是,我们这样做是因为:自由的这些形式受到攻击和否定,根据的是被断言为道德的理由;它们被断言在道德价值方面比起自由社会的这些自由带来的浅薄自私和物质享受更具根本性。在成功地得出结论的实际斗争中,我们也需要确信我们信仰自由社会的理想和方法的理由,需要确信这些理由是道德的和宗教的,而不是外在的智慧、策略、物质增益、安逸与舒适等东西。

我认为,在所有现代战争中,每个参战的人都需要为一种信念所支持,即自己的事业在道德上是正义的,而敌人是在为非正义的、不正当的势力而战。但在刚才的话中,我还有另一种想法,不只是要在斗争中努力积聚能量。甚至有可能在战争胜利后我们赢得的和平,在某种程度上依赖于我们思考自由社会的道德价值观的深度和我们致力于提升这些价值观的努力。无论如何,现状是一个机遇,的确也是一个急迫的挑战,使我们比以往更深刻地认识到自由社会心灵自由的意义:即认清为法律和政治的形式和方法所支持、帮助,并由此取得成果的道德价值观。

我们需要这一新的认识由下述事实说明,即毕竟人们可能并没有真正对专制社会的理想和方法的复活感到极度震惊。因为道德绝对论在人类历史上的很大部分甚至绝大部分留下了痕迹;相比之下,自由社会的道德是新事物——几乎可以说是平地而起的。我不想断言,社会制度中无数代人身上表现出的绝对论的道德,是奴隶的道德。但即便不说,人们实际上也认为,多数人的心灵太孱弱、品质太堕落、不相信自由,因此社会秩序依赖于少数道德权威,他们有权强迫民众服从道德原则。科学与工业方面的变革废除了旧的道德规章发生作用的这种特殊形式。在这种规章体现为制度的时代发展起来的习俗、态度和信念,会试图掌握新的力量,利用它们再一次维护道德权威、道德纪律,维护多数人服从少数权威人士的道德,对此我们为什么会奇怪呢?这个问题是纯理论的问题。但虽然如此,提出这一问题可以帮助我们认识到,自由社会的出现不仅构成了政治革命也构成了道德革命,巩固民主的政治秩序依赖于活力与真诚,我们以这种活力与真诚致力于维护自由社会的道德基础。

有人经常说,目前继续进行道德和宗教斗争,对于维护人类神圣的人格特征是必要的。无疑人们会认为这一说法是对的。但像所有一般论述一样,可以有各种解释。对支持这种观点的人来说,他们可能在构建人格方面、心灵和良心自由的地位、自由交往权利的地位问题上有根本不同的观念。支持这种观点的人可能没有认识到,伴随创建自由社会的道德变革集中于下述信念,即相信人格是一种没有思想自由和交往自由就不可能完善并保持的东西。因为长期的历史进程都印下了下述信念的印记,即相信人格的真正规范依赖于毫无疑问地服从外部操控的最高道德权威。除此之外我们又如何解释此前不久才出现的宗教信仰自由和废除将信仰作为公民条件的特殊检查呢?

某种形式的道德绝对主义根深蒂固,可以用下述问题来测试:我们在什么程度上容忍下述权利,即坚持并宣传社会强势集团认为在道德上有害的观点?我们大多数人实际上相信下述观点,即一些观点与传染病一样,当有利于组成社会的单位防止传染病蔓延时,不仅有权利而且有责任使用有组织的社会的强制力,来扑灭那些蔓延起来会造成道德流行病、造成社会瘟疫的舆论,难道不是这样吗?无论如何,历史事件证明,人们不仅会持这种观点并以系统思考的道德哲学来支持这种观点,而且还会认为只有依靠这种方法,真正的道德人格才能得到保护和保存。

所谓的大西洋宪章中的第二种自由是:"世界各地每个人以自己的方式崇拜上帝的自由。"这一自由包括不以任何方式崇拜任何上帝的自由吗?包括成为无神论者的自由吗?或者,由于我们自己的实践在执行政治宽容原则时对这一问题给予了肯定的回答,即不把宗教信仰限定为公民权利义务的条件,公开声明无神论者享有所有政治和法律权利。那么让我们来问这样一个重要问题:我们的实践建立在什么基础上?建立在信仰心灵自由的内在原则上吗?或者我们的实践在什么程度上是不关心信仰的结果?——历史事件已经证明,试图压制宗教上的错误,即便这一压制在理论上有正当的理由,就其直接结果而言在实践上是有害的。

我提出这个问题不是为了讨论应该给予什么回答。我是用这个问题说明这样一个观点,即相信理智自由作为社会的核心价值以及其他社会道德的源泉,是最近的事,它与历史上大多数时期社会用以进行管理的原则相对立。现存的自由社会的奠基者们不仅在政治方面,而且在道德观方面都是创始者和先驱者。心灵自由是维护自由社会的基本的核心的自由,这一论述没有什么新东西。我要说的只是重复这一论述,强调其中所包含的两点思考:一是全心全意一心一意地相信这一观点,使我们相信,理智自由是自由社会道德信条的核心。二是这一信仰与人类历史上大部分时代社会赖以组织的核心道德原则是对立的。

这一道德绝对主义的基本原则有两个根源和两条主干。一条是,关于如何管理社会,这一根本真理主要由相对少数人的集团所掌握,他们凭借这一点,在道德上有资格成为纳粹所说的大众"领袖"。与之相应的另一条是,大多数人不可能拥有这些真理,因此只有在那些独占社会与道德的终极真理,因而拥有领导的责任和权利的人的指导下,才能自己管理自己的生活。其他人的责任和权利是遵守和服从道德领袖的道德权威。

将法西斯和纳粹的哲学看作纯粹的强力(power)崇拜,看作对一切道德原则的价值的否定,这是一种简单化。这一简单化可以暂时用来刺激麻木的人;但它远非理智的人所要求的,他们怀疑纯粹寄希望于强力以及强力带来的回报在极权主义国家实际所起的作用。但是对我们来说,较之无需道德支持的强力爱好,实际情况要更加危险。使纳粹拥有对所有其他人利益构成极度威胁的强力的,是这样一个事实,即许多人坚信,强力被用作高尚的社会目标,强力的成功将有利于所有社会的有序与和平。不加掩饰地表现出来的武力不可能长久维持其力量。当人们发现统治仅仅建立在武力的优势上时,这种统治的日子便屈指可数了。为了能够控制人们的生活,统治的强力不得不披上权威的外衣,披上至少外表正当的外衣。

正是通过对照特定的阶级或集团拥有的权威道德哲学,及随之而来的这一集团决定信仰什么不信仰什么的权力,自由社会的道德哲学获得了其重要意义。为思想和良心自由辩护,没有比下述观念再无力的根据了,即认为观念与信仰只存在于我们内心,因此在心灵与行动之间有着鸿沟。我认为,没有人会真心诚意地认同这一点:允许心灵和思想自由的理由是,它们不会在人们的实际行为中造成什么区别。然而将理智或精神性的信仰和实际或公开的行动、将内心观念与外部世界截然分离的学说,在保障目前获得的心灵自由方面起着作用。甚至有理由证明,心灵自由是不可能阻止的,只有言论自由是可以阻止的,似乎行动的条件,包括与同伴交流的条件,不会严重影响我们的探索、思考和判断的能力。在这一点上,我们至少可以从纳粹哲学中学到某种东西。因为它们的方法表明高度重视观念对行动的影响力,包括涉及许多人的大规模的行动。

于是,我们又回到自由社会道德信仰和道德理想这一关键问题。如果我们从纳粹的哲学和实践中了解到,观念的实践重要性极其巨大,其他一切的影响力最终都不能与之相比——正如一位伟大的美国自由主义者所言,如果我们只了解到了这一点而没有再了解到其他东西,那么我们会模仿他们的方法,反复灌输一系列固化的观念。这种方法就是,每一天每一分钟都在通过广播灌输某些观念,压制一切有可能竞争的探索、意见和信仰,并将这种方法集中用于天真的年轻人身上。这样做,我们事实上就掌握了极权主义道德规范的基本信条。我们表示接受下述观念,即拥有指导社会行动权威的真理是由小部分精英拥有的,大多数人在道德方面都不具有正确地判断和信仰的能力;如果允许他们心灵自由,他们的政策和决定会由于个人和阶级利益而摇摆,最终会导致分裂、冲突和崩溃的结果。

如果我们持相反的观点,认为心灵自由是其他自由之本,政治和法律制度只有就其来自并证明心灵自由而言才是正义的、值得尊重的,那么现状就迫使我们面对为我们的信仰辩护的问题。我们如何保护自己不受下述指控——即由于道德真理是唯一的、不变的,我们从相信并接受这一真理转向允许许多声音喧嚣,由此我们所能期待的只是混乱吗?我们如何对待下述原则——即道德真理需要权威的肯定和服从者的接受,而不需要讨论和辩论?

虽然否定的理由不足以为这一肯定的信仰辩护,然而一些主要是否定的理由在使人们相信自由社会的优势方面有很大影响。更重要的是,它们表明了某种肯定的、构建性的东西。专制社会的失败在将思想和行动转向自我管理的理想方面起着巨大作用。它表明,不负责任的强力是毒药;它会使那些使用这些毒药的人比接受毒药的人中毒更深。受欢迎的政府促成权力的分散与分配,以非常低调的道德术语解决问题,它证明,当产生和实施社会管理的权力被分散时,权力的滥用易于相互抵消。

即使有人认为,拥有权力并有权宣布他人的信仰和目标的人拥有道德真理;并且历史表明,人类是由于自我中心和为自己追逐权力而进步的;我们依然可以安全地声称,某一集团如果拥有管理他人生活和财产的权力,它越拥有对终极道德真理的垄断,就会越无理性,越冷酷无情,没有一种对他人的权力能够像被赋予的控制他人信仰的权力那样完整。因此,对于自由社会的创始人而言,以扩大自由探索和自由交往的领域来延伸权力的策略,是唯一安全的策略——正如不断扩大被征服人民的范围,使他们处于专制主义蹂躏之下,对极权主义国家是唯一安全的策略。

这一事实,如果你愿意,可以称为消极的事实;它无误地表明,不得不在肉体上强迫的,或不依赖于道德手段来使人接受的道德真理,不是真正的道德真理。它由于使用确保其被承认的手段而堕落,较之被强迫服从的人群,在运用强制力的人群中,这种堕落更容易发生。在我们反对的专制主义国家这一特定情况下,我认为,矛盾显而易见:一面宣称道德权威,一面却以强力强迫人们接受之。提出这一问题,是由于它证明了在任何一种社会道德问题中,目的和用以实现目的的手段是同一的。这是很难获得的经验,即我们用手段决定目的,并确实带来了这种结果。急躁情绪总是使人想要通过捷径得到他们所认为的好的结果。他们没有意识到,使用其他方法而不是使用主要是教育的方法,表明他们对他们所号称运用的道德原则的固有力量缺乏信心。

自由社会表现出许多缺点。绝大多数自由社会都没有在用于达到其目的的方法上实现其公开声明的理想。断言心灵自由和交往自由作为社会有序和进步的基本原则,就是断言道德和宗教的选择应当出自运用自由理智作出的决定,自由理智是由在共同合作的探索中积极与他人交流而得到训练和发展的。这一态度标志着人类历史上最重大的变化。在将标志人类生活的理想和信仰付诸实现的过程中,道德原则是最具难度的。如果人类天性并非倾向于将伴随自由而来的责任转嫁给他人,极权主义国家就不会在复活道德绝对主义方面获得那样的成功,甚至不会获得暂时的成功。墨索里尼由于号召青年"享受危险生活"而在意大利获得了法西斯主义的名声。如果享受危险生活意味着比鲁莽地、草率地生活包含更多东西,如果它意味着在对极端的社会问题作出决定和形成政策时敢于参与,那么自由社会的本质就是要求其成员永远过有道德勇气的生活,道德感随时准备付诸行动。我们的缺点之一是一直在说服自己和他人,自由社会的生活是轻松的生活。如果指责我们过于关注权利而过少关注责任,这一指责是有意义的,意义正在于此。在自由社会,权利和责任不是相互对立的,自由的权利与下述责任是统一的,即要不懈地紧张地学习,做我们力所能及的工作,使我们所学对他人有用。

作为一般的社会哲学和科学的社会学学说,下述命题已经有许多讨论,即使我们相互发生真正的联系——不仅是肉体的联系——的人类社会的本质和生活,是交流的存在:依靠语言,每一经验的结果、每一发现的意义、每一新见解和激动人心的前景的展现,都能与他人交流,因此成为共同拥有的东西。教育的整个过程以下述事实为基础,即心灵和品质通过联系与交往得以发展。极权主义国家利用学校、出版、书籍、讲坛、公众集会、广播甚至个人谈话,将它们作为逐步灌输单一的一系列观念的工具;这样的苦难对于心灵自由与自由生活的等同,是一种反面的贡献。

我说过,在很长的历史过程中,在一个封闭的道德原则体系中,在作为这些原则的拥有者和贡献者的严格限制的人群中,有两种密切相关的信仰成为其标志。抽象地说,为这种哲学作更好的辩护是可能的,而我们通常认为这是不可能的。道德关怀与社会关系的秩序有着直接的紧密的联系,因此据说必定有一种道德律,它本质上是完全固定不变的,使人们认识并遵循它是具有权威的集团的责任。纳粹或许宣称,他们所引入的变化仅仅是利用现代科学的一切方法、技术和工具,确保普遍接受共同的社会原则,而抛弃民主国家仍然使用的过时的笨拙方法。在卡莱尔(Carlyle)嘲笑大众政府时,他在某种程度上解释了道德绝对主义的基本原则;他将这种政府比作让许多人以讨论和投票的方法来解决乘法表的真理性问题,他由此询问:对于正确的社会关系秩序而言,是数学真理更重要还是道德真理更重要?不应回避这一事实,即自由社会建立在下述信仰基础上:适用于人类具体关系的道德原则,不是为某些权威掌握的紧密封闭的体系,而是对继续探索和发现保持开放的体系;只有在不断探索和不断交往中,才能保持这些原则的鲜活性。

这一态度被绝对主义道德权威的信徒们漫画化了,他们说,这是在否定任何稳定的调节原则的存在。其实,我们的结论不外乎就是自然科学探索包含的东西——没有这种坚持不懈的探索,我们不可能认识到火的燃烧和水的解渴。这两种情况中的包含是指,我们已知的东西可以而且应该用来了解更多的东西,在相互自由交往中保持已知知识的鲜活性,这在道德认识中甚至比在物理学认识中更必要。相信封闭的不变的真理体系,这一信念在这样的社会中生长并适应于这样的社会,即为习惯的铁环所建立的社会。现在,社会变化成为常态,各种变化加速发生,亟需将抽象的道德原则不断转化为需要并可能的新的具体条款。只有两种方法能达成这一转化。一是依赖外部的权威;二是继续探索,继续交流探索所获。人们一度认为,在天文学和物理学中自由探索的方法会导致理智的混乱。以普遍使用的检验手段来检验这一自由探索方法的训练,在社会道德问题上是需要的、值得的,甚至在难以获得的极为重要的宗教信仰经验方面也是这样。比起在物理学中,在社会道德问题上需要更多的人共同不懈地努力。

道德绝对主义与社会专制主义的复兴给自由社会的成员带来的震惊或许会促使我们探索,我们自己离实现自由社会的原则和理想有多大距离,因为我们的失败在导致上述复兴方面起到了重要作用。我相信,有一个失败可以确切地指出来:自由制度的支持者过于一厢情愿地断言说,心灵自由是每个正常人天生固有的。结果是，我们对于一些条件没有给予充分注意，如果个人潜在的理智想要有效地实现，就需要这些条件。我们通常相信，我们所需要的，只是摆脱法律和政治的限制，随着废除这些法律和政治限制，心灵自由就会完全实现。这一消极的自由观是我们称之为"个人主义"的被充分批判的缺点的根源。我们试图根据已经拥有的自由，为言论自由、良心自由、集会和出版自由提供辩护，而不是根据它们是导致心灵自由的必要要素来提供辩护。假如自由表达的权利仅仅意味着向公众倾泻所谓"私人的心灵"所想的任何东西，那么它走不了多远。为信仰辩护的心灵自由是其他自由的最后依靠，心灵自由是需要开发的，培育心灵自由的条件需要不懈地关注。

我们没有充分关注心灵自由得以实现的这些条件（即有效的操作力量），这方面的例证表现为我们忽视了工业环境所起的巨大作用。在工业化的工作条件下，一群人形成了他们的习惯态度；他们每天重复这样的习惯，这种习惯是他们供养家庭和他们自己的手段。这种形成的习惯是理智的、道德的，不仅仅是自然的。自由交流是培育自由心灵，也是表现自由心灵的手段，只有在共同活动中参与并分享结果时，这种交流才会发生。相信自由社会不适当地将自由限制在脱离经济的政治事务方面，同时断言极权主义社会比民主社会在经济方面会提供更广泛的自由，这种想法在赢得赞同方面起着重要作用。

在某些情况下，它甚至引导我们社会和英国社会中的一些人根据下述原因赞同极权主义国家压制公民的自由，认为这一暂时的压制是建立产业方面自由的社会的必要部分。对于交流和教育的缓慢进程的急躁情绪误导了为各种希望激励的人们，以致忽略了在所有方面——包括经济方面——都更美好更自由的社会的基本原则，这一社会能够实现只是由于自由的手段——这意味着发展而不是限制自由交往的手段。没有比下述想法更致命的错觉了，即相信自由社会的目标可以用下述方法来接近，这种方法包括压制自由良心、自由探索和自由言论的核心自由。在困惑和变化不定的时刻，相信自由社会的人只有一个确实可用的标准：一个特定的社会和特定的运动是依赖于拓展各种手段还是依赖于限制各种手段？心灵自由依靠这些手段来表达，也依靠这些手段的滋养和培育。

幸运的是，另一种说明使我接近了我们今天所纪念的事业。美国人民在教育方面的信仰有时由于下述原因受到批评和嘲笑：在批评家的心目中，教育成为一种宗教，成为一种偶像。我知道，我们没有对下述事实进行详细说明，即支撑自由社会并为之辩护的这种心灵自由是慎重的社会教育的产物,这种社会教育是由不断交流的过程带来的,这一交流过程包括不断地分享,不断地相互交流思想、经验、知识和信仰,以创建共同的道德态度和道德观念,而不只是致力于教育——我们今天赞颂的就是这样一个高尚的榜样。

  在自由社会,据说关于宗教显而易见不可否认的东西是,良心和信仰权利的运用伴随着自由崇拜的特殊力量,这种权利只有在下述情况下是可靠的,即信仰自由不仅仅是容忍必须容忍的某些东西,以免更糟的东西接踵而来。真正的信仰自由不仅仅意味着容忍我们所不厌恶的东西,也不仅仅意味着中立,或确信信仰的不同无关紧要,因为它们不是问题。真正的信仰自由包括同情其他信仰的人的奋斗和考验,而不仅是同情我们自己的奋斗和考验;还包括渴望与他们在寻求光明的过程中相互合作。但我们还可以比崇拜的权利和信仰自由的责任走得更远。寻求更多的智慧和洞见可以成为具有强烈的宗教性质的情感。这一宗教性质由于下述认识而加强并加深,即存在着这样的真理,这种真理制约着我们在分享奋斗、悲伤和欢乐的生活中的相互关系;发现这种真理是我们的共同任务,赢得这种真理是对我们的共同回报。在许多观点上我们可以,也将会产生分歧。但我们可以学会将这种分歧作为学习和理解的手段,认识到仅仅具有同一性意味着发展的中断。在各种宗教的分歧中,我相信,我们在以下诸点上可以一致:即自由社会的宗教将相信继续发展的可能性;作为发展的条件的对新真理的追寻;构成宽容的彼此尊重和关心——它们鼓舞着人们的和平意愿与善良意志。

(余灵灵　译)

二元论与原子裂变[*][①]
——原子时代的科学与道德

原子裂变和原子弹的制造带来了紧迫的问题和长期的问题。紧迫的问题自然吸引了公众的关注和讨论。因为它涉及上述发现与发明对全人类——无疑包括我们自己——的安全产生的迫切问题。由于原子弹表现出的摧毁性能量超过了世界曾见证过的最大范围的人类毁灭场景,这一紧迫性不断增长。具有讽刺意味的是下述事实:作为战争期间的安全手段而开发的工具,冷静下来看,成为人类所能想象的对于安全的最大威胁。

长期问题涉及自然科学实际的和潜在的地位和应用,涉及人类目前和将来生活中的工业生产技术是否真正符合人性。科学和技术的特殊发展是新事物。但它仅仅是过去科学和工业发展的成就。特殊发展的成就的确是新颖的,非常新颖,以致似乎在感觉上是空前的。但科学和工业取得的成就一直在为新事物进行准备,因此其中根本没有新的或空前的东西。更重要的是——向人类提出的问题中也没有新的或空前的东西:系统地运用自然科学的资源,建立在这种运用上的工业要为人类带来安全和幸福,而不是带来不安全和毁灭。原子弹的出现将这个一直存在的问题典型化并加以突出。科学和工业技术自身出现太晚,不足以成为我们文明的更基本的条件。它们一直被作为外在的东西加于制度和习俗之上,制度和习俗非常古老,因此无法轻易进行根本的改变。

---

[*] 选自《杜威全集·晚期著作》第 15 卷。
[①] 首次发表于《新领袖》(*New Leader*),第 28 期(1945 年 11 月 22 日),第 1、4 页。

简言之,作为科学发现的原子裂变和作为技术发展的原子弹制造,使长期以来一直零散地发生影响的事件成为聚焦点。这些事件自从17世纪科学革命和18及19世纪工业革命以来不断发生。目前这些事件到了紧要关头,后来的发展作为先前事件的总和,聚焦于我们以前没有看到——在某种程度上也不想看到——的趋势。理智的人从今以后都不会不注意到,我们时代的自然科学和工业技术与我们依然赖以生活的传统道德价值观和价值目标相脱节。

习惯上,人们会为上述脱节安上"文化落后"之名。当然是这样。但仅仅称之为落后,会使我们看不到这样一个重要的事实,即这一落后带来了下述两者之间可悲的分裂,一方面是人类特有的东西,另一方面是我们仅仅列为物质的科学和技术。只要这种分裂存在,科学和技术就会很容易以非人性的方式运作。在早先的岁月中学会发话的呼声,因此正喧嚣地将整个现代罪恶归于科学和技术方面。他们说,这些东西本来就处于物质的、非道德的层面,它们为人类带来的运用和享受诱使人们不去关注更高层面的"精神性的"事物。他们说,唯物论者因此被允许侵犯他无权进入的领地。补救方法是使自然科学和工业技术严格服从他们称之为"道德"的东西,无论人类生活所有方面发生怎样的巨大变化。

人们会,或必须同意,某些事物肯定出了问题。但我们必须从根本上不同意借以实现生活整合的上述信条。一方面,科学和工业革命不是后退。假设依靠主要针对情感的劝说便会导致对绝对道德原则的服从,那是没有意义的。这一方法明显是无力的;不论这种方法以前的效果如何,它正在失去一度拥有的传统、习俗和制度的支持。而且,由于科学和工业这种被谴责的发展的实际效果,这种方法已经失去了支持。另一方面,这一方法的无力如此明显,因此下面这种人更起劲了,这些人主张我们唯一的拯救是回过头来顺从地接受外部强加的权威;那样一种事物在蠢蠢欲动,那种事物据说垄断了人类有序生活所依赖的更高的道德和"精神的"真理;尽管它在我们面前早已证明是无效的。

这后一群体的断言提出了具有根本重要性的问题:我们遇到的混乱和冲突在多大程度上源于我们在变化条件下被要求向之回归的学说?因为后者的主要原则之一就是,就事物的本质而言,因此就其是不可克服的而言,"物质性的"东西和道德与理想的东西——委婉地、带有情感地说即"精神性的"东西——之间,存在着根本分裂。这一分裂的实际结果恰恰就是当下需要战胜的大量罪恶。

如果上述分裂仅仅是贴上哲学标志的东西，它就太微不足道了，不足以造成后果。但这一分裂的理论阐述源于对已经建立的制度条件进行理智表达并为之辩护的尝试。当世界上的劳作由这样的人完成时：这些人即便不是奴隶或农奴，也是在政治上被剥夺公民权，在经济上被剥夺和丧失权利，在道德上是可鄙的——那么他们的仆人地位将不可避免地反映在下述观念上，即他们拥有的事物和方法天生是低级的。工业技艺是习惯的东西，要由从事这种技艺的人以学徒身份来获得；而"理性"和真正的科学则被当作只有高层群体才具有的能力。

工业技艺或技术今天成为发明的产物；而只有通过高度知识化的（或"合理的"）程序支配才能获得科学洞见，是这种洞见使发明成为可能——这一事实在原子弹问题上得以充分证明。但如下所述也依然是事实，即由于教育的缺乏和经济上的劣势，大部分工人不能分享作为他们工作依据的知识。认为这一从属关系可以被更系统地服从外部权威来改善，就是认为罪恶可以用强化罪恶来改良。下述说法依然是事实，即尽管依靠政治解放废除了奴隶制和农奴制，但世界上的工人基本没有享有对他们工作的支配权。现实的制度条件依然渲染并支持下述哲学，即将物质与心灵（即便针对"物质"的实际操作是理智的理解力的表现）、自然与人、科学与道德相分离的哲学。这时，由这种哲学提供辩护的实际状况，就是我们时代的主要问题和危机的根源。

这一切对原子弹有什么影响呢？令原子弹能够威胁人类的安全与幸福的这种情况，在原子弹只是梦想的时候就威胁着人民大众的安全。由于原子弹会增强破坏力，真正需要担忧的东西，是造成阶级、群体、种族、宗派分裂的东西，这些东西又反过来造成了对武力的追求，将武力作为解决纷争和冲突的手段。摆脱困境的方法不是回过头去服从这样一些所谓的权威，他们代表着使我们持续遭受这种现实分裂的教条和制度。摆脱困境的方法是，促进我们最佳的科学程序和结果的应用，使它们能在人类道德价值观和道德关怀下运作，而不是外在于甚至反对这些价值观和道德关怀。现代人的任务，是尽一切努力认识到，现在我们掌握的无限的技术资源并不只限于下述目标——这些目标已经降低到仅仅是某种低级意义上的物质或功利的目标——而是要系统地用于为人类谋利益，即普遍的共同的安全与幸福。

最根本的和最首要的是:如果原子裂变以及制造原子弹的技术还不足以告诉我们,我们生活在一个变化的世界,因此我们人类关系的组织也必须变化,那么情况真可谓是毫无希望了。

(余灵灵　译)

道德的意义和发展*①

考虑到上午的议题,我的第一个陈述恐怕会令人失望,那就是:从严格意义上来讲,根本就不曾有过道德的进化。我这样讲的意思,并不是说道德实践和道德信念一直是停滞不前的,或者用早先那种学院式的话叫作"道德是永恒不变的"。我的意思是说,在道德信念和道德实践中有着那么多不同的发展路线,以至于凭现有的知识,我们很难——实际上——根本不可能选出或确定任何一条简单的、固定的、连贯的道德进化之路;也就是说,我们不可能发现任何一种统一的、连贯的事物发展趋向,就像我们在植物世界或动物世界甚或在太阳系的发展中的发现那样。我想,现在,我这样想的原因就非常明显了。我们的道德生活是一件极其复杂的事情,它受到众多不同的、独立力量的影响。数学家可能称之为大量独立的作为变量的道德实践的函数。举例来说,人类,一直以来受到政治组织的影响。那存在于某一特定时期,反映在宗族、专制帝国、城市国家以及大民主体制之道德上面的社会组织,其性质种类总是不同的,因为社会条件、政治要求及其规则是不同的。此外,当然,法定程序对道德产生了重大的影响;因为法律的任务之一,就是定义人们可以做什么、不可以做什么,以及制作一张关于罪行和罪行的惩处方式的一览表。如今,尽管合法(legality)与美德不再是一回事;但是,历史表明,人们的道德概念总是受到他们在工业、贸易和商业中的法律观念和法律实践的影响,有时候前者还以后

---

* 选自《杜威全集·晚期著作》第17卷。此文为杜威之前未发表的作品。
① 杜威于1911年12月17日在纽约州纽约市莫里斯山基督教浸信会教堂所作的演讲。这是杜威VFM 88中的速记报告,收藏于卡本代尔:南伊利诺伊大学,莫里斯图书馆,特别收藏。

者为模范。

人们的工业和经济生活是另一个深刻地影响道德概念的因素。因为特定的美德,如节俭、勤勉和审慎,几乎就是特定的工业生活状况的直接产物。坚持不懈和容忍耐心作为美德,总是在工业因素(尤其是农业)非常强大的人群中得到兴旺发展。

很显然,人们的道德观念非常密切地受着影响,极大地依赖于他们的宗教概念、科学知识与理念。

不必讲得更多,我们现在至少有四条关于人类兴趣和行为的重要线路已经影响了人类的道德历史,而这四种影响并不是齐头并进的;有时候,一种影响最突出,而其他的则落后些。所以,我们并未发现一种稳定的、统一的发展过程。举例来说,就道德与科学之间以及人的智力的自由发挥与人的理智生活之间的关系而言,就道德与一种稍显狭隘但却紧致的社会组织形式之间的关系而言,我们很难找到能与希腊生活在其最佳实践者雅典那里所取得的相提并论的成就。但就道德关联并依赖于工业、商业以及一个广阔的网络关系的和平运作而言,或者就其依赖于法律程序的建构完善及法律方法的确立而言,那么,我们将发现,雅典人的道德相当落后。另一方面,一些伟大的帝国,尤其是东方的一些帝国,在道德的一切与贸易诚信有关,与作出及信守诺言、履行合同有关的方面,都已经非常发达。而在巴比伦帝国,一个精明的商人,几乎或多或少是一个骗子。我们都知道,中国这个伟大帝国的贸易道德水平有多么高。

再从总体来看。在中世纪,就宗教方面而言,对某些形式的伦理价值有着极大的敏感性;但是我们都知道,在科学方面,在智力的发挥方面,在工业和商业以及其他某些方面,都出现了一种倒退。

现在,因为这些改变了人类道德历史的不同力量并非齐头并进,而是一种力量突出,继而另一种力量突出,所以,道德的发展机遇无疑受到了遏制。它经历了起起落落:某种层面的道德处于其鼎盛期,而另一种道德则处于非常落后的境地。在这种情况下,我们所能做的也就是找出人类道德历史中那些强大的特征,由此根据整体再确定在某个方向上相对稳定的、统一的进程。这些不同的力量——政治的、法律的、经济的、宗教的和科学的——毕竟相互改变着,也相互补充着;唯因如此,才有了某个方向上的汇合点。

现在,我要谈到的第一个道德历史上的伟大成就是扩展,也即那些在其间存在着道德/伦理关系的人类,其领域和范围的扩大。当那些意识到他们彼此之间有道德上的责任和权利(这是人类的第一个知识)的人类——我们称之为原始人,然而即便那时,他们在其事业中可能是相当先进的——在扩大其领域的时候,其组织的单位是氏族/宗族(clan)——即一群被认为彼此之间有最接近的血亲关系的人,最多只包括几百个人。在那个靠血缘的纽带把大家绑在一起的狭小氏族中,有很多被严格规定了的道德上的义务和责任。但是,除了这些很狭隘的限制之外,事实上,在对外的时候,没有任何公认的道德关系和伦理上的义务;因为,陌生人、外国人、异族人都被假定为敌人,即便不是敌人,也是与他们在道德和伦理上无关紧要的人。没有对之忠诚的义务,没有尊重他生命的义务,没有对之保持贞洁的义务,没有任何义务,除了在某些特殊情况下对之保持好客——这就是陌生人和外国人被赋予的定义和权利。

现在,当我们追溯人类历史,发现这一领域的范围在扩大,至少从理论上讲,到目前为止,道德关系的领域已经和人类自身一样宽广了;而这无疑受到罗马诗人①的斯多葛派哲学的影响,他曾说过,他认为没有什么和人类相关的东西是与他自己不相关的。他在历史上最早的时候就表达了一种观念,而这个观念花费了长达数世纪、千年之久的人类斗争才得以实现。当然,即便那时,这句话或多或少不过是一个常见的套话、一种文学性的表达,而不是对一种现实的表述。因为大部分人无疑是外国的或异族的,哪怕是对罗马帝国最先进的道德学家而言,也是如此。即便在今天,虽然我们在理论上认识到"四海之内皆兄弟"的信念,或者认识到这样一个事实,即道德的义务和关系存在于人们所聚集的任何地方,无论他们的种族、经济条件或宗教信仰有什么差别;但我们还是明白,我们是在为我们的国际关系而处理一种理想的事物,我们向往它、珍惜它并希望它实现,但它却不是一个事实。我们为和平而作的斗争,为反对战争而作的斗争,事实上表明了我们还没有认识到:我们在对自己人民的关系中所认可的道德准则,和约束其他人民的道德准则是一样的。我们依然生活在一种扩大了的氏族/宗族道德之中。

很多道德关系在转向我们本族之外的大量人民的一刻就结束了,或者可能会结束;当然,我们的道德仍旧受着党派的影响,受着有关社会身份、经济阶层等差异的影响。若不纠缠于这种情况的不完整性和不足,那么诚然,还是能够稳定发展

---

① 指西塞罗。——译者

的,我们可以称之为进化:在此方向上的进化,在扩大和拓宽这一领域(在此领域中,伦理关系被认可,而且在很大程度上被付诸行动)上的进化。

现在,接下去讲第二点。关于行为的标准和理想,有着更为一致、更为非个人的替代品。当人们说上帝并不区分对待个人的时候,这是发生在人类历史中的、超越了之前所有神的、一个醒目而非同寻常的进步。耶和华本人,诚如在《旧约全书》大部分内容中所反映的,无疑是区分对待个人、团体和国家的。他有他自己的选民,对那些人的命运,他是关心的;对他们,他有一套另外的评判标准,不同于向其他人民所施行的。这里和通常的一样,逻辑概念所标识的——带有些许含糊和预设形式——不外乎是通常的伦理概念;并且,我们发现,在人类历史的早期,有多少不同的社会团体,就有多少不同的道德编码、不同的标准,以及应用这些标准的不同方式。甚至就在我们现在也许认为无疑是我们自己的、基于条顿传统的文明之黎明中,我们也发现,举例来说,对坏事的惩罚肯定是根据冒犯者和被冒犯者各自的社会身份来分级的。一个农民或低等阶级的人以任何方式冒犯了一个贵族阶层的人或他的财产,就是一种最为严重的冒犯;而贵族冒犯与之同等阶层者,则是一种严重的冒犯,但他若冒犯一个农奴或奴隶,相对来说,只是一种琐碎的、微不足道的冒犯了。要列举那些不平等、不公平,或者在我们看来,完全是独断地在个人和各种各样环境以及条件中所制造出来的区别,那么,即便我被允许有很多时间,也是绝对不可能的。在人类漫长的历史中,我们所谓"正义"的进步,我们所谓"公平"的进步,主要是这样的——承认有一个简单的判断标准,有一个简单的权利与义务的基础,据此,所有个人,无论其阶级与条件如何,都是平等的;承认所有个人都将在道德上被平等地对待。我在这里不准备停下来引用或列举我们在实践这个观念的很多方面走了多么短的路,毕竟我们有这个观念,而且我们是敏感的,而过去有那么一段历史时期并不敏感;我们敏感于我们从那个为评判和对待人类而产生的简单、统一、涵盖一切的标准观念那里发生的偏差;我们对它是心怀不安的,而且正在或多或少地迈出踌躇而蹒跚的步伐,以摆脱那些不公平。

第三点,人类道德的历史不断表明,智慧及好的判断力所占据的舞台越来越大:最好的方法被用来判断人类行为,塑造事物的一览表,告诉人们何为美德、何为值得做的,以及何为恶习、应受指责。我真不知该如何在一时之内把这个智慧不断被赋予重要性的发展进程摆在诸君面前;不过,最好的方式也许是反面地展现人类道德思想过往历史中的许许多多道路中的一些,在其中,似乎任何东西——唯独除了智慧,除了判断力和反思——都已被拿来决定人类行为的对与错、好与坏。

在道德观念与道德实践的早期和中期,以及某种程度上甚至更晚近的历史中,人类以一种最纠缠不清的方式,与那些被今天的绝大多数人直率地称为迷信的东西联系在一起。即便是他们好一点的、可以挑选出来作为近似于我们今天最好的道德观念的那些观念,也是不自由的。那些观念并非从其自身的根基中产生出来,如其自身所是地赢得赞成和同意;而是由于一种最非理性的原因,它们找到了支持、动机,以及对它们的辩护。在人类历史的好几个世纪中,禁忌的事实——即一些个人或某些阶层的个人可以在物体或人身上施一种符咒,令其在某种意义上成为庄严神圣的、被赋予某种神奇的力量,给任何触摸它们的人带来不幸;这往往是保护财产权的主要动机,有时是保护个人的生命,但几乎在所有案例中都与财物或个人财产有关。财产的神圣或稳定性在某些野蛮的人群中经常会有记载,而且完全没有道德标准上的贬损,这些人看起来在很多方面要大大优于今天的人们。事实上,财产可以被留在任何地方,然后在需要的时候被找到。一项详细的研究表明,某种禁忌或巫术符咒已被施与这些财产之上,人们不敢触碰它们是因为那些有魔力的诅咒或符咒;只要他们以任何方式接近或将一个手指放在这些财产上,它们就会缠住他们。现在看起来,几个世纪以来被认可的主要道德影响力、作用于人类之上的动机,就是禁忌或各种巫术符咒,而不是一种文明的智慧所欢迎的原则或观念;其结果,人类大量的道德能量,人类理智上、实践上的能量,就被转向了各种各样完全无用和非理性的渠道上了。有时候,看起来,似乎那些尚未发展好的野蛮种族,相比其他某些比较先进的人群,倒是拥有最强的能量,因为野蛮种族至少不会受到所有已经逐渐形成的,与巫术以及准巫术概念相关的规则、权利和宗教祭仪的影响。有这样一个概念,即道德或道德之事,关于对错、好坏的问题,带有一种形而上学的性质,可以被寄托于事物之上,而且会蔓延和传染——当这一概念通过某种精神上的、未知的手段和规则起作用的时候,就发展出最详尽的行为准则。其中,道德利益居中心地位,复杂的礼制和祭仪是为了避免各种不纯(impurity)或与任何此类影响有染;也发展出了同样详尽的宗教祭仪,以通过各种象征的和半巫术的(semi-magical)手段来纯化从任何可能的影响中产生的后果。这些事情,的确在令人不可思议的程度上保证了群体的行为,尤其是那些为其在道德上、精神上和科学上身居高等阶层而自豪的人们。但是,承担了生活中百分之九十九有用工作的,正是那些低阶层的人,那是一些不得不谋生且不得不干足够多的活以便使其他人得以过活的人们。人类实际的发展被这一理智和道德实践上的偏差所阻碍的程度，是不可设想的。反之，我们可以设想：如果我们所说的道德是沿着这样一条线路进步的，即它更注重以智慧和人类最好的判断力来决定行为的后果，更注重理智地运用我们所能找到的关于行为的后果——自然的、不可避免的和社会的后果——并将此因素运用于决定孰是孰非，那将意味着什么。唯有以此方式，我们才能看到人类在道德上已经获得多么伟大的进步。

这引导我进入最后一点，也是第四点——在这一点中，道德进步表现为个人力量的释放。我们经常认为（而且在很长一段时间里，这是唯一的一种想法），野蛮人是完全自由的人，完全不受束缚，不受制于任何规则、法律，而只做他自己喜欢做的事。而事实上，他的生活的大部分都被纠缠于各种各样的禁忌和固定的规矩中；个人是没有私人财产的，譬如从他可以转让或卖掉什么东西这个意义上来讲，他无权处置任何东西；他没有任何个人权利，即使有一些权利，也仅仅因为他是某个家庭或某个种姓（caste）或某个社会阶层的一员而已。

政治解放的历史，经济自由的发展历史，奴隶制或农奴制的演变，以及实际经营和压制（它们伴随着巨大的工业不平等而发生，即便从法律上讲已没有奴隶的时候）的减少——这些政治和经济方面的伟大进步，表现为更注重个人能力的全方位发展。任何接近于普及教育（universal education）的概念，都是绝对现代的概念，其历史刚刚超过一百年；而作为被实际运作的观念，甚至不到一百年。要不是我们已经开始尊重和崇敬各种各样的个人能力——仅仅因为它们是属于人类的能力，现在任何像普及教育这样的理想都是不可能想象的。

人们常说（而且说得没错），以前用"做这件事或那件事"或"不要做这件事或那件事"的方式来表达的道德准则衍生出某些行为，那些外在的超-行为（over-actions）受人喜欢；而且，只要做了这些外在的事情，做的时候态度如何，个人的能力及心灵框架如何，都没什么大的关系。比起以前，我们如今在规定一种确定的准则，这种准则关系到外在禁令以及诸如执行这个或那个任务的外在命令的时候，已经谨慎周详得多了。我们主要限于命令和禁止行为中一些粗糙的方面——若没有这些限制的话，社会根本无法团结一致；但是，我们更在意、更渴望那些与个人能力和个人的生活态度有关的事，即每个人都能成就其最好的自己。同时，我们应该努力把机会提供给每一个个人，以使他能够成就其最好的自己。所有伴随着民主这一概念（作为一种社会和道德的理想）而发展的，都标识出道德发展最根本和最重要的路线之一,因为这个民主作为一种道德理想,在本质上成为尊重和崇敬个人能力的问题;因为总有些东西是一个人身上独有而他人所没有的,唯因此故,个人应该有机会成就最好的自己才更显宝贵和更有理由。

现在可以回到我最初的论点:个性意义上的发展以及与之相关之物的相对迟到,要对人类道德历史那波折起伏的生涯和命运负有主要责任;但无论如何,它向我们展示了一种视点,由此看去,道德的进化、未来可能的进化都是可以设想的。随着进化概念的被接受,很多人抓住了它,仿佛"进化"装备了一种大汽车,正带着这个世界和人类全速行进,驶向某一特定的命运;仿佛"进化"制定了某种注定的力量,而我们正被它推向一个越来越好的境况。这个概念已经被许多廉价而有害的、认为在道德上正发生什么以及肯定会发生什么的乐观主义用来神圣化自己的论点了。

如今有了这种不断深化的个人意识,我们越来越认识到:能够带来道德发展的并不是任何我们称之为"进化"的力量,而是不得不依赖的对人类本质自身的态度——我们得拿它取代非人的外在力量。我们不得不依赖人类的智慧,我们不得不依赖诚意(good faith),对我们自己的、真挚的诚意,以及同等地给予他人的诚意,即便他们在做我们因其个性而不完全理解的事情的时候;我们也不得不依赖与它们非常接近的那个东西,即同情心的成长。正是这些力量的释放:智慧的力量,无论什么情况下都能给予的那种诚意的力量,以及同情的发展——这些才终究是人类道德发展到这个时代所得到的纯收入(net outcome)。为了让它们将来更有活力,更积极地行动,我们将不得不依靠未来的人类的进步。

(徐志宏　译)

评最近对道德和逻辑理论中
一些观点的批评*①

种种情况已经使我几乎不可能对本人哲学观点的这个或那个方面所发表的批判作一一的考虑了。在这篇论文中,我选了两个最近的批判实例作为评论对象,因为它们各自的主题在关于方法的理论中占据了一个中心地位,而关于方法的理论是我一切哲学主题的观点的基础,所以它决定着我所得出的结论的样式。出于这个原因,我希望现在的这个讨论被看作有一个重要的位置而远超仅局限于支持明确考虑的特殊见解。

第一个讨论的问题与我的一个观点有关,它聚焦于道德的理论,我在写作中处理过这个主题。引起现在这些评论的一种特别的批判,见莫顿·G·怀特(Morton G. White)博士最近的著作。它们牵扯(就其瞄准我的伦理学观点而言)到方法,依靠它们,能够得到关于在人类行为中什么是好的、正确的、在道德上必需的等问题的有效——用一般能够被接受的话说,就是客观有效的——结论。不同于一般的方法,这里所包含的特殊之处是我在自己的著作中对被需要的、一个事实上的问题和什么是值得要的所作的区分;在我看来,后者也就是*法理上的*(*de jure*)应该或应当被需要的东西。怀特博士所作的具体批判,已经被悉尼·胡克博士在对我的著作有一个广泛而准确的批判性认识的基础上,作了相当充分而又适当的应对,以至

---

* 选自《杜威全集·晚期著作》第17卷。
① 打字稿,约1950年收藏于卡本代尔:南伊利诺伊大学,莫里斯图书馆,特别收藏,5号文件夹,第59盒,杜威文集。

于我只需要就被批判的具体观点,将相关人士引到胡克博士的讨论中并表示我深切的感激就可以了。①

因为将要讨论的观点涉及认知的方法和得出结论的方法问题,所以它的覆盖面不包括在胡克博士的讨论范围内;因为它不直接与怀特博士的批判层面相关,而对于后者,胡克博士都予以回应了。因此,我不能说他会同意我将要说的,然而我希望他会发现,这与他自己关于这个在考虑中的主题的立场是一致的。怀特博士对于在"X 是被需要的"(desired)和"X 是值得要的"(desirable)之间作判断(或陈述命题,如果有人愿意这样说)种类或类型的区分所进行的批判,其中蕴含的方法论上的哲学问题,在胡克博士的一个段落中(其论文的第 206 页)显现得最为清楚。在这个段落中,胡克博士对怀特博士批判的"一种变型"(one variant)进行了简要的思考,其大意是:"关于我们的欲望和什么是被需要的这二者的因果知识,并不使被需要的东西值得要了,除非……我们能追溯到值得要的东西自身(*desirable in itself*)这块底板。"

我用斜体标出的字眼(值得要的东西自身)很清楚地表明了,怀特博士在方法论立场上跟我有根本不同。我不想给怀特博士关于方法的立场贴上什么形容词,也许他会否认;然而对我来说,很明显,依赖于那"值得要的东西自身"、那完全独立和隔离于对"条件和结果"的实存环境的调查的东西,实则包含了一种在伦理学中被称为直觉的方法,以及在认识论中被称为先验必然性的假设,这东西保证了建立在经验基础上的陈述的有效性。无论如何,我可以而且的确是把对这一点(即对"值得要的东西自身"的依赖)的提出,视为可以在上面作出有效区分的唯一场地;这是把事实上"被需要的"东西(the *de facto* "desired")和法理上"值得要的"东西(the *de jure* "desirable")作为方法论基础的一个非常重要的指示;至于我所强调的对条件与结果的调查,在我看来,是可能得到关于值得要的东西的有效陈述的唯一途径。也就是说,在一般哲学中担当和引入了对条件与结果的关注,是要把伦理的认知和将成为伦理知识的东西带出绝对事物的领域;而就方法而言,则是要把一般的哲学研究的方法、特殊的伦理研究的方法,与现在当然是在科学和技术的问题中

---

① 胡克博士的论文在最近由他编辑的专题论文集《约翰·杜威:科学与自由的哲学家》(*John Dewey*:*Philosopher of Science and Freedom*)中,标题为"杜威伦理学中的可欲之物与情绪"(The Desirable and Emotive in Dewey's Ethics),第 194—216 页。论文中应对怀特博士的批判部分,可在第 200—207 页找到。

(事实上,是在所有非哲学的问题中)被当作要紧事追求的方法一致起来。我当然不怀疑怀特博士有权利采取这样一个立场,在我看来,它是从那样一些时代留下的遗产:那时候,像今天这样被实践的科学方法还不存在,不同于观测的理性还不得不被调用来确保信念和陈述的有效性。但是,我有权以我自己的名义指出,被用来区分事实上被需要的东西和法理上值得要的东西的方法,不外乎是一切科学都遵循的那种方法,其目的是为了找出什么是事实——"客观的"事实(赘言一句)——以及在对"条件和结果"进行系统研究之后,确定把区分于什么的东西视为事实。

这最后一点的表达,把当前的讨论带到了怀特博士的一个断言。他说,我的区分依赖于我"通过仅仅对事实命题进行一番适当的操作而制造出了一个标准的或法理上的命题"。如果我真的犯了如此过错,通过如上所述的途径达到了我的那个区分,那么,我当然应该被指责为依赖于各种智力上的戏法。然而,如上这个说法却完全忽略了一些条件,这些条件在我的实际解释中,为使那个"操作"成其为"适当的"提供了一个保证。首先,这个操作不是对(on)命题,而是用(with)它们、借助它们进行的;其次,那些命题——借由(with)它们,"值得要"的东西被确定为标准的或法理上的,区别于关于事实上被需要的事物的事实命题——是进行系统研究后得到的成果,而不是随意选取的命题;最后,有关的"条件与结果"不只是那么多事实上被需要的东西的例子。有关研究必须处理实际存在的情况,在其中,有些事情是需要做的;其性质就是不去做任何事情,从其后果来看,也许就是最致命的一种做法——就像围观者漠不关心地站在一旁,任由一个受伤的人流血至死一样。

我希望,即使是怀特博士也能承认,那些经由它们而使命题"鲸是一种鱼"转变成陈述句"鲸是热血的"(因而不是鱼)的研究,并不是由对任何命题所进行的操作组成的,而是建立在系统的、对鲸的一整套典型行为的前因和后果所进行的谨慎检验的基础上的。怀特博士将"值得要"的东西还原为"在正常(normal)条件下"被需要的东西,我是完全满意的。如果能将"正常"字面中讨厌的矛盾除掉的话——但我并未发现他甚至只是试图做这件事,"正常"在通常所发生的、一般说来在意义上讲,当然是事实上的。陈述句"X 客观上是红色的"并不属于那个种类,如果"客观的"有任何特殊含义的话。在后一种情形中,"正常"条件有着规范的力量;但我们所讨论的条件,并不在于大量的甚至所有的 X 都显示为红色。它们是由为了得出所期待的结果(end-in-view)而不断进行的实验研究所制定的条件。如果这个事实被承认的话,我欢迎对陈述句"X 是值得要的"和"X 客观上是红色的"进行形式上的或方法论上的同一,因为如果"客观的"在后一个命题中有什么特殊的实质意义的话,那意义(正如"正常"一词,当它在短语"正常条件"中与所讨论的问题有任何关联时,它所具备的意义)本身就是本质规范的或法理上的。我欢迎怀特博士的鉴定,如果它的方向完全反转过来的话。所有以科学为基础的命题,那些经由这样一种研究——它满足由"科学"一词所命名和代表的内容所指派的条件——而得到的命题,都是规范的命题;正如最后一次举例来说,"X 客观上是红色的"意味着所讨论的案例满足那些条件,那些条件由关于发生在一个指定的时间单位中、具有一定空间长度的一定量的波的一个限定标准构成。与已经存在的和现在正被观察到存在的有关,是事实和经验命题。说一个给定的事物是被需要的,无论说一次还是一百万次,这样的陈述都属于这种事实性质或类型。说一个事物是"值得要"的,它应该被需要,这个陈述不是关于已经发生了的或现在存在着的东西的事实,而是关于要求将其带入现实存在中的那种行动的事实。它也是一个经验命题,但仅仅在这样一种情况下才是,即当这一案例中的"经验"被等同于用实验来决定的时候。不幸,或者也许恰恰幸运的是,支持并构成一个能产生可靠结论的实验的"正常"条件并不到处都是,也不会硬把自己塞给我们。唯有通过采取目前最好的知识告诉我们应该去尝试的那样一些行动,才能得到它们,其目的是能够在更深远的认知中以及为了更深远的认知而发现它们的明确结果。

(徐志宏　译)

目的、善和智慧*

§1. 思考和目的

人应该为什么目的而活着？这个问题在习惯性道德中并不是普遍问题。一个人发现，在他周围存在的习惯和制度预先消除了这个问题。其他人（特别是长辈）正在做的事情，为一个人应该做的行为提供了目的。这些目的受到传统的支持。由于那些创立风俗的祖先们半神圣的特点，它们被神圣化了；它们由睿智的前人创立，由统治者强制实行。个人有时违反它们，偏离这些已经确立的目的，但是他们这样做时会担心：由于这事，由神明给出的超自然的惩罚所加强的社会谴责会接踵而来。现在有许多男性和女性从他们观察到的周围发生的事情中寻找自己的目的。他们接受宗教导师、政治权威以及在社区中有声望的人向他们提供的目的。在许多人看来，没有采取这样的路线，似乎就是某种道德叛逆或无法无天。此外，不少人发现，他们的目的实际上是强加给他们的。由于缺乏教育，由于经济压力，他们在大多数情况下只能做他们不得不做的事情。在缺乏真正选择的可能性时，像反思目的和试图形成有关目的和善的一般理论这样的事情，似乎是无所事事的奢侈。

然而，除非人们严肃地追问他们应该用什么目的来指导他们的行为，为什么他们应该这样做，怎样使他们的目的是善的，否则就没有反思性道德。当风俗未能给

---

* 选自《杜威全集·晚期著作》第 7 卷。首次发表于 1932 年，节选于《伦理学》（修订版）一书第二部分第 11 章。

出所要求的指导时,这种对目的的理智探索就注定会发生。而且,当旧的制度瓦解时,当由于没有制度而造成侵害时,当生活道路急剧变化而带来发明和革新时,这种失败就会发生。

如果习惯失败了,对反复无常的、任意的行为唯一的替代就是反思。而且,对一个人应该做什么的反思,就等同于目的的形成。此外,当社会发生巨大的变化、出现大量相互冲突的目的时,反思不能局限于从条件许可的许多目的中挑选一个。思考必须创造性地形成新的目的。

每一习惯都把持久性引入活动,它提供一条永久性的线索或轴线。当风俗瓦解时,能够把连续的不同的行动联系在一起的唯一的东西,就是贯穿在分别行动中的共同的目的。看得见的目的赋予统一性和持久性,无论它是教育的保证、军事战役的进行,还是房屋的建造。考虑的目的概括性越强,达到的统一就越广泛。全面的目的可以把多年的、在很长的时间跨度中做出的行动联系到一起。对普通士兵,或者甚至对指挥的将军,赢得战争也许是一个充分的全面的目的,把各种行动统一为行为。但是,某人肯定会问:接下来会是什么呢?取得胜利后,它还有什么用?至少,如果人们对自己的行为明显地感兴趣并不是听任运气和时间短暂的压力控制的话,那么肯定会提出这个问题。概括性的和持久的目的的发展,是把反思应用于行为的必要条件;确实,它们是同一事实的两个名称。如果没有对指导行为的目的的关心,就不可能有反思性道德这样的东西。

习惯和冲动会有后果,正如每一事件都有效果。但是,仅仅作为习惯、冲动和欲望,它们并不会导致对(作为它们作用的后果)发生什么的预见。动物受到饥饿的驱动,结果是身体欲望和营养的满足。就人类而言,有成熟的经验可以依赖。在充饥时遇到的障碍,在寻求食物时遭遇的困难,都会使人意识到他需要的是什么——人们会预料到结果(作为考虑的目的,作为渴望的和努力得到的东西)。行为具有结果含义的目的,它终止具体行动。而当一个具体的后果被预见时,一个考虑的目的就出现了。而且,后果被预见也就是被欲望有意识地采纳,有意地当作行为的直接目的。目的或目标代表着转译成想到某个对象的一个渴望、一个催促,就如盲目的饥饿(blind hungry),通过想到渴望的食物(如面粉)变成了目的。这种念头接着又发展成想到要种植谷物和耕种土地——整个一系列要动脑筋才能进行的活动。

考虑的目的一方面不同于仅仅预期到或预测到一个结果,另一方面不同于纯粹习惯和欲望的推动力。根据前者,它包括欲求、冲动的催促和向前的推动;根据后者,它包括智力因素,想到一个对象,赋予这催促意义和方向。这种目的和欲望之间的联系,是一整套道德问题的来源。除非想到某些结果和自己某些强烈的需要形成一体,否则,获得知识、专业技术、财富、权力就不会成为激励的目的,因为它需要思想把冲动转化为围绕对象的欲望。但是在另一方面,强烈的欲望会排斥思想,它急于自己的快速实现。一个强烈的欲望,如饥渴,推动人们立即行动而不考虑它的后果,就像一个在海上非常饥渴的人会饮用海水而不考虑客观后果。再者,深思和探索需要时间;它们要求延缓、推迟立即行动。欲望只顾现在,而思考的本性会考虑遥远的目的。

§2. 目的和善:欲望和思考的联合

因此,有一种冲突引入自我之中。激起的反思的动力是向前看,找出并重视遥远的结果。但是,欲望的力量、立即需要的冲动把思考引回到某些附近的目标;从这些目标,欲望会发现立即的直接的满足。它们导致的动摇和冲突是这种理论的基础,这种理论认为,在道德生活中,在欲望和理性之间有内在的冲突;这种理论认为,贪欲和欲望会用伪善迷惑我们,引导我们偏离理性坚持要考虑的真正目的。结果,某些道德学家走得太远,以至于认为欲望和冲动本来就是邪恶的,是肉欲的表达,是使人们脱离理性赞同的目的的力量。然而,这种观点几乎是不能成立的。除非和某种需求相联系,没有一种观念或对象可能作为目的运行或成为一个目的;否则,它就是一个纯粹的观念,没有任何推动和强迫的力量。

简而言之,虽然有冲突,但不是在欲望和理性之间,而是在追求附近目标的欲望和追求长远目标的欲望之间。这些长远目标是通过思考来确定的,是通过一系列中间条件产生的,或者是从"长远的观点看"带来的;它是呈现在思考中的两个目标之间的冲突,一个目标对应于在孤立中展现的欲求或欲望,另一个目标对应于考虑和其他欲求关系的欲求。恐惧也许会建议把逃跑或者对一个人撒谎作为要追求的目的;进一步的思考也许会使一个人相信,坚定不移和诚实能确保更大更持久的善。在每一种情况中都有观念,在第一种情况中,是个人安全的观念;在第二种情况中,是通过坚守岗位达到他人安全的观念。在每一种情况中也都有欲望,在第一种情况中,欲望和自然冲动、本能很接近;在第二种情况中,如果不是思考把遥远的结果引入考虑的话,就不会引起欲望。在一种情况中,原始的冲动支配对目标的思考;在另一种情况中,这原始的冲动由于思考坚持要考虑的目标,被转化成不同的欲望。但是,不管考虑的目标如何深思熟虑、如何理性,它始终是软弱的,除非它引起欲望。

换句话说,关于自然状态的冲动和欲望,没有什么本来就是坏的。它们和另一欲望(包含更多更持久的后果)对比,变成了邪恶。欲望中道德上危险的东西,像它起初出现时那样,是这样的倾向:它使注意力局限于自己的直接目标,排斥考虑更大的行为整体。

威廉·詹姆斯真实地描述了这种情景。

> 对于一个挣扎在不明智的行动激情(好像这激情是错的)下的人来说,是什么构成了这种困难?……这困难是心理上的;它是使理智行为的观念占据心头的困难。一旦我们处于强烈的情绪状态,除了那些和它一致的想象外,其他想象就不会出现。如果偶然出现其他的情况,它们就会立即被抑制和驱散……由于激情具有的某种自我保存的本能,似乎这些冷漠的对象一旦生根,就会不断地起作用,直到它们冷却了我们所有情绪中真正生命的火花。因此,激情的暗示总是处处防止人们听到它们仍然弱小的声音。①

冲突既不是在冲动和欲望之间,也不是在冲动和理性的目的之间,而是在两个欲望和思想中呈现的两个目的之间。这一结论,和我们的实践经验相符合。有时候,那些受过片面的道德训练的人感到羞耻和后悔,因为某些恶意的或肮脏的念头曾经闪现过他们的心头,即使他们没有那样做而是迅速地驱除了它们。瞬间的冲动,会通过各种渠道进入我们的心灵。除非一个人为他以前养成的(刺激并加强那些欲望的)习惯负责,否则,他没有理由仅仅因为某种目的的想法"浮入他的脑海"而在道德上谴责自己。他的道德条件取决于他在这个念头出现之后做了些什么。也就是说,道德评价的真正对象是思考和有意图的欲望的结合。确实也有诱惑,使人沉迷于知道没有价值的欲望的纯粹想象的满足,其理由是:这个欲望停留在想象

---

① 詹姆斯:《心理学》(*Principles of Psychology*),第 2 卷,第 562—563 页。从第 561—569 页的整个段落应该为每个伦理学者所熟悉;而且,应该和第一卷中第 284—290 页所说的关于情感的选择倾向相比较。

领域,没有付诸行动。这种看问题的观点忽略了这一事实,即沉迷于欲望的愉快满足的想法,实际上加强了这种欲望的力量,加强了它在某个未来场合最终导致公开行为的力量。欲望和思考在道德上不能分离,因为正是思考和欲望的结合,使一种行为算作自愿的。

当我们考虑禁止欲望还是任其横行时,达到的结果是一样的。有不同种类的禁止,它们具有非常不同的道德价值和后果。一类就是有意从思考和观察领域排除欲望和冲动;因此这里就有压抑,直接把欲望赶到地下渠道。在这种情况下,它的力量并没有被削弱,而仅仅是一个转移,其影响还在间接地起作用。另一方面,一切思考就其本性而言,都有禁止作用。它延缓欲望的作用,唤起新的考虑。这些考虑改变了开始人们觉得是被迫的行为的性质。这种禁止行为并不是抑制或压抑欲望,而是把欲望转化为一种更为理智的形式,因为它更多地考虑各种关系和各个方面。

人们在牺牲还是放纵问题上,看到了在实践经验中的第三种确证。在此,我们也发现,这个问题的真正解决办法是把思考和欲望联系在一起,而不是使它们相互对立。有时,牺牲本身就构成目的。这等同于把冲动本身看成邪恶。这种牺牲最终残害生命、削弱能力并且缩小行动机会的范围。但是,还有另一类放弃。当人们察觉到某种更有价值的目的,欲望和思考发现的更好的目的联系在一起时,这种放弃就会发生。没有一个人能够拥有他想要的一切;我们的能力太有限,我们的环境也太严酷,不允许这类事情发生。结果我们必须放弃、牺牲某些摆在我们面前的目标。不愿意作出任何牺牲,只表明品格的不成熟,就像小孩想象自己能够达到他心里渴望的所有目标。反思有这样的正常作用,它把渴望的目标放入相对价值的视野。这样的话,当我们放弃一种善时,是因为我们看到另一种善有更大的价值,它唤起范围更广泛、更持久的欲望。因此,我们避免歌德(Goethe)称为亵渎神灵的那种放弃,也避免本身构成善的东西。因为正如歌德指出的,放弃就是欠考虑的。"我们每次放弃具体事情,仅仅出于轻率,只要下一次我们能抓住另外的东西。我们仅仅用一种热情替代另一种热情:生意、爱好、娱乐、嗜好。我们逐一尝试,结果抱怨'它们都没有价值'。"考虑周到的欲望既是对压抑欲望的替代,也是对欲望一出现就服从它的替代。

对欲望推动的、催促的力量和思考的扩大范围之间的关系的理解,使我们能够理解意志(will),特别是术语"强烈的意志"。这是什么意思?有时候,人们把后者混同于顽固不化——一个人盲目地拒绝改变其目的,不管思考带来了什么新的考虑。有时候,人们把它混同于阵发的外部能量的强烈的短暂的展现,即使这强有力的展现只不过是无事生非。实际上,"意志的力量"(或者,更慎重地说,品格的)包括把冲动不断地等同于思考。这种说法认为,冲动提供了动力,而思考提供了连续性、耐心和持久性,导致行为的统一路线。它不同于顽固,因为它不是坚持重复相同的行为,而是注意到条件的变化,在作出新的调整方面非常灵活。坚持的正是思考,即使考虑到的特殊目的发生了变化;而顽固的人坚持相同的行为,甚至思考揭示出一条更明智的路线也不为所动。在所引用的短文中,詹姆斯说,当强烈的激情控制我们时,坚持一个决心是精神的。它难就难在坚持一个观念,并始终注意其他的变化。但是,与此同时,仅仅思考并不会导致行动;要有行动的主体和分量,思考必须进入充满活力的冲动和欲望。

根据自愿行为中欲望和思考的特殊联合,我们可以得出这样的结论:每一努力确定行为目的的道德理论都有双重性。在它和欲望的关系中,它要求善的理论:善就是满足需要、欲望的东西,就是实现或使得激起行动的需要更加完备的东西。在它和思考的关系中,或者作为要达到目标的观念,它把理性洞察力的必要性或道德智慧强加到那些要行动的人身上。因为经验表明,正如我们已经看到的,并非每一次欲望和渴求的满足,其结果都是善的;许多目的好像是善的,而我们处于强烈激情的影响下。这些激情在实际经验中,在想到也许会出现在关键时刻时,实际上都是不好的。因此,道德理论的任务是要构造作为欲望的目的或目标的善的理论,也要构造不同于徒有其表的善的真的理论。事实上,后一需要表明,目的的发现要满足公正的有远见思考的要求,也要满足欲望的急迫。

目的的这种双重性,为考虑已经提出的不同理论提供了启发,也为判断它们的价值提供了标准。一种理论也许会浅薄地提出善的观念,把善以满意的方式和欲望相联系,但却不能给出条件,让目的为行为提供理性的方向。这特别符合我们现在要讨论的第一种理论。

§3. 作为善和目的的快乐

对许多人来说,这似乎不仅是合理的而且在实践上是自明的,即使欲望和达到的目标成为善的,是这个目标给予体验者的快乐。我们发现,人追求许多不同的目标。但是为什么?是什么共同的性质,使所有这些不同的事物为人们所希望?根据所讨论的理论[称为快乐主义(Hedonism),来自希腊语,*ἡδονή*,表示快乐],这共同的性质就是快乐。人们断言,这理论的证据可以在经验本身中找到。如果不是一个人相信某个目标会是一种享受,为什么他要追求、应该追求它?如果不是一个人相信某个目标的经验会是痛苦的,为什么他把它当作邪恶来避免?贝恩(Bain)和穆勒的话是典型的。前者说:"快乐是所有人类行为的恰当目的,这种立场不可能证明……它是要根据人类个体评价来检验的最终的或最后的假定。"后者说:"对一个客体可被看见能够给出的唯一证明,就是人们实际上看到了它。同样,对任何值得渴望的东西,能够拿出的唯一证明就是人们事实上确实渴望它。"

在这一点上,我们没有进入细节。我们也许期望后面的讨论会深入到这样的程度,即指出这样的陈述有致命的模糊性。幸福可以是善,但幸福不是和快乐相同的东西。而且,词尾"able"在不同的词中有两种含义。当它出现在"visible"这个词中时,它表示"能够被看见";但是在其他词中,它表示合适的、恰当的,就如在词汇"enjoyable"和"lovable"中。"Desirable"不是表示能够被渴望的(经验表明,几乎每一事情在某个时间都被某人渴望),而是在公正思考的眼光中应该渴望的东西。当然,把某件事情作为欲望的目的或者值得渴望的东西提出来,而实际上,它并不是渴望的或能够渴望的,这样做确实是愚蠢的。但是,假定在批判地考察渴望的事情的合理性(*reasonableness*)发生之前,仅仅考察人们确实渴望的东西能决定什么是应该渴望的,同样是愚蠢的。因此,在已享受的(*enjoyed*)和可享受的(*enjoyable*)之间是有区别的。

因此,我们必须考察快乐主义理论,既作为欲望的理论,也作为实际智慧或在选择要追求的目的方面的审慎的理论。目的这个观念,意味着某种或多或少有些距离、遥远的东西;它意味着需要向前看,需要判断。它给予欲望的建议是:考虑后果(*Respice finem*)。考虑一下,如果你根据你现在感觉到的欲望行动,后果会是什么;计算一下成本,计算一下一段时间的后果。仔细、审慎地估计整个过程的一系列后果,是达到满足或善的前提。所有的荒唐和愚蠢都是由于某些当下强烈的欲望带来的诱人的盲目力量而未能考虑遥远的、长期的后果。

首先,我们的批评要努力表明,如果快乐被当作目的,那么理论提倡的对后果冷静的、有远见的评价就是不可能的;换句话说,它打败了自己。因为以快乐或痛苦形式出现的后果,只不过是以后果形式出现的最难以估计的东西。审慎的做法是在采取欲望建议的路线之前,考虑目的,计算成本。但是,快乐是如此外在地偶然与做出的行为相联系,试图预见它们,大概是为了保证行为指导可能采取的最愚蠢的做法。如果一个人想看望生病的朋友,而这个欲望试图通过计算快乐或痛苦来确定是否要这样做——假设他对看到受苦的场景特别敏感;假设在看望期间,在某些话题上出现不愉快的观点分歧;假设在看望期间,会出现某些讨厌的事——总之,考虑快乐或痛苦许多偶然的特点,在有关应该做什么方面,它们与作出明智的评价完全无关。无限多的外在条件影响着一个行为带来的快乐或痛苦,造成与行为内在的可预见的后果完全无关的结果。

然而,我们也许可以稍微改变一下思路,把理论范围限制在内在地伴随行为特性的、可以计算的快乐和痛苦上。这样,我们能够在做出某种符合我们素质的行为时获得某种快乐,这样的行为被设想为愉快的,它们和我们自己的素质一致:擅长网球者喜欢打网球;美术家喜欢画画;科学家喜欢研究;哲学家喜欢思考;仁慈的人通常做出善良的行为;勇敢的人寻找需要忍耐和忠诚的地方,等等。在这种情况下,考虑到某种品格的结构和态度的倾向,预见快乐和痛苦有一种内在的基础。我们也许可以把理论限制于这样的后果,排除纯粹偶然的后果。

但是,在以这样的方式改变理论时,我们实际上把这个人现在的品格当作了标准。一个狡猾无耻的人,会从他那纯粹诡计多端中得到快乐。当他想到一种行为会给大方真诚的人造成痛苦时,他会觉得这种念头就是快乐的来源,而且(根据这种理论)是一种善的行为。对残忍的、放纵的、有恶意的人来说,事情也是如此。每个人会预见到的快乐和痛苦,是和他的品格一致的。想象一下,两个人突然想给一个曾经对他们不好的人以严厉的报复。这时,他们两个人想到那个人被打倒遭受痛苦,至少会得到短暂的快乐。但是,那个心地善良的人很快会发现,看到他人遭受伤害,自己也很痛苦;而那个残忍的、充满复仇念头的人,越想到敌人遭受不幸,就越高兴——如果快乐是善的标志,那么,这行为对他而言确实是善的。

因此,这种理论有双重的误解。它不知不觉地滑进了那种本身是善良的人喜欢的快乐的标准;那种被认为是正常的快乐。其他条件相同,快乐肯定是要喜欢的善,而不是要躲避的邪恶。但是,这种说法的"其他条件相同"包括很大的范围。一个人不会想到放纵的人、不诚实的人、卑鄙和吝啬的人的快乐,而是想到审美的愉悦、友谊和好的伴侣、知识等的快乐。但是不能否认,我们在道德上蔑视的人,也会从他们的行为中得到实际的快乐。我们也许会认为,很可能这样,他们不应该得到快乐,但是他们确实得到了快乐。有某种幸福,善良的人喜欢但心地不善的人不喜欢——但是,反过来也是如此。这一事实对于认为快乐构成了善的理论是至关重要的,因为根据它,某个目标可以成为行为的目的。

另一误解在于把期望的盼望的快乐,与想到一个目的立即感受到的愉悦混为一谈。一旦一个未来的目标被当作目的,这种念头就会引起现在的快乐或不愉快。任何现在的愉悦或不愉快,会加强或削弱我们对某个具体目标的持久关注。它加强或减弱想到的目标的推动力。对欲望的想象,现在在我身上激发的老是想到的快乐,也许会把一个欲望加剧到实际上无法控制的程度。但是,这目标的强大推动力的增长与评价没有关系,或者说,与对(如果我们把这目标当作我们的目的后会发生的)后果的善的预见没有关系。确实,在许多情况下,要可靠地评价未来的后果,肯定是很不容易的。最多可以说,在一个人判断出某个目的是要达到的善之后,就他而言,促进其使人快乐的联想是一个明智的行为。这样,他的决心得到加强,不至于分散。一个决定晚上学习的学生,如果心里不断地想到做其他事情可能有的愉快,他的决心就会被削弱。

赫士列特(Hazlitt)说:"快乐是就其本身而言的。善是在反思中肯定自己,或者说,想到它就是满意的来源。因此,从道德上说,并非所有快乐都同时也是善,因为并非所有快乐都是经过反思的。"

确实,对我们来说,没有什么善是不包含愉快因素的,也没有什么恶是不包含不愉快、令人反感的因素的。不然的话,这行为或目标就仅仅是无关紧要的;它只是偶尔遇到的。但是说所有的善都有愉快的成分,并不等于说所有快乐都是善的。上面引用的赫士列特的话指出了这种差异。如果让我们来评价,常常会发现我们不能赞同某种愉快。这并不是因为快乐本身就是邪恶,而是因为评价使我们知道了带来快乐的行为和我们在道德上逃避的或感到羞耻的目标的关系。一个令人愉快的行为会吸引我们。如果我们停下来思考一下,也许会发现,快乐是由于某些内在于我们自己的、我们觉得没有太大价值的东西,就如小气或胆怯。或者当我们作出决断时,我们赞同愉快,不是因为它单独就是善,而是因为根据考察,我们发现,我们愿意接受这些和快乐相联系的条件和结果。某些东西给我们快乐,因为它们适合(符合或适宜)我们自己组成中的某些东西。当我们反思时,开始意识到这种联系;因此在对一个愉悦进行道德价值的评价时,我们实际上是在评价自己的品格和素质。如果你知道对某种事情,某人觉得愉快或不愉快,那么你对他的特性就有了确定的线索——而且,这原则既适用于我们自己,也适用于其他人。

伦 理 学 477

因此,从目的的善与恶方面来看,构成重要美德的审慎或洞察力,是无偏见的、未受干扰的观察者所运用的;一个人不是在强烈欲望的冲动纵容之下,而是处于冷静思考的时刻所运用的。在后一情况下,他评价作为在行为和品格更大整体中的因素的欲望及其满足。也许就像这两种态度之间有很大的区别一样,在由强烈欲望驱动做出犯罪行为的人和对他的行为作出判决的法官之间也有很大的区别。通过存在于愉快和善之间的这种关系传递的重要的真理是:我们应该把法官的(思考的)职能整合到我们的欲望的形成中去,从而学会从思考赞同的目的中找到快乐。

我们得出的结论是:在愉快的内在性质方面有重要的差异,"经过思考的"快乐在性质上不同于那些没有经过思考的快乐。大多数快乐主义者认为快乐都一样,仅仅在强度和持久方面不同。穆勒引入了性质差异的观念。他说:"人类有着比动物欲望更高尚的官能,而且一旦意识到它们,就不会把没有包含它们的满足的事情视为幸福。"

> 很少有人会为了享受一个动物最充分的快乐,就同意把自己变成任何低等动物;没有一个聪明人愿意成为傻瓜,没有一个受过教育的人愿意成为文盲,没有一个有感情有良知的人愿意自私和卑鄙,即使人们告诉他们,傻瓜、笨蛋或无赖会得到比他们现在更多运气的满足……毫无疑问,那些享受能力低下的人,有最大的机会得到充分的满足;而天赋高的人总会觉得,他能够追求到的幸福就像世界的构成一样,是不完美的……做一个不满足的人,也比做一头满足的猪好;做一个不满足的苏格拉底,也比做一个满足的傻瓜好。而且,如果傻瓜或猪有不同的意见,那是因为,他只知道问题的他自己的那一面;对比之下,其他人知道问题的两面。

这段话很容易赢得道德常识的赞同。然而,它的意义并不完全清楚。有人"知道"较高级和较低级的两种愉快,但他还是选择了后者;也许我们真的可以说,他们宁愿做猪。通常做一头猪,总比像苏格拉底那样评价和行动容易得多——而且,人们也许会提醒自己:苏格拉底最后死于自己的"智慧"。为了让穆勒的说法可以接受,我们必须把理解作为"知道"的意义的一部分。孤立地看,不能说一个愉快比另一个更高级或更低级。一幅画或一本有教育意义的书带来的愉悦,从本质上看(即当满足脱离了作为相互联系的整体生活中的目标的基础和关系时),并不比品尝食物更高级。有时候,饥饿的满足优先于其他满足;它正是在这时候——暂时地——"更高级"。我们得出结论:穆勒的话中所包含的真理不是某种"官能"天然地比另一种更高级,而是通过建立在大量经验上的思考,看到一种满足以和谐的方式和他的整个欲望体系一在一起,这种满足比仅仅和孤立的个别欲求相关的善在品质上更高级。穆勒所说的整个含义就是在任何目的和对象中的整个自我的满足,完全不同于来自单一的独立的欲望的满足的那种东西。它并没有违反日常语言中所说的,前一种满足用"幸福"来表示,后一种满足用"快乐"来表示。因此,穆勒的论证并没有指向不同快乐的不同性质,而是指向整个自我持久的满足和自我中某些孤立成分的短暂满足在性质上的差异。

因此,我们不仅可能而且必须根据事实,在快乐和幸福安康(亚里士多德称为 *endaimonia* 的东西)之间作出区别。严格地说,没有快乐这样的东西;快乐就是愉快,是一种标明愉快的、宜人的对象的抽象名词。而且,和一个人现在状态(不管是什么状态)协调的任何事态,就是愉快的或怡人的。

一时愉快的事情,在另一时间就可能不愉快;健康时愉快的事情,在疲劳或生病时就是讨厌的;一个人酒足饭饱状态下不喜欢或讨厌的东西,当他饥饿渴望时却是令人喜欢的东西。而且在较高的层次上,有慷慨素质的人感到愉快的事情,却会引起吝啬小气的人反感。小孩子喜欢的东西,也许成人觉得没意思;使学者高兴的对象,却会使乡下人觉得讨厌。因此,愉快和不愉快是某些事物的标志和征兆,它们在特定时间适合某种有机体和品格的特定构成。在现存品格性质的征兆中,没有什么能使它适于成为渴望的目的,不管它可能充当指导或警告的程度如何。

在纯粹适宜或令人愉快的事情中,有某些偶然的东西。它们碰巧发生在我们身上。一个人也许对这些事情感到愉快,如在街上捡到了钱,吃了一顿美餐,意外遇上了老朋友。一个人也可能绊倒了,受了伤,感到疼;或者,不是由于自己的错,却强烈地感到令人不愉快的失望。把任何道德意义上的善和恶归结到这些与有意行为没有内在联系的事情上,是荒谬的。没有什么比失去亲爱的朋友给人带来更大的痛苦,但是没有人会认为,这个遭受丧失朋友的人因而在品格上受了伤害。一个"幸运的"人会在不寻常的程度上体验带来快乐的对象,但正由于这个事实,他也许会被说成是迟钝的、轻率的或自负的。

相反,幸福是一种稳定的条件,因为它不是取决于瞬间发生在我们身上的事情,而是取决于自我长期的素质。一个人也许会在烦恼的事情中发现幸福;如果一个人具有勇敢的品质和灵魂的安宁,尽管连续有不愉快的经历,但还是会心满意足的。愉快取决于特定事件发生在我们身上的方式;它会把注意力集中在自我身上,所以这种对快乐的喜爱会使人自私或贪婪。幸福是和我们积极应对环境的素质、迎接并解释环境的心理品质有关的。即使如此,在有意追求所考虑的目的的意义上,它并不是欲望和努力的直接目的,而是某个角色的目的必然伴随的产物,他对与那些持久的和外向的坦率性格有内在联系的对象感兴趣。正如乔治·艾略特(George Eliot)在他的小说《罗慕拉》(Romala)中所说:"过分关注我们自己狭隘的快乐,得到的仅仅是一种可怜的幸福。充分考虑和体谅世界上其他的人和我们自己,我们能得到最高的幸福,如追随伟人;而且这种幸福往往伴随着许多痛苦,我们仅仅因为它是我们优先选择的目标,因为我们的灵魂觉得它是善的,才把它和痛苦区别开来。"

不同于快乐的幸福是自我的一个条件。在宁静的快乐和心灵的宁静之间有差异;人们常有对外部条件的满足,因为它们迎合我们当前的乐趣;还有品格和精神的满足,它们保持在逆境中。可以给出一个标准来划分短暂的满足和真正的幸福,后者来自本身就是有趣的目标,这些目标增强和扩大了作为幸福来源的其他欲望和倾向;在快乐中,没有这样的和谐的扩大的倾向。一方面,我们自己有某种力量,这种力量的运用创造和增强了持久的稳定的目标;另一方面,它排除了那些引起仅仅短暂满足(这些满足带来不安和发牢骚)的目标。和谐和易于扩大和其他价值联合,是幸福的标志。孤立和易于冲突和抵触,是那些在追求快乐中筋疲力尽状态的标志。

(魏洪钟　译)

认可、标准和美德*

§1. 作为初始事实的赞成和不赞成

行为是复杂的。它是如此复杂,任何想在智力上把它还原到单一原则的企图都会失败。我们已经注意到两个主要的相互交叉的考虑:被判断为满足欲望的目的,以及阻止欲望的正当性和义务的要求。

尽管不同的理论派别曾试图从两者中推出对方,它们在某些方面仍然是独立的变量。而且,有个学派的道德学家深受表示赞同和不赞同、表扬和批评、同情的鼓励和怨恨的行为中普遍性的影响。这个学派的理论家受到这种行为自发性和直接性的困扰,因为它是"自然的",在这个词的最直接的意义上代表人们对他人行为的赞同或不赞同。这样做时,既没有有意识的反思,也没有涉及关于要达到的善的目的和权威的义务的观念。事实上,根据这个学派的理论,善和义务的观念是从属的;善是呼唤认可的东西;义务来自在回报和惩罚、表扬和批评中表达他人的压力,它们都自发地与行为联系在一起。

根据这种观点,反思性道德的问题是要发现人们无意识地展示赞同和怨恨的基础。在使隐含在自发的和直接的赞扬与批评态度中的东西展现出来的过程中,反思给未经思考而发生的反应带来了一致性和系统性。重要的是,在道德中,"评价"(judgment)这个词有着双重意义。关于知识,这个词有智力的意义。评价就

---

* 选自《杜威全集·晚期著作》第 7 卷。首次发表于 1932 年,节选于《伦理学》(修订版)一书第二部分第 13 章。

是衡量思想中的利弊,并根据证据的天平作出决定。这种重要性只是在逻辑理论中得到承认。但是在人类关系中,它具有确定的实践意义。"评价"就是谴责或赞成、表扬或批评。这样的评价是实践理性,而不是冷冰冰的智力命题。它们表明赞成和不赞成,而且根据人们对他人喜欢和不喜欢的敏感,对那些受到评价的行为施加影响。《新约》中的训诫——"不评价他人",就是有关这种评价熟悉的例子;它还表明,喜欢这样的评价本身就是一件道德的事。再者,作为行为的动机,想逃避责备的欲望有一个对应的东西,即在通过喜欢批评他人中展现出优越的倾向。

没有比表扬和批评他人更为自发的、"本能的"。反思性道德在对尊重和不赞成的流行表达中,注意到了不一致和任意的变化,并且寻求为它们辩护并赋予它们连贯性的理性原则。它特别注意到,非反思的称赞和指责仅仅重复和反映了体现在特定群体的社会习惯中的价值观。因此,好战的群体欣赏和赞扬所有好战的成就和品质;勤俭的群体通过节俭、精打细算和勤奋劳动来积累财富,并且称赞那些展现了这些品质的人们。在前者,"成功"意味着勇敢;在后者,则意味着财富的积累,相应地给予赞扬和批评。在希腊生活中,雅典人和斯巴达人各自重视的行为、素质之间的对比,是道德学家常常提到的主题。近来,某些评论家在"美国风格"和"英国风格"之间建立了某些类似的对比。

这些差异必然最终导致追问这个问题:什么样的表扬和责备的方案本身是可赞同和采纳的?由于他人的态度在塑造素质方面的巨大影响,这个问题变得更加尖锐。习惯的赞同或不赞同的态度(常常表现在公开的惩罚或有形的回报方面,并且几乎总是表现在嘲笑或授予荣誉方面),是习惯性道德的武器。而且,它们如此深地渗透在人性之中,根据某种观点,反思性道德和道德理论的全部事情就是决定作为它们起作用之基础的理性原则。这一点也许可以用美德和邪恶的概念来说明。所讨论的这个理论认为,道德上的善不同于满足欲望的善,它类似于美德;它认为,正当也是美德,而道德上的恶和错误则是和邪恶联系在一起的。但是,美德首先表明什么是受到赞同的;邪恶表明什么是受到谴责的。在习惯性道德中,行为和品质的特点并不因为它们是美德而受到重视;而是由于它们受到社会的赞同和欣赏的支持,才是美德。因此,美德在军人中就意味着英勇,在勤劳的人群中则代表进取心、节俭、勤奋;而它在那些把追求超自然的东西视为最高的善的群体中,也许意味着贫困、俭朴、禁欲主义的习惯。反思试图颠倒这个秩序:它想找出什么应该得到尊重,从而在决定什么值得赞同后给予赞同,而不是在某个特定社会中什么正好是所尊重的和受到奖励的基础上指出美德。

(魏洪钟　译)

图书在版编目(CIP)数据

批评之批评:杜威价值论与伦理学/冯平主编.—上海:华东师范大学出版社,2017
(杜威选集/刘放桐,陈亚军主编)
ISBN 978-7-5675-6884-6

Ⅰ.①批… Ⅱ.①冯… Ⅲ.①杜威(Dewey,John 1859-1952)-价值论(哲学)-文集②杜威(Dewey,John 1859-1952)-伦理学-文集 Ⅳ.①B712.51-53

中国版本图书馆CIP数据核字(2017)第219577号

杜威选集
批评之批评——杜威价值论与伦理学

主　　编	刘放桐　陈亚军
编　者	冯平
项目编辑	朱华华
审读编辑	李玮慧
责任校对	王丽平
装帧设计	高山

出版发行	华东师范大学出版社
社　　址	上海市中山北路3663号　邮编 200062
网　　址	www.ecnupress.com.cn
电　　话	021-60821666　行政传真 021-62572105
客服电话	021-62865537　门市(邮购)电话 021-62869887
地　　址	上海市中山北路3663号华东师范大学校内先锋路口
网　　店	http://hdsdcbs.tmall.com/
印　刷　者	上海中华商务联合印刷有限公司
开　　本	787×1092　16开
印　　张	31.25
字　　数	523千字
版　　次	2017年12月第1版
印　　次	2017年12月第1次
书　　号	ISBN 978-7-5675-6884-6/B·1094
定　　价	138.00元
出版人	王焰

(如发现本版图书有印订质量问题,请寄回本社客服中心调换或电话021-62865537联系)